Götzenberger · Optimale Vermögensübertragung

Zusätzliche digitale Inhalte für Sie!

Zu diesem Buch stehen Ihnen kostenlos folgende digitale Inhalte zur Verfügung:

- Online-Version ✓
- Online-Training
- Aktualisierung im Internet
- Zusatz-Downloads
- App
- Digitale Lernkarten
- WissensCheck

Schalten Sie sich das Buch inklusive Mehrwert direkt frei.

Scannen Sie den QR-Code **oder** rufen Sie die Seite **www.nwb.de** auf. Geben Sie den Freischaltcode ein und folgen Sie dem Anmeldedialog. Fertig!

Ihr Freischaltcode

BXXE-AIUH-XEAT-HXUB-WIAA-AO

www.nwb.de

Optimale Vermögensübertragung

Erbschaft- und Schenkungsteuer

Von
Steuerberater Dipl.-Betriebswirt (FH)
MBA International Taxation (Univ. Freiburg i. Br.)
Anton-Rudolf Götzenberger

6. Auflage

nwb

ISBN 978-3-482-**51396**-1 - 1. unveränderter Nachdruck

6. Auflage 2021

Satz: PMGi Agentur für intelligente Medien GmbH, Hamm
Druck: CPI books, Leck

VORWORT

Der Bundesfinanzhof hat bereits in Zeiten, in denen die Erbschaft- und Schenkungsteuer gemessen am Steueraufkommen noch keine so gewichtige Rolle gespielt hat – nämlich Anfang der 1990er Jahre – entschieden, dass es den Angehörigen frei stehe, ihre Rechtsverhältnisse untereinander so zu gestalten, dass sie für sie steuerlich möglichst günstig sind (BFH, Urteil v. 16. 1. 1992 - V R 1/91, NWB AAAAA-94117). Nach dem Beschluss des großen Senats (v. 29. 11. 1982 - GrS 1/81) macht das Motiv, Steuern zu sparen, eine rechtliche Gestaltung noch nicht unangemessen. Mit der nun vorliegenden 6. Auflage möchte ich alle Leserinnen und Leser animieren, möglichst frühzeitig ein maßgeschneidertes und steueroptimiertes Vermögensübertragungskonzept auszuarbeiten beziehungsweise ausarbeiten zu lassen. Denn nur dann kann jener „Supergau" weitgehend vermieden werden, dass das im Leben eines Erblassers erarbeitete und ersparte Vermögen in die Hände des Staates fällt. Der Leser findet speziell in Teil V bewährte Gestaltungstipps zur Steueroptimierung, welche als „roter Faden" beziehungsweise als „Denkanreiz" dienen sollen. Anhand konkreter Rechenbeispiele habe ich dabei aufgezeigt, wie viel Steuern sich mit zum Teil nur geringem Gestaltungsaufwand sparen lassen.

Schwerpunkte der 6. Auflage 2021 bilden die wesentlichen Neuregelungen aus den Erbschaftsteuer-Richtlinien 2019 (v. 16. 12. 2019, BStBl 2019 I Sondernummer 1/2019 S. 2) mit den in Ergänzung der Richtlinien verfassten Erbschaftsteuer-Hinweise (v. 16. 12. 2019, BStBl 2019 I Sondernummer 1/2019 S. 151) sowie die Gesetzesänderungen betreffend das Erbschaft- und Schenkungsteuergesetz in Artikel 34 Jahressteuergesetz 2020 (BGBl 2020 I S. 3096). Die Erbschaftsteuer-Richtlinien und Erbschaftsteuer-Hinweise sind grundsätzlich anzuwenden für alle Erwerbsfälle, für die die Steuer nach dem 21. 8. 2019 (Tag des Kabinettsbeschlusses) entsteht. Die neuen Richtlinien gelten jedoch auch für Erwerbsfälle, für die die Steuer vor dem 22. 8. 2019 entstanden ist, soweit sie geänderte Vorschriften des Erbschaftsteuer- und Schenkungsteuergesetzes und des Bewertungsgesetzes betreffen, die vor dem 1. 5. 2019 anzuwenden sind.

Die ErbStR 2019 enthalten (weitgehend inhaltsgleich), die Vorschriften aus dem koordinierten „Ländererlass zur Anwendung der geänderten Vorschriften des Erbschaftsteuer- und Schenkungsteuergesetzes" vom 22. 6. 2017. Der Anwendungserlass (AEErbSt 2017) ist zwischenzeitlich außer Kraft getreten. Mit Integrierung des Anwendungserlasses „AEErbSt 2017" in die „ErbStR 2019" findet der „bayerische Sonderweg" nach drei Jahren sein Ende. Denn die ErbStR 2019 gelten bundesweit einheitlich. Der Freistaat konnte sich bedauerlicherweise bei den Ausarbeitungen für die neuen ErbStR 2019 mit seinen – aus Beratersicht durchaus berechtigten – Einwände nicht durchsetzen. Dies betrifft vor allem zum einen R E 13b.27 Sätze 1 und 8 sowie R E 13.29 Abs. 4 ErbStR 2019 zum jungen Verwaltungsvermögen bei konzerninternen Umstrukturierungen und zum anderen R E 28a.2 Abs. 2 Satz 6 ErbStR 2019 zur Minderung des verfügbaren Vermögens durch die auf den Erwerb anfallenden Steuern beim Steuererlass für Großerwerbe.

Umfassend eingearbeitet wurden die Gesetzesänderungen im Erbschaftsteuer- und Schenkungsteuergesetz aus Artikel 34 Jahressteuergesetz 2020 (BGBL 2020 I S. 3096). Die Neuerungen betreffen u. a.

- die Besteuerung von Steuererstattungsansprüchen des Erblassers (vgl. Rz. 534 Hinweise)
- die anteilige Kürzung des Schuldenabzugs im Zusammenhang mit dem Erwerb von steuerbefreitem Vermögen (Rz. 548 ff.)
- Besteuerung von Abfindungen bei Verzicht auf Vermächtnisse (Rz. 356, 421)
- Kürzung des steuerfreien Zugewinnausgleichs beim Erwerb von steuerbefreitem Vermögen (Rz. 483, 485)
- Änderungen bei der Berücksichtigung von Schulden und Lasten beim steuerpflichtigen Erwerb (Rz. 548 ff.)
- neue verfahrensrechtliche Regelung zur Gewährleistung einer Gleichstellung mehrerer Erwerbe innerhalb von 10 Jahren mit einem Gesamterwerb unter Berücksichtigung von Änderungen der Steuerfestsetzung für Vorerwerbe (Rz. 681)
- gesonderte verfahrensrechtliche Feststellungen beim Vorwegabschlag für Familienunternehmen (Rz. 845)
- Anzeigepflichten für Stiftungen und Vereine (Rz. 29)

Die Besteuerung des betrieblichen Vermögens ist kompliziert geworden. Es gibt eine Vielzahl von Vorschriften, insbesondere für Großerwerbe (ab einem Betriebsvermögen im Wert von mehr als 26 Millionen Euro) und besondere Verschonungsregelungen für Familienunternehmen (den Vorwegabschlag). Der steuerlich unbedarfte Betriebsübernehmer dürfte sich in dem steuerlichen Regelungsdschungel allein nicht mehr zurechtfinden. Das vorliegende Buch soll hierbei Hilfestellung bieten.

Mein besonderer Dank gilt Dipl. Vw. Markus Hetzer, Lic.oec.int. von der LV 1871 Private Assurance AG, Triesen/Liechtenstein, für die Überarbeitung und Aktualisierung des Abschnitts 7 in Teil V (Rz. 804 ff.). Mit anhand von Schaubildern leicht verständlich dargestellten Strategiemodellen stellt Hetzer bewährte Gestaltungsmöglichkeiten mit Kapital- und Rentenlebensversicherungen praxisnah dar.

Der Inhalt dieses Buches ist nach bestem Wissen und nach sorgfältiger Recherche erstellt worden. Dennoch kann von Seiten des Verfassers keine Haftung übernommen werden. Für Hinweise und Anregungen aus dem Kreis der Leser bin ich dankbar (E-Mail: arg@steueroffice-goetzenberger.de, www.steueroffice-goetzenberger.de).

Halfing/Obb. im Januar 2021 Anton-Rudolf Götzenberger

INHALTSÜBERSICHT

INHALTSVERZEICHNIS

Teil II: WIE DER FISKUS ERBVERMÖGEN ERFASST UND STEUERLICH BEWERTET

Teil III: WIE DER FISKUS ERBSCHAFTEN UND SCHENKUNGEN BESTEUERT

Teil VIII: SCHENKUNGSTEUERLICHE KONSEQUENZEN IN VERBINDUNG MIT DER AUFLÖSUNG EINES VERMÖGENSTRUSTS

Rz. Seite

Anhang

ABKÜRZUNGSVERZEICHNIS

A

a. a. O.	am angegebenen Ort
Abs.	Absatz
AfA	Absetzung für Abnutzung
AG	Aktiengesellschaft
AO	Abgabenordnung
Art.	Artikel
AStG	Außensteuergesetz

B

BauGB	Baugesetzbuch
BayOLG	Bayerisches Oberstes Landesgericht
BB	Betriebs-Berater
Beschl.	Beschluss
BewG	Bewertungsgesetz
BewRGr	Richtlinien für die Bewertung des Grundvermögens
BFH	Bundesfinanzhof
BFH/NV	Sammlung amtlich nicht veröffentlichter Entscheidungen des Bundesfinanzhofs
BGB	Bürgerliches Gesetzbuch
BGBl	Bundesgesetzblatt
BGHZ	Sammlung der Entscheidungen des Bundesgerichtshofs in Zivilsachen
BMF	Bundesministerium für Finanzen
BR-Drucks.	Bundesrat-Drucksache
BStBl	Bundessteuerblatt
BT-Drucks.	Bundestag-Drucksache
Buchst.	Buchstabe
BVerfG	Bundesverfassungsgericht
bzw.	beziehungsweise

D

DBA	Doppelbesteuerungsabkommen
d. h.	das heißt

DStR	Deutsches Steuerrecht
DStRE	Deutsches Steuerrecht Entscheidungsdienst

E

EFG	Entscheidungen der Finanzgerichte
EGBGB	Einführungsgesetz zum Bürgerlichen Gesetzbuch
EigZulG	Eigenheimzulagengesetz
ErbStDV	Erbschaftsteuer-Durchführungsverordnung
ErbStG	Erbschaftsteuer- und Schenkungsteuergesetz
ErbStH	Erbschaftsteuer-Hinweise (Amtliche Hinweise v. 16.12.2019
ErbStR 2019	Erbschaftsteuer-Richtlinien 2019 (Richtlinien v. 16.12.2019)
Erl.	Erlass
EStDV	Einkommensteuer-Durchführungsverordnung
EStG	Einkommensteuergesetz
EStR	Einkommensteuer-Richtlinien
EU	Europäische Union
evtl.	eventuell

F

ff.	folgende (Seiten)
FG	Finanzgericht
FinMin	Finanzministerium

G

gem.	gemäß
GmbH	Gesellschaft mit beschränkter Haftung
GrEStG	Grunderwerbsteuergesetz
grds.	grundsätzlich

H

H	Hinweis
HGB	Handelsgesetzbuch

I

I. d. R.	in der Regel
i. H.	in Höhe

IPR	Internationales Privatrecht
i. S.	im Sinne
IStR	Internationales Steuerrecht
i.V. m.	in Verbindung mit

J

JStG	Jahressteuergesetz

K

KG	Kommanditgesellschaft
km	Kilometer
KSt	Körperschaftsteuer
KStG	Körperschaftsteuergesetz

L

LPartG	Gesetz über die Eingetragene Lebenspartnerschaft vom 16. 2. 2001

M

Mio.	Millionen
Mrd.	Milliarden

N

NJW	Neue Juristische Wochenschrift
Nr.	Nummer
NWB	Neue Wirtschafts-Briefe
NWB DokID	NWB Dokumenten-Identifikationsnummer

O

OFD	Oberfinanzdirektion
OHG	Offene Handelsgesellschaft
OLG	Oberlandesgericht

Q

qm	Quadratmeter

R

R	Richtlinie
rd.	rund
Rz.	Randziffer

S

S.	Seite

T

Tz.	Textziffer

U

UmwStG	Umwandlungsteuergesetz
UStAVermG	zur Vermeidung von Umsatzsteuerausfällen beim Handel mit Waren im Internet und zur Änderung weiterer steuerlicher Vorschriften v. 11.12.2018
u.U.	unter Umständen

V

Vfg.	Verfügung
vgl.	vergleiche
VVG	Versicherungsvertragsgesetz

W

WEG	Wohnungseigentumsgesetz
WertV	Verordnung über Grundsätze für die Ermittlung der Verkehrswerte von Grundstücken (Wertermittlungsverordnung) vom 6. 12. 1988 (BGBl I S. 2209)

Z

z. B.	zum Beispiel
ZEV	Zeitschrift für Erbrecht und Vermögensnachfolge
ZGB	Zivilgesetzbuch

Teil I: Wie der Fiskus von Erbvermögen sowie von Erbfällen und Schenkungen Kenntnis erlangt

1 Allgemeines

Um Steuerverkürzungen potenzieller Erblasser sowohl zu Lebzeiten als auch 1
nach deren Tod durch die Erben zu erschweren, verfügt die Finanzverwaltung über zahlreiche Informationsmittel und -wege. Bereits zu Lebzeiten eines in Deutschland unbeschränkt steuerpflichtigen Erblassers schnüffelt der deutsche Fiskus nach sämtlichen Vermögenswerten, die auf inländischen Bankkonten und Depots hinterlegt sind. Hierzu steht den Finanzbehörden seit 2005 ein automatisierter Kontenabruf zur Verfügung. Was an Vermögenswerten zu Lebzeiten auf diese Weise nicht in Erscheinung tritt, offenbart sich dem Fiskus spätestens mit dem Tod. Dafür sorgt die Erfüllung entsprechender Anzeigepflichten durch die Banken und andere Vermögensverwahrer. Standesämter melden außerdem jeden Todesfall an die Erbschaftsteuerstellen. Die nächsten Informanten sind die Gerichte: Diese teilen den Erbschaftsteuerstellen alle ausgestellten Erbscheine mit. Ferner erhalten die Finanzämter von jeder Testamentseröffnung Kenntnis. Auch die interne länderübergreifende Zusammenarbeit zwischen den Bewertungs- und Erbschaftsteuerstellen wurde in den letzten Jahren erheblich verbessert. Schließlich sind da noch die Erben selbst, denen eine Erwerbsanzeigepflicht auferlegt ist und die eine ausführliche Steuererklärung abgeben müssen. Erteilte der Verstorbene zu Lebzeiten Freistellungsaufträge für inländische Konten und Wertpapierdepots, wurden auch diese dem Bundesamt für Finanzen gemeldet. Seit dem Inkrafttreten des automatischen Informationsaustausches für Finanzkonten im Jahr 2017 erhält der deutsche Fiskus auch Informationen über das Auslandsvermögen deutscher Steuerpflichtiger, Erblasser oder Erwerber. In Ergänzung zum automatischen Informationsaustausch über Kapitaleinkünfte aus ausländischen Vermögensanlagen haben sich sogenannte Gruppenanfragen etabliert. Gruppenanfragen sind Auskunftsersuchen der Steuerbehörden über eine bestimmte Gruppe von Steuerzahlern, ohne jeden einzelnen Steuerzahler, welcher dieser Gruppe angehört, identifizieren bzw. kennen zu müssen. Unter dem neuesten OECD-Auskunftsstandard erteilen sich die zuständigen Behörden der Vertragsstaaten gegenseitig Informationen über Tatbestände, die voraussichtlich relevant sind, um die korrekte Anwendung der Bestimmungen im Doppelbesteuerungsabkommen (also zur Vermeidung einer doppelten Besteuerung) oder des innerstaatlichen Rechts der Vertragsstaaten betreffend Steuern jeder Art und

Bezeichnung zu gewährleisten. Am 17.7.2012 lieferte die OECD für den Art. 26 ihres OECD-Musterabkommens 2010 eine Neukommentierung. Der Kommentar zur Neufassung des Abkommens enthielt erstmalig den Hinweis, dass der Informationsaustausch nicht auf solche Informationen begrenzt sein muss, die nur einen bestimmten Steuerpflichtigen betreffen, sondern dass die Steuerbehörden auch Informationen in Bezug auf Steuervermeidungsstrategien, übermitteln können. Dieser vom Fiskalausschuss der OECD ausgearbeitete Kommentar besagte damit im Ergebnis, dass Amtshilfe in Steuersachen nicht nur im Einzelfall, sondern auch für eine ganze Gruppe von Steuerpflichtigen zu gewähren ist. Die betroffenen Personen bräuchten hierbei nur durch entsprechende Kriterien identifiziert werden. Der Aufspürung von ausländischem Erbvermögen steht daher nichts im Weg.

2 Auskunfts- und Anzeigepflichten der Kreditinstitute

2.1 In Todesfällen

2 Gemäß § 33 Abs. 1 ErbStG muss jede natürliche oder juristische Person, die sich geschäftsmäßig mit der Verwahrung oder Verwaltung fremden Vermögens befasst, diejenigen „in seinem Gewahrsam befindlichen Vermögensgegenstände und diejenigen gegen ihn gerichteten Forderungen, die beim Tod eines Erblassers zu dessen Vermögen gehörten oder über die dem Erblasser zur Zeit seines Todes die Verfügungsmacht zustand, dem für die Verwaltung der Erbschaftsteuer zuständigen Finanzamt“ anzeigen. Bei einem Immobilienfonds, der in der Rechtsform einer Kommanditgesellschaft betrieben wird, löst § 33 ErbStG die Anzeigepflicht aus, wenn nach dem Tod eines Kommanditisten dessen Anteil durch eine GmbH als Treuhänderin verwaltet wird.

3 Der Anzeigepflicht nach § 33 ErbStG unterliegen Kreditinstitute, die Postbank, Bausparkassen und private Vermögensverwalter. Sie teilen der Erbschaftsteuerstelle des für den Erblasser örtlich zuständigen Finanzamts innerhalb eines Monats nach Kenntniserlangung vom Tod eines Kunden z. B. Folgendes mit:

- Persönliche Angaben wie Namen, Vorname und die Steuer-Identifikationsnummer des Erblassers
- Höhe der Guthaben und anderer Forderungen (Nennbeträge) einschließlich der Guthaben auf Gemeinschaftskonten sowie die jeweiligen Kontonummern,
- Zinsen und Stückzinsen für das Jahr des Todes bis zum Todestag,

- Nennbetrag, Kurswert bzw. Rücknahmepreis von Wertpapieren, Anteilen, Genussscheinen des Erblassers; auch solche in Gemeinschaftsdepots,
- die Tatsache, dass der Erblasser ein Schließfach unterhalten hat, sowie der Versicherungswert, sofern der Bank bekannt.

Die Finanzbehörden erfahren somit mit dem Tod eines Inländers alles über sein Geldvermögen, welches dieser bei deutschen Kreditinstituten unterhalten hat; letzteres gilt auch für bei Auslandsfilialen deutscher Banken unterhaltene Konten und Depots. 4

Aus den gewonnenen Informationen lassen sich Rückschlüsse auf die Vergangenheit ziehen, z. B. wie solche Vermögenswerte aus den zu Lebzeiten erklärten Einnahmen und den persönlichen Verhältnissen des Erblassers erwirtschaftet werden konnten, ob das Kapitalvermögen und die daraus erzielten Einkünfte zutreffend versteuert worden sind oder was der Verstorbene letztlich zum Vermögen beigesteuert hat. Keine Anzeigepflichten gelten, wenn Guthaben aller meldepflichtigen Konten und Depots bei einer Bank 5.000 € per Todestag nicht übersteigen.

Maßgebend ist der jeweilige Kontostand zu Beginn des Todestags. Für die Anzeigepflicht ist es unbedeutend, ob das Guthaben bzw. die sonstigen Werte dem Erblasser allein gehörten, andere beteiligt waren (z. B. Konten von Personengesellschaften) oder ob darüber nur Verfügungsmacht bestand. Selbst dann, wenn der Verstorbene eine Vollmacht über den Tod hinaus oder eine Vollmacht für den Todesfall erteilt hat, muss die Bank das Finanzamt in Kenntnis setzen; gleiches gilt bei Verfügungen zu Gunsten Dritter von Todes wegen.

Die Erbschaftsteuerstellen informieren die für Einkommen und Vermögen des Erblassers und des Erwerbers zuständigen Wohnsitzfinanzämter über das hinterlassene Bankguthaben, sofern dies bestimmte Mindestbeträge übersteigt. Der Informationskreis, der sich vom Kreditinstitut über die Erbschaftsteuerstelle bis zum für die Festsetzung der Einkommensteuer zuständigen Wohnsitzfinanzamt erstreckt, ist somit geschlossen und alle bisher verborgenen Vermögenswerte kommen durch Vergleich mit den Angaben des Verstorbenen in den vorangegangenen Einkommensteuererklärungen ans Tageslicht. Dem Fiskus bisher verschwiegene Bankguthaben und Wertpapiere sind bei der Einkommensteuer bis zu zehn Jahre nachzudeklarieren und nachzuversteuern. Bei der Schenkungsteuer gelten keine zeitlichen Beschränkungen.

Von der Anzeigepflicht nach § 33 Abs. 1 ErbStG sind Guthaben von nicht in Deutschland wohnhaften Kontoinhabern nicht ausdrücklich ausgenommen. Bankguthaben und Wertpapiere stellen kein Inlandsvermögen dar und unter- 5 liegen daher auch nicht der Erbschaftsteuer, wenn sowohl der Kontoinhaber als auch der Erbe ein Ausländer ist. Ist der Erbe aber ein Inländer oder unterlag der Kontoinhaber im Todeszeitpunkt noch der Wegzugsbesteuerung, fällt Erbschaftsteuer an. In Fällen, in denen der Kontoinhaber ein Ausländer war, genügt eine bloße Mitteilung an die Finanzämter.

6 Als Gewahrsamsinhaber haften Kreditinstitute regelmäßig für eventuelle Steuerschulden des Kontoinhabers und Erblassers, falls diese vorsätzlich oder grob fahrlässig handeln (§ 20 Abs. 6 ErbStG). Nach geltender Rechtsprechung müssen Banken vor jeder größeren Überweisung von sich aus prüfen, ob Erbschaftsteuerpflicht gegeben ist. Voraussetzung hierfür ist allerdings, dass das Bankinstitut vor Auszahlung des Geldbetrages vom Tod des Kontoinhabers Kenntnis erlangt hat. Diese Frage stellt sich insbesondere dann, wenn der überlebende Ehegatte größere Auslandsüberweisungen zu Lasten eines Ehegatten-Gemeinschaftsdepots – über das er auch über den Tod des anderen Ehegatten hinaus verfügungsberechtigt ist – anordnet, ohne die Bank vom Todesfall in Kenntnis zu setzen. Für den Haftungsschuldner kann es dann nur ein schwacher Trost sein, dass sich die Haftung bei Ehegatten-Gemeinschaftskonten nur auf den Anteil des Erblassers – in aller Regel also auf die Hälfte – beschränkt. Größere ungewöhnliche Auslandsüberweisungen nehmen Banken in aller Regel nur gegen eine Unbedenklichkeitsbescheinigung der Erbschaftsteuerstelle vor. Dies gilt auch, wenn eine Kontovollmacht über den Tod hinaus besteht. Eine Unbedenklichkeitsbescheinigung wird auch im Zusammenhang mit der Aushändigung des Inhalts eines Erblasser-Schließfaches an eine ausländische Person verlangt.

HINWEIS:

Unter die Anzeigepflicht nach § 33 ErbStG fällt auch ein Wertpapierdepot, das in Erfüllung einer Vereinbarung des Verstorbenen mit der depotführenden Bank mit seinem Tod außerhalb des Nachlasses auf eine bestimmte Person übertragen werden soll (sogenannter Vertrag zu Gunsten Dritter auf den Todesfall; vgl. § 3 Abs. 1 Nr. 4 ErbStG).

2.2 In Schenkungsfällen

7 Mit Einführung der Abgeltungsteuer zum 1.1.2009 ist für die Banken ein weiterer Meldetatbestand hinzugekommen. Dieser hat folgenden Hintergrund: Für Zwecke der Abgeltungsteuer gilt die Übertragung der von einer inländischen Bank (einer auszahlenden Stelle) verwahrten oder verwalteten Wertpapiere auf einen anderen Gläubiger grds. als Veräußerung dieser Wertpapiere. Die Bank ist danach verpflichtet, Abgeltungsteuer auf eine fiktive Veräußerung zu berechnen und abzuführen. Eine Ausnahme gilt für Erbschaften und

Schenkungen. Bei einem unentgeltlichen Erwerb von Wertpapieren im Wege der Einzelrechtsnachfolge werden dem Erwerber bei der Ermittlung des abgeltungsteuerpflichtigen Gewinns die Aufwendungen des Rechtsvorgängers zugerechnet. Es muss somit keine Abgeltungsteuer auf den fiktiven Veräußerungstatbestand des Gläubigerwechsels erhoben werden.

Die Geschäftsbank ist hier allerdings verpflichtet, die Depotübertragung und den dazugehörigen Depotbestand an das für sie zuständige Betriebsstättenfinanzamt zu melden;[1] Die Geschäftsbank teilt hierbei u. a. die übertragenen Wirtschaftsgüter, den Übertragungszeitpunkt und den Wert zu diesem Stichtag und auch die Anschaffungskosten der betreffenden Wirtschaftsgüter mit. Außerdem wird der Name, das Geburtsdatum und die Steueridentifikationsnummer des Übertragenden sowie des Empfängers und soweit bekannt, das Verwandtschaftsverhältnis des Übertragenden zum Empfänger mitgeteilt. Im internen Amtsweg wird dann geprüft, ob die Kapitalübertragung der Schenkungsteuerpflicht unterliegt. 8

2.3 Exkurs: Vorsicht vor Verträgen zu Gunsten Dritter mit der Bank, die nur die Abwicklung der Kontoguthaben im Todesfall erleichtern sollen

Ältere Kontoinhaber wollen ihren Erben oft die Abwicklung ihrer Geld- und Wertpapiervermögen im Todesfall erleichtern und weisen ihre Konten einer Person mittels eines Vertrages zu Gunsten Dritter zu. Die Banken sehen solche Formalitäten gerne, da sie gegenüber Erben keinerlei Haftungsprobleme haben, wenn die Konten nur einer Person als Rechtsnachfolgerin zugewiesen werden. Was vielfach nicht beachtet wird, ist, dass solche Verträge einen eigenen Steuertatbestand nach § 3 Abs. 1 Nr. 4 ErbStG auslösen. Der Begünstigte erwirbt die Bankguthaben außerhalb der Erbfolge unmittelbar aus dem Vertrag. Teilt der Begünstigte die Bankguthaben dann unter den anderen Erben auf, ohne dazu rechtlich verpflichtet zu sein, entsteht mit jeder Weitergabe eine schenkungsteuerpflichtige freigebige Zuwendung. Dass der Erblasser mit einem solchen Vertrag nur die Abwicklung und Aufteilung der Bankeinlagen erleichtern wollte, steht der auf diese Weise entstehenden doppelten Besteuerung freilich nicht entgegen. 9

HINWEIS:

Soll die Abwicklung und Verteilung des Nachlasses dadurch erleichtert werden, dass im Erbfall nur eine Person über die Forderungen gegen das Kreditinstitut verfügen kann,

1 § 43 Abs. 1 Satz 6 EStG.

genügt es, wenn der Erblasser eine Bankenvollmacht über seinen Tod hinaus erteilt. Eine über den Tod hinaus erteilte Bankvollmacht hat auf die gesetzliche oder testamentarische Erbfolge keinen Einfluss. Sie wirkt sich daher auch steuerlich nicht aus. Ein Vertrag zu Gunsten Dritter dagegen schon!

3 Anzeigepflichten der Versicherungen bei der Auszahlung von Lebensversicherungen

10 Private Versicherungsunternehmen haben, bevor sie Versicherungssummen oder Leibrenten einem anderen als dem Versicherungsnehmer auszahlen oder zur Verfügung stellen, hiervon dem Finanzamt Anzeige zu erstatten (§ 33 Abs. 3 ErbStG). Hiervon betroffen sind private Kranken-, Unfall- oder Lebensversicherer, Sterbekassen von Berufsverbänden, Vereinen und anderen Anstalten, soweit sie die Lebens-(Sterbegeld-) oder Leibrenten-Versicherung betreiben (§ 3 ErbStDV).

Im Unterschied zu den Anzeigepflichten der Banken ist die Anzeigepflicht nach § 33 Abs. 3 ErbStG nicht auf den Erbfall bezogen, sondern gilt für Zuwendungen unter Lebenden. Im Einzelnen werden übermittelt:

- Angaben über Versicherte und Versicherungsnehmer;
- Versicherungsschein-Nummer;
- auszuzahlender Versicherungsbetrag (einschließlich Dividenden und dergleichen) abzüglich noch geschuldeter Prämien vor der Fälligkeit der Versicherungssumme, gewährte Darlehen und Vorschüsse etc. (bei Kapitalversicherungen);
- Jahresbetrag und Dauer der Rente (bei Rentenversicherungen);
- Zahlungsempfänger und Bezugsberechtigter;
- bei Wechsel des Versicherungsnehmers: der Name des neuen Versicherungsnehmers, Rückkaufswert und Summe der eingezahlten Prämien/Kapitalbeiträge;
- Angaben über das persönliche Verhältnis (Verwandtschaftsverhältnis) der Beteiligten.

11 Die Anzeigen der Versicherungen haben in der Praxis im Vergleich zu den Bankmeldungen beim Tod des Kontoinhabers nur untergeordnete Bedeutung. Sie bringen insofern wenig Überraschendes, weil sie nur die Auszahlung von Versicherungsleistungen an Begünstigte und Hinterbliebene betreffen und den Finanzämtern die Policen wegen der steuerlichen Abzugsmöglichkeiten in aller Regel bekannt sind.

HINWEIS:

Angesichts der Meldepflichten sollte bei sogenannten Prämienschenkungen darauf geachtet werden, dass der vorgesehene Erwerber (z. B. der Ehegatte) nicht nur Bezugsberechtigter, sondern auch Versicherungsnehmer der Lebensversicherung ist. Dann entfällt eine Meldung, weil die Versicherungssumme an keinen anderen als den Versicherungsnehmer ausgezahlt wird.

4 Anzeigepflichten der Gerichte, Notare und die Totenlisten der Standesämter

§ 34 ErbStG verpflichtet Gerichte, Behörden, Beamte und Notare, alle aus- 12
geführten Beurkundungen, Zeugnisse und sonstige Anordnungen, „die für die Festsetzung einer Erbschaftsteuer von Bedeutung sein können", der jeweiligen Erbschaftsteuerstelle mitzuteilen. Nach § 34 Abs. 2 ErbStG haben anzuzeigen:

1. die Standesämter: die Sterbefälle;

die Standesämter haben für jeden Kalendermonat die Sterbefälle jeweils durch Übersendung einer Durchschrift der Eintragung in das Sterbebuch oder der Durchschrift der Sterbeurkunde in zweifacher Ausfertigung binnen zehn Tagen nach Ablauf des Monats dem für die Verwaltung der Erbschaftsteuer zuständigen Finanzamt, in dessen Bezirk sich der Sitz des Standesamtes befindet, anzuzeigen.

2. die Gerichte und die Notare:

die Erteilung von Erbscheinen oder europäischen Nachlasszeugnissen, Testamentsvollstreckerzeugnissen und Zeugnissen über die Fortsetzung der Gütergemeinschaft, die Beschlüsse über Todeserklärungen sowie die Anordnung von Nachlasspflegschaften und Nachlassverwaltungen;

die Gerichte haben dem für die Verwaltung der Erbschaftsteuer zuständigen Finanzamt beglaubigte Abschriften folgender Verfügungen und Schriftstücke zu übersenden:

- eröffnete Verfügungen von Todes wegen mit einer Mehrausfertigung der Niederschrift über die Eröffnungsverhandlung,
- Erbscheine,
- Testamentsvollstreckerzeugnisse,
- Zeugnisse über die Fortsetzung von Gütergemeinschaften,
- Beschlüsse über die Einleitung oder Aufhebung einer Nachlasspflegschaft oder Nachlassverwaltung,

- beurkundete Vereinbarungen über die Abwicklung von Erbauseinandersetzungen.

Die Anzeige hat unverzüglich nach dem auslösenden Ereignis zu erfolgen. Sie kann nur unterbleiben, wenn anzunehmen ist, dass außer Hausrat im Wert von nicht mehr als 12.000 € nur noch ein sonstiger Nachlass im Wert von nicht mehr als 20.000 € vorhanden ist (§ 7 Abs. 4 Nr. 1 ErbStDV).

3. die Gerichte, die Notare und die deutschen Konsuln:

die eröffneten Verfügungen von Todes wegen, die abgewickelten Erbauseinandersetzungen, die beurkundeten Vereinbarungen der Gütergemeinschaft und die beurkundeten Schenkungen und Zweckzuwendungen.

Schließlich müssen Behörden, „die Stiftungen oder Zuwendungen von Todes wegen und unter Lebenden an juristische Personen und dergleichen genehmigen", der für den Sitz der Behörde zuständigen Oberfinanzdirektion einen Nachweis über erteilte Genehmigungen übersenden (§ 10 ErbStDV).

13 Übersendungspflichten für Notare:

Notare sind außerdem nach § 54 der Einkommensteuer-Durchführungsverordnung (EStDV) verpflichtet, dem jeweils örtlich zuständigen Betriebsstättenfinanzamt (Finanzamt, in dessen Bezirk sich die Geschäftsleitung befindet)[1] eine beglaubigte Abschrift aller aufgrund gesetzlicher Vorschrift aufgenommenen oder beglaubigten Urkunden zu übersenden, die die Gründung, Kapitalerhöhung oder -herabsetzung, Umwandlung oder Auflösung von Kapitalgesellschaften oder die Verfügung über Anteile an Kapitalgesellschaften zum Gegenstand haben. Die in § 54 EStDV festgelegten Übersendungspflichten dienen in erster Linie zur Feststellung der steuerpflichtigen Veräußerungsgewinne von Anteilen an Kapitalgesellschaften bei wesentlicher Beteiligung (§ 17 EStG).

5 Interne Kontrollmitteilungen der Bewertungs- und Erbschaftsteuerstellen

5.1 Länderübergreifende Zusammenarbeit der Bewertungs- und Erbschaftsteuerstellen

14 Seit mehreren Jahren besteht zwischen den Bewertungsstellen der Finanzämter (Grundstückswertstellen) und den Erbschaftsteuerstellen eine länder-

1 § 20 AO.

übergreifende Zusammenarbeit. Danach haben die Grundstückswertstellen Kontrollmitteilungen an das für den Erblasser zuständige Erbschaftsteuerfinanzamt zu erteilen, wenn sie im Rahmen einer Zurechnungsfortschreibung erkennen,

- dass der Eigentumsänderung eine Erbfolge zugrunde liegt,
- der bisherige Eigentümer in einem anderen Bundesland wohnte und
- die Anforderung eines Grundbesitzwertes bislang noch nicht erfolgte.

Die Kontrollmitteilungen erfolgen dabei automatisch und auf maschinellem Wege.[1]

Die länderübergreifende Zusammenarbeit geht auf eine Vereinbarung der Bewertungs- und Erbschaftsteuer-Referatsleiter aus dem FinMin Baden-Württemberg aus 2004 zurück. Bislang konnten die Erbschaftsteuerstellen eines Bundeslandes zum Nachlass gehörende Grundstücke aus einem anderen Bundesland nicht automatisch erkennen. In Abstimmung mit den anderen Bundesländern hatte Baden-Württemberg daher ein länderübergreifendes Kontrollmitteilungssystem eingeführt, welches zunächst auf zwei Jahre befristet war. Im Jahr 2007 wurde beschlossen, das Verfahren wieder aufzunehmen und für unbestimmte Zeit fortzuführen.[2] 15

5.2 Kontrollmitteilungen der Erbschaftsteuerstellen an Wohnsitzfinanzämter

Die Erbschaftsteuerstellen sind Empfänger der Anzeigen von Banken und sonstiger Vermögensverwalter nach § 33 Abs. 1 ErbStG. Die Erbschaftsteuerstellen erstatten nach den gleich lautenden Erlassen der obersten Finanzbehörden der Länder[3] an das jeweilige für die Besteuerung des Einkommens zuständige Finanzamt Kontrollmitteilungen: 16

- über den ermittelten Nachlass für die Steuerakten des Erblassers, wenn der Reinwert (darunter versteht die Finanzverwaltung hinterlassene Vermögenswerte abzüglich Erblasserschulden mit Ausnahme einer Zugewinnausgleichsverpflichtung) mehr als 250.000 € beträgt. Zusätzlich anzugeben sind Erwerbe aufgrund eines Vertrags zugunsten Dritter (§ 3 Abs. 1 Nr. 4 ErbStG) mit Ausnahme von Ansprüchen aus Lebensversicherungsverträgen.

---

1 Vgl. OFD Karlsruhe, Vfg. v. 28.9.2007 - S 3300/24 - St 344, AAAAC-60593.

2 FinMin Baden-Württemberg, Erlass v. 2.3.2007 - 3 - S 3700/17, FAAAC-61572.

3 Gleich lautende Erlasse der obersten Finanzbehörden der Länder v. 12.3.2015 - S 3900, BStBl 2015 I S. 225.

- über den erbschaftsteuerlichen Wert für die Steuerakten des Erwerbers, wenn dessen erbschaftsteuerlicher Bruttowert (Anteil an hinterlassenen Vermögenswerten ohne Abzug der Erblasserschulden zuzüglich des Werts der sonstigen Erwerbe) mehr als 250.000 € beträgt.

HINWEIS:

Die Kontrollmitteilungen werden unabhängig davon erteilt, ob es zu einer Steuerfestsetzung gekommen ist oder nicht. Den Erbschaftsteuerstellen bleibt es vorbehalten, Kontrollmitteilungen auch bei niedrigeren Beträgen oder bei gegebenem Anlass zu übersenden, z. B. wenn eine Schenkung erst im Rahmen einer Außenprüfung oder Fahndung aufgedeckt wurde.

6 Kenntniserlangung von ausländischem Erbvermögen

17 Der Fiskus erlangt Kenntnis von ausländischen Geld- und Wertpapierkonten ebenfalls durch die Anzeigepflicht der Kreditinstitute nach § 33 ErbStG. Denn diese gilt auch für unselbständige ausländische Zweigniederlassungen deutscher Banken, wie der Bundesfinanzhof (BFH) in mehreren Entscheidungen festgestellt hat.[1] „Die Anzeigepflicht solle die Finanzämter über das Vorliegen eines Erwerbsvorgangs unterrichten und damit die möglichst vollständige steuerliche Erfassung aller Erwerbe sicherstellen. Wären Auslandsniederlassungen deutscher Banken der Anzeigepflicht enthoben, könnten sich inländische Bankkunden faktisch der Erbschaftsbesteuerung entledigen", so der BFH in dem Urteil vom 31.5.2006.[2] Damit haben die höchsten Finanzrichter Einwendungen der Bankenbranche nicht bestätigt, das sogenannte Territorialitätsprinzip beschränke Maßnahmen der Eingriffsverwaltung auf das nationale Hoheitsgebiet und außerdem könne das Bankgeheimnis eines Staates, in dem sich die Zweigniederlassung befindet, zu einer Pflichtenkollision für den jeweiligen Bankmitarbeiter führen. Der BFH räumte zwar ein, dass der inländischen Finanzverwaltung hinsichtlich des Vermögens, das bei – rechtlich selbständigen – ausländischen Banken angelegt ist, nur sehr eingeschränkte Verifikationsmöglichkeiten zur Verfügung stehen und dies in verfassungsrechtlicher Hinsicht jedoch aufgrund des völkerrechtlichen Territorialitätsprinzips hinzunehmen ist.[3] Soweit das Völkerrecht aber eine Kontrollmöglichkeit zulässt,

1 U. a. BFH, Urteil v. 31.5.2006 - II R 66/04, BStBl 2007 II S. 49 sowie BFH, Urteil v. 16.11.2016 - II R 29/13, BStBl 2017 II S. 413.

2 Vgl. Pressemitteilung Nr. 70/2006 v. 13.12.2006.

3 BFH, Urteil v. 7.9.2005 - VIII R 90/04, BStBl II 2006 S. 61; BVerfG, Beschluss v. 10.3.2008 - 2 BvR 2077/05, JAAAC-75770.

ist der Gesetzgeber gehalten, die tatsächliche Durchsetzung der materiellen Steuerpflicht nicht durch eine gegenläufige rechtliche Ausgestaltung des Erhebungsverfahrens zu behindern. Der BFH sah darüber hinaus „keine Anhaltspunkte dafür, dass der Gesetzgeber der Regelung des § 33 Abs. 1 ErbStG einen Inhalt hat geben wollen, der mit diesen verfassungsrechtlichen Vorgaben nicht vereinbar wäre."

Ausländische Bankgeheimnisse und sonstige Regelungen, die der ausländischen Zweigniederlassung des inländischen Kreditinstituts nach dortigem Recht eine Meldung nach § 33 ErbStG untersagen würden, stehen der Meldepflicht nicht entgegen. Der BFH hat im Urteil vom 16.11.2016[1] entschieden, dass inländische Kreditinstitute in die Anzeigen nach § 33 ErbStG auch Vermögensgegenstände einbeziehen müssen, die von einer unselbständigen Zweigniederlassung im Ausland verwahrt oder verwaltet werden. Ein dort bestehendes strafbewährtes Bankgeheimnis (im Streitfall das österreichische Bankgeheimnis) steht dem nicht entgegen. Der Europäische Gerichtshof hat darüber hinaus die Frage verneint, ob die Anwendung des § 33 ErbStG auf Zweigstellen in einem anderen Mitgliedstaat, in dem das Bankgeheimnis eine solche Mitteilung grundsätzlich verbietet, gegen die Niederlassungsfreiheit nach EU-Recht verstößt.[2] Im Streitfall forderte das Finanzamt Kempten die Sparkasse auf, Meldungen nach § 33 ErbStG in Bezug auf die Kunden ihrer Zweigstelle in Österreich abzugeben, die zum Zeitpunkt ihres Todes in Deutschland Steuerinländer waren. Nach Auffassung des EuGH führt der bloße Umstand, dass das österreichische Recht eine Anzeigepflicht nicht kennt, nicht zum Ausschluss der Möglichkeit für die Bundesrepublik Deutschland, in den übrigen EU-Ländern belegene Vermögenswerte eines im Inland verstorbenen Erblassers einer Meldepflicht für Inlandsbanken zu unterstellen. 18

Schließlich muss den Finanzämtern der Erwerb von Auslandsvermögen mitgeteilt werden. Verpflichtet sind inländische Steuerpflichtige, die im Ausland einen Betrieb erwerben oder eine Betriebstätte gründen (eine Meldepflicht gilt auch dann, wenn ein Betrieb/eine Betriebsstätte vom Inland in das Ausland verlegt wird) oder sich an ausländischen Personengesellschaften beteiligen, die Beteiligungsquote ändern oder die Beteiligung aufgeben, oder Beteiligungen an ausländischen Kapitalgesellschaften begründen, wenn damit unmittelbar eine Beteiligung von mindestens 10 % oder mittelbar eine Beteiligung von mindestens 25 % am Kapital oder am Vermögen einer solchen ausländischen 19

1 BFH, Urteil v. 16.11.2016 - II R 29/13, BStBl 2017 II S. 413.

2 EuGH, Urteil v. 14.4.2016 - Rs. C-522/14 „Sparkasse Allgäu", QAAAF-72192.

Kapitalgesellschaft erreicht wird, oder wenn die Summe der Anschaffungskosten aller Beteiligungen mehr als 150.000 € beträgt. Die Verpflichtung richtet sich nach Maßgabe des § 138 Abs. 2 AO. Die Meldungen sind fünf Monate nach Ablauf des Kalenderjahres zu erstellen, in dem die Beteiligung erworben worden ist.

7 Automatischer Informationsaustausch über Finanzkonten und Amtshilfe nach den Doppelbesteuerungsabkommen

7.1 Der automatische Informationsaustausch über Finanzkonten

20 Seit dem 30.9.2017 besteht unter zahlreichen Staaten ein automatischer Informationsaustausch über Finanzkonten nach Maßgabe der sogenannten Common Reporting Standards (CRS) der OECD. Im deutschen Recht sind die OECD Standards im „Gesetz zum automatischen Austausch von Informationen über Finanzkonten in Steuersachen", dem Finanzkonten-Informationsaustauschgesetz (FKAustG) verankert. Die Finanzverwaltung hat mit Schreiben vom 22.6.2017[1] die finale Staatenaustauschliste veröffentlicht, mit denen der Informationsaustausch erstmalig zum 30.9.2017 durchgeführt wurden. Auf dieser Liste befinden sich auch ehemalige Steueroasen wie, Luxemburg, Cayman Islands oder die Kanalinseln Guernsey und Jersey. Österreich meldet Finanzkonten deutscher Kunden seit dem 30.9.2018 nach Maßgabe des „Gemeinsamer-Meldestandard-Gesetz" (GMSG). Die Schweiz und Liechtenstein melden Finanzkonten ebenfalls seit dem 30.9.2018.

Die Meldepflichten umfassen die persönlichen Daten der meldepflichtigen Person wie Name, Anschrift, Ansässigkeitsstaat, Steueridentifikationsnummer bzw. Geburtsdatum und Geburtsort, die Kontonummer sowie den Namen des meldenden Finanzinstituts sowie den Kontosaldo oder -wert. Bei Lebensversicherungen oder Rentenversicherungen wird neben der Policennummer der Barwert oder Rückkaufwert zum Ende des betreffenden Kalenderjahres gemeldet. Zusätzliche Meldepflichten bestehen für Verwahrkonten, Einlagenkonten und sonstige Konten. Hier müssen die Erträge von Zinsen und Dividenden sowie andere Einkünfte gemeldet werden, die mittels der auf dem Konto vorhandenen Vermögenswerte erzielt werden. Erlöse aus der Veräußerung oder dem

1 BMF, Schreiben v. 22.6.2017 - IV B 6 - S 1315/13/10021: 046, BStBl 2017 I S. 878.

Rückkauf von Finanzvermögen sind meldepflichtig. Übermittelt werden die Erlöse in einer Summe und nicht auf Basis einzelner Transaktionen.

7.2 Informationsaustausch nach den Doppelbesteuerungsabkommen

Doppelbesteuerungsabkommen (DBA) sind völkerrechtliche Verträge, die die Vermeidung einer doppelten Steuerbelastung bei solchen Steuerpflichtigen zum Ziel haben, die an zwei oder mehrere Staaten Steuern für denselben Erhebungszeitraum und Steuergegenstand entrichten müssen. Doppelbesteuerungsabkommen kennen zwei Prinzipien, durch die eine steuerliche Doppelbelastung vermieden wird: Die Anrechnungsmethode und die Freistellungsmethode. Bei der Anrechnungsmethode behält der Quellenstaat das Besteuerungsrecht und der Wohnsitzstaat lässt die im Ausland gezahlte und keinem Ermäßigungsanspruch mehr unterliegende Steuer zum Abzug zu. Der Wohnsitzstaat kann hierbei den Abzug voll oder begrenzt zulassen. Bei der vollen unbegrenzten Anrechnung lässt der Wohnsitzstaat die gesamte ausländische Steuer von der Inlandssteuer abziehen. Bei einer begrenzten Anrechnung ist ein Abzug ausländischer Steuern von der Inlandssteuer nur insoweit möglich, als der Wohnsitzstaat das Auslandseinkommen besteuern würde, wenn es im Inland anfallen würde. Der Abzugsbetrag darf hier also die Steuer, die im Inland auf die Auslandseinkünfte entfallen würde, nicht übersteigen. Der Investor erleidet dann einen Steuerverlust, wenn der auf die Einkünfte anwendbare Steuersatz im Ausland höher ist als im Inland. Die Freistellungsmethode befreit dagegen z. B. ausländische Zinserträge von der Besteuerung im Wohnsitzstaat. Hierbei kann unterschieden werden zwischen der uneingeschränkten Befreiung und der Befreiung mit Progressionsvorbehalt.

Zur reibungslosen Durchführung eines DBA ist ein ausreichender Informati- 21
onsfluss zwischen den Finanzbehörden der jeweiligen Staaten notwendig. Art. 12 Abs. 1 des Musterabkommens der Organisation für wirtschaftliche Zusammenarbeit und Entwicklung (OECD) zur Vermeidung der Doppelbesteuerung auf dem Gebiet der Nachlass-, Erbschaft- und Schenkungsteuer bestimmt hierzu Folgendes:

„Die zuständigen Behörden der Vertragsstaaten tauschen die Informationen aus, die zur Durchführung dieses Abkommens oder des innerstaatlichen Rechts der Vertragsstaaten betreffend die unter das Abkommen fallenden Steuern erforderlich sind, soweit die diesem Recht entsprechende Besteuerung nicht dem Abkommen widerspricht. Der Informationsaustausch ist durch Art. 1 nicht eingeschränkt. Alle Informationen, die ein Vertragsstaat erhalten hat, sind ebenso geheim zuhalten wie die aufgrund des innerstaatlichen Rechts dieses Staates beschafften Informationen und dürfen nur den Personen oder Behörden (einschließlich der Gerichte und der Verwaltungsbehörden) zugänglich gemacht werden, die mit der Veranlagung oder Erhebung, der Vollstreckung oder Strafverfolgung oder mit der Entscheidung von Rechtsmitteln hinsichtlich der unter das Abkommen fallenden Steuern befasst sind. Diese Personen oder Behörden dürfen die Informationen nur für diese Zwecke verwenden. Sie dürfen die Informationen in einem öffentlichen Gerichtsverfahren oder in einer Gerichtsentscheidung offenlegen".

22 Im Einzelnen sind drei Arten von Auskunftsverkehr möglich:

- auf Ersuchen, und zwar für einen bestimmten Fall, wobei zunächst alle Informationsquellen auszuschöpfen sind, die üblicherweise im innerstaatlichen Besteuerungsverfahren zur Verfügung stehen;
- automatisch, z. B. wenn Mitteilungen über eine bestimmte Art oder mehrere Arten von Einkünften, die aus einem Vertragsstaat in den anderen fließen, dem anderen Staat regelmäßig gegeben werden;
- unaufgefordert, z. B. wenn ein Staat im Verlauf eines Verfahrens Kenntnis von Umständen erlangt hat, die nach seiner Auffassung auch für den anderen Staat von Interesse sind.

23 Am Beispiel des automatischen und des unaufgeforderten Auskunftsverkehrs wird deutlich, dass ein Informationsaustausch nicht nur zur Durchführung des Abkommens, sondern auch für nationale Steuerzwecke möglich ist. Man unterscheidet hier zwischen dem sogenannten kleinen Auskunftsverkehr (kleine Auskunftsklausel), der nur Informationen zur Durchführung des DBA enthalten soll, und dem sogenannten großen Auskunftsverkehr (große Auskunftsklausel), der nicht ausschließlich zur Vermeidung der Doppelbesteuerung dient, sondern auch nationale Interessen der Vertragsstaaten in den Vordergrund stellt.

Begrenzt wird die Auskunftsbefugnis im großen und insbesondere im kleinen Auskunftsverkehr dadurch, dass die erbetene Mitteilung zur Durchführung des DBA (beim kleinen Auskunftsverkehr) bzw. des nationalen Rechts (beim großen Auskunftsverkehr) erforderlich sein muss:[1] Dadurch erfährt der Begriff „Information", der im Übrigen weit zu interpretieren ist, eine Einschränkung. Erforderlich ist eine Information dann, wenn „sie für die Besteuerung in dem die Auskunft begehrenden Vertragsstaat rechtlich erheblich ist – für die Durch-

1 Vogel, Doppelbesteuerungsabkommen Kommentar, Art. 26 Rz. 30.

führung der DBA oder, falls eine große Auskunftsklausel vereinbart ist, für die Anwendung eines innerstaatlichen Rechts – und dieser Vertragsstaat sich die Informationen nicht durch eigene Nachforschungen auf seinem Staatsgebiet beschaffen kann".[1] Sind beide Voraussetzungen gegeben, kann der ersuchte Staat die Auskunft nicht verweigern, selbst dann nicht, wenn der ersuchende Staat innerstaatliches Recht verletzt hat. Ist dagegen der ersuchte Staat nicht zu einer Auskunftserteilung verpflichtet, kann er Auskünfte auf freiwilliger Basis leisten, sofern dadurch innerstaatliches Recht (z. B. das Bankgeheimnis) nicht verletzt wird.

Bezüglich einer Weiterleitung von im Todesfall zu erstattenden Bankmeldungen an deutsche Finanzbehörden setzt der Grundsatz der Erforderlichkeit u. a. 24
voraus, dass zwischen Deutschland und solchen Staaten, die eine Meldepflicht für Banken kennen, ein Doppelbesteuerungsabkommen existiert, das sich auch auf die Erbschaftsteuer bezieht. Doppelbesteuerungsabkommen auf dem Gebiet der Erbschaftsteuern bestehen gegenwärtig mit:[2] Griechenland,[3] Frankreich,[4] Schweden,[5] Schweiz,[6] Dänemark[7] und den Vereinigten Staaten von Amerika.[8]

8 Die Informationszentrale Ausland als Hilfsorgan zur Ermittlung von Fällen der beschränkten und erweiterten beschränkten Erbschaftsteuerpflicht

Zur Überprüfung von grenzüberschreitenden Sachverhalten, welche zu einer 25
erweiterten beschränkten Erbschaftsteuerpflicht führen können, ist beim Bundesamt für Finanzen eine Informationszentrale für steuerliche Auslandsbeziehungen (IZA) eingerichtet worden. Zum Aufgabenbereich der IZA gehört die Erforschung und Erfassung steuerlich relevanter Auslandsbeziehungen inländischer (Erbschaft-)Steuerpflichtiger. Die IZA sammelt alle erhaltenen Informationen, analysiert und archiviert diese in verschiedenen Karteien, die den jeweils zuständigen Finanzämtern und auch der Steuerfahndung zugänglich sind. Das Bundesamt erfährt von bestehenden Auslandsbeziehungen durch

1 Vogel, a. a. O., Art. 26 Rz. 31.
2 BMF, Schreiben v. 18.1.2017 - IV B 2 - S 1301/07/10017-08, BStBl 2017 I S. 140.
3 18.11.1910/1.12.1910, RGBl 1912 S. 173.
4 12.10.2006, BStBl 2009 I S. 1258.
5 14.7.1992, BStBl 1994 I S. 422.
6 30.11.1978, BStBl 1980 I S. 243.
7 22.11.1995, BStBl 1996 I S. 1219.
8 3.12.1980/14.12.1998, BStBl 1982 I S. 765/2001 I S. 110.

die Betriebsprüfungsstellen der Finanzämter, die Kontrollmitteilungen ausstellen und diese dem Bundesamt für Finanzen zur Auswertung übersenden.

9 Kenntnisnahme von Erb- und Schenkungsfällen durch Mitwirkung des Steuerpflichtigen

9.1 Allgemeine Anzeigepflichten der Erwerber

26 Jeder unter das Erbschaftsteuergesetz fallende Erwerb von Todes wegen ist vom Erwerber (Erben) dem für die Verwaltung der Erbschaftsteuer zuständigen Finanzamt anzuzeigen; Schenkungen auch vom Schenker (§ 30 Abs. 1 und 2 ErbStG). Einer Anzeige bedarf es nur dann nicht, „wenn der Erwerb auf einer von einem deutschen Gericht, einem deutschen Notar oder einem deutschen Konsul eröffneten Verfügung von Todes wegen beruht und sich aus der Verfügung das Verhältnis des Erwerbers zum Erblasser unzweifelhaft ergibt" (§ 30 Abs. 3 Satz 1 ErbStG). Eine generelle Anzeigepflicht besteht, wenn zum Erwerb Grundbesitz, Betriebsvermögen, Anteile an Kapitalgesellschaften gehören, die nicht der Anzeigepflicht durch die Kreditinstitute unterliegen, oder wenn es sich um Auslandsvermögen handelt. Schenkungen müssen nur dann nicht angezeigt werden, wenn eine Schenkung unter Lebenden oder eine Zweckzuwendung gerichtlich oder notariell beurkundet ist (§ 30 Abs. 3 Satz 2 ErbStG).

27 Die Anzeigefrist für den Erwerb von Todes wegen beträgt drei Monate. Sie beginnt mit dem Zeitpunkt, an dem der Erwerber (Erbe, Vermächtnisnehmer, Beschenkte) erstmals Kenntnis vom Vermögensanfall erlangt hat. Dies ist regelmäßig dann gegeben, wenn er bei einer Testamentseröffnung erfährt, dass er als Erbe eingesetzt wird.

In Schenkungsfällen ist die Erwerbsanzeigepflicht an den tatsächlichen Vermögensübergang geknüpft. Anzeigepflicht besteht also ab dem Zeitpunkt, ab dem das Geschenk in Empfang genommen wird. Dann beginnt auch die Anzeigefrist, die ebenfalls drei Monate beträgt.

28 Anhand der eingehenden Erwerbsanzeigen prüfen die Finanzämter, ob eine Steuerpflicht bestehen könnte, und fordern ggf. zur Abgabe einer Erbschaft- und Schenkungsteuererklärung auf.[1] Das Finanzamt kann sich an jeden an einem Erbfall oder einer Schenkung Beteiligten wenden, und zwar ohne Rück-

1 Es gibt für den Bereich der Erbschaftsteuer – anders als bei der Einkommensteuer – keine allgemeine Steuererklärungspflicht. Eine Steuererklärung hat nur abzugeben, wer vom Finanzamt hierzu aufgefordert wird.

sicht darauf, ob er selbst steuerpflichtig ist oder nicht. Fordert das Finanzamt unter mehreren Erben letztendlich einen daraus zur Abgabe einer Erbschaft-/ Schenkungsteuererklärung auf, so gilt die Aufforderung nur diesem gegenüber. Bei mehreren Erben ist jeder Erbe unter der Voraussetzung, dass er vom Finanzamt gem. § 31 Abs. 1 ErbStG zur Abgabe einer Erbschaft-/Schenkungsteuererklärung aufgefordert worden ist, nur für seinen Teil erklärungspflichtig.[1] Die von einem aus der Gemeinschaft abgegebene Steuererklärung wirkt auch dann nicht gegen die Übrigen, wenn der betreffende Erwerber eine so umfassende Erklärung abgibt, dass sich auf ihrer Grundlage auch die Steuern gegen die anderen Erwerber festsetzen ließen.

Ein besonderes Formblatt existiert für Erwerbsanzeigen nicht. Die Meldung soll enthalten:

1. Vorname und Familienname, Steueridentifikationsnummer, Beruf, Wohnung des Erblassers oder Schenkers und des/der Erwerber(s)r
2. Sterbetag und -ort bzw. Tag und Ausführungsort der Schenkung
3. Gegenstand und Wert des Erwerbs
4. Rechtsgrund des Erwerbs wie gesetzliche Erbfolge, Vermächtnis, Ausstattung
5. persönliches Verhältnis des Erwerbers zum Erblasser oder zum Schenker wie Verwandtschaft, Schwägerschaft, Dienstverhältnis
6. frühere Zuwendungen des Erblassers oder Schenkers an den Erwerber nach Art, Wert und Zeitpunkt der einzelnen Zuwendung.

HINWEISE:

- Die Erwerbsanzeigen sind an die örtlich zuständigen Erbschaftsteuerfinanzämter zu übermitteln. Die örtliche Zuständigkeit richtet sich nach dem (letzten) Wohnsitz des Erblassers/Schenkers. Zuständig ist damit jenes Erbschaftsteuerfinanzamt, welches dem Bezirk des jeweiligen Wohnsitzfinanzamts zugehört. Der Erwerb von Betriebsvermögen von Todes wegen ist immer anzuzeigen, auch wenn die Verschonungsregelungen für Betriebsvermögen[2] anzuwenden sind.
- Da die Festsetzungsfrist für Schenkungen nicht vor dem Tod des Schenkers beginnt (es sei denn, das Finanzamt hat bereits früher Kenntnis erlangt), unterliegen auch solche Zuwendungen der Erwerbsanzeigepflicht, die bereits vor mehr als zehn Jahren getätigt wurden (falls nicht auszuschließen ist, dass sie steuerfrei waren).
- Bei Unterlassen der Anzeigepflichten nach § 30 ErbStG kann das Finanzamt Hinterziehungszinsen ab dem Zeitpunkt berechnen, ab dem das Finanzamt bei ordnungs-

1 BFH, Urteil v. 5.5.1999 - II R 96/97, VAAAA-63132.

2 Rz. 581 ff.

gemäßer Anzeige und Abgabe einer Steuererklärung die Steuern festgesetzt hätte. Der Zeitpunkt orientiert sich dabei an der durchschnittlich erforderlichen Zeit für die Bearbeitung eingegangener Erbschaft-/Schenkungsteuererklärungen. Hinweise können sich aus dem Controlling–Bericht des betreffenden Finanzamtes ergeben. Im Allgemeinen kann der Zinslauf jedenfalls nicht später als zwölf Monate nach der jeweiligen Schenkung beginnen.[1]

9.2 Anzeigepflichten der Stiftungen und Vereine

29 Erwerbe von (nicht gemeinnützigen) Familienstiftungen und Vereinen mit dem Zweck der Vermögensbindung für eine Familie oder bestimmter Familien unterliegen sowohl im Zeitpunkt des Ersterwerbs der Schenkungsteuer als auch in Zeitabständen von 30 Jahren der sogenannten Ersatzerbschaftsteuer.[2] Zur Sicherstellung des Steueraufkommens müssen solche Stiftungen und Vereine binnen einer Frist von drei Monaten nach dem Zeitpunkt des ersten Vermögensübergangs dem für sie zuständigen Erbschaftsteuerfinanzamt den Vermögensübergang anzeigen (§ 30 Abs. 5 ErbStG).[3] Die Anzeige soll folgende Angaben enthalten:

1. Name, Ort der Geschäftsleitung, Sitz der Stiftung bzw. des Vereins
2. Name und Anschrift des gesetzlichen Vertreters oder der Stiftung oder des Vereins,
3. Zweck der Stiftung oder des Vereins,
4. Zeitpunkt des ersten Vermögensübergangs auf die Stiftung oder den Verein,
5. Wert und Zusammensetzung des Vermögens.

HINWEISE:

Erwerbsanzeigen sind den örtlich zuständigen Erbschaftsteuerfinanzämter zu übermitteln. Die örtliche Zuständigkeit richtet sich nach dem Ort der Geschäftsleitung oder- wenn sich diese im Ausland befindet - nach dem Sitz der Stiftung oder des Vereins (§ 35 Abs. 4 ErbStG).[4]

1 BFH, Urteil v. 28.9.2019 - II R 7/17, SAAAH-44213.

2 Zur Ersatzerbschaftsteuer vgl. Rz. 1173.

3 I. d. F. JStG 2020 I S 3096.

4 I. d. F. JStG 2020 BGBl. 2020 I S. 3096.

9.3 Meldefreie Gelegenheitsgeschenke

Gelegenheitsgeschenke sind nach § 13 Abs. 1 Nr. 14 ErbStG steuerfrei und somit auch nicht meldepflichtig. Gelegenheitsgeschenke sind Anstandsschenkungen, also solche Zuwendungen, die als selbstverständlich gelten und „für die Betroffenen häufig unvermeidbar" sind.[1] In erster Linie denkt man hier an Geburtstags-, Heirats- oder Weihnachtsgeschenke. Was als übliches Gelegenheitsgeschenk angesehen werden kann, ist fallweise zu beurteilen. Grundstücksgeschenke fallen in keinem Fall darunter. Das Hessische Finanzgericht sah eine Geldzuwendung i. H. von 80.000 DM (40.903 €) für Haus- und Gartenrenovierungen sowie die Zuwendung eines Pkws mit einem Wert von 73.000 DM (37.324 €) auch bei besonders vermögenden Verhältnissen des Schenkers nicht als übliche Gelegenheitsgeschenke an. Die Üblichkeit eines Geschenkes sei dabei nicht nach einem Hundertsatz des Vermögens des Schenkers zu beurteilen, sondern nach den sich wandelnden Lebensgewohnheiten der jeweiligen Bevölkerungsschichten. Hierbei sei auch bei großem Wohlstand eine durch die allgemeine Verkehrsauffassung gezogene Obergrenze zu berücksichtigen, aus der sich die Üblichkeit von Geschenken herleitet.[2] 30

Im Allgemeinen ist die Abgrenzung zwischen meldefreien Anstandsschenkungen und meldepflichtigen freigebigen Zuwendungen schwierig, wenn es um Schenkungen von größerem Wert geht. Streitig ist nach wie vor, ob die Vermögensverhältnisse des Schenkers und des/der Bedachten bei der Beurteilung der Angemessenheit berücksichtigt werden können. Nicht geklärt ist auch, ob das Verwandtschaftsverhältnis und die soziale Schicht der Betroffenen berücksichtigt werden können. Übersteigt ein Gelegenheitsgeschenk den üblichen Rahmen, ist das Geschenk zur Gänze steuerpflichtig. Es kann kein angemessener Anteil abgezogen werden.

10 Verjährung der Erbschaft- und Schenkungsteueransprüche

Die Möglichkeit, Erbschaft- und Schenkungsteuern auch noch Jahrzehnte nach dem Ereignis eintreiben zu können, verdanken die Finanzämter der sogenannten Anlaufhemmung, welche die Verjährungsfrist (Festsetzungsverjährung) für solche Steuerschulden erst sehr viel später zu laufen beginnen lässt. Die Festsetzungsfrist für Steueransprüche beginnt grds. mit Ablauf des Kalenderjahres, in dem die Steuer entstanden ist (§ 170 Abs. 1 AO). Die Erbschaftsteuer 31

1 Jülicher in Troll/Gebel/Jülicher/Gottschalk, ErbStG, § 13 Rz. 165.

2 Hessisches FG, Urteil v. 24.2.2005 - 1 K 3480/03, CAAAB-56778.

entsteht nach § 9 ErbStG im Regelfall mit dem Tod des Erblassers. Stirbt E im Kalenderjahr 01, beginnt die Festsetzungsfrist mit Ablauf des Jahres 01 zu laufen; sie wäre nach vier Jahren, also im Kalenderjahr 05 abgelaufen. Schenkungsteuer entsteht mit dem Zeitpunkt der Ausführung der Zuwendung. Beschenkt E den A im Kalenderjahr 01, würde die Festsetzungsfrist ebenfalls mit Ablauf des Jahres 01 beginnen. Unter normalen Umständen (wenn keine Steuerhinterziehung vorliegt) wären beide Steueransprüche im Kalenderjahr 05 verjährt – wenn es nicht die Anlaufhemmung gäbe.

32 Nach § 170 Abs. 5 Nr. 1 AO beginnt die Festsetzungsfrist im Erbfall nicht vor Ablauf des Kalenderjahres, in dem der Rechtsnachfolger von seinem Erbe Kenntnis erlangt, und zwar sichere Kenntnis. Der Erbe muss sowohl über die Höhe seiner Erbschaft als auch vom Erwerbsgrund Kenntnis haben. Hierzu gehört auch die Gewissheit, dass keine ernsthaften Gründe gegen einen Erbantritt sprechen. Sichere Kenntnis erlangen Erben in aller Regel nicht vor einer Testamentseröffnung. Dieser Zeitpunkt kann aber u.U. erheblich hinter dem Todesfall liegen, man denke hier nur an ein nicht (beim Nachlassgericht) hinterlegtes Testament, das plötzlich zum Vorschein tritt. Eine Steuerfestsetzung wäre somit auch noch nach sieben und mehr Jahren nach dem Tod des Testators möglich.

33 Bei der Schenkung beginnt die Festsetzungsfrist nicht vor Ablauf des Kalenderjahres, in dem der Schenker gestorben ist oder die Finanzbehörde von der vollzogenen Schenkung Kenntnis erlangt hat (§ 170 Abs. 5 Nr. 2 AO). Obwohl also auch hier eine Steuererklärungspflicht besteht, beginnt die Festsetzungsfrist bereits mit der Kenntnis der Finanzbehörde. Kenntniserlangung liegt vor, wenn eine Erwerbsanzeige erstattet oder eine Schenkungsteuererklärung abgegeben wurde, welche bereits alle Angaben enthält, die das Finanzamt in den Stand versetzt, die Steuer festzusetzen.

34 Nur die positive Kenntnis der Finanzbehörde von der vollzogenen Schenkung führt hier allerdings zum Beginn der Festsetzungsfrist. Nicht ausreichend ist, wenn die Finanzbehörde erst auf Grund weiterer Ermittlungen davon Kenntnis erlangen konnte, dass ein schenkungsteuerpflichtiger Vorgang vorliegt. Das Finanzamt muss den Vorgang nicht kennen. So stellt sich die Frage erst gar nicht, ob weitere Sachverhaltsermittlungen nahe gelegen hätten. Der Grund, dass die Festsetzungsfrist für Schenkungen erst mit dem Tod des Schenkers beginnt (wenn das Finanzamt im Schenkungszeitpunkt nicht in Kenntnis gesetzt wurde), mag darin zu sehen sein, dass größere vom Erblasser zu Lebzeiten getätigte Zuwendungen vielfach erst im Zuge einer Erbauseinandersetzung ans Tageslicht geraten. Weil eine Erwerbsanzeige in vielen Fällen pflicht-

widrig unterlassen wird, rechnet das Finanzamt fest damit, dass hintergangene Erben „reinen Tisch" machen und Ausgleichsansprüche gegen bevorzugt Beschenkte geltend machen werden. Nutznießer solcher Auseinandersetzungen sind immer die Finanzämter.

Weil die Festsetzungsfrist erst mit dem Tod des Schenkers zu laufen begonnen hat, werden geheime Schenkungen nachbesteuert, und zwar auch solche, die länger als zehn Jahre zurückliegen. Schenkungen, die innerhalb des vergangenen Zehnjahreszeitraumes vollzogen worden sind, sind ggf. mit Erwerben von Todes wegen zusammenzufassen (§ 14 Abs. 1 ErbStG). 35

Ist eine Erwerbsanzeige oder eine Erbschaft-/Schenkungsteuererklärung abzugeben, beginnt die Festsetzungsfrist – abweichend vom oben festgestellten Grundsatz – nicht mit Ablauf desjenigen Kalenderjahres, in dem die Steuer entstanden ist, sondern mit Ablauf desjenigen Jahres, in dem die Anzeige erstattet bzw. die Steuererklärung eingereicht wurde (§ 170 Abs. 2 Nr. 1 AO). Beschenkt E den A im Kalenderjahr 01 und reicht A die Schenkungsteuererklärung erst in 02 ein, beginnt die Festsetzungsfrist auch erst am 31.12. des Jahres 02 zu laufen. Dies gilt auch, wenn gesetzliche Anzeigepflichten von Gerichten und Behörden bestehen, etwa wenn ein Nachlassgericht die Erteilung von Erbscheinen und die eröffneten Verfügungen von Todes wegen bereits angezeigt hat. Auch dann beginnt die Festsetzungsfrist mit Abgabe der Steuererklärung. Die Steuererklärungen müssen dabei unterschrieben sein, denn nur unterschriebene Erbschaft-/Schenkungsteuererklärungen setzen die Festsetzungsfrist in Gang. 36

Der Beginn der Festsetzungsfrist für die von einem anzeigepflichtigen Erwerber geschuldete Erbschaftsteuer wird jedoch dann nicht nach § 170 Abs. 2 Nr. 1 AO hinausgeschoben, wenn dem Finanzamt der Name des Erwerbers sowie der Rechtsgrund für den Erwerb bekannt werden.[1] Im Urteilsfall erfuhr das Finanzamt von der Existenz eines anzeigepflichtigen Pflichtteilsberechtigten durch die Alleinerbin, die diesen in ihrer Erbschaftsteuererklärung namentlich aufgeführt hatte. Keine Anlaufhemmung der Festsetzungsverjährung tritt auch ein, wenn ein von einem Amtsgericht eröffnetes Testament das Finanzamt in die Lage versetzt zu prüfen, ob ein erbschaftsteuerlicher Vorgang vorliegt, oder wenn das Finanzamt aus der amtlich eröffneten Verfügung von Todes wegen unzweifelhaft die namentliche Bezeichnung des Erblassers und des Erwerbers entnehmen kann. 37

1 BFH, Urteil v. 30.10.1996 - II R 70/94, BStBl 1997 II S. 11.

HINWEIS:

Für die Erbschaftsteuer beginnt die Verjährungsfrist zu laufen mit Ablauf des Kalenderjahres, in dem der Erblasser stirbt, eine Erwerbsanzeige oder eine Erbschaftsteuererklärung abgegeben wurde, spätestens aber nach dem dritten Kalenderjahr, das dem Todesjahr folgt, nicht aber vor Ablauf des Kalenderjahres, in dem der Erwerber vom Erbfall Kenntnis erlangt hat.

38 Für die Schenkungsteuer beginnt die Verjährungsfrist zu laufen: mit Ablauf des Kalenderjahres, in dem die Schenkung vollzogen, eine Erwerbsanzeige oder eine Schenkungsteuererklärung abgegeben wurde, spätestens aber nach dem dritten Kalenderjahr, das dem Schenkungsjahr folgt, nicht aber vor Ablauf des Kalenderjahres, in dem der Schenker gestorben ist oder das Finanzamt von der Schenkung Kenntnis erlangt hat.

39–49 *(Einstweilen frei)*

Teil II: Wie der Fiskus Erbvermögen erfasst und steuerlich bewertet

Vorbemerkung

Wirtschaftsgüter, die nicht aus Geld bestehen, müssen bewertet werden. Erst danach können Erbschaftsteuern, Schenkungsteuern, Grundsteuern oder Gewerbesteuern (etwa bei der anteiligen Kürzung des Gewerbegewinns um 1,2 Prozent des Grundstücks-Einheitswerts bzw. ab 2025 um 0,11 Prozent des Grundsteuerwertes) festgesetzt werden. Bewerten heißt also, einem Wertgegenstand einen adäquaten Geldbetrag zuzuteilen oder anders formuliert: Bewerten ist das Umrechnen von nicht aus Geld bestehenden Wirtschaftsgütern in Geld. Wie dieses „Bewerten" in der Praxis durchzuführen ist und was im Einzelfall wertbestimmend ist, steht im Bewertungsgesetz (BewG). 50

Das Bewertungsgesetz regelt Grundsatzfragen wie: 51

- Was ist zu bewerten (Frage nach dem Bewertungsgegenstand)?
- Wie ist zu bewerten (Frage nach dem Bewertungsmaßstab und der Bewertungsmethode)?
- Wann ist zu bewerten (Frage nach dem maßgebenden Bewertungszeitpunkt)?
- Wem ist welches Vermögen zuzurechnen?

Den Bewertungsgegenstand bildet eine sogenannte wirtschaftliche Einheit. 52 Diese ist zuallererst festzustellen und die zu bewertenden Wirtschaftsgüter sind einer bestimmten Vermögensart zuzuordnen. Erst anschließend kann der richtige Bewertungsmaßstab festgesetzt und die entsprechende Bewertungsmethode angewendet werden.

Zu bewerten ist in erster Linie nach dem Verkaufs- oder Verkehrswert. Das Bewertungsrecht bezeichnet diesen Wert als den „gemeinen Wert". „Der gemeine Wert wird durch den Preis bestimmt, der im gewöhnlichen Geschäftsverkehr nach der Beschaffenheit des Wirtschaftsgutes bei einer Veräußerung zu erzielen wäre" (§ 9 Abs. 2 Satz 1 BewG). Maßgeblich ist also hier die Wertvorstellung des Erwerbers an einem einzelnen Wirtschaftsgut. Der gemeine Wert kommt immer dann zur Anwendung, wenn nichts anderes vorgeschrieben ist.

Wirtschaftsgüter dürfen nicht nur nach ihrem Gegenwartswert bemessen werden. Wertentscheidend können auch zukünftige Ertragsaussichten sein. Der sogenannte Ertragswert eines Bewertungsgegenstandes spiegelt die

Wertvorstellungen eines Erwerbers wider, die rein auf die Ertragsaussichten gerichtet sind.

Für die Ermittlung des steuerpflichtigen Erwerbs bei Grundstücken ist für die Erbschaft- und Schenkungsteuer auf den Zeitpunkt der Entstehung der Steuerschuld abzustellen. Auf diesen Bewertungsstichtag ist nach Maßgabe des steuerlichen Bewertungsrechts der gemeine Wert zu ermitteln, was im Regelfall einer Verkehrswertermittlung des Übertragungsgegenstandes gleichkommt.

53 Vermögensübertragungen durch Erbfälle, Schenkungen oder im Rahmen der Gründung von Stiftungen führen regelmäßig zu einer sogenannten Zurechnungsfortschreibung. Darüber hinaus ist die Zurechnung einer wirtschaftlichen Einheit zu klären. Nach § 22 Abs. 2 BewG ist über die Zurechnung eines Vermögensgegenstandes eine neue Feststellung zu treffen, wenn dies u. a. „für die Besteuerung von Bedeutung ist", was in Fällen des Eigentümerwechsels selbstverständlich der Fall ist.

Bedingung: Es muss eine bestehende wirtschaftliche Einheit als Ganzes auf einen anderen Eigentümer übergehen und hierbei als selbständige wirtschaftliche Einheit erhalten bleiben.

BEISPIEL: A hat einen landwirtschaftlichen Nutzgrund als Bauerwartungsland erworben. Drei Jahre später veräußert A das Grundstück

a) an den Landwirt L,

b) an den Kaufmann P, der Gemeinderatsmitglied ist und mittelfristig mit einer Baulandausweisung rechnet.

Eine Zurechnungsfortschreibung ist unter a) nicht vorzunehmen. Es geht zwar eine bestehende wirtschaftliche Einheit als Ganzes auf einen anderen Eigentümer über, die Wiese fließt aber in die wirtschaftliche Einheit „Land- und forstwirtschaftliches Vermögen" ein und geht dort sozusagen „unter". Die Wiese bleibt also nicht als eigenständige wirtschaftliche Einheit erhalten und wird auch nicht länger so bewertet. Vielmehr stellt die Wiese nach der Übertragung ein Wirtschaftsgut dar, das mit den übrigen Gegenständen des Betriebs eine wirtschaftliche Einheit bildet. Es ist hier also zu prüfen, ob ggf. eine Wertfortschreibung in Betracht kommt.

Eine Zurechnungsfortschreibung erfolgt aber unter b) ,denn hier bleibt die Wiese als selbständige wirtschaftliche Einheit der Vermögensart „land- und forstwirtschaftliches Vermögen" erhalten (als „Stückländerei"). Der Kaufmann besitzt selbst nämlich kein landwirtschaftliches Vermögen.

HINWEIS:

Eine Zurechnungsfortschreibung kommt auch in Betracht, wenn Teile einer wirtschaftlichen Einheit auf einen anderen Erwerber übergehen. Für die Grundsteuer müsste beispielsweise eine Zurechnungsfortschreibung stattfinden, wenn das Familienwohnheim der Frau übertragen wird. Solche Übertragungen sind übrigens schenkungsteuerfrei.

1 Bewertungsgegenstände

1.1 Das Wirtschaftsgut und die wirtschaftliche Einheit

Bewertungsgegenstand für die Erbschaft- und Schenkungsteuer bzw. Bewertungsgegenstand des Bewertungsrechts ist die wirtschaftliche Einheit. Die wirtschaftliche Einheit setzt sich aus einzelnen Wirtschaftsgütern zusammen, die einem (demselben) Eigentümer gehören. Die wirtschaftliche Einheit soll hierbei diejenigen einzelnen Wirtschaftsgüter eines Eigentümers zu einer Einheit zusammenfassen, die einem gemeinschaftlichen wirtschaftlichen Zweck dienen. Wirtschaftsgüter sind dabei selbständig bewertbare Güter, die einen in Geld messbaren Wert besitzen und Gegenstand des wirtschaftlichen Verkehrs sind. So umfasst beispielsweise die wirtschaftliche Einheit eines Gewerbegrundstücks oder eines sonstigen Grundstücks regelmäßig den Grund und Boden, die Gebäude, die Außenanlagen, insbesondere Wege- und Platzbefestigungen sowie Einfriedungen, die sonstigen wesentlichen Bestandteile und das Zubehör. Hinterlässt ein Erblasser z. B. ein Wertpapierdepot, eine Zwei-Zimmer-Wohnung und einen Pkw, bildet jedes Wirtschaftsgut eine eigenständige wirtschaftliche Einheit. Jede wirtschaftliche Einheit ist dabei für sich zu bewerten und im Ganzen festzustellen (§ 2 Abs. 1 Satz 2 BewG). 54

Bei Betriebsgrundstücken ergibt sich regelmäßig ein Widerspruch: Denn einerseits bilden alle Teile eines Gewerbebetriebs die wirtschaftliche Einheit „Betriebsvermögen" (§ 95 Abs. 1 BewG), andererseits aber stellt jedes Grundstück für sich allein eine wirtschaftliche Einheit „Grundvermögen" dar (§ 70 Abs. 1 BewG). 55

Das Betriebsgrundstück gehört nach den „Anschauungen des Verkehrs" – und danach ist zu entscheiden, was als wirtschaftliche Einheit zu gelten hat (§ 2 Abs. 1 Satz 3 BewG) – zur wirtschaftlichen Einheit „Betriebsvermögen", denn es dient ja zusammen mit den Maschinen und Anlagen einem bestimmten Zweck. Der Konflikt wird dahin gehend gelöst, dass das Betriebsgrundstück als selbständige wirtschaftliche Einheit bewertet wird und mit diesem Wert als wirtschaftliche Untereinheit in die übergeordnete Einheit „Betriebsvermögen" einbezogen wird (§ 19 Abs. 3 Nr. 1b BewG).

56 Bei der Zusammenfassung einzelner Wirtschaftsgüter in eine wirtschaftliche Einheit sind neben der allgemeinen Verkehrsanschauung auch örtliche Gewohnheiten, die tatsächliche Übung, die Zweckbestimmung, d. h. die Absichten des Eigentümers sowie die wirtschaftliche Zusammengehörigkeit der einzelnen Wirtschaftsgüter zu berücksichtigen (§ 2 Abs. 1 Satz 4 BewG).

BEISPIELE:

- Ein Metzgermeister M betreibt in einem Geschäftshaus einen Laden und ein Restaurant. Laden und Restaurant bilden nach den örtlichen Gewohnheiten eine wirtschaftliche Einheit.
- Ein Einzelhändler E besitzt Aktien der A-AG. Die Aktien erscheinen in der Betriebsbuchhaltung nicht; sie bilden nach der tatsächlichen Übung und Zweckbestimmung eine eigene wirtschaftliche Einheit.
- A besitzt ein Wohn- und ein Geschäftshaus. Beide Häuser sind getrennt. Die Anwesen gehören nicht zusammen und bilden nach der wirtschaftlichen Zusammengehörigkeit je eine eigene wirtschaftliche Einheit.
- R hat in einem Industriegebiet eine Grundstücksfläche von 3.000 qm erworben. Die Fläche liegt in einem reinen Gewerbegebiet. Die Errichtung von Wohngebäuden wird deshalb nur in Verbindung mit einem Betriebsgebäude genehmigt. Das Grundstück hat nur einen Zugang. Auf dem hinteren Grundstücksteil errichtet R ein Einfamilienhaus, das er auch selbst nutzt. Der vordere Grundstücksteil dient der Errichtung der Werkstatt des R. Es handelt sich hier um eine wirtschaftliche Einheit. Eine Aufspaltung kann nicht erfolgen, weil es sich bei dem Grundstück um ein Gewerbegrundstück handelt, auf dem private Wohnbauten nur in Verbindung mit einem Betriebsgebäude möglich sind. Die „tatsächliche Übung", die „Zweckbestimmung" (das Wohnhaus wird vom Betriebsinhaber bewohnt), die „örtliche Gewohnheit" (nirgends in naher Umgebung gelten andere Bauvorschriften) sowie die „wirtschaftliche Zusammengehörigkeit" (das Wohnhaus liegt im hinteren Bereich und kann nur durch Betreten des vorderen Betriebsteils erreicht werden) sprechen für eine wirtschaftliche Einheit. Das Wohnhaus darf also nicht als eigene wirtschaftliche Einheit „Grundvermögen" angesehen werden.[1]

57 Bei der wirtschaftlichen Zusammengehörigkeit wird untersucht, ob sich aus den einzelnen Wirtschaftsgütern ein Funktionszusammenhang ergeben kann oder nicht. Voraussetzung dafür ist, dass die Wirtschaftsgüter derselben Vermögensart angehören.

58 Gemäß § 242 Abs. 1 HGB und den Grundsätzen ordnungsmäßiger Buchführung (GoB) hat jeder Kaufmann das Verhältnis seines Vermögens und seiner

1 Welcher Grundstücksart dieses Grundstück zugehören würde, richtet sich nach dem Verhältnis der Jahresrohmieten zum Wohnungsteil und zum Werkstattteil.

Schulden bilanzmäßig darzustellen. Dies setzt selbstverständlich voraus, dass alle dort aufgeführten Vermögensgegenstände auch vorhanden sind. Entsprechendes gilt für die Steuerbilanz: Gemäß § 5 Abs. 1 EStG ist als Betriebsvermögen anzusetzen, was nach den handelsrechtlichen Grundsätzen ordnungsmäßiger Buchführung (GoB) auszuweisen ist. Dementsprechend bestimmen die Einkommensteuerrichtlinien folgerichtig, dass ein Grundstück, das nur teilweise dem Betriebsinhaber (Ehegatten) gehört, auch nur insoweit Betriebsvermögen sein kann, als es diesem gehört. Abweichend hiervon zählt für Zwecke der Erbschaft- und Schenkungsteuer und Bewertung ein Betriebsgrundstück stets zum Grundvermögen, wenn es mehreren Personen gehört. Dies gilt selbst dann, wenn das Grundstück einem Mitbesitzer in vollem Umfang gewerblichen Zwecken dient.

Schließlich ist der Steuerwert einer wirtschaftlichen Einheit im Ganzen fest- 59
zustellen (§ 2 Abs. 1 Satz 2 BewG). „Im Ganzen feststellen" heißt, dass der Gesamtwert aller eine wirtschaftliche Einheit bildender Wirtschaftsgüter nicht durch einfache Addition aller Einzelwerte ermittelt werden darf, sondern durch unmittelbare Bewertung der wirtschaftlichen Einheit selbst unter Zuhilfenahme der nach dem Bewertungsgesetz maßgeblichen Wertermittlungsvorschriften. Beispielsweise gelten für die Bewertung der wirtschaftlichen Einheit des Grundvermögens in Abhängigkeit der Grundstücksart das Sachwert-, Vergleichswert- sowie das Ertragswertverfahren.

HINWEIS:

Am Grundsatz der Gesamtbewertung ändert sich nichts, wenn an der wirtschaftlichen Einheit (z. B. an einer Personengesellschaft) mehrere Personen beteiligt sind. Der errechnete Wert des Betriebsvermögens ist vielmehr nach Maßgabe des § 97 Abs. 1a i. V. mit § 3 BewG auf die Gesellschafter zu verteilen.

1.2 Die Vermögensarten

1.2.1 Überblick

Wirtschaftsgüter können nur dann zu einer wirtschaftlichen Einheit zusam- 60
mengefasst werden, wenn sie einer Vermögensart zugeordnet werden können. Das Bewertungsrecht kennt drei Vermögensarten (§ 18 BewG):

- das land- und forstwirtschaftliche Vermögen,
- das Grundvermögen,
- das Betriebsvermögen.

61 Ausnahmen bestehen nur, wenn ein Grundstück teilweise einer natürlichen Person und teilweise einer Körperschaft, Personenvereinigung oder Vermögensmasse gehört. In solchen Fällen zählt der der natürlichen Person gehörende Grundstücksteil zum Grundvermögen dieser Person. Der Rest stellt Betriebsvermögen dar, weil Körperschaften, Personenvereinigungen oder Vermögensmassen nur Betriebsvermögen haben können.

HINWEIS:

Nur Wirtschaftsgüter, die derselben Vermögensart zugehören, können zu einer wirtschaftlichen Einheit zusammengefasst werden und sind als Einheit zu bewerten.

1.2.2 Land- und forstwirtschaftliches Vermögen

62 Land- und forstwirtschaftliches Vermögen stellt die erste der drei in § 18 BewG genannten Vermögensarten des Bewertungsrechts dar. Zum land- und forstwirtschaftlichen Vermögen gehören alle Wirtschaftsgüter, die einem Betrieb der Land- und Forstwirtschaft dauernd zu dienen bestimmt sind. Hierzu gehören nach § 33 BewG insbesondere der Grund und Boden, die Wohn- und Wirtschaftsgebäude, die stehenden Betriebsmittel (u. a. Maschinen, Ackergeräte, Milchkühe) und ein normaler Bestand an umlaufenden Betriebsmitteln (das sind z. B. Saatgut, Düngemittel, Getreide, Zuckerrüben, Holz usw.).

63 Der Begriff „land- und forstwirtschaftliches Vermögen" ist ein Sammelbegriff, der neben der Land- und Forstwirtschaft auch den Weinbau und den Gartenbau einschließt. So gehören Erzeugnisse des Grund und Bodens immer zur Land- und Forstwirtschaft, ebenso wie die Züchtung von Jungtauben für den Verzehr. Die Züchtung von Brieftauben stellt allerdings eine gewerbliche Tätigkeit dar.

64 Einen Betrieb der Land- und Forstwirtschaft können auch sogenannte „Stückländereien" bilden. Das sind „einzelne land- und forstwirtschaftlich genutzte Flächen, bei denen die Wirtschaftsgebäude oder die Betriebsmittel oder beides nicht dem Eigentümer des Grund und Bodens gehören, sondern am Bewertungsstichtag für mindestens 15 Jahre einem anderen Betrieb der Land- und Forstwirtschaft zu dienen bestimmt sind" (§ 160 Abs. 7 BewG). Solche Grundstücke fließen in die Gesamtbewertung des betreffenden Landwirtschaftsbetriebes ein. Auf die Größe solcher Grundstücke kommt es nicht an. Ebenso setzt ein Betrieb der Land- und Forstwirtschaft im steuerlichen Sinne weder eine Mindestgröße noch irgendwelche Betriebsmittel voraus. Daher stellt auch die Nutzung von Stückländereien grds. die Ausübung einer land- und forstwirtschaftlichen Tätigkeit dar. Die Grenze liegt nach der Rechtsprechung

des BFH allerdings dort, wo die Erträge so niedrig sind, wie sie ein privater Gartenbesitzer für Eigenbedarfszwecke erzielt.[1]

1.2.3 Grundvermögen

1.2.3.1 Begriff

Grundvermögen bildet die dem land- und forstwirtschaftlichen Vermögen folgende zweite Vermögensart im Bewertungsrecht. Das Bewertungsrecht kennt folgende artverwandte Begriffe, die alle – scheinbar – dieselbe Vermögensart meinen: Grundstück, Betriebsgrundstück oder Grundbesitz. In Wirklichkeit beinhaltet jeder Begriff etwas anderes: Grundvermögen stellt neben dem land- und forstwirtschaftlichen und dem Betriebsvermögen die eigentliche Vermögensart (wirtschaftliche Einheit) dar, die nach den Grundsätzen des Bewertungsrechts wertmäßig festzustellen ist. Das Grundstück verkörpert dagegen als Grund und Boden den Bewertungsgegenstand der wirtschaftlichen Einheit „Grundvermögen". Zum Grundvermögen gehören der Grund und Boden, die Gebäude, die sonstigen Bestandteile und das Zubehör. Zum Grundvermögen gehören ebenso das Erbbaurecht sowie das Wohnungs- und Teileigentum, Wohnungserbbaurecht und Teilerbbaurecht nach dem Wohnungseigentumsgesetz.[2] 65

Der Begriff Grundbesitz fasst schließlich die Betriebe der Land- und Forstwirtschaft, Grundstücke und Betriebsgrundstücke zusammen (§ 19 Abs. 1 BewG). Der Grundbesitz spielt für die Grundsteuer und für die Gewerbesteuer bzw. überall dort eine Rolle, wo für die Besteuerung noch Einheitswerte benötigt werden. 66

Grundvermögen stellt also ein Element aus der Menge „Grundbesitz" dar, das weder land- und forstwirtschaftliches Vermögen ist noch ein Betriebsgrundstück darstellt.

Zum Grundvermögen gehören nach § 68 BewG:

- der Grund und Boden, die Gebäude, die sonstigen Bestandteile und das Zubehör,
- das Erbbaurecht,
- das Wohnungseigentum, Teileigentum, Wohnungserbbaurecht und Teilerbbaurecht nach dem Wohnungseigentumsgesetz,

1 BFH, Urteil v. 5.5.2011 - IV R 48/08, BStBl 2011 II S. 792.
2 R B 176.1 ErbStR 2019.

- soweit es sich nicht um land- und forstwirtschaftliches Vermögen (§ 33 BewG) oder um Betriebsgrundstücke (§ 99 BewG) handelt.

67 Gebäude bilden einen wesentlichen Bestandteil des Grund und Bodens. Wesentlicher Bestandteil eines Gegenstandes ist jeder Gegenstand, der vom anderen nicht getrennt werden kann, ohne dass der eine oder der andere dadurch zerstört oder wesentlich verändert werden würde. Dies ist bei Gebäuden der Fall, da diese mit dem Grund und Boden fest verbunden sind (§§ 93, 94 BGB).

Neben dem Gebäude sind auch noch „sonstige Bestandteile" zu einer wirtschaftlichen Einheit Grundvermögen zusammenzufassen. Sonstige Bestandteile sind u. a. die Außenanlagen, Terrassen, Gartenanlagen, Umzäunungen usw.

68 Nicht zum Grundvermögen gehören Bodenschätze und Betriebsvorrichtungen; letztere selbst dann nicht, wenn sie einen wesentlichen Bestandteil des Grundstücks darstellen. Betriebsvorrichtungen sind beispielsweise Schornsteine, Lastenaufzüge oder Gleisanlagen.

Die Abgrenzung der Betriebsvorrichtungen vom Grundvermögen hat einen Vorteil: Dadurch, dass Betriebsgrundstücke wie Grundvermögen bewertet werden, fließen Betriebsvorrichtungen nicht in die Wertermittlung für Betriebsgrundstücke ein und werden dadurch nicht auch noch mit Grundsteuer belastet.

1.2.3.2 Abgrenzung des Grundvermögens vom land- und forstwirtschaftlichen Vermögen und Betriebsvermögen

69 Landwirtschaftliche Nutzflächen sind dem Grundvermögen zuzurechnen, wenn sie in einem Bebauungsplan als Bauland festgesetzt sind, ihre sofortige Bebauung möglich ist und die Bebauung innerhalb des Plangebiets in benachbarten Bereichen begonnen hat oder schon durchgeführt ist (§ 69 Abs. 3 Satz 1 BewG). Bei solchen baureifen Grundstücken spielt der für die allgemeine Abgrenzung maßgebliche subjektive Wille des Landwirts, die Fläche als Anbaugebiet zu nutzen, keine Rolle mehr. Existiert kein rechtsverbindlicher Bebauungsplan für das Wiesen- und Ackerland und stellt der Betrieb die Existenzgrundlage des Betriebsinhabers dar, dürfen landwirtschaftliche Nutzflächen nur dann als Grundvermögen bewertet werden, wenn mit großer Wahrscheinlichkeit anzunehmen ist, dass sie spätestens nach zwei Jahren anderen als land- und forstwirtschaftlichen Zwecken dienen werden (§ 69 Abs. 2 BewG). In allen übrigen Fällen fallen Nutzflächen unter die wirtschaftliche Einheit

„Grundvermögen" nur dann, wenn sie mit großer Wahrscheinlichkeit in absehbarer Zeit (darunter ist ein Zeitraum von bis zu sechs Jahren zu verstehen) anderen als landwirtschaftlichen Zwecken dienen werden (§ 69 Abs. 1 BewG).

Betriebsgrundstücke stellen die wirtschaftliche Untereinheit der wirtschaftlichen Einheit „Betriebsvermögen" dar. Ob ein Grundstück zum Betriebsvermögen zählt (und somit Betriebsvermögen ist), richtet sich nach ertragsteuerlichen Grundsätzen.[1] Betriebsvermögen geht dabei grds. „vor" Grundvermögen. Gehört ein einem Unternehmen dienendes Betriebsgrundstück einem oder mehreren Gesellschaftern der Personengesellschaft (Mitunternehmerschaft), ist es nicht Grundvermögen, sondern zählt als Betriebsgrundstück zum Sonderbetriebsvermögen der Personengesellschaft.[2] Umgekehrt zählt ein Betriebsgrundstück, welches zum Gesamthandsvermögen einer Personengesellschaft zählt, nicht als Betriebsgrundstück, wenn es ausschließlich oder fast ausschließlich der privaten Lebensführung eines oder mehrerer oder aller Gesellschafter dient.[3] 70

1.2.3.3 Das Grundstück als Bewertungsgegenstand des Grundvermögens

Das Grundstück stellt die wirtschaftliche Einheit des Grundvermögens dar. 71
Der steuerliche Begriff „Grundstück" ist nicht gleichbedeutend mit dem Begriff des Grundstücks i. S. des bürgerlichen Rechts. Für die Erbschaft- und Schenkungsteuer maßgebend ist allein, was als wirtschaftliche Einheit nach den Anschauungen des Verkehrs anzusehen ist.[4]

BEISPIELE[5]

- Eine unbebaute Fläche grenzt an eine Grundstücksfläche, die z. B. mit einem Einfamilienhaus bebaut ist. Beide Flächen bilden auch bei sogenannter offener Bauweise selbständige wirtschaftliche Einheiten, obwohl diese zivilrechtlich als ein „Grundstück" zählen können (also eine Flurnummer haben).
- Von einem größeren Grundstück ist eine Teilfläche verpachtet und der Pächter errichtet auf dieser Fläche ein Gebäude. Die Teilfläche ist unabhängig von einer abweichenden zivilrechtlichen Bewertung als besondere wirtschaftliche Einheit zu bewerten.

1 R B 151.2 Abs. 1 ErbStR 2019.
2 R B 97.1 Abs. 1 Satz 3 ErbStR 2019.
3 R B 97.1 Abs. 1 Satz 5 ErbStR 2019.
4 R B 151.2 Abs. 1 ErbStR 2019.
5 R B 176.2 Abs. 2 ErbStR 2019.

72 Zur wirtschaftlichen Einheit „Grundstück" lässt sich zusammenfassen, was einem Eigentümer gehört. Flächen, die mehreren Eigentümern gehören (Bruchteilseigentum), können keine wirtschaftliche Einheit „Grundstück" bilden. Ferner gehören Grundstücke der Land- und Forstwirtschaft oder Betriebsgrundstücke nicht zum „Grundstück", das Bewertungsgegenstand für das Grundvermögen darstellen soll.

73 Ein „bewertungsrechtliches Grundstück" muss auch nicht mit einem im Grundbuch unter einer Flurnummer ausgewiesenen Grundstück übereinstimmen: Ein Grundstück i. S. des Bewertungsrechts kann mehrere in Flurnummern unterteilte Grundstücke umfassen. Jede wirtschaftliche Einheit des Grundvermögens bildet ein Grundstück i. S. des Bewertungsrechts (§ 70 Abs. 1 BewG). So gehören beispielsweise zur wirtschaftlichen Einheit eines bebauten Grundstücks der Grund und Boden, die Gebäude, die Außenanlagen, sonstige wesentliche Bestandteile und das Zubehör. Die wirtschaftliche Einheit des Wohnungs- und Teileigentums setzt sich dagegen aus dem Sondereigentum und dem Miteigentumsanteil an dem gemeinschaftlichen Eigentum zusammen, zu dem es gehört.

74 Nebeneinanderliegende Gebäude sind selbständige wirtschaftliche Einheiten, wenn sie durch Brand- und Trennwände, durch eigene Eingänge und eigene Versorgungsanschlüsse derart abgetrennt sind, dass sie selbständig veräußert werden können. Ein Doppelhaus stellt beispielsweise – sofern diese Merkmale erfüllt sind – zwei Grundstücke dar. Dagegen sind zusammenhängende Gebäude, die erst nach wesentlicher baulicher Veränderung getrennt und einzeln veräußert werden können, als ein Grundstück (als eine wirtschaftliche Einheit) zu bewerten. Dasselbe gilt für zwei aneinandergrenzende bebaute Grundstücke, wenn das eine dem Gewerbebetrieb dient, auf dem anderen das Wohnhaus des Betriebsinhabers errichtet ist und die Grundstücke aus baurechtlichen Gründen nur zusammen veräußert werden können.[1] Gebäude auf fremdem Grund und Boden, Wohnungs- und Teileigentum oder Erbbaurechte gehören zum Grundvermögen. Auch diese Gegenstände stellen selbständige „Grundstücke" i. S. des Bewertungsrechts dar.

75 Hinsichtlich der Zurechnung der wirtschaftlichen Einheit des Grundbesitzes geht die Finanzverwaltung wie folgt vor.[2]

1 BFH, Urteil v. 25.2.1983 - III R 81/82, BStBl 1983 II S. 552.

2 R B 151.2 ErbStR 2019.

TAB. 1: Zuordnung von Grundvermögen	
Sachverhalt	Zuordnung
Der Erblasser war Alleineigentümer und das Eigentum geht im Wege des Erwerbs durch Erbanfall nur auf einen Erben als Gesamtrechtsnachfolger über.	Der gesamte Wert ist dem Erwerber allein zuzurechnen.
Der Erblasser war Alleineigentümer und das Eigentum daran geht im Wege des Erwerbs durch Erbanfall auf mehrere Erben als Gesamtrechtsnachfolger über.	Der Grundstückswert ist der Erbengemeinschaft gegenüber gesondert und einheitlich festzustellen und der Erbengemeinschaft (in Vertretung der Miterben) zuzurechnen. Die Feststellung ist erforderlich, wenn sich bei mindestens einem Miterben eine „materielle" Steuerpflicht ergibt. Die Ermittlung der Erbquote obliegt dem Erbschaftsteuer-Finanzamt.
Der Erblasser war Miteigentümer und der Miteigentumsanteil geht im Wege des Erwerbs durch Erbanfall nur auf einen Erben oder auf mehrere Erben als Gesamtrechtsnachfolger über.	Der Wert des vererbten Miteigentumsanteils ist festzustellen und dem Erben oder der Erbengemeinschaft (in Vertretung der Miterben) zuzurechnen. Die übrigen Miteigentümer sind nicht am Verfahren zu beteiligen.
Das Grundstück oder ein Miteigentumsanteil wird durch Vermächtnis zugewandt.	Der Wert des Grundstücks oder des Miteigentumsanteils ist gesondert festzustellen und dem Erben oder der Erbengemeinschaft (in Vertretung der Miterben) zuzurechnen.
Der Grundbesitz oder ein Miteigentumsanteil daran geht im Wege der Schenkung unter Lebenden über.	Für jeden Erwerber ist der Wert des von ihm erworbenen (Mit-) Eigentumsanteils am Grundbesitz gesondert festzustellen.

Zur Bestimmung der richtigen Bewertungsmethode ist die Feststellung der richtigen Grundstücksart maßgebend. Unterschiedliche Bewertungsmethoden ergeben sich im Einzelnen für: 76

- unbebaute Grundstücke,
- bebaute Grundstücke und Wohnungs- und Teileigentum,
- Grundstücke im Zustand der Bebauung,
- Erbbaurechte und Gebäude auf fremdem Grund und Boden.

1.2.4 Betriebsvermögen

Das Betriebsvermögen stellt neben dem land- und forstwirtschaftlichen Vermögen und dem Grundvermögen die dritte Vermögensart dar, für die Steuerwerte nach bewertungsrechtlichen Vorschriften festzustellen sind. Betriebs- 77 vermögen sind alle Teile des Gewerbebetriebs, die bei der einkommensteuerlichen Gewinnermittlung zum Betriebsvermögen i.S. des EStG gehören (§ 95 BewG).

78 Wirtschaftliche Einheit der Vermögensart Betriebsvermögen bildet der Gewerbebetrieb i.S. des Einkommensteuerrechts; dieser ist letztlich Bewertungsgegenstand. Bei Personengesellschaften bildet die Gesamtheit aller Wirtschaftsgüter, die dem Unternehmer bzw. den Mitunternehmern gehören, das sogenannte Gesamthandsvermögen-, Betriebsvermögen. Mehrere Gewerbebetriebe gelten bewertungsrechtlich als getrennte Unternehmen, wenn sie auch ertragsteuerlich als solche angesehen werden. Für jeden Betrieb wird ein eigener Wert festgestellt. Die Summe der Werte aller wirtschaftlichen Einheiten „Gewerbebetrieb" bildet das Betriebsvermögen.

79 Darlehensverbindlichkeiten oder Forderungen gegenüber dem Ehegatten eines Betriebsinhabers sind voll anzuerkennen und zu erfassen. Gewährt also ein Ehegatte seinem Unternehmerehegatten ein Darlehen, das mit dessen Gewerbebetrieb in wirtschaftlichem Zusammenhang steht, darf die Darlehensverbindlichkeit bei der Einheitsbewertung des Betriebsvermögens als Schuld abgezogen werden. Allerdings steht die dieser Betriebsschuld gegenüberstehende Darlehensforderung nicht mit dem Gewerbebetrieb des Unternehmerehegatten in wirtschaftlichem Zusammenhang, so dass diese nicht in die wirtschaftliche Einheit „Gewerbebetrieb des Unternehmerehegatten" einbezogen werden kann.[1]

HINWEIS:

Die Abgrenzung von Betriebsgrundstücken zwischen der Zugehörigkeit zum Betriebsvermögen und der Zugehörigkeit zum Privatvermögen eines Gesellschafters an einer Mitunternehmerschaft bedarf einer besonderen Beachtung. Nach § 26 BewG kann ein solches Grundstück in Erb- und Schenkungsfällen Betriebsgrundstück sein. Zählt nur ein Teil des Grundstücks zum Betriebsvermögen, ist der Grundbesitzwert für das gesamte Grundstück nach § 151 Abs. 1 Satz 1 Nr. 1 BewG festzustellen. Dieser ist nach ertragsteuerrechtlichen Grundsätzen vom Betriebsfinanzamt (§ 152 Nr. 2 BewG) aufzuteilen.

2 Bewertungszeitpunkt

80 Der maßgebliche Bewertungszeitpunkt (Bewertungsstichtag) für wirtschaftliche Einheiten, die verschenkt oder vererbt werden, ist der Zeitpunkt der Entstehung der Steuer (§ 11 i.V. mit § 9 ErbStG). Im Einzelnen ergeben sich daraus folgende Besteuerungs- und Bewertungszeitpunkte:

1 BFH, Urteil v. 19.6.1996 - II R 86/93, HAAAB-37993.

TAB. 2:	Bewertungsstichtage im Überblick
Erwerbe von Todes wegen	Todestag des Erblassers
unter einer aufschiebenden Bedingung	Tag des Eintritts der Bedingung oder des Ereignisses
unter Geltendmachung von Pflichtteilsansprüchen oder Erbersatzansprüchen	Tag der Geltendmachung
bei Übergang von Vermögen auf eine vom Erblasser angeordnete Stiftung	Tag der Genehmigung der Stiftung
durch Auflage oder Bedingung	Zeitpunkt der Vollziehung der Auflage bzw. Erfüllung der Bedingung
durch Genehmigung	Tag der Genehmigung
bei Verzicht oder Erbausschlagung	Zeitpunkt des Verzichts oder der Ausschlagung
durch Abfindung	Tag der Vereinbarung der Abfindung
durch Nacherbfolge	Zeitpunkt des Eintritts der Nacherbfolge
durch Übertragung der Anwartschaft eines Nacherben	Zeitpunkt der Übertragung der Anwartschaft
durch Surrogaterwerb	Zeitpunkt der Geltendmachung des Anspruchs
Schenkungen unter Lebenden	mit dem Zeitpunkt der Ausführung der Zuwendung
Zweckzuwendungen	Zeitpunkt des Eintritts des Verpflichteten
Ersatzerbschaftsteuer bei Stiftungen	alle 30 Jahre

Ereignisse, die noch im Laufe des Stichtages bis zum Zeitpunkt der Entstehung 81
der Steuer eintreten und für die Bewertung von Bedeutung sind, müssen noch berücksichtigt werden. Für die steuerliche Bewertung von Erbvermögen ist es unbedeutend, wann die Erben die Erbschaft annehmen oder tatsächlich in den Besitz des Erbvermögens kommen. Die Verhältnisse im Zeitpunkt der Entstehung der Steuer sind allein maßgeblich für die Nachlassbewertung. Unerheblich ist, was jeder Erbe erhält und unerheblich sind auch ertragsteuerliche Rückwirkungsregelungen nach dem Umwandlungssteuerrecht. Denn die Frage, welches Vermögen zum Nachlass eines Erblassers gehörte bzw. was Gegenstand einer unentgeltlichen Zuwendung war, beurteilt sich ausschließlich nach zivil- bzw. erbschaftsteuerrechtlich maßgeblichen Verhältnissen zum Bewertungsstichtag.[1] Wird z. B. ein A-GmbH-Anteil vererbt, welcher nach dem Todestag mit Rückwirkung auf einen B-GmbH-Anteil verschmolzen wird, ist Ge-

1 FG München, Gerichtsbescheid v. 26.2.2020 - 15 K 2779/18, EAAAH-48292.

genstand der erbschaftsteuerlichen Bewertung der A-GmbH-Anteil vor der Verschmelzung.

82 Hängt der Erwerb von Wirtschaftsgütern durch Schenkung, Erbschaft oder die Entstehung und der Wegfall bestimmter Lasten von einem Ereignis ab, das am Bewertungsstichtag noch nicht eingetreten ist, und ist es gegenwärtig weder absehbar noch gewiss, wann bzw. ob das Ereignis überhaupt eintritt, so sind diese Umstände am Bewertungsstichtag nicht zu berücksichtigen. Das Bewertungsrecht geht regelmäßig davon aus, dass mögliche Ereignisse, die zu Änderungen bei den gegenwärtigen Vermögens- und Besitzverhältnissen führen können, unberücksichtigt bleiben müssen, auch wenn sie mit größter Wahrscheinlichkeit eintreten.

83 §§ 4 ff. BewG unterscheiden zwischen einer aufschiebenden und einer auflösenden Bedingung. Kommt ein Rechtsgeschäft unter einer aufschiebenden Bedingung zu Stande, erlangt es erst Wirksamkeit, wenn die Bedingung eingetreten ist. Wird also Vermögen unter einer aufschiebenden Bedingung verschenkt, können die Wirtschaftsgüter dem Beschenkten erst nach Eintritt der Bedingung steuerlich zugerechnet werden.

84 Dagegen sind Rechtsgeschäfte, die unter einer auflösenden Bedingung abgeschlossen worden sind, wirksam, bis die Bedingung eingetreten ist. Wird also Vermögen unter einer auflösenden Bedingung verschenkt oder erworben, sind diese dem Erwerber zumindest so lange steuerlich zuzurechnen, als die Bedingung noch nicht eingetreten ist. Am Bewertungsstichtag werden die unter einer auflösenden Bedingung erworbenen Wirtschaftsgüter wie unbedingt erworbene behandelt. Das bedeutet, dass die auflösende Bedingung bei der Berechnung des steuerpflichtigen Erwerbs zunächst nicht berücksichtigt wird.

BEISPIELE:

- Die Nacherbfolge ist, wenn sie nicht durch Tod des Vorerben, sondern durch eine Bedingung (etwa wenn der Vorerbe wieder heiratet) angetreten wird, ein auflösend bedingter Erwerbsanfall. Diese auflösende Bedingung konnte am Bewertungsstichtag (also bei Inempfangnahme der Erbschaft durch den Vorerben) steuerlich noch nicht berücksichtigt werden, weil die Bedingung damals noch nicht eingetreten war. Überträgt ein noch lebender Vorerbe das Erbvermögen an den Nacherben, dürfen die Wirtschaftsgüter dem Vorerben gem. § 5 BewG nur so lange zugerechnet werden, als er sie wirklich hatte. Folge: Die Erbschaftsteuer ist dem tatsächlichen Wert des Erwerbs entsprechend zu berichtigen.
- Eine Schenkung gilt als unter einer auflösenden Bedingung geleistet, wenn der Schenker einen Widerrufsvorbehalt erklärt hat. Denn die Wirtschaftsgüter sind ja nur so lange in den Händen des Beschenkten, wie der Schenker nicht widerruft. Wird Verschenktes unter Berufung auf den Vorbehalt wieder zurückverlangt, tritt die auflösende Bedingung ein. Das Rechtsgeschäft endet mit Eintritt

der Bedingung. Die Schenkungsteuer ist gem. § 5 Abs. 2 BewG i.V. mit § 29 ErbStG zu berichtigen.

- Widerruft ein Stifter seine Stiftung, indem er von seinem Widerrufsrecht Gebrauch macht, endet das Stiftungserrichtungsgeschäft mit Eintritt des Ereignisses (des Widerrufs). Die Schenkungsteuer erlischt ebenfalls mit Wirkung für die Vergangenheit.

Gleiches gilt für die steuerliche Bewertung von Lasten aller Art: Aufschiebend bedingte Lasten werden erst nach Eintritt der Bedingung steuermindernd abgezogen und auflösend bedingte Lasten werden bis zum Eintritt der Bedingung so behandelt, als seien sie von keiner Bedingung abhängig. Hat Erblasser E dem R ein Vermächtnis ausgesetzt, das den Erben A verpflichtet, dem R bis zu zwei Jahren nach Abschluss des Fachhochschulstudiums einen Unterhalt zu zahlen, wurde ein möglicher Wegfall der Vermächtnislast im Erwerbszeitpunkt nicht berücksichtigt. Tritt nun die Bedingung ein, sind die Steuerbescheide für A und R nachträglich zu berichtigen. 85

Aufschiebend bedingte Renten und Lasten führen zur Berichtigung der Erbschaftsteuerbescheide beim Berechtigten und Verpflichteten. Beim Berechtigten ist die Rente mit dem im Zeitpunkt des Eintritts der Bedingung maßgeblichen Kapitalwert anzusetzen (denn erst zu diesem Zeitpunkt entsteht die Steuerschuld, § 9 Abs. 1 Nr. 1a ErbStG). Der Verpflichtete, bei dem die Rente als aufschiebend bedingte Last nicht bei der Erbschaftsteuerveranlagung berücksichtigt wurde, kann mit Eintritt der Bedingung und Leistungspflicht einen Antrag auf Herabsetzung seiner Erbschaftsteuerveranlagung stellen (§ 6 Abs. 2 i.V. mit § 5 Abs. 2 BewG). Die Rente ist – wie beim Berechtigten entsprechend – mit dem Kapitalwert zu berücksichtigen, der sich im Zeitpunkt des Eintritts der Bedingung ergibt (Korrespondenzprinzip). Um diesen Betrag ist der Steuerbescheid beim Zahlungsverpflichteten zu korrigieren. 86

Ist Gegenstand einer Schenkung eine Beteiligung an einer Personengesellschaft, in deren Gesellschaftsvertrag bestimmt ist, dass der neue Gesellschafter bei Auflösung der Gesellschaft oder im Fall eines vorherigen Ausscheidens nur den Buchwert seines Kapitalanteils erhält, gilt diejenige Bereicherung als auflösend bedingt erworben, die den Buchwert des Kapitalanteils übersteigt (§ 7 Abs. 5 ErbStG). Im Normalfall aber fließen dem Erwerber stille Reserven über die Gewinnausschüttungen zu. Nun kann aber der Fall eintreten, dass der Gesellschafter ausscheidet, bevor die im Zeitpunkt der Schenkung vorhandenen stillen Reserven aufgelöst worden sind, weil es beispielsweise zu keiner Gewinnverteilung mehr kam. Für diesen Fall gelten die stillen Reserven als auflösend bedingt erworben. Der Beschenkte kann nach § 5 Abs. 2 BewG Steuerberichtigung beantragen. 87

HINWEIS:

Ist infolge einer auflösenden Bedingung die Steuer zu hoch bemessen worden, muss ein Antrag auf Steuerberichtigung gestellt werden, und zwar bis zum Ablauf des Jahres, das auf den Eintritt der Bedingung folgt. Müssen Steuern nachgezahlt werden, weil die auflösende Bedingung eingetreten ist, die zum Wegfall einer Last führt, holt sich der Fiskus sein Geld von Amts wegen.

3 Bewertungsmaßstäbe und Bewertungsmethoden

3.1 Der gemeine Wert und seine Unterarten

88 Die Bestimmung der richtigen Vermögensart sowie die Feststellung, welcher Vermögensart ein Wirtschaftsgut zugehört und ob ein Wirtschaftsgut einzeln oder in einer Einheit zu bewerten ist, ist für die Auswahl des richtigen Bewertungsverfahrens und des Bewertungsmaßstabs von entscheidender Bedeutung. Ist der Bewertungsgegenstand erst einmal festgestellt und seiner Vermögensart zugeordnet, können im zweiten Schritt die zutreffenden Bewertungsmaßstäbe und -methoden bestimmt werden.

89 Maßgebliche Bewertungsmaßstäbe können sein: der Ertrag, die Anschaffungs- und Herstellungskosten sowie der gemeine Wert. Der gemeine Wert ist für die Bewertung eines Wirtschaftsgutes bzw. einer wirtschaftlichen Einheit immer maßgebend, soweit nichts anderes vorgeschrieben ist. Der gemeine Wert spiegelt den Verkaufswert oder Verkehrswert wider, der im gewöhnlichen Geschäftsverkehr zu erzielen wäre (§ 9 Abs. 2 Satz 1 BewG). Mit gewöhnlichem Geschäftsverkehr ist eine Preisbildung auf dem freien Markt gemeint. Ungewöhnliche Verhältnisse bleiben dabei ebenso unberücksichtigt, wie Umstände, die in der Natur des Verkäufers liegen (etwa weil dieser notverkaufen muss oder mit dem Käufer verwandt ist). Können realistische Kauf- und Verkaufspreise nicht ermittelt werden, ist der Wert der wirtschaftlichen Einheit mit Hilfe eines geeigneten Wertermittlungsverfahrens festzustellen.

90 Andere Wertbegriffe, wie Teilwert, Kurswert, Rücknahmepreis, Nennwert, Rückkaufswert, Kapitalwert oder Ertragswert u. a. bilden Unterarten des gemeinen Werts. Der wichtigste Unterschied zwischen dem gemeinen Wert und dem Teilwert ist, dass der Teilwert nicht die Wertvorstellung des Käufers für ein einzelnes Produkt widerspiegelt, sondern für ein ganzes Unternehmen. Dabei wird noch davon ausgegangen, dass der Käufer das Unternehmen fortführen will.

HINWEIS:

Die ErbStR 2019 enthalten erstmals in R B 9.2 eine Definition ungewöhnlicher oder persönlicher Verhältnisse, die bei der Ermittlung des gemeinen Wertes unberücksichtigt bleiben. Ungewöhnliche Verhältnisse sind insbesondere vertragliche Preisvorgaben für die Übertragung von Beteiligungen an Personengesellschaften oder Anteilen an Kapitalgesellschaften unterhalb des gemeinen Werts. Zu den persönlichen Verhältnissen zählt die Finanzverwaltung insbesondere Verfügungsbeschränkungen.[1]

3.2 Die Bewertung von Wertpapieren und Anteilen an Kapitalgesellschaften

3.2.1 Börsennotierte Wertpapiere aller Art

Börsennotierte Wertpapiere und Schuldbuchforderungen werden nach § 11 91
Abs. 1 BewG mit dem niedrigsten am Stichtag für sie im amtlichen Handel notierten Kurs angesetzt (sogenannter gemeiner Wert, niedrigster Stichtagskurswert). Der Börsenkurs bestimmt also den gemeinen Wert börsengängiger Wertpapiere (z. B. öffentliche Anleihen, Pfandbriefe, Obligationen, Schuldverschreibungen von Banken und Wandelschuldverschreibungen der Industrie, Aktien oder Genussscheine). Ausreichend dabei ist, wenn das Wertpapier an nur einer amtlichen Börse notiert ist.

Bei Schuldbuchforderungen handelt es sich um Forderungen gegen den Bund 92
oder ein Land. Sie werden wie Wertpapiere an der Börse gehandelt und sind mit dem Kurswert anzusetzen. Bei Investmentzertifikaten tritt an Stelle des Börsenkurswerts der Rücknahmepreis. Abgezinste Wertpapiere sind mit dem Rückzahlungswert oder Rückkaufswert am Bewertungsstichtag anzusetzen. Der Rückzahlungswert entspricht dem Betrag, den der Käufer beim Kauf des abgezinsten Wertpapiers zu zahlen hätte. Das ist der ursprüngliche Ausgabepreis zzgl. aller bis zum Stichtag aufgelaufenen Zinsen. Mit dem Rückzahlungswert werden auch unverzinsliche Schatzanweisungen angesetzt.

HINWEIS:

Die Finanzverwaltung vertritt die Auffassung, dass vom Nennwert abweichende Kursnotierungen für vergleichbare oder ähnlich ausgestattete festverzinsliche Wertpapiere als besonderer Umstand i. S. des § 12 Abs. 1 BewG anzusehen sind, die auch hier einen vom Nennwert abweichenden Wertansatz rechtfertigen.[2]

1 Zu Verfügungsbeschränkungen vgl. R B 11.3 ErbStR 2019.
2 R B 11.1 Abs. 2 Nr. 2 ErbStR 2019.

3.2.2 Anteile an börsennotierten und nicht börsennotierten Kapitalgesellschaften

3.2.2.1 Übersicht

93 ABB. 1: Bewertungsübersicht Kapitalgesellschaftsanteile

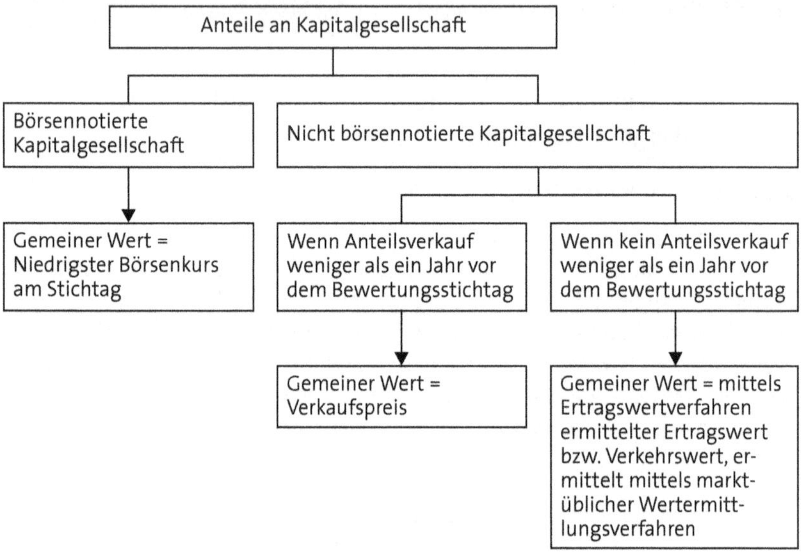

3.2.2.2 Anteile an börsennotierten Kapitalgesellschaften

94 Für Anteile an börsennotierten Kapitalgesellschaften gilt das zu börsennotierten Wertpapieren aller Art Gesagte analog. Als maßgeblicher gemeiner Wert gilt der niedrigste Kurswert am Stichtag.

3.2.2.3 Anteile an nicht börsennotierten Kapitalgesellschaften

95 Für Anteile an nicht börsennotierten Kapitalgesellschaften ist primär auf einen geeigneten Kaufpreis abzustellen. Der Kaufpreis steht bei der Bewertung von Unternehmensvermögen immer an oberster Stelle, spiegelt dieser doch im Regelfall den erzielbaren Verkehrswert des Unternehmensvermögens nach marktgerechten Gesichtspunkten wider. Ist ein geeigneter Kaufpreis vorhanden, muss der Unternehmenswert daraus abgeleitet werden. Ein anderer Wertmaßstab, z. B. eine Wertermittlung mittels Ertragswertverfahren oder eines anderen anerkannten Wertermittlungsverfahrens, ist nicht zulässig.

Voraussetzung ist, dass die Kaufpreisfindung, d. h. das Erwerbs- bzw. Veräußerungsgeschäft, weniger als ein Jahr – gerechnet vom Bewertungsstichtag – zurückliegt und es sich bei der Veräußerung nicht um Veräußerungsvorgänge unter Familienangehörigen handelte. Diese scheiden für die Bewertung regelmäßig aus, und zwar auch dann, wenn sie wie unter fremden Dritten ausgehandelt worden sind.

Ist ein repräsentativer Kaufpreis für die Anteile nicht aus Verkäufen ableitbar, 96
stellt § 11 Abs. 2 des Bewertungsgesetzes (BewG) primär folgende marktübliche Methoden zur Wahl:

- Diverse weitere marktübliche Methoden, welche im Wirtschaftsleben neben oder statt der Ertragswertmethode Anwendung finden;
- das Ertragswertverfahren.

Das Ertragswertverfahren gilt als anzuwendendes Verfahren, wenn keine anerkannten marktüblichen Methoden zur Bewertung zur Verfügung stehen. Beim Ertragswertverfahren erfolgt die Ermittlung des Steuerwertes unter Berücksichtigung der Ertragsaussichten der Kapitalgesellschaft.

HINWEIS:

Näheres zur Bewertung von Anteilen an Kapitalgesellschaften vgl. Rz. 93.

3.2.3 Sonstige Wertpapiere und besondere Bewertungsfragen bei Wertpapierdepots

Für sonstige Wertpapiere gelten folgende Grundsätze:[1] 97

- Pfandbriefe mit persönlicher Sonderausstattung ohne Kurswert sind in Anlehnung an die Kurse vergleichbarer Pfandbriefe zu bewerten.
- Bei ausländischen Wertpapieren ist, wenn ein Telefonkurs im inländischen Bankverkehr vorliegt, dieser maßgebend.
- Lässt sich der gemeine Wert nicht auf dieser Grundlage ermitteln, ist er möglichst aus den Kursen des Emissionslandes abzuleiten.
- Bei jungen Aktien und Vorzugsaktien, die nicht an der Börse eingeführt sind, ist der gemeine Wert aus dem Börsenkurs der Stammaktien abzuleiten.
- Entsprechend ist der gemeine Wert nicht notierter Stammaktien aus dem Börsenkurs der jungen Aktien oder Vorzugsaktien abzuleiten.

1 R B 11.1 Abs. 2 ErbStR 2019.

- Dabei ist die unterschiedliche Ausstattung durch Zu- oder Abschläge zu berücksichtigen.
- An der Börse gehandelte Investmentfondsanteile und ausländische Investmentanteile sind mit dem Kurswert nach § 11 Abs. 1 BewG anzusetzen. Der Kurwertansatz ist insoweit gegenüber dem Ansatz mit dem Rücknahmepreis nach § 11 Abs. 4 BewG vorrangig.
- Nicht an der Börse notierte Investmentfondsanteile sind mit dem Rücknahmepreis nach § 11 Abs. 4 BewG anzusetzen.[1]

3.2.4 Zusammenfassende Übersicht

98 TAB. 3: Bewertung von Kapitalanlagepapieren

Wertpapierart/-gattung	Bewertung
Börsennotierte Wertpapiere	Niedrigster Börsenkurswert bei ggf. mehreren Notierungen unter folgender Rangfolge:
	► Amtlicher Börsenkurs
	► Börsenkurs des geregelten Marktes
	► Kurs im Freiverkehr
Nicht börsennotierte Wertpapiere	Gemeiner Wert (Bestimmung aus dem Rückgriff auf außerbörsliche Kurse, Ableitung aus zeitnahen Verkäufen, Wertermittlung im Ertragswertverfahren oder mit anderen anerkannten auch im gewöhnlichen Geschäftsverkehr für nichtsteuerliche Zwecke üblichen Methoden)
Festverzinsliche Wertpapiere	Börsenkurswert oder Nennwert
Aktienpakete	Börsenkurswerte bzw. Wertermittlung im Ertragswertverfahren oder mit anderen anerkannten auch im gewöhnlichen Geschäftsverkehr für nichtsteuerliche Zwecke üblichen Methoden
Vorzugsaktien	Börsenkurswert bzw. Ableitung von dem Börsenkurs der Stammaktien
Junge Aktien	Börsenkurswert bzw. Ableitung aus dem Kurswert der alten Aktien unter Zu-/Abschlägen
Bezugsrechte (getrennt gehandelt)	Niedrigster Börsenkurswert
Börsennotierte Genussscheine	Niedrigster Börsenkurswert

1 R B 11.1 Abs. 5 ErbStR 2019.

Nicht börsennotierte Genussscheine als Mitgliedschaftsrecht verbunden mit dem Recht auf Beteiligung am Gewinn und Liquidationserlös	Bewertung wie nicht börsennotierte Aktien (siehe oben, „Nicht börsennotierte Wertpapiere")
Nicht börsennotierte Genussscheine mit verbrieften Gläubigerrechten	Bewertung wie Kapitalforderung
Investmentfondsanteile börsennotiert	Börsenkurswert
Investmentfondsanteile nicht börsennotiert	Rücknahmepreis
Geschlossene Immobilienfonds	Wert des anteiligen Immobilienvermögens, der sich nach den Wertermittlungsverfahren für das Grundvermögen ergibt (im Regelfall bei vermieteten Gewerbeimmobilien nach dem Ertragswertverfahren)
Bundesschatzbriefe Typ A/B	Nennwert/Rückzahlungswert
Finanzierungsschätze des Bundes	Stichtagswert
Abgezinste Sparbriefe	Rückzahlungswert
Börsennotierte Zero-Bonds	Niedrigster Börsenkurswert
Nichtnotierte Zero-Bonds	Ableitung aus vergleichbaren börsennotierten Anleihen oder Rückzahlungswert (Ausgabebetrag zzgl. aufgelaufener Zinsen)

3.3 Bewertung von Kapitalforderungen und Schulden

3.3.1 Allgemeines

Kapitalforderungen und Schulden sind alle auf Zahlung von Geld gerichtete 99
Forderungen bzw. Verbindlichkeiten. Bewertungsmaßstab ist der Nennwert (§ 12 Abs. 1 Satz 1 BewG). Abweichend vom Nennwert kann ein höherer oder niedrigerer Wert (Gegenwartswert) angesetzt werden, wenn besondere Umstände vorliegen, die einen höheren oder niedrigeren Wert begründen. Für die Finanzverwaltung gelten als besondere Umstände, die eine Bewertung abweichend vom Nennwert rechtfertigen, u. a. Kapitalforderungen oder Kapitalschulden, die unverzinslich sind und deren Laufzeit im Besteuerungszeitpunkt mehr als ein Jahr beträgt, als auch Kapitalforderungen oder Kapitalschulden, die niedrig verzinst (unter 3 %) oder besonders hoch verzinst (über 9 %) sind und bei denen eine Kündbarkeit für längere Zeit (d. h. für mindestens vier Jah-

re) ausgeschlossen ist. Des Weiteren kann eine vom Nennwert abweichende Beurteilung gerechtfertigt sein, wenn zweifelhaft ist, ob eine Kapitalforderung in vollem Umfang durchsetzbar ist.[1]

Nennwert ist der Betrag, den der Schuldner an den Gläubiger bei Fälligkeit zurückzuzahlen hat. Der Nennwert kommt überall dort zum Tragen, wo keine „abweichenden Werte" anzusetzen sind. Abweichende Werte gelten für in börsennotierten Wertpapieren verbriefte Kapitalforderungen. So kommt für Bundesobligationen, Bundesanleihen oder Bundesschatzanweisungen der Börsenkurswert in Betracht.

Bei Finanzierungsschätzen des Bundes wird wie bei anderen Diskontpapieren der Wert bis zum Fälligkeitszeitpunkt aus dem Ausgabebetrag zzgl. der aufgelaufenen fiktiven Zinsen berechnet. Zur taggenauen Wertermittlung hat die Finanzverwaltung diverse Formeln entwickelt.

Bei allen Sachleistungsansprüchen tritt an Stelle des Nennwerts der gemeine Wert. Sachleistungsansprüche sind grundsätzlich mit dem gemeinen Wert des Gegenstands zu bewerten, auf dessen Leistung sie gerichtet sind.

3.3.2 Zinslose und niedrig verzinste Darlehen

100 Gehört eine zinslose Darlehensforderung oder im umgekehrten Fall eine unverzinsliche Kapitalschuld zum Nachlass, erfolgt ihre steuerliche Bewertung nach dem sogenannten Gegenwartswert. Der Gegenwartswert entspricht dem Betrag, der vom Nennwert nach Abzug von Zwischenzinsen unter Berücksichtigung von Zinseszinsen verbleibt (§ 12 Abs. 3 Satz 1 BewG) oder anders gesagt: Gegenwartswert oder auch Barwert ist bei unverzinslichen Forderungen der Geldbetrag, den man am Bewertungsstichtag benötigt, um bei einer angenommenen Verzinsung des Betrages mit 5,5 % bei Fälligkeit einschließlich der Zinsen und Zinseszinsen auf den Nennwert der unverzinslichen Forderung zu kommen.

101 Ein Gegenwartswert kommt bei allen unverzinslichen Kapitalforderungen (und Schulden) zum Ansatz, deren Laufzeit mehr als ein Jahr beträgt und die zu einem bestimmten Zeitpunkt fällig sind. Den Berechnungen wird, wie aus der Definition bereits ersichtlich ist, ein Zinssatz von 5,5 % zugrunde gelegt, so dass der Jahreswert der Nutzung einer Geldsumme immer 5,5 % der überlassenen Geldsumme beträgt, wenn kein anderer Wert feststeht.

1 R B 12.1 Abs. 1 Nr. 3 ErbStR 2019.

Werden nahen Angehörigen zum Kauf eines Eigenheims oder zur Anschaffung bestimmter Gegenstände Barmittel in Form eines unverzinslichen Darlehens zur Verfügung gestellt, und wurde die Darlehensvariante allein wegen der Schenkungsteuerersparnis gewählt, geht die Rechnung „nicht ganz“ auf. Zwar ist dann nicht die gesamte Geldsumme als Schenkung zu versteuern, wohl aber bildet die Differenz zwischen dem überlassenen Geldbetrag (der Darlehenssumme) und dem Gegenwartswert der Darlehensforderung – also der Zinsvorteil, der sich für die Kinder ergibt – einen steuerpflichtigen Erwerb nach § 7 Abs. 1 Nr. 1 ErbStG. Um diese unentgeltliche Nutzungsmöglichkeit des Kapitals gilt der Darlehensgeber als entreichert.

BEISPIEL: A stellt seiner Tochter zum Kauf einer Eigentumswohnung 100.000 € für zehn Jahre zinslos zur Verfügung. Das Darlehen ist nach Ablauf der Laufzeit in einem Betrag zu tilgen. Der Gegenwartswert beträgt: 100.000 × 0,585 (Vervielfältiger Tabelle 1 zu § 12 Abs. 3 BewG)[1] = 58.500 €. Daraus errechnet sich ein steuerpflichtiger Erwerb von: 100.000 € – 58.500 € = 41.500 €, welcher der Schenkungsteuer unterliegt.

102 Ist das unverzinsliche Darlehen in gleichen Jahresraten zu tilgen, entspricht der Unterschied zwischen dem Nennwert und dem Kapitalwert der Jahresraten dem steuerpflichtigen Erwerb. Wird eine unverzinsliche Kapitalforderung oder Kapitalschuld in Raten getilgt, ist vom Mittelwert einer jährlich vorschüssigen und jährlich nachschüssigen Zahlungsweise auszugehen (§ 12 Abs. 1 Satz 2 BewG); d. h., die Jahresleistungen sind stets in der Jahresmitte anzusetzen und unterjährig ist eine lineare Abzinsung zu berücksichtigen. Bei Ratentilgungen unterstellt die Finanzverwaltung somit mittelschüssige Zahlungsweise. Es wird also unterstellt, dass die Raten Mitte des Jahres gezahlt werden.

103 Der Gegenwartswert von in gleichen Raten zu tilgenden unverzinslichen Darlehen errechnet sich mit Hilfe der Vervielfältiger aus der Tabelle zu Anlage 9a zum BewG.[2] Die Vervielfältiger sind jeweils auf die Summe der pro Jahr gezahlten Tilgungsraten (Jahresleistung) anzuwenden.

BEISPIEL: Das der Tochter zum Kauf einer Eigentumswohnung zur Verfügung gestellte Darlehen ist in halbjährlichen Raten von je 5.000 € zu tilgen.

Jahresleistung	2 × 5.000 €	10.000 €
Vervielfältiger (Laufzeit zehn Jahre)	7,745	
Gegenwartswert	10.000 € × 7,745	77.450 €
steuerpflichtiger Erwerb	100.000 € – 77.450 €	22.550 €

1 Vgl. Anhang 2.
2 Vgl. Anhang 3.

104 Eine Schenkungsteuerpflicht kann auch nicht durch Erhebung eines symbolischen Zinssatzes umgangen werden. Es liegt stattdessen ein niedrig verzinstes Darlehen vor. Nach Auffassung der Finanzverwaltung liegt ein niedrig verzinstes Darlehen vor, wenn die Verzinsung unter 3 Prozent liegt und die Kündbarkeit am Veranlagungsstichtag für längere Zeit, d. h. für mindestens vier Jahre, eingeschränkt oder ausgeschlossen ist. Eine hoch verzinsliche Kapitalforderung liegt nach Auffassung der Finanzverwaltung vor, wenn die Verzinsung über 9 Prozent liegt und die Rückzahlung am Besteuerungsstichtag noch für mindestens vier Jahre ausgeschlossen ist.[1]

105 Die Bewertung des Darlehens, das in einem Betrag fällig wird, erfolgt in der Weise, dass der Nennwert der Kapitalforderung um den Kapitalwert des jährlichen Zinsverlustes gekürzt wird. Es ist also der jährliche Zinsverlust zu ermitteln und dieser wiederum mit Hilfe eines Vervielfältigers aus der Anlage 9a zum BewG zu kapitalisieren. Zur Berechnung des Gegenwartswertes ist der so ermittelte Kapitalwert des Zinsverlustes vom Nennwert der Darlehensforderung abzuziehen. Die Differenz zwischen dem Nennwert und dem Gegenwartswert entspricht der steuerpflichtigen Bereicherung des Darlehensnehmers.

BEISPIEL: Der Tochter wird ein niedrig verzinsliches Darlehen von 100.000 € zum Zinssatz von 1 % auf zehn Jahre zur Verfügung gestellt. Das Darlehen ist zu tilgen:

a) nach Ablauf der Laufzeit (Fälligkeitsdarlehen)

b) in jährlichen Raten von 10.000 € (Ratendarlehen)

a) Beim niedrig verzinsten Fälligkeitsdarlehen (Tilgung durch Einmalbetrag) errechnet sich der Gegenwartswert wie folgt:

Nennwert		100.000 €
Zinsverlust	3 % – 1 % = 2 % v. 100.000 €/Jahr = 2.000 €	
Vervielfältiger (Anlage 9a zum BewG)[2]	10 Jahre = 7,745	
Kapitalwert	2.000 € × 7,745	15.490 €
Gegenwartswert		84.510 €
steuerpflichtige Bereicherung	100.000 € – 84.510 €	15.490 €

1 R B 12.1 Abs. 2 ErbStR 2019.

2 Vgl. Anhang 3.

b) Beim niedrig verzinsten Ratendarlehen errechnet sich der Gegenwartswert wie folgt:

Nennwert		100.000 €
Zinsverlust	3 % – 1 % = 2 % v. 100.000 €/Jahr = 2.000 €	
Vervielfältiger[1]	10 Jahre = 4,113	
Kapitalwert	2.000 € × 4,113	8.226 €
Gegenwartswert		91.774 €
steuerpflichtige Bereicherung	100.000 € – 91.774 €	8.226 €

Die Überlassung von Kapital gegen eine niedrige Verzinsung führt zwar wie die zinslose Alternative nicht zur generellen Schenkungsteuerfreiheit, aber immerhin zur Ersparnis von Schenkungsteuer. Während nämlich im obigen Beispiel beim zinslosen Fälligkeitsdarlehen 2.905 € an Schenkungsteuern zu zahlen wären (steuerpflichtiger Erwerb = 41.500 €, Steuersatz bei Steuerklasse I = 7 % = 2.905 €), beansprucht der Fiskus bei der Niedrigzinsvariante nur gut 1.000 € (steuerpflichtiger Erwerb gerundet = 15.400 €, Steuersatz bei Steuerklasse I = 7 % = 1.078 €). 106

Die Ursache liegt darin, dass der Kapitalwert für einen Jahreswert beim unverzinslichen Darlehen mit 5,5 % des Darlehensbetrags errechnet wird, während man beim niedrig verzinsten Darlehen nur den Differenzbetrag zwischen 3 % und dem niedrigeren tatsächlichen Zinssatz zugrunde legt. Darlehensgeber und -nehmer niedrig verzinster Darlehen sind schenkungsteuerlich bessergestellt. Weist ein Steuerpflichtiger nach, dass der marktübliche Zinssatz für eine gleichartige Kapitalanlage weniger als 5,5 % beträgt, kann für die Bewertung des Nutzungsvorteils dieser Wert zugrunde gelegt werden.

3.3.3 Versicherungsansprüche

Fällige Versicherungsansprüche aus Lebens-, Kapital- oder Rentenversicherungen stellen Kapitalforderungen (wenn die Ablaufleistung in einem Einmalbetrag gezahlt wird) oder Renten dar (wenn die Ablaufleistung in regelmäßigen Raten gezahlt wird). Diese Kapitalforderungen sind gem. § 12 Abs. 1 BewG mit dem Nennwert bei der Ermittlung des steuerpflichtigen Erwerbs anzusetzen. 107

Der Nennwert umfasst nicht nur die im Versicherungsvertrag vereinbarte Versicherungssumme. Zum Nennwert zählen auch alle anderen Zahlungen wie 108

1 Vgl. Anhang 4.

z. B. Gewinnanteile, Zinsen, Dividenden oder Überschussbeteiligungen. Der für die Besteuerung maßgebliche Nennwert ist letztlich der von der Versicherungsgesellschaft tatsächlich ausgezahlte Betrag.

109 Wird die Versicherungsleistung nicht in Form einer einmaligen Zahlung, sondern als wiederkehrende Leistung (Rente) erbracht (Rentenlebensversicherung), errechnet sich der maßgebliche Steuerwert aus dem zu kapitalisierenden Jahreswert.

110 Je nach Ausgestaltung des Versicherungsvertrages können wiederkehrende Leistungen auf bestimmte Zeit oder lebenslänglich vereinbart sein. Je nach Art der Versicherungsleistungen gelten für die Berechnung des steuerpflichtigen Erwerbs folgende Kapitalisierungsfaktoren:

- Für wiederkehrende Leistungen auf Zeit gelten die Kapitalisierungsfaktoren aus der Anlage 9a zu § 13 BewG.[1]
- für die Berechnung des Kapitalwerts lebenslänglicher Nutzungen oder Leistungen veröffentlicht das Bundesfinanzministerium jährlich entsprechende Vervielfältiger, die nach den jeweils aktuell veröffentlichten Sterbetafeln des Statistischen Bundesamtes ermittelt werden.[2]

111 Die Erbschaftsteuer aus Leistungen aus Rentenlebensversicherungen kann entweder vom Kapitalwert sofort oder auch jährlich im Voraus vom Jahreswert entrichtet werden.

Werden noch nicht fällige Versicherungen übertragen und übernimmt der Begünstigte die Zahlung der restlichen Prämien, stellt der Anspruch auf die Versicherungsleistung einen aufschiebend bedingten Erwerb dar. Die Versicherungsleistung kommt bis zum Eintritt der Bedingung (bei Auszahlung im Versicherungsfall oder bei Vertragsende) nicht zum Ansatz. Bei Kapital- oder Rentenlebensversicherungen bestehen jedoch Ansprüche gegenüber dem Versicherer in Höhe eines Teils der bisher vom Schenker geleisteten Beiträge. Diese Ansprüche gelten gem. § 12 Abs. 4 BewG als Bewertungsgrundlage. Maßgeblich für die Besteuerung ist dabei der Rückkaufswert (§ 12 Abs. 4 Satz 1 BewG).

HINWEIS:

Der Rückkaufswert spiegelt jenen Betrag wider, den der Versicherer im Fall der vorzeitigen Aufhebung des Vertragsverhältnisses an den Versicherungsnehmer oder bezugsberechtigten Dritten auszahlen würde.

---

1 Anhang 3.

2 Vgl. Anhang 5 für Bewertungsstichtage ab dem 1. 1. 2021 BMF, Schreiben v. 28. 10. 2020 - IV C 7 - S 3104/19/10001 :005 BStBl 2020 I S. 1048.

3.3.4 Einlagen eines atypisch und typisch stillen Gesellschafters

Der atypisch stille Gesellschafter übt im Regelfall unternehmerische Funktion aus und ist auch an den stillen Reserven (d. h. am Gewinn aus der Veräußerung von Anlagevermögen) und am Firmenwert des Unternehmens beteiligt. Der atypisch stille Gesellschafter wird steuerrechtlich als Mitunternehmer behandelt. Tatsächlich wird ein der Kommanditgesellschaft angenähertes Mitunternehmerverhältnis begründet, jedoch mit dem Unterschied, dass die atypisch stille Beteiligung eine reine Innengesellschaft ist. Atypisch stille Beteiligungen werden nach dem dem Beteiligungsanteil entsprechenden Wert der wirtschaftlichen Einheit „Betriebsvermögen" bewertet (wie ein OHG-Anteil). 112

Dagegen ist die typisch stille Beteiligung an einer Gesellschaft eine reine Kapitalforderung. Stille Gesellschafter nehmen zwar durch ihre Gewinnbeteiligung am Erfolg des Unternehmens teil, sind aber nicht an der Substanz beteiligt. Die Vermögenseinlage verschafft stillen Gesellschaftern somit nur Forderungsrechte. 113

Stille Gesellschafter haben nur einen Anspruch auf Rückzahlung ihrer nominellen Einlage. Ist die Kündbarkeit von Einlagen eines typisch stillen Gesellschafters am Besteuerungszeitpunkt für längere Zeit ausgeschlossen und liegt der Durchschnittsertrag über 9 %, ist der Nennwert der Vermögenseinlage um den fünffachen Unterschiedsbetrag zwischen dem Durchschnittsertrag und der Verzinsung um 9 % zu erhöhen. Bei einem Durchschnittsertrag unter 3 % der Vermögenseinlage ist, soweit die Kündbarkeit der Einlage am Bewertungsstichtag für längere Zeit ausgeschlossen ist, der Nennwert um den fünffachen Unterschiedsbetrag zwischen 3 % und dem Durchschnittsertrag zu mindern.

Der Durchschnittsertrag ist möglichst aus den Gewinnanteilen der drei letzten Jahre vor dem Besteuerungszeitpunkt herzuleiten. Ein Abschlag wegen Unwägbarkeiten kommt dabei nicht in Betracht. Die Kündbarkeit ist für längere Zeit ausgeschlossen, wenn das Gesellschaftsverhältnis im Besteuerungszeitpunkt noch mehr als fünf Jahre währen kann. 114

BEISPIEL:

Nennwert der Einlage		40.000 €
Durchschnittsertrag		7.000 €
Verzinsung der Einlage	7.000 : 40.000	17,5 %
Wert der stillen Beteiligung	100 % + 5 × (17,5 % – 9 %)	142,5 %
Bezogen auf den Nennwert der Einlage von 40.000 €		57.000 €

3.4 Bewertung von Renten-, Leistungs- und Nutzungsrechten

3.4.1 Allgemeines

115 Renten-, Leistungs- und Nutzungsrechte bzw. allgemein „wiederkehrende Nutzungen und Leistungen" sind grds. mit dem Kapitalwert (Jahreswert × Vervielfältiger) anzusetzen. Der Kapitalwert ist im Ergebnis nichts anderes als der Gegenwartswert einer in Raten zu tilgenden Kapitalforderung. Als Kapitalwert im bewertungsrechtlichen Sinne ist derjenige Geldbetrag zu verstehen, der heute zum Zinssatz von 5,5 % angelegt werden müsste, um unter Berücksichtigung von Zinsen und Zinseszinsen einer laufenden Rentenzahlungsverpflichtung nachkommen zu können. Der Kapitalwert errechnet sich aus einem mit bestimmten Faktoren zu multiplizierenden Jahreswert.

116 Wiederkehrende Nutzungen und Leistungen sind geldwerte Vorteile, die dem Berechtigten periodisch zufließen und vom Verpflichteten periodisch zu bewirken oder zu dulden sind.

BEISPIELE: Laufende Bezüge in Geld oder Sachwerten sowie – als Beispiel einer wiederkehrenden Nutzung – der Nießbrauch.

Zivilrechtlich können Renten-, Leistungs- und Nutzungsrechte unterteilt werden in:

TAB. 4: Unterteilung von Renten-, Leistungs- und Nutzungsrechten

A Nutzungen und Leistungen	
► zeitlich begrenzt	enden bei Zeitablauf
► auf Lebenszeit	enden mit dem Tod der bezugsberechtigten Person
► von unbestimmter Dauer	ein Ende der Nutzung/Leistung ist in absehbarer Zeit sicher, der Zeitpunkt des Wegfalls ist jedoch unbestimmt
► Immerwährende	der Wegfall der Nutzung/Leistung hängt von Ereignissen ab, von denen ungewiss ist, ob und wann sie eintreten werden
B Renten	
1. Zeitrenten	enden ohne Berücksichtigung von Ereignissen durch Zeitablauf
► Höchstzeitrenten (abgekürzte Leibrenten)	sind auf eine bestimmte Zeit zu zahlen, allerdings nur, wenn der Bezugsberechtigte bei Fälligkeit noch lebt
► Mindestzeitrenten (verlängerte Leibrenten)	sind auch dann noch für die vereinbarte Zeit weiterzuzahlen, wenn der Bezugsberechtigte nicht mehr lebt
2. Leibrenten	sind an das Leben der bezugsberechtigten Person geknüpft

Das Bewertungsrecht hingegen unterteilt Renten, Nutzungen und Leistungen nur grob in Renten mit einer begrenzten Laufzeit (wiederkehrende Nutzungen und Leistungen oder Zeitrenten, geregelt in § 13 BewG) und Renten auf Lebenszeit (Leibrenten, § 14 BewG). 117

HINWEIS:

Der Nießbrauch stellt ein effizientes Instrument zur steueroptimalen Gestaltung bei der Erbfolgeplanung dar.[1]

3.4.2 Berechnung des Jahreswerts

Der Kapitalwert, mit dem Zeitrenten und befristete Nutzungen und Leistungen sowie lebenslängliche Nutzungen und Leistungen bewertet werden, hängt in allen Fällen von deren Jahreswert ab. Jahreswert ist der Wert einer Nutzung oder Leistung während eines Jahres. Bei einer Zeitrente wäre das beispielsweise die Summe aller in einem Jahr zu zahlenden Rentenbeträge. 118

BEISPIEL: B erhält von A eine zehnjährige Rente zu monatlich 1.000 €. Der Jahreswert der Rente beträgt 1.000 × 12 = 12.000 €.

Der Jahreswert ist meist unschwer zu ermitteln. Es gibt allerdings einige besondere Fälle, die in § 15 BewG geregelt sind. Wird beispielsweise ein Geldbetrag auf Zeit zur Nutzung überlassen, ist als Jahreswert 5,5 % des Geldbetrages anzusetzen. Werden also 100.000 € verliehen, beträgt der Jahreswert des verliehenen Geldbetrages 5.500 € (§ 15 Abs. 1 BewG). Steuerpflichtig sind auch Sachbezüge wie freie Wohnung oder Kost. Hier erfolgt die Bewertung nach den üblichen Mittelpreisen am Verbrauchsort (§ 15 Abs. 2 BewG). 119

Bei Nutzungen oder Leistungen, die in ihrem Betrag noch ungewiss sind oder schwanken, ist als Jahreswert der Betrag zugrunde zu legen, der in Zukunft im Durchschnitt der Jahre voraussichtlich erzielt werden wird (§ 15 Abs. 3 BewG). Bei ungewissen oder schwankenden Nutzungen oder Leistungen ist also eine Zukunftsprognose zu erstellen, die alle am Bewertungsstichtag gegebenen Umstände berücksichtigt. Zugrunde gelegt wird in aller Regel ein dem Bewertungsstichtag vorangegangener dreijähriger Durchschnittsertrag. 120

Wertgesicherte Rentenzahlungen oder Erbbauzinsen fallen nicht unter die Vorschrift des § 15 Abs. 3 BewG. So führt die Vereinbarung einer Wertsicherungsklausel für diverse in der Zukunft zu erbringende Nutzungen und Leistungen nicht dazu, dass diese nach den maßgeblichen Verhältnissen am Stichtag in ihrem Betrag als ungewiss oder schwankend anzusehen sind. Bei sol- 121

1 Näheres hierzu in Rz. 784.

chen Klauseln liegt vielmehr eine am Stichtag dem Grund und der Höhe nach fest vereinbarte Verpflichtung vor, die sich aber allenfalls in Zukunft der Höhe nach verändern kann, wenn bestimmte, aber ungewisse Ereignisse eintreten. Diese Ereignisse sind aber erst dann steuerlich zu berücksichtigen, wenn sie tatsächlich eingetreten sind.

Der Kapitalwert eines Nutzungsrechts (Nießbrauchs) darf höchstens den Wert erreichen, den das Wirtschaftsgut selbst hat. Ein Nießbrauch an einer Sache darf also nicht höher bewertet werden als die Sache selbst. Eine diesbezügliche Überbewertung von Nutzungen an einem Wirtschaftsgut soll § 16 BewG verhindern, indem er bestimmt, dass bei der Ermittlung des Kapitalwerts der Nutzungen eines Wirtschaftsguts der Jahreswert dieser Nutzungen höchstens den Wert betragen darf, der sich ergibt, wenn der für das genutzte Wirtschaftsgut bzw. für die genutzte „wirtschaftliche Einheit" nach den Vorschriften des Bewertungsgesetzes anzusetzende Steuerwert durch 18,6 geteilt wird. Es wird also die Möglichkeit, dass im Ergebnis ein den Steuerwert des Wirtschaftsgutes übersteigender Nießbrauchswert herauskommt, dadurch verhindert, dass der Jahreswert des Nießbrauchs auf den 18,6ten Teil des Steuerwerts des Wirtschaftsguts begrenzt wird.[1] Der Divisor 18,6 ergibt sich aus den Tabellen zu § 14 BewG, wonach der Jahreswert eines lebenslänglichen Nutzungsrechts maximal mit dem Faktor 18,455 multipliziert werden kann bzw. bei einem zeitlich begrenzten Nutzungsrecht nach Anlage 9a BewG der Faktor 18,6 erst nach einer Laufzeit von mehr als 101 Jahren erreicht wird.[2]

Mit der Begrenzung des Jahreswerts des Nießbrauchs auf den 18,6ten Teil des Steuerwerts des Nutzungsgutes wird für die Kapitalisierung des Nießbrauchsertrags eine Rendite von ca. 5,5 % des Steuerwerts des Nutzgutes unterstellt. So ergibt der 18,6te Teil eines mit 100.000 € bewerteten Nutzungsgutes einen Jahreswert von knapp 5.500 €, womit unterstellt wird, dass das Nutzungsgut – bezogen auf den Steuerwert – 5,5 % Rendite abwirft.

Wird als Gegenleistung für eine Schenkung ein Nießbrauch an Grundbesitz eingeräumt, beispielsweise an einem Mietwohngrundstück, kommen die Grundsätze der Bewertung von Grundbesitz für die Erbschaft- und Schenkungsteuer zur Anwendung, die nachfolgend unter Rz. 208 noch näher erläutert werden.

1 Eine Begrenzung gilt nicht für Renten oder andere wiederkehrende Leistungen, auch dann nicht, wenn diese dinglich gesichert sind (z. B. durch Höchstbetragshypothek usw.).

2 Vgl. Tabellen in Anhang 3 und 5.

HINWEIS:

Nicht in die Höchstwertberechnung fließen Verschonungsregelungen und Steuerbefreiungen des ErbStG ein, z. B. der für Mietwohngrundstücke geltende Abschlag von 10 % (§ 13d ErbStG).

BEISPIEL A überträgt seinem Neffen nach Vollendung des 62. Lebensjahres ein Zweifamilienhaus. Der maßgebliche Steuerwert für das Objekt beträgt 600.000 €. Für die vermietete OG-Wohnung wird seit Jahren ein gleicher Mietpreis (kalt) von 15 €/qm erzielt. A hat sich das Wohnrecht an der EG-Wohnung vorbehalten.

Der Kapitalwert des Wohnrechts ist wie folgt zu ermitteln:

I. Ermittlung Jahreswert des Wohnungsnutzungsrechts	
Wohnfläche 100 qm × 15 €/qm × 12 Monate =	18.000 €
II. Höchstwertbegrenzung für den Nießbrauch nach § 16 BewG bei einem nach bewertungsrechtlichen Vorschriften ermittelten Wert für das Gesamtobjekt von	600.000 €
Auf das nießbrauchsbelastete Objekt entfallen (1/2)	300.000 €
III. Berechnung des Jahreswerts aus dem Steuerwert des Nießbrauchsgegenstandes	
$1/2$ * 600.000 dividiert durch 18,6	16.129 €
Als Jahreswert des Nießbrauchs ist anzusetzen:	16.129 €
Der steuerpflichtige Erwerb (Bereicherung) beträgt (gerundet)t	583.800 €
Die zu zahlende Schenkungsteuer beträgt (Steuerklasse II, Steuersatz 25 %, Freibetrag 20.000 €)	140.950 €

Die Begrenzung des Jahreswerts auf den 18,6ten Teil vom Steuerwert des genutzten Wirtschaftsguts wirkt sich beim Erwerber regelmäßig schenkungsteuererhöhend aus, weil er eine entsprechend niedrigere Nießbrauchslast als Nachlassverbindlichkeit vom steuerpflichtigen Erwerb abziehen kann. 122

Die Höchstwertregelung des § 16 BewG gilt nicht in Fällen, in denen eine Nutzungsauflage zu einer Leistungsauflage umgestaltet wird. Der maßgebliche Unterschied zwischen einer Nutzungs- und einer Leistungsauflage liegt darin, dass eine Leistungsauflage unabhängig vom belasteten Wirtschaftsgut zu erbringen ist, die Nutzungsauflage dagegen nur auf das belastete Wirtschaftsgut abstellt. Bei einer Leistungsauflage liegt de facto keine wirtschaftliche Bindung an das Nutzobjekt vor, bei der Nutzungsauflage hingegen schon. Die Höchstwertregelung nach § 16 BewG kommt selbst dann nicht zur Anwen- 123 dung, wenn die Leistungsauflage durch eine Abänderungsregelung nach § 323 ZPO an die Erträge eines bestimmten Wirtschaftsgutes geknüpft ist.[1]

BEISPIEL Sachverhalt wie Beispiel oben. A überträgt seinem Neffen nach Vollendung des 62. Lebensjahres ein Zweifamilienhaus (Steuerwert 600.000 €). Der Schenker behält sich jedoch kein Nießbrauchsrecht vor, sondern der Beschenkte verpflichtet sich zur Zahlung einer lebenslangen Rente in Höhe von 18.000 €. Der Übernehmer verpflichtet sich, mit dem Übergeber einen Mietvertrag über die EG-Wohnung abzuschließen. Der Mietzins ist nach dem ortsüblichen Mietpreisspiegel bemessen und beträgt 17.900 EUR.

Der Neffe versteuert im Rahmen des Erwerbs (gemischte Schenkung):

Steuerwert des Zuwendungsgegenstandes	600.000 €
Leistungsauflage Kapitalwert= 18.000 € x 12,347[2]	222.246 €
Steuerpflichtiger Erwerb (gerundet)	377.754€
Die zu zahlende Schenkungsteuer beträgt (Steuerklasse II Steuersatz 25%, Freibetrag 20.000 €	89.425 €
Steuerersparnis gegenüber Nießbrauchsvariante	51.525 €

Anmerkung: Ein Sonderausgabenabzug nach § 10 Abs 1a Nr. 2 EStG für Rentenzahlungen im Zusammenhang mit einer Wohnungsüberlassung ist nicht zulässig.[3]

Als weitere Alternative ist aus § 10 Abs. 6 Satz 6 ErbStG zu schließen, dass die Nießbrauchslast auch bereits auf der Bewertungsebene mittels eines Sachverständigengutachtens berücksichtigt werden kann. Letzteres hat der BFH in seinem Urteil v. 9.4.2014[4] wiederholt betont. Die Höchstbegrenzung nach § 16 BewG kann danach auch unter Rückgriff auf die Regelung des § 10 Abs. 6 Satz 6 ErbStG umgangen werden. Nach dieser Vorschrift dürfen Nutzungsrechte als Grundstücksbelastungen bei der Erbschaftsteuer nur abgezogen werden, soweit sie sich nicht bereits bei der Ermittlung des gemeinen Werts ausgewirkt haben. Lassen die Beteiligten über das Grundstück ein Sachverständigengutachten erstellen, ist dieser Wert nach der sogenannten „Öffnungsklausel“[5] anzusetzen.

BEISPIEL: Sachverhalt wie oben. Der Erwerber lässt über das zu übertragende Zweifamilienhaus ein Verkehrswertgutachten erstellen. In diesem werden die Nutzungsrechte des Übergebers wertmindernd berücksichtigt. Der vom Sachverständigen ermittelte Verkehrswert beträgt 280.000 €.

1 Jülicher in Troll/Gebel/Jülicher/Gottschalk, ErbStG, § 12 Rz. 243.

2 BMF, Schreiben v. 28. 10. 2020 - IV C 7 - S 3104/19/10001 :005 BStBl 2020 I S. 1048, Vervielfältiger abgedruckt in Anhang 5.

3 Vgl. näheres Teil VI Rz. 901 ff.

4 BFH, Urteil v. 9.4.2014 - II R 48/12, BStBl 2014 II S. 554.

5 Rz. 292.

Der Neffe versteuert im Rahmen der Überlassung:

Steuerwert des Zuwendungsgegenstandes	280.000 €
Steuerpflichtiger Erwerb (gerundet) die zu zahlende Schenkungsteuer beträgt bei Steuerklasse II und dem Steuersatz 20 % Freibetrag 20.000 €	280.000 € 52.000 €
Steuerersparnis gegenüber Nießbrauchsvariante	88.950 €

3.4.3 Zeitrenten und befristete Nutzungen und Leistungen

124 Bewertungsmaßstab für zeitlich befristete Nutzungen und Leistungen ist grundsätzlich der Kapitalwert. Der gemeine Wert tritt an Stelle des Kapitalwerts, wenn er zum einen nachgewiesen und zum anderen geringer oder höher ist (§ 13 Abs. 3 BewG). Ein niedrigerer gemeiner Wert wäre beispielsweise denkbar, wenn der Verpflichtete nur begrenzt zahlungsfähig ist.

125 Der Kapitalwert errechnet sich aus der Vervielfachung des Jahreswerts mit einem Faktor aus Anlage 9a zum BewG.[1] Diese Vervielfältiger sind jeweils auf volle Jahre ausgerichtet. Beträgt die Laufzeit einer Zeitrente nicht volle Jahre (z. B. nur acht Jahre und neun Monate), ist der maßgebliche Vervielfältiger durch Interpolation zu ermitteln.

BEISPIEL:

Jahreswert	1.000 € × 12 =	12.000 €
Vervielfältiger für acht Jahre	6,509	
Vervielfältiger für neun Jahre	7,143	
Differenz	0,634	
× 9/12 (neun Monate)	0,476	
Vervielfältiger für acht Jahre	6,509	
Differenz für neun Monate	0,476	
maßgeblicher Vervielfältiger für acht Jahre und neun Monate	6,985	
Kapitalwert	12.000 € × 6,985 =	83.820 €

126 Zeitrenten, die zwar für eine bestimmte Zeit ausgerichtet, zusätzlich aber noch vom Leben der bezugsberechtigten Person abhängig sind (Höchstzeitrenten), dürfen nicht höher bewertet werden, als wenn es sich um eine Leibrente handelt, auf die im Folgenden noch näher eingegangen wird. Die nach § 13 Abs. 1 Satz 2 BewG erforderliche Begrenzung wird dadurch erreicht, dass bei

1 Vgl. Anhang 3.

abgekürzten Leibrenten immer der niedrigere Vervielfältiger zum Ansatz kommt. Zu vergleichen sind die Vervielfältiger, die jeweils für eine Zeitrente (aus Tabelle zu Anlage 9a zum BewG[1]) und für eine Leibrente gelten würden.

127 Vervielfältiger für lebenslängliche Nutzungen oder Leistungen sind dem für den jeweiligen Bewertungsstichtag geltenden BMF Schreiben zu entnehmen.[2] Beträgt der Vervielfältiger für eine auf Lebenszeit, längstens aber für 20 Jahre zu gewährende Rente bei einer Bezugsberechtigten im Alter von 55 Jahren (vgl. Tabelle Anhang 5/Frauen/Durchschnittliche Lebenserwartung) 14,905, der für eine 20-jährige Zeitrente 12,279, ist der niedrigere Faktor maßgebend. Angenommen, der Jahreswert der Höchstzeitrente beträgt 30.000 €, so würde diese bei der Berechnung des steuerpflichtigen Erwerbs mit (30.000 × 12,279) = 368.370 € anzusetzen sein. Analog ist bei Leibrenten mit garantierter Mindestlaufzeit (Mindestzeitrenten oder verlängerte Leibrenten) stets der höhere Vervielfältiger anzuwenden.

128 Immerwährende Nutzungen oder Leistungen werden mit dem 18,6fachen ihres Jahreswertes besteuert; Nutzungen von unbestimmter Dauer mit dem 9,3fachen Jahreswert (§ 13 Abs. 2 BewG). Den Berechnungen liegt jeweils ein Zinssatz von 5,5 % zugrunde. Als Beispiel für Nutzungen und Leistungen von unbestimmter Dauer können Grabpflegekosten oder die unentgeltliche Überlassung einer Kapitalsumme auf unbestimmte Zeit genannt werden. Wird ein auf unbestimmte Dauer vereinbartes Darlehen gekündigt, stellt dies ein Ereignis mit steuerlicher Wirkung für die Vergangenheit dar und hat eine Änderung der ursprünglichen Steuerfestsetzung zur Folge. Immerwährende Nutzungen sind dagegen nur dort denkbar, wo aufgrund einer Rentenschuld oder einer im Grundbuch eingetragenen Dienstbarkeit ein Geldbetrag zu erbringen ist.

HINWEIS:

Der Ansatz von Nutzungen und Leistungen von unbestimmter Dauer mit dem 9,3fachen Jahreswert entspricht etwa einer Dauer von 13 Jahren. Sofern abzusehen ist, dass die Laufzeit in keinem Fall 13 Jahre betragen wird und die Beteiligten eine realistische Bewertung wünschen, sollte eine den Schätzungen gemäße Höchstzeit(rente) vereinbart werden. Soll beispielsweise einem Studenten für den „Rest seiner Studienzeit" eine monatliche Zuwendung von 2.000 € gewährt werden, müsste diese Rente – weil die Dauer des Studiums unbestimmt ist – mit dem 9,3fachen Jahreswert versteuert werden. Wird die Rentenzahlung auf die Regelstudienzeit von vier oder fünf Jahren begrenzt, versteuert der Student nur den 3,60- bzw. 4,38fachen Jahreswert.

1 Vgl. Anhang 3.

2 Für Bewertungsstichtage ab 1.1.2021 vgl. BMF, Schreiben v. 28.10.2020 - IV C 7 - S 3104/19/10001 :005 BStBl 2020 I S. 1048.

3.4.4 Leibrenten und lebenslängliche Nutzungen und Leistungen

Bewertungsmaßstab für Leibrenten und lebenslängliche Nutzungen und Leistungen ist wiederum der Kapitalwert. Dieser errechnet sich wie bei Zeitrenten aus dem Jahreswert der Nutzung/Leistung, multipliziert mit einem Vervielfältiger. Die Vervielfältiger für lebenslange Nutzungen und Leistungen werden vom Bundesministerium der Finanzen in regelmäßigen Abständen aktualisiert und veröffentlicht.[1] 129

Diese Vervielfältiger sind auch bei sogenannten Witwenrenten mit Wiederverheiratungsklausel maßgebend. Denn die Wiederverheiratungsklausel stellt eine auflösende Bedingung dar, die steuerlich erst zu berücksichtigen wäre, wenn die Witwe tatsächlich wieder heiratet.

Setzt die Rentenzahlung erst zu einem späteren Zeitpunkt ein, wird der Vervielfältiger für die lebenslange Laufzeit[2] um den der Aufschubzeit entsprechenden Vervielfältiger aus Anlage 9a zum BewG gekürzt. 130

BEISPIEL: A übergibt seiner frisch verheirateten Tochter gegen Rentenzahlung ein Mietwohnhaus im Verkehrswert (= Steuerwert) von 800.000 €. Die Rentenzahlung soll mit seinem Eintritt in den Ruhestand (mit 65 Jahren) beginnen. A ist im Zeitpunkt der Übergabe 61 Jahre alt. Der Jahreswert der Rente beträgt 40.000 €.

Vervielfältiger für lebenslängliche Rentenleistungen (61 Jahre, männlich)	12,606
Vervielfältiger Anlage 9a (Rentenbeginn nach vier Jahren)	3,602
maßgeblicher Vervielfältiger	9,004
Kapitalwert = 40.000 € × 9,004	360.160 €

Dieses Beispiel könnte noch etwas präzisiert werden: In der Praxis wird es so sein, dass Eltern ihren Abkömmlingen Wirtschaftsgüter zu Lebzeiten gegen Zahlung einer gemeinsamen Rente überlassen. Solange beide Elternteile noch leben, ist ein Betrag x und, wenn ein Ehepartner gestorben ist, ein Betrag y fällig. Die Rente wird bis zum Tod des letztlebenden Ehegatten gezahlt.

Solange beide Ehegatten leben, geht die Finanzverwaltung davon aus, dass jedem Ehegatten die Hälfte der gemeinsamen Rente zusteht, es sei denn, aus der Entstehung des Rentenanspruchs ergibt sich ein anderer Aufteilungsmaßstab. Auf diese Jahreswerte ist stets der niedrigere der beiden Vervielfältiger für die Ehegatten anzuwenden. Die dem überlebenden Ehegatten allein zustehende geminderte Rente ist mit der Differenz der Vervielfältiger anzusetzen. 131

1 Für Bewertungsstichtage ab 1.1.2021 vgl. BMF, Schreiben v. 28.10.2020 - IV C 7 - S 3104/19/10001 :005 BStBl 2020 I S. 1048.

2 Vgl. BMF, Schreiben v. 2.12.2019 - IV C 7 - S 3104/19/10001 :003, BStBl 2019 I S. 1288; Tabelle abgedruckt in Anhang 5.

BEISPIEL: Übereignen die Eheleute F und M (Er 63 Jahre, Sie 58 Jahre) gegen eine gemeinsame Rente von monatlich 2.000 € das vermietete Sechsfamilienhaus ihren beiden Kindern S und T und verringert sich die Rente nach Ableben eines Ehepartners von 2.000 € auf 1.400 €, würde sich folgende Bewertung ergeben:

1. Schritt: Berechnung des Jahreswerts

Der Jahreswert der Rente für beide Ehegatten beträgt 2.000 € × 12 =	24.000 €

Der Jahreswert der Rente nach dem Tod des ersten Ehegatten beträgt 1.400 € × 12 = 16.800 €.

2. Schritt: Berechnung des Kapitalwerts

Die Vervielfältiger betragen[1]	männlich: 12,081, weiblich: 14,318	
Der Kapitalwert der Rente für beide Ehegatten beträgt: Jahreswert (= 24.000 €)	× niedrigerer Vervielfältiger (= 12,081)	289.944 €
Der Kapitalwert der Rente zwischen dem Tod des ersten und dem Tod des zweiten Ehegatten beträgt*: Jahreswert (= 16.800 €)	× Differenz der Vervielfältiger (14,318 – 12,081) = 16.800 € × 2,3	38.640 €
	Der Kapitalwert für beide Renten beträgt	328.584 €

* Die Zeitdifferenz zwischen dem Tod des ersten und dem Tod des zweiten Ehegatten, welche der Laufzeit der zweiten Rente entspricht, wird dargestellt durch die Differenz zwischen beiden Vervielfältigern.

132 Leibrenten, lebenslängliche Nutzungen und Leistungen bilden oft das Gegenglied einer Auflagenschenkung. Bei Berechnung des Kapitalwerts, den der Berechtigte zu versteuern, der Verpflichtete aber unter bestimmten Voraussetzungen steuermindernd abziehen kann, wurde von einer unterstellten durchschnittlichen Lebenserwartung ausgegangen. Stirbt der Berechtigte früher, und kommt es daher zum Wegfall der Leibrente, führt der Wegfall zu keinem weiteren steuerpflichtigen Erwerb. Abhängig von der voraussichtlichen Dauer des Nießbrauchrechts und dem tatsächlichen Bezug kommt es jedoch zu einer Berichtigung der ursprünglich festgesetzten Schenkungsteuer.

Die Steuerberichtigung setzt voraus, dass der Wegfall auf den Tod des Berechtigten oder des Verpflichteten zurückzuführen ist. Eine Steuerberichtigung ist regelmäßig vorzunehmen, wenn die Zeitgrenzen der nachfolgenden Tabelle erfüllt sind.

1 BMF v. 28.10.2020 - IV C 7 - S 3104/19/10001 :005 vgl. Anhang 5.

TAB. 5: Steuerberichtigung nach § 14 Abs. 2 BewG			
bis zu ... Jahren	nicht mehr als ... Jahre	bis zu ... Jahren	nicht mehr als ... Jahre
30	10	75	5
50	9	80	4
60	8	85	3
65	7	90	2
70	6	90 und mehr	1

BEISPIEL: Der Gewerbetreibende G überträgt seinen Betrieb an seinen Sohn gegen Zahlung einer Leibrente. G war bei Übergabe 65 Jahre alt. Nach drei Jahren stirbt G. Es kommt hier zu einer Berichtigung von Amts wegen, weil die Bezugsdauer der Rente weniger als sieben Jahre betrug. Im Berichtigungsbescheid wird die Finanzverwaltung den Kapitalwert der Nießbrauchslast nach der tatsächlichen Dauer der Nutzung berechnen und den steuerpflichtigen Erwerb entsprechend erhöhen. Dies führt regelmäßig zu Steuernachzahlungen beim Erwerber. Verstirbt im umgekehrten Fall der Verpflichtete vor dem Berechtigten, kann der Berechtigte eine Steuererstattung beantragen.

HINWEIS:

Bei Grundstücksübertragungen empfiehlt es sich daher, den Kapitalwert des Nießbrauchs bereits bei der Bewertung des Grundstücks im Rahmen des Nachweises eines niedrigeren Verkehrswertes (gemeinen Wertes) durch ein Sachverständigengutachten zu berücksichtigen, was nach den Erbschaftsteuer-Richtlinien R B 198 Abs. 3 Sätze 5, 6 ErbStR 2019 insofern möglich ist, als bei Verkehrswertgutachten „sämtliche wertbeeinflussenden Umstände zur Ermittlung des gemeinen Werts (Verkehrswerts) von Grundstücken zu berücksichtigen" sind und hierzu „auch die den Wert beeinflussenden Rechte und Belastungen privatrechtlicher und öffentlich-rechtlicher Art, wie z. B. Grunddienstbarkeiten und persönliche Nutzungsrechte" gehören. Da in diesen Fällen die Nießbrauchsbelastung nicht nochmals bei der Schenkungsteuerfestsetzung einfließt (bzw. einfließen darf), hat das vorzeitige Ableben des Nießbrauchsberechtigten keine nachträgliche Korrektur des Steuerbescheids zur Folge.

4 Bewertung von Betriebsvermögen für die Erbschaft- und Schenkungsteuer

4.1 Allgemeines

Bemessungsgrundlage für die Erbschaft- und Schenkungsteuer auf den Erwerb 133
von Betriebsvermögen ist der gemeine Wert, also jener (Verkehrs-)Wert, der im gewöhnlichen Geschäftsverkehr zu erzielen wäre.[1] Zur Ermittlung des maß-

1 Zum Begriff des gemeinen Werts vgl. oben Rz. 88.

geblichen gemeinen Werts lässt die Finanzverwaltung marktgängige Unternehmensbewertungsverfahren zu. Diese sind anzuwenden, wenn

- der Ansatz eines (Börsen-)Kurswertes nicht möglich ist,
- sich der gemeine Wert des Unternehmens nicht aus Verkäufen unter fremden Dritten ableiten lässt, die weniger als ein Jahr zurückliegen[1].

4.2 Bewertungsverfahren im Überblick

134 Die Praxis der Unternehmensbewertung kennt verschiedene Verfahren zur Bewertung betrieblicher Vermögen. Nachfolgende Übersicht zeigt die gängigen Verfahren in einem kurzen Überblick auf.

ABB. 2: Bewertungsverfahren für Betriebsvermögen

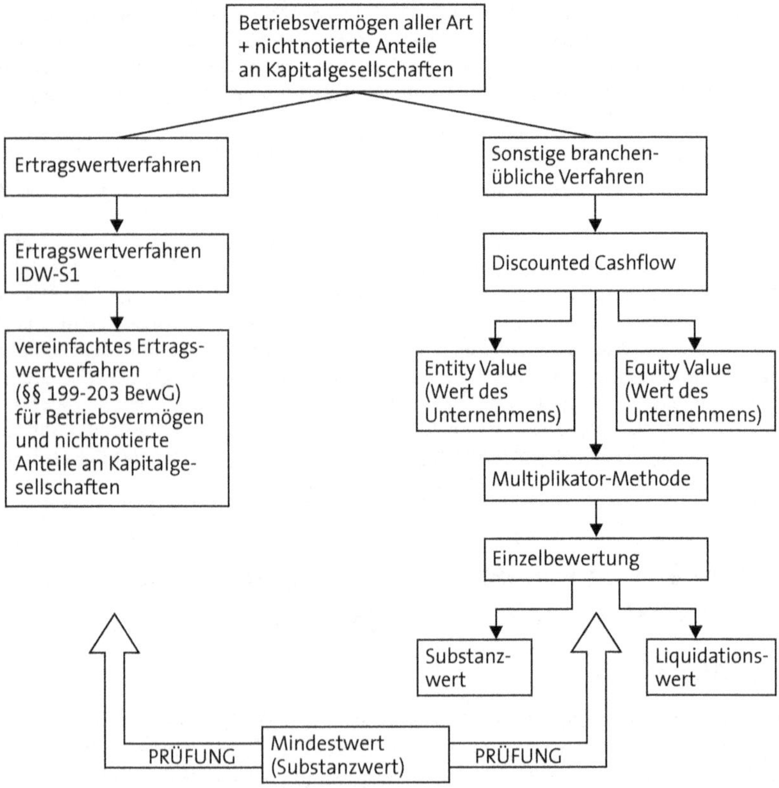

1 R B 11.2 Abs. 1 Satz 1 und 2 ErbStR 2019.

Das am häufigsten angewendete Bewertungsverfahren im Rahmen internationaler Unternehmenstransaktionen stellt dabei das Discounted-Cashflow-Verfahren dar. Hohe Bedeutung haben auch Multiplikator-Methoden. Geringen Stellenwert genießen hingegen Substanzwertverfahren, diverse Kombinationsverfahren oder der Börsenwert.

Das vom Steuergesetzgeber in den §§ 199 bis 203 BewG favorisierte Ertragswertverfahren stellt zwar das bislang dominante Verfahren in Deutschland dar und wird in Deutschland vor allem durch Wirtschaftsprüfer angewendet (in Form des Bewertungsstandards IDW S1). Auf internationaler Ebene ist dieses Verfahren aber eher selten und wird auch zunehmend durch Cashflow-basierte Verfahren abgelöst.

HINWEIS:

Der Nachweis des gemeinen Wertes für das Betriebsvermögen mit einem anderen als dem Ertragswertverfahren ist grds. möglich und sollte auch überall dort genutzt werden, wo andere Verfahren zutreffendere Ergebnisse liefern. Dies gilt besonders dann, wenn offensichtlich ist, dass ein Erwerber ein anderes Verfahren als das Ertragswertverfahren zugrunde legen würde. Die Finanzverwaltung sieht Anhaltspunkte dafür, dass ein Erwerber neben den ertragswert- oder zahlungsstromorientierten Verfahren bei der Bemessung des Kaufpreises eine andere übliche Methode zugrunde legen würde, insbesondere auch aus branchenspezifischen Verlautbarungen, z. B. bei Kammerberufen aus Veröffentlichungen der Kammern[1].

4.3 Die wirtschaftliche Einheit (Bewertungseinheit) beim Betriebsvermögen

Unter den Begriff „Betriebsvermögen" fallen alle Teile eines Gewerbebetriebs. 135
Das sind alle Wirtschaftsgüter und sonstigen aktiven Ansätze, aber auch Schulden und sonstige Abzüge, die bei der steuerlichen Gewinnermittlung zum Betriebsvermögen hinzuzurechnen sind, „soweit das Erbschaftsteuer- und Schenkungsteuergesetz i.V. mit dem Bewertungsgesetz nicht ausdrücklich etwas anderes vorschreibt oder zulässt"[2]. Zu bewertende wirtschaftliche Einheit der Vermögensart „Betriebsvermögen" bildet der Gewerbebetrieb. Gewerbebetrieb ist die selbständige, nachhaltige Betätigung, die mit der Absicht unternommen wird, Gewinn zu erzielen, und sich als Beteiligung am allgemeinen wirtschaftlichen Verkehr darstellt, wenn die Betätigung weder als Ausübung von Land- und Forstwirtschaft noch als Ausübung eines freien Berufs oder als eine andere selbständige Arbeit anzusehen ist (§ 15 Abs. 2 EStG). Die Aus-

1 R B 11.5 Abs. 1 ErbStR 2019.
2 R B 95 Abs. 1 ErbStR 2019.

übung eines freien Berufes steht für die Bewertung dem Gewerbebetrieb gleich. Es gehört also auch das Vermögen zur Vermögensart „Betriebsvermögen“, das der selbständigen Ausübung einer rein künstlerischen, wissenschaftlichen, schriftstellerischen, unterrichtenden oder erzieherischen Tätigkeit dient (§ 96 BewG).

136 Zur wirtschaftlichen Einheit Gewerbebetrieb werden wiederum alle Wirtschaftsgüter zusammengefasst, die dem Betriebsinhaber, einem Mitunternehmer oder den Gesellschaftern einer Personengesellschaft gehören (wirtschaftliches Eigentum ist ausreichend), oder Betriebsgüter, die Körperschaften, also Kapitalgesellschaften wie Aktiengesellschaften, Kommanditgesellschaften auf Aktien, Gesellschaften mit beschränkter Haftung, Erwerbs- und Wirtschaftsgenossenschaften, Versicherungsvereinen auf Gegenseitigkeit oder Kreditanstalten des öffentlichen Rechts gehören (§ 97 Abs. 1 BewG). Gehört einem Gesellschafter oder mehreren Gesellschaftern ein Grundstück, das den betrieblichen Zwecken der Personengesellschaft dient, ist das Grundstück nicht Grundvermögen des Gesellschafters bzw. der Gesellschafter, sondern gehört als Betriebsgrundstück zum Sonderbetriebsvermögen der Personengesellschaft (vorrangige Verrechnung, § 97 Abs. 1 Nr. 5 Satz 2 BewG).

137 Gemäß R B 97.1 ErbStR 2019 i.V. mit § 97 Abs. 1 Satz 1 Nr. 5 BewG sind in den Gewerbebetrieb einer Personengesellschaft entsprechend der ertragsteuerlichen Regelung einzubeziehen:

1. die Wirtschaftsgüter und sonstigen aktiven Ansätze sowie die Schulden und sonstigen Abzüge, soweit sie zum Gesamthandsvermögen gehören,
2. sowie auch die Wirtschaftsgüter aus den Sonderbilanzen (Sonderbetriebsvermögen I und II). Die Zurechnung zum Sonderbetriebsvermögen der Personengesellschaft geht hierbei der Zurechnung zum Betriebsvermögen des Gesellschafters vor (§ 97 Abs. 1 Satz 1 Nr. 5 Satz 2 BewG).

138 Forderungen und Schulden einer Personengesellschaft gegenüber ihren Gesellschaftern zählen zum Betriebsvermögen. Für Darlehensforderungen der Personengesellschaft gegen einen Gesellschafter gilt dies unter der Maßgabe, dass das Darlehen zu fremdüblichen Konditionen (Zins, Laufzeit, Sicherheit) gewährt wird.[1] (Darlehen zu nicht fremdüblichen Konditionen gehören zur wirtschaftlichen Einheit des Betriebsvermögens, wenn ein betriebliches Interesse am Verwendungszweck des gewährten Darlehens besteht.

1 H B 97.1 Abs. 2 ErbStH 2019.

Ein Darlehen zu nicht fremdüblichen Konditionen, an dessen Verwendungszweck kein betriebliches Interesse besteht, stellt ertragsteuerlich eine Entnahme der Darlehensvaluta aus dem Betriebsvermögen der Gesellschaft in ihr gesamthänderisch gebundenes Privatvermögen dar, die allen Gesellschaftern anteilig unter Minderung ihrer Kapitalkonten zuzurechnen ist.[1] Die entsprechende Darlehensschuld des Gesellschafters ist je nach Verwendung des Darlehens (negatives) Sonderbetriebsvermögen oder eine private Schuld. 139

Geht der Anteil eines Gesellschafters an der Personengesellschaft von Todes wegen über oder überträgt dieser den Anteil durch Schenkung, ist ein anteilig ihm zuzurechnender Anspruch auf Rückzahlung eines nicht im Betriebsvermögen der Personengesellschaft erfassten Darlehens als Kapitalforderung im übrigen Vermögen anzusetzen. Das gilt nicht nur für den Gesellschafter, der das Darlehen erhalten hat. Die Erben des Gesellschafters, der das Darlehen erhalten hat, können außerdem die Darlehensschuld als Nachlassverbindlichkeit abziehen. Im Fall der Schenkung sind insoweit die Grundsätze der gemischten Schenkung anzuwenden, wenn der Erwerber die Darlehensschuld übernimmt. 140

Über die zur wirtschaftlichen Einheit Gewerbebetrieb gehörenden Wirtschaftsgüter ist zum Vermögensübertragungszeitpunkt eine besondere Vermögensaufstellung zu fertigen, welche sich bei bilanzierenden Gewerbetreibenden und freiberuflich Tätigen regelmäßig an die Steuerbilanz anlehnt (Bestandsidentität). Der Grundsatz der Bestandsidentität erfährt allerdings u. a. bei Betriebsgrundstücken[2] oder Schulden und sonstigen passiven Ansätzen, die nicht mit der Gesamtheit oder einzelnen Teilen des Betriebsvermögens des Gewerbebetriebs stehen oder diversen Rücklagen usw. eine Durchbrechung. Bei Personenvereinigungen (OHG, KG) wird in die steuerliche Bewertung jeder zur Übertragung gelangenden Mitunternehmerschaft nicht nur der Anteil am Gesamthandsvermögen, sondern auch jenes Wirtschaftsgut eingeschlossen, das sogenanntes Sonderbetriebsvermögen darstellt, weil es im Eigentum eines Mitunternehmers steht und überwiegend dem Betrieb der Gesellschaft dient (Sonderbetriebsvermögen I) oder seiner Mitunternehmerstellung, d. h. der Beteiligung des Mitunternehmers zu dienen bestimmt ist (Sonderbetriebsvermögen II[3]). 141

---

1 H B 97.1 Abs. 2 ErbStH 2019.

2 Vgl. Rz. 69, 79.

3 Z.B. die Beteiligung des Kommanditisten an der Komplementär-GmbH einer GmbH & Co. KG sowie „Unterbeteiligungen“. Typische Unterbeteiligungen sind Darlehensverträge Dritter mit einem Gesellschafter zur Finanzierung seiner Einlage, wenn im Vertrag kein fester Zins vereinbart wurde.

HINWEISE:

- Die bloße Verwaltung eigenen Vermögens ist hingegen keine gewerbliche Tätigkeit. Vermögensverwaltung liegt vor, wenn sich die Betätigung noch als Nutzung von Vermögen i. S. der Fruchtziehung aus zu erhaltenden Substanzwerten darstellt und die Ausnutzung substanzieller Vermögenswerte durch Umschichtung nicht entscheidend in den Vordergrund tritt.
- Ob dem Grunde nach begünstigtes Betriebsvermögen vorliegt, wird für jede wirtschaftliche Einheit gesondert geprüft. Es folgt ein Feststellungsbescheid durch das Erbschaftsteuerfinanzamt.

4.4 Die Bewertung von Anteilen an Kapitalgesellschaften

4.4.1 Allgemeines

142 Für die Bewertung von Anteilen an Kapitalgesellschaften, welche Betriebsvermögen darstellen, gelten im Grunde die in Rz. 134 dargestellten Grundsätze für die Bewertung solcher Wertpapiere, die im Rahmen eines privaten Wertpapierdepots übertragen werden. Im Einzelnen gilt:[1]

- Werden die Anteile am Bewertungsstichtag an einer deutschen Börse zum Handel im regulierten Markt oder in den Freiverkehr einbezogen, gelten die Börsenkurse vom Bewertungsstichtag.
- Wertpapiere, für die ein Börsenkurs nicht besteht, sind anzusetzen,

1. soweit sie Anteile an Kapitalgesellschaften verbriefen, mit dem gemeinen Wert nach § 11 Abs. 2 BewG und
2. soweit sie Forderungsrechte verbriefen, mit dem sich nach § 12 Abs. 1 BewG ergebenden Wert.

143 In Verbindung mit § 11 Abs. 2 BewG ergibt sich damit folgende Hierarchie von Bewertungsmethoden für Anteile an Kapitalgesellschaften:

1. Börsenkurs: Dieser genießt vor jeder anderen Bewertungsmethode den Vorrang. Er kann weder durch ein Gutachten noch durch den Substanzwert usw. unterboten werden.
2. Kaufpreis unter fremden Dritten: Dieser ist vorrangig gegenüber dem Substanzwert oder dem Ertragswert anzuwenden. Ein Substanzwert geht nur dem Ertragswert nach dem individuellen oder vereinfachten Ertragswertverfahren oder einer anderen üblichen Bewertungsmethode vor.

---

1 R B 11.1 ErbStR 2019.

3. Substanzwert/Liquidationswert: Diese gehen dem nach dem individuellen oder vereinfachten Ertragswertverfahren ermittelten Ertragswert oder dem Ergebnis eines anderen anerkannten Bewertungsverfahrens vor, wenn sie höher sind (bei Liquidationswert: nur wenn eine Liquidation des Unternehmens beabsichtigt ist).
4. Sonstige anerkannte marktübliche Bewertungsverfahren.
5. Ertragswertverfahren (vereinfacht, individuell).

Für nicht notierte Anteile an Kapitalgesellschaften ist der maßgebliche gemeine Wert primär aus Verkäufen unter fremden Dritten abzuleiten. Dabei sind jedoch nur Verkäufe zu berücksichtigen, die zum Bewertungsstichtag weniger als ein Jahr zurückliegen. Die Finanzverwaltung lässt gem. R B 11.2 Abs. 1 Satz 3 ErbStR 2019 die Ableitung des gemeinen Wertes nicht notierter Anteile auch aus einem einzigen Verkauf zu, wenn zu bewertender Anteil und verkaufter Anteil gleichermaßen Zwerganteile sind oder gleichermaßen keine Zwerganteile sind. Ferner kann die Ausgabe neuer Geschäftsanteile an einer GmbH im Rahmen einer Kapitalerhöhung zur Aufnahme eines neuen Gesellschafters als Verkauf i. S. des § 11 Abs. 2 Satz 2 BewG zur Ableitung des gemeinen Werts der GmbH-Anteile herangezogen werden. Kann der gemeine Wert nicht aus Verkäufen abgeleitet werden, ist er unter Berücksichtigung der Ertragsaussichten der Kapitalgesellschaft oder einer anderen anerkannten, auch im gewöhnlichen Geschäftsverkehr für nichtsteuerliche Zwecke üblichen Methode zu ermitteln (vgl. unten Ertragswertverfahren). Hinsichtlich der Hierarchie der Anwendung des Ertragswertverfahrens (vereinfacht, individuell) oder einem sonstigen anerkannten marktüblichen Bewertungsverfahren bestimmt § 11 Abs. 2 Satz 2 Halbsatz 2 BewG, dass stets jene Methode vorrangig ist, die „ein Erwerber" zugrunde legen würde". Bezüglich der Anwendung des vereinfachten Ertragswertverfahren steht dem Steuerpflichtigen grds. ein Wahlrecht zu.[1] 144

Der gemeine Wert eines nicht notierten Anteils an einer Kapitalgesellschaft bestimmt sich schließlich nach dem Verhältnis des Anteils am Nennkapital (Grund- oder Stammkapital) der Gesellschaft zum gemeinen Wert des Betriebsvermögens der Kapitalgesellschaft zum Bewertungsstichtag.[2] Richtet sich die Beteiligung am Vermögen und am Gewinn der Gesellschaft auf Grund einer ausdrücklichen Vereinbarung der Gesellschafter nach der jeweiligen Höhe des eingezahlten Nennkapitals, bezieht sich der gemeine Wert nur auf das tatsächlich eingezahlte Nennkapital. 145

1 R B 11.2 Abs. 2 Satz 4 ErbStR 2019.

2 § 97 Abs. 1b BewG, R B 11.7 ErbStR 2019.

HINWEIS:

Der gemeine Wert kann auch durch Vorlage eines methodisch nicht zu beanstandenden Gutachtens nachgewiesen werden, welches auf den für die Verwendung im Ertragswertverfahren üblichen Daten der betreffenden Kapitalgesellschaft aufbaut.[1]

4.4.2 Eigene Anteile

146 Hält die Gesellschaft eigene Anteile, mindern diese das Nennkapital.[2] Die Finanzverwaltung will damit dem Umstand Rechnung tragen, dass sich die Beteiligung der Gesellschafter am Vermögen und Gewinn der Gesellschaft regelmäßig nach dem Verhältnis der Anteile am Nennkapital richtet.[3] Dies gilt auch, wenn das Nennkapital noch nicht vollständig eingezahlt ist. Unerheblich ist, ob noch mit der Einzahlung des Restkapitals zu rechnen ist oder nicht.

4.4.3 Paketzu- und -abschlag

147 In vielen Fällen entspricht die Summe der Kapitalanteile nicht dem Gesamtwert des Unternehmens. Beträgt z. B. der nach dem Ertragswertverfahren ermittelte Gesamtwert des Unternehmens 100 und sind zwei Gesellschafter beteiligt, wobei einer 51 %, der andere 49 % der Geschäftsanteile hält, wird ein Käufer des 49 %-Anteils nicht 49 zahlen, sondern z. B. 40. Denn der andere Gesellschafter kann mit seinem 51 %-Anteil über die Gesellschaft praktisch verfügen, was den gemeinen Wert des 49 %-Anteils erheblich beeinträchtigen kann. Umgekehrt dürfte der die 51 % haltende Gesellschafter seine Anteile nicht für 51 veräußern wollen; er veräußert z. B. zu 60. Diesen Umstand berücksichtigt das Bewertungsrecht mit der Korrekturvorschrift des § 11 Abs. 3 BewG. Die Vorschrift bestimmt, dass wenn der gemeine Wert einer Anzahl von Anteilen an einer Kapitalgesellschaft, die einer Person gehören, höher ist als der Wert, der sich aufgrund der Kurswerte oder der gemeinen Werte für die einzelnen Anteile insgesamt ergibt, der gemeine Wert der Beteiligung maßgeblich ist. Eine entsprechende Korrektur erfolgt mit dem Paketzuschlag (im Fall eines Mehrwertes) bzw. einem Paketabschlag (im Fall eines Minderwertes). Eine Korrektur durch einen Paketzuschlag bzw. -abschlag kommt sowohl beim Ansatz von Kurswerten als auch bei der Ermittlung des gemeinen Werts durch Ableitung aus Verkäufen in Betracht.

1 R B 11.2 Abs. 2 ErbStR 2019.

2 R B 97.6 ErbStR 2019.

3 § 11 und § 60 AktG sowie § 29 Abs. 2 und § 72 GmbHG.

Ein Paketzuschlag ist vorzunehmen, wenn der gemeine Wert der zu bewertenden Anteile höher ist als der Wert, der den Beteiligungscharakter der zu bewertenden Anteile nicht berücksichtigt. Die Finanzverwaltung unterstellt einen solchen Mehrwert bereits dann, wenn ein Gesellschafter mehr als 25 % der Anteile an einer Kapitalgesellschaft auf einen oder mehrere Erwerber überträgt.[1] Ein Paketzuschlag ist dann auch vorzunehmen, wenn die anschließende (quotale) Aufteilung unter den Erben dazu führt, dass jeder der Erben nur eine Beteiligung von weniger als 25 % erhält. 148

Allerdings kann, wenn neben den Erben ein Vermächtnisnehmer einen schuldrechtlichen Anspruch auf Anteile erlangt, bei dessen Erfüllung die den Erben verbleibende Beteiligung weniger als 25 % beträgt, der Verlust dieses Einflusses – bezogen auf den Zeitpunkt der Steuerentstehung – eine wirtschaftliche Änderung sein, die einen Paketzuschlag für die von den Erben erworbene Beteiligung nicht mehr rechtfertigt.[2] Denn der Anspruch des Vermächtnisnehmers ist danach zu bewerten, ob die ihm vermachten Anteile mehr als 25 % betragen. Ein Vorausvermächtnis zu Gunsten eines Miterben ist dagegen nicht als wirtschaftliche Änderung anzusehen, die die Erbengemeinschaft in der Ausübung ihrer Mitgliedschaftsrechte – bezogen auf den Zeitpunkt der Steuerentstehung – beschränkt, und berührt damit den Paketzuschlag für die von den Erben erworbene Beteiligung nicht. 149

Bei Schenkungen unter Lebenden kommt es darauf an, ob die auf den Erwerber übergehenden Anteile mehr als 25 % betragen. Besaß der Beschenkte bereits Anteile und erlangt er zusammen mit den zugewendeten Anteilen einen Anteil von mehr als 25 %, ist dies jedoch für die Bewertung der zugewendeten Anteile grds. unbeachtlich. Maßgeblich bleibt insoweit die Beteiligungsquote beim Übertragenden. Erfolgt die Übertragung der Kapitalanteile in mehreren Schenkungen von derselben Person und sind die einzelnen Schenkungen innerhalb des maßgeblichen Zehnjahreszeitraumes zusammenzurechnen,[3] erfolgt ein Paketzuschlag erstmals für jene zugewendeten Anteile, die dem Erwerber erstmals eine Beteiligung von mehr als 25 % verschaffen, also die Beteiligungsgrenze von 25 % erstmals durchbrechen. Entsprechendes gilt folglich für alle weiteren zugewendeten Anteile. 150

1 R B 11.8 Abs. 3 ErbStR 2019.
2 R B 11.8 Abs. 5 ErbStR 2019.
3 Vgl. dazu Rz. 681 ff.

151 Die Höhe des Paketzuschlages kann je nach Umfang der zu bewertenden Beteiligung bis zu 25 % betragen. Auch höhere Zuschläge hält die Finanzverwaltung im Einzelfall für möglich.

HINWEISE:

- Nach R B 11.8 Abs. 2 Satz 5 ErbStR 2019 wäre nach Auffassung der Finanzverwaltung ein Paketzuschlag bei der Wertermittlung mittels des vereinfachten Ertragswertverfahrens i. d. R. nicht vorzunehmen. Kommt ein Anteilspaket von mehr als 25 % zur Übertragung und wäre danach ein Paketzuschlag vorzunehmen, wäre in solchen Fällen die Anwendung des vereinfachten Ertragswertverfahrens unter Umständen vorteilhaft.
- In den Fällen der Bewertung mit dem Substanzwert ist ein Paketzuschlag ebenfalls nicht vorzunehmen.
- Das für die Bewertung der Gewerbebetriebe (Personengesellschaften und Betriebe freiberuflich Tätiger) maßgebliche vereinfachte Ertragswertverfahren gilt auch für die Bewertung der Anteile nicht börsennotierter Kapitalgesellschaften.

4.5 Die Bewertung der Gewerbebetriebe (Personengesellschaften und Wirtschaftsgüter freiberuflich Tätiger)

4.5.1 Ertragswert und Hierarchie der Bewertungsverfahren

152 Mit Ausnahme einer Bewertung anhand eines Börsenkurses kommen für die Bewertung der Gewerbebetriebe dieselben Bewertungsverfahren und Bewertungsmethoden und auch dieselbe Hierarchie unter den Bewertungsverfahren zur Anwendung, die für die Bewertung von Anteilen an Kapitalgesellschaften gelten.[1] Das Bewertungsrecht stellt für die Bewertung von geerbten oder zu verschenkenden Unternehmenswerten in § 11 Abs. 2 BewG primär auf Verkäufe unter fremden Dritten ab. Als geeignet angesehen werden hierbei Verkäufe, die weniger als ein Jahr zurückliegen. Der Gesetzgeber geht dabei von einem Verkauf von Anteilen an Kapitalgesellschaften aus. Der Grundsatz der vordergründigen Verwendung geeigneter Verkaufspreise für die Bewertung gilt aber auch für Anteile an Personengesellschaften (z. B. KG/OHG-Anteile).

153 Stehen keine geeigneten Verkaufspreise zur Verfügung, stehen folgende marktüblichen Methoden zur Wahl:

- Diverse weitere marktübliche Methoden, welche im Wirtschaftsleben neben oder statt der Ertragswertmethode Anwendung finden.[2] Als Bewer-

1 Vgl. insoweit oben Rz. 142.

2 Vgl. oben Rz. 134.

tungsmethode ist per Gesetz stets diejenige zu wählen, „die ein Erwerber der Bemessung des Kaufpreises zugrunde legen würde".[1]

- Das Ertragswertverfahren (vereinfacht, individuell). Gegenstand der Bewertung im Ertragswertverfahren sind die Ertragsaussichten des Unternehmens.

Dem Gebot der Preisfindung aus Sicht eines gedachten Käufers liegt die Überlegung zugrunde, dass dieser im Unterschied zum Verkäufer bemüht sein wird, den Preis möglichst niedrig zu halten. Das Gebot der Preisfindung aus Sicht eines gedachten Käufers findet aber dort ihre Grenzen, wo der Käufer den zu erwerbenden Betrieb nicht als „Stand-alone-Unternehmen" sieht, sondern sich aus dem Unternehmenskauf bestimmte Synergie- oder Verbundeffekte erhofft. Die Einbeziehung einer gedachten Käufersicht kann so regelmäßig zu Werten führen, die über denen aus Sicht des Verkäufers liegen. Denn der Verkäufer sieht seinen Betrieb so, „wie er steht und liegt". Im Extremfall besitzt ein ererbtes bzw. übertragenes Unternehmen aus Stand-alone-Sicht keinen objektiven Marktwert, weil es defizitär ist. Trotzdem aber kann sich aus der Bewertung aus (gedachter) Käufersicht ein positiver Marktwert bilden, nämlich dann, wenn der Käufer mit dem Erwerb die Absicht verfolgt, einen Konkurrenten auszuschalten. 154

Das Ertragswertverfahren ist vor allem dadurch geprägt, dass es die zukünftige Unternehmensentwicklung und den Gedanken des Fortbestands des Unternehmens (Going Concern) berücksichtigt. Fremdkapitalzinsen und somit die Veränderung des Fremdkapitalbestands wird berücksichtigt. Außerdem zeichnet sich dieses Verfahren durch eine gute Ableitbarkeit aus i. d. R. vorhandenen Gewinn- und Verlustrechnungen aus und führt damit im direkten Weg zur Ermittlung des Eigenkapitalwerts. Nachteilig wirkt sich aus, dass die Prognose der Jahresüberschüsse eine exakte Planung erfordert, da eine Veränderung der Außenfinanzierung die Höhe des Jahresüberschusses beeinflusst. Außerdem ist der Gewinn die am meisten von der Rechnungslegung manipulierte Größe. Der Ertrag ist somit manipulierbarer als der reine Cashflow, was wiederum für eine Anwendung der DCF-Methode spricht. 155

Die Finanzverwaltung wendet in erster Linie das Ertragswertverfahren an; es ist Maßstab für die steuerliche Bewertung. Nur wenn andere gebräuchliche Bewertungsmethoden zur Preisbildung bzw. Verkehrswertermittlung angewandt werden, sind diese auch für das Steuerrecht maßgeblich. 156

1 § 11 Abs. 2 Satz 2 BewG i.V. mit § 109 BewG.

157 Der Gesetzgeber setzt bei dem Ertragswertverfahren bzw. einem anderen üblichen Verfahren auf das Gesamtbewertungsverfahren. Im Gesamtbewertungsverfahren wird das zu bewertende Unternehmen als eine Einheit angesehen, wobei es hier wiederum auch Ausnahmen gibt. Nicht betriebsnotwendige Wirtschaftsgüter und mit ihnen wirtschaftlich zusammenhängende Schulden (§ 200 Abs. 2 BewG), Beteiligungen (§ 200 Abs. 3 BewG) ohne mit diesen wirtschaftlich zusammenhängende Schulden,[1] junges Betriebsvermögen (innerhalb von zwei Jahren vor dem Bewertungsstichtag eingelegte Wirtschaftsgüter) und damit wirtschaftlich zusammenhängende Schulden[2] sowie Sonderbetriebsvermögen und damit zusammenhängende Schulden[3] müssen gesondert ermittelt und neben dem für das betriebliche Vermögen ermittelten Gesamtwert angesetzt werden. Sonderbetriebsvermögen ist dabei nur dann zu berücksichtigen, wenn es jenem Gesellschafter gehört, der der Erblasser oder der Übertragende ist.

158 Betriebsschulden fließen nicht explizit in die Bewertung ein. Diese wirken sich aber indirekt auf den Ertragswert und damit auf den Steuerwert des gesamten Unternehmens aus, weil die Zinszahlungen für die Schulden den Ertrag mindern. Schuldposten werden mit ihrem Nominalbetrag ausschließlich bei der Ermittlung des Mindestwertes von den Aktiva abgezogen. Besonders betroffen vom Wegfall des direkten Schuldenabzugs sind Einzelunternehmen. Wurde nach altem Recht ein Unternehmen mit Aktiva von 100, Passiva von 50 und einem Eigenkapital von 50 übertragen, konnte dies zu einem Steuerwert von 50 erfolgen. Nach neuem Recht ist der Ertragswert zu ermitteln. Dieser wird typisch nicht 50 sein. Die Aktiva und Passiva bleiben außer Acht.

159 Betriebsgrundstücke fließen regelmäßig in den Gesamtwert des Unternehmens – den Ertragswert – ein. Die Zugehörigkeit eines Grundstücks zum Betriebsvermögen richtet sich nach ertragsteuerrechtlichen Grundsätzen.[4] Gehört nur ein Teil des Grundstücks zum Betriebsvermögen, ist zunächst der Grundbesitzwert für das gesamte Grundstück festzustellen und dieser wird vom Betriebsfinanzamt entsprechend aufgeteilt. Eine gesonderte Bewertung von Betriebsgrundstücken ist nur in Ausnahmefällen erforderlich, etwa wenn der Substanzwert als Mindestwert zu ermitteln ist und Anwendung findet. Schulden (Grundschulden), die mit einem Betriebsgrundstück in wirtschaftlichem Zusammenhang stehen, sind abzuziehen, soweit sie bei der steuerlichen

1 R B 200 Abs. 3 Satz 4 ErbStR 2019.
2 § 200 Abs. 4 BewG, R B 200 Abs. 5 ErbStR 2019.
3 § 97 Abs. 1a Nr. 2 BewG, R B 97.1 ErbStR 2019.
4 R B 99 Abs. 1 ErbStR 2019.

Gewinnermittlung zum Betriebsvermögen gehören. Ist das Grundstück oder der Grundstücksteil gesondert anzusetzen, ist der gemeine Wert zu berücksichtigen, soweit er auf den betrieblichen Teil entfällt.[1]

HINWEISE:

Gehört zu einem vererbten oder lebzeitig übertragenen Gewerbebetrieb ein durch den bisherigen Inhaber dem Betrieb zur Nutzung unentgeltlich überlassenes Grundstück (= Sonderbetriebsvermögen I), kommt es unter Umständen zu einer doppelten Erfassung des Grundstücks und damit zu einer ggf. zu hohen Besteuerung, weil das Grundstück einerseits den steuerlichen Gesamtwert des betrieblichen Kernvermögens nicht mindert (weil kein Ansatz von Verbindlichkeiten wie etwa eine Pachtzahlung erfolgt) und das Grundstück andererseits gesondert als Sonderbetriebsvermögen dem Steuerwert für das Kernvermögen hinzuzuaddieren ist.

Außerdem ist die von Gesetzes wegen vorgesehene Gleichsetzung der Anteilswerte an einer Personengesellschaft mit dem anteiligen Verkehrswert des gesamten Unternehmens insoweit problematisch, als hierbei etwaige Verfügungsbeschränkungen und Auflagen im Zusammenhang mit den Anteilswerten nicht berücksichtigt werden.

Die Feststellungslast darüber, welche Methode als die geeignete zum Ansatz kommt, trägt derjenige, der sich auf diese beruft, also im Regelfall der Erbe/Erwerber.

Erben/Erwerber kleiner und mittlerer Unternehmen können das im Gesetz (§§ 199–203 BewG) geregelte und im Anschluss näher dargestellte vereinfachte Ertragswertverfahren nutzen, welches sich nach gleichem Muster wie das zur Unternehmensbewertung übliche Ertragswertverfahren vollzieht, jedoch mit einem gesetzlich vorgeschriebenem Kapitalisierungszinssatz.

4.5.2 Das vereinfachte Ertragswertverfahren (§ 199 BewG)

4.5.2.1 Allgemeines

Das vereinfachte Ertragswertverfahren ist rechtsformneutral und sowohl für die Bewertung von Anteilen an Kapitalgesellschaften als auch zur Ermittlung des gemeinen Werts eines Einzelunternehmens und für die Bewertung von Personengesellschaften und Anteilen an einem Betriebsvermögen anwendbar (§ 199 Abs. 1 BewG). Bei der Bewertung ausländischer Unternehmen können die Regelungen des vereinfachten Ertragswertverfahrens entsprechend angewendet werden, insbesondere hinsichtlich der Ermittlung des nachhaltig erzielbaren Jahresertrags, wenn dies nicht zu offensichtlich unzutreffenden Ergebnissen führt.[2] 160

1 R B 99 Abs. 2 Satz 2 ErbStR 2019.

2 R B 199.1 Abs. 2 ErbStR 2019.

161 Das vereinfachte Ertragswertverfahren basiert im Grunde auf dem nicht vereinfachten (individuellen) Ertragswertverfahren. Im Unterschied zu dem nicht vereinfachten Ertragswertverfahren sind in der vereinfachten Variante bestimmte Rechengrößen wie z. B. der Kapitalisierungszinssatz gesetzlich festgesetzt. Besondere Umstände wie u. a. unverhältnismäßig geringe Erträge, eine faktisch vorhandene Unveräußerbarkeit der Gesellschaftsanteile, eine bestehende Unterkapitalisierung oder das Fehlen eigener Betriebsgrundstücke usw. bleiben für die Bewertung ebenso unberücksichtigt wie sonstige ungewöhnliche oder persönliche Verhältnisse (z. B. Verfügungsbeschränkungen auf die Übertragung der Anteile nur an Familienangehörige oder Mitgesellschafter).[1] Dennoch ermöglicht das vereinfachte Ertragswertverfahren dem Erwerber/Steuerpflichtigen, ohne Einschaltung eines externen Gutachters und damit relativ günstig einen Unternehmenswert zu bestimmen, der von der Finanzverwaltung anzuerkennen ist, wenn alle Bewertungsregeln eingehalten worden sind.[2]

162 Erben und Erwerber können sich auf das vereinfachte Ertragswertverfahren immer dann berufen, wenn:

1. es nicht offensichtlich zu unzutreffenden Ergebnissen führt und
2. wenn für den zu bewertenden Unternehmenstyp branchentypisch auch ertragswertorientierte Verfahren anzuwenden sind.

Beide Voraussetzungen müssen danach kumulativ vorliegen. Dies bedeutet, dass, wenn branchentypisch ertragswertorientierte Verfahren ausgeschlossen sind, weil z. B. Multiplikatoren-Verfahren oder Substanzwertverfahren zur Anwendung kommen, das vereinfachte Ertragswertverfahren nicht anzuwenden ist.[3] Sind dagegen branchentypisch auch ertragswertorientierte Verfahren anzuwenden, ist eine Bewertung nach dem vereinfachten Ertragswertverfahren möglich, wobei sich die Finanzverwaltung in solchen Fällen stets die Prüfung eines offensichtlich unzutreffenden Ergebnisses vorbehält. Führt das vereinfachte Ertragswertverfahren zu einem offensichtlich unzutreffenden Ergebnis, müssen andere im gewöhnlichen Geschäftsverkehr für nicht steuerliche Zwecke übliche Verfahren angewendet werden. Der für die Steuerberechnung

1 Vgl. im Einzelnen R B 11.4 Abs. 1 Satz 2 ErbStR 2019.
2 Zum vereinfachten Ertragswertverfahren ausführlich Siegmund/Wegener/Limberg, NWB-EV 1/2020 S. 6, QAAAH-38299.
3 R B 199.1 Abs. 1 Satz 2 ErbStR 2019.

maßgebliche gemeine Wert ist dann regelmäßig durch individuelle Gutachten nachzuweisen.

Nach R B 199.1 Abs. 5 ErbStR 2019 können sich Erkenntnisse über eine offensichtlich unzutreffende Wertermittlung durch Anwendung des vereinfachten Ertragswertverfahrens ergeben, wenn sich aus zeitnahen Verkäufen, die nach dem Bewertungsstichtag liegen, andere Werte ergeben. Dasselbe gilt bei Vorliegen von Verkäufen, die mehr als ein Jahr vor dem Bewertungsstichtag liegen. Die Finanzverwaltung erkennt den im vereinfachten Ertragswertverfahren ermittelten Unternehmenswert auch dann nicht an, wenn sich aus Erbauseinandersetzungen, bei denen die Verteilung der Erbmasse erfolgt ist, Rückschlüsse auf einen abweichenden gemeinen Wert ziehen lassen. 163

Die Finanzverwaltung hält eine Bewertung nach vereinfachtem Ertragswertverfahren insbesondere nicht für zulässig.[1] 164

1. bei komplexen Strukturen von verbundenen Unternehmen;
2. bei neu gegründeten Unternehmen, bei denen der künftige Jahresertrag noch nicht aus den Vergangenheitserträgen abgeleitet werden kann, insbesondere bei Gründungen innerhalb eines Jahres vor dem Bewertungsstichtag, weil das vereinfachte Ertragswertverfahren hier regelmäßig, z. B. wegen hoher Gründungs- und Ingangsetzungsaufwendungen, zu offensichtlich unzutreffenden Ergebnissen führt;
3. beim Branchenwechsel eines Unternehmens, bei dem deshalb der künftige Jahresertrag noch nicht aus den Vergangenheitserträgen abgeleitet werden kann;
4. in sonstigen Fällen, in denen auf Grund der besonderen Umstände der künftige Jahresertrag nicht aus den Vergangenheitserträgen abgeleitet werden kann. Hierzu gehören z. B. Wachstumsunternehmen, branchenbezogene oder allgemeine Krisensituationen oder absehbare Änderungen des künftigen wirtschaftlichen Umfeldes;
5. bei grenzüberschreitenden Sachverhalten, wenn der jeweils andere Staat nicht die Ergebnisse des vereinfachten Ertragswertverfahrens seiner Besteuerung zugrunde legt.

1 R B 199.1 Abs. 6 ErbStR 2019.

HINWEISE:

- Das vereinfachte Ertragswertverfahren ist für alle Gesellschaften anwendbar, auch im Konzernverbund.
- Das vereinfachte Ertragswertverfahren berücksichtigt bei der Berechnung der Steuerwerte für Personen- wie auch für Kapitalgesellschaften kaufpreisspezifische Umstände wie disquotale Stimmrechte und andere wertbeeinflussende Faktoren wie Verfügungsbeschränkungen oder bestimmte Abfindungsklauseln usw. nicht.
- Schwachstellen dieses Verfahrens zeigen sich auch sowohl an der Ermittlung der Jahreswerte als auch an der Stichtagsbezogenheit des Basiszinssatzes und der Vorgabe eines pauschalen Risikozuschlages. Während der Basiszinssatz unterjährig in regelmäßigen Abständen ermittelt wird, setzt das Bundesfinanzministerium diesen jeweils einmal jährlich zu Beginn eines Jahres fest. Weicht der unterjährige Basiszinssatz zu Gunsten des Unternehmers ab, kann ein Bewertungsgutachten vorteilhaft sein.
- In der Praxis kommt es zur Anwendung des (vereinfachten) Ertragswertverfahrens regelmäßig dann, wenn ein höherer Ertragswert zu erwarten ist als der Substanzwert (das ist die Summe der gemeinen Werte der zum Betriebsvermögen gehörenden Wirtschaftsgüter und sonstigen aktiven Ansätze abzgl. der zum Betriebsvermögen gehörenden Schulden und sonstigen Abzüge).[1]
- Das Finanzamt hat den im vereinfachten Ertragswertverfahren ermittelten Wert zugrunde zu legen, wenn das Ergebnis nicht offensichtlich unzutreffend ist.[2] Will das Finanzamt den mittels vereinfachten Ertragswertverfahren ermittelten Wert des Betriebsvermögens nicht anerkennen, trägt es hierfür die Feststellungslast und muss einen abweichenden Wert selbständig ermitteln.[3]
- Für die Bewertung von Anteilen an ausländischen Kapitalgesellschaften oder ausländischem Betriebsvermögen findet das vereinfachte Ertragswertverfahren Anwendung.[4]

---

1 § 11 Abs. 2 Satz 3 BewG.

2 R B 199.1 Abs. 3 Satz 2 ErbStR 2019.

3 R B 199.1 Abs. 6 ErbStR 2019.

4 Vgl. unten Rz. 205.

4.5.2.2 Das vereinfachte Ertragswertverfahren im Detail

4.5.2.2.1 Schematische Übersicht der Verfahrensschritte

ABB. 3: Ablaufschema Wertermittlung im vereinfachten Ertragswertverfahren.[1] 165

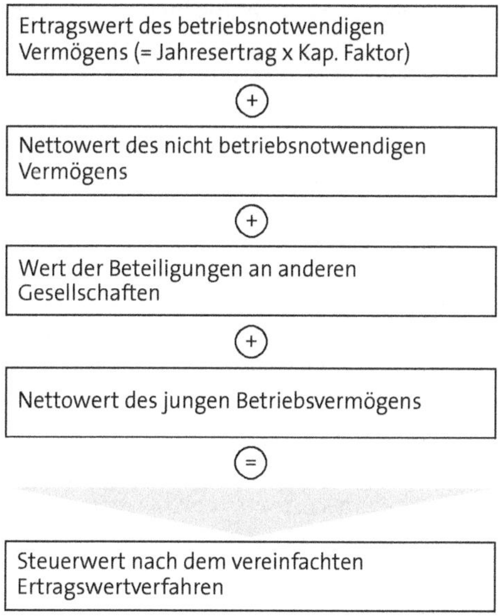

4.5.2.2.2 Ertragswert des betriebsnotwendigen Vermögens

4.5.2.2.2.1 Ermittlung des Jahresertrages

Der Ertragswert für das betriebsnotwendige Vermögen ergibt sich in dem vereinfachten Ertragswertverfahren durch Multiplikation des zukünftig nachhaltig erzielbaren Jahresertrags mit dem im Bewertungsrecht (§ 203 BewG) definierten Kapitalisierungsfaktor. Im Unterschied zum normalen Ertragswertverfahren muss im vereinfachten Ertragswertverfahren für die Ermittlung des zukünftig nachhaltig erzielbaren Jahresertrags nicht auf Planungsrechnungen zurückgegriffen werden, die in kleinen und mittleren Betrieben, für die dieses vereinfachte Verfahren anzuwenden ist, im Regelfall nicht vorhanden sind. 166

1 R B 200 Abs. 1 ErbStR 2019.

Der voraussichtliche Jahresertrag kann vielmehr anhand des in der Vergangenheit erzielten Durchschnittsertrags geschätzt werden.

167 Den Ausgangswert für die Jahresertragsermittlung bilden bei bilanzierenden Unternehmen die Betriebsergebnisse aus den letzten drei vor dem Bewertungsstichtag abgeschlossenen Wirtschaftsjahren (§ 201 Abs. 2 Satz 1 BewG).[1] Bei nicht bilanzierenden Gewerbetreibenden und freiberuflich Tätigen ist Ausgangswert der Überschuss der Betriebseinnahmen über die Betriebsausgaben. Auch hier sind Hinzurechnungen und Kürzungen vorzunehmen, z. B. Abschreibungen auf einen entgeltlich erworbenen Praxiswert, einmalige Veräußerungsverluste, Absetzungen für außergewöhnliche technische und wirtschaftliche Abnutzungen oder Sonderabschreibungen.[2]

168 Soweit es für die Herleitung des künftig zu erzielenden Jahresertrags von Bedeutung ist, ist das gesamte Betriebsergebnis eines am Bewertungsstichtag noch nicht abgelaufenen Wirtschaftsjahres anstelle des drittletzten abgelaufenen Wirtschaftsjahres einzubeziehen; in solchen Fällen wird dieses Wirtschaftsjahr „mit dem vollen Betriebsergebnis berücksichtigt und nicht nur zeitanteilig.[3] Erfolgt beispielsweise die Bewertung des Unternehmens im September, wird das bis zu 3. Quartal erwirtschaftete Betriebsergebnis nicht nur zu 9/12, sondern dem Dreijahreszeitraum voll hinzugerechnet.

169 Zählt zu dem dreijährigen Ermittlungszeitraum ein Rumpfwirtschaftsjahr, ist regelmäßig nicht das Betriebsergebnis des Rumpfwirtschaftsjahrs, sondern das volle Betriebsergebnis des letzten, noch nicht abgelaufenen Wirtschaftsjahrs einzubeziehen.[4]:

BEISPIEL: Bewertungsstichtag 16.9.2021, Gründungsdatum 1.5.2018 Wirtschaftsjahr = Kalenderjahr

Der Ermittlungszeitraum umfasst die Wirtschaftsjahre 2019, 2020 und 2021. Eine Berücksichtigung des Rumpfwirtschaftsjahrs (1.5.2018–31.12.2018) erfolgt nicht.

170 Die Summe der Betriebsergebnisse ist durch drei zu dividieren und ergibt den Durchschnittsertrag. Das Ergebnis stellt den Jahresertrag als ungewichtetes arithmetisches Mittel der letzten drei vergangenen Wirtschaftsjahre dar.

171 Zur Bestimmung des für die Ermittlung des „künftig nachhaltig zu erzielenden Jahresertrags" maßgeblichen Durchschnittsertrags sind die jährlichen Gewinne i. S. des Einkommensteuerrechts (Betriebsergebnis, § 202 BewG) heran-

1 R B 201 ErbStR 2019.

2 R B 202 Abs. 4 ErbStR 2019.

3 R B 201 Abs. 3 ErbStR 2019.

4 R B 201 Abs. 4 ErbStR 2019.

zuziehen. Für die Bewertung von Freiberuflerpraxen bzw. jener Unternehmen, die keine Bilanzen erstellen müssen, sondern ihren steuerpflichtigen Gewinn anhand einer Einnahmen-Überschussrechnung ermitteln dürfen, ist diese zugrunde zu legen. Ergebnisse aus Sonderbilanzen und Ergänzungsbilanzen bleiben unberücksichtigt.

Die Steuerbilanzgewinne bzw. die durch Einnahmen-Überschussrechnung ermittelten Gewinne sind in einem weiteren Schritt um bestimmte Aufwendungen und Erträge zu bereinigen; es handelt sich dabei um einmalige Aufwendungen und Erträge, die zu korrigieren sind. Diese sind im Regelfall für die künftige Jahresertragsermittlung nicht relevant, weil sie sich vermutlich nicht wiederholen werden (einmalig sind) oder jedenfalls den künftig nachhaltig erzielbaren Jahresertrag nicht beeinflussen. Zur Vermeidung von Doppelerfassungen müssen außerdem Aufwendungen und Erträge aus dem gesondert zu bewertenden nicht betriebsnotwendigen Betriebsvermögen, Beteiligungen an anderen Gesellschaften und dem jungen Betriebsvermögen neutralisiert werden. 172

Demgemäß sind die Ergebnisse der steuerlichen Gewinnermittlung nach § 202 Abs. 1 i. V. mit R B 202 Abs. 3 ErbStR 2019 wie folgt zu korrigieren: 173

TAB. 6:	TAB. 6: Korrekturschritte zum maßgeblichen Jahresertrag
	Steuerbilanzergebnis nach § 5 Abs. 1 Satz 1 EStG (Bilanzen der Jahre 01–03 vor dem Bewertungsstichtag)
+	Investitionsabzugsbeträge, soweit sie den Gewinn gemindert haben, Sonderabschreibungen oder erhöhte Absetzungen, Bewertungsabschläge, Zuführungen zu steuerfreien Rücklagen sowie Teilwertabschreibungen. Es sind nur die normalen Absetzungen für Abnutzung zu berücksichtigen. Diese sind nach den Anschaffungs- oder Herstellungskosten bei gleichmäßiger Verteilung über die gesamte betriebsgewöhnliche Nutzungsdauer zu bemessen. Die normalen Absetzungen für Abnutzung sind auch dann anzusetzen, wenn für die Absetzungen in der Steuerbilanz vom Restwert auszugehen ist, der nach Inanspruchnahme der Sonderabschreibungen oder erhöhten Absetzungen verblieben ist.
+	Absetzungen auf den Geschäfts- oder Firmenwert oder auf firmenwertähnliche Wirtschaftsgüter
+	einmalige Veräußerungsverluste sowie außerordentliche Aufwendungen
+	im Gewinn nicht enthaltene Investitionszulagen, soweit in Zukunft mit weiteren zulagebegünstigten Investitionen in gleichem Umfang gerechnet werden kann
+	der Ertragsteueraufwand (Körperschaftsteuer, Zuschlagsteuern und Gewerbesteuer)

+	Aufwendungen im Zusammenhang mit nicht betriebsnotwendigem Vermögen (§ 200 Abs. 2 BewG) sowie im Zusammenhang mit innerhalb von zwei Jahren vor dem Bewertungsstichtag eingelegten Wirtschaftsgütern (§ 200 Abs. 4 BewG), weil die entsprechenden Wirtschaftsgüter bereits mit dem gemeinen Wert angesetzt werden.
–	gewinnerhöhende Auflösungsbeträge steuerfreier Rücklagen sowie Gewinne aus der Anwendung des § 6 Abs. 1 Nr. 1 Satz 4 und Nr. 2 Satz 3 des Einkommensteuergesetzes
–	einmalige Veräußerungsgewinne sowie außerordentliche Erträge
–	im Gewinn enthaltene Investitionszulagen, soweit in Zukunft nicht mit weiteren zulagebegünstigten Investitionen in gleichem Umfang gerechnet werden kann
–	ein angemessener Unternehmerlohn, soweit in der bisherigen Ergebnisrechnung kein solcher berücksichtigt worden ist
–	Erträge aus der Erstattung von Ertragsteuern (Körperschaftsteuer, Zuschlagsteuern und Gewerbesteuer)
–	Erträge, die im Zusammenhang stehen mit separat zu bewertendem nicht betriebsnotwendigen Vermögen, Beteiligungen an anderen Gesellschaften und dem jungen Betriebsvermögen
+/–	Aufwendungen (Hinzurechnung) oder Erträge (Kürzung) im Zusammenhang mit wirtschaftlich nicht begründeten Vermögensminderungen oder Vermögensmehrungen (siehe unten)
=	Betriebsergebnis (vorläufig)
–	Pauschalabschlag 30 % des Betriebsergebnisses zur Abgeltung des Ertragsteueraufwandes des Unternehmens. Zur Korrektur des Ertragsteueraufwandes ist das Betriebsergebnis schließlich noch um 30 % zu mindern
=	Um den Ertragsteueraufwand bereinigtes Betriebsergebnis
	Korrigierte und um den Ertragsteueraufwand bereinigte Betriebsergebnisse der letzten drei Jahre dividiert durch drei
=	Für die Erbschaft- und Schenkungsteuer maßgeblicher Jahresertrag

174 Dem Ansatz eines „angemessenen Unternehmerlohns“ kommt entscheidende Bedeutung bei der Steuerwertermittlung von Unternehmen zu. Dies gilt besonders für kleine und mittelständische Unternehmen, Freiberuflerpraxen. Ein um 100.000 € niedrigerer Unternehmerlohn erhöht bei dem maßgeblichen Kapitalisierungsfaktor von 13,75 den steuerlichen Unternehmenswert um (70 % von 100.000 = 70.000 × 13,75 =) 962.500 €. Umgekehrt senkt ein entsprechend höherer Unternehmerlohn den Steuerwert entsprechend.

Bei der Ermittlung eines angemessenen Unternehmerlohns sind die Grundsätze zu beachten, die bei der ertragsteuerlichen Behandlung der verdeckten Gewinnausschüttung angewandt werden.[1] (Ergibt sich danach für den ehemaligen GmbH-Geschäftsführer und Erblasser ein unangemessenes Gehalt und ist dieses als verdeckte Gewinnausschüttung dem Betriebsergebnis wieder hinzuzurechnen, muss das überhöhte Gehalt aus dem privaten Nachlass des Erblassers ausgesondert werden. Andernfalls wäre es doppelt im Nachlass erfasst. 175

Maßgeblich für die Bestimmung des angemessenen Unternehmerlohns sind im Regelfall übliche Gehaltsvergleichsstudien. Soweit branchenspezifische Datensammlungen zu Geschäftsführergehältern in einem Fremdvergleich vorliegen, können diese in geeigneter Weise berücksichtigt werden. Die Finanzverwaltung lässt auch die Ableitung des angemessenen Unternehmerlohns aus an leitende Angestellte des Unternehmens gezahlten Bruttogehältern zu. 176

Erhalten geschäftsführende Gesellschafter von Personengesellschaften wirtschaftlich begründete Tätigkeitsvergütungen als Vorabanteile aus dem Gewinn, sind sie als Unternehmerlohn abzuziehen, soweit sie nach Art und Umfang angemessen sind. Der Steuerbilanzgewinn ist aber auch zu korrigieren um verdeckte Gewinnausschüttungen, verdeckte Einlagen oder überhöhte Gehaltsvereinbarungen oder sonstige Leistungen von Gesellschaftern einer Personengesellschaft. 177

Einen weiteren Korrekturposten bilden sonstige wirtschaftlich nicht begründete Vermögensminderungen oder -erhöhungen mit Einfluss auf den zukünftig nachhaltig zu erzielenden Jahresertrag und gesellschaftsrechtlichem Bezug (§ 202 Abs. 1 Nr. 3 BewG, R B 202 Abs. 3 Nr. 3 ErbStR 2019), soweit diese in obiger Aufzählung nicht enthalten sind. Diese Korrekturvorschrift zielt auf mit Familienangehörigen vereinbarten überzogenen Leistungen des Unternehmens ab, z. B. auf Lohn und/oder Gehalt. 178

Beispiele für eine wirtschaftlich nicht begründete Vermögensminderung sind u. a. 179

- Eine Gesellschaft zahlt an den Gesellschafter-Geschäftsführer einen überhöhten Unternehmerlohn.
- Eine natürliche Person überlässt der Gesellschaft, an der sie oder eine ihr nahe stehende Person beteiligt ist, ein Grundstück zu einer zu niedrigen Miete.

---

1 R B 202 Abs. 3 Nr. 2 Buchst. d ErbStR 2019.

In beiden Fällen sind die Betriebsergebnisse um die Differenz des Tatsächlichen zum Üblichen entsprechend zu korrigieren.

HINWEISE:

- Die Vergangenheitsorientierung des vereinfachten Ertragswertverfahrens ist bedenklich und führt besonders dann zu unzutreffenden Ergebnissen, wenn die Ertragsaussichten schlechter sind als die Geschäftslage der vergangenen drei Jahre.
- Das Bild wird noch dadurch verschärft, dass die „Ertragsaussichten", welche in Wirklichkeit zukunftsorientiert sein sollten, aus dem ungewichteten arithmetischen Mittel der Betriebsergebnisse der vergangenen drei Jahre abgeleitet werden und damit vergangenheitsbezogen sind. Der für die Kapitalisierung maßgebliche Basiszinssatz spiegelt hingegen Zukunftserwartungen wider. Diese Kombination kann in Einzelfällen zu unzutreffend hohen Bewertungsergebnissen führen.
- Bei Unternehmensveränderungen, z. B. bei der Aufnahme neuer Geschäftsfelder oder der Aufgabe alter, ist bei Ermittlung des Durchschnittsertrags von einem verkürzten Zeitraum auszugehen. Maßgebend ist der Zeitraum ab dem Beginn der nachhaltigen Veränderungen. Entsprechendes gilt für neu gegründete Unternehmen, die am Bewertungsstichtag noch nicht drei Jahre bestanden haben.
- Bei Gesellschaften, die z. B. durch Umwandlung aus einer Personengesellschaft oder einer Einzelfirma oder im Rahmen einer Betriebsaufspaltung aus einem bestehenden Unternehmen entstanden sind, sind der Ermittlung des Durchschnittsertrags die früheren Betriebsergebnisse des Vorgängerunternehmens zugrunde zu legen.
- Den Nachweis über offensichtlich unzutreffende Bewertungsergebnisse muss der Erwerber führen. Will der Steuerpflichtige von dem im vereinfachten Ertragswertverfahren ermittelten Wert abweichen, trägt er die Feststellungslast für die Ermittlung eines abweichenden Werts. Gemäß R B 199.1 Abs. 5 ErbStR 2019 können offensichtlich unzutreffende Wertermittlungen widerlegt werden durch den Vergleich mit:
  - zeitnahen Verkäufen, wenn diese nach dem Bewertungsstichtag liegen;
  - Verkäufen, die mehr als ein Jahr vor dem Bewertungsstichtag liegen;
  - Erbauseinandersetzungen, bei denen die Verteilung der Erbmasse Rückschlüsse auf den gemeinen Wert zulässt.
- Neben dem Unternehmerlohn kann auch fiktiver Lohnaufwand für bislang unentgeltlich tätige Familienangehörige des Eigentümers berücksichtigt werden.[1]

4.5.2.2.2.2 Der maßgebliche Kapitalisierungsfaktor

180 Der nach obigem Schema errechnete durchschnittliche Jahresertrag ist in einem weiteren Rechenschritt mit einem Kapitalisierungsfaktor zu multiplizieren. Der anzuwendende Kapitalisierungsfaktor ist gesetzlich festgelegt und beträgt aktuell für Erwerbe ab dem 1.1.2016 13,75 (§ 203 Abs. 1 BewG). Der

1 R B 202 Abs. 3 Nr. 2 Buchst. d ErbStR 2019.

Faktor wird in regelmäßigen Abständen an die Entwicklung der Zinsstrukturen angepasst (§ 203 Abs. 2 BewG).

HINWEIS:

Der Kapitalisierungsfaktor gilt nur für das vereinfachte Ertragswertverfahren, nicht im individuellen „normalen" Ertragswertverfahren. Er gilt nicht, wenn der gemeine Wert unter Berücksichtigung der Ertragsaussichten in einer anderen anerkannten, auch im gewöhnlichen Geschäftsverkehr für nichtsteuerliche Zwecke üblichen Methode ermittelt wird.[1]

4.5.2.2.3 Nettowert des nicht betriebsnotwendigen Vermögens

Der nachhaltig erzielbare Jahresertrag errechnet sich aus dem betriebsnotwendigen Vermögen. Ist nicht betriebsnotwendiges bzw. betriebsneutrales Vermögen vorhanden, ist dieses dem Ertragswert des betriebsnotwendigen Vermögens hinzuzuaddieren. Hinzuzuaddieren ist der Nettowert. Dieser errechnet sich aus dem gemeinen Wert des betriebsnotwendigen Vermögens abzgl. der damit in wirtschaftlichen Zusammenhang stehenden Schulden. 181

Als betriebsneutrales Vermögen anzusehen sind Wirtschaftsgüter und mit diesen in wirtschaftlichem Zusammenhang stehende Schulden, die aus dem Unternehmen herausgelöst werden können, ohne die eigentliche Unternehmenstätigkeit zu beeinträchtigen.[2] Nach Auffassung der Finanzverwaltung gehören zum nicht betriebsnotwendigen Vermögen diejenigen Wirtschaftsgüter, „die sich ohne Beeinträchtigung der eigentlichen Unternehmenstätigkeit aus dem Unternehmen herauslösen lassen, ohne dass die operative Geschäftstätigkeit eingeschränkt wird".[3] 182

Klassische Beispiele für nicht betriebsnotwendige oder neutrale Vermögen sind: 183

- Grundstücke, insbesondere Mietwohngrundstücke,
- Gebäude,
- Kunstgegenstände,
- Beteiligungen rein zur Geldanlage,
- überschüssige Geldmittel und
- sonstiges Betriebsvermögen, das mit der Unternehmenstätigkeit nichts zu tun hat.

1 R B 203 ErbStR 2019.

2 § 200 Abs. 2 BewG.

3 R B 200 Abs. 2 Satz 2 ErbStR 2019.

184 Die mit betriebsneutralem Vermögen erwirtschafteten Erträge und Aufwendungen sind aus dem Ertragswert des betriebsnotwendigen Vermögens herauszurechnen und zusätzlich zu dem Ertragswert gesondert – mit dem gemeinen Wert – zu erfassen. Hinzuzuaddieren ist der gemeine Wert des nicht betriebsnotwendigen Vermögens abzgl. der damit in wirtschaftlichem Zusammenhang stehenden Schulden (Nettowert).

HINWEIS:

Der gemeine Wert des betriebsneutralen Vermögens ist um die Steuern, die auf die stillen Reserven bei einer Veräußerung anfallen, zu mindern. Dies ergibt sich zwar nicht aus dem Gesetz, ist jedoch aus dem Gedanken heraus vertretbar, dass betriebsneutrales Vermögen auch veräußert werden kann, ohne Einfluss auf den operativen Teil zu haben.

4.5.2.2.4 Beteiligungen an anderen Gesellschaften

185 Sind Beteiligungen im Vermögen des zu bewertenden Unternehmens enthalten, ist eine eigenständige Wertermittlung für diese Beteiligungen erforderlich (§ 200 Abs. 3 BewG, R B 200 Abs. 3 ErbStR 2019). Das gilt sowohl für Anteile an einer Kapitalgesellschaft als auch für Beteiligungen an einer Personengesellschaft und für alle mit den Beteiligungen zusammenhängenden Aufwendungen und Erträge. Auf eine Mindestbeteiligungsquote kommt es nicht an.[1] Die mit den Anteilen an einer Kapitalgesellschaft in wirtschaftlichem Zusammenhang stehenden Schulden sind nach Auffassung der Finanzverwaltung nicht gesondert zu berücksichtigen, da die mit diesen im Zusammenhang stehenden Aufwendungen beim nachhaltigen Jahresertrag mindernd erfasst sind.[2] Nichts anderes lässt die Finanzverwaltung für Beteiligungen an einer Personengesellschaft gelten. Mit diesen in wirtschaftlichem Zusammenhang stehenden Schulden sind bereits über das Sonderbetriebsvermögen im Wert der Beteiligung erfasst (§ 97 Abs. 1a BewG), so dass die Finanzverwaltung insoweit keine Korrekturen zulässt.[3] Finanzierungsaufwendungen im Zusammenhang mit diesen Schulden sind zusammen mit anderen Aufwendungen und Erträgen mit dieser Beteiligung zu korrigieren.

186 Dem Ertragswert des betriebsnotwendigen Vermögens hinzuzuaddieren ist der gemeine Wert der Beteiligungen an Personen- und Kapitalgesellschaften (Tochterunternehmen). Für die Wertermittlung kann sowohl das vereinfachte Ertragswertverfahren, ein allgemein anerkanntes Ertragswertverfahren als

1 R B 200 Abs. 3 Satz 2 ErbStR 2019.

2 R B 200 Abs. 3 Satz 8 ErbStR 2019.

3 R B 200 Abs. 3 Satz 7 ErbStR 2019.

auch eine andere anerkannte Methode angewendet werden.[1] (Bei Anwendung des vereinfachten Ertragswertverfahrens errechnet sich der gemeine Wert analog aus dem Jahresertrag multipliziert mit dem gesetzlich vorgegebenen Kapitalisierungsfaktor von 13,75 (für Erwerbe ab 2016).

HINWEISE:

- Mit dem Gebot der jeweils gesonderten Wertermittlung für das Unternehmen und den vorhandenen betriebsnotwendigen Beteiligungen weicht das vereinfachte Ertragswertverfahren ganz wesentlich von der betriebswirtschaftlichen Praxis der konsolidierten Betrachtungsweise ab. In vielen Fällen kann dies zu erhöhten Steuerwerten führen, die den Unternehmenserben benachteiligen können. Hinterlässt Erblasser E beispielsweise einen 50%igen Geschäftsanteil an einer GmbH, welche ihrerseits eine Tochter-GmbH mit 100%iger Beteiligung hält, und ist die Tochter-GmbH mit dem Vertrieb der von der GmbH-Mutter hergestellten Güter betraut, würde sich im Fall, in dem die Mutter einen Gewinn von 100 macht, die Tochter einen Verlust in derselben Höhe, konsolidiert ein Ertragswert der GmbH und damit des Geschäftsanteils von Null ergeben. Nach der gebotenen Aufsplittungstheorie des Gesetzes[2] ist aber der Gewinn der Mutter zu kapitalisieren und die Beteiligung an der Tochter-GmbH wäre separat zu bewerten und mit Null auszuweisen. Der steuerliche Ertragswert der GmbH-Gruppe läge dann bei 100, der Ertragswert des Geschäftsanteils entsprechend bei 50. Der Erbe des Anteils müsste 50 versteuern, obwohl er Anteile an einer offensichtlich unrentablen GmbH erhalten hat.
- Auf eine gesonderte Ermittlung des gemeinen Werts von Beteiligungen an anderen Gesellschaften kann in Fällen von geringer Bedeutung verzichtet werden. Die Finanzverwaltung sieht einen solchen Fall dann, wenn der „Verwaltungsaufwand der Beteiligten außer Verhältnis zur steuerlichen Auswirkung steht und der festzustellende Wert unbestritten ist". In diesen Fällen kann aus Vereinfachungsgründen die durchschnittliche Bruttoausschüttung der letzten drei Jahre als durchschnittlicher Jahresertrag multipliziert mit dem Kapitalisierungsfaktor angesetzt werden; mindestens ist der Steuerbilanzwert der Beteiligung anzusetzen.[3]

4.5.2.2.5 Nettowert des jungen Betriebsvermögens

Gesondert bewertet und dem Ertragswert des betriebsnotwendigen Ver- 187
mögens hinzuzuaddieren sind der gemeine Wert solcher Wirtschaftsgüter, die innerhalb von zwei Jahren vor dem Bewertungsstichtag in das zu bewertende Unternehmen eingelegt wurden. Letztere unterliegen nicht den für das Unternehmen geltenden Verschonungsregelungen.[4]

1 R B 200 Abs. 3 Satz 5 ErbStR 2019.

2 § 200 Abs. 3 BewG.

3 R B 200 Abs. 4 ErbStR 2019.

4 Vgl. Rz. 581 ff.

Beispiele für das Entstehen von jungem Betriebsvermögen:

1. Bis zum Jahr 01 bestand eine Betriebsaufspaltung. Im Jahr 02 wird das Betriebsgrundstück der Besitzgesellschaft in die Betriebsgesellschaft eingelegt. Im Jahr 03 werden die Anteile an der ehemaligen Betriebsgesellschaft übertragen und die Anteile sind zu bewerten. Das Betriebsgrundstück ist als junges Betriebsvermögen zu behandeln.
2. Im Jahr vor der Zuwendung des Betriebs wird ein Grundstück eingelegt, das als Parkplatz für den betrieblichen Fuhrpark genutzt wird. Das Betriebsgrundstück ist als junges Betriebsvermögen zu behandeln.

188 Mit jungem Betriebsvermögen zusammenhängende Erträge und Aufwendungen müssen bei der Ermittlung des Jahresertrags für das betriebsnotwendige Vermögen ausgeschieden (korrigiert) und gesondert hinzuaddiert werden. Hinzuzuaddieren sind die jeweiligen Nettowerte, also die positiven Werte abzgl. der damit in wirtschaftlichem Zusammenhang stehenden Schulden.

4.6 Der Substanz-(Liquidationswert) als Mindestwert

4.6.1 Allgemeines

189 Werden Anteile an Kapitalgesellschaften oder sonstiges Betriebsvermögen übertragen, ist für die Ermittlung des steuerpflichtigen Erwerbs bei der Erbschaft- und Schenkungsteuer als Steuerwert mindestens die „Summe der gemeinen Werte (Verkehrs-/Marktwerte, Anm. des Autors) der zum Betriebsvermögen gehörenden Wirtschaftsgüter und sonstigen aktiven Ansätze abzgl. der zum Betriebsvermögen gehörenden Schulden und sonstigen Abzüge“ anzusetzen (Mindestwert, § 11 Abs. 2 Satz 3 BewG). Als Mindestwert ist grundsätzlich der „Substanzwert“ anzusetzen (Ausnahme: Liquidationswert, siehe Rz. 190). Der Substanzwert als Mindestwert ist anzusetzen, wenn als Bewertungsmethode das (normale oder vereinfachte) Ertragswertverfahren oder andere nichtsteuerliche Methoden zur Erlangung eines Gutachterwertes verwendet wurden; nicht aber bei Ableitung des Unternehmenswertes aus dem Börsenkurs oder aus tatsächlichen Verkäufen unter fremden Dritten.[1]

190 Als „besondere Ausprägung“ des Substanzwertes sieht der Gesetzgeber den Liquidationswert. Der Liquidationswert stellt die Untergrenze des Unternehmenswertes dar, wenn das Unternehmen nicht weitergeführt werden soll. Liquidationswert und Substanzwert unterscheiden sich im Wesentlichen da-

1 Für Kapitalgesellschaftsanteile vgl. R B 11.5 Abs. 1 ErbStR 2019.

durch, dass der Liquidationswert die Liquidationskosten enthält, der Substanzwert hingegen nicht. In Abhängigkeit von der für das Unternehmen zu erwartenden Zukunftsperspektive wird in der Unternehmensbewertung daher auch zwischen dem „reproduktionsorientierten" Substanzwert (bei Fortführung des Unternehmens) und dem „liquidationswertorientierten" Substanzwert (bei Betriebsaufgabe) unterschieden. Welcher Wert als Mindestwert anzusetzen ist, Substanzwert oder der Liquidationswert hängt davon ab, ob eine Liquidation zum Zeitpunkt der Bewertung (Todestag oder Schenkung) beabsichtigt ist.

HINWEIS:

Die Mindestwertbegrenzung macht zunächst die Berechnung des Ertragswertes erforderlich, ehe anschließend zu prüfen ist, ob dieser den Substanzwert oder Liquidationswert als Wertuntergrenze unterschreitet. Eine überschlagmäßige Ermittlung durch Saldierung aller Aktiva und Passiva dürfte hier zwar ausreichen. Das Erfordernis der Abgabe einer Vermögensaufstellung durch den Erwerber[1] dürfte jedoch bereits die exakte Feststellung aller Wirtschaftsgüter erforderlich machen.

Der Ansatz des Substanzwertes als Mindestwert ist ausgeschlossen, wenn der Unternehmenswert (gemeine Wert) aus tatsächlichen Verkäufen unter fremden Dritten im gewöhnlichen Geschäftsverkehr abgeleitet werden kann.[2]

4.6.2 Substanzwert bei Übertragung von Anteilen an Kapitalgesellschaften

Bei Übertragung von Anteilen an Kapitalgesellschaften ist als Ausgangswert 191
für die Berechnung des Substanzwertes das Gesamtvermögen der Kapitalgesellschaft mit dem zum Bewertungsstichtag (= bei Erwerben von Todes wegen der Todeszeitpunkt bzw. bei Schenkungen der Zeitpunkt der Ausführung der Zuwendung) maßgeblichen gemeinen Wert zugrunde zu legen. Ausgangswert ist damit eine Steuerbilanz auf den Bewertungsstichtag. Wird eine solche erstellt, gilt es im zweiten Schritt, die Steuerbilanzwerte durch die gemeinen Werte der Wirtschaftsgüter zu ersetzen.[3]

Erfolgte auf den Bewertungsstichtag keine Bilanzierung, kann alternativ die 192
dem Bewertungsstichtag vorangegangene Steuerbilanz, entsprechend berichtigt und korrigiert um die gemeinen Werte der Bilanzansätze, zugrunde gelegt werden. Der für den Bewertungsstichtag maßgebliche Wert des Vermögens der Kapitalgesellschaft ist dann unter Vornahme folgender Korrekturen fortzuschreiben.[4]

1 R B 109.3 Abs. 4 ErbStR 2019.

2 R B 11.5 ErbStR 2019.

3 R B 11.5 ErbStR 2019.

4 R B 11.6 Abs. 3 ErbStR 2019.

„1. Hinzurechnung des Gewinns bzw. Abrechnung des Verlustes, der auf den Zeitraum vom letzten Bilanzstichtag vor dem Bewertungsstichtag bis zum Bewertungsstichtag entfällt. Auszugehen ist dabei vom Gewinn laut Steuerbilanz. Der Gewinn oder Verlust ist zu korrigieren, soweit darin Abschreibungen (Normal-AfA, erhöhte AfA, Sonderabschreibungen, Teilwertabschreibungen) oder Aufwendungen auf betrieblichen Grundbesitz (Grund und Boden, Betriebsgebäude, Außenanlagen, sonstige wesentliche Bestandteile und Zubehör) enthalten sind, die das Ergebnis gemindert haben, mit dem Wertansatz der Betriebsgrundstücke aber abgegolten sind. Gewinn oder Verlust und Abschreibungen oder andere Aufwendungen bis zum Bewertungsstichtag sind, soweit dies nicht im Einzelfall zu unangemessenen Ergebnissen führt, zeitanteilig aus den entsprechenden Jahresbeträgen zu berechnen;

2. Berücksichtigung von Vermögensänderungen infolge Veräußerung oder Erwerb von Anlagevermögen, insbesondere von Betriebsgrundstücken, Wertpapieren, Anteilen und Genussscheinen von Kapitalgesellschaften und Beteiligungen an Personengesellschaften, soweit sie sich nicht bereits nach Nummer 1 ausgewirkt haben;

3. Vermögensabfluss durch Gewinnausschüttungen;

4. Vermögenszuführungen oder -abflüsse infolge von Kapitalerhöhungen oder Kapitalherabsetzungen;

5. Vermögenszuführungen durch verdeckte Einlagen.“

Sämtliche in der fortgeschriebenen Steuerbilanz ersetzten (gemeinen) Werte und Korrekturen (nach den Punkten 1 bis 5) müssen selbstverständlich auch in der von der Kapitalgesellschaft (nicht vom Erben/Erwerber) abzugebenden Vermögensaufstellung ihren Niederschlag finden. Eine Vermögensaufstellung ist als Anlage zur Feststellungserklärung abzugeben. Aus dieser müssen sich die für die Ermittlung des Substanzwertes erforderlichen Angaben entnehmen lassen.[1]

4.6.3 Substanzwert bei Übertragung von sonstigem Betriebsvermögen

193 Bei Übertragung von Betriebsvermögen[2] ist der Substanzwert als Mindestwert nach R B 109.3 ErbStR 2019 zu ermitteln; er macht insoweit eine umfassende

1 R B 11.6 Abs. 4 ErbStR 2019, § 153 Abs. 3 BewG.

2 Zum Begriff vgl. oben Rz. 77.

Einzelbewertung aller Wirtschaftsgüter erforderlich. Die Finanzverwaltung legt in R B 109.3 ErbStR 2019 folgende Abfolge fest:

1. Es sind alle Wirtschaftsgüter einzubeziehen, die zum Betriebsvermögen gehören, und zwar ungeachtet dessen, ob für sie ein handels- bzw. steuerrechtliches Aktivierungs- oder Passivierungsverbot besteht.[1] Bei Einzelunternehmen, Personengesellschaften und Kapitalgesellschaften richtet sich der Umfang des Betriebsvermögens gem. R B 11.5 Abs. 3 nach der Zugehörigkeit der Wirtschaftsgüter zum ertragsteuerlichen Betriebsvermögen am Bewertungsstichtag. Damit ist Ausgangspunkt für die Ermittlung eine auf den Bewertungsstichtag (Todestag, Zeitpunkt der Vermögensübertragung) aufgestellte Steuerbilanz.

2. Wurde eine solche nicht angefertigt, ist die am Schluss des letzten dem Bewertungsstichtag vorangehende Jahresbilanz heranzuziehen, welche wie folgt zu korrigieren ist: Als Korrekturen kommen insbesondere in Betracht:[2]

   „1. Hinzurechnung des Gewinns und der Einlagen sowie Abrechnung des Verlustes und der Entnahmen, die auf den Zeitraum vom letzten Abschlusszeitpunkt vor dem Bewertungsstichtag bis zum Bewertungsstichtag entfallen;

   2. Hinzurechnung von Abschreibungen (Normal-AfA, erhöhte AfA, Sonderabschreibungen, Teilwertabschreibungen) auf betrieblichen Grundbesitz (Grund und Boden, Betriebsgebäude, Außenanlagen, sonstige wesentliche Bestandteile und Zubehör), die das Ergebnis gemindert haben, mit dem Wertansatz der Betriebsgrundstücke aber abgegolten sind, sowie Abzug entsprechender Teilwertzuschreibungen;

   3. Berücksichtigung von Vermögensänderungen infolge Veräußerung oder Erwerb von Anlagevermögen, insbesondere von Betriebsgrundstücken, Wertpapieren, Anteilen und Genussscheinen von Kapitalgesellschaften und Beteiligungen an Personengesellschaften, soweit sie sich nicht bereits nach Nr. 1 ausgewirkt haben."

Gewinn oder Verlust und Aufwendungen i. S. der Nr. 2 (also Abschreibungen) bis zum Bewertungsstichtag sind, soweit dies nicht im Einzelfall zu unangemessenen Ergebnissen führt, zeitanteilig aus den entsprechenden Jahresbeträgen zu berechnen.

---

1 R B 11.5 Abs. 2 i. V. mit Abs. 3 Satz 2 ErbStR 2019.

2 R B 109.3 Abs. 3 ErbStR 2019.

Selbst geschaffene oder entgeltlich erworbene immaterielle Wirtschaftsgüter (z. B. Patente, Lizenzen, Warenzeichen, Markenrechte, Konzessionen, Bierlieferrechte) sind bei der Ermittlung des Substanzwerts zu berücksichtigen. Der Firmen- oder Geschäftswert oder der Praxiswert ist nicht anzusetzen unabhängig davon, ob er selbst geschaffen oder entgeltlich erworben wurde.[1]

4.6.4 Zusammenfassende Übersicht

194

TAB. 7:	Ansatz der wichtigsten Bilanzposten
Immaterielle Wirtschaftsgüter	Gemeiner Wert
Schulden und sonstige Abzüge	Gemeiner Wert
Grundbesitz	Mit dem auf den Bewertungsstichtag festgestellten Wert
Beteiligungen	Mit dem auf den Bewertungsstichtag festgestellten Wert
Erfindungen, Urheberrechte	Kapitalisierte Werte aus den in wiederkehrenden Leistungen bestehenden Gegenleistungen
Bewegliches abnutzbares Anlagevermögen	Gemeiner Wert, aus Vereinfachungsgründen können mindestens 30 % der Anschaffungs- oder Herstellkosten angesetzt werden, soweit dies nicht zu unzutreffenden Ergebnissen führt.[2]
Wirtschaftsgüter des Umlaufvermögens	Wiederbeschaffungs-/Wiederherstellkosten

4.7 Anteilswertermittlung und Aufteilung des gemeinen Wertes des Betriebsvermögens bei Anteilen an Gesellschaften mit beschränkter Haftung

195 Für die Bewertung von Anteilen an Gesellschaften mit beschränkter Haftung hilft den Erben/Erwerbern nachfolgendes Schema:

TAB. 8: Hierarchie der maßgeblichen Steuerwerte
1. Kaufpreis (bei Veräußerungen < 1 Jahr)
Alternativ
2. Ertragswertverfahren (oder anderes im gewöhnlichen Geschäftsverkehr übliches Verfahren)
3. Substanzwert = Mindestwert

1 R B 95 Abs. 1 ErbStR 2019.
2 R B 11.5 Abs. 7 ErbStR 2019.

Grundsätzlich hat die Anteilswertermittlung stets unter „Berücksichtigung der tatsächlichen Verhältnisse und der Wertverhältnisse zum Bewertungsstichtag" zu erfolgen (§ 157 Abs. 4 BewG). Vorrangig für die Bestimmung des steuerlichen Wertes von Anteilen an einer GmbH ist der Kaufpreis aus Veräußerungen, die weniger als ein Jahr zurückliegen. Der Kaufpreis muss sich dabei aus Verhandlungen unter fremden Dritten gebildet haben. Sogenannte „interfamiliäre" Kaufpreise scheiden auch dann aus, wenn sie den Maßstäben wie unter fremden Dritten entsprechen würden. Kann auf einen geeigneten Kaufpreis mangels Verkäufe nicht zurückgegriffen werden, ist der gemeine Wert eines GmbH-Anteils 196

- „unter Berücksichtigung der Ertragsaussichten der Kapitalgesellschaft
- oder einer anderen anerkannten, auch im gewöhnlichen Geschäftsverkehr für nichtsteuerliche Zwecke üblichen Methode zu ermitteln".[1]

Anzuwenden ist dabei jene Methode, die ein Erwerber der Bemessung des Kaufpreises zugrunde legen würde. Der Mindestwert (Substanzwert) des Unternehmens darf dabei auch hier nicht unterschritten werden.[2]

Der maßgebliche Steuerwert (gemeine Wert) eines Anteils an einer GmbH bzw. einer Kapitalgesellschaft bestimmt sich „nach dem Verhältnis des Anteils am Nennkapital (Grund- oder Stammkapital) der Gesellschaft zum gemeinen Wert des Betriebsvermögens der Kapitalgesellschaft im Bewertungsstichtag".[3] Sofern sich die Beteiligung am Vermögen und am Gewinn der Gesellschaft aufgrund einer ausdrücklichen Vereinbarung der Gesellschafter nach der jeweiligen Höhe des eingezahlten Nennkapitals richtet, bezieht sich der gemeine Wert nur auf das tatsächlich eingezahlte Nennkapital. 197

Der Anteilswert errechnet sich in zwei Stufen: 198

1. Es ist zunächst der gemeine Wert des gesamten Betriebsvermögens der Kapitalgesellschaft zu ermitteln.
2. Der ermittelte gemeine Wert ist im zweiten Schritt nach dem Verhältnis des übergegangenen bzw. übertragenen Anteils am Nennkapital (Grund-Stammkapital) der Gesellschaft zum gemeinen Wert des Betriebsvermögens der Kapitalgesellschaft am Bewertungsstichtag aufzuteilen.

1 § 11 Abs. 2 BewG.
2 Vgl. oben Rz. 189.
3 § 97 Abs. 1b BewG.

HINWEIS:

Unterbeteiligungen an einem GmbH-Anteil können im Rahmen der vorweggenommenen Erbfolge zur Nutzung der persönlichen Freibeträge nach dem Zehn-Jahres-Rhythmus begründet werden. Dadurch kann der designierte Unternehmensnachfolger zu Lebzeiten besonders steuerschonend an der Gesellschaft beteiligt werden. Eine Stimmbündelung, die bei nur einem Gesellschafter als Repräsentant des Familienstammes besteht, braucht dadurch nicht aufgegeben werden. Die Einräumung einer Unterbeteiligung kann darüber hinaus außerhalb des Handelsregisters erfolgen.

4.8 Anteilswertermittlung und Aufteilung des gemeinen Wertes des Betriebsvermögens unter Mitgesellschaftern bei Personengesellschaften

199 Die steuerliche Bewertung von Anteilen an Personengesellschaften (darunter fallen u. a. Anteile an: Kommanditgesellschaften, offene Handelsgesellschaften, gewerblich geprägte Personengesellschaften und Gesellschaften selbständig tätiger Freiberufler (Nichtgewerbetreibende i. S. von § 15 Abs. 1 Nr. 2 Abs. 3 und § 18 Abs. 4 Satz 2 EStG) hat stets unter „Berücksichtigung der tatsächlichen Verhältnisse und der Wertverhältnisse zum Bewertungsstichtag" zu erfolgen.[1] Für die Anteilswertermittlung sieht das Bewertungsgesetz eine Vereinfachung in der Weise vor, dass nur das Gesamthandsvermögen der Gesellschaft in die steuerliche Bewertung einzubeziehen ist. Wirtschaftsgüter, die mehreren zur gesamten Hand zustehen, werden den Gesellschaftern anteilig zugerechnet.[2] Sonderbetriebsvermögen ist ausschließlich jenem Gesellschafter zuzurechnen, dem es gehört.

200 Es ist der gemeine Wert zu ermitteln und das Sonderbetriebsvermögen ist dem betreffenden Gesellschafter hinzuzurechnen.[3] Da für Zwecke der Erbschaft- oder Schenkungsteuer nur der Gesellschaftsanteil bewertet werden muss, der Gegenstand des Erwerbs ist, wird der ermittelte Ertragswert für das Gesamthandsvermögen der Personengesellschaft gem. § 97 Abs. 1a Nr. 1 Buchst. a und b BewG wie folgt aufgeteilt.[4]

- Die Kapitalkonten aus der Gesamthandsbilanz sind dem jeweiligen Gesellschafter vorweg zuzurechnen; zum Kapitalkonto rechnen u. a. neben dem Festkapital auch der Anteil an einer gesamthänderischen Rücklage und die

1 § 157 Abs. 5 BewG.

2 § 39 Abs. 2 Nr. 2 AO, § 3 BewG, R B 97.3 4 Abs. 1 ErbStR 2019.

3 § 97 Abs. 1a Nr. 2 BewG, R B 97.2 Satz 5 ErbStR 2019.

4 R B 97.4 Abs. 2 ErbStR 2019, § 109 Abs. 2 i.V. mit § 11 Abs. 2 BewG.

variablen Kapitalkonten, soweit es sich dabei ertragsteuerrechtlich um Eigenkapital der Gesellschaft handelt.

- Der verbleibende Ertragswert ist nach dem für die Gesellschaft maßgebenden Gewinnverteilungsschlüssel auf die Gesellschafter aufzuteilen. Dabei dürfen Vorabgewinnanteile nicht berücksichtigt werden.
- Im nächsten Schritt ist für die Wirtschaftsgüter und Schulden des Sonderbetriebsvermögens des übertragenden Gesellschafters der gemeine Wert zu ermitteln. Die Wirtschaftsgüter und Schulden des Sonderbetriebsvermögens sind bei dem jeweiligen Gesellschafter mit dem gemeinen Wert anzusetzen.

Die Summe aus dem wie oben dargestellten aufgeteilten anteiligen Ertragswert und dem gemeinen Wert des Sonderbetriebsvermögens ergibt schließlich den maßgeblichen gemeinen Wert des Anteils des Gesellschafters.

BEISPIEL Aufteilung des Werts des Betriebsvermögens

Wert des Gesamthandsvermögens zum Bewertungsstichtag	12.000.000 €
Kapitalkonten lt. Gesamthandsbilanz der Personengesellschaft	9.000.000 €

Davon entfallen auf A 5.000.000 €, auf B 1.000.000 €

und auf C 3.000.000 €,

Gewinn- und Verlustverteilung A, B und C je 1/3

Der Gesellschafter A verpachtet an die Personengesellschaft ein Grundstück mit dem gemeinen Wert von 1.500.000 €!

Zu bewerten ist der Anteil des Gesellschafters A.

Gesellschafter		A	B/C
Wert des Gesamthandsvermögens abzgl. Kapitalkonten	12.000.000 €		
lt. Gesamthandsbilanz	9.000.000 €	5.000.000 €	4.000.000 €
Unterschiedsbetrag	3.000.000 €	1.000.000 €	2.000.000 €
Anteil am Wert des Gesamthandsvermögens		6.000.000 €	6.000.000 €
Zzgl. Wert des Sonderbetriebsvermögens		1.500.000 €	
Anteil am Wert des Betriebsvermögens		7.500.000 €	

HINWEISE:

- Bei der Ertragswertermittlung müssen die in der Buchhaltung für die Gesamthandsgemeinschaft verbuchten Aufwands- und Ertragsposten im Zusammenhang mit dem Sonderbetriebsvermögen (z. B. Miet- und Pachtzahlungen an den ausscheidenden Gesellschafter) bei der Ertragswertermittlung berücksichtigt werden. Andernfalls kann es zu einer doppelten Erfassung des Sonderbetriebsvermögens kommen.

- Vor einer geplanten Übertragung eines Kapitalgesellschaftsanteils sollte ggf. geprüft werden ob Steuervorteile durch eine disquotale Gewinnverteilung kurzfristig geschaffen werden können, etwa indem dem Gesellschafter, der seine Anteile übertragen will, geraume Zeit vorher ein niedrigerer Gewinnanteil zugesprochen wird, als dieser seinen Anteilen entspricht. Für die Bewertung von Kapitalgesellschaftsanteilen sind nämlich Regelungen zu berücksichtigen, „die sich auf den Wert des Anteils auswirken, wie insbesondere eine vom Verhältnis des Anteils am Nennkapital abweichende Gewinnverteilung (§ 97 Abs. 1b BewG). Für die Bewertung von Personengesellschaftsanteilen sieht die maßgebliche Wertermittlungsvorschrift (§ 97 Abs. 1a BewG) eine Berücksichtigung abweichender Gewinnverteilungsabreden nicht vor, so dass solche Abreden bei der Wertermittlung unberücksichtigt bleiben dürften. Um absolute Rechtssicherheit zu erlangen, empfiehlt sich die Einholung einer verbindlichen Auskunft.[1]
- Das Kapital etwaiger Ergänzungsbilanzen der Gesellschafter ist nicht zu berücksichtigen. Die Ergänzungsbilanzen werden weder bei der Ermittlung des Unternehmenswerts berücksichtigt noch gewähren diese zusätzliche Entnahmerechte.

4.9 Schuldenabzug in wirtschaftlichem Zusammenhang mit Anteilen an Personen- oder Kapitalgesellschaften

201 Werden Personen- oder Kapitalgesellschaftsanteile vererbt bzw. verschenkt, sind Darlehensverbindlichkeiten im Zusammenhang mit dem Erwerb der Anteile zwar grds. abzugsfähig. Der Saldierungsbetrag beschränkt sich allerdings auf den steuerpflichtigen Teil. Liegen die Voraussetzungen für ein steuerbegünstigtes Betriebsvermögen vor, beträgt der Darlehensabzug nur 15 %; 85 % sind nicht abzugsfähig.

202 Der anteilige Schuldenabzug war auch im alten Recht enthalten. War der Steuerwert eines GmbH-Anteils nach „altem“ Recht zu ermitteln, konnte ein Bankdarlehen, welches zur Finanzierung des Anteils aufgenommen wurde, bei Inanspruchnahme der „alten“ Steuervergünstigungen lediglich zu 65 % abgezogen werden.

203 Eine wesentliche Verschlechterung für Erben und Erwerber von Unternehmensbeteiligungen ist jedoch im Wegfall des Wahlrechts zu sehen. Nach altem Recht war es möglich, auf die Steuervergünstigungen zu verzichten. In diesem Fall war das Anschaffungsdarlehen voll abzugsfähig und es konnten zum Teil hohe Negativerwerbe generiert werden. Der Negativbetrag konnte,

1 Werner, Die disquotale Verteilung von Gesellschafterrechten, NWB 14/2019 S. 959, OAAAH-10397.

sofern die Übertragung mit weiteren Erwerben in einem Zug erfolgte, mit den positiven Werten des übrigen Vermögens ausgeglichen werden. Das übrige Vermögen war danach ebenfalls steuerfrei vererbbar.

Zur Bewertung von Gesellschaftsanteilen muss zunächst der Gesamtsteuerwert des Unternehmens ermittelt werden. Die Steuerbefreiung für Betriebsvermögen ist zwingend anwendbar; ein Wahlrecht zur Schuldensaldierung gibt es nicht mehr. Dadurch entstehen negative Steuerwerte im Zusammenhang mit der Übertragung von Gesellschaftsanteilen entweder gar nicht mehr oder nur noch in geringerem Umfang. 204

BEISPIEL: Angenommen der Ertragswert einer Kommanditgesellschaft sei 500. Ein KG-Gesellschafter mit einem Anteil von 50 % verstirbt. Sein KG-Anteil wäre mit 250 zu bewerten und mit 15 % = 37,5 steuerpflichtig. Hat der verstorbene KG-Gesellschafter den Anteil mit 300 fremdfinanziert, können die Erben davon nur 15 % = 45 abziehen. Der negative Steuerwert der Anteilsübertragung beträgt nur noch 7,5. Nach altem Recht hätten die Erben bei Verzicht auf die Steuerbefreiungen einen negativen Steuerwert von (250 – 300) = ·/. 50 generieren und übriges Vermögen in derselben Höhe steuerfrei vereinnahmen können.

4.10 Ausländisches Betriebsvermögen

Für ausländisches Betriebsvermögen sieht das Erbschaftsteuerrecht (§ 12 Abs. 7 ErbStG) eine getrennte Bewertung nach den gemeinen Werten vor (§ 31 BewG). Gleichwohl kommt es bei vorhandenem ausländischen Betriebsvermögen zu einer Durchbrechung der Rechtsformneutralität. Denn während im Rahmen der Bewertung von Anteilen an Kapitalgesellschaften Auslands-Betriebsvermögen Teile der wirtschaftlichen Einheit sind (und damit im Gesamtwert der Anteile, z. B. Börsenwert oder Kaufpreis usw. enthalten sind), kann es bei Personengesellschaften durch ggf. getrennte Bewertungsverfahren zu abweichenden Ergebnissen kommen. Zwar bildet auch das Auslandsvermögen einer Personengesellschaft Teil der wirtschaftlichen Einheit, für die das Gesamtbewertungsgebot gilt. Dennoch können sich unterschiedliche Bewertungsergebnisse ergeben. 205

Für die Bewertung von Anteilen an ausländischen Kapitalgesellschaften oder ausländischem Betriebsvermögen kann das vereinfachte Ertragswertverfahren angewendet werden. Die Ermittlung der Bewertungsgrundlagen hat in der jeweiligen Landeswährung zu erfolgen. Der in dieser Währung ermittelte Ertragswert ist mit dem für den Bewertungsstichtag festgestellten Devisenkurs in Euro umzurechnen. Für die Gewinnermittlung können die im jeweiligen 206

Land geltenden Gewinnermittlungsvorschriften angewendet werden, sofern diese die erforderlichen Korrekturen[1] zulassen.[2]

HINWEIS:

Auch der für inländisches Betriebsvermögen maßgebende Kapitalisierungsfaktor kann angewendet werden, wenn sich daraus kein offensichtlich unzutreffendes Ergebnis ergibt. Der gesetzlich festgesetzte Kapitalisierungsfaktor beträgt für Erwerbe ab dem 1.1.2016 13,75 (§ 203 BewG).

4.11 Zusammenfassende Übersicht

207 TAB. 9: Hierarchie der Bewertungsarten

Rangfolge*	Bewertungsart	Rechtsgrundlage
1	Kurswerte/Verkaufspreise	§ 11 Abs. 1, 2 BewG
2	Gutachten	§ 11 Abs. 2 BewG, IDW S 1
3	Sonstige übliche Bewertungsmethoden	§ 11 Abs. 2 BewG
4	Vereinfachtes Ertragswertverfahren	§§ 199 ff. BewG, § 11 Abs. 2 BewG
5	Mindestwertermittlung (Substanzwertermittlung)	§ 11 Abs. 2 BewG

* Die Rangfolge kann aus dem Gesetz nicht unmittelbar abgeleitet werden, entspricht jedoch der Bewertungspraxis. Die gesetzliche Festschreibung des vereinfachten Ertragswertverfahrens lässt aber eine Vorrangstellung dieses Verfahrens bei der Finanzverwaltung vermuten.

5 Bewertung von Grundbesitz für die Erbschaft- und Schenkungsteuer

5.1 Allgemeines

208 Für Grundvermögen ist grundsätzlich der gemeine Wert zugrunde zu legen. (§ 9 Abs. 2 Satz 1 i.V. mit § 177 BewG). Die für Grundbesitzwerte maßgeblichen steuerlichen Bewertungsverfahren lehnen sich demzufolge an die zur Verkehrswertermittlung von Grundstücken anerkannten Verfahren an.

209 Zur Bestimmung der maßgeblichen Bewertungsmethode ist die Feststellung der richtigen Grundstücksart von Bedeutung. Unterschiedliche Bewertungsmethoden ergeben sich im Einzelnen für:

1 Vgl. im Einzelnen § 202 BewG und Rz. 173, Tab. 6.

2 R B 199.2 ErbStR 2019.

- unbebaute Grundstücke,
- bebaute Grundstücke und Wohnungs- und Teileigentum,
- Grundstücke im Zustand der Bebauung,
- Erbbaurechte und Gebäude auf fremdem Grund und Boden.

Ergeben sich bei der Ermittlung des Grundbesitzwerts (Bodenwertes) Euro-Beträge mit Nachkommastellen, dürfen diese grundsätzlich jeweils in der für den Steuerpflichtigen günstigsten Weise auf volle Euro-Beträge auf- bzw. abgerundet werden.[1] 210

HINWEIS:

Bei den Bodenrichtwerten handelt es sich um durchschnittliche, auf einen Quadratmeter Grundstücksfläche bezogene Lagewerte. Sie sind für einzelne Gebiete, Straßen oder Straßenabschnitte, in denen annähernd gleiche Nutzungen und Wertverhältnisse vorliegen, ermittelt. Im Regelfall beziehen sich die Bodenrichtwerte auf baureife, erschließungsbeitragsfreie und von sonstigen öffentlichen Beiträgen freie Grundstücke. Die Bodenrichtwerte werden nach § 193 Abs. 5 Baugesetzbuch (BauGB) vom jeweils zustädigen Gutachterausschuss für Grundstückswerte ermittelt. Die Bodenrichtwerte werden alle zwei Jahr, zuletzt zum 1.1.2021 angepasst.

5.2 Unbebaute Grundstücke

Unbebaute Grundstücke sind solche, auf denen sich keine benutzbaren Gebäude befinden (§ 178 Abs. 1 Satz 1 BewG, R B 178 Abs. 1 ErbStR 2019). Als unbebaute Grundstücke gelten auch Grundstücke mit vorhandenen Gebäuden, die dem Verfall preisgegeben sind bzw. in denen kein benutzbarer Raum mehr vorhanden ist (§ 178 Abs. 2 Satz 2 BewG). 211

Benutzbarkeit bedeutet hier Bezugsfertigkeit bzw. diese beginnt mit der Bezugsfertigkeit (§ 178 Abs. 2 Satz 2 BewG). Kann der Bezug eines Gebäudes „zugemutet werden", ist das unbebaute Grundstück ab diesem Zeitpunkt kein solches mehr. Die Abnahme des bezugsfertigen Gebäudes durch die Baubehörde ist nicht entscheidend. 212

Der Wert unbebauter Grundstücke ist im sogenannten „Vergleichswertverfahren" zu ermitteln; maßgebend ist der tatsächliche Zustand des Grundstücks im Besteuerungszeitpunkt. Als Vergleichswerte dienen hierbei Bodenrichtwerte. Der Bodenrichtwert ist ein Quadratmeterpreis, der auf Basis von Kaufpreissammlungen der Gutachterausschüsse ermittelt wird und einen für jedes Gemeindegebiet durchschnittlichen Lagewert für erschließungsbeitragspflichtiges oder erschließungsbeitragsfreies Bauland darstellt (§ 196 Abs. 1 BauGB). 213

1 R B 179.3 ErbStR 2019.

Bodenrichtwerte werden maßgeblich geprägt von der sogenannten Geschossflächenzahl (das ist eine Verhältniszahl der Gebäudewohn- und Nutzfläche zur Grundstücksfläche), der Nutzungsart und der Grundstückstiefe.

214 Maßgebend für die Bewertung eines unbebauten Grundstücks ist stets der Bodenrichtwert eines Referenzgrundstücks. Dieses Referenzgrundstück wird selten mit dem zu bewertenden Grundstück identisch sein; die Bodenrichtwerte sind deshalb entsprechend zu korrigieren.

BEISPIEL: Geschossflächenzahl (GFZ)

Die Geschossflächenzahl stellt ein Maß für die bauliche Nutzung eines Grundstücks dar. Die GFZ gibt an, wie viel Quadratmeter Geschossfläche je Quadratmeter Grundstücksfläche zulässig ist. Wird nun in der Bodenrichtwertkarte zu den Bodenrichtwerten eine Geschossflächenzahl angegeben, muss – falls die GFZ mit der GFZ des betreffenden Grundstücks nicht übereinstimmt – der Bodenwert für das Grundstück nach folgender Formel korrigiert werden:

$$\text{Bodenwert/qm} = \frac{\text{UK GFZ zu bew. Grundstück}}{\text{UK GFZ Bodenrichtwertgrundstück}} \times \text{BRW}$$

UK GFZ = Umrechnungskoeffizient für die Geschossflächenzahl

BRW = Bodenrichtwert

Die Umrechnungskoeffizienten werden meist örtlich bestimmt und sind erhältlich. Liegen keine Umrechnungskoeffizienten vor, gelten nachfolgende Werte.

TAB. 10: Umrechnungskoeffizienten[1]

Geschossflächenzahl	Umrechnungskoeffizient	Geschossflächenzahl	Umrechnungskoeffizient
0,4	0,66	1,5	1,24
0,5	0,72	1,6	1,28
0,6	0,78	1,7	1,32
0,7	0,84	1,8	1,36
0,8	0,90	1,9	1,41
0,9	0,95	2,0	1,45
1,0	1,00	2,1	1,49
1,1	1,05	2,2	1,53
1,2	1,10	2,3	1,57
1,3	1,14	2,4	1,61
1,4	1,19		

1 R B 179.2 ErbStR 2019.

BEISPIEL: Der Bodenrichtwert eines Grundstücks beträgt 300 €/qm bei einer Geschossflächenzahl (GFZ) von 0,8. Das zu bewertende Grundstück hat eine tatsächliche Geschossflächenzahl von 0,6. Die Umrechnungskoeffizienten laut Tabelle betragen 0,78 (GFZ 0,6) und 0,90 (GFZ 0,8) Nach oben genannter Formel beträgt der Bodenwert für das zu bewertende Grundstück mit einer GFZ von 0,6 = 260 €/qm[1]

BEISPIEL: Vorderland/Hinterland

Sofern der Bodenrichtwert in Abhängigkeit von der Grundstückstiefe ermittelt ist, muss die Grundstücksfläche in Vorder- und Hinterland aufgeteilt werden. Die Grundstückfläche ist nach ihrer Tiefe in Zonen zu gliedern, deren Abgrenzung sich nach den Vorgaben des Gutachterausschusses richtet.

Sind keine Bodenrichtwerte vorhanden, müssen die Werte aus vergleichbaren Flächen abgeleitet werden und können um 20 % ermäßigt werden (§ 145 Abs. 3 Satz 4 BewG). Dies gilt unabhängig von den Gründen, aus denen die Gutachterausschüsse keine Bodenrichtwerte errechnen bzw. ermitteln. 215

Bauerwartungsland kann abweichend als landwirtschaftliche Nutzfläche dem Grundvermögen zugerechnet werden, wenn es in einem Bebauungsplan als Bauland festgesetzt ist, ihre sofortige Bebauung möglich ist und die Bebauung innerhalb des Plangebiets in benachbarten Bereichen begonnen hat oder schon durchgeführt ist (§ 69 Abs. 3 Satz 1 BewG). Bei solchen baureifen Grundstücken ist der für die allgemeine Abgrenzung maßgebliche subjektive Wille des Landwirts, die Fläche als Anbaugebiet zu nutzen, unerheblich. 216

Existiert kein rechtsverbindlicher Bebauungsplan für das Wiesen- und Ackerland und stellt der Betrieb die Existenzgrundlage des Betriebsinhabers dar, dürfen landwirtschaftliche Nutzflächen nur dann als Grundvermögen bewertet werden, wenn mit großer Wahrscheinlichkeit anzunehmen ist, dass sie spätestens nach zwei Jahren anderen als land- und forstwirtschaftlichen Zwecken dienen werden (§ 69 Abs. 2 BewG). In allen übrigen Fällen fallen Nutzflächen unter die wirtschaftliche Einheit „Grundvermögen" nur dann, wenn sie mit großer Wahrscheinlichkeit in absehbarer Zeit (darunter ist ein Zeitraum von bis zu sechs Jahren zu verstehen) anderen als landwirtschaftlichen Zwecken dienen werden.[2] 217

HINWEISE:

- land- und forstwirtschaftliches Vermögen gehört zum sogenannten „begünstigten Vermögen", Grundvermögen hingegen nicht. Der Erbe/Erwerber profitiert, wenn er Bauerwartungsland dem land- und forstwirtschaftlichen Vermögen hinzuzurechnen versucht.

1 Weitere Ausführungen zu Bodenrichtwerten und deren Umrechnung vgl. Rz. 300.

2 § 69 Abs. 1 BewG.

- Zur Minderung des Steuerwerts eines unbebauten Grundstücks können sich Grundstückseigentümer nicht auf besondere Gegebenheiten wie Lärm usw. berufen. Eine Berücksichtigung wertmindernder Umstände (wie Immissionen allgemein) sieht das Bewertungsrecht nicht vor. In solchen Fällen bleibt aber die Möglichkeit des Nachweises eines niedrigeren Verkehrswertes durch ein Sachverständigengutachten (Öffnungsklausel).

5.3 Bebaute Grundstücke

5.3.1 Allgemeines

218 Bebaute Grundstücke sind solche, auf denen sich benutzbare Gebäude befinden (§ 180 Abs. 1 Satz 1 BewG, R B 180 Abs. 1 ErbStR 2019). „Benutzbar" ist ein Gebäude dann, wenn es bezugsfertig ist. Im Besteuerungszeitpunkt müssen alle wesentlichen Bauarbeiten abgeschlossen sein. Geringfügige Restarbeiten, die üblicherweise vor dem tatsächlichen Bezug durchgeführt werden (z. B. Malerarbeiten, Verlegen des Bodenbelags), schließen die Bezugsfertigkeit nicht aus. Auch auf die Abnahme durch die Bauaufsichtsbehörde kommt es nicht an.

5.3.2 Grundstücksarten

219 Das Bewertungsrecht (§ 181 BewG) unterscheidet innerhalb der bebauten Grundstücke zwischen folgenden Grundstücksarten (R B 181.1 Abs. 1 ErbStR 2019):

- Einfamilienhäuser, Zweifamilienhäuser
- Mietwohngrundstücke,
- Wohnungs- und Teileigentum,
- Geschäftsgrundstücke,
- gemischt genutzte Grundstücke,
- sonstige bebaute Grundstücke.

220 Als Ein- und Zweifamilienhäuser werden Wohngrundstücke bezeichnet, die bis zu zwei Wohnungen enthalten und nicht als Wohnungseigentum gelten. Ein Grundstück gilt auch dann als Ein- oder Zweifamilienhaus, wenn es zu weniger als 50 %, berechnet nach der Wohn- oder Nutzfläche, zu anderen als Wohnzwecken mitbenutzt und dadurch die Eigenart als Ein- oder Zweifamilienhaus nicht wesentlich beeinträchtigt wird.[1]

Unter Mietwohngrundstücken verstehen die Finanzbehörden Grundstücke, die zu mehr als 80 %, berechnet nach der Wohn- oder Nutzfläche, Wohnzwecken

1 § 181 Abs. 2 BewG.

dienen, und nicht Ein- und Zweifamilienhäuser oder Wohnungseigentum sind. Mietwohngrundstücke sind also Wohnanlagen mit mehr als zwei Wohnungen.

Als Wohnungseigentum wird das Sondereigentum an einer Wohnung i.V. mit dem Miteigentumsanteil an dem gemeinschaftlichen Eigentum bezeichnet, zu dem es gehört. Alle Eigentumswohnungen stellen Wohnungseigentum dar. Jedes Wohneigentum gilt als Grundstück (R B 181.2 Abs. 1 Satz 1 ErbStR 2019). 221

Als Wohnung gilt jede „Zusammenfassung einer Mehrheit von Räumen, die in ihrer Gesamtheit so beschaffen sein müssen, dass die Führung eines selbständigen Haushalts möglich ist" (§ 181 Abs. 9 BewG). Die Zusammenfassung einer Mehrheit von Räumen muss eine von anderen Wohnungen oder Räumen, insbesondere Wohnräumen, baulich getrennte, in sich abgeschlossene Wohneinheit bilden und einen selbständigen Zugang haben. Außerdem ist nach dem neuen Bewertungsrecht erforderlich, dass die für die Führung eines selbständigen Haushalts notwendigen Nebenräume (Küche, Bad oder Dusche, Toilette) vorhanden sind. Die Wohnfläche muss mindestens 23 qm betragen. 222

Teileigentum ist das Sondereigentum an nicht zu Wohnzwecken dienenden Räumen eines Gebäudes i.V. mit dem Miteigentum an dem gemeinschaftlichen Eigentum, zu dem es gehört (§ 181 Abs. 4 und 5 BewG). Teileigentum ist beispielsweise ein Büroraum, ein Lagerraum oder ein Ladengeschäft, sofern Miteigentumsanteil an den übrigen Einrichtungen (Zufahrt, Treppenhaus usw.) besteht. Wie jedes Grundstück bildet auch jedes Wohnungs- und Teileigentum eine wirtschaftliche Einheit, für das zur Berechnung des steuerpflichtigen Erwerbs bei der Erbschaft- und Schenkungsteuer ein Grundstückswert festzusetzen ist. Jedes Wohneigentum und jedes Teileigentum bildet sozusagen ein separat zu bewertendes Grundstück (R B 181.2 Abs. 1 Satz 1 ErbStR 2019). 223

Geschäftsgrundstücke sind Grundstücke, die zu mehr als 80 % eigenen oder fremden betrieblichen oder öffentlichen Zwecken dienen. Der Anteil der betrieblichen Nutzung berechnet sich im Verhältnis der Wohn- und Nutzfläche (§ 181 Abs. 6 BewG). 224

Als gemischt genutzte Grundstücke gelten Grundstücke, die teils Wohnzwecken und teils eigenen oder fremden betrieblichen oder öffentlichen Zwecken dienen und nicht unter eine der oben genannten Kategorien fallen. 225

Schließlich fallen unter sonstige bebaute Grundstücke solche Grundstücke, die nicht unter eine der oben genannten Kategorien fallen, weil sie weder Wohnzwecken noch betrieblichen oder öffentlichen Zwecken dienen (§ 181 Abs. 7, 8 BewG). Beispiele für sonstige bebaute Grundstücke sind Clubhäuser, Vereinshäuser, Turnhallen, Jagdhütten, Wochenendhäuser, die nicht ganzjährig bewohnbar sind. 226

Maßgeblich für die Abgrenzung der Grundstücksarten ist die Wohn- und Nutzfläche, berechnet nach den Vorschriften der Wohnflächenverordnung.

HINWEIS:

Bei Festlegung der Grundstücksart muss stets auf die gesamte wirtschaftliche Einheit abgestellt werden. Dies gilt auch, wenn sich auf einem Grundstück mehrere Gebäude oder Gebäudeteile unterschiedlicher Bauart oder Nutzung befinden (R B 181.1 Abs. 2 ErbStR 2019). Auf die Art der einzelnen Gebäude kommt es nicht an; entscheidend sind die jeweiligen Wohn- und Nutzflächen. Dies kann bei Geschäftsgrundstücken, auf denen sich auch das private Wohnhaus des Geschäftseigentümers/Unternehmers befindet, dazu führen, dass das Geschäftsgrundstück nicht als solches, sondern als gemischt genutztes Grundstück anzusehen ist, für welches dann u. U. ein anderes Bewertungsverfahren zu verwenden ist. Geschäftsgrundstücke sind nur solche Grundstücke, die zu mehr als 80 % betrieblichen Zwecken dienen. Hat die Werkstatt eine Fläche von 500 qm und das Einfamilienhaus des Unternehmers eine Wohnfläche von 300 qm, beträgt das Verhältnis der gewerblichen Nutzung zur Nutzung zu Wohnzwecken 500/800 = 62,5 %. Das sind weniger als 80 %, so dass das Grundstück gemischt genutzt ist und das Grundstück wegen des Einfamilienhauses nach dem Sachwert zu bewerten ist (R B 182 Abs. 5 ErbStR 2019).

5.3.3 Bewertungsverfahren

5.3.3.1 Übersicht (R B 182 ErbStR 2019)

227

TAB. 11: Bewertungsverfahren

Verfahren	Zuordnung/Anwendungsbereich
Vergleichswertverfahren	Wohnungseigentum, Teileigentum Ein- und Zweifamilienhäuser, sofern der Gutachterausschuss entsprechende Vergleichspreise oder Vergleichsfaktoren ermittelt hat
Ertragswertverfahren	Geschäftsgrundstücke gemischt genutzte Grundstücke, für die sich auf dem örtlichen Grundstücksmarkt eine übliche Miete ermitteln lässt Mietwohngrundstücke
Sachwertverfahren	sonstige bebaute Grundstücke; Auffangverfahren für ► das Wohneigentum, das Teileigentum und für Ein- und Zweifamilienhäuser, wenn das Vergleichswertverfahren mangels Vergleichspreisen oder Vergleichsfaktoren nicht anwendbar ist; ► Geschäftsgrundstücke und gemischt genutzte Grundstücke, für die sich auf dem örtlichen Grundstücksmarkt keine übliche Miete ermitteln lässt; ► wenn sich auf einem Grundstück nicht nur Gebäude oder Gebäudeteile befinden, die im Ertragswertverfahren zu bewerten sind.

5.3.3.2 Vergleichswertverfahren

Das Bewertungsrecht sieht die Anwendung des Vergleichswertverfahrens für die Bewertung von Wohnungseigentum, Teileigentum sowie für Ein- und Zweifamilienhäuser vor (§ 182 Abs. 2 BewG). Beim Vergleichswertverfahren wird der Marktwert eines Grundstücks aus Kaufpreisen von anderen Grundstücken abgeleitet. Dieses Bewertungsverfahren kann angewendet werden für Grundstücke, die mit vergleichbaren bzw. gleichartigen Gebäuden bebaut sind. Außerdem müssen für das zu bewertende Grundstück geeignete Vergleichspreise oder Vergleichsfaktoren veröffentlicht sein. Letzteres erfolgt in entsprechenden Grundstücksmarktberichten bzw. den jährlich erscheinenden Immobilienmarktberichten der örtlich zuständigen Gutachterausschüsse. Die Veröffentlichung eines Grundstücksmarktberichts hat somit signifikante Folgen in der Wahl der geeigneten Bewertungsmethode. Liegt ein solcher vor und liegt das zu bewertende Wohnungseigentum bzw. das Wohnhaus im relevanten Bereich dieses Grundstücksmarktberichts, ist das Vergleichswertverfahren vorrangig vor dem Sachwertverfahren anzuwenden (§ 182 Abs. 4 Nr. 1 BewG). 228

Das Vergleichswertverfahren unterteilt sich in:

- Das Vergleichspreisverfahren

Bewertungsgrundlage für das Vergleichspreisverfahren bilden „Kaufpreise von Grundstücken", „die hinsichtlich der ihren Wert beeinflussenden Merkmale mit dem zu bewertenden Grundstück hinreichend übereinstimmen (Vergleichsgrundstücke)" (§ 183 Abs. 1 Satz 1 BewG). Eine hinreichende Übereinstimmung der Zustandsmerkmale eines Vergleichsgrundstücks liegt nach Auffassung der Finanzverwaltung vor, wenn sie insbesondere hinsichtlich ihrer

- Lage,
- Art und Maß der baulichen Nutzung,
- Größe,
- ihres Erschließungszustands und
- des Alters des Gebäudes

mit dem zu bewertenden Grundstück weitgehend übereinstimmen bzw. die Abweichungen in sachgerechter Weise berücksichtigt werden können.[1] Abweichungen können in sachgerechter Weise berücksichtigt werden durch Zu- oder Abschläge nach Vorgabe des örtlichen Gutachterausschusses für Grundstückswerte. Stehen vom örtlichen Gutachterausschuss zur Berücksichtigung dieser

1 R B 183 Abs. 2 Satz 2 ErbStR 2019.

Abweichungen keine Anpassungsfaktoren (z. B. Indexreihen oder Umrechnungskoeffizienten) zur Verfügung, nimmt die Finanzverwaltung eine hinreichende Übereinstimmung noch an, „wenn die wertbeeinflussenden Merkmale des zu bewertenden Grundstücks, wie z. B. die Wohn-/Nutzfläche des Gebäudes, die Grundstücksgröße oder das Alter des Gebäudes, um höchstens jeweils 20 % vom Vergleichsgrundstück abweichen“.[1]

229 Als geeigneten Kaufpreis sieht das Gesetz vorrangig die von den Gutachterausschüssen mitgeteilten Vergleichspreise vor. Alternativ bzw. in Ermangelung geeigneter Kaufpreise wird die Finanzverwaltung auch auf eigene Unterlagen und Statistiken vergleichbarer Grundstücksveräußerungsgeschäfte zurückgreifen. Die Finanzämter werden über sämtliche Grundstücksveräußerungsgeschäfte informiert. Nach § 34 ErbStG sind Gerichte, Standesämter und Notare verpflichtet, alle ausgeführten Beurkundungen, Zeugnisse und sonstige Anordnungen, die für die Festsetzung einer Erbschaftsteuer von Bedeutung sein können, der jeweiligen Erbschaftsteuerstelle anzuzeigen.

230 Besonderheiten und wertbeeinflussende Belastungen „privatrechtlicher und öffentlich-rechtlicher Art“ fließen in die Berechnung nicht ein (§ 183 Abs. 3 BewG). So werden grundstücksbezogene Lasten wie u. a. Wegerechte, Wohn- und Nießbrauchsrechte oder langfristige Miet- und Pachtverträge, welche bei einer Verkehrswertermittlung für bebaute Grundstücke sehr wohl ihren Niederschlag finden, bei der steuerlichen Wertermittlung der wirtschaftlichen Einheit des Grundstücks nicht berücksichtigt. Gerade der Verkehrswert von Eigentumswohnungen sowie von Ein- und Zweifamilienhäusern wird im besonderen Maße durch die Ausstattung des Objekts geprägt. Die Vergleichspreise der Gutachterausschüsse berücksichtigen zwar wertbeeinflussende Faktoren wie Lage, Größe der Wohnanlage, das Vorhandensein von Balkonen und Gärten oder Kfz-Stellplätzen, nicht aber die Ausstattung bzw. diese nur mittelbar über das Baujahr. So ist bei Ein- und Zweifamilienhäusern, die individuell gebaut sind, eine Vergleichbarkeit nur bedingt möglich. Auch einschränkende Rechte wie Grunddienstbarkeiten, Wegerechte usw. finden keine Berücksichtigung, ebenso wenig auch die Möglichkeiten weiterer Baumaßnahmen z. B. eines Dachgeschossausbaus.

231 ► Das Vergleichsfaktorverfahren

Für die Bewertung von Grundstücken können alternativ oder mangels geeigneter Vergleichspreise auch Vergleichsfaktoren herangezogen werden. Als ge-

1 R B 183 Abs. 4 ErbStR 2019.

eignete Vergleichsfaktoren sieht der Gesetzgeber die von „den Gutachterausschüssen für geeignete Bezugseinheiten, insbesondere Flächeneinheiten des Gebäudes", ermittelten und mitgeteilten Vergleichsfaktoren, wobei der Bodenwert gesondert zu berücksichtigen ist, wenn sich die Vergleichsfaktoren nur auf das Gebäude beziehen (§ 183 Abs. 2 BewG). Vergleichsfaktoren müssen regelmäßig folgende Klassifizierungsmerkmale erfüllen: Baujahrklasse, Wohnungsgröße oder eine Wohnungsgrößenspanne und die Wohnlage (H B 183 Abs. 3 Satz 8 ErbStR 2019). Gemäß dem Beschluss des FG Köln v. 11.4.2019[1] bestehen an der Rechtmäßigkeit einer gesonderten und einheitlichen Feststellung des Grundbesitzwertes nach dem Vergleichswertverfahren ernsthafte Zweifel, wenn der bei der Bewertung der wirtschaftlichen Einheit zugrunde gelegte Kaufpreismittelwert pro qm Wohnfläche ungeachtet der Beschränkung der Lagekriterien auf die Unterscheidung zwischen mittlerer und guter Wohnlage und fehlenden Ausweises differenzierter Baujahresspannen ermittelt wurde. Im Streitfall hatte das Finanzamt bei Anwendung des Vergleichswertverfahrens unter Verwendung mangelhafter Vergleichsfaktoren einen fast doppelt so hohen Grundstückwert errechnet wie der Steuerpflichtige bei Anwendung des Sachwertverfahrens unter Anwendung der zutreffenden Bodenrichtwerte.

Eine detaillierte Überprüfung hinsichtlich der Geeignetheit der von den Gutachterausschüssen veröffentlichten Vergleichsfaktoren zur Bewertung von Immobilienobjekten ist indessen kaum möglich, da die Gutachterausschüsse nur die Vergleichsfaktoren veröffentlichen müssen, nicht aber alle Berechnungsschritte und -werte. Vergleichsfaktoren sind indessen „in Stein gemeißelt". Das Niedersächsische FG[2] hat entschieden, dass Vergleichspreise und -faktoren verbindlich sind und keiner Überprüfung bedürfen.

Der Steuerwert eines zu bewertenden Grundstücks errechnet sich unter Anwendung von Vergleichsfaktoren nach folgender Gleichung:

Grundbesitzwert = Vergleichsfaktor in €/qm × Wohn-/Nutzfläche

Bei Anwendung von Vergleichsfaktoren ist der Bodenwert hinzuzurechnen, sofern dieser in den Vergleichsfaktoren nicht berücksichtigt ist. Für vermietete Wohneinheiten ist regelmäßig ein Abschlag vorzunehmen (angemessener Abschlagswert z. B. 13 % vom Grundstückswert).

1 FG Köln, Beschluss v. 11.4.2019 - 4 V 405/19, VAAAH-22708.

2 Niedersächsischen FG, Urteil v. 14.12.2017 - 1 K 210/14, IAAAG-82039, Rev. BFH-Az. II R 7/18.

HINWEISE:

- Die Finanzverwaltung sieht die Vergleichspreis- und Vergleichsfaktorverfahren als gleichrangig an (Auswahlermessen).[1]
- Steuerpflichtige sollten ganz genau hinsehen und entsprechende Feststellungsbescheide prüfen lassen, wenn die Finanzbehörde das Vergleichswertverfahren anwendet und vom Gutachterausschuss ermittelte Durchschnittskaufpreise (Kaufpreismittel) ohne Berücksichtigung unterschiedlicher wertbeeinflussender Grundstücksmerkmale verwendet. Weitere Argumente gegen die Verwendung von Vergleichspreisen/Vergleichsfaktoren können in der geringen Anzahl der Veräußerungsvorgänge oder der Nichtübereinstimmung von Grundstücksmerkmalen liegen.

5.3.3.3 Ertragswertverfahren

232 ABB. 4: Ablaufschema Ertragswertverfahren (H B 184 ErbStH 2019)

Rohertrag (Jahresmiete oder übliche Miete)	
·/.	
Bewirtschaftungskosten	
=	
Reinertrag des Grundstücks	
·/.	
Bodenwertverzinsung (Bodenwert × Liegenschaftszinssatz)	Bodenrichtwert (ggf. angepasster Bodenwert)
=	x
Gebäudereinertrag (>= 0)	Grundstücksfläche
X	=
Vervielfältiger (Anlage 21 zum BewG abgedruckt in Anhang 7)	Bodenwert (als Mindestwert)
= Gebäudeertragswert (>= 0)	
Ertragswert = Grundbesitzwert	

233 Das Ertragswertverfahren findet Anwendung für bebaute Grundstücke, bei denen der nachhaltig erzielbare Ertrag für die Werteinschätzung am Grundstücksmarkt im Vordergrund steht (typische Renditeobjekte). Das Ertragswertverfahren kommt daher zur Anwendung bei Mietwohngrundstücken, Geschäftsgrundstücken und gemischt genutzten Grundstücken, für die sich auf dem örtlichen Grundstücksmarkt eine übliche Miete ermitteln lässt (§ 182

1 R B 183 Abs. 1 Satz 2 ErbStR 2019.

Abs. 3 BewG). Das Ertragswertverfahren ist nicht für die steuerliche Bewertung einzelner vermieteter Wohnungen innerhalb eines Mehrfamilienhauses zulässig. Sofern für vermietetes Wohnungseigentum das Vergleichswertverfahren mangels geeigneter Vergleichswerte nicht angewendet werden kann, ist das Sachwertverfahren anzuwenden (§ 182 Abs. 2 Nr. 1 i.V. mit Abs. 4 BewG). Die Höhe der erzielten Miete für jede einzeln zu bewertende Wohnung beispielsweise innerhalb eines mehrstöckigen Mehrfamilienhauses, ist für die Bewertung im Sachwertverfahren unerheblich.

Das Ertragswertverfahren gliedert sich in drei Stufen (§ 184 BewG):

1. Stufe: Ermittlung des Bodenwertes nach Maßgabe der für die Bewertung unbebauter Grundstücke geltenden Regelungen
2. Stufe: Ermittlung des Gebäudeertragswertes
3. Stufe: Mindestwertermittlung

Die Gebäudeertragswertermittlung setzt folgende drei Rechengrößen voraus:

- Rohertrag des Grundstücks,
- Bewirtschaftungskosten,
- Bodenwertverzinsung bzw. Liegenschaftszinssatz.

Bei übergroßen Grundstücken ist es zudem erforderlich, bestimmte Teilflächen herauszurechnen.

Als Rohertrag bezeichnet wird jenes Entgelt, welches für die Nutzung des bebauten Grundstücks nach den im maßgeblichen Bewertungszeitpunkt geltenden Vereinbarungen für den Zeitraum von zwölf Monaten zu zahlen ist, also jenes Entgelt, das der Mieter oder Pächter für die Benutzung des bebauten Grundstücks nach den am Bewertungsstichtag geltenden vertraglichen Vereinbarungen, umgerechnet auf zwölf Monate, zu zahlen hat (R B 186.1 Abs. 1 ErbStR 2019). Umlagen zählen nicht zum Rohertrag (§ 186 Abs. 1 BewG). 234

Neben der vertraglich vereinbarten Miete rechnen zum Entgelt gemäß R B 186.1 Abs. 2 Satz 2 ErbStR 2019 auch:

- Mieteinnahmen für Stellplätze,
- Mieteinnahmen für Nebengebäude, z. B. für Garagen,
- Vergütungen für außergewöhnliche Nebenleistungen des Vermieters, die nicht die Raumnutzung betreffen, aber neben der Raumnutzung auf Grund des Mietvertrags gewährt werden (z. B. Reklamenutzung sowie für das Aufstellen von Automaten),

- Vergütungen für Nebenleistungen, die zwar die Raumnutzung betreffen, jedoch nur einzelnen Mietern zugutekommen (z. B. zusätzliche Mieteinnahmen für die Verkabelung des Gebäudes zwecks Datenfernübertragung, für den Einbau einer Klimaanlage oder für die Nutzung eines Schwimmbads),
- Untermietzuschläge,
- Baukostenzuschüsse und Mietvorauszahlungen, soweit sie auf die Miete anzurechnen sind,
- Zahlungen des Mieters an Dritte für den Eigentümer, soweit es sich nicht um Betriebskosten i. S. des § 27 der II. BV oder § 2 der Betriebskostenverordnung (BetrKV) handelt (z. B. Erschließungskosten),
- Leistungen des Mieters, die nicht in Geld bestehen, soweit sie nicht gleichzeitig als Betriebskosten zu berücksichtigen wären (z. B. die Übernahme der Grundstücksverwaltung),
- um Neben- und Betriebskosten bereinigte Leasing-Raten, soweit sie auf die Überlassung des Grundstücks entfallen.

235 Nicht in das Entgelt einzubeziehen sind insbesondere

- Umlagen, die zur Deckung der Betriebskosten gezahlt werden,
- Einnahmen für die Überlassung von Maschinen und Betriebsvorrichtungen,
- Einnahmen für die Überlassung von Einrichtungsgegenständen (z. B. bei möblierten Wohnungen, Ferienwohnungen, Studentenwohnheimen),
- Dienstleistungen, die nicht die Grundstücksnutzung betreffen (Reinigungsdienste),
- Zuzahlungen Dritter außerhalb des Mietverhältnisses (z. B. bei Bauherrengemeinschaften Zahlungen des Mietgarantiegebers),
- Aufwendungszuschüsse im öffentlich geförderten Wohnungsbau,
- die Umsatzsteuer.

236 Maßgeblich ist nicht, was der (frühere) Eigentümer vom Nutzer tatsächlich erhalten bzw. vereinnahmt hat, sondern was der Eigentümer aufgrund vertraglicher Vereinbarungen hätte erhalten müssen (Sollmiete). Säumige Mieter mindern so nicht den steuerlichen Ertragswert eines zu vererbenden Grundstücks, wohl aber den tatsächlichen Verkehrswert, da ein Gutachter von der nachhaltig erzielbaren Miete nach § 17 Abs. 1 der WertV auszugehen hat. Für eigengenutzte Grundstücke oder solche, die zum vorübergehenden Gebrauch unentgeltlich überlassen worden sind, oder für Grundstücke, die an Mieter (im Regelfall handelt es sich hier um Angehörige) zu einem um mehr als 20 % verbilligten Mietpreis überlassen worden sind, ist der übliche Mietpreis anzusetzen. Die übliche Miete ist dabei „in Anlehnung an die Miete zu schätzen, die für

Räume gleicher oder ähnlicher Art, Lage und Ausstattung regelmäßig gezahlt wird“, ohne Berücksichtigung von Betriebskosten (§ 186 Abs. 2 Satz 2 BewG).

Vom Rohertrag sind Bewirtschaftungskosten abzuziehen. Bewirtschaftungskosten sind die „bei gewöhnlicher Bewirtschaftung nachhaltig entstehenden Verwaltungskosten, Betriebskosten, Instandhaltungskosten und das Mietausfallwagnis (§ 187 Abs. 1 BewG).“ Bei der Bemessung der Bewirtschaftungskosten setzen die Finanzämter auf Erfahrungssätze der Gutachterausschüsse, welche allerdings nicht in allen Fällen vorhanden sind. Stehen keine geeigneten Erfahrungssätze zur Verfügung, stehen den Finanzbehörden pauschalierte Bewirtschaftungskostensätze für die Bewertung zur Verfügung (vgl. Anlage 23 BewG).[1] 237

Die Differenz aus Rohertrag und Bewirtschaftungskosten ergibt den Reinertrag der gesamten Immobilie. Dieser entspricht jedoch noch nicht dem Gebäudereinertrag! Nachdem zu jedem Gebäude auch ein Bodenanteil dazugehört und der Bodenwert wie gesehen vom Gebäudewert abzutrennen und gesondert zu ermitteln ist, ist es konsequent, bei der Gebäudewertermittlung auf den Gebäudereinertrag abzustellen. Es ist folglich im nächsten Rechenschritt jener „Ertrag“ auszusondern, der auf den Bodenwert entfällt – nämlich die Bodenwertverzinsung. Letztere wird anhand des sogenannten Liegenschaftszinssatzes ermittelt. 238

„Der Liegenschaftszinssatz ist der Zinssatz, mit dem der Verkehrswert von Grundstücken im Durchschnitt marktüblich verzinst wird“ (§ 188 Abs. 1 BewG). Vorrangig anzuwenden sind dabei die von den Gutachterausschüssen ermittelten örtlichen Liegenschaftszinssätze (§ 188 Abs. 2 Satz 1 BewG). Von den Gutachterausschüssen ermittelte Liegenschaftszinssätze sind allerdings nur dann geeignet, wenn der Gutachterausschuss bei der Ermittlung die an ihn gerichteten Vorgaben des BauGB sowie die darauf beruhenden Verordnungen eingehalten und die Liegenschaftszinssätze für einen Zeitraum berechnet hat, der den Bewertungsstichtag umfasst. Auf den Zeitpunkt der Beschlussfassung oder der Veröffentlichung der Liegenschaftszinssätze durch den Gutachterausschuss kommt es für ihre zeitliche Anwendung nicht an.[2] Sofern der örtliche Gutachterausschuss keine Liegenschaftszinssätze ermittelt oder diese nach der Rechtsprechung nicht als geeignet betrachtet werden können, gelten folgende Pauschalsätze (§ 188 Abs. 2 BewG): 239

1 Anlage 23 abgedruckt in Anhang 6.

2 BFH, Urteil v. 18.9.2019 - II R 13/16, NAAAH-36881.

TAB. 12: Liegenschaftszinssätze, Pauschalsätze nach BewG	
Grundstücksart	Liegenschaftszinssatz in %
Mietwohngrundstück (nicht Wohnungseigentum)	5,0
Gemischt genutzte Grundstücke – Gewerbeanteil bis 50 % – Gewerbeanteil über 50 %	 5,5 6,0
Geschäftsgrundstücke	6,5

240 Regelmäßig mit Schwierigkeiten behaftet sein dürfte jene Regelung aus dem Gesetz, wonach bei der Berechnung des Liegenschaftsverzinsungsbetrages die Bodenwerte jener Teilflächen nicht zu berücksichtigen sind, welche eine eigenständige bzw. zusätzliche Nutzung oder Verwertung zulassen oder ermöglichen. Dies ist nach § 185 Abs. 2 BewG regelmäßig dann zwingend zu beachten, wenn das Grundstück wesentlich größer ist, „als es einer den Gebäuden angemessenen Nutzung entspricht". Ist das Grundstück wesentlich größer als es einer den Gebäuden angemessenen Nutzung entspricht, und ist eine zusätzliche Nutzung oder Verwertung der Teilfläche als selbständig verwertbare Teilfläche zulässig und möglich, ist diese Teilfläche bei der Berechnung des Bodenwertverzinsungsbetrages nicht zu berücksichtigen (§ 185 Abs. 2 Satz 3 BewG). Damit ist bei der Ermittlung des Betrags der Bodenwertverzinsung nur die der jeweiligen Bebauung zurechenbare Grundstücksfläche anzusetzen. Diese zurechenbare Grundstücksfläche entspricht regelmäßig der bebauten Fläche einschließlich der sogenannten Umgriffsfläche. Nach Auffassung der Finanzverwaltung ist es nicht entscheidend, ob die selbständig nutzbaren Teilflächen baulich nutzbar sind (R B 185.1 Abs. 3 ErbStR 2019). Die selbständig nutzbare Teilfläche muss hinreichend groß und so gestaltet sein, dass eine entsprechende Nutzung möglich ist.

241 Aus der Differenz zwischen Reinertrag des Grundstücks und der Bodenwertverzinsung errechnet sich im nächsten Schritt der Gebäudereinertrag. Dieser bildet die Vorstufe zur Berechnung des Gebäudeertragswertes. Der Gebäudeertragswert errechnet sich durch Multiplikation des Gebäudereinertrages mit dem maßgeblichen Vervielfältiger aus der Anlage 21 zum BewG.[1] Der maßgebliche Vervielfältiger ergibt sich aus dem Liegenschaftszinssatz und der Restnutzungsdauer des Gebäudes.

242 Die maßgebliche Restnutzungsdauer bestimmt sich nach dem tatsächlichen Alter zur wirtschaftlichen Gesamtnutzungsdauer. Die Restnutzungsdauer er-

1 Vergleiche Anhang 7.

rechnet sich nach § 185 Abs. 3 BewG aus der Differenz zwischen der wirtschaftlichen Gesamtnutzungsdauer gem. Anlage 22 zum BewG und dem Baujahr bzw. Alter am Bewertungsstichtag.[1] Nach der Anlage beträgt die wirtschaftliche Gesamtnutzungsdauer bei Ein- und Zweifamilienhäusern, Mietwohngrundstücken und Wohnungseigentum z. B. 70 Jahre, bei gemischt genutzten Grundstücken zwischen 30 und 70 Jahren. Das Gesetz geht dabei von einer Mindestrestnutzungsdauer von 30 % der wirtschaftlichen Gesamtnutzungsdauer aus,[2] d. h., ein z. B. 60 Jahre altes Wohnhaus wäre mit einer Mindestrestnutzungsdauer von (30 % × 70 Jahre =) 21 Jahren anzusetzen. Diese Mindestnutzungsdauerregelung soll dem Umstand Rechnung tragen, dass auch ältere Gebäude bei laufender Instandhaltung nicht wertlos sind; sie macht auch gerade bei älteren Gebäuden die Prüfung entbehrlich, ob die Restnutzungsdauer infolge baulicher Maßnahmen wesentlich verlängert wurde.

Veränderungen am Gebäude oder besondere Umstände, die die wirtschaftliche Gesamtnutzungsdauer des Gebäudes verlängern oder verkürzen, sind zu berücksichtigen (§ 185 Abs. 3 Satz 4 BewG). Wurde beispielsweise die Nutzbarkeit eines Gebäudes durch umfassende Sanierungsmaßnahmen wesentlich verlängert, ist regelmäßig von einem späteren Baujahr – einem fiktiven Baujahr – auszugehen, dass der Verlängerung der Nutzungsdauer durch die (Kern-)Sanierungsmaßnahmen entspricht. Fiktive Baujahre kommen insbesondere bei generalsanierten, denkmalgeschützten Gebäuden zum Tragen. 243

Der maßgebliche Ertragswert (Steuerwert) für das bebaute Grundstück ergibt sich schließlich aus der Addition von Bodenwert und Gebäudeertragswert. Ist der Gebäudeertragswert negativ oder null, ist mindestens der Bodenwert anzusetzen; dieser bildet insoweit den „Mindestwert" (§ 184 Abs. 3 Satz 2 BewG). Der Mindestwert kommt überall dort zum Tragen, wo nach Abzug einer (höheren) Bodenwertverzinsung kein Gebäudereinertrag mehr verbleibt. 244

HINWEIS:

Ist der Mindestwert maßgeblich und soll dieser noch durch ein Verkehrswertgutachten widerlegt und nach unten korrigiert werden, ist das Verkehrswertgutachten für das bebaute Grundstück für die wirtschaftliche Einheit) zu erstellen, nicht nur für den Bodenwert (als Mindestwert). Der mittels Verkehrswertgutachten für das bebaute Grundstück ermittelte Verkehrswert muss niedriger sein als der Mindestwert (Bodenwert).

1 Anlage 22 abgedruckt in Anhang 10.

2 § 185 Abs. 3 Satz 5 BewG.

5.3.3.4 Sachwertverfahren

245 ABB. 5: Ablaufschema Sachwertverfahren (H B 189 ErbStH 2019)

	Regelherstellungskosten (§ 190 Absatz 1, Anlage 24 II., III. BewG)
	×
	Baupreisindex (§ 190 Abs. 1 und 2 BewG)
	×
	Brutto-Grundfläche (§ 190 Absatz 1, Anlage 24 I. BewG)
	=
Bodenrichtwert (ggf. angepasster Bodenwert)	Gebäuderegelherstellungswert (§ 190 Absatz 1 BewG)
×	./.
Grundstücksfläche	Alterswertminderung (§ 190 Absatz 2 BewG)
=	=
Bodenwert (§ 179, § 189 Absatz 2 BewG)	Gebäudesachwert (§ 190 Absatz 1 und 2 BewG)
↓	↓

Vorläufiger Sachwert (§ 189 Absatz 3 BewG)

×

Wertzahl (§ 189 Absatz 3, § 191 BewG)

=

Sachwert = Grundbesitzwert (§ 189 Absatz 3 BewG)

Das Sachwertverfahren kommt für bebaute Grundstücke in Betracht, bei denen es für die Werteinschätzung am Grundstücksmarkt nicht in erster Linie auf den Ertrag ankommt, sondern die Herstellungskosten im gewöhnlichen Geschäftsverkehr wertbestimmend sind. Im Sachwertverfahren sind daher zu bewerten (§ 182 Abs. 4 i. V. mit § 189 BewG):

- Wohnungseigentum,
- Teileigentum,
- Ein- und Zweifamilienhäuser, soweit ein Vergleichswert nicht vorliegt,
- Geschäftsgrundstücke und gemischt genutzte Grundstücke, für die sich auf dem örtlichen Grundstücksmarkt keine übliche Miete ermitteln lässt,

und sonstige bebaute Grundstücke.

Das Sachwertverfahren ist sowohl für alle vermieteten Wohnungen innerhalb eines Mehrfamilienhauses als auch für selbst genutzte Immobilien das maßgebliche Bewertungsverfahren, sofern das Vergleichswertverfahren mangels geeigneter Vergleichswerte keine Anwendung findet (§ 182 Abs. 2 i.V. mit Abs. 4 Nr. 1 BewG).

Der Grundbesitzwert beim Sachwertverfahren errechnet sich aus dem Gebäudesachwert und dem Bodenwert. Der Gebäudesachwert ist getrennt vom Bodenwert auf der Grundlage von gewöhnlichen Herstellungskosten zu bemessen (R B 189 Satz 1 ErbStR 2019). 246

Der Gebäudesachwert berechnet sich auf Basis der Herstellungskosten. Bemessungsgrundlage bilden dabei nicht die tatsächlichen Herstellungskosten (also das, was der Erblasser/Schenker als Käufer oder Bauherr tatsächlich aufgewendet hat), sondern die gewöhnlichen Herstellungskosten, die sogenannten Regelherstellungskosten. 247

Die Regelherstellungskosten sind nicht die tatsächlichen, sondern die gewöhnlichen Herstellungskosten je Quadratmeter Brutto-Grundfläche, einschließlich der Umsatzsteuer. Die Regelherstellungskosten werden unterteilt nach Grundstücksarten, Gebäudeklassen, Baujahrsgruppen und Ausstattungsstandards[1] (R B 190.1 Abs. 1 ErbStR 2019). Basis für die Regelherstellungskosten bilden die Normalherstellungskosten 2010. 248

Die Bestimmung der Steuerwerte für bebaute Grundstücke im Sachwertverfahren erfolgt gem. § 189 BewG in folgenden vier Stufen: 249

1. Stufe: Ermittlung des Bodenwertes.

Hierbei ist das für unbebaute Grundstücke maßgebliche Bewertungsverfahren anzuwenden (R B 189 Satz 2 ErbStR 2019).

2. Stufe: Ermittlung des Gebäudesachwertes

Die Berechnung des Gebäudesachwertes setzt wiederum die Ermittlung folgender drei Rechengrößen voraus:

- Flächenpreis (Regelherstellungskosten nach Anlage 24 zum BewG[2])
- Brutto-Grundfläche des Gebäudes
- Baujahr

---

1 Zu den Ausstattungsstandards vgl. Anlage 24 zum BewG, abgedruckt im Anhang 8.

2 Anlage 24 abgedruckt in Anhang 8.

250 Der Gebäudesachwert ermittelt sich aus der Multiplikation der in Anlage 24 zum BewG (vgl. Anhang 8) enthaltenen Regelherstellungskosten mit der Brutto-Grundfläche des Gebäudes.

251 Zur Berechnung des steuerlichen Grundstückswerts stehen Regelherstellungskosten für folgende Gebäudeklassen zur Verfügung:

- Ein- und Zweifamilienhäuser für eine typisierende Gesamtnutzungsdauer von 70 Jahren,
- Wohnungseigentum (die Regelherstellungskosten für Wohnungseigentum entstammen den Normalherstellungskosten für den Geschosswohnungsbau) für eine typisierende Gesamtnutzungsdauer von 70 Jahren,
- Geschäftsgrundstücke, gemischt genutzte Grundstücke und sonstige bebaute Grundstücke für eine typisierende Gesamtnutzungsdauer zwischen 30 und 70 Jahren,
- Kleingaragen und Carports für eine typisierende Nutzungsdauer von 40 Jahren,
- Teileigentum, wobei Teileigentum in Abhängigkeit von der baulichen Gestaltung den vorstehenden Gebäudeklassen zuzuordnen ist.

252 Bei der Ermittlung der Gebäudeklasse ist auf das gesamte Gebäude oder einen baulich selbständig abgrenzbaren Teil eines Gebäudes (Gebäudeteil) abzustellen. Entscheidend für die Einstufung ist allein das durch die Hauptnutzung des Gebäudes/Gebäudeteils entstandene Gesamtgepräge. Zur Hauptnutzung gehörende übliche Nebenräume (z. B. Lager- und Verwaltungsräume bei Warenhäusern) sind nach Auffassung der Finanzverwaltung entsprechend dem Gesamtgepräge der Hauptnutzung zuzurechnen.[1] Regelherstellungskosten aus Gebäudeklassen, die nicht aufgeführt sind, sind aus den Regelherstellungskosten vergleichbarer Gebäudeklassen abzuleiten. Zu diesem Zweck ist nach Auffassung der Finanzverwaltung auf die Gebäudeklasse abzustellen, die mit der Hauptnutzung des Gebäudes die größten Übereinstimmungen aufweist. Von einem Gebäude mit Keller geht die Finanzverwaltung bei einer zu mehr als 50 % der bebauten Fläche unterkellerten Fläche aus. Entsprechend ist von einem Gebäude mit ausgebautem Dachgeschoss auszugehen, wenn dies zu mehr als 50 % ausgebaut ist.[2]

1 R B 190.2 Abs. 1 ErbStR 2019.

2 R B 190.2 Abs. 3 ErbStR 2019.

Hinsichtlich der Feststellung der Ausstattungsstandards sind von Gesetzes wegen drei Ausstattungsstandards vorgegeben (einfach/mittel/gehoben).[1] Dabei ist zur Ermittlung der für ein Gebäude oder Gebäudeteil maßgeblichen Regelherstellungskosten der Ausstattungsstandard eines jeden Bauwerksteils des Gebäudes oder Gebäudeteils entsprechend mit den Flächenpreisen zu addieren und die Gesamtsumme durch die Anzahl der Bauwerksteile zu dividieren.[2] 253

Zur Bewertung stehen zehn verschiedene Bauwerksteile zur Verfügung: Fassade, Fenster, Dächer, Sanitärinstallation, Innenwandbekleidung der Nassräume, Bodenbeläge, Innentüren, Heizung, Elektroinstallation, sonstige Einbauten. Ist ein Bauwerksteil bei einem Gebäude oder Gebäudeteil nicht vorhanden, bleibt dieser Bauwerksteil nach Auffassung der Finanzverwaltung unberücksichtigt, und die Anzahl der Bauwerksteile wird entsprechend reduziert (z. B. Einfamilienhaus ohne sonstige Einbauten.[3] 254

Die Brutto-Grundfläche (BGF), auf die sich die Regelherstellungskosten beziehen, besteht aus der Summe der Grundflächen aller Grundrissebenen eines Bauwerkes; sie ermittelt sich aus der Summe aller Netto-Grundflächen und der Konstruktions-Grundfläche. Konstruktive und gestalterische Vor- und Rücksprünge, Bekleidungen, Putz, Außenschalen usw. sind hinzuzurechnen.[4] Nicht dazu zählen hingegen nicht nutzbare Dachflächen, Flächen, die ausschließlich der Wartung, Inspektion und Instandsetzung von Baukonstruktionen und technischen Anlagen dienen, z. B. nicht nutzbare Dachflächen, fest installierte Dachleitern und -stege. Ebenfalls unberücksichtigt bleiben: konstruktive und gestalterische Vor- und Rücksprünge, Fuß-Sockelleisten, Schrammborde und Unterschneidungen sowie vorstehende Teile von Fenster- und Türbekleidungen. 255

HINWEIS:

Je niedriger die Brutto-Grundfläche, desto niedriger ist der Gebäuderegelherstellungswert.

Mit dem Steueränderungsgesetz 2015 wurde bestimmt, dass die Regelherstellungskosten in regelmäßigen Abständen auf Basis der vom Statistischen Bundesamt veröffentlichten Baupreisindizes anzupassen sind (§ 190 Abs. 2 BewG). Zur Anpassung der Regelherstellungskosten veröffentlicht das Bundesministe- 256

1 Anlage 24 zum BewG, abgedruckt in Anhang 8.

2 R B 190.3 ErbStR 2019.

3 Vgl. R B 190.3 Satz 10 ErbStR 2019.

4 R B 190.6 Abs. 1 ErbStR 2019, Anlage 24 zum BewG, abgedruckt in Anhang 8.

rium der Finanzen in regelmäßigen Abständen sogenannte Baupreisindizes. Für alle Erwerbe ab dem Kalenderjahr 2021 geltend folgende Indizes:[1]

- Für Ein- und Zweifamilienhäuser, Wohnungseigentum in Mehrfamilienhäusern und Wohnhäusern mit Mischnutzung gilt ein Index von 129,2
- Für Banken und ähnliche Geschäftshäuser, für Kliniken, Hotels usw. gilt ein Index von 130,1

257 Der sich aus der Multiplikation der Regelherstellungskosten und der Brutto-Grundfläche ergebende Gebäuderegelherstellungswert ist dem Alter des Gebäudes entsprechend anzupassen (§ 190 Abs. 2 BewG). Vom Gebäudewert ist eine Alterswertminderung in Abzug zu bringen.[2] Die Alterswertminderung bestimmt sich nach dem „Verhältnis des Alters des Gebäudes am Bewertungsstichtag zur wirtschaftlichen Gesamtnutzungsdauer", welches in Anlage 22 zum BewG[3] für bestimmte Objekte vorgegeben ist (§ 190 Abs. 2 Satz 2 BewG).

258 Der Berechnung werden objektbezogene typisierte wirtschaftliche Nutzungsjahre gegenübergestellt. Wurden in der Vergangenheit durchgreifende Instandhaltungsmaßnahmen oder Modernisierungen durchgeführt, die zu einer wesentlichen Verlängerung der restlichen Nutzungsdauer des Gebäudes führen, ist bei der Berechnung der Alterswertminderung von einem späteren – fiktiven – Baujahr auszugehen.

259 Die Finanzverwaltung geht von einem fiktiven späteren Baujahr aus, wenn in den letzten zehn Jahren durchgreifende Modernisierungen vorgenommen wurden, die nach einem von der Finanzverwaltung vorgegebenen Punktesystem eine überwiegende oder umfassende Modernisierung ergeben. Tabellen für die Modernisierungselemente und den Modernisierungsgrad, abhängig vom Gebäudealter, hat die Finanzverwaltung in R B 190.7 Abs. 3 ErbStR 2019 veröffentlicht.[4] Das fiktive Baujahr ergibt sich aus der Summe der Punkte für die Modernisierungselemente und dem Gebäudealter.

HINWEIS:

Bei einer Summe von Punkten zwischen 14 bis 16 ist eine überwiegende Modernisierung, bei einer Punktezahl von über 18 ist eine umfassende Modernisierung anzunehmen. Dabei sind nur solche Maßnahmen zu berücksichtigen, die innerhalb der letzten zehn Jahre durchgeführt worden sind. Keine Verschiebung des Baujahres erfolgt, wenn weniger als 14 Punkte erreicht werden.

1 BMF, Schreiben v. 18.1.2021 - IV C 7 - S 3225/20/10001 :002.

2 R B 190.7 Abs. 1 Satz 1 ErbStR 2019.

3 Vgl. Anhang 10.

4 Tabellen abgedruckt in Anhang 1.

BEISPIEL: Am 1.11.2020 wird ein Gebäude mit Baujahr 1970 (= 50 Jahre) übertragen. Es wurden folgende Modernisierungsmaßnahmen durchgeführt:

Baumaßnahmen	Jahr der Durchführung	Punkte
Dacherneuerung und Verbesserung der Wärmedämmung	2000	4
Modernisierung von Bädern	2010	2
Wärmedämmung der Außenwände	2015	4
Modernisierung der Heizungsanlage	2014	2
Modernisierung des Innenausbaus	2014	2
Verbesserung des Leitungssystems	2017	2
Verbesserte Grundrissgestaltung	2019	2

Die Summe der berücksichtigungsfähigen Modernisierungsmaßnahmen beträgt 14 und nicht 18. Die Modernisierungsmaßnahme der Dacherneuerung mit Wärmedämmung ist nicht zu berücksichtigen da diese nicht innerhalb der letzten zehn Jahre vom Zeitpunkt der Bewertung durchgeführt worden ist. Es ist insoweit lediglich von einer überwiegenden, nicht von einer umfassenden Modernisierung auszugehen. Das Baujahr verschiebt sich gem. Tabelle 2 zu R B 190.7 um 22 Jahre.[1] Entsprechend verlängert sich auch die Nutzungsdauer.

HINWEIS:

Im Fall einer Schenkung sollte im obigen Beispiel mit der Übertragung noch bis 2021 gewartet werden. Dann zählt die Modernisierung der Bäder nicht mehr mit. Denn diese in 2010 durchgeführte Maßnahme liegt in 2021 bereits über zehn Jahre zurück. Die Gesamtpunktzahl beträgt damit weniger als 14. Das Gebäude gilt damit nicht als überwiegend modernisiert. Für die Bewertung wäre in diesem Fall von dem tatsächlichen Baujahr 1970 und einer Restnutzungsdauer von 20 Jahren auszugehen, was zu einer höheren Alterswertminderung und ggf. einem niedrigeren Steuerwert führen würde, sofern nicht ohnehin der Mindestansatz für den Gebäuderegelherstellungswert von 30 % erreicht ist.

Als Mindestansatz für den Gebäuderegelherstellungswert sind stets 30 % der Gebäuderegelherstellungskosten anzusetzen. Daraus folgt, dass die Alterswertminderung maximal 70 % des Gebäuderegelherstellungswertes betragen darf (§ 190 Abs. 4 Satz 5 BewG). Im obigen Beispiel wäre ohne die Verschiebung des Baujahres um 22 Jahre der Mindestrestwert von 30 % des Gebäuderegelherstellungswertes anzusetzen gewesen (§ 190 Abs. 4 Satz 5 BewG, da Alterswertminderung von 50/70 = 71 % betragen würde). 260

Eine Besonderheit besteht bei Grundstücken mit mehreren Gebäuden bzw. Gebäudeteilen. Befinden sich auf einem Grundstück mehrere Gebäude oder 261

1 Vgl. Tabelle 2 im Anhang 1.

Gebäudeteile von einer gewissen Selbständigkeit und mit verschiedenen Bauarten und werden diese auch unterschiedlich genutzt, muss jedes Gebäude und jeder Gebäudeteil separat bewertet werden.[1]

BEISPIEL: Auf einem Grundstück befinden sich ein Einfamilienhaus und eine Doppelgarage. Haus und Garage sind getrennt zu bewerten, die Summe aus den beiden Gebäudesachwerten ergibt den Gebäudewert.

3. Stufe: Ermittlung des vorläufigen Sachwertes (Addition Bodenwert und Gebäudesachwert)

262 Der um die Alterswertminderung reduzierte Gebäuderegelherstellungswert ergibt schließlich den Gebäudesachwert, der in Addition mit dem Bodenwert den vorläufigen Sachwert bildet.

4. Stufe: Marktanpassung. Multiplikation mit Wertzahl

263 Die Ermittlung des Grundbesitzwertes (Steuerwertes) ist durch Multiplikation des vorläufigen Sachwertes mit den von den Gutachterausschüssen für das Sachwertverfahren abgeleiteten Sachwertfaktoren (Marktanpassungsfaktoren, Wertzahlen) zu multiplizieren. Die Finanzverwaltung hält dabei Sachwertfaktoren als geeignet, bei denen die Ableitung der Sachwertfaktoren weitgehend in demselben Modell erfolgt ist wie die Bewertung. Die Gutachterausschüsse sind ihren Aufgaben in den letzten Jahren umfassend nachgekommen und stellen mehr und mehr geeignete Marktanpassungsfaktoren, in den Grundstücksmarktberichten im Regelfall als Sachwertfaktoren bezeichnet, zur Verfügung. Damit kommen die in Anlage 25 zum BewG[2] aufgelisteten alternativen Wertzahlen nur noch in Ausnahmefällen zum Ansatz, was im Regelfall zu höheren Grundstückswerten führt, da die in Anlage 25 gelisteten Wertfaktoren die Immobilienpreissteigerungen nicht widerspiegeln, die Sachwertfaktoren der Gutachterausschüsse hingegen schon. Bei Anwendung der Marktanpassungsfaktoren ist auf den Bodenrichtwert ohne Wertkorrekturen abzustellen.

264 Dieser letzte Rechenschritt dient der Anpassung an die aktuellen Marktgegebenheiten und entspricht im Wesentlichen der in der für die zivilrechtliche Verkehrswertermittlung maßgeblichen Wertermittlungsverordnung (WertV) vorgesehenen Anpassung zur „Berücksichtigung der Lage auf dem Grundstücksmarkt".[3]

1 R B 190.8 Abs. 1. ErbStR 2019.

2 Wertzahlen abgedruckt in Anhang 9.

3 § 7 Abs. 1 Satz 2 WertV.

HINWEISE:

- Abweichend von der für die zivilrechtliche Verkehrswertermittlung maßgeblichen Wertermittlungsverordnung wurde bei der Ermittlung der Regelherstellungskosten der für die Normalherstellungskosten verwendete Gebäudeklassenkatalog stark zusammengefasst. Auf die Unterscheidungsmerkmale in den einzelnen Gebäudeklassen ist der Gesetzgeber nur unzureichend und oberflächlich eingegangen (summenmäßige Zusammenfassung der Baujahrgruppen bis 1945 und nur fünf Ausstattungsstandards: einfachst, einfach, basis, gehoben und aufwendig.
- Die Anwendung der typisierten Wertzahlen kann zu dem Ergebnis führen, dass ein höherer vorläufiger Sachwert einen niedrigeren Grundbesitzwert ergibt, so dass u.U. höhere Ausstattungsstandards, welche die Finanzverwaltung im Regelfall annehmen wird, zu einem niedrigeren Grundbesitzwert führen können.
- Der Wert der Außenanlagen ist regelmäßig mit dem Grundbesitzwert abgegolten. Ausnahmen gelten für besonders werthaltige Außenanlagen. Besonders werthaltige Außenanlagen liegen vor und sind gesondert zu berücksichtigen, wenn ihre Sachwerte in der Summe 10 % des Gebäudesachwerts übersteigen. Besonders werthaltige Außenanlagen sind u. a. anzunehmen bei Einfriedungen über 500 laufende Meter, Wege- und Platzbefestigungen über 1.000 qm, Freitreppen, Rampen, Stützmauern oder Schwimmbecken. Nicht genannt sind z. B. Tennisplätze, aufwendige Teichanlagen usw. Zur Berechnung hat die Finanzverwaltung verbindliche Werte herausgegeben, welche entsprechend zu berücksichtigen sind.[1] Die Finanzverwaltung hat sich allerdings nicht darüber geäußert, wann von besonders werthaltigen Außenanlagen auszugehen ist.
- Zu einer Verschiebung des Baujahres durch überwiegende bzw. umfassende Modernisierungsmaßnahmen dürfte es wegen der Zehn-Jahres-Grenze in häufigen Fällen kommen.
- Eine Verkürzung der wirtschaftlichen Gesamtnutzungsdauer des zu bewertenden Gebäudes akzeptiert die Finanzverwaltung sowohl bei der Bewertung im Ertragswert- als auch im Sachwertverfahren nur in besonders gelagerten Einzelfällen (wie z. B. bei bestehender Abbruchverpflichtung). Baumängel und Bauschäden sieht die Finanzverwaltung hingegen nicht als Verkürzungsgrund.[2] Daher lohnt in diesen Fällen besonders der Nachweis eines niedrigeren Verkehrswertes.[3]

5.4 Grundstücke mit Gebäuden im Zustand der Bebauung

Ein Grundstück im Zustand der Bebauung liegt vor, wenn mit den Bauarbeiten 265
begonnen wurde. Die Schwelle vom unbebauten zum bebauten Grundstück ist in dem Augenblick überschritten, sobald mit den Abgrabungsarbeiten oder mit der Einbringung von Baustoffen zur planmäßigen Errichtung eines Gebäu-

1 R B 190.5 ErbStR 2019.

2 R B 185.3 Abs. 5 ErbStR 2019.

3 Vgl. Rz. 292.

des begonnen worden ist und Gebäude und Gebäudeteile noch nicht bezugsfertig sind.[1]

266 Ein Grundstück gilt mit Beginn der Bauarbeiten als Grundstück im Zustand der Bebauung und bleibt es so lange, bis das darauf errichtete Gebäude bezugsfertig ist. Ein Grundstück befindet sich auch dann im Zustand der Bebauung, wenn durch An-, Aus- oder Umbauten an einem bereits vorhandenen Gebäude neuer Wohn- oder Gewerberaum geschaffen wird. Modernisierungsmaßnahmen erfüllen diese Voraussetzung regelmäßig nicht.[2]

267 Der maßgebliche Steuerwert für Grundstücke im Zustand der Bebauung ermittelt sich, indem dem Wert des bislang unbebauten Grundstücks die am Bewertungsstichtag entstandenen Herstellungskosten des im Bau befindlichen Gebäudes hinzugerechnet wird (§ 196 Abs. 2 BewG). Die Steuerwertermittlung von im Bau befindlichen Grundstücken vollzieht sich also dergestalt, dass in einem ersten Schritt der Wert des ursprünglichen Grundstücks ermittelt wird und zu diesem Wert ein dem Grad der Bezugsfertigkeit entsprechender Wertanteil für im Bau befindliche Gebäude oder Gebäudeteile hinzugerechnet wird.[3]

268 Im Einzelnen ist zu unterscheiden, ob sich auf dem Grundstück zu Beginn der Baumaßnahme außer dem im Bau befindlichen Gebäude keine anderen bezugsfertigen Gebäude befunden haben oder ob auf dem Grundstück bereits vor Beginn der Baumaßnahme bezugsfertige Gebäude oder Gebäudeteile vorhanden waren. Ist Ersteres der Fall, handelt es sich um die Errichtung eines Gebäudes auf einem unbebauten Grundstück. Das Grundstück ist zunächst als unbebautes zu bewerten. Anschließend ist dem Wert des Grundstücks im unbebauten Zustand der Betrag hinzuzurechnen, der dem dem Fertigstellungsgrad entsprechenden Gebäudewert im Besteuerungszeitpunkt gleichkommt. Der dem Fertigstellungsgrad im Besteuerungszeitpunkt entsprechende Gebäudewert wird aus dem Steuerwert des fertig bebauten Grundstücks ermittelt, welches ins Verhältnis der vom Beginn der Baumaßnahme bis zum Besteuerungszeitpunkt angefallenen Herstellungskosten zu den gesamten Herstellungskosten gesetzt wird.

269 Waren auf dem Grundstück bereits vor Beginn der Baumaßnahme bezugsfertige Gebäude oder Gebäudeteile vorhanden, errechnet sich der Wert des Grundstücks im Zustand der Bebauung aus dem Wert des Grundstücks vor Be-

1 § 196 Abs. 1 Satz 1 BewG, R B 196.1 Abs. 1 ErbStR 2019.

2 R B 196.1 Abs. 1 Satz 5 ErbStR 2019.

3 R B 196.2 Abs. 1 Satz 2 ErbStR 2019.

ginn der Baumaßnahme (also dem Wert, den das Grundstück mit dem Gebäude ursprünglich hatte) zzgl. eines dem Grad der Bezugsfertigkeit entsprechenden Wertanteils für im Bau befindliche Gebäude oder Gebäudeteile (Bauteile). Dieser Wertanteil berechnet sich dem Fertigstellungsgrad entsprechend (wie oben). Der maßgebliche Grundstückswert ergibt sich schließlich aus der Summe von Grundstückswert vor Beginn der Baumaßnahme zzgl. des dem Fertigstellungsgrad entsprechenden Gebäude(anbau)wertes.

BEISPIEL: Ein 1.500 qm großes und mit einem Dreifamilienhaus bebautes Grundstück, für das sich aus der Bodenrichtwertkarte ein Richtwert von 200 €/qm ergibt, wird um weitere zwei Wohneinheiten aufgestockt. Beginn der Baumaßnahme war der 1.4.2020. Am 1.11.2020 wird das Grundstück übertragen. An Herstellungskosten sind bis zur Schenkung 150 .000 € entstanden. Der Beschenkte wendet nach dem Erwerb noch weitere 300.000 € zur Fertigstellung der Baumaßnahme auf, so dass sich der Fertigstellungsgrad im Besteuerungszeitpunkt auf 1/3 beläuft. Die durchschnittliche Jahresmiete für das ursprüngliche Dreifamilienhaus (Baujahr 2005) beträgt 30.000 €. Für die beiden weiteren Wohneinheiten werden Mieteinnahmen von jährlich 10.000 € angesetzt. Die Baumaßnahmen werden in 2020 abgeschlossen sein.

Wert des bebauten Grundstücks nach Beendigung der Baumaßnahme		Beträge in €
Bodenwert		300.000
Gebäudeertragswert Altbau		
Rohertrag = Jahresmiete	30.000	
·/. Bewirtschaftungskosten (tatsächliche Aufwendungen)	2.000	
Reinertrag	28.000	
Bodenwertverzinsung	10.000	
(2/3 Bodenfläche = 200.000 x 5 %	18.000	
Gebäudereinertrag		
Vervielfältiger 17,16		
Gebäudeertragswert Altbau	308.880	
Gebäudeertragswert Neubau		
Übl. Miete für Neubauwohnung. (Rohertrag)	10.000	
·/. Bewirtschaftungskosten	500	
Reinertrag = Gebäudereinertrag	9.500	
Bodenwertverzinsung (1/3 anteilige Grundstücksfläche = 100.000 × 5 %)	5.000	
Gebäudereinertrag	4.500	
Gebäudeertragswert bei Vervielfältiger 17,16	77.220	

Gebäudeertragswert Summe (308.880 + 77.220)			386.100
Grundstückswert nach Baumaßnahme			586.100
Wert des bebauten Grundstücks vor Beginn der Baumaßnahme (nach Ertragswertverfahren)			
Bodenwert			300.000
Rohertrag = Jahresmiete	30.000		
·/. Bewirtschaftungskosten tatsächliche Aufwendungen	2.000		
Reinertrag	28.000		
Bodenwertverzinsung (= 300.000 × 5 %)	15.000		
Gebäudereinertrag	13.000		
Gebäudeertragswert (Gebäudereinertrag multipliziert mit Vervielfältiger Anlage 21 BewG = 17,16 bei 5 %/40 Jahre Rest-Nutzungsdauer			223.080
Anzusetzender Grundstückswert vor Beginn der Baumaßnahme			523.080
Gebäudewert für die beiden Neuwohnungen nach Fertigstellungsgrad			
Gebäudeertragswert der Neuwohnungen		77.220	
Entsprechend dem Fertigstellungsgrad im Besteuerungszeitpunkt sind anzusetzen (1/3 v. 77.220)			25.740
Grundstückswert einschließlich der sich im Bau befindlichen Wohnungen			548.820
Maßgeblicher Grundstückswert			548.820

HINWEIS:

Soweit Herstellungskosten für das Gebäude im Zeitpunkt des Erwerbs bereits entstanden, aber noch nicht bezahlt sind, dürfen diese vom Erben als Nachlassverbindlichkeit steuermindernd abgezogen werden.

5.5 Grundstücke im Erbbaurecht

5.5.1 Allgemeines

270 Das Erbbaurecht ist das veräußerliche und vererbliche Recht an einem Grundstück, auf oder unter der Oberfläche des Grundstücks ein Bauwerk zu haben. Das belastete Grundstück ist das Grundstück, an dem das Erbbaurecht bestellt ist. Bei mit einem Erbbaurecht belasteten Grundstück begründet das Erbbau-

recht und das belastete Grundstück jeweils eine selbständige wirtschaftliche Einheit.[1] Beide wirtschaftliche Einheiten sind gesondert zu ermitteln (§ 192 BewG). Beim Erbbaugrundstück knüpft die Erbschaftsteuer an jenen wirtschaftlichen Vorteil an, die ein Erbbauberechtigter (als Erblasser oder Überträger) dadurch erzielt, dass er das Grundstück nutzen kann, ohne zum erstmaligen Nutzungszeitpunkt den vollen Kaufpreis aufwenden zu müssen. Um diesen wirtschaftlichen Vorteil ist der Erbe eines Erbbauberechtigten bzw. der Beschenkte im Fall einer lebzeitigen Übertragung bereichert. Das Erbbaurecht ist umso höher zu bewerten und der steuerpflichtige Erwerb entsprechend höher, je höher der Grundstückswert ist und je weniger der Erbbauberechtigte an Erbbauzinsen entrichten muss.

Schließlich kommt es für die steuerliche Wertermittlung noch darauf an, ob der Erbbauverpflichtete bei Vertragsende für die Übernahme eines vom Erbbauberechtigten errichteten Gebäudes eine Entschädigung zahlen muss oder ob das Gebäude entschädigungslos übergeht. Ein Gebäudewertanteil des Erbbaugrundstücks ergibt sich nur dann, wenn bei Beendigung des Erbbaurechts durch Zeitablauf der verbleibende Gebäudewert nicht oder nur teilweise zu entschädigen ist.[2] Soweit bei Ablauf des Erbbaurechts der verbleibende Gebäudewert nicht oder nur teilweise zu entschädigen ist, ist der Gebäudewertanteil des Erbbaurechts um den Gebäudewertanteil des Erbbaugrundstücks zu mindern.[3]

HINWEIS:

Erbbaurecht und belastetes Grundstück bleiben auch dann als selbständige wirtschaftliche Einheiten bestehen, wenn der Eigentümer des belasteten Grundstücks das Erbbaurecht oder der Erbbauberechtigte das belastete Grundstück (sogenanntes „Eigentümererbbaurecht") erwirbt (R B 192.1 Abs. 1 Satz 4 ErbStR 2019).

5.5.2 Wertermittlungsmethoden und Verfahrensschritte

Die Ermittlung der Steuerwerte für Grundstücke im Erbbaurecht erfolgt im 271
Wesentlichen nach den Grundsätzen der „Richtlinien für die Ermittlung der Verkehrswerte (Marktwerte) von Grundstücken" (Wertermittlungsrichtlinien – WertR 06). Die WertR 06 bestimmt, dass „das Erbbaurecht und das Erbbaugrundstück – das mit einem Erbbaurecht belastete Grundstück – selbständige Gegenstände der Wertermittlung" sind. Dementsprechend sind – je nachdem

1 R B 192.1 Abs. 1 ErbStR 2019.

2 R B 194 Abs. 5 ErbStR 2019.

3 § 194 Abs. 4 BewG, R B 194 Abs. 5 und 6 ErbStR 2019.

ob Erblasser/Überträger der Erbbauberechtigte oder der Erbbauverpflichtete ist – separat zu ermitteln (§ 192 BewG, R B 192.2 ErbStR 2019):

- Die Steuerwerte für das Erbbaurecht (für Erben/Erwerber des Erbbauberechtigten)
- Die Steuerwerte für das erbbaubelastete Grundstück (Erbbaugrundstück für Erben/Erwerber vom Erbbauverpflichteten).

Die einzelnen Verfahrensschritte zur steuerlichen Wertermittlung des Erbbaurechts und des Erbbaugrundstücks sind sehr komplex. Es gilt, die einzelnen Rechenschritte herauszufiltern und zu strukturieren. Nachfolgende Übersichten sollen dabei Hilfestellung leisten.

5.5.3 Bewertung des Erbbaurechts

272 ABB. 6: Bewertungsschema Erbbaurecht

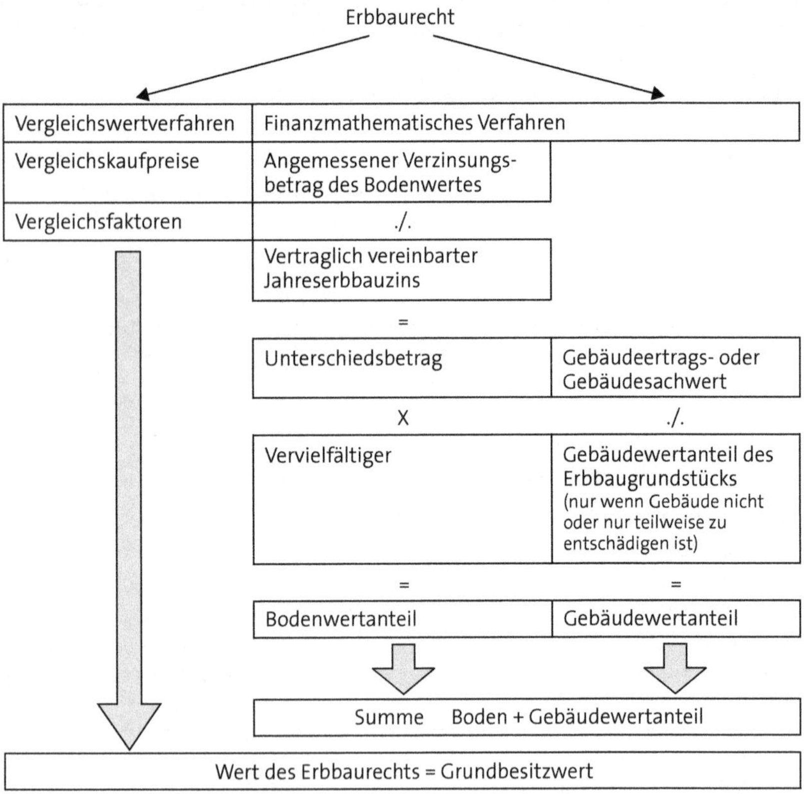

► **Vergleichswertverfahren**

Die Ermittlung des Steuerwertes für das Erbbaurecht gestaltet sich am einfachsten, wenn für das Erbbaurecht Vergleichskaufpreise vorliegen oder der Wert aus von Kaufpreisen ableitbaren Vergleichsfaktoren ermittelt werden kann (Vergleichswertverfahren). Für die Anwendung dieses Verfahrens müssen allerdings Vergleichsobjekte vorliegen. Vergleichsobjekte sollen nach dem Willen des Gesetzgebers möglichst: 273

- Innerhalb der gleichen Grundstücksart vorliegen,
- mit annähernd gleich hohen Erbbauzinsen,
- in Gebieten mit annähernd gleichem Bodenniveau,
- mit annähernd gleicher Restlaufzeit
- und mit annähernd gleichen Möglichkeiten der Anpassung der Erbbauzinsen

ausgewählt werden.

Dementsprechend verlangt die Finanzverwaltung, dass Grundstücksart und Bebauung, der Erbbauzinssatz, der Bodenrichtwert sowie die Restlaufzeit des Erbbaurechts nicht erheblich abweichen (R B 193 Abs. 1 Satz 3 ErbStR 2019).

► **Finanzmathematisches Verfahren**

Kann das Vergleichswertverfahren mangels geeigneter Werte nicht angewendet werden, ist im finanzmathematischen Verfahren die Wertermittlung getrennt nach Bodenwertanteil und Gebäudewertanteil durchzuführen (§ 193 Abs. 2 BewG, R B 193 Abs. 2 Satz 1 ErbStR 2019). Diesem aus den Wertermittlungsrichtlinien entnommenen Verfahren liegt die Überlegung zugrunde, dass sich der Wert des Erbbaurechts aus einem Boden- und Gebäudewertanteil zusammensetzt. Der Wert des Erbbaurechts ermittelt sich demzufolge aus der Summe von Bodenwertanteil und Gebäudewertanteil. 274

Boden- und Gebäudewertanteil sind wie folgt zu ermitteln:

- Bodenwertanteil:

Der Bodenwert errechnet sich nach Maßgabe des § 193 Abs. 3 BewG aus der Differenz zwischen:

- „dem angemessenen Verzinsungsbetrag des Bodenwerts des unbelasteten Grundstücks“ am Bewertungsstichtag. Dieser errechnet sich durch Anwendung des maßgeblichen Liegenschaftszinssatzes, welcher durch die Gutachterausschüsse ermittelt und veröffentlicht wird. Alternativ gelten gem. § 193 Abs. 4 BewG folgende – typisierte – Zinssätze:

TAB. 13: Liegenschaftszinssätze nach § 193 Abs. 4 Satz 2 BewG	
Grundstücksart	Zinssatz
Ein-/Zweifamilienhäuser und Wohnungseigentum in solchen	3,00
Übrige Mietwohngrundstücke und Wohnungseigentum	5,00
sonstige bebaute Grundstücke	5,50
Gemischt genutzte Grundstücke	
► mit einem gewerblichen Anteil bis 50 %	5,50
► mit einem gewerblichen Anteil von mehr als 50 %	6,00

► und dem „vertraglich vereinbarten und erzielbaren jährlichen Erbbauzins".

275 Die Differenz stellt den wirtschaftlichen Vorteil des Erbbauberechtigten dar, den dieser dadurch erlangt, dass er entsprechend den Regelungen im Erbbauvertrag über die Restlaufzeit der Vertragsvereinbarung nicht den vollen Bodenwertverzinsungsbetrag leisten muss. Der Unterschiedsbetrag ist in einem nächsten Schritt über die Restlaufzeit mit dem maßgeblichen Vervielfältiger aus der Anlage 21 zum BewG[1] zu kapitalisieren. Der Bodenwertanteil ergibt sich folglich aus dem kapitalisierten Unterschiedsbetrag zwischen dem angemessenen Verzinsungsbetrag des Bodenwerts des unbelasteten Grundstücks und dem vertraglich vereinbarten jährlichen Erbbauzins am Bewertungsstichtag.[2] Der angemessene Verzinsungsbetrag ergibt sich aus der Multiplikation des Bodenwerts für das Grundstück (§ 179 BewG) und des Liegenschaftszinssatzes. Stehen Liegenschaftszinssätze der Gutachterausschüsse nicht zur Verfügung, sind die vom Gesetzgeber vorgegebenen Zinssätze maßgebend (vgl. § 193 Abs. 4 Satz 2 BewG). Maßgebender Erbbauzins ist der am Bewertungsstichtag zu zahlende Erbbauzins, umgerechnet auf einen Jahresbetrag. Dabei ist stets auf die vertraglichen Vereinbarungen abzustellen; auf den gezahlten Erbbauzins kommt es nicht an.[3]

BEISPIEL: Auf einem Erbbaugrundstück befindet sich ein Einfamilienhaus Das Erbbaugrundstück umfasst eine Fläche von 1.000 qm. Der Bodenrichtwert (BRW) beträgt 100 €/qm und der Erbbauzins 1.000 €/Jahr. Für das Erbbaurecht ergibt sich folgender Bodenwertanteil:

Grundstücksfläche × BRW × Liegenschaftszins (1.000 qm × 100 × 3 %)	3.000 €
Abzüglich vertraglich vereinbarter jährlicher Erbbauzins	1.000 €
Differenzbetrag	2.000 €
Differenzbetrag × Vervielfältiger (Anlage 21 zum BewG, Restlaufzeit 20 Jahre bei typ. Liegenschaftszins von 3 %) = 2.000 × 14,88	29.760 €
Bodenwertanteil	29.760 €

1 vgl. Anhang 7.

2 R B 193 Abs. 3 ErbStR 2019.

3 R B 193 Abs. 4, 5 ErbStR 2019.

- Gebäudewertanteil Der Gebäudewertanteil ermittelt sich aus:
- Wert des Gebäudes (Gebäudeertrags- oder Gebäudesachwert,[1]
- ·/. ggf. Gebäudewertanteil des Erbbaugrundstücks
- = Gebäudewertanteil

Der Gebäudewertanteil eines Erbbaurechts entspricht dem Gebäudeertragswert (§ 185 BewG, sofern das Ertragswertverfahren anzuwenden ist) bzw. dem Gebäudesachwert (§ 190 BewG bei Anwendung des Sachwertverfahrens). Ein Gebäudewertanteil am Erbbaurecht ist vorhanden, sofern der Erbbauberechtigte das Grundstück selbst bebaut hat oder bei Bestellung des Erbbaurechts bereits ein benutzbares Gebäude vorhanden war. 276

Der Gebäudewertanteil am Erbbaurecht entspricht dem Ertrags- bzw. Sachwert, sofern:

- der Grundstückseigentümer dem Erbbauberechtigten bei Ablauf des Erbbaurechtsvertrags eine Entschädigung zu zahlen hat, die sich nach dem Verkehrswertanteil des Gebäudes bemisst– dies ist der Regelfall.[2]
- die Restnutzungsdauer des Gebäudes die Restlaufzeit des Erbbaurechts nicht übersteigt.

Übersteigt hingegen die Restnutzungsdauer des vom Erbbauberechtigten errichteten Gebäudes die Restlaufzeit des Erbbaurechts und ist das Gebäude nicht oder nur teilweise zu entschädigen, ergibt sich eine Minderung des errechneten Werts des Gebäudes. Dem Gebäudeertrags- bzw. Sachwert wäre in diesem Fall ein „Gebäudewertanteil des Erbbaugrundstücks" abzuziehen (§ 194 Abs. 4 BewG). 277

BEISPIEL:

Gebäudesachwert (ermittelt nach dem Sachwertverfahren)	100.000 €
·/. Gebäudewertanteil des Erbbaugrundstücks (Gebäude soll voll entschädigungslos übergehen) 100.000 € × Abzinsungsfaktor Anlage 26 zum BewG[3] bei Restlaufzeit Erbbaurecht 20 Jahre und typ. Liegenschaftszins 3 % = 0,5537	55.370 €
Um den Gebäudewertanteil des Erbbaugrundstücks bereinigter Gebäudesachwert	44.630 €

Es vermindert sich dadurch der Gebäudewertanteil entsprechend und damit auch der Wert des Erbbaurechts (Grundbesitzwert) und in der Folge der zu versteuernde Erwerb.

HINWEISE:

- Mit der Bewertung des Erbbaurechts (§ 193 BewG) ist die Verpflichtung zur Zahlung des Erbbauzinses mit abgegolten. Die Erbbauzinsverbindlichkeit darf nicht zu negativen Grundbesitzwerten führen (§ 192 Satz 2 BewG).

1 Siehe oben Rz. 232, 249.

2 § 27 ErbbauVO.

3 Anlage 26 abgedruckt in Anhang 11.

- In die Berechnungen für den Gebäudewertanteil fließen durch die Anwendung des Ertrags- bzw. Sachwertverfahrens automatisch die Regelungen über die Mindest-Restnutzungsdauer nach § 185 Abs. 3 BewG sowie über den Mindest-Gebäudewert (Mindestgrenze für den Gebäudewert von 40 % der Regelherstellungskosten, § 190 Abs. 2 Satz 4 BewG), auch in die Berechnung des Gebäudewertanteils ein. Auch hier unterstellen die Finanzbehörden, dass das Gebäude zum Zeitpunkt der Übertragung noch einen entsprechenden Wert hat. Besitzt das Gebäude nur noch einen geringen Wert, sollte vom Erben/Erwerber ein niedrigerer Marktwert für den Gebäudeanteil nachgewiesen werden.
- Die Finanzverwaltung berücksichtigt wertbeeinflussende Umstände – beispielsweise vom Üblichen abweichende Auswirkungen vertraglicher Vereinbarungen, insbesondere die Berücksichtigung von fehlenden Wertsicherungsklauseln oder der Ausschluss einer Anpassung des Erbbaurechtsvertrags – sowie die Anwendung von Marktanpassungsfaktoren nicht. Für den Steuerpflichtigen stellt sich daher die Frage eines ggf. zusätzlichen Verkehrswertnachweises durch ein Sachverständigengutachten.

5.5.4 Bewertung des Erbbaugrundstücks

278 ABB. 7: Bewertungsschema Erbbaugrundstücke

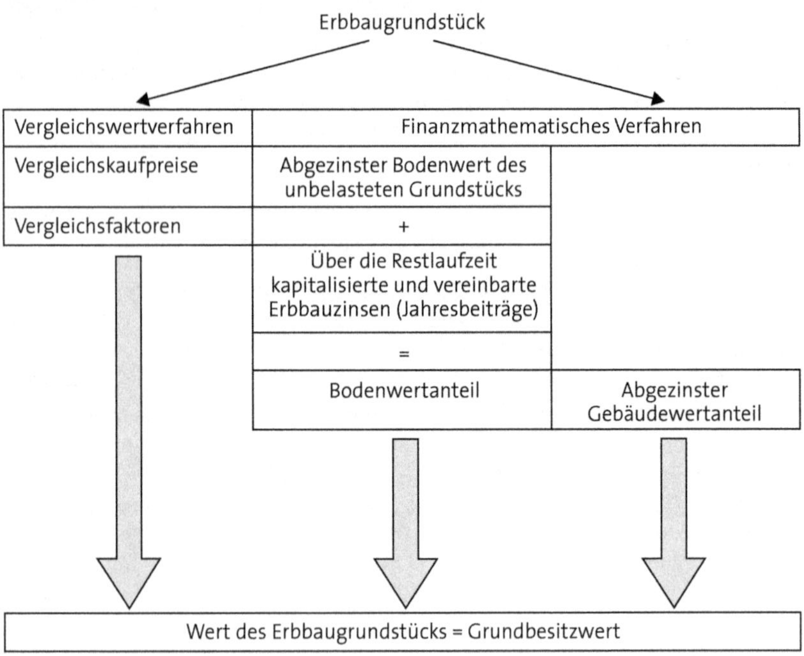

► **Allgemeines** 279

Erben bzw. Erwerber eines Erbbaugrundstücks versteuern den Steuerwert für das mit dem Erbbaurecht belastete Grundstück. Die steuerpflichtige Bereicherung richtet sich dabei in erster Linie nach dem Marktwert des Grundstücks, vermindert um die Erbbaubelastung. Werterhöhend – und damit auch steuererhöhend – wirkt sich dabei aus, ob und ggf. zu welchem Anteil der Erbbauverpflichtete das vom Erbbauberechtigten errichtete Gebäude bei Vertragsende entschädigungslos übernehmen kann und welchen Wert (Restnutzungsdauer) das Gebäude bei Ablauf des Erbbauvertrages voraussichtlich haben wird (sogenannter abgezinster Gebäudewertanteil).

► **Vergleichswertverfahren** 280

Als vorrangige Berechnungsmethode gilt auch hier wieder das Vergleichswertverfahren, was wie bereits erörtert den Rückgriff auf geeignete Vergleichskaufpreise oder den aus Kaufpreisen abgeleiteten Vergleichsfaktoren bedingt (§ 194 Abs. 1 BewG).

In Anlehnung an die Wertermittlungsrichtlinien müssen Vergleichsobjekte folgende Voraussetzungen erfüllen:

- „innerhalb der gleichen Grundstücksart
- mit annähernd gleich hohen Erbbauzinsen,
- in Gebieten mit annähernd gleichem Bodenwertniveau,
- mit annähernd gleicher Restlaufzeit,
- mit annähernd gleichen Möglichkeiten der Anpassung der Erbbauzinsen."

Die Finanzverwaltung lässt Vergleichspreise zu, die für Grundstücke ermittelt wurden, die nach der Grundstücksart übereinstimmen und hinsichtlich der Bebauung, der Erbbauzinssätze, der Bodenrichtwerte sowie der Restlaufzeit des Erbbaurechts nicht erheblich abweichen. Auch eine Wertermittlung durch Anwendung von aus Kaufpreisen abgeleiteten Vergleichsfaktoren auf den Wert des unbelasteten Grundstücks akzeptiert die Finanzverwaltung.[1] Für die Wahl eines aus Kaufpreisen abgeleiteten Vergleichsfaktors gelten dieselben Kriterien für die Vergleichsobjekte wie für die Heranziehung der Vergleichspreise. Passende Vergleichsobjekte oder Vergleichsfaktoren dürften danach nur in seltenen Fällen vorliegen. Im Regelfall wird der Erwerber daher auf das finanzmathematische Verfahren zurückgreifen müssen.

1 R B 194 Abs. 1 Sätze 2 und 3 ErbStR 2019.

► Finanzmathematisches Verfahren

281 Das finanzmathematische Verfahren basiert wie oben bereits dargestellt auf der Überlegung, dass sich der Wert des Erbbaugrundstücks aus einem Bodenwertanteil und einem Gebäudewertanteil zusammensetzt. Der Bodenwert ergibt sich aus zwei Rechenschritten:

1. Es ist zunächst der Bodenwert des Erbbaugrundstücks als unbelastetes Grundstück zu ermitteln. Der Bodenwertanteil ergibt sich aus dem abgezinsten Bodenwert und dem kapitalisierten vertraglich vereinbarten jährlichen Erbbauzins.[1] Der maßgebliche Abzinsungsfaktor ist in Abhängigkeit vom Zinssatz, der sich abhängig von der Grundstücksart ergibt, und der Restlaufzeit des Erbbaurechts aus der Anlage 26 zum BewG (vgl. Anhang 11) zu entnehmen. Der für die jeweilige Gebäudeart maßgebliche Zinssatz ist primär aus den von den örtlichen Gutachterausschüssen ermittelten Liegenschaftszinssätzen abzuleiten. Fehlt es an geeigneten Liegenschaftszinssätzen der Gutachterausschüsse, sind jene vom Gesetzgeber vorgegebenen Zinssätze heranzuziehen (§ 193 Abs. 4 Satz 2 BewG, siehe oben Rz. 274, Tabelle 13: (Liegenschaftszinssätze nach § 193 Abs. 4 Satz 2 BewG).
2. Es sind die über die Restlaufzeit anfallenden jährlichen Erbbauzinsen zu kapitalisieren und dem in Schritt 1 ermittelten abgezinsten Bodenwert hinzuzurechnen. Der maßgebliche Kapitalisierungsfaktor ergibt sich aus Anlage 21 zum BewG.[2] Ist kein Erbbauzins zu zahlen, stellt der abgezinste Bodenwert den Bodenwertanteil dar.

282 Bei der Berechnung des kapitalisierten Erbbauzinses stellt die Finanzverwaltung auf die tatsächlich zum Bewertungsstichtag vereinbarten Erbbauzinsen ab. So ist bei der steuerlichen Bewertung stets auf die vertraglichen Vereinbarungen abzustellen; auf den gezahlten Erbbauzins kommt es nicht an.[3] Im Gegensatz dazu stellen die Wertermittlungsrichtlinien auf die „erzielbaren" Erbbauzinsen ab, so dass ein Gutachter diese Werte heranziehen wird.

Dem Steuerbeteiligten bringt die Verwaltungspraxis jedoch dann Vorteile, wenn die erzielbaren Erbbauzinsen höher wären als die vereinbarten. Die Modifizierung der Finanzverwaltung ist hier konsequent, denn der Erbe/Erwerber eines erbbaubelasteten Grundstücks kann nur um dasjenige bereichert sein, was er tatsächlich erhält (nämlich die tatsächlichen Erbbauzinsen).

---

1 R B 194 Abs. 3 ErbStR 2019.

2 Vgl. Anhang 7.

3 R B 194 Abs. 4 Satz 3 ErbStR 2019.

BEISPIEL:

Bodenwert abgezinst: = 1.000 qm × 100 € BRW × Abzinsungsfaktor bei Restlaufzeit Erbbaurecht 20 Jahre und typ. Liegenschaftszins 3 % Anlage 26 zum BewG = 1.000 × 100 × 0,5537 =	55.370 €
+ kapitalisierter Erbbauzins (jährlich) 1.000 € × Vervielfältiger aus Anlage 21 zum BewG bei Restlaufzeit Erbbaurecht 20 Jahre = 14,88	14.880 €
Bodenwertanteil	70.250 €

283 Dem Bodenwertanteil addiert sich gem. § 194 Abs. 2 Satz 2 BewG ein Gebäudewertanteil (voll oder anteilig) hinzu, wenn dem Erbbauverpflichteten das Gebäude ganz oder teilweise entschädigungslos zufällt. Darüber hinaus setzt ein Gebäudewert voraus, dass das vom Erbbauberechtigten errichtete Gebäude gemessen am Zeitpunkt des Vertragsablaufs noch eine Restnutzungsdauer aufweist, d. h., die Restnutzungsdauer des Gebäudes also die Restlaufzeit des Erbbaurechts übersteigt. Übersteigt die Restnutzungsdauer des Gebäudes die Restlaufzeit des Erbbauvertrages hingegen nicht, fällt kein Gebäudewert an.

284 Gleiches gilt, wenn der Erbbauverpflichtete nach § 27 ErbbauVO verpflichtet ist, eine Entschädigung für den sogenannten „Heimfall" zu zahlen, deren Höhe sich nach dem Marktwert des Gebäudes zum Zeitpunkt des Heimfalls richtet. Dies ist konsequent, da die Erben/Erwerber eines Erbbaugrundstücks den Erbbauvertrag unverändert übernehmen müssen und im Fall einer geringeren Restnutzungsdauer ein wertloses Gebäude „erben" oder bei einer zu leistenden Entschädigung in Höhe des tatsächlichen Verkehrswertes keine „Bereicherung" erfahren, die mit Erbschaft- bzw. Schenkungsteuer belegt werden könnte.

285 Mit Erbschaft-/Schenkungsteuer belegt ist also nur jener Gebäudewertanteil, der dem Eigentümer des Erbbaugrundstücks bei Beendigung des Erbbaurechts entschädigungslos zufließt.[1] Ist danach ein Gebäudewertanteil zu ermitteln, ist das Ertragswert- bzw. das Sachwertverfahren anzuwenden mit der Maßgabe, dass allerdings nicht der Gebäudewert zum Zeitpunkt der Grundstücksübertragung gilt, sondern der Ertrags- bzw. Sachwert zum Zeitpunkt des Ablaufs des Erbbaurechts. Dieser errechnet sich durch entsprechende Abzinsung des Gebäudewertanteils, abgerundet auf volle Jahre der Restlaufzeit des Erbbaurechts.[2] Das Bewertungsgesetz stellt hierfür in Anlage 26 verbindliche Ab-

1 R B 194 Abs. 5 Satz 2 ErbStR 2019.
2 R B 194 Abs. 6 ErbStR 2019.

zinsungsfaktoren unter Berücksichtigung fester Liegenschaftszinssätze (siehe oben Rz. 274, Tabelle 13) und der Restlaufzeit des Erbbaurechts zur Verfügung.

BEISPIEL:

Gebäudesachwert (ermittelt nach dem Sachwertverfahren)	100.000 €
·/. Gebäudewertanteil des Erbbaugrundstücks (Gebäude soll voll entschädigungslos übergehen) 100.000 € × Abzinsungsfaktor Anlage 26 BewG (bei Restlaufzeit Erbbaurecht 20 Jahre bei restlicher Gebäudenutzungsdauer von mehr als 20 Jahren und typ. Liegenschaftszins 3 % = 0,5537	55.370 €
Abgezinster Gebäudewertanteil	44.630 €
Grundbesitzwert des Erbbaugrundstücks:	
Bodenwertanteil	70.250 €
+ Gebäudewertanteil	44.630 €
Grundbesitzwert	114.880 €

HINWEIS:

Wertbeeinflussende Umstände – beispielsweise vom Üblichen abweichende Auswirkungen vertraglicher Vereinbarungen, insbesondere die Berücksichtigung von fehlenden Wertsicherungsklauseln oder der Ausschluss einer Anpassung des Erbbaurechtsvertrags – sowie die Anwendung von Marktanpassungsfaktoren berücksichtigt die Finanzverwaltung in ihrer Bewertung nicht (R B 194 Abs. 7 ErbStR 2019).

5.5.5 Sonderfälle

286 Restlaufzeit des Erbbaurechts beträgt weniger als ein Jahr

Beträgt die Restlaufzeit des Erbbaurechts weniger als ein Jahr, ist:

- für den Bodenwertanteil als Abzinsungsfaktor der Faktor 1 anzusetzen;[1]
- für den zu zahlenden Erbbauzins ein Vervielfältiger von 0 anzusetzen. Der Erbbauzinsanspruch ist also im Ergebnis nicht zu berücksichtigen.

Der Wert für das Erbbaugrundstück ergibt sich in diesem Fall aus dem mit dem Faktor 1 abgezinsten Bodenwertanteil. Im Ergebnis ist der unbelastete Bodenwert als Wert des Erbbaugrundstücks ggf. zzgl. eines eventuellen Gebäudewertanteils anzusetzen und zu versteuern, wenn das Gebäude entschädigungslos an den Erbbauverpflichteten übergeht bzw. von diesem nur teilweise zu entschädigen ist. Der Gebäudewertanteil ist in diesem Fall nicht zu verzinsen.

1 R B 194 Abs. 3 Satz 6 ErbStR 2019.

HINWEISE:

- Ist bei einer Vertragslaufzeit des Erbbaurechts von unter einem Jahr ein Abfindungsanspruch für das Gebäude ausgeschlossen, kann das Erbbaugrundstück wie ein unbelastetes bebautes Grundstück bewertet werden. Es ist danach als solches auch zu versteuern.
- Bei Anwendung des Sachwertverfahrens für die Gebäudewertermittlung ergeben sich zum Sachwertverfahren für unbelastete Grundstücke Unterschiede bei besonders werthaltigen Außenanlagen und der Wertzahl. Diese Regelungen sind bei der Ermittlung des Erbbaurechts und des Erbbaugrundstücks nicht anzuwenden.
- Bei Anwendung des Ertragswertverfahrens können sich bei der Wertermittlung für Grundstücke im Erbbaurecht auch negative Gebäudeertragswerte ergeben, da die Mindestwertregelung (bei der Bewertung im Ertragswertverfahren ist mindestens der Bodenwert anzusetzen)[1] in Erbbaurechtsfällen keine Anwendung findet.

► Erbbaurecht bei negativem Grundbesitzwert 287

Ein Erbbaurecht kann für einen Erbbauberechtigten bzw. dessen Erben nicht nur ein Vorteil sein. Liegt der zu zahlende Erbbauzins über dem sich unter Anwendung der maßgeblichen Liegenschaftszinssätze ergebenden angemessenen Verzinsung des Bodenwertes, etwa weil es in der Zwischenzeit zu einem Verfall der Bodenpreise gekommen ist, ist der Erbbauberechtigte bzw. dessen Erbe nicht etwa bereichert. Im Gegenteil, das Erbbaurecht stellt eine Belastung dar. Der hohe Erbbauzins führt dazu, dass die Grundstückserträge des Erbbaurechtsnehmers bzw. dessen Erben aufgezehrt werden und/oder sich ein Verlust ergibt.

Negative Grundbesitzwerte konnten bislang mit anderem erworbenen positiven Vermögen verrechnet werden, so dass sich für den Erben/Beschenkten insoweit keine steuerliche Überbelastung ergeben hat. Vielfach konnte ein belastendes und wertloses Erbbaurecht auch dazu genutzt werden, anderes Vermögen steuerfrei zu übertragen. Mit Ergänzung der Vorschrift des § 192 BewG um einen Satz 2 durch das Beitreibungsrichtlinie-Umsetzungsgesetz wurden negative Grundbesitzwerte allerdings von Gesetzes wegen ausgeschlossen. § 192 Satz 2 Halbsatz 2 BewG bestimmt, dass „hiernach ermittelte Grundbesitzwerte ... nicht weniger als 0 Euro betragen“ dürfen.

HINWEISE:

- Die Bewertung des Erbbaurechtsgrundstücks (§ 194 BewG) schließt das Recht auf den Erbbauzins mit ein.
- Ein Erbbaurecht setzt nicht immer einen positiven Bodenwert voraus. Es ergibt sich kein Wert für den Boden, wenn der erzielbare Erbbauzins einer angemessenen Ver-

1 § 184 Abs. 3 Satz 2 BewG.

zinsung entspricht. Übersteigt der zu zahlende Erbbauzins sogar die angemessene Verzinsung, wirkt der Bodenanteil wert- und damit auch steuermindernd!

- Der Bodenwertanteil kann auch negativ sein, nämlich dann, wenn die Grundstückspreise seit dem Vertragsabschluss gesunken sind und der zum Bewertungsstichtag zu erwartende Erbbauzins niedriger ist.
- Die nach § 193 Abs. 4 BewG zugrunde zu legenden Liegenschaftszinssätze für Ein- und Zweifamilienhäuser von 3 % wirken sich in vielen Gegenden nachteilig für den Erben/Erwerber aus. Es zahlt sich in vielen Fällen aus, die geeigneten Liegenschaftszinssätze bei den örtlichen Gutachterausschüssen zu erfragen.
- Liegt der tatsächliche Erbbauzins unter der angemessenen Verzinsung des Bodenwerts des unbelasteten Grundstücks, ergibt sich eine Wertminderung für das Erbbaugrundstück, welche auch steuerlich zu berücksichtigen ist.

5.6 Gebäude auf fremdem Grund und Boden

288 Ein Gebäude auf fremdem Grund und Boden liegt vor, wenn ein anderer als der Eigentümer des Grund und Bodens darauf ein Gebäude errichtet hat und ihm das Gebäude auch steuerlich zuzurechnen ist. Dies setzt eindeutige vertragliche Vereinbarungen voraus, nach denen der Errichter des Gebäudes die tatsächliche Herrschaft ausübt und den bürgerlich-rechtlichen Eigentümer (den Grundbesitzer) auf Dauer von der Einwirkung auf das Gebäude ausschließen kann. Eine Zurechnung des Gebäudes auf den Gebäudeerrichter setzt außerdem voraus, dass das Gebäude ein Scheinbestandteil des Grund und Bodens ist[1] oder dem Gebäudeerrichter (dem Nutzungsberechtigten) für den Fall seines Auszugs (Nutzungsbeendigung) ein Entschädigungsanspruch in Höhe des Verkehrswertes gegenüber dem Eigentümer des Grund und Bodens zusteht.

289 Gebäude auf fremdem Grund und Boden bilden nach der bewertungsrechtlichen Definition ein eigenes Grundstück, wenn keine Eigentümeridentität zwischen dem Besitzer des Grund und Bodens und des Gebäudes besteht.[2] Dementsprechend bestimmt § 195 BewG, dass „die Werte für die wirtschaftliche Einheit des Gebäudes auf fremdem Grund und Boden und die wirtschaftliche Einheit des belasteten Grundstücks gesondert zu ermitteln" sind. Zu bewerten sind somit als selbständige wirtschaftliche Einheiten sowohl ein Gebäude auf fremdem Grund und Boden als auch das mit dem Gebäude auf fremdem Grund und Boden belastete Grundstück.[3]

1 § 95 BGB.

2 § 70 Abs. 3 BewG.

3 R B 195.1 Abs. 1 ErbStR 2019.

► **Bodenwert** 290

Erben bzw. Erwerber eines mit einem fremden Gebäude belasteten Grundstücks sind um jenen (Geld-)Wert bereichert, den ein Käufer für den Grund und Boden zahlen würde. Dieser würde für das Objekt nur den auf den Bewertungsstichtag (Todestag/Tag der Schenkung) abgezinsten Bodenwert zzgl. der kapitalisierten Nutzungsentgelte zahlen. Aus der Summe aus abgezinstem Bodenwert zzgl. kapitalisiertem Nutzungsentgelt errechnet sich die Erbschaft-/Schenkungsteuer.

Der Bodenwert errechnet sich nach folgenden Schritten:

1. Schritt: Ermittlung des Bodenwertes als unbebautes Grundstück und anschließende Abzinsung des Bodenwerts in Abhängigkeit von der Restlaufzeit des Nutzungsrechts. Die Abzinsung des Bodenwertes erfolgt gem. Faktor aus Anlage 26 zum BewG.[1]
2. Schritt: Kapitalisierung des im Bewertungsstichtag zu zahlenden Nutzungsentgelts (Jahresbetrags) nach der Restvertragslaufzeit (Restnutzungsdauer) durch Multiplikation mit dem Vervielfältiger aus Anlage 21 zum BewG (vgl. Anhang 7).
3. Schritt: Addition der ermittelten Werte zum Bodenwert (Grundbesitzwert).

► **Gebäudewert**

Die Ermittlung des Gebäudewertes erfolgt in Abhängigkeit von der Art des bebauten Grundstücks nach dem Ertragswert- bzw. Sachwertverfahren. Sofern der Gebäudenutzer verpflichtet ist, das Gebäude nach Ende der Nutzungsdauer wieder zu beseitigen, gelten obige Verfahren in folgender modifizierter Form.[2]

► Ertragswertverfahren:

Der Gebäudereinertrag ist mit dem Vervielfältiger aus Anlage 21 zum BewG zu kapitalisieren, der sich aus der am Bewertungsstichtag (Todestag/Übertragungstag) verbleibenden Nutzungsdauer ergibt.

Eine Mindestrestnutzungsdauer für das Gebäude ist nicht anzusetzen.

► Sachwertverfahren:

Der vom Gebäuderegelherstellungswert abziehbare Alterswertminderungsbetrag ist nach dem Verhältnis des Alters des Gebäudes am Bewer-

1 Abgedruckt in Anhang 11.
2 § 195 Abs. 2 BewG, R B 195.2 Abs. 1 ErbStR 2019.

tungsstichtag und der daraus resultierenden Restnutzungsdauer zur tatsächlichen Gesamtnutzungsdauer zu berechnen, die sich aus dem befristeten Nutzungsrecht für das Gebäude am fremden Grundstück ergibt.

Ein Mindestgebäudewert[1] ist nicht anzusetzen.

HINWEIS:

- Im Regelfall wird der Käufer eines Gebäudes auf fremdem Grund und Boden von dem Gebäudewert ein zu zahlendes Nutzungsentgelt für den Grund und Boden in Abzug bringen, soweit dieses den tatsächlichen Nutzungsvorteil des Grund und Bodens übersteigt. Die bewertungsrechtlichen Vorschriften berücksichtigen diesen Aspekt jedoch nicht.[2] Je nach vertraglicher Vereinbarung können sich hier Steuerwerte ergeben, die höher sind als ein im Fall einer Veräußerung erzielbarer Marktpreis.

5.7 Tabellarische Zusammenfassung

291 TAB. 14: Bewertung von Grundbesitz

Grundstücksart	Maßgeblicher Steuerwert	Bewertungsverfahren
Grundsätzlicher Wert für alle Grundstücksarten	Gemeiner Wert (Verkehrswert)	Vergleichswertverfahren
unbebaute Grundstücke	Bodenrichtwert	
bebaute Grundstücke		
► als Ein- und Zweifamilienhäuser		
– wenn Vergleichswert ermittelbar	Vergleichswert	Vergleichswertverfahren
– wenn Vergleichswert nicht ermittelbar	Sachwert	Sachwertverfahren
► als Mietwohngrundstück	Ertragswert	Ertragswertverfahren
► Wohnungs- und Teileigentum		
– wenn Vergleichswert vorhanden	Vergleichswert	Vergleichswertverfahren
– wenn Vergleichswert nicht ermittelbar	Sachwert	Sachwertverfahren

1 Wie bei Sachwertverfahren = 30 % des Gebäuderegelherstellungswertes, vgl. § 190 Abs. 2 Satz 4 BewG.

2 „Die Verpflichtung zur Zahlung des Nutzungsentgelts für den Grund und Boden wird nicht berücksichtigt, weil dieser bei einer typisierenden Betrachtung in wirtschaftlich gleicher Höhe ein Nutzungsvorteil gegenübersteht“, vgl. Begründung zu § 195 Abs. 2 BewG in BT-Drucks. 16/11107 S. 25.

► als Geschäftsgrundstück – wenn übliche Miete ermittelbar – wenn übliche Miete nicht ermittelbar	 Ertragswert Sachwert	 Ertragswertverfahren Sachwertverfahren
Gemischt genutzte Grundstücke – wenn übliche Miete ermittelbar – wenn übliche Miete nicht ermittelbar	 Ertragswert Sachwert	 Ertragswertverfahren Sachwertverfahren
Sonstige bebaute Grundstücke	Sachwert	Sachwertverfahren
Grundstücke im Erbbaurecht	Erbbaurecht: Summe aus Bodenwert und Gebäudewertanteil Erbbaugrundstück	Vergleichswertverfahren Finanzmathematische Verfahren
Grundstücke im Zustand der Bebauung	Bodenrichtwert zzgl. bisher angefallene Bau(Herstell)kosten	Vergleichswertverfahren Ertragswertverfahren Sachwertverfahren

5.8 Nachweis eines niedrigeren Verkehrswerts

5.8.1 Allgemeines

Die nach den obigen Verfahren ermittelten Steuerwerte können durch Nachweis eines niedrigeren Verkehrswertes widerlegt werden. § 198 BewG bestimmt hierzu: „Weist der Steuerpflichtige nach, dass der gemeine Wert der wirtschaftlichen Einheit [Anmerkung des Autors: gemeint ist der Marktwert oder Verkehrswert am Bewertungsstichtag niedriger ist als der nach den §§ 179, 182 bis 196 BewG ermittelte Wert (Anmerkung des Autors: d. h. der gem. den Ausführungen in den obigen Abschnitten ermittelte Steuerwert für das Grundvermögen), so ist dieser Wert anzusetzen“. 292

Dieser als „Öffnungsklausel“ bezeichneten Vorschrift kommt durch die seit 1.1.2009 geltende neue steuerliche Grundstückswertermittlung große Bedeutung zu, da sich die steuerlichen Bewertungsvorschriften zwar an die für Immobilienwertermittlungen üblichen Verfahren anlehnen, diesen aber nicht in allen Schritten folgen. Für den Erben/Erwerber von Grundvermögen ergeben sich überall dort effiziente Steuersparpotenziale, wo steuerliche Wertermittlungsvorschriften von den Grundsätzen für die Ermittlung der Verkehrswerte von Grundstücken (Wertermittlungsverordnung – WertV) zu Ungunsten abweichen.

293 Die Finanzverwaltung hat die Möglichkeiten des Nachweises eines niedrigeren Verkehrswertes in R B 198 ErbStR 2019 näher bestimmt und erkennt als „nachweisfähiges“ Gutachten ein solches des örtlich zuständigen Gutachterausschusses oder eines Sachverständigen für die Bewertung von Grundstücken an. Ein solches Gutachten ist für die Feststellung des Grundbesitzwerts nicht bindend, sondern unterliegt der Beweiswürdigung durch das Finanzamt.[1] Nach der höchstrichterlichen Rechtsprechung ist ein entsprechender Nachweis erbracht, „wenn dem Gutachten ohne weitere Beweiserhebung, insbesondere Einschaltung weiterer Sachverständiger, gefolgt werden kann.“[2] Der Nachweispflicht sind hohe Hürden gesetzt. Die Nachweislast geht über die Darlegungs- und Feststellungslast hinaus.

294 Dem Erben/Erwerber obliegt stets die „Nachweislast“ für einen geringeren gemeinen Wert. An diese Beweisführung knüpft die Rechtsprechung hohe Anforderungen. Am einfachsten gelingt die Beweisführung mit einem vorhandenen geeigneten Kaufpreis. Die Finanzverwaltung erkennt hierbei einen im gewöhnlichen Geschäftsverkehr (und nicht unter nahen Verwandten) innerhalb eines Jahres vor oder nach dem Bewertungsstichtag zu Stande gekommenen Kaufpreis über das zu bewertende Grundstück als Nachweis an. Selbst wenn ein Kaufpreis außerhalb dieses Zeitraums im gewöhnlichen Geschäftsverkehr zu Stande gekommen ist und sich die maßgeblichen Verhältnisse hierfür gegenüber den Verhältnissen zum Bewertungsstichtag nicht geändert haben, kann auch dieser als Nachweis des niedrigeren gemeinen Werts dienen. Seitens der Finanzverwaltung bestehen „keine Bedenken, diesen Wert regelmäßig ohne Wertkorrekturen als Grundbesitzwert festzustellen.“[3]

295 Bei der Nachweisführung dürfen sämtliche wertbeeinflussenden Umstände[4] zur Ermittlung des gemeinen Werts (Verkehrswerts) von Grundstücken berücksichtigt werden. Die Finanzverwaltung zählt hierzu u. a. die den Wert beeinflussenden Rechte und Belastungen privatrechtlicher und öffentlich-rechtlicher Art, wie z. B. Grunddienstbarkeiten und persönliche Nutzungsrechte.[5]

Öffentlich-rechtliche Belastungen können u. a. begründet sein:

- im Bauordnungsrecht
- im Abgabenrecht

1 R B 198 Abs. 3 ErbStR 2019.

2 BFH, Urteil v. 5.12.2019 II R 9/18.

3 R B 198 Abs. 4 ErbStR 2019.

4 Unter anderem hoher Energieverbrauch durch schlechte Isolierung, schlechte Aussichts- und Besonnungslage, schlechter Schnitt der Räume, billige Baumaterialen usw.

5 R B 198 Abs. 3 Sätze 5 und 6 ErbStR 2019.

- im Denkmalrecht
- im Landschafts- und Gewässerschutzrecht

Der Bundesfinanzhof hat entschieden, dass es für die Beweisführung nicht genügt, „wenn der Steuerpflichtige lediglich die Einholung eines Sachverständigengutachtens durch das Gericht beantragt oder ein nicht vom örtlich zuständigen Gutachterausschuss oder einem Sachverständigen für die Bewertung von Grundstücken erstattetes Gutachten vorlegt“.[1] Nach der Rechtsprechung genügt es weiterhin nicht, dass als Grundbesitzwert nur ein Teil des vom Steuerpflichtigen nachgewiesenen niedrigeren gemeinen Werts festgestellt wird.[2] Dieser Auffassung hat sich die Finanzverwaltung angeschlossen und verlangt einen Nachweis für die jeweils gesamte zu übertragende wirtschaftliche Einheit. Es genügt also nicht, Verkehrswertgutachten nur für Teile der zu bewertenden wirtschaftlichen Einheit anzubieten.[3] Einzelnachweise von einzelnen Bewertungsgrundlagen sind daher nicht geeignet. (Ausnahme: Nachweis der üblichen Miete.[4]) 296

Auch eigene Berechnungen werden als Nachweis nicht anerkannt, auch dann nicht, wenn diese von einem Sachverständigen für zutreffend gehalten werden. „Die Überprüfung der vom Steuerpflichtigen angestellten Berechnungen durch einen Sachverständigen steht unter Nachweisgesichtspunkten einer eigenen Wertermittlung durch diesen Sachverständigen nicht gleich.“[5] 297

HINWEISE:

- Von der Möglichkeit des Nachweises eines niedrigeren Verkehrswertes sollte dann Gebrauch gemacht werden, wenn sich der errechnete Steuerwert nach Expertenmeinungen (z. B. durch erfahrene Immobilienmakler) nicht erzielen lässt oder eine bzw. mehrere der nachfolgend dargestellten wertmindernden Faktoren zutreffen können.
- Besonders wenn das Vergleichswertverfahren für die Bewertung eines Grundstücks Anwendung findet, werden wertmindernde Umstände bzw. den Wert beeinflussende Belastungen privatrechtlicher oder öffentlich-rechtlicher Art nicht berücksichtigt (§ 183 Abs. 3 BewG). Gerade bei solchen mit diesem Verfahren zu bewertenden Grundstücken erscheint der Nachweis eines niedrigeren gemeinen Wertes sinnvoll.
- Die Kosten für ein Sachverständigengutachten zur Ermittlung des gemeinen Wertes beim Grundbesitz sind im vollen Umfang abzugsfähig, wenn sie im Rahmen der Verpflichtung zur Abgabe der Feststellungserklärung angefallen sind. Sie unterliegen nicht der Kürzung nach § 10 Abs. 6 ErbStG. Entstehen die Kosten erst in einem sich an die Wertfeststellung anschließenden Rechtsbehelfsverfahren, einem finanz-

1 BFH, Beschluss v. 4.4.2005 - II B 43/04, GAAAB-52977.

2 BFH, Beschluss v. 12.1.2006 - II B 59/05, CAAAB-79643.

3 R B 198 Abs. 2 ErbStR 2019.

4 R B 198 Abs. 3 Satz 7 ErbStR 2019.

5 Leitsatz, BFH, Beschluss v. 31.8.2006 - II B 115/05, XAAAC-19138.

gerichtlichen Verfahren oder einem Verfahren, in dem die Änderung der Wertfeststellung beantragt wird, können sie nicht abgezogen

- Abzuraten ist von der Übernahme der Gutachterkosten durch den Schenker. Denn die Finanzverwaltung sieht hier unabhängig davon, ob die Kosten abzugsfähig sind oder nicht, eine zusätzliche steuerpflichtige Zuwendung.

5.8.2 Unbebaute Grundstücke

298 **► Altlasten**

Ganz erheblich wertmindernd können sich Altlasten auswirken; diese können den Verkehrswert eines Grundstücks auch auf Null drücken. Mit Inkrafttreten des neuen „Gesetz zum Schutz vor schädlichen Bodenveränderungen und zur Sanierung von Altlasten" (Bundes-Bodenschutzgesetz) zum 1.3.1999 wurde erstmals ein bundesweit einheitliches Gesetzeswerk geschaffen, das insbesondere für Grundstückseigentümer drastische Verschärfungen mit sich führte. Bei der Übertragung von mit Altlasten behafteten Grundstücken stellt sich die Frage nach einem steuerlichen Grundstückswert und einer Bereicherung des Erwerbers im Regelfall nicht mehr. Liegen Altlasten vor, können die Länderbehörden von den Verpflichteten Sanierungsuntersuchungen, die Aufstellung eines Sanierungsplans sowie die anschließende Sanierung nach jeweiligem Länderrecht verlangen. Sanierungspflichtige nach dem Gesetz sind in erster Linie der Verursacher als Handlungsstörer sowie der Besitzer oder der Grundstückseigentümer als „Zustandsstörer". Darüber hinaus haftet für Verunreinigungen auch der Gesamtrechtsnachfolger des Verursachers oder der Verkäufer. Die Finanzverwaltung berücksichtigt Altlasten von Amts wegen nicht. Vielmehr muss sich der Erbe/Erwerber darauf berufen.

► Baumschutzverordnungen

Durch Baumschutzverordnungen können sich zum Teil erhebliche Wertminderungen für ein unbebautes Grundstück ergeben. Dies berücksichtigt das steuerrechtliche Bewertungsverfahren nicht.

299 **► Eingeschränkte Planungsfreiheit**

Das steuerliche Ertragswertverfahren berücksichtigt bei der Berechnung des Bodenwertes eine infolge der gegebenen Bebauung vorhandene eingeschränkte Planungsfreiheit nicht. Die Planungsfreiheit ist so lange eingeschränkt, als das Grundstück durch das bestehende Gebäude nicht verändert werden kann. So erreicht ein mit denkmalgeschützten Gebäuden bebautes Grundstück wegen der eingeschränkten oder praktisch nicht vorhandenen (Neu-)Bebaubarkeit im Regelfall nicht einen Verkehrswert wie ein vergleichbares unbebautes Grundstück mit voller Planungsfreiheit. Die steuerliche Bewertung berücksichtigt diesen Aspekt bei der Bodenwertermittlung jedoch nicht, sondern legt allgemeine Bodenrichtwerte zugrunde.

► Ungeeignete Bodenrichtwerte 300

Einen wesentlichen Knackpunkt bei der steuerlichen Grundstücksbewertung bilden die Bodenrichtwerte. Maßgebend für die Bewertung eines unbebauten Grundstücks sind hier stets die Bodenrichtwerte von Referenzgrundstücken bzw. diverser Grundstücke, die in einem vom Gutachterausschuss in sogenannten Bodenrichtwertkarten festgelegten Zonenbereich liegen. Dieses Referenzgrundstück wird selten mit dem zu bewertenden Grundstück identisch sein. Die Bodenrichtwerte sind deshalb entsprechend zu korrigieren.

BEISPIEL GESCHOSSFLÄCHENZAHL: ► Die Geschossflächenzahl stellt ein Maß für die bauliche Nutzung eines Grundstücks dar. Die GFZ gibt an, wie viel Quadratmeter Geschossfläche je Quadratmeter Grundstücksfläche zulässig ist. Wird nun in der Bodenrichtwertkarte zu den Bodenrichtwerten eine Geschossflächenzahl angegeben, muss – falls die GFZ mit der GFZ des betreffenden Grundstücks nicht übereinstimmt, der Bodenwert für das Grundstück nach folgender Formel korrigiert werden:

$$\text{Bodenwert/qm} = \frac{\text{UK GFZ zu bew. Grundstück}}{\text{UK GFZ Bodenrichtwertgrundstück}} \times \text{BRW}$$ [1]

Die Umrechnungskoeffizienten werden meist örtlich bestimmt und sind bei den Gutachterausschüssen erhältlich. Die Umrechnungskoeffizienten sind den Bewertungsstellen der Finanzämter vom zuständigen Gutachterausschuss zusammen mit den Bodenrichtwerten mitzuteilen.[2]

Wie sich unterschiedliche Geschossflächenzahlen auf den Grundstückswert und damit auch auf die zu zahlende Erbschaftsteuer auswirken, sei an folgendem Beispiel eines Grundstücks in der Stadt München erklärt:

BEISPIEL UNTERSCHIEDLICHE GESCHOSSFLÄCHENZAHLEN ► Ein Baugrundstück liegt in einem Zonenbereich, für den der Gutachterausschuss einen Bodenrichtwert von 950 €/qm Grundstücksfläche bei einer Geschossflächenzahl von 0,5 zugrunde gelegt hat. Wird ein Grundstück in der Größe von 1.000 qm aus diesem Zonenbereich verschenkt oder vererbt, wird das Finanzamt automatisch einen Steuerwert von 950.000 € rechnen. Ist für das maßgebliche Erbgrundstück aber nur eine Geschossflächenzahl von 0,35 zulässig, ermäßigt sich der Verkehrswert unter Berücksichtigung des Umrechnungsfaktors des Gutachterausschusses für München von 0,451 für eine GFZ von 0,35 wie folgt:

$$\frac{950 \times 0{,}451}{0{,}578} = 741{,}26\ \text{€/qm}$$

1 UK GFZ = Umrechnungskoeffizient für die Geschossflächenzahl.

2 R B 179.2 Abs. 2 Satz 2 ErbStR 2019.

Der Grundstückssteuerwert würde sich in dem Beispiel von 950.000 € auf 741.000 € vermindern, die Erbschaftsteuer bei einem Erwerber der Steuerklasse II damit von 285.000 € auf 222.300 €, also um mehr als 60.000 € verringern.

301 ► **Keine geeigneten Bodenrichtwerte vorhanden**

Sind keine geeigneten Bodenrichtwerte für Grundstücke vorhanden, müssen diese aus den Werten vergleichbarer Flächen abgeleitet werden und können lediglich um 20 % ermäßigt werden. Letzteres ist insbesondere für Rohbauland und für Bauerwartungsland unzureichend. In der Praxis kann dies zu falschen Ergebnissen führen.

302 ► **Vorderland und Hinterland**

Sofern der Bodenrichtwert in Abhängigkeit von der Grundstückstiefe ermittelt ist, muss die Grundstücksfläche in Vorder- und Hinterland aufgeteilt werden. Die Grundstückfläche ist nach ihrer Tiefe in Zonen zu gliedern, deren Abgrenzung sich nach den Vorgaben des Gutachterausschusses richtet.

5.8.3 Bebaute Grundstücke

303 ► **Alterswertminderung**

Während die für die Verkehrswertermittlung maßgebliche Wertermittlungsverordnung mit zunehmendem Alter verändernde Alterswertminderungen vorsieht (§ 23 Abs. 1 WertV), sieht der Steuergesetzgeber aus Vereinfachungsgründen davon ab. Außerdem führt jene steuerliche Regelung, wonach die Alterswertminderung nur maximal 60 % der Gebäuderegelherstellungskosten betragen darf, in vielen Fällen nicht zu einem realitätsnahen Steuerwert. Besonders für ältere Gebäude bietet sich daher ein Verkehrswertgutachten an.

304 ► **Baumängel und Bauschäden**

Die Finanzverwaltung erkennt Baumängel und Bauschäden als wesentlichen Grund für eine Verkürzung der Restnutzungsdauer nicht an. Dies gilt sowohl für das Ertragswertverfahren als auch für das Sachwertverfahren. Wertminderungen für Baumängel und Bauschäden müssen daher im Rahmen eines Verkehrswertgutachtens geltend gemacht werden.

305 ► **Bewirtschaftungskosten**

Erwerber (oder Schenker) von vermieteten Immobilien mit hohen Bewirtschaftungskosten – z. B. bei vermieteten Denkmalimmobilien (die Bewirtschaftungskosten können hier unter Umständen einen Ertrag übersteigen) sollten die „Öffnungsklausel" in Anspruch nehmen und einen niedrigeren Verkehrswert nachweisen. Denn in der steuerlichen Wertermittlung werden Bewirtschaftungskosten im Ertragswertverfahren (z. B. bei einer vermieteten Denkmalimmobilie) nur im Rahmen der vorgegebenen Pauschsätze[1] berücksichtigt. Dies erfolgt außerdem unter Berücksichtigung einer Mindest-Restnutzungsdauer (§ 185 Abs. 3 Satz 5 BewG, R B 187 Abs. 2 Satz 5 ErbStR 2019). Dadurch kann sich ein von den tatsächlichen Gegebenheiten erheblich abweichender – zu niedriger – Ansatz ergeben. Durch die anschließende Kapitalisierung des – viel zu hohen Gebäudereinertrags – kann damit ein viel zu hoher Steuerwert entstehen.

BEISPIEL: Die wirtschaftliche Nutzungsdauer eines Mietwohngrundstücks beträgt 80 Jahre. Bei einer Mindestrestnutzungsdauer von 30 % betrüge die Mindestrestnutzungsdauer eines 70 Jahre alten Hauses auch noch 24 Jahre, die pauschalierten Bewirtschaftungskosten beliefen sich nach Anlage 23 zum BewG auf 27 % des Rohertrages.

Liegen die tatsächlichen Kosten höher, lohnt ein Verkehrswertnachweis.

► Problematik der vorgegebenen Liegenschaftszinssätze 306

Der Liegenschaftszins soll die marktübliche Renditeerwartung bzw. den Zinssatz einer alternativen Anlage widerspiegeln. Als solcher errechnet sich der Liegenschaftszinssatz aus den Mieteinnahmen und dem aktuellen Kapitalzinssatz. Während es für ererbtes oder geschenktes Bargeld in ganz Deutschland kaum nennenswerte Unterschiede zwischen den Zinssätzen gibt, differiert die Verzinsung von Grundvermögen – ausgedrückt durch den Liegenschaftszinssatz – bei Immobilien je nach Lage erheblich. Die steuerliche Wertermittlung erfolgt unter Vorgabe starrer Liegenschaftszinssätze. Die von den Gutachterausschüssen veröffentlichten Liegenschaftszinssätze, welche Gegenstand einer Verkehrswertermittlung nach der WertV bilden, haben hingegen bestimmte Bandbreiten.

HINWEIS:

Niedrige Zinssätze führen bei der Abzinsung der Ertragserwartungen zu einem höheren Barwert und damit auch zu einem höheren Steuerwert und als Folge zu einer höheren Erbschaft- oder Schenkungsteuer. Erben/Erwerber sollten sich bei den von den Gutachterausschüssen vorgegebenen Liegenschaftszinssätzen daher stets an der oberen Bandbreite orientieren. Je höher der Liegenschaftszins, desto höher ist die Bodenwertverzinsung, desto niedriger ist folglich der Gebäudereinertrag.

---

1 Anlage 23 zum BewG abgedruckt in Anhang 6.

307 ► **Grundstücke mit abrissreifen Gebäuden**

Bei einem Grundstück mit einem abrissreifen Gebäude würde sich der Verkehrswert nach zivilrechtlichen Gesichtspunkten bzw. aus Sicht des Käufers unter Abzug der Abrisskosten errechnen. Diesbezügliche Bewertungsabschläge berücksichtigt das steuerliche Bewertungsverfahren aber nicht. In der WertV hingegen werden Abrisskosten als Freilegungskosten berücksichtigt (§ 20 Abs. 1 WertV).

308 ► **Liquidation**

Liegt der Gebäudeertrag so niedrig, dass eigentlich nur noch der unbebaute Grund und Boden werthaltig ist und sich daher die Liquidation des Gebäudes anbietet, liegt der Verkehrswert des Grundstücks im Regelfall unter dem nach Maßgabe des neuen Bewertungsrechts zu ermittelnden Ertragswert, der sich aus den beiden Komponenten Bodenwert und Gebäudeertragswert zusammensetzt, wobei das Steuerrecht bei Errechnung des Gebäudeertragswertes eine – in solchen Fällen nicht vorhandene – Restnutzungsdauer von mindestens 30 % der wirtschaftlichen Gesamtnutzungsdauer unterstellt.

309 ► **Hohe strukturelle Kaufkraftunterschiede**

Die vom Gesetzgeber vorgesehenen pauschalierten Wertansätze berücksichtigen Kaufkraftunterschiede nicht.

310 ► **Regelherstellungskosten (RHK 2010) und Mindestwert**

Bei der Ermittlung der maßgeblichen Regelherstellungskosten 2010 (abgeleitet aus den Normalherstellungskosten 2000 der Wertermittlungsverordnung) wurde vonseiten des Gesetzgebers auf eine Regionalisierung ganz verzichtet. Dies wirkt sich besonders für jene Erben und Erwerber negativ aus, die Grundstücke aus günstigen Wohngegenden und Randgebieten übernehmen. Für solche Grundstücke (mit im Regelfall niedrigen Baukosten) wird es häufig zu einer Überbewertung kommen.

Des Weiteren wurden bei der Ermittlung der Regelherstellungskosten 2010 (RHK 2010) die Gebäudeklassen aus der WertV stark vereinfacht. Die Anlage 24 zum BewG[1] fasst ältere Gebäude mit Baujahren bis 1945 in einer Gruppe zusammen. Es gibt ferner nur drei Ausstattungsstandards: einfach, mittel und gehoben. Lücken in den Normalherstellungskosten 2000 der WertV wurden durch eigene Ermittlungen der Finanzverwaltung ersetzt. Problematisch ist der Ansatz der Finanzverwaltung auch überall dort, wo die Normalherstel-

1 Abgedruckt in Anhang 8.

lungskosten 2000 innerhalb einer Gebäudeklasse stark differenzieren (z. B. bei der Deckenhöhe).

Des Weiteren ist bei der steuerlichen Wertermittlung im Sachwertverfahren eine Mindestgrenze für den Gebäudewert von 40 % der Regelherstellungskosten anzusetzen. Der Gesetzgeber verkauft dem Steuerpflichtigen diese „Mindestrestwertregelung“ so, dass „auch ein älteres Gebäude, das laufend instand gehalten wird, einen Wert hat“ und durch diese Mindestwertregelung in vielen Fällen die Prüfung, ob die restliche Lebensdauer des Gebäudes infolge baulicher Maßnahmen wesentlich verlängert würde, entfallen würde. Dabei wird verschwiegen, dass nicht jedes Gebäude, auch wenn es ein wenig renoviert worden ist, noch einen Marktwert besitzt!

► **Marktanpassungs-Wertzahlen** 311

Zur Anpassung an die Lage auf dem Grundstücksmarkt sieht das steuerliche Bewertungsrecht in der Anlage 25[1] pauschalierte Wertzahlen vor, die aufgruppiert sind nach Ein- und Zweifamilienhäusern und Wohneigentum sowie Geschäftsgrundstücken, gemischt genutzten Grundstücken und Teileigentum. Diese stark vereinfachten Wertgruppenzahlen kommen allerdings nur in seltenen Fällen zur Anwendung, da die Gutachterausschüsse der einzelnen Landkreise zwischenzeitlich flächendeckend geeignete Sachwertfaktoren veröffentlichen. Diese sind vorrangig anzuwenden. Da sich auch der Sachverständige dieser Zahlen bedienen wird, dürfte es diesbezüglich keine wesentlichen Wertabweichungen geben.

► **Sollmiete** 312

Kommt das Ertragswertverfahren für die Wertermittlung eines Grundstücks in Betracht, ist nach steuerlichen Gesichtspunkten die Sollmiete als Grundlage für den Rohertrag heranzuziehen. In vielen Fällen ist die Sollmiete aber langfristig nicht erzielbar. Ein Gutachter geht regelmäßig von der nachhaltig erzielbaren Miete nach § 17 WertV aus. Ein Verkehrswertnachweis lohnt daher in allen Fällen, in denen die tatsächlich nachhaltig erzielbare Miete geringer ist als die von der Finanzverwaltung verwendete Sollmiete.

5.8.4 Grundstücke im Erbbaurecht

Bedeutende Unterschiede zwischen dem Steuerwert und dem Verkehrswert 313
können sich besonders bei erbbaurechtbelasteten Grundstücken ergeben. Liegen besondere vertragliche Vereinbarungen vor (z. B. die Berücksichtigung ei-

1 Abgedruckt in Anhang 9.

ner fehlenden Wertsicherungsklausel oder Ausschluss einer Anpassung), die erheblich vom Üblichen abweichen, werden diese bei der zivilrechtlichen Verkehrswertermittlung in der Regel zusätzlich zum Marktanpassungsfaktor berücksichtigt (Zu- bzw. Abschläge wegen besonderer vertraglicher Vereinbarungen). Im steuerlichen Bewertungsverfahren bleiben solche Vereinbarungen im Regelfall außer Acht.

Des Weiteren fließen in die Berechnungen für den Gebäudewertanteil durch die Anwendung des Ertrags- bzw. Sachwertverfahrens automatisch die Regelungen über die Mindest-Restnutzungsdauer sowie über den Mindest-Gebäudewert (Mindestgrenze für den Gebäudewert von 40 % der Regelherstellungskosten gem. § 190 Abs. 2 Satz 4 BewG) ein.

5.8.5 Unentgeltliche Nutzungsrechte

314 Nutzungsrechte wie Nießbrauchs- oder Wohnrechte an einem Übertragungsgegenstand, beispielsweise eines Grundstücks, können entweder bereits im steuerlichen Wertermittlungsverfahren unmittelbar berücksichtigt werden. Bei einem Wertgutachten wird im Rahmen der Nettobetrachtung das Nießbrauchsrecht bereits bei der Grundstückswertermittlung berücksichtigt – oder alternativ kann bei der Berechnung des steuerpflichtigen Erwerbs vom Vermögensanfall als Nachlassverbindlichkeit abgezogen werden.[1] § 10 Abs. 6 Satz 6 ErbStG räumt dem Steuerpflichtigen ein Wahlrecht ein. Auch die Finanzverwaltung erkennt die Berücksichtigung wertbeeinflussender Rechte und Belastungen privatrechtlicher und öffentlich-rechtlicher Art, wie z. B. Grunddienstbarkeiten und persönliche Nutzungsrechte, an.[2] Eine eigene Bewertung des Nießbrauchsrechts ist bei der Nettobetrachtung nicht erforderlich.

315 Sollen Nutzungsrechte als Nachlassverbindlichkeit abgezogen werden, ist beim Erwerb von Todes wegen der Kapitalwert des Nutzungsrechts als „Erbfallschuld“ abzugsfähig. Bei Schenkungen wirkt sich ein Nießbrauchsrecht auf einen Übertragungsgegenstand dadurch bereicherungsmindernd (und damit auch steuermindernd) aus, dass es bei der Berechnung der Bemessungsgrundlage für die Auflagenschenkung vom Steuerwert des Gegenstandes mit ihrem kapitalisierten Wert als Gegenleistung des Beschenkten zum Abzug gelangt.

1 Zur Berechnung vgl. Rz. 534.
2 R B 198 Abs. 3 Satz 6 ErbStR 2019.

HINWEISE:

- Der Berücksichtigung von Nießbrauchs- bzw. Nutzungslasten auf einem Grundstück bereits bei der Ermittlung des Steuerwerts (Grundbesitzwertes) ist im Regelfall der Vorzug zu geben. Denn auf Ebene der Grundstücksbewertung gilt die „Deckelung“ von 1/18,6 des steuerlichen Werts des Wirtschaftsgutes nicht, die eine Verzinsung von 5,55 % annimmt. Soweit eine höhere Verzinsung durch höhere Miet- oder Pachterträge des übergebenen Grundstücks gegeben ist, kann eine höhere Nießbrauchsbelastung steuermindernd geltend gemacht werden. Letzteres trifft besonders auf solche Grundstücke zu, die auf Grund niedriger Abschreibungen auf den Gebäudeteil und nur geringer laufender Kosten einen höheren Ertrag erzielen, als dies durchschnittlich der Fall ist.
- Die Berücksichtigung von Nießbrauchslasten bereits im Bewertungsverfahren ist auch dann günstiger, wenn ein Nießbrauchsrecht zu Gunsten des überlebenden Ehegatten eingeräumt werden soll. Während das Steuerrecht aufschiebend bedingte Lasten nicht berücksichtigt (§ 6 BewG), kann ein Sachverständiger bei der Grundstücksbewertung bereits ein zu Gunsten des überlebenden Ehegatten (des Ehegatten mit der längeren Lebensdauer) eingeräumtes Nießbrauchsrecht wertmindernd berücksichtigen.

6. Bewertung der Land- und Forstwirtschaftsbetriebe 316

Wird ein Betrieb der Land- und Forstwirtschaft im Wege der vorweggenommenen Erbfolge oder von Todes wegen übertragen, muss der Steuerwert als Bemessungsgrundlage der steuerpflichtigen Bereicherung nach den Vorschriften des Bewertungsgesetzes (§§ 158-175 BewG) ermittelt werden. Der Betrieb ist dabei als eine wirtschaftliche Einheit zu bewerten. Diese untergliedert sich in den Wirtschaftsteil, in die Betriebswohnung(en) und in den Wohnteil (§ 160 Abs. 1 BewG).

Der Wirtschaftsteil umfasst alle land- und forstwirtschaftlichen Nutzungen, 317
einschließlich der Nebenbetriebe sowie der jeweiligen stehenden und umlaufenden Betriebsmittel. Auch Abbauland (Sand-, Kiesgruben, Torfstiche usw.), Geringstland (Flächen mit geringster Ertragsfähigkeit, für welche nach dem Bodenschätzungsgesetz keine Wertzahlen festgestellt werden können) und Umland (Flächen, die auch bei professioneller Bewirtschaftung keinen Ertrag abwerfen können) zählen dazu. Die Bewertung des Wirtschaftsteils erfolgt nach einem typisierten Ertragswertverfahren. Die einzelnen Bestandteile des Betriebs werden dabei gesondert bewertet, wobei bestimmte Mindestwerte nicht unterschritten werden dürfen.

Dem Wohnteil zuzurechnen sind Gebäude und/oder Gebäudeteile, die dem 318
Land- und Forstwirt und seinen Angehörigen zu Wohnzwecken dienen. Zum Wohnteil zählen neben der bebauten Fläche auch Stellplätze und Hausgärten.

Auch der „Altenteil“ zählt zum Wohnteil, wenn die Nutzung der Wohnung in einem Altenteilsvertrag festgelegt ist und mit dem Land- und Forstwirtschaftsbetrieb ein räumlicher Zusammenhang besteht. Für die Abgrenzung des Wohnteils vom Wirtschaftsteil ist höchstens das Fünffache der jeweils bebauten Fläche zugrunde zu legen (§ 167 Abs. 2 BewG).

319 Um eine Betriebswohnung handelt es sich in Abgrenzung zum Wohnteil des Betriebsinhabers um Wohnungen der Angestellten des Land- und Forstwirtschaftsbetriebs. Diese sogenannten „Landarbeiterwohnungen“ müssen einschließlich des dazugehörigen Grund- und Bodens gesondert angesetzt werden. Zu den Betriebswohnung(en) zählen auch Stellplätze und Hausgärten. Für die Abgrenzung der Betriebswohnung(en) vom Wirtschaftsteil gelten die Regelungen des § 167 Abs. 2 BewG analog.

320–330 *Einstweilen frei*

Teil III: Wie der Fiskus Erbschaften und Schenkungen besteuert

Vorbemerkung 331

Deutsche Erbschaftsteuer wird in Form einer Erbanfallsteuer erhoben. Erfasst wird allein der außerordentliche Vermögenszuwachs beim Erwerber, d. h., die deutsche Erbschaft- und Schenkungsteuer zielt allein auf die Bereicherung des Erben oder Beschenkten ab und nicht – wie die im angloamerikanischen Rechtskreis übliche Nachlasssteuer[1] – auf den ungeteilten Nachlass als solchen.

Die Erhebung von Erbschaft- und Schenkungsteuer knüpft an vier Kriterien an; auf mindestens eines dieser vier Komponenten müssen Gestaltungen zur Optimierung der Steuerbelastung einwirken. Diese vier Kriterien sind:

- die subjektive (persönliche) Steuerpflicht,
- der steuerpflichtige Erwerbsvorgang,
- der steuerpflichtige Erwerb (die Bereicherung) und
- der Steuersatz.

Der Steuersatz richtet sich zum einen nach der Verwandtschaftsnähe, was durch eine Gruppierung der „Empfänger" in drei Steuerklassen zum Ausdruck kommt, und zum anderen – innerhalb der drei Steuerklassen – nach der durch die Höhe des steuerpflichtigen Erwerbs entstandenen „besonderen steuerlichen Leistungsfähigkeit". Praktisch ausgedrückt bedeutet dies, dass – je nach Art des Erwerbsvorgangs – die Erbschaft- oder die Schenkungsteuer mit zunehmender Bereicherung und zunehmender Entfernung der Verwandtschaftsnähe zum Erblasser (Schenker) prozentual ansteigt. Die Bereicherung, an der sich die Erbschaft- und Schenkungsteuer primär bemisst, wird aus der Summe der Steuerwerte aller Einzelgegenstände berechnet.

1 Die persönliche Steuerpflicht

1.1 Allgemeines

Bei der Erhebung von Erbschaft- und Schenkungsteuer knüpft das Gesetz zuallererst an die persönliche Steuerpflicht an. Erst wenn das Vorliegen einer per- 332

1 Im Gegensatz zur Erbanfallsteuer unterwirft die Nachlasssteuer den gesamten ungeteilten Nachlass einem einheitlichen Steuersatz, bevor der Nachlass auf die Erben aufgeteilt wird und ohne Berücksichtigung, auf wie viele „Köpfe" das Vermögen zu verteilen ist.

sönlichen Steuerpflicht bejaht werden kann, treten die weiteren drei Bestimmungsgründe für die Erbschaftsteuererhebung in Erscheinung: der Erwerbsvorgang, der steuerpflichtige Erwerb und der Steuersatz.

Die persönliche Steuerpflicht unterteilt sich in:

- die unbeschränkte Steuerpflicht, der der gesamte Erwerb unterliegt, und
- die beschränkte Steuerpflicht, welche nur bestimmte Vermögensgegenstände, nämlich das Inlandsvermögen bzw. – wenn das Außensteuerrecht zum Tragen kommt – das erweiterte Inlandsvermögen erfasst.

Während die unbeschränkte Steuerpflicht personenbezogen ist – es genügt hier bereits die unbeschränkte Steuerpflicht des Erblassers/Schenkers oder des Erwerbers –, haftet die beschränkte Steuerpflicht am Vermögensgegenstand selbst und den Nutzungsrechten daran. Anders ausgedrückt: Wird (erweitertes) Inlandsvermögen übertragen, fällt die Steuer an, ungeachtet dessen, ob Erblasser/Schenker und Erwerber der Steuerpflicht überhaupt unterliegen.

HINWEIS:

Während bei unbeschränkter Steuerpflicht der Gesamterwerb aus dem In- und Ausland der deutschen Erbschaftsteuer-/Schenkungsteuer unterliegt, tritt bei beschränkter Steuerpflicht eine Steuerpflicht nur bezogen auf das erworbene deutsche Inlandsvermögen ein. In Fällen der beschränkten Steuerpflicht werden die persönlichen Freibeträge zum Erblasser/Schenker nur anteilig, bezogen auf den Inlandserwerb gewährt. Weitere Ausführungen siehe Rz. 1111.

1.2 Unbeschränkte Steuerpflicht natürlicher und juristischer Personen

1.2.1 Natürliche Personen

1.2.1.1 Persönliche Voraussetzungen

333 Unbeschränkte Erbschaftsteuerpflicht ist gegeben, wenn entweder der Erblasser mit letztem Wohnsitz in Deutschland verstorben ist oder der Erbe im Zeitpunkt der Entstehung der Steuerschuld (vgl. § 9 ErbStG) ein Inländer ist. Unbeschränkte Schenkungsteuerpflicht ist gegeben, wenn der Schenker im Zeitpunkt der Schenkung oder der Beschenkte im Zeitpunkt der Entstehung der Steuerschuld Inländer ist (§ 2 Abs. 1 Nr. 1 ErbStG). Die Betonung ist hier auf das Wörtchen „oder" zu legen, drückt es doch aus, dass das Gesetz das Vorliegen eines Tatbestandes genügen lässt. Ist der Erblasser (Schenker) ein Inländer, kommen die Umstände auf der Seite des Erwerbers nicht mehr in Betracht. Unbeschränkte Steuerpflicht tritt immer ein, auch wenn der Erwerber (Erbe, Vermächtnisnehmer, Beschenkte) kein Inländer ist. Die Frage nach der Inlän-

dereigenschaft des Erwerbers stellt sich daher erst, wenn diese auf Seiten des Gebers zu verneinen ist.

Unbeschränkt steuerpflichtiger Inländer ist, wer in Deutschland seinen Wohnsitz oder gewöhnlichen Aufenthalt hat (§ 2 Abs. 1 Nr. 1 Buchst. a ErbStG). Auf die Staatsangehörigkeit kommt es dabei nicht an. Was unter „Wohnsitz" oder „gewöhnlichem Aufenthalt" zu verstehen ist, ergibt sich aus den §§ 8 und 9 AO. Zur Begründung einer Steuerpflicht muss danach zunächst einmal eine Wohnung vorhanden sein und es müssen Umstände vorliegen, die darauf schließen lassen, dass diese Wohnung durch den Inhaber beibehalten und als solche auch genutzt wird. Auf Ausstattung und Art der Wohnung und der Tatsache, dass die Wohnung dem Steuerpflichtigen gar nicht gehört, kommt es nicht an. Ein Wohnsitz i. S. des § 8 AO setzt auch nicht voraus, dass der Steuerpflichtige von dort aus seiner täglichen Arbeit nachgeht. Ebenso wenig ist es erforderlich, dass der Steuerpflichtige sich während einer Mindestzahl von Tagen oder Wochen im Jahr in der Wohnung aufhält 334

Die Voraussetzungen für das Innehaben eines inländischen Wohnsitzes sind ausschließlich nach den tatsächlichen und wirtschaftlichen Gesichtspunkten zu beurteilen. Der BFH hatte im Urteil vom 26.2.1986 die Erbin eines seit 1960 in Liechtenstein wohnhaften Erblassers als unbeschränkt steuerpflichtig angesehen, weil der Erblasser im Haus der Erbin, das in Deutschland belegen war, infolge schwerer Krankheit verstarb.[1] In einem anderen Fall hatte der BFH in einer nur während der Jagdzeiten im Frühjahr und im Herbst zur Unterkunft benutzten Doppelhaushälfte einen inländischen Wohnsitz erkannt. Dies führte zur Besteuerung des Nachlasses eines Anfang 1979 verstorbenen und seit 1960 in Liechtenstein wohnhaften Erblassers.[2] Dem hingegen hat ein ausländisches Kind, das Erbe seiner in Deutschland lebenden Eltern wird, jedoch im Heimatland bei Verwandten untergebracht ist, dort die Schule besucht und sich nur während der Schulferien in der Wohnung seiner Eltern im Inland aufgehalten hat, bei den Eltern im Inland keinen Wohnsitz.[3] 335

Den gewöhnlichen Aufenthalt hat jemand dort, „wo er sich unter Umständen aufhält, die erkennen lassen, dass er an diesem Ort oder in diesem Gebiet nicht nur vorübergehend verweilt" (§ 9 Satz 1 AO). Als Aufenthalt kommt grds. 336

1 BFH, Urteil v. 26.2.1986 - II R 200/82, PAAAB-28661. Eine Rückkehr nach Liechtenstein war infolge des desolaten Gesundheitszustandes nicht möglich. Der Erblasser hatte sich über sieben Monate in der Wohnung der Erbin und Steuerpflichtigen aufgehalten.

2 BFH, Urteil v. 23.11.1988 - II R 139/87, BStBl 1989 II S. 182.

3 BFH, Beschluss v. 10.8.1998 - VI B 21/98, AAAAA-62556.

jede körperliche Anwesenheit in Betracht. Der gewöhnliche Aufenthalt setzt nicht das Innehaben einer Wohnung voraus.

337 Im Unterschied zum Wohnsitz, den ein Steuerpflichtiger an mehreren Orten gleichzeitig haben kann, weil es bei ihm nicht auf das ständige Nutzen einer Wohnung oder gar einer Mindestwohnzeit ankommt, kann eine Person ihren gewöhnlichen Aufenthalt nur an einem Ort haben: Denn es kann sich niemand gleichzeitig an zwei Orten aufhalten, und zwar so aufhalten, „dass darin nicht nur ein vorübergehendes Verweilen zu sehen ist".

Grundsätzlich spricht eine Verweildauer von mehr als sechs Monaten dafür, dass diese nicht vorübergehend ist. Dementsprechend ist nach § 9 Satz 2 AO ein zeitlich zusammenhängender Aufenthalt von mehr als sechs Monaten Dauer als „gewöhnlich" anzusehen. Die Sechs-Monats-Grenze gilt allerdings primär der Vermeidung von Auslegungsschwierigkeiten und ist kein Garant für Steuerfreiheit. Denn für den tatsächlichen Aufenthalt kommt es auf eine Mindestdauer nicht an. Vielmehr ist nach dem Willen des Gesetzgebers auf die Aufenthaltsumstände abzustellen. Kurzfristige Unterbrechungen bleiben außer Acht; jedoch können mehrere oder gar viele kurzfristige Unterbrechungen einen Aufenthalt zu einem nicht mehr zusammenhängenden machen.

Deutschen Staatsbürgern kann es in aller Regel egal sein, ob ein längerer Auslandsaufenthalt als „gewöhnlicher" angesehen werden kann oder nicht. Denn deutsche Staatsangehörige (hier kommt es auf die Staatsangehörigkeit an), die sich nicht länger als fünf Jahre dauernd im Ausland aufgehalten haben, ohne im Inland einen Wohnsitz zu haben, werden Inländern gleichgestellt (§ 2 Abs. 1 Nr. 1 Buchst. b ErbStG). Diese „Fünfjahresfrist-Besteuerung" wird als erweiterte unbeschränkte Steuerpflicht oder schlicht als „Wegzugsbesteuerung" bezeichnet. Sie ist der alleinige Grund, weshalb ein „Wegzug" erbschaftsteuerrechtlich – wenn überhaupt – erst interessant wird, wenn er schon länger als fünf Jahre zurückliegt.

338 Der Einschränkung „wenn überhaupt" liegt hierbei die Überlegung zu Grunde, dass ein Wegzug mit Wegfall der unbeschränkten Steuerpflicht sowohl beim Erblasser/Schenker als auch beim Erben/Beschenkten auch den Wegfall der Freibeträge bedingt. Des Weiteren führt das Verstreichen der Fünfjahresfrist nicht in allen Fällen zum Wegfall der unbeschränkten Steuerpflicht: Steht nämlich ein deutscher Staatsbürger während seines Auslandsaufenthalts zu einer inländischen juristischen Person des öffentlichen Rechts in einem Dienstverhältnis und bezieht er dafür Arbeitslohn aus einer inländischen öffentlichen Kasse, bleibt er Inländer; und zwar auch dann, wenn sich der permanente Aus-

landsaufenthalt bereits über mehr als fünf Jahre erstreckt (§ 2 Abs. 1 Nr. 1 Buchst. c ErbStG).

Bei sonstigen ins Ausland versetzten Arbeitnehmern ist – widerlegbar – zu vermuten, dass diese einen Wohnsitz im Inland haben, wenn sie eine Wohnung im Inland beibehalten, deren Benutzung ihnen jederzeit möglich ist und die so ausgestattet ist, dass sie jederzeit als Bleibe dienen kann. Das Innehaben eines Wohnsitzes im Inland kann aber z. B. dadurch widerlegt werden, dass die Wohnung vermietet wird oder dass die Familie des ins Ausland versetzten Bediensteten kurzfristig nachzieht, der Bedienstete am neuen Tätigkeitsort einer uneingeschränkten Residenzpflicht unterliegt und deswegen seinen Wohnsitz im Inland aufgegeben hat. 339

HINWEIS:

Vermögen kann durch einen vorhergehenden und u. U. sehr lange zurückliegenden Wohnsitzwechsel des Schenkers nicht steuerfrei übertragen werden, wenn der Beschenkte in Deutschland ansässig geblieben ist. Wenn schon Schenkungsteuer durch Wohnsitzverlagerung gespart werden soll, dann müssen schon Schenker und Beschenkter – also u. U. alle Familienangehörigen – ihren Wohnsitz verlagert haben, und zwar für länger als fünf Jahre vom Zeitpunkt der Schenkung an zurückgerechnet.

1.2.1.2 Zeitpunkte der Prüfung der unbeschränkten Steuerpflicht

Hier ist zunächst zu unterscheiden, ob sich die Prüfung nach der Steuerpflicht des Erblassers (Schenkers) oder des Erwerbers richten soll. Wie oben festgestellt, ergibt sich die Notwendigkeit der Prüfung der Inländereigenschaft auf Seiten des Erwerbers erst, wenn der Erblasser (Schenker) zum Zeitpunkt seines Todes bzw. zum Zeitpunkt der Ausführung der Schenkung kein Inländer war. 340

Bei der Prüfung der unbeschränkten Steuerpflicht des Gebers kommt es auf die Verhältnisse im Zeitpunkt seines Todes oder im Zeitpunkt der Ausführung der Schenkung an. Trifft nun tatsächlich zu, dass der Geber zu den maßgeblichen Zeitpunkten kein Inländer war, und ist infolgedessen im zweiten Schritt die Inländereigenschaft des Erwerbers zu prüfen, ist bei diesem auf den Zeitpunkt der Entstehung der Steuerschuld abzustellen. 341

Erbschaftsteuer entsteht mit dem Tod des Erblassers, die Schenkungsteuer mit dem Zeitpunkt der Ausführung der Zuwendung (§ 9 Abs. 1 Nrn. 1 und 2 ErbStG). Im Regelfall ergeben sich keine zeitlichen Unterschiede. In Ausnahmefällen kann es aber vorkommen, dass dem Erwerber der Erwerb nicht mit dem Tode des Erblassers oder mit dem Zeitpunkt der Ausführung der Schenkung zuzurechnen ist, sondern zu einem viel späteren Zeitpunkt. Dies ist dann der Fall, wenn Vermögen aufschiebend bedingt erworben wird. 342

343 Ein Erb- oder Schenkungsgegenstand wird „aufschiebend bedingt“ erworben, wenn der Erwerb vom Eintritt einer Bedingung abhängt. Das Rechtsgeschäft (bei der Schenkung) ist insoweit „schwebend unwirksam“ und erlangt erst mit Eintritt der Bedingung Rechtskraft. Steuerlich werden solche Güter erst berücksichtigt, wenn diese Bedingung eingetreten ist (§ 4 BewG). So wird beispielsweise Erbschaft- und Schenkungsteuer erst „mit dem Zeitpunkt des Eintritts der Bedingung oder des Ereignisses“ fällig (§ 9 Abs. 1 Nr. 1 Buchst. a ErbStG).

344 Die Tatsache, dass bei der Prüfung der Steuerpflicht des Erwerbers ausschließlich auf den Zeitpunkt der Entstehung der Steuerpflicht abzustellen ist, kann sich i.V. mit einem aufschiebend bedingten Erwerb u.U. sehr negativ auswirken, wenn der Erwerber zu diesem Zeitpunkt die unbeschränkte Steuerpflicht erlangt hat.

BEISPIEL: Der französische Schriftsteller S hat für seine Tochter ein aufschiebend bedingtes Vermächtnis ausgesetzt und dieses von ihrer Verheiratung abhängig gemacht. Die Tochter hat kurze Zeit vor ihrer Verheiratung mit einem Deutschen ihren Wohnsitz von Paris nach Köln verlegt. Das Vermächtnis unterliegt in vollem Umfang der Erbschaftsteuer; denn bei Eintritt der Bedingung, d. h. im Zeitpunkt der Entstehung der Steuerschuld, war sie unbeschränkt steuerpflichtig.

HINWEIS:

Wurzelt die Steuerpflicht nicht bereits in der Inländereigenschaft des Erblassers (Schenkers), können Begünstigte bei aufschiebend bedingten Erwerben Steuerfreiheit dadurch erlangen, dass sie die Bedingung erst eintreten lassen, nachdem ihre unbeschränkte Steuerpflicht im Inland geendet hat.

1.2.2 Körperschaften, Personenvereinigungen und Vermögensmassen

345 Unbeschränkt steuerpflichtig sind alle Körperschaften, Personenvereinigungen und Vermögensmassen, die ihre Geschäftsleitung oder ihren Sitz im Inland haben (§ 2 Abs. 1 Nr. 1 ErbStG). Zu den Personenvereinigungen und Vermögensmassen zählen alle rechtsfähigen und nichtrechtsfähigen Vereinigungen, Anstalten, Zweckvermögen usw., die den Körperschaften gleichstehen und auch unter das Körperschaftsteuerrecht fallen. Auch Stiftungen gehören dazu.[1]

346 Was unter Geschäftsleitung oder Sitz zu verstehen ist, ergibt sich wiederum aus der Abgabenordnung. Geschäftsleitung ist gem. § 10 AO „der Mittelpunkt der geschäftlichen Oberleitung“. Einen Sitz hat eine Körperschaft, Personenvereinigung oder Vermögensmasse an dem Ort, der durch Gesetz, Gesell-

1 Zu den Stiftungen vgl. Teil X.

schaftsvertrag, Satzung, Stiftungsgeschäft oder dergleichen bestimmt ist (§ 11 AO). Beim „Sitz“ kommt es also im Gegensatz zur Geschäftsleitung oder dem bei natürlichen Personen maßgebenden Wohnsitz nicht auf die tatsächlichen Verhältnisse an, sondern auf rechtliche Konstruktionen; also auf das, was im Gesellschaftsvertrag vereinbart ist.

Die Gesellschaft mit beschränkter Haftung (GmbH) ist selbständiges Steuer- 347
subjekt und Erwerberin i. S. des § 20 Abs. 1 ErbStG. Ist die GmbH Zuwendungsempfänger, unterliegt, sofern die Leistung nicht aus gesellschaftsrechtlichen Gründen erbracht wird, die Wertsteigerung des Gesellschaftsvermögens der Schenkungsteuer, dann aber nicht bei der juristischen Person GmbH, sondern bei den Gesellschaftern. Also nicht die GmbH, sondern die Gesellschafter gelten hier als bereichert.

Offene Handelsgesellschaften, Kommanditgesellschaften oder Gesellschaften 348
des bürgerlichen Rechts sind keine Körperschaften, sondern Personengesellschaften oder Gesamthandsgemeinschaften (§ 718 BGB) und daher nicht erbschaft- und schenkungsteuerpflichtig. Erwirbt eine OHG oder KG, ist der Erwerb nicht steuerfrei: Es findet vielmehr ein Durchgriff auf die Gesellschafter statt, die Steuersubjekte i. S. des § 2 Abs. 1 Nr. 1 ErbStG darstellen und im Wert der Bereicherung der Steuerpflicht unterliegen. Es erweist sich stets als sinnvoller, Schenkungen an Gesellschafter von Personengesellschaften auf direktem Weg zu vollziehen. Soll eine OHG, KG oder GbR bedacht werden, geht die Zuwendung in die Gesamthand über; die Gesellschafter können über die Zuwendung nicht einzeln verfügen. Dennoch darf aber die Steuer nicht aus dem Gesellschafts- bzw. Gesamthandsvermögen heraus finanziert werden. Die Gesellschafter müssen die Steuer zunächst aus privaten Mitteln bestreiten.

1.3 Beschränkte Steuerpflicht

Sind sowohl der Erblasser (Schenker) als auch der Erbe (Beschenkte) zu den 349
maßgeblichen Zeitpunkten keine Inländer, würde im Grunde keine Steuerpflicht entstehen. Kommt aber Inlandsvermögen zur Übertragung, knüpft die Steuerpflicht dort an (§ 2 Abs. 1 Nr. 3 ErbStG).

BEISPIEL: A aus Amerika überträgt seinem in der Schweiz wohnhaften Enkel ein Grundstück in Deutschland. Der Vorgang betrifft inländisches Grundvermögen als Inlandsvermögen und unterliegt der beschränkten Steuerpflicht.

Für die beschränkte Steuerpflicht müssen drei Voraussetzungen gegeben sein: 350

- Der Erblasser (Schenker) darf seinen Wohnsitz oder gewöhnlichen Aufenthalt nicht im Inland haben;

- Der Erwerber (Erbe, Vermächtnisnehmer, Beschenkte) muss im Ausland ansässig sein und darf keinen Zweitwohnsitz im Inland haben;
- Es muss Inlandsvermögen zum Erwerb gelangen.[1]

HINWEIS:

Die Steuerpflicht erstreckt sich beim Inlandsvermögen allerdings nur auf solche Wirtschaftsgüter, die auch bei unbeschränkter Steuerpflicht einem Erwerb zuzurechnen sind. Steuerfrei sind deshalb auch beim Inlandsvermögen die Wirtschaftsgüter, die nach den Vorschriften des Erbschaftsteuer- und Schenkungsteuergesetzes nicht zur Besteuerung herangezogen würden.

2 Überblick über die steuerpflichtigen Erwerbsvorgänge

351 Steuerpflichtige Erwerbsvorgänge, die der Erbschaft- und Schenkungsteuer unterliegen, sind:

- Erwerbe von Todes wegen,
- Schenkungen unter Lebenden,
- Zweckzuwendungen,
- Vermögensübertragungen auf Stiftungen, sofern diese wesentlich im Interesse einer Familie oder bestimmter Familien errichtet sind, bei Errichtung und in Zeitabständen von je 30 Jahren,
- Vermögensübertragungen auf eine Vermögensmasse ausländischen Rechts, wenn diese auf die Bindung von Vermögen gerichtet ist,
- Vermögenswerte, die infolge der Aufhebung einer Stiftung, eines Vereins oder einer Vermögensmasse ausländischen Rechts erworben werden,
- Leistungen an eine Kapitalgesellschaft, soweit diese zu einer Werterhöhung der Anteile führt.

352 Zwischen der Erbschaft- und der Schenkungsteuer bestehen bis auf die nachfolgend genannten Punkte und der Tatsache, dass die Erbschaftsteuer bei Übertragungen zu Lebzeiten als Schenkungsteuer erhoben wird, keine Unterschiede. Dies ist auch erwünscht, denn es wäre volkswirtschaftlich nicht zu vertreten, lebzeitige Vermögensübertragungen durch eine stärkere Besteuerung unattraktiv zu machen.

1 Weitere Ausführungen zum Inlandsvermögen vgl. unten Teil IX Rz. 1104.

Nicht auf Schenkungen anzuwenden sind insbesondere die Vorschriften[1] 353

- zum Abzug der Nachlassverbindlichkeiten (§ 10 Abs. 1 Satz 2 ErbStG),
- zum Pauschbetrag für Erbfallkosten (§ 10 Abs. 5 Nr. 3 Satz 2 ErbStG),
- zum Erwerb eines Familienheims von Todes wegen (§ 13 Abs. 1 Nr. 4b und 4c ErbStG),
- zum Rückfall von Vermögensgegenständen an die Eltern (§ 13 Abs. 1 Nr. 10 ErbStG),
- zur Steuerklasse der Eltern bei Erwerben von Todes wegen (§ 15 Abs. 1 ErbStG Steuerklasse I Nr. 4) oder zu Erwerben aufgrund gemeinschaftlicher Testamente von Ehegatten (Lebenspartnern)[2] (§ 15 Abs. 3 ErbStG),
- zum besonderen Versorgungsfreibetrag für den überlebenden Ehegatten (r Lebenspartner) oder die Kinder des Erblassers (§ 17 ErbStG). Der Versorgungsfreibetrag nach § 17 ErbStG kann ausnahmsweise bei einem nach § 7 Abs. 1 Nr. 5 ErbStG steuerbaren Erwerb gewährt werden, wenn ein Ehegatte oder Lebenspartner als Abfindung für seinen Erbverzicht und aufschiebend bedingt bis zum Tod des anderen Ehegatten/Lebenspartner ein Leibrentenstammrecht erwirbt,
- zur Haftung von Kreditinstituten (§ 20 Abs. 6 Satz 2 ErbStG) oder
- zur Steuerermäßigung bei mehrfachem Erwerb desselben Vermögens (§ 27 ErbStG).
- zur Stundung der auf das begünstigte Vermögen i. S. des § 13b Abs. 2 ErbStG entfallenden Steuer siehe § 28 Abs. 1 ErbStG.

Praktisch kann es zudem in bestimmten Fällen nur zur Besteuerung eines Erwerbs von Todes wegen kommen. Sind mit diesen Fällen Begünstigungen verknüpft, können diese nur für die Erbschaftsteuer, nicht aber auch für die Schenkungsteuer anwendbar sein. Man denke hier u. a. an das Berliner Testament, an den Versorgungsfreibetrag nach § 17 ErbStG, welcher nur dem überlebenden und nicht dem beschenkten Ehegatten eingeräumt wird, oder an den „Dreißigsten" (§ 13 Abs. 1 Nr. 4 ErbStG). 354

Der Erwerb von Todes wegen ist in § 3 ErbStG näher geregelt. Die dort aufgeführten Fälle, die im Einzelnen noch dargestellt werden, sind abschließend. Wer Wege findet, um Vermögen von Todes wegen auf andere Personen zu 355

---

1 Vgl. R E 1.1 ErbStR 2019.

2 Eine eingetragene Lebenspartnerschaft konnte bis zum 30.9.2017 begründet werden. Seit dem 1.10.2017 können gleichgeschlechtliche Paare die Ehe eingehen; wird eine bestehende eingetragene Lebenspartnerschaft nicht in eine Ehe umgewandelt, bleibt sie als Lebenspartnerschaft bestehen.

übertragen, welche sich nicht unter die dort aufgeführten Tatbestände einordnen lassen, kann nicht zur Erbschaftsteuer herangezogen werden.

356 Der Katalog der steuerpflichtigen Erwerbe von Todes wegen wurde in den vergangenen Jahren stetig ergänzt und präzisiert, zuletzt durch die Neufassung des § 3 Abs. 2 Nr. 5 ErbStG im Jahressteuergesetz 2020.[1] Die Vorschrift trägt dem Umstand Rechnung, dass bei aufschiebend bedingten, befristeten oder betagten Vermächtnissen das Entstehen und Fälligkeit eines Vermächtnisanspruchs regelmäßig auf einen späteren Zeitpunkt nach dem Erbfall hinausgeschoben ist. Wurde ein Vermächtnis bereits angenommen und kann es daher nicht mehr ausgeschlagen werden, entsteht regelmäßig dann eine Besteuerungslücke, wenn vor dem maßgeblichen Zeitpunkt der Steuerentstehung auf den Vermächtniserwerb verzichtet worden ist. Die bisherige Regelung zur Vermeidung der genannten Besteuerungslücke (§ 3 Abs. 2 Nr. 5 a. F. ErbStG) setzte den Ablauf der Ausschlagungsfrist voraus. Eine solche gibt es bei Vermächtnissen jedoch gerade nicht. Nach der Gesetzesneufassung unterliegt der Erbschaftsteuer nun jener Surrogaterwerb, der dem Vermächtnisnehmer als Abfindung für ein Vermächtnis zufließt, „das der Vermächtnisnehmer angenommen hat". Mit der Neufassung stellt der Gesetzgeber klar, dass der Erbschaftsteuer auch jene Abfindungszahlungen unterliegen, welche für den Verzicht auf ein angenommenes Vermächtnis gewährt werden, welches wegen der Annahme nicht mehr ausgeschlagen werden kann.[2] Steuerpflichtiger Erwerbsgegenstand ist hiermit die Abfindung. Die Erbschaftsteuer entsteht mit dem Verzicht auf das Vermächtnis.

357 Als steuerpflichtiger Erwerb gilt auch die Zurückweisung einer Versicherungsleistung gegen Abfindung. § 3 Abs. 2 Nr. 4 ErbStG umfasst als steuerpflichtigen Erwerb von Todes wegen auch was als Abfindung … für die Zurückweisung eines Rechts aus einem Vertrag des Erblassers zugunsten Dritter auf den Todesfall … gewährt wird.

358 Bei der Schenkung unter Lebenden konnte schon bislang keine bestehende Gesetzeslücke zur Ausarbeitung besonderer Gestaltungsmöglichkeiten inspirieren. Was als Schenkung i. S. des Gesetzes gilt, ergibt sich aus § 7 ErbStG. Und dieser ist im Gegensatz zu § 3 ErbStG nicht abschließend. Jede unentgeltliche Zuwendung – gleich welcher Art – ist hier erfasst, sofern sie zu einer Entreicherung beim Schenker und einer Bereicherung des Beschenkten führt und die Ent-/Bereicherung von beiden Parteien gewollt ist.

---

1 BGBl 2020 I S. 3096.

2 Vgl. Gesetzesbegründung zu Art. 28, Nummer 1 JStG 2020 i. d. F. des Gesetzentwurfs vom 2.9.2020.

Die Einräumung eines Dauerwohnrechts ist keine freigebige Zuwendung i. S. des § 7 ErbStG. Vgl. Rz. 804 ff. Freigebige Zuwendungen können bei Gebrauchs- oder Nutzungsüberlassungen nur dann gegeben sein, wenn sie zu einer Entreicherung beim Überlasser und einer Bereicherung beim Berechtigten führen. Dies ist bei Einräumung eines Dauerwohnrechts aber nicht der Fall. 359

Von einer entreichernden Vermögenshingabe kann nur gesprochen werden, wenn der Zuwendende den Vermögensgegenstand ohne die Nutzungsüberlassung anderweitig (zum eigenen Gebrauch oder zur entgeltlichen Fremdnutzung) verwendet hätte. Dabei ist – da die Entreicherung bei einer Zuwendung, die auf Kosten des Zuwendenden erfolgen muss, eindeutig auch einen subjektbezogenen Zuschnitt hat – in erster Linie darauf abzustellen, welche konkreten Verwendungsabsichten der Zuwendende infolge der Nutzungsüberlassung aufgeben musste und ob er überhaupt konkrete Verwendungsabsichten hatte. Wer von seinem Nutzungsrecht als Eigentümer bislang keinen Gebrauch macht und auch künftig keinen Gebrauch machen will, kann dadurch, dass er den Vermögensgegenstand auf Zeit einem Dritten unentgeltlich zur Nutzung überlässt, keine Vermögenseinbuße erleiden.[1] 360

Zweckzuwendungen sind Zuwendungen, die ebenfalls von Todes wegen oder unter Lebenden erfolgen, jedoch nicht an eine bestimmte Person oder an einen bestimmten Personenkreis fallen, sondern einem bestimmten Zweck dienen oder unbestimmte Personenkreise begünstigen sollen, welche sich nicht namentlich erfassen lassen. Ein bestimmter Erwerber (Erbe, Vermächtnisnehmer, Beschenkte), welcher unmittelbar aus der Zuwendung bereichert ist (und Steuern zahlen müsste), fehlt hier. Jedenfalls kann ein Treuhänder, dem man solche Vermögenswerte in aller Regel überträgt, nicht als bereichert angesehen werden, weil er ja das Vermögen nicht für eigene Zwecke verwenden darf. Dies ist auch der Grund, weshalb Zweckzuwendungen als solche besteuert werden und unter § 1 Abs. 1 Nr. 3 i. V. mit § 8 ErbStG als eigener steuerpflichtiger Vorgang aufgeführt sind.[2] 361

Letzten Besteuerungstatbestand im Katalog der steuerpflichtigen Vorgänge bildet die Ersatzerbschaftsteuer für Familienstiftungen. Weil eine Familienstiftung nicht „stirbt", können Vermögenswerte – solange sie Stiftungsvermögen darstellen – über Generationen hinweg steuerfrei weitervererbt werden. Mit der sogenannten Ersatzerbschaftsteuer für inländische Familienstiftungen will der Fiskus dies größtenteils verhindern. Die Ersatzerbschaftsteuer wird alle 362

1 Gebel in Troll/Gebel/Jülicher/Gottschalk, ErbStG, § 7 Rz. 28.

2 Sofern mit Zweckzuwendungen wohltätige Ziele verfolgt werden, sind solche Zuwendungen nach § 13 Nr. 15 oder 17 ErbStG von der Steuer befreit.

30 Jahre erhoben, schlägt allerdings im Verhältnis gemildert zu Buche, weil im Ergebnis zwei Erben unterstellt werden, die nicht in jeder Familie vorhanden sein dürften. Außerdem kann die Ersatzerbschaftsteuer in 30 Jahresraten bezahlt (verrentet) werden, allerdings unter Verrechnung eines Zinssatzes von 5,5 % (§ 24 ErbStG).

363 Des Weiteren finden bei Vorliegen der entsprechenden Voraussetzungen auch jene Steuerbefreiungen, die für Betriebsvermögen gelten (Verschonungsregelungen nach § 13a ErbStG), auch für die Ersatzerbschaftsteuer Anwendung. Die Ersatzerbschaftsteuer kann schließlich durch Errichtung mehrerer Stiftungen gemildert werden (Kappung hoher Progressionsstufen und Vervielfachung der Freibeträge).

HINWEIS:

Steuerpflichtigen kann keine Steuerumgehungsabsicht vorgeworfen werden, wenn allein aus erbschaftsteuerlichen Gründen für die Gestaltung eines Rechtsgeschäfts ein nach bürgerlichem Recht zulässiger Weg gewählt wird. Dieser Weg muss nur so vernünftig sein, dass diesen auch fremde Dritte so beschreiten würden.

3 Die steuerpflichtigen Erwerbsvorgänge im Einzelnen

3.1 Erwerbe von Todes wegen

3.1.1 Allgemeines

364 § 3 Abs. 1 ErbStG erfasst die in der Praxis am häufigsten vorkommenden Grundtatbestände. Nach dieser Vorschrift gilt als unmittelbarer Erwerb von Todes wegen der Erwerb durch Erbanfall, aufgrund eines Erbersatzanspruches, durch Vermächtnis bzw. durch Schenkung auf den Todesfall. Die vom Erblasser kraft Gesetzes unterstellten fiktiven Erwerbe erfasst der zweite Absatz des § 3 ErbStG. Fiktive Erwerbe, auch „Surrogaterwerbe" genannt, stellen die sogenannten Ergänzungs- und Ersatztatbestände dar.

365 Unmittelbare Erwerbe sind:

- der Erwerb durch Erbanfall (§ 1922 BGB; § 3 Abs. 1 Nr. 1 ErbStG);
- der Erwerb durch Vermächtnis und sonstige Erwerbe, auf die die Vermächtnisvorschriften Anwendung finden (§§ 2147 ff. BGB; § 3 Abs. 1 Nrn. 1 und 3 ErbStG);
- die geltend gemachten Pflichtteils- und Erbersatzansprüche (§§ 1934a ff. BGB, §§ 2303 ff. BGB; § 3 Abs. 1 Nr. 1 ErbStG);
- der Erwerb durch Schenkungen auf den Todesfall (§ 2301 BGB; § 3 Abs. 1 Nr. 2 ErbStG);

- alle Vermögensvorteile, die Dritten aus einem vom Erblasser geschlossenen Vertrag bei dessen Tod unmittelbar zufallen (§ 3 Abs. 1 Nr. 4 ErbStG).

Ein steuerpflichtiger Erwerb von Todes wegen liegt indessen auch dort vor, wo man einen solchen keinesfalls vermuten würde. So führt das Ausscheiden eines Mitgesellschafters durch Tod unter Abfindung seiner Erben zu Buchwerten bei den in der Gesellschaft verbliebenen Gesellschaftern zu einem steuerpflichtigen Erwerb von Todes wegen. 366

Fiktive vom Erblasser als zugewendet geltende Erwerbe sind: 367

- Vermögensübertragungen auf eine Stiftung (§ 3 Abs. 2 Nr. 1 Satz 1 ErbStG);[1]
- die Bildung oder Ausstattung einer Vermögensmasse ausländischen Rechts (§ 3 Abs. 2 Nr. 1 Satz 2 ErbStG);
- Erwerbe durch Erfüllung einer vom Erblasser angeordneten Auflage oder Bedingung, sofern keine Zweckzuwendung vorliegt (§ 3 Abs. 2 Nr. 2 ErbStG);
- Vermögensvorteile, die dadurch erlangt werden, dass bei Genehmigung einer Zuwendung des Erblassers Leistungen an andere Personen angeordnet oder zur Erlangung der Genehmigung freiwillig übernommen werden (§ 3 Abs. 2 Nr. 3 ErbStG);
- Abfindungen, die für einen Erbverzicht oder den Verzicht auf einen Pflichtteilsanspruch gewährt werden, sowie Abfindungen für die Ausschlagung einer Erbschaft oder eines Vermächtnisses oder Abfindungen, die für die Zurückweisung von Ansprüchen aus Lebensversicherungen gewährt werden, oder an Stelle eines (unmittelbaren) Erwerbs von Todes wegen gewährt werden oder Zahlungen im Rahmen eines Prozessvergleichs aus Erbstreitigkeiten aller Art, insbesondere aus der Anfechtung einer Erbenstellung (§ 3 Abs. 2 Nr. 4 ErbStG);
- Abfindungen für den Verzicht auf ein aufschiebend bedingtes, betagtes oder befristetes Vermächtnis (§ 3 Abs. 2 Nr. 5 ErbStG);
- Entgelte für die Übertragung einer Nacherbenanwartschaft (§ 3 Abs. 2 Nr. 6 ErbStG);
- Herausgabeansprüche nach § 2287 BGB (§ 3 Abs. 2 Nr. 7 ErbStG).

Im Rahmen der zuletzt aufgezählten Ergänzungs- und Ersatztatbestände handelt es sich bei den Steuertatbeständen der Nrn. 1 bis 3 und 7 ebenfalls um Erwerbe, die von Todes wegen ausgelöst werden, jedoch nicht in Abs. 1 erfasst sind. Die Tatbestände der Nrn. 4 bis 6 regeln dagegen solche Erwerbe, die infolge rechtserheblicher Dispositionen des Erben entweder nicht eintreten konn- 368

1 Vgl. Teil X Rz. 1163 ff.

ten oder rückwirkend entfallen sind. Die Steuerschuld entsteht bei Erwerbsvorgängen von Todes wegen grds. mit dem Tod des Erblassers (§ 9 Abs. 1 Nr. 1 ErbStG). Zu diesem Zeitpunkt erlangt der Erbe auch die Verfügungsmacht am Nachlass (§§ 1922, 1942 BGB). Die die Steuerpflicht begründende Bereicherung (also das Ereignis, an das das Gesetz die Leistungspflicht knüpft; § 38 AO) tritt dann tatsächlich ein.

HINWEIS:

Verzichtet ein zur gesetzlichen Erbfolge Berufener auf seinen künftigen Erb- und Pflichtteil und erhält er hierfür an Stelle eines Einmalbetrages der Höhe nach begrenzte wiederkehrende Zahlungen, sind diese bei ihm nicht als wiederkehrende Leistungen nach § 22 Nr. 1 Satz 1 EStG bei der Einkommensteuer steuerpflichtig. Von der Einkommensteuer erfasst wird nur erwirtschaftetes Einkommen, nicht aber die Umschichtung privaten Vermögens.

3.1.2 Der Erwerb durch Erbanfall

369 Nach § 1922 BGB geht mit dem Tod einer Person (Erbfall) deren Vermögen (Erbschaft) als Ganzes auf eine oder mehrere andere Personen (Erben) über. Dieser Vermögenserwerb durch Erbanfall wird durch den Tod einer natürlichen Person ausgelöst; er ist der hauptsächliche Steuergegenstand des § 3 Abs. 1 Nr. 1 ErbStG. Steuertatbestand ist der Erwerb „durch Erbanfall“ und nicht der Erwerb „aufgrund“ eines Erbfalls. Maßgeblich ist also nicht das Ergebnis der Abwicklung eines Erbfalls. Der Erbe erbt das hinterlassene Vermögen gewissermaßen, wie es steht und liegt. Der Erwerb von Todes wegen schließt danach aus (sieht man vom Verschaffungsvermächtnis nach §§ 2169 Abs. 1, 2170 Abs. 1 BGB ab), dass der Erwerber etwas anderes erwirbt als der Erblasser hatte.

370 Geht Vermögen an mehrere Personen über (jede Person ist dann Miterbe einer Erbengemeinschaft), kann jeder Miterbe seiner Erbquote entsprechend über den Nachlass verfügen. In solchem Umfang stellt der Vorgang bei jeder Person einen eigenen Steuertatbestand dar.

371 Der (Mit-)Erbe übernimmt die Vermögenswerte grds. so, wie sie der Erblasser hinterlassen hat. Dementsprechend bemisst sich auch die Erbschaftsteuer. Es ist für die Höhe der Steuerschuld, die dem einzelnen Miterben aus dem gemeinsamen Erwerb erwächst, unerheblich, „welche Nachlassgegenstände ihm bei der nachfolgenden Erbauseinandersetzung – auch wenn diese durch Realteilung auf Grund eines Auseinandersetzungsvertrages erfolgt – zugewiesen werden und welchen (steuerlichen) Wert diese Gegenstände haben“.[1]

1 Gottschalk in Troll/Gebel/Jülicher/Gottschalk, ErbStG, § 3 Rz. 112.

Maßgebend für die Besteuerung sind ausschließlich die Verhältnisse der Erbteile – die Erbquoten (§ 2047 Abs. 1 BGB). Durch Erbquoten wird festgelegt, mit welchem Anteil ein Erbe am nach Berichtigung der Nachlassverbindlichkeiten verbleibenden Überschuss beteiligt sein soll. Entscheidend sind jeweils: 372

- bei gesetzlicher Erbfolge die gesetzlichen Erbquoten,
- bei testamentarischer Erbfolge die vom Erblasser festgelegten Erbquoten,
- bei einem Gerichtsstreit die gerichtlich festgestellten Erbquoten
- sowie die vereinbarten Erbquoten beim Erbvergleich.[1]

Teilungsanordnungen (§ 2048 BGB), in denen der Erblasser testamentarisch festsetzt, welche Gegenstände einem Miterben aus dem Nachlass zukommen sollen und wie der Wert der einzelnen Nachlassgegenstände auszugleichen ist (z. B. dass der Sohn das Haus und die Tochter die Wertpapiere erhalten soll, der Sohn aber für den Mehrwert des Hauses eine Ausgleichszahlung an seine Schwester leisten muss), machen erbrechtlich Sinn, weil sie durch klare Aufteilungsmaßstäbe jeglichen Streitigkeiten innerhalb einer Erbengemeinschaft[2] entgegenwirken und die ihr innewohnende Gefahr der Zerschlagung von Vermögen entschärft. Erbschaftsteuerrechtlich sind Teilungsanordnungen aber unbeachtlich. 373

Nach Auffassung der Finanzverwaltung wirken Teilungsanordnungen wie eine „freie Erbauseinandersetzung“ für die Ermittlung des Anteils des einzelnen Erben am Nachlass. Folge ist, dass der nach den steuerlichen Bewertungsvorschriften ermittelte Reinwert des Nachlasses den Erben folglich auch bei Teilungsanordnungen nach Maßgabe der Erbanteile zuzurechnen ist.[3] 374

Deshalb gilt: Der zugeteilte Gegenstand wird hier der Erbquote des Miterben wertmäßig zugerechnet. Dasselbe trifft auch für evtl. nachträglich auftretenden Erbauseinandersetzungen zu. 375

BEISPIEL: Erblasser E ordnet an, dass seine beiden Kinder, Sohn S und Tochter T, zu gleichen Teilen erben sollen, der Sohn das Haus, die Tochter T die Wertpapiere erhält. Haus und Wertpapiere haben etwa denselben Verkehrswert. Nachdem Teilungsanordnungen steuerlich unbeachtlich sind, versteuert der Sohn nicht „nur“ das Haus und die Tochter nicht „nur“ die Wertpapiere. Sohn und Tochter versteuern jeweils (ohne Berücksichtigung von Freibeträgen) die Hälfte vom Steuerwert des Gesamtnachlasses, also 750.000 €.

1 Gottschalk in Troll/Gebel/Jülicher/Gottschalk, ErbStG, § 3 Rz. 123.

2 Bei Erbengemeinschaften gehört allen alles; jeder Erbe hat volles Mitsprache- und Mitverwaltungsrecht und jeder regiert dem anderen hinein. Außerdem kann jedes Mitglied die Gemeinschaft auseinandersprengen.

3 R E 3.1 Abs. 1 ErbStR 2019.

376 Anders kann es jedoch sein, wenn im Testament nur bestimmt ist, dass ein Kind das Grundstück und das andere Kind das Geldvermögen erben soll. Die letztwillige Verfügung kann dann als Erbeinsetzung auszulegen sein. Ist ein Wertausgleich nicht vorgesehen, richten sich die Erbanteile nach den Verkehrswerten der den Kindern jeweils zugewiesenen Gegenstände im Verhältnis zum Verkehrswert des Gesamtnachlasses.

BEISPIEL: Erblasser E bestimmt in seinem Testament, dass der Sohn das Grundstück und die Tochter das Geldvermögen bekommen soll. Weitere Bestimmungen enthält das Testament nicht; insbesondere keine Ausgleichspflichten für den Verkehrswertunterschied zwischen dem Grundstück und dem Geldvermögen. Das Grundstück hat einen Verkehrswert und Steuerwert von 1,2 Mio. €, das Geldvermögen beläuft sich auf 900.000 €. Es errechnet sich daraus ein:

Erbanteil für den Sohn (1.200.000 zu 2.100.000) = 0,5714

Erbanteil für die Tochter (900.000 zu 2.100.000) = 0,4285

Analog versteuert der Sohn 0,57 vom Steuerwert des Nachlasses

(1.200.000 + 900.000) = 2,1 Mio. €, davon 0,5714 =	1.200.000 €*
Analog versteuert die Tochter 0,4285 von 2,1 Mio. € =	900.000 €*

*jeweils ohne Berücksichtigung von Freibeträgen

377 Ist begünstigtes Vermögen Teil des Nachlasses (z. B. Betriebsvermögen, Kunstgegenstände oder ein Mietwohngrundstück, für welches ein 10%iger Abschlag vom Steuerwert gilt), so tritt hinsichtlich der Steuervergünstigungen ein Begünstigungstransfer ein, d. h., die Begünstigung geht auf denjenigen Erben über, die die begünstigten Vermögenswerte im Rahmen der Nachlassteilung erhalten (vgl. § 13 Abs. 1 Nr. 4b, 4c Sätze 3 und 4, § 13a Abs. 2, § 13b Abs. 3, § 13d Abs. 2 ErbStG). Die Bemessungsgrundlage für die Erbschaftsteuer ändert sich für das steuerbegünstigte Erbvermögen abgebende Erben, da diese die Steuervergünstigungen verlieren. Zu einer Änderung der Zuordnung der Erwerbsgegenstände bei einzelnen Erben kommt es steuerrechtlich nicht[1]. Das kann u. a. den Nachteil haben, dass der zu gleichen Teilen weichende Erbe ggf. Schulden, die auf dem Vermögensgegenstand lasten, dessen Erbteil er hergibt, nicht mehr abziehen kann und damit u.U. mehr versteuern muss, als er eigentlich bekommt. Dies kann z. B. der Fall sein, wenn das Grundstück, das ein Erbe infolge der Teilung übernimmt, mit einer Hypothek belastet ist.

378 Die Teilungsanordnung ist nicht zu verwechseln mit einem Vorausvermächtnis. Ein Vorausvermächtnis (§ 2150 BGB) liegt vor, wenn einem Erben zusätzlich zu seinem Erbteil ein Vermögensvorteil (Nachlassgegenstand) zugewendet werden soll, den er sich im Unterschied zur Teilungsanordnung nicht auf

1 R E 3.1 ErbStR 2019.

seine Erbquote (seinen Erbteil) anrechnen lassen muss. Die Erbengemeinschaft muss dem betreffenden Miterben in Erfüllung der Vermächtnisanordnung den bestimmten Nachlassgegenstand überlassen.

Die genaue Abgrenzung zwischen Teilungsanordnung und Vorausvermächtnis 379
bereitet in der Praxis insofern Probleme, als oftmals anhand der vom Erblasser getroffenen Aufteilung nicht festgestellt werden kann, ob der Erblasser eine Wertverschiebung bei den Erbquoten wollte, d. h., ob er jemandem einen Vermögensvorteil zukommen lassen wollte oder nicht. Sprechen die Umstände dafür, dass der Erblasser einen Miterben zusätzlich zu seinem Erbteil bereichern wollte, liegt ein Vorausvermächtnis vor. Ist dies nicht der Fall, ja ist der stärker begünstigte Miterbe sogar zum Wertausgleich verpflichtet, ist die vom Erblasser getroffene Aufteilung als Teilungsanordnung zu werten.

Erbe (Erwerber) kann jeder sein, der im Zeitpunkt des Erbfalls lebt (§ 1923 380
Abs. 1 BGB). Auch eine juristische Person kann Erbe sein, wenn sie zurzeit des Erbfalls schon gegründet und noch nicht aufgelöst ist. Fallen Zuwendungen von Todes wegen Personengesellschaften zu, schlägt die Steuerpflicht auf die Gesellschafter bzw. Gesamthänder durch, und zwar unabhängig von der Frage, ob zivilrechtlich ggf. die Gesamthand Erbin oder Beschenkte ist.

Schlägt ein Alleinerbe die Erbschaft aus, wird dieser so behandelt, als würde er 381
nicht leben. Sein Erbteil fällt demjenigen zu, welcher berufen sein würde, wenn der Ausschlagende zurzeit des Erbfalls nicht gelebt hätte. Schlägt beispielsweise die Tochter des Erblassers die Erbschaft zu Gunsten ihrer drei Kinder aus, beerben diese den Großvater direkt. Ganz nebenbei ist hier eine Verdreifachung der Steuerfreibeträge entstanden.[1]

Schlägt ein Miterbe die Erbschaft aus, werden entweder die Erbteile der übri- 382
gen Miterben erhöht (als besondere Erbteile bei gesetzlicher Erbfolge, § 1935 BGB) oder der Erbteil des Ausschlagenden fällt den verbleibenden Erben nach dem Verhältnis ihrer Erbteile zu (wenn mehrere Erben in der Weise eingesetzt sind, dass sie die gesetzliche Erbfolge ausschließen, § 2094 Abs. 1 Satz 1 BGB). Der Erbanfall ist hier mit dem Erbfall erfolgt (§ 1953 Abs. 2 BGB). Dementsprechend entsteht auch die Erbschaftsteuer rückwirkend.

HINWEISE:

Die qualifizierte Nachfolgeklausel, die bestimmt, dass nur einer von mehreren Miterben eines Personengesellschaftsanteils in die Personengesellschaft eintreten kann, stellt eine Sonderform der dinglich wirkenden Teilungsanordnung dar und ist grds. erbschaftsteuerlich unbeachtlich.

---

1 Zu den Gestaltungsmöglichkeiten i. V. mit der Ausschlagung vgl. Teil V Rz. 776.

Steuererstattungsansprüche eines Erblassers gegenüber dem Finanzamt beispielsweise für Umsatzsteuer (Vorsteuererstattungsanspruch) oder Einkommensteuer sind nur dann Bestandteil des Nachlasses und somit erbschaftsteuerpflichtig, wenn sie rechtlich entstanden sind (§ 10 Abs. 1 Satz 3 ErbStG). Maßgeblich ist der Zeitpunkt der Entstehung des materiell-rechtlichen Anspruchs. Dieser ist dann gegeben, wenn der Erblasser Steuern ohne rechtlichen Grund geleistet hat, sprich zu viel an Steuern bezahlt hat (§ 37 Abs. 2 AO). Auf die tatsächliche Steuerfestsetzung oder den Zeitpunkt der Rückzahlung durch die Finanzverwaltung kommt es nicht an. In das nach § 31 Abs. 2 ErbStG zu erstellende Verzeichnis der zum Nachlass gehörenden Gegenstände müssen solche Steuererstattungsansprüche aufgenommen werden.

3.1.3 Vermächtnisse und vermächtnisgleiche Erwerbe

383 Dem Erwerb durch Erbanfall gleichgestellt werden Vermächtnisse und vermächtnisgleiche Erwerbe. Ein Vermächtnis liegt vor, wenn der Erblasser einer bestimmten Person oder bestimmten Personen einen Vermögensvorteil zukommen lassen will, ohne diese als Erbe(n) einzusetzen (§ 1939 BGB).

384 Der Vermächtnisnehmer ist mittelbarer Einzelrechtsnachfolger. Als Steuerschuldner kommt der Vermächtnisnehmer als der Erwerber in Betracht (§ 20 Abs. 1 ErbStG).

385 Der Vermächtnisnehmer hat den Erben gegenüber ein Forderungsrecht, welche je nach Art des Vermächtnisses entweder auf die Herausgabe eines Nachlassgegenstandes gerichtet sein kann oder aber auch andere Ansprüche dem/den Erben gegenüber beinhalten kann (§ 2147 BGB). Das Vermächtnis beschränkt sich so im Gegensatz zur Erbschaft nur auf einzelne Vermögensgegenstände, die entweder zum Nachlass gehören oder erst beschafft werden müssen. Letzteres ist bei Verschaffungsvermächtnissen (§ 2169 Abs. 1 BGB) der Fall. Besteuerungsgrundlage für den vom Erben zu verschaffenden Gegenstand ist der gemeine Wert (Verkehrswert) des zu beschaffenden Gegenstandes.

386 Ein Vermächtnis kann auch auf Zahlung einer bestimmten Geldsumme gerichtet sein (Geldvermächtnis, § 2174 BGB). Hat der Erblasser ein Geldvermächtnis ausgesetzt, ist Besteuerungsgrundlage die Geldforderung. Wie der beschwerte Erbe den Vermächtnisnehmer letztlich abfindet (ob als Geld- oder als Sachleistung), ist unerheblich.[1]

387 Den Regelfall einer Vermögensübertragung stellen Sachvermächtnisse dar. Ein Sachvermächtnis oder auch Stückvermächtnis liegt vor, wenn ein bestimmter

1 Will der Vermächtnisnehmer einen bestimmten Gegenstand aus dem Nachlass und nur diesen versteuern, kann er auf seinen Geldanspruch ausdrücklich verzichten und vom Erben als Abfindung für den Verzicht den Gegenstand verlangen. Dann wäre nämlich nur das zu versteuern, was als Abfindung für den Vermächtnisverzicht gewährt worden ist.

Gegenstand aus dem Nachlass vermacht wird, der zum Zeitpunkt des Erbfalls zum Nachlass gehört. Bei Sachvermächtnissen setzt die Finanzverwaltung regelmäßig den für diesen Gegenstand maßgeblichen Steuerwert als Bemessungsgrundlage für den steuerpflichtigen Erwerb an.

Wahlvermächtnisse (hier ordnet der Erblasser an, dass der Bedachte von mehreren Gegenständen nur den einen oder anderen bekommen soll, § 2154 BGB) können Sachvermächtnissen gleichgestellt werden. Für die Besteuerung des Vermächtnisnehmers von Bedeutung ist der Steuerwert des Vermächtnisgegenstandes, für den sich der Bedachte entscheidet. Bei Gattungsvermächtnissen (das Gattungsvermächtnis erstreckt sich im Unterschied zum Wahlvermächtnis nicht auf mehrere verschiedene, sondern auf gleichartige Gegenstände, § 2155 BGB), ist hingegen als Bemessungsgrundlage für die Besteuerung der Vermächtnisanspruch maßgeblich, nicht der Steuerwert der zu leistenden Sache. Dies gilt unabhängig davon, ob sich die vermachten – nur der Gattung nach bestimmten Gegenstände – im Nachlass befinden oder nicht. 388

Schließlich seien noch Kaufrechtsvermächtnisse erwähnt. Bei einem solchen wird dem Vermächtnisnehmer eingeräumt, einen Nachlassgegenstand zu einem unter dem Marktwert (Verkehrswert) liegenden Preis zu erwerben. Bewertungs- und Besteuerungsgegenstand ist danach nicht dieser betreffende Nachlassgegenstand, sondern das Kaufrecht. Besteht das Kaufrechtsvermächtnis lediglich darin, einen Nachlassgegenstand zum tatsächlichen Marktwert zu kaufen, hat das Kaufrecht keinen messbaren Wert. In diesem Fall ist der Nachlassgegenstand (die Kaufsache) lediglich bei(m) (den) Erben mit dem entsprechenden Steuerwert anzusetzen; der Vermächtniserwerb bleibt insoweit steuerlich ohne Belang. Erbschaftsteuerlich von Bedeutung wird das Kaufrecht erst, wenn der vom Erblasser bestimmte Kaufpreis deutlich niedriger als der Verkehrswert der Kaufsache ist. Das Erwerbsrecht des Vermächtnisnehmers ist insoweit mit dem Differenzbetrag zwischen dem Verkehrswert des Kaufgegenstandes und dem niedrigeren Kaufrechtspreis zu bewerten und erbschaftsteuerpflichtig. Die Steuerbefreiungen für Betriebsvermögen (Verschonungsabschlag und Abzugsbetrag) gelten auch bei einem Kaufrechtsvermächtnis. In Höhe des beim Vermächtnisnehmer zu erfassenden Wertes kann der Erbe korrespondierend eine Nachlassverbindlichkeit ansetzen. 389

Da Vermächtnisse als Erbeinsetzung anzusehen sind und demzufolge zu den Erwerben von Todes wegen gehören (auch wenn der Vermächtnisnehmer nicht als Erbe zu bezeichnen ist, § 2087 BGB), entsteht die Erbschaftsteuer bereits mit dem Tod des Erblassers. Das Erbschaftsteuerrecht macht damit nicht den Vermächtnisanfall zum Anknüpfungspunkt der Besteuerung, sondern ausschließ- 390 lich den Erwerb durch Vermächtnis. Und der Erwerb ist am Tag eingetreten, an dem der Erblasser verstorben ist. Wann das Vermächtnis beim Vermächtnisnehmer tatsächlich ankommt, ist für den Besteuerungszeitpunkt unerheblich.

391 Das Erbschaftsteuerrecht setzt dabei an das bürgerliche Recht an. Nach BGB wird der Vermächtnisnehmer Erwerber im Todesfall. Auf den Zeitpunkt der tatsächlichen Besitzergreifung kommt es ebenso wenig an wie auf den Umstand, wann der Erwerber von seinem Erbe Kenntnis erlangt.

392 Auf den Todestag ist der Forderungsanspruch folglich zu bewerten (§ 11 ErbStG); dies trotz der Tatsache, dass der steuerrelevante Vermögensübergang im Regelfall nicht schon mit dem Tod des Erblassers vollzogen ist, sondern vielmehr erst in dem Zeitpunkt, in dem das Vermächtnis vom Beschwerten (Erben) erfüllt worden ist. Das Forderungsrecht ist mit dem gemeinen Wert des diesem zugrunde liegenden Gegenstandes anzusetzen (§ 12 Abs. 1 ErbStG i.V. mit § 9 BewG). Vermächtnisgegenstände fließen insoweit als wertbestimmende Faktoren in die Bewertungsrechnung ein. Rentenvermächtnisse und Nießbrauchsvermächtnisse – beides Vermächtnisse, die auf ein einheitliches Recht gerichtet sind – werden hingegen zum Kapitalwert besteuert, der sich nach Maßgabe des Bewertungsrechts berechnet (§§ 13 bis 16 BewG).[1]

393 Zu den vermächtnisgleichen Erwerben i. S. des § 3 Abs. 1 Nr. 3 ErbStG gehört insbesondere der Voraus des überlebenden Ehegatten (§ 1932 BGB) und der Dreißigste (§ 1969 BGB). Zum Voraus zählen die zum ehelichen Haushalt gehörenden Gegenstände und die Hochzeitsgeschenke. Der überlebende Ehegatte erhält diesen Voraus zusätzlich zu seinem Erbteil, um auch nach dem Tod des anderen noch einen angemessenen Haushalt führen zu können. Der Dreißigste steht unterhaltsberechtigten Familienangehörigen des Erblassers zu, die zur Zeit seines Todes zum Hausstand gehörten. Die Angehörigen haben gegenüber den Erben Anspruch auf Unterhalt und Benutzung der Wohnung und der Haushaltsgegenstände bis zu 30 Tagen nach Eintritt des Erbfalls. In beiden Fällen handelt es sich um eine Erbfallschuld nach § 1967 Abs. 2 BGB, welche vom Nachlass vorab abzuziehen ist (§ 2046 BGB). Der Dreißigste ist nach § 13 Nr. 4 ErbStG steuerfrei. Hausrat ist nach § 13 Abs. 1 Nr. 1a ErbStG beim Erwerb durch Personen der Steuerklasse I bis zu 41.000 € und beim Erwerb durch Personen der Steuerklassen II und III bis zu 12.000 € von der Steuer befreit.

HINWEISE:

- Sofern ein formunwirksames Vermächtnis angeordnet wird, entsteht die Steuer nicht mit dem Tod des Erblassers, sondern erst mit der Erfüllung des Vermächtnis-

1 Vgl. Rz. 115.

ses (BFH, Urteil v. 28.3.2008 - II R 25/05, in dem Fall handelte es sich um ein Verschaffungsvermächtnis).

- Wurde einem Dritten ein Vermächtnisgegenstand ausgesetzt, hat dieser nicht nur Anspruch auf den Gegenstand, sondern auch auf die Herausgabe der seit dem Erbfall erzielten Einkünfte (§ 2184 BGB). Die Finanzverwaltung vertritt hier die Auffassung, dass diese Geldzuflüsse vom Erbfall bis zur Herausgabe an den Vermächtnisnehmer dem Erben zuzurechnen sind, denn dieser wird bis zur Vermächtniserfüllung als der Träger der Einkunftsquelle angesehen. Sollen in diesem Zusammenhang die Erben nicht benachteiligt werden – denn diese müssten Steuern für Einnahmen zahlen, die sie später wieder herausgeben müssen –, sollte im Testament vorgesehen sein, dass die Erben in solchen Fällen nur zur Herausgabe der Einnahmen nach Steuern verpflichtet werden.
- In der Praxis spielt für Erbfälle ab 2009 die Unterscheidung zwischen dem steuerlichen Ansatz des steuerlichen Grundbesitzwertes und dem Nominalbetrag des Vermächtnisforderungsanspruchs nur noch bei Mietwohngrundstücken eine Rolle, für die ein Verschonungsabschlag i. H. von 10 % (§ 13d ErbStG) zu gewähren ist.[1]

Nachfolgende Übersicht fasst die Erkenntnisse aus obigem Abschnitt bezogen auf Mietwohngrundstücke nochmals zusammen:

ABB. 8: Vermächtniserwerb beim Mietwohngrundstück

1) Bei Annahme des Vermächtnisses nur im Fall § 3 Abs. 2 Nr. 5 ErbStG (aufschiebend bedingte Vermächtnisse).

1 Näheres zum Verschonungsabschlag bei Mietwohngrundstücken vg. Rz. 579.

3.1.4 Pflichtteils-, Pflichtteilsergänzungs- und Erbersatzansprüche

3.1.4.1 Allgemeines

394 Abkömmlingen, den Eltern und dem Ehegatten des Erblassers stehen Pflichtteilsrechte am Nachlass zu, wenn sie vom Erblasser von der Erbfolge ausgeschlossen worden sind (§ 2303 BGB). Nicht pflichtteilsberechtigt sind Großeltern, Geschwister oder sonstige Personen. Der Pflichtteil beträgt die Hälfte des gesetzlichen Erbteils. Erben beispielsweise die drei Söhne A, B und C, ist C aber auf den Pflichtteil gesetzt, erhält Letzterer statt $1/3$ nur $1/6$. A und B dagegen erben jeweils $1/2$ vom nach Abzug des Pflichtteils noch verbleibenden Nachlasswert.

395 Macht der Erblasser einem Pflichtteilsberechtigten Auflagen mit der Folge, dass der Erbteil nichts mehr wert ist, gelten solche Anordnungen nach § 2306 BGB als nicht gegeben. Pflichtteile könnten auch mit einem Vermächtnis beschwert oder durch Einsetzung eines Nacherben vermindert werden. Solche Einschränkungen sind unbeachtlich, solange die Nachlasszuwendung die Hälfte des gesetzlichen Erbteils (also den Pflichtteil) nicht übersteigt. Ergänzend zum Pflichtteil können auch Pflichtteilsergänzungsansprüche bestehen. Ein Pflichtteilsergänzungsanspruch richtet sich gegen vom Erblasser an bevorzugte Erben oder Dritte gemachte Zuwendungen, die keine Anstandsschenkungen (§ 2330 BGB) waren und beim Erbfall noch nicht mindestens zehn Jahre zurückliegen (§ 2325 BGB).

3.1.4.2 Abschmelzung der Pflichtteilsergänzungsansprüche bei Schenkungen

396 Tätigt der Erblasser aus seinem Vermögen zu Lebzeiten diverse Schenkungen an Dritte, sind diese Schenkungen für die Bemessung des Pflichtteilsergänzungsanspruches heranzuziehen, wenn sie der Erblasser innerhalb der letzten zehn Jahre vor seinem Tod getätigt hat. Ausgenommen sind Schenkungen an den Ehepartner bzw. eingetragenen Lebenspartner[1]. Der Pflichtteilsergänzungsanspruch mindert sich jedoch, je weiter die Schenkungen zurückliegen.

BEISPIEL: Schenkungen im ersten Jahr vor dem Erbfall werden in voller Höhe berücksichtigt. Schenkungen, die zwei Jahre vor dem Erbfall erfolgten, werden nur noch zu 9/10 berücksichtigt. Schenkungen, die bereits vor drei Jahren vor dem Erbfall durchgeführt worden sind, fließen nur noch zu 80 % in die Bemessungsgrundlage ein.

---

1 Regelung bis 30.9.2017. Seit 1.10.2017 können gleichgeschlechtliche Partner die Ehe eingehen.

Wird ein Pflichtteilsberechtigter zwar nicht enterbt, sondern wird diesem ein nur sehr geringer Erbteil zugesprochen, bestimmt § 2305 BGB, dass dieser wenigstens seinen Pflichtteil erhalten soll. Hierzu kann der Berechtigte einen sogenannten Pflichtteilsrestanspruch oder Zusatzpflichtteil geltend machen, der der Differenz zwischen der Hälfte des gesetzlichen Erbteils – also des Pflichtteils – und dem jeweils tatsächlich zugewiesenen Nachlassvermögen entspricht. 397

Als weiterer Pflichtteilsentziehungsgrund gilt die rechtskräftige Verurteilung wegen einer vorsätzlichen Straftat zu einer Freiheitsstrafe von mehr als einem Jahr, wenn dies für den Erblasser „unzumutbar" ist (§ 2333 Abs. 1 Nr. 5 BGB). Gleiches gilt, wenn wegen einer ähnlichen vorsätzlichen Tat die Unterbringung in einem psychiatrischen Krankenhaus oder in einer Entziehungsanstalt rechtskräftig angeordnet wird. Weitere Voraussetzung ist eine Anzeige des Kindes bei der Polizei durch die Eltern, was aber nur bei total zerrütteten Familienverhältnissen praktisch der Fall sein dürfte. Einen Pflichtteilsentziehungsgrund stellt auch die Verletzung der gesetzlichen Unterhaltspflicht gegenüber dem Erblasser oder – wie schon bisher – wenn der Erbe dem Erblasser oder einer ihm sehr nahe stehenden Person nach dem Leben trachtet. Der Kreis der dem Erblasser nahe stehenden Personen wurde durch die Erbrechtsreform ebenfalls erweitert. War bisher Pflichtteilshinterziehungsgrund nur die Tötungsabsicht oder ein Verbrechen oder ein schweres vorsätzliches Vorgehen gegenüber dem Erblasser, seinen Ehegatten (-Lebenspartner[1]) und gegenüber den Kindern, so berechtigt zum Pflichtteilsentzug künftig auch ein solches Fehlverhalten gegenüber den Stief- oder Pflegekindern und wohl auch gegenüber einer langjährigen Lebensgefährtin des Erblassers. Kein Entziehungsgrund ist jedoch ein „ehrloser und unsittlicher Lebenswandel" eines Abkömmlings. 398

3.1.4.3 Steuerliche Bewertung

Der Pflichtteil stellt eine Geldforderung dar und ist vom Erben zu verlangen (§ 2303 Abs. 1 BGB). Das Erfordernis, dass der Pflichtteil verlangt werden muss, berücksichtigt das ErbStG in der Weise, dass es nur geltend gemachte Pflichtteilsansprüche der Besteuerung unterwirft (§ 3 Abs. 1 Nr. 1 i.V. mit § 9 Abs. 1 Nr. 1 Buchst. b ErbStG). Das Steuerrecht wendet sich hier von dem für Erb- 399

1 Gilt für vor dem 1.10.2017 begründete Lebenspartnerschaften. Seit dem 30.9.2017 werden Lebenspartnerschaften zwischen zwei Personen gleichen Geschlechts nicht mehr begründet (§ 1 LPartG i. d. F. des Gesetzes zur Einführung des Rechts auf Eheschließung für Personen gleichen Geschlechts).

schaften geltenden Anfallprinzip ab, wonach es bezüglich der Steuerentstehung und der Wertermittlung strikt auf den Erbfall ankommt, und zwar ungeachtet dessen, ob die Vermögensmehrung tatsächlich schon mit dem Erbfall eingetreten ist.

400 Es bleibt dem Berechtigten die Wahl, die Steuerpflicht zu einem ihm genehmen Zeitpunkt entstehen zu lassen. Liegt die letzte Schenkung des Erblassers an den Pflichtteilsberechtigten z. B. neun Jahre zurück, so dass die Zehnjahresfrist des § 14 ErbStG noch beachtet werden muss, kann mit der Geltendmachung des Pflichtteils so lange gewartet werden, bis die Zehnjahresfrist verstrichen ist. Analog kann der beschwerte Erbe die Pflichtteilslast erst dann als Nachlassverbindlichkeit abziehen, wenn sie auch geltend gemacht wurde (§ 10 Abs. 5 Nr. 2 ErbStG). Zu beachten ist allerdings, dass Pflichtteilsansprüche nach drei Jahren seit Kenntnis des Erbfalls (und des Anspruchs daraus) verjähren (§ 2332 BGB).

401 Pflichtteils(ergänzungs)ansprüche sind nach § 12 BewG mit dem Nennwert der auf eine Geldleistung gerichteten Ansprüche anzusetzen (§ 12 Abs. 1 ErbStG).[1] Der Nennwert gilt auch, wenn die Pflichtteilsverbindlichkeit durch einen mit einem niedrigeren Steuerwert bewerteten Gegenstand, beispielsweise mit einem Grundstück aus dem Nachlass, an Erfüllungs statt bedient wird. Denn die Hingabe eines Grundstücks aus dem Nachlass zur Abgeltung der Pflichtteilsansprüche ändert nichts daran, dass das Pflichtteilsrecht zivilrechtlich als Geldanspruch ausgestaltet ist. Der Pflichtteilsberechtigte steht in keiner Rechtsbeziehung zu den Nachlassgegenständen, aufgrund derer er die Eigentumsübertragung einzelner Gegenstände verlangen könnte. Erwerbsgegenstand des Pflichtteilsberechtigten ist und bleibt daher der Geldanspruch, unabhängig davon, wie und durch welche Leistung der Anspruch bedient wird. Steuerpflicht tritt – zwar nicht aus einem Surrogaterwerb von Todes wegen – jedoch in Erfüllung einer freigebigen Zuwendung (§ 7 Abs. 1 Nr. 1 ErbStG) außerdem ein, wenn der Pflichtteilsberechtigte gegen Zahlung eines Geldbetrages auf seinen zukünftigen Pflichtteil verzichtet. Die Steuerklasse richtet sich im Fall eines Verzichts auf den zukünftigen Pflichtteil gegen Zahlung einer Abfindung nach dem verwandtschaftlichen Verhältnis des Zuwendungsempfängers (Verzichtenden) zum künftigen Erblasser, und nicht nach dem Verhältnis der Vertragsparteien. Schließen – was der häufigste Fall ist – Geschwister untereinander Pflichtteilsverzichtsverträge ab, kommt danach für die Besteue-

1 Zum Nennwert vgl. Rz. 99.

rung der freigebigen Zuwendung der (meist höhere) Freibetrag des Abgefundenen zum künftigen Erblasser (im Regelfall ein Elternteil) in Betracht.

Pflichtteilsansprüche können vom Verpflichteten gem. § 10 Abs. 5 Nr. 2 ErbStG 402
als Nachlassverbindlichkeit steuermindernd abgezogen werden. Der BFH[1] hat hierzu entschieden, dass Pflichtteilsverbindlichkeiten nicht in einem wirtschaftlichen Zusammenhang mit einzelnen zum Erwerb gehörenden Vermögensgegenständen, sondern im Zusammenhang zum gesamten Erwerb stehen. Die Finanzverwaltung hat diese Rechtsprechung in die ErbStR 2019 übernommen.[2] Daher können Pflichtteilsansprüche stets vollständig und ungekürzt steuermindernd vom steuerpflichtigen Erwerb abgezogen werden, auch wenn begünstigtes Vermögen, wie z. B. ein Familienwohnheim oder Betriebsvermögen, Teil des Nachlasses sind.

3.1.4.4 Besonderheiten bei noch nicht vollständig abgeschlossenen Grundstückskaufverträgen

Bei offenen Grundstückskaufverträgen stellt sich für die Erben des Verkäufers 403
und die Erben des Käufers die Frage, auf welcher Seite das kaufvertragsgegenständliche Grundstück anzusetzen ist. Für im Todeszeitpunkt von Verkäufer oder Käufer noch nicht vollständig abgeschlossene Grundstückskaufverträge gelten für die Erbschaftsteuer grds. die Prinzipien des Zivilrechts. Die Regelungen über das wirtschaftliche Eigentum nach § 39 AO finden insoweit keine Anwendung, was im Ergebnis bedeutet, dass das Eigentum an einem Grundstück erst mit der Eintragung in das Grundbuch auf den Erwerber übergeht.

So kommt es auch für die Zurechnung von Grundvermögen (noch) zum Ver- 404
mögen des Verkäufers oder (schon) zum Vermögen des Käufers allein auf den Zeitpunkt der Eintragung im Grundbuch an. Ist die Eintragung im Todeszeitpunkt des Veräußerers noch nicht vollzogen, wird das Grundstück den Erben nach dem Veräußerer zugerechnet. Dies gilt unabhängig davon, ob bereits von der Bewertungsstelle eine Zurechnungsfortschreibung auf den Käufer durchgeführt worden ist.

BEISPIEL: Erblasser V veräußerte das Grundstück mit notariell beurkundetem Kaufvertrag vom 1.9.2020 an K für den Kaufpreis von 1 Mio. €. K zahlt in je zwei Raten am 1.12.2020 und am 1.3.2021. Mit Entrichtung der ersten Rate wird der Besitzwechselübergang vereinbart. Nach Zahlung der zweiten Rate erfolgt die Auflassung.

---

1 BFH, Urteile v. 22.7.2015 - II R 15/14, XAAAF-01613, II R 12/14, BStBl 2016 II S. 230, und II R 21/13, BStBl 2016 II S. 228.

2 R E 10.10. Abs. 3 ErbStR 2019.

Das Belegenheitsfinanzamt führt auf den 1.1.2021 eine Zurechnungsfortschreibung auf K durch. Die Grundbucheintragung erfolgt schließlich am 17.5.2021

V verstirbt

- am 10.1.2021
- am 10.4.2021

Todestag: 10.1.2021

Das Grundstück ist den Erben zu V zuzurechnen, weil das Grundstück zu diesem Zeitpunkt noch nicht auf K übergegangen ist. Daran ändert weder die Tatsache etwas, dass die Bewertungsstelle bereits eine Zurechnungsfortschreibung durchgeführt hat, noch, dass B bereits am 1.12.2020 die erste Rate gezahlt hat. Die Anzahlung des K wird im Regelfall im Kapitalvermögen des Nachlasses des V vorhanden sein. Die Anzahlung gehört ebenso zum Nachlass wie der noch nicht erfüllte Anspruch auf Gegenleistung (der Kaufpreis), soweit dieser am Todestag noch valutiert. Der Anspruch auf Gegenleistung ist von den Erben mit den restlichen noch geschuldeten 500.000 € anzusetzen. Zugleich ist als Nachlassverbindlichkeit die noch nicht erfüllte Sachleistungsverpflichtung zur Verschaffung des Eigentums mit dem gemeinen Wert anzusetzen, hier also mit 1 Mio. €. Zu versteuern haben die Erben des V per Saldo den Steuerwert des Grundstücks.

Todestag: 10.4.2021

Stirbt V erst am 10.4.2021 ist zu diesem Zeitpunkt schon die zweite Kaufpreisrate geleistet und auch die Auflassung erklärt. Die Eintragung des Besitzwechsels in das Grundbuch war zu diesem Zeitpunkt aber noch nicht erfolgt, so dass das Grundstück auch hier wieder den Erben zu V mit dem Steuerwert zuzurechnen ist. Dem Wertzuwachs mit Kapitalvermögen infolge der vollständigen Kaufpreiszahlung steht hier als Nachlassverbindlichkeit die noch nicht erfüllte Sachleistungsverpflichtung gegenüber. Beide Positionen heben sich damit auf, so dass den Erben per Saldo auch hier wieder der Steuerwert des Grundstücks verbleibt, den sie zu versteuern haben.

405 Wäre nicht der Verkäufer, sondern der Käufer vor Eintragung des Eigentümerwechsels in das Grundbuch verstorben, würde das Grundstück nicht in den Nachlass des K fallen, auch wenn ihm die Bewertungsstelle das Grundstück im Rahmen der Zurechnungsfortschreibung bereits zugerechnet hat. Stirbt K vor Zahlung der zweiten Kaufpreisrate, gehört zum Nachlass des K der noch nicht erfüllte Sachleistungsanspruch auf Verschaffung des Eigentums an dem Grundstück, zu bewerten mit dem gemeinen Wert i. H. von 1 Mio. €. Dieser Forderung steht die noch ausstehende zweite Ratenzahlung als Verbindlichkeit mit 500.000 € gegenüber sowie der bereits mit der ersten Rate vollzogene Vermögensabfluss von 500.000 €. Verstirbt der Käufer nach vollständiger Zahlung des Grundstücks aber noch vor der Grundbucheintragung, versteuern die Erben des Käufers einen mit dem gemeinen Wert (Verkehrswert) anzusetzenden Sachleistungsanspruch auf Verschaffung des Grundstücks. Damit wird der vor dem Todesfall eingetretene Vermögensabfluss wieder ausgeglichen.

HINWEISE:

- Ein Grundstück zählt auch dann noch zum Nachlass des Verkäufers, wenn der Käufer bereits vor dem Tod des Verkäufers die Kaufpreiszahlung geleistet hat, ohne dass die Zahlung fällig gewesen wäre.
- Für Grundstücksschenkungen gelten andere Regelungen! Weil die Finanzverwaltung regelmäßig an einer möglichst zeitnahen Erhebung der Schenkungsteuer interessiert ist, betrachten die Erbschaftsteuerfinanzämter eine Grundstücksschenkung schon dann als ausgeführt, wenn die Vertragsparteien die für die Eintragung der Rechtsänderung in das Grundbuch erforderlichen Erklärungen abgegeben haben, so dass der Beschenkte in der Lage ist, beim Grundbuchamt die Eintragung der Rechtsänderung zu bewirken. Der Zeitpunkt der Grundstücksschenkung richtet sich also danach, wann Auflassung und Eintragungsbewilligung vorliegen. Damit entsteht bei Grundstücksübertragungen die Schenkungsteuer sozusagen schon nach dem Notartermin, vorausgesetzt allerdings, der Beschenkte kann von der Eintragungsbewilligung jederzeit Gebrauch machen. Nur dann kommt es auf die tatsächliche Grundbucheintragung nicht an.
- Anders liegt der Fall aber, wenn der Beschenkte von der Eintragungsbewilligung erst zu einem späteren Zeitpunkt (z. B. Tod des Schenkers) Gebrauch machen kann, etwa durch Vorlage einer Sterbeurkunde. In diesem Fall gilt die Schenkung auch erst mit dem Tod des Schenkers als ausgeführt und ist erst zu diesem Zeitpunkt steuerpflichtig.

3.1.4.5 Exkurs zum zivilrechtlichen Pflichtteilsrecht

3.1.4.5.1 Warum „böse" Kinder trotz Strafklausel mehr vom Nachlassvermögen erhalten, wenn sie den Pflichtteil fordern

Das Berliner Testament ist ein gemeinschaftliches Testament unter Ehegatten, 406
bei dem sich beide gegenseitig als Erben einsetzen (§ 2269 BGB). Das Berliner Testament wird etwa so formuliert: „Wir setzen uns gegenseitig zu Alleinerben ein. Schlusserben nach dem Tode des Letztlebenden von uns sollen unsere beiden gemeinsamen Kinder K 1 und K 2 zu gleichen Teilen sein."

Das Berliner Testament soll bewirken, dass beim Tod eines Ehegatten zunächst 407
der andere das Familienvermögen erhält und erst wenn dieser verstorben ist, die Kinder oder sonstige Dritte am beiderseitigen Nachlass partizipieren. Diese Erbfolge kann auf zwei Wegen erreicht werden: Jeder Ehegatte setzt den anderen als Vorerben ein und die Kinder zu Nacherben oder die Ehegatten setzen sich gegenseitig als Vollerben ein und die Kinder als Schlusserben.

Die Vorerben-Alternative gleicht dem Trennungsprinzip, da hier die Kinder nur die Nacherben des Nachlasses des erstverstorbenen Ehegatten werden. Beim Tod des letztlebenden Ehegatten erhalten die Kinder zwei getrennte Vermögensmassen (deshalb Trennungsprinzip), nämlich einmal die Vorerbschaft des erstverstorbenen Ehegatten (als Nacherben) und einmal das Vermögen des letztverstorbenen Elternteils (als Vollerben).[1]

408 Bei der Vollerben-Alternative übernimmt der überlebende Ehegatte das Vermögen des Erstverstorbenen voll. Erst mit dem Tod des überlebenden Ehegatten geht das Vermögen an die Kinder oder Dritte über, und zwar dann in Einheit mit dem Vermögen des Letztverstorbenen. Diese Alternative wird Einheitsprinzip genannt, weil hier die Vermögensteile beider Ehegatten zu einer Einheit verschmelzen und sodann an die Kinder (Dritte) „einheitlich" übergehen. Die Kinder werden dann nicht „Nacherben" des zuerst verstorbenen Ehegatten und der überlebende Ehegatte unterliegt nicht den Beschränkungen eines Vorerben. Die Kinder sind Schlusserben und Erben des zuletzt verstorbenen Elternteils. Die Kinder bzw. der Schlusserbe erlangt bei der Vollerben-Alternative beim Tod der erstversterbenden Ehegatten kein Anwartschaftsrecht als Nacherbe. Das Einheitsprinzip wird kraft Gesetzes unterstellt, sofern sich aus dem Willen der Eheleute nichts anderes ergibt (§ 2269 Abs. 1 BGB).

Untersucht man die Auswirkungen des Berliner Testaments im Einheitsprinzip auf die Abkömmlinge eines Ehepaares, so ist zunächst festzuhalten, dass diese beim Tod des erstversterbenden Elternteils nichts erhalten; sie werden sozusagen testamentarisch enterbt. Was ihnen verbleibt, ist nur die Hoffnung, das Vermögen nach dem Tod des zweiten Elternteils zu erhalten.

409 Doch was ist, wenn die überlebende Mutter – die ja Vollerbin geworden ist – das Vermögen einem verschwenderischen Freund zuwendet? Den Abkömmlingen bleibt hier nur die Möglichkeit offen, in kluger Voraussicht bereits beim Tod des ersten Elternteiles den Pflichtteil zu fordern, oder später zu hoffen, von dem Beschenkten im Rahmen des § 2287 BGB wieder etwas zurückfordern zu können.[2]

Macht ein „böses" Kind seinen Pflichtteil schon im ersten Erbgang geltend, gerät der überlebende Elternteil oftmals in Liquiditätsschwierigkeiten. Denn der Pflichtteil verkörpert wie gesehen einen Geldanspruch, der meistens nur durch Veräußerung von Nachlassgegenständen erfüllt werden kann.

Mit „Strafklauseln" oder „Verwirkungsklauseln" versucht man daher, die Schlusserben (beim Einheitsprinzip!) von der Geltendmachung ihres Pflichtteils abzuhalten. Solche Verwirkungsklauseln sehen vor, dass derjenige unter

1 Dem Trennungsprinzip sollte stets der Vorzug gegeben werden. Denn es entstehen beim Tod des erstversterbenden Ehegatten keine Pflichtteilsansprüche der Abkömmlinge, es sei denn, diese schlagen die Nacherbschaft aus. Zum anderen erlangen beim Trennungsprinzip die Abkömmlinge als Nacherben ein gesetzlich geschütztes Anwartschaftsrecht.

2 Zu § 2287 BGB vgl. Rz. 368.

den Abkömmlingen, der beim ersten Todesfall seinen Pflichtteil fordert, beim Tod des überlebenden Ehegatten auch nur diesen erhalten soll.

Solche Strafklauseln verhindern allerdings niemals, dass der „böse" enterbte Abkömmling zweimal am Nachlass teilnimmt. Bedenkt man darüber hinaus, dass dem „braven" Kind sowohl beim Einheitsprinzip als auch beim Trennungsprinzip das Erbvermögen erst beim Tod des letztversterbenden Elternteils zufließt und dem „bösen" dagegen sofort, kommt man, wenn man die Erbschaftsansprüche mit dem Bar- oder Kapitalwert beurteilt, zu dem Ergebnis, dass das „böse" Kind – Strafklausel hin oder her – immer besser gestellt ist als das „brave" Kind. 410

BEISPIEL: M und F, in Zugewinngemeinschaft lebend, haben sich im Wege des Berliner Testaments als gegenseitige Alleinerben eingesetzt. Schlusserbe sollen die ehelichen Kinder S und T werden (Einheitsprinzip). Nun stirbt M überraschend im Jahr 2021 Er hinterlässt ein Vermögen von 1 Mio. €. Vollerbin wird F. Sie ist zu diesem Zeitpunkt 62 Jahre alt.

Für die beiden Kinder S und T stellt sich im Zeitpunkt des Todes von M die Frage, was denn im gegenwärtigen Zeitpunkt mehr wert sei: der Pflichtteil oder die Anwartschaft auf das volle Vermögen des M nach dem Tod der F. Nach der für den Besteuerungszeitpunkt maßgeblichen Sterbetafel 2017/2019[1] des Statistischen Bundesamtes hat F – im Zeitpunkt des Todes von M 62 Jahre alt – noch eine durchschnittliche Lebenserwartung von 23,6 Jahren, so dass es statistisch gesehen mindestens noch dieses Zeitraumes bedarf, um an das Erbvermögen heranzukommen.

Der Pflichtteil könnte dagegen sofort gefordert werden. Der Pflichtteil beträgt die Hälfte des gesetzlichen Erbteils. Im vorgegebenen Fall würde S eine Erbquote von $^1/_4$ zustehen. Der Pflichtteil beträgt demzufolge $^1/_8$ aus dem von M hinterlassenen Vermögen. Das wären 125.000 €. Unterstellt man nun einen für Langfristanlagen geltenden Zinssatz von 8 %, kommt man bei einer Laufzeit von mindestens 20 Jahren und einem Abzinsungsfaktor von 0,2145 zu dem Ergebnis, dass seine hälftige Million, die S beim Tod seiner Mutter zu erwarten hätte, im Zeitpunkt des Todes des ersten Elternteils eigentlich nur 107.274 € wert ist. S fährt also mit seiner Pflichtteilsforderung i. H. von 125.000 € genau gesagt um 17.726 € besser.

An diesem Ergebnis ändert sich auch nichts, wenn man das Beispiel weiter verfolgt: Nehmen wir an, M und F haben in ihrem Testament eine Strafklausel vereinbart, die S – der ja den Pflichtteil gefordert hat – auch beim Tod der F auf den Pflichtteil setzt. Nehmen wir weiter an, F stirbt tatsächlich nach 20 Jahren, also im Alter von 82. 411

Nach der gesetzlichen Erbfolge ist S neben T am Nachlass der F zur Hälfte beteiligt. Das wäre bei einem unverändert gebliebenen Familiengesamtver-

1 BMF, Schreiben v. 28.10.2020 - IV C 7 - S 3104/19/10001 :005 BStBl 2020 I S. 1048, abgedruckt in Anhang 5.

mögen eine halbe Million. Nun ist es aber so, dass F das Vermögen des M nicht ungeschmälert, sondern um den Pflichtteil des S, also reduziert um 125.000 € erhalten hat, also sind beim Tod der F nur noch 875.000 € da.

Spätestens hier wird auch der braven T klar, dass sie mit dem Aussitzen des Erbanspruchs den vorwegverlangten Pflichtteil des S zur Hälfte mitfinanziert hat (die andere Hälfte trägt S, da er nach dem Tod der F auch zur Hälfte Miterbe wird). S erhält nun $^1/_4$ von $^7/_8$ des ursprünglichen Nachlasses, also $^1/_4$ von 875.000 € = 218.750 €. Rechnet man den vorweg vereinnahmten Pflichtteil hinzu, kommt man auf 343.750 €.

Vergleicht man nun das Pflichterbe des S mit dem Erbe der T (sie erhält $^3/_4$ von $^7/_8$ des ursprünglichen Nachlasses = 656.250 €), mögen die 343.750 € wenig erscheinen. Das Bild sieht aber dann anders aus, wenn man bedenkt, dass dem S die erste Tranche (125.000 €) schon vor 20 Jahren zugeflossen ist und er bei einem Zinssatz von 8 % aus den 125.000 € runde 582.612 €[1] machen konnte. Dann nämlich hat S insgesamt mit 801.362 € am Familienvermögen profitiert. Hätte er beim Tod des M seinen Pflichtteil nicht gefordert, hätte er dagegen nur seine halbe Million erhalten. S steht also mit dem Pflichtteil gut 300.000 € besser da als ohne. Und selbst wenn F noch mal eine Million an eigenem Vermögen hinterlässt oder sich das Familienvermögen durch Wertsteigerungen verdoppelt hätte, wäre S mit dem Pflichtteil noch um 50.000 € besser gestellt. S erhält hier bei einem Gesamtnachlass von 1,875 Mio. € (2 Mio. € abzgl. Pflichtteil) einen Pflichtteil i. H. von $^1/_4$ = 468.750 €; das ergibt zusammen mit dem aufgezinsten Pflichtteil einen Betrag von 1.051.362 €. Dem stände ein Erbteil von $^1/_2$ am Gesamtnachlass vom 2 Mio. € = 1 Mio. € gegenüber. Zudem hatte er zu Lebzeiten der F im Vergleich zur T ein nur geringeres Risiko der Verwirtschaftung des Familienvermögens durch F tragen müssen.

► **Fazit:**

Es ist daher anzunehmen, dass Strafklauseln im Berliner Testament bei bösen Kindern nichts bewirken, es sei denn, der Letztversterbende hinterlässt ein im Verhältnis zum Erstversterbenden viel größeres Vermögen, an dem das böse Kind dann nur mit dem geringen Pflichtteil partizipieren könnte, oder es werden Geldvermächtnisse an die braven Kinder ausgesetzt, welche beim Tod des Längerlebenden aus dem Vermögen des Erstverstorbenen gezahlt werden sollen.[2]

---

1 Aufzinsungsfaktor 8 %, 20 Jahre = 4,660957, ohne Berücksichtigung von Steuern.

2 Marko, Erbrecht und Testamentsgestaltung, 1996, Rz. 106.

3.1.4.5.2 Ein Nießbrauchsvorbehalt hemmt die Verjährung von Pflichtteilsergänzungsansprüchen

Der Fall: Mutter M setzt ihre Tochter T zur Alleinerbin ein und übergeht hierbei den Bruder und Sohn S, bzw. setzt diesen auf den Pflichtteil. 15 Jahre vor ihrem Tod übertrug die Mutter ihrer Tochter ein Miet- und Geschäftshaus sowie das von ihr bewohnte Einfamilienhaus. Über die beiden Grundstücke hatte sich die Erblasserin den Nießbrauch vorbehalten. Ferner stand der Mutter ein Recht zum Rücktritt zu, falls die Tochter vor ihr versterben sollte oder den Grundbesitz zu Lebzeiten der M ohne Zustimmung veräußert oder belastet. Der Anspruch auf Rückauflassung wurde durch Vormerkung gesichert. Dies alles spielte sich 1973 ab. 412

Als die Mutter 1988 verstarb, ging der Sohn vor den BGH und meinte, ihm stehe ein Pflichtteilsergänzungsanspruch zu, weil die Erblasserin die Grundstücke wirtschaftlich betrachtet nicht schon mehr als zehn Jahre vor ihrem Tod aus ihrem Vermögen ausgegliedert habe. Der hintergangene Bruder wollte die Grundstücke dem Nachlass hinzugerechnet wissen.

S bekam vor dem BGH in der Hinsicht Recht, dass eine im Grunde ergänzungspflichtige Schenkung nicht nur dann gem. § 2325 Abs. 3 Halbsatz 1 BGB unberücksichtigt bleibt, wenn der Erblasser seine Rechtsstellung als Eigentümer endgültig aufgibt. Der Erblasser muss vielmehr auch darauf verzichten, den verschenkten Gegenstand – sei es aufgrund vorbehaltener dinglicher Rechte oder durch Vereinbarung schuldrechtlicher Ansprüche – im Wesentlichen weiterhin zu nutzen. Nachdem sich die Mutter bei der Schenkung der beiden Grundstücke den Nießbrauch uneingeschränkt vorbehalten hat, gab sie den „Genuss" des verschenkten Gegenstandes nicht auf.[1]

Der Gesetzgeber wollte nach Ansicht der BGH-Richter von dem fiktiven Nachlass, aus dem der Pflichtteilsergänzungsanspruch berechnet wird, nur solche Schenkungen ausnehmen, deren Folgen der Erblasser längere Zeit hindurch zu tragen und in die er sich daher einzugewöhnen hatte. Darin sah der Gesetzgeber eine gewisse Sicherheit vor „böslichen" Schenkungen, durch die Pflichtteilsberechtigte benachteiligt werden sollen.

Deshalb gilt eine Schenkung nicht i. S. von § 2325 Abs. 3 Halbsatz 1 BGB geleistet, wenn der Erblasser den Genuss des verschenkten Gegenstands nach der Schenkung nicht auch tatsächlich zur Gänze entbehren musste. Ergänzend

1 BGH, Urteil v. 27.4.1994 - IV ZR 132/93, NAAAF-87198; ZEV 1994 S. 233.

hierzu sei erwähnt, dass die Verjährungsfrist für Pflichtteilsergänzungsansprüche bei Schenkungen unter Ehegatten nicht mit der Schenkung zu laufen beginnt, sondern gem. § 2325 Abs. 3 BGB erst mit Auflösung der Ehe.

► **Fazit:**

Der Schenker (Erblasser) muss den „Genuss“ am verschenkten Gegenstand wirklich entbehrt haben, um Pflichtteilsergänzungsansprüche zu vereiteln. Ein Nießbrauchsvorbehalt versagt Pflichtteilsansprüche zwar nicht, mindert sie aber zumindest. Denn die Höhe der gem. § 2325 Abs. 2 Satz 2 BGB zu berechnenden Pflichtteilsergänzungsansprüche bemessen sich nach dem den Wert des Nießbrauchsrechts übersteigenden wirtschaftlichen Wert des Gegenstands im Zeitpunkt der Schenkung. Zu fragen ist also immer, wie viel z. B. ein Grundstück im Zeitpunkt der Schenkung wert gewesen ist, wenn es in Geld umgesetzt worden wäre. Hierbei kommt es auch auf die Aussicht des Beschenkten an, die uneingeschränkte Nutzung im Erbfall zu erlangen.

Nur einen so ermittelten Restwert hat der Schenker (Erblasser) im Zeitpunkt der Schenkung wirtschaftlich aus seinem Vermögen ausgegliedert. Kann das Nießbrauchsrecht infolge hoher (statistischer) Lebenserwartung entsprechend hoch kapitalisiert werden, reduziert sich der Wert der Zuwendung und damit auch der Pflichtteilsergänzungsanspruch gegen Null.

HINWEIS:

Pflichtteilsergänzungsansprüche unliebsamer Abkömmlinge können auch durch Vereinbarung der Gütertrennung gemindert werden. Durch Beendigung der Zugewinngemeinschaft und Vereinbarung der Gütertrennung entsteht eine gesetzliche Ausgleichsforderung des einen Ehegatten hinsichtlich des Zugewinns des anderen Ehegatten (§ 1378 BGB). Dieser Ausgleichsanspruch ist steuerfrei.[1] Nachteil der Gütertrennung ist aber, dass sich die Pflichtteilsquote des unliebsamen Erben erhöht, weshalb man in der Praxis im Allgemeinen nach Vollzug des Ausgleichs wieder Zugewinngemeinschaft vereinbart. Dieser Lösungsweg ist allerdings vom BGH nicht abgesegnet, daher risikobehaftet. Er kann gewählt werden, wenn der den Ausgleich leistende Ehegatte nur ein Kind hat. Dann erhöht sich nämlich die Pflichtteilsquote durch Vereinbarung der Gütertrennung nicht. Bei zwei Kindern erhöht sich die Pflichtteilsquote eines übergangenen Kindes von $^1/_8$ auf $^1/_6$. Für den Fall, dass der BGH das Schaukeln von Zugewinngemeinschaft zur Gütertrennung und zurück einmal versagen sollte, ist in einer Kontrollrechnung zu prüfen, ob die Vermögensverschiebung zwischen Ehegatten die höhere Pflichtteilsquote noch kompensiert.

1 Vgl. Rz. 481.

3.1.5 Schenkungen auf den Todesfall

3.1.5.1 Allgemeines

Als Schenkung auf den Todesfall gilt ein Schenkungsversprechen, das an eine Überlebensbedingung geknüpft ist (der Beschenkte überlebt den Schenker). Im Gegensatz zum Erwerb von Todes wegen basiert die Schenkung auf den Todesfall (auch Schenkung von Todes wegen genannt) nicht auf einer letztwilligen Verfügung, sondern auf einem lebzeitigen Rechtsgeschäft. 413

Die Schenkung auf den Todesfall unterscheidet sich von der unentgeltlichen freigebigen Zuwendung unter Lebenden, welche nach § 7 ErbStG der Besteuerung unterliegt, dadurch, dass der Erwerbszeitpunkt auf den Todesfall gerichtet ist. So wird die Verpflichtung des Schenkers zur Herausgabe des Schenkungsgegenstandes bei einer Schenkung auf den Todesfall erst wirksam, wenn er vor dem Beschenkten stirbt. Das bedeutet gleichzeitig, dass der Schenker bei Schenkungen auf den Todesfall an die Abrede zu Lebzeiten nicht gebunden ist.[1]

Im Übrigen müssen für Schenkungen auf den Todesfall dieselben Merkmale wie für Schenkungen unter Lebenden gelten. Die Schenkung auf den Todesfall muss de facto eine Vermögensmehrung beim Bedachten und eine Vermögensminderung beim Schenker, kurz gesagt: eine Vermögensverschiebung herbeiführen, die sich allerdings erst mit dem Tod des Zuwendenden verwirklicht. Die Schenkung muss objektiv unentgeltlich sein, darf also auf keinerlei Gegenleistung beruhen. Ist die Schenkung teilentgeltlich, entspricht sie insoweit einer gemischten Schenkung bzw. einer Schenkung unter Leistungsauflage. Dies wäre beispielsweise der Fall, wenn der Beschenkte dem Schenker für das Schenkungsversprechen zu Lebzeiten Zuwendungen macht, etwa monatliche Zahlungen leistet für ein Anwesen, das er zugesprochen bekommen hat. Gegenleistungen im Zusammenhang mit Schenkungen auf den Todesfall können als Nachlassverbindlichkeit abgezogen werden.

HINWEIS:

Bei der Schenkung auf den Todesfall ist zwischen den zwei vertraglichen Komponenten Verpflichtungsgeschäft und Erfüllungsgeschäft zu unterscheiden. Bezieht sich die Überlebensbedingung allein auf die Schenkungsabrede (das Verpflichtungsgeschäft), hat der Beschenkte im Todesfall nur einen Forderungsanspruch gegen die Erben des Schenkers. Schließt die Überlebensklausel dagegen auch das Erfüllungsgeschäft ein bzw. ist dieses bereits zu Stande gekommen, geht das Verschenkte bei Eintritt der Überlebens-

1 Anders bei einer Schenkung unter Lebenden, die unter einer aufschiebenden Bedingung auf den Tod des Schenkers befristet ist; hier kann der Schenker zwar über die Sache noch selbst verfügen, macht sich aber ggf. schadensersatzpflichtig.

bedingung am Nachlass vorbei direkt in den Besitz des Beschenkten (aufschiebend bedingter Erwerb) bzw. – verbleibt diesem endgültig, sofern das Erfüllungsgeschäft bereits auflösend bedingt vollzogen war. War das Erfüllungsgeschäft aufschiebend bedingt, tritt die Steuerpflicht jetzt mit Eintritt der Überlebensbedingung ein; war es auflösend bedingt, kommt es im Todeszeitpunkt zu keiner steuerlichen Belastung mehr, da Schenkungsteuer bereits entrichtet war.

3.1.5.2 Fiktive Schenkungen auf den Todesfall bei der Gesellschafternachfolge

414 Unter Personengesellschaftern ist vielfach vereinbart, dass beim Tod eines Gesellschafters dessen Gesellschaftsanteil den übrigen Gesellschaftern zufällt, und nicht den Erben (Fortsetzungsklausel, §§ 736, 738 BGB). Bei der Fortsetzungsklausel wächst sozusagen der Anteil am Gesellschaftsvermögen des ausscheidenden Gesellschafters den übrigen Gesellschaftern zu (Anwachsungserwerb). Die überlebenden Gesellschafter erwerben hier unmittelbar, der Anteil fällt nicht in den Nachlass des ausscheidenden Gesellschafters.

Anteilsübergänge im Wege der Anwachsung geschehen nicht etwa dadurch, dass Vermögen un- oder teilentgeltlich übergeht, was als Kriterium für eine steuerpflichtige Schenkung (auf den Todesfall) gilt. Es kommt hier ja nur zur Berichtigung der Wertanteile der übrigen Gesellschafter. Theoretisch könnte der Gesetzgeber solche Anteilsübertragungen so gar nicht besteuern, würde er hier nicht einen Kunstgriff anwenden. Ein solcher Kunstgriff ist – wie durch die Verwendung des Wortes „gilt" verdeutlicht wird – in einer Fiktion des § 3 Abs. 1 Nr. 2 Satz 2 ErbStG zu sehen.[1] Die Vorschrift besagt: „Es gilt der durch den Tod eines Gesellschafters ausgelöste Übergang des Anteils (oder eines Teils eines Anteils) als Schenkung auf den Todesfall, soweit der Steuerwert dieses Anteils zum Todeszeitpunkt Abfindungsansprüche Dritter übersteigt".[2] § 3 Abs. 1 Nr. 2 Satz 2 ErbStG fingiert den sogenannten Anwachsungserwerb als Schenkung auf den Todesfall, der sich bei Personengesellschaften regelmäßig ergibt, wenn eine Fortsetzungsklausel vereinbart ist oder die Gesellschaft nach § 131 HGB von Gesetzes wegen fortgeführt wird. Der steuerpflichtige Anwachsungserwerb errechnet sich dabei aus der Differenz zwischen dem Steuerwert des Gesellschaftsanteils des verstorbenen Gesellschafters und der Abfindungsansprüche, die die Erben gegenüber der Gesellschaft haben.

1 Für Schenkungen unter Lebenden gilt eine Parallelvorschrift in § 7 Abs. 7 ErbStG, vgl. hierzu Teil VII Rz. 961 ff.

2 Gottschalk in Troll/Gebel/Jülicher/Gottschalk, ErbStG, § 3 Rz. 259.

Die Abfindungsansprüche der Erben eines verstorbenen Gesellschafters belaufen sich meist auf den Buchwert, so dass im Rahmen des § 3 Abs. 1 Nr. 2 Satz 2 ErbStG im Regelfall die Differenz zwischen dem Steuerwert und dem Buchwert von den übrigbleibenden Gesellschaftern anteilmäßig zu versteuern ist.[1]

BEISPIEL: Gesellschafter der A OHG sind A, B und C zu je einem Drittel. A verstirbt. Der Gesellschaftsanteil des A mit einem mittels Ertragswertverfahren ermittelten Steuerwert von 300.000 € wächst den Gesellschaftern B und C zu gleichen Teilen zu. Diese haben an die Erben des A eine Abfindung i. H. von 200.000 € zu zahlen (Buchwert). Den die Abfindungszahlung übersteigenden Betrag zum Steuerwert müssen B und C nun im Rahmen des § 3 Abs. 1 Nr. 2 Satz 2 ErbStG mit jeweils 50.000 € versteuern.

Eine Anwachsung von Gesellschaftsvermögen in der für Personengesellschaften beschriebenen Art gibt es bei Kapitalgesellschaften nicht. Soll bei Kapitalgesellschaften der Eintritt unliebsamer Rechtsnachfolger verhindert werden, so kann dies durch vertraglich vereinbarte Einziehung (Amortisation) der Anteile eines verstorbenen Gesellschafters geschehen. Folge der Einziehung des Gesellschaftsanteils ist, dass dieser untergeht und sich das bestehende Gesellschaftsvermögen auf die übrig gebliebenen Anteile verteilt. Rechnerisch ist das Gesellschaftsvermögen, das sich ja nur um die an die Erben des verstorbenen Gesellschafters zu zahlende Mindestabfindung verringert hat aber nicht um den Vermögensteil, den der untergegangene Gesellschaftsanteil verkörperte, somit höher. Diese „Werterhöhung" könnte allerdings – würde der Gesetzgeber nicht auch hier fingieren – nicht der Erbschaftsteuer unterworfen werden, da ein untergegangener Geschäftsanteil nicht übergehen kann und reine rechnerische Veränderungen im Gesellschaftskapital nicht zu Vermögensbewegungen (vom Erblasser zu Erben) führen können, welche als Anteilsübergang in physischer Form gewertet werden könnten. Um sicherzustellen, dass mit dem Untergang des Gesellschaftsanteils nicht auch die Steuern untergehen, hat der Gesetzgeber in § 3 Abs. 1 Nr. 2 Satz 3 ErbStG den in Satz 2 behandelten Sondertatbestand der fiktiven Besteuerung auch auf die Einziehung von Gesellschaftsanteilen an Kapitalgesellschaften beim Tod eines Gesellschafters übertragen. Der Fiskus verzichtet also auch hier auf das Erfordernis eines substanziellen Vermögensübergangs. Als Schenkung auf den Todesfall gilt auch eine durch Einziehung des Gesellschaftsanteils eines verstorbenen Gesellschafters bewirkte Werterhöhung der Geschäftsanteile der verbleibenden Gesellschafter. 415

1 Für Erwerbe im Rahmen der Anwachsung finden die Vergünstigungsregelungen § 13a, § 19a ErbStG Anwendung.

HINWEIS:

Nur die Differenz zwischen dem Wert des untergehenden Anteils und der Abfindung erhöht den Wert der verbleibenden Anteile und unterliegt einer Besteuerung.

3.1.6 Vermögensvorteile durch vom Erblasser geschlossene Verträge

416 Vermögensvorteile, die ein Erblasser bestimmten Personen zukommen lassen will, müssen nicht unbedingt aus Zuwendungen herstammen, die dieser selbst erbracht hat. Der Erblasser kann auch Dritte vertraglich mit der gewünschten Vermögenshingabe beauftragen. Solche Drittpersonen können beispielsweise Versicherungsgesellschaften sein. § 3 Abs. 1 Nr. 4 ErbStG bestimmt, dass als Erwerb von Todes wegen jeder Vermögensvorteil gilt, der aufgrund eines vom Erblasser geschlossenen Vertrags bei dessen Tod von einem Dritten unmittelbar erworben wird.

417 § 3 Abs. 1 Nr. 4 ErbStG besteuert in erster Linie Zuwendungen aus Lebensversicherungen, oder Bezüge aus einer privaten Renten(lebens)versicherung, wenn sie nicht an den Versicherungsnehmer, sondern nach dessen Tod an Dritte ausgezahlt werden.[1] Während Hinterbliebenenbezüge aus der gesetzlichen Rentenversicherung, Hinterbliebenenbezüge, die auf Tarifvertrag, Betriebsordnung, Betriebsvereinbarung, betriebliche Übung oder dem Gleichbehandlungsgrundsatz beruhen oder Versorgungsbezüge nach dem Beamtenversorgungsgesetz nicht besteuert werden, obwohl es sich hier dem Grunde nach um einen Vermögensvorteil handeln würde, der aus einem vom Erblasser geschlossenen Vertrag herrührt, sieht der BFH bei einem Leistungsbezug aus einer vom Erblasser zur Befreiung von der Pflichtversicherung in der gesetzlichen Rentenversicherung abgeschlossenen Lebensversicherung einen Besteuerungstatbestand nach § 3 Abs. 1 Nr. 4 ErbStG. Dass und ob die Lebensversicherung aus der familienrechtlichen Pflicht des Erblassers, für die Alterssicherung des überlebenden Ehegatten zu sorgen, herrührt, ist unbeachtlich. Letzteres schließt die Unentgeltlichkeit der Zuwendung nicht aus.

HINWEIS:

Mit den ErbStR 2019 hat die Finanzverwaltung ihre bisherige Sichtweise aufgegeben, wonach eine Steuerpflicht aus Lebensversicherungsleistungen bestand, auch wenn der Empfänger der Leistung (als bezugsberechtigter Dritter) die Versicherungsprämien gezahlt hat (in der Zahlung der Versicherungsprämien sah die Finanzverwaltung außerdem eine Schenkung gegenüber dem Versicherungsnehmer als gegeben, so dass es zu einer doppelten Erfassung der Prämien bei der Erbschaftsteuer kam). Hat ein Bezugs-

1 Zur Erbschaftsbesteuerung und zu Gestaltungsmöglichkeiten bei Kapitallebens- und Rentenversicherungsverträgen vgl. Rz. 804 ff.

berechtigter eines Lebensversicherungsvertrags die Prämien ganz oder teilweise gezahlt, ist die Versicherungsleistung nach dem Verhältnis der vom Versicherungsnehmer/Erblasser gezahlten Versicherungsbeiträge zu den insgesamt gezahlten Versicherungsbeiträgen aufzuteilen; nur dieser Teil unterliegt der Erbschaftsteuer[1]. Der Bezugsberechtigte trägt allerdings die Beweislast hinsichtlich der von ihm gezahlten Versicherungsbeiträge.

3.1.7 Ergänzungs- und Ersatztatbestände des Erwerbs von Todes wegen

3.1.7.1 Erwerb durch Erfüllung von Auflagen und Bedingungen

Ein Erblasser kann durch Testament den Erben oder einen Vermächtnisnehmer 418
zu einer Leistung verpflichten, ohne einem anderen das Recht zuzuwenden, diese Leistung zu verlangen. Liegt eine solche Ausgangssituation vor, handelt es sich um eine Auflage (§ 1940 BGB). Der Erblasser kann aber auch einen Erben nur unter einer bestimmten Bedingung am Nachlass beteiligen.

Auflagen und Bedingungen lösen, wenn sie aus der Verpflichtung bestehen, 419
bestimmte Personen aus dem Nachlass zu begünstigen, regelmäßig steuerpflichtige Vermögenszuwächse nach § 3 Abs. 2 Nr. 2 ErbStG aus. Auflagen und Bedingungen, die das Ziel verfolgen, bestimmte Personen zu begünstigen, laufen im Ergebnis auf ein Vermächtnis hinaus. Gegenüber dem Vermächtnisnehmer genießt ein Begünstigter durch Auflage oder Bedingung allerdings den Vorteil, dass er nicht schon – wie der Vermächtnisnehmer – mit dem Tod des Erblassers, sondern erst „mit dem Zeitpunkt der Vollziehung der Auflage oder der Erfüllung der Bedingung" zum Steuerschuldner wird (§ 9 Abs. 1 Nr. 1 Buchst. d ErbStG).

HINWEIS:

Die Steuer bemisst sich nach dem, was als Auflage geleistet wird bzw. zur Erfüllung der Bedingung zu leisten ist. Als Maßstab gilt die nach Steuerwerten festgesetzte Bereicherung des Begünstigten. Ist Begünstigter einer Auflage zugleich der Beschwerte selbst, ist die Auflage steuerneutral, d. h. weder als Auflage nach § 3 Abs. 2 Nr. 2 ErbStG zu versteuern noch als Nachlassverbindlichkeit abziehbar (§ 10 Abs. 9 ErbStG).

3.1.7.2 Ausschlagungen gegen Abfindung sowie Zahlungen für die Anerkennung einer Erbenstellung

Bereits im Zusammenhang mit der Besteuerung von Pflichtteilsansprüchen 420
aufgegriffen wurde der Alternativfall der Ausschlagung gegen Abfindung. Zwar gilt bei einer Ausschlagung der Erbanfall an den Ausschlagenden als

1 R E 3.7 Abs. 2 ErbStR 2019.

nicht erfolgt (§ 1953 BGB), der Bedachte kommt also nicht unmittelbar in den Genuss des Erbvermögens. Schlägt er aber gegen Abfindung aus, erlangt er daraus einen mittelbaren Vermögensvorteil, welcher nach § 3 Abs. 2 Nrn. 4 und 5 ErbStG der Besteuerung unterliegt. Nr. 5 wurde mit dem Jahressteuergesetz 2020 geändert.

421 Steuerpflichtig ist, „was als Abfindung für einen Verzicht auf den entstandenen Pflichtteilsanspruch oder für die Ausschlagung einer Erbschaft, eines Erbersatzanspruchs oder eines Vermächtnisses oder für die Zurückweisung eines Rechts aus einem Vertrag des Erblassers zugunsten Dritter auf den Todesfall oder anstelle eines anderen … [als Erwerb von Todes wegen steuerpflichtigen, Anm. des Autors] Erwerbs oder dafür gewährt wird, dass eine Rechtsstellung, insbesondere eine Erbenstellung, oder ein Recht oder ein Anspruch, die zu einem Erwerb nach Absatz 1 führen würden, nicht mehr oder nur noch teilweise geltend gemacht werden“ (§ 3 Abs. 2 Nr. 4 ErbStG[1]). Die Vorschrift umfasst u. a. Abfindungen aller Art, die der Erwerber dafür erhält, dass er zunächst behauptete Rechtsstellungen, Rechte oder Ansprüche auf Erwerbe von Todes wegen nicht mehr oder nur noch teilweise geltend macht. In der Praxis greift dieser Besteuerungstatbestand regelmäßig in solchen Fällen, in denen der Erblasser mehrere Testamente errichtete und dabei unterschiedliche Erben eingesetzt hatte und das letzte – grds. gültige Testament – wegen behaupteter Testierunfähigkeit des Erblassers angefochten wird. Erhält der weichende Erbe im Rahmen eines Prozessvergleichs eine Zahlung vom zuletzt eingesetzten Alleinerben dafür, dass er dessen Erbenstellung anerkennt, unterliegt dieser Erwerb nach dieser Vorschrift der Erbschaftsteuer.

Die Erbschaftsteuer unterliegt auch, „was als Abfindung für ein aufschiebend bedingtes, betagtes oder befristetes Vermächtnis, für das die Ausschlagungsfrist abgelaufen ist, vor dem Zeitpunkt des Eintritts der Bedingung oder des Ereignisses gewährt wird“ (§ 3 Abs. 2 Nr. 5 ErbStG[2]). Mit der im JStG 2020 erwirkten Gesetzesänderung wird klargestellt, dass es für die Besteuerung nicht auf den Ablauf einer Ausschlagungsfrist ankommt, die es bei aufschiebend bedingte, befristeten oder betagten Vermächtnissen nicht gibt. Den steuerpflichtigen Erwerb bildet hierbei der Steuerwert der Abfindung bzw. der Steuerwert des als Abfindung hingegebenen Gegenstands. Wird die Erbschaft oder das Vermächtnis gegen Hingabe eines Grundstücks ausgeschlagen, gilt der nach

1 Parallelvorschrift zu § 3 Abs. 2 Nr. 4 ErbStG ist § 7 Abs. 1 Nr. 5 ErbStG: Als Schenkung gilt, was als Abfindung für einen vor dem Tod des Erblassers ausgesprochenen Erbverzicht gewährt wird, vgl. Rz. 442.

2 I. d. F. des JStG 2020 BGBl 2020 I S. 3096

Maßgabe der §§ 176 ff. BewG zu ermittelnde steuerliche Grundbesitzwert als Besteuerungsgrundlage.[1]

Die Steuerschuld entsteht mit dem Zeitpunkt des Verzichts oder der Ausschlagung bzw. – beim aufschiebend bedingten, betagten oder befristeten Vermächtnis – mit dem Zeitpunkt der Vereinbarung über die Abfindung (§ 9 Abs. 1 Nr. 1 Buchst. f und g ErbStG). Auf den tatsächlichen Entrichtungszeitpunkt der Abfindung kommt es nicht an. 422

Hat der Erbe die Ausschlagungsfrist verstreichen lassen (eine Ausschlagung muss binnen sechs Wochen erfolgen, § 1944 Abs. 1 BGB), gilt die Erbschaft als angenommen und die Steuerschuld bereits als entstanden (§ 9 Abs. 1 Nr. 1 ErbStG). Schlägt er anschließend zu Gunsten eines anderen Miterben aus, ist die Ausschlagung als Verfügung des Erben über die Erbschaft zu werten. 423

Für die Besteuerung ist es schließlich unerheblich, wer die Abfindung zahlt. Der leistende Erbe kann die Abfindung als Nachlassverbindlichkeit steuermindernd abziehen (§ 10 Abs. 5 Nr. 3 ErbStG); dies sogar dann, wenn nicht er, sondern ein Dritter die Abfindung gezahlt hat.[2] Zur steueroptimalen Erbfolgeplanung durch Erbverzicht oder Ausschlagung vgl. Teil V Rz. 776. 424

Von der Ausschlagung einer bereits angenommenen oder als angenommen geltenden Erbschaft ist strikt abzuraten. Gegebenenfalls entsteht hier neben dem Erwerb von Todes wegen noch ein zweiter steuerpflichtiger Erwerb: eine Schenkung unter Lebenden. Dies nämlich dann, wenn der durch die nachträgliche Ausschlagung begünstigte Miterbe für den Vermögenserwerb keine wertentsprechende Gegenleistung erbringt. 425

HINWEIS:

Wer auf sein künftiges Erbe verzichtet und zum Ausgleich dafür eine bestimmte Anzahl von Jahren regelmäßig einen festen Geldbetrag bekommt, braucht diese Zahlungen nicht als wiederkehrende Leistungen zu versteuern. Grundsätzlich handelt es sich bei einer Umschichtung privaten Vermögens nicht um Einkünfte i. S. des Einkommensteuergesetzes, wenn diese einmalig erfolgt. Allein die Regelmäßigkeit der Zahlungen begründet nicht die Steuerbarkeit als sonstige Einkünfte.

1 Zur Ermittlung der steuerlichen Grundbesitzwerte vgl. Rz. 208.

2 Gottschalk in Troll/Gebel/Jülicher/Gottschalk, a. a. O., § 3 Rz. 338. Hier kann dann allerdings eine steuerpflichtige Schenkung des Dritten an den Erben vorliegen, sofern dieser keine Gegenleistung erbringt.

3.2 Schenkungen unter Lebenden

3.2.1 Allgemeines

426 Eine Schenkung ist eine Zuwendung, durch die jemand aus seinem Vermögen einen anderen bereichert. Voraussetzung ist, dass sich beide Teile darüber einig sind, dass die Zuwendung unentgeltlich erfolgt (§ 516 Abs. 1 BGB). Keine Schenkung liegt dagegen vor, „wenn jemand zum Vorteil eines anderen einen Vermögenserwerb unterlässt oder auf ein angefallenes, noch nicht endgültig erworbenes Recht verzichtet" (§ 517 BGB).

427 Eine Schenkung gilt als vollzogen, sobald der Beschenkte die Verfügungsbefugnis über die Zuwendung erhält. Die Schenkung ist dann auch steuerlich anzuerkennen. Ist der Zuwendungsvorgang vollzogen und ist es zu einer Verminderung des Vermögens des Schenkers gekommen, entsteht die Steuerschuld (§ 9 Abs. 1 Nr. 2 ErbStG) und es ist auch die steuerliche Bewertung des zugewendeten Vermögens vorzunehmen (§ 11 ErbStG).

428 Praktisch ist es kaum denkbar, einen schenkweisen Vermögensübertrag zu konstruieren, der nicht unter § 7 ErbStG fällt. Es reicht ja bereits, wenn beim Bedachten eine Bereicherung eintritt – in welcher Form auch immer –, beim Schenker der Wille zur Unentgeltlichkeit vorhanden war und sich beide Parteien darüber einig waren, dass die Zuwendung nicht als Entgelt für bereits Geleistetes gedacht sein soll. Dies ist z. B. schon in der Einräumung einer Gesamtgläubigerstellung erfüllt. Unerheblich ist, ob der Begünstigte von dem eingeräumten Recht tatsächlich Gebrauch macht, allein seine zivilrechtliche Rechtsstellung ist entscheidend.

429 Des Weiteren führen von einem Schenker eingeräumte Forderungsrechte aller Art bereits zu einem steuerpflichtigen Erwerb. Sofern die Forderungsrechte auf die Übereignung von Grundvermögen gerichtet sind, kommt es auf einen grundbuchrechtlichen Vollzug nicht an. Versprechungsabreden, nach denen ein Begünstigter einen frei verfügbaren Anspruch auf eine bestimmte Leistung erhält, lösen demnach bereits zu dem Zeitpunkt Steuern aus, zu dem das entsprechende Forderungsrecht begründet wird. Im Gegensatz dazu sind aufschiebend bedingte Ansprüche erst dann zu versteuern, wenn es zum tatsächlichen Erwerb der versprochenen Leistungen gekommen ist, also die aufschiebend bedingte Auflage oder Bedingung eingetreten bzw. erfüllt worden ist.

430 Ein dem Grunde frei verfügbarer Übereignungsanspruch beispielsweise auf ein Grundstück kann nicht durch die Vertragsformulierung „soweit der Bedachte (Begünstigte) es wünscht" zu einem aufschiebend bedingten Anspruch umfunktioniert werden mit der Folge, dass die Schenkungsteuer erst mit der

Erklärung des Willens seitens des Begünstigten und Vollzug des Forderungsanspruchs durch Inempfangnahme der Zuwendungsgegenstände fällig würde.

Die Steuerpflicht für Schenkungen lässt sich nicht dadurch ausschließen, dass eine Zuwendung zur Belohnung (als Ausdruck der Dankbarkeit) oder unter einer Auflage gemacht (sofern diese allerdings nicht in Geld veranschlagt werden kann) oder in die Form eines lästigen Vertrags[1] gekleidet wird (§ 7 Abs. 4 ErbStG). Eine sogenannte verdeckte Schenkung ist eine in einen Vertrag gekleidete Schenkung, bei dem einer Leistung keine vergleichbare Gegenleistung gegenübersteht. 431

BEISPIEL: Der einem neuen Gesellschafter zugewendete Geschäftsanteil ist mehr wert als seine Einlage – oder umgekehrt: Der ausscheidende Gesellschafter erhält eine Abfindung, die unter dem Steuerwert des Anteils liegt.

Auch Sachschenkungen unterliegen der Schenkungsteuerpflicht, und zwar auch dann, wenn sie unter freiem Widerrufsvorbehalt stehen. Denn mit dem Vollzug einer Sachschenkung durch Übereignung des Schenkungsgegenstandes ist dieser aus dem Vermögen des Zuwendenden ausgeschieden und in das Vermögen des Zuwendungsempfängers übergegangen. Auch hier hat eine steuerrelevante Vermögensverschiebung stattgefunden. Ob diese Bestand hat, berührt den Umstand der Bereicherung des Zuwendungsempfängers auf Kosten des Zuwendenden nicht. 432

Das Gesetz spricht allgemein vom Geber und vom Bedachten. Geber ist hierbei der Schenker, Bedachter der Beschenkte. Da sich die Besteuerung nach der Steuerklasse vollzieht, welche für das Verwandtschaftsverhältnis zwischen Geber und Bedachten maßgeblich ist, kann es zweckmäßig sein, die richtigen Geber und Bedachten auszuwählen bzw. für die richtigen Geber und Bedachten zu plädieren. Wird beispielsweise eine Schenkung erst nach dem Tod des Gebers ausgeführt, weil er zwischenzeitlich verstorben und die Erben das Schenkungsversprechen erfüllen müssen, ist es wichtig zu wissen, dass hier für die Festsetzung der Schenkungsteuer gleichwohl das Verhältnis des Schenkers zum Beschenkten maßgebend bleibt. 433

Machen Eltern ihren Kindern diverse Zuwendungen, ist grds. von zwei Gebern auszugehen. Hierbei wird – sofern sich aus den Umständen nichts anderes ergibt – unterstellt, dass die Zuwendung von Vater und Mutter zu gleichen Teilen geleistet wird. Dies hat für die Beteiligten die angenehme Folge, dass die 434

1 Ein „lästiger Vertrag“ ist im Ergebnis eine verdeckte Schenkung. Ein lästiger Vertrag liegt vor, wenn sich Leistungen und Gegenleistungen gegenüberstehen, sich aber wertmäßig nicht ausgleichen.

Erbschaft- und Schenkungsteuerfreibeträge zweimal in Anspruch genommen werden können und sich die Steuerprogression entsprechend verringert.

435 Dies gilt allerdings nicht, wenn der Abkömmling nur von einem Ehegatten abstammt. Schenkungen der Eltern an die Kinder sind grds. zu empfehlen und auch risikolos. Stirbt das Kind vor den Eltern und fällt das ursprünglich verschenkte Vermögen an diese von Todes wegen wieder zurück, ist dieser Vorgang steuerfrei (§ 13 Abs. 1 Nr. 10 ErbStG).

436 Fällt einer Personengesellschaft Vermögen durch Schenkung zu, ist nicht etwa die Personengesellschaft Bedachte. Es sind vielmehr die Gesellschafter als bereichert anzusehen. Die Gesellschafter einer Personengesellschaft gelten als Erwerber, und zwar unabhängig von der Frage, ob die Personengesellschaft ggf. zivilrechtlich als Beschenkte gilt.

437 Anders ist es bei Kapitalgesellschaften: Führt beispielsweise die Übertragung von Betriebsvermögen einer KG auf eine GmbH zur Wertsteigerung bei den GmbH-Anteilen, kann darin keine Schenkung an die GmbH-Gesellschafter (den ehemaligen Angestellten der KG) gesehen werden. Zuwendungen an eine GmbH und eine dadurch eintretende Werterhöhung bei den Geschäftsanteilen stellen im Regelfall keine Zuwendung an die Gesellschafter dar.

HINWEIS:

Das Fehlen einer ausdrücklich vereinbarten Gegenleistung allein erlaubt nicht den Schluss, dass sich die Parteien über die Unentgeltlichkeit einig waren. Übergeben die Eltern in „Vorwegnahme der Erbfolge" ein Hausgrundstück, lässt sich allein aus diesem Hinweis nicht die Unentgeltlichkeit der Übergabe entnehmen.[1] Im Urteilsfall hatte der Bundesgerichtshof (BGH) eine unentgeltliche Übergabe – und damit eine Schenkung – an den einzigen Sohn (Bedachten) verneint, weil dieser mit Übergabe des Hausgrundstücks sowohl Pflegeleistungen den Eltern (den Schenkern) gegenüber als auch die Instandhaltung des Hauses und des Gartens übernahm. Die klagende Stadt, welche den Eltern gegenüber Sozialhilfe leisten musste und den Beschenkten aus übergeleitetem Recht auf Rückerstattung eines Geschenks wegen Verarmung der Schenker in Anspruch nehmen wollte, hatte keinen Erfolg. Der BGH meint dazu: Übergabeverträge bestimmen häufig zusätzlich zu der Übertragung von Vermögensgegenständen des Übergebers, dass auch den Übernehmer Verpflichtungen treffen; dabei kann es sich aber auch um Verpflichtungen zur Pflege des Übergebers etwa i. S. eines Altenteils handeln. Derartige Gegenleistungen aus dem Vermögen des Übernehmers sind entgeltlich.

3.2.2 Die freigebige Zuwendung als steuerpflichtige Schenkung

438 Steuerpflichtig ist jede freigebige Zuwendung unter Lebenden, „soweit der Bedachte durch sie auf Kosten des Zuwendenden bereichert wird" (§ 7 Abs. 1

1 BGH, Urteil v. 1.2.1995 - IV ZR 36/94, NJW 1995 S. 1349.

Nr. 1 ErbStG). Für die Annahme einer freigebigen Zuwendung nach dieser Vorschrift muss Folgendes gegeben sein:

Es muss ein wertmäßiger Gegenstand unentgeltlich zugewendet werden. Dabei muss es zu einer Vermögensverschiebung kommen, und zwar

- beim Geber zu einem Mittelabfluss (Entreicherung) und
- beim Beschenkten zu einem Mittelzufluss (zu einer Bereicherung);
- der Zuwendende muss den Willen zur Unentgeltlichkeit gehabt haben und diese subjektiv gewollt haben (Bereicherungswille).[1]

Eine Schenkung i. S. der §§ 516 ff. des Bürgerlichen Gesetzbuchs (BGB) muss je- 439
doch nicht vorliegen.[2] Bereicherung kann jede Vermögensvermehrung und jede Minderung von Schulden oder Belastungen beim Bedachten sein. Maßgebend ist allein der Umfang der Bereicherung beim Bedachten. Bespart ein Elternteil für ein minderjähriges Kind ein Sparbuch oder einen Sparvertrag, ist hierin noch keine Schenkung zu sehen, solange der Elternteil als alleiniger Verfügungsberechtigter im Besitz des Sparbuchs (Sparvertrags) ist. Sobald aber das Sparbuch an den Abkömmling übergeben wurde und dieser über das Guthaben verfügen kann, ist eine freigebige Zuwendung anzunehmen.

Eine Bereicherung muss nicht notwendigerweise nur bei einer Schenkung auf- 440
treten. Sie kann vielmehr in jedem gegenseitigen Vertrag versteckt sein, bei dem der Leistung keine wertgleiche Gegenleistung gegenübersteht. Zuwendungsgegenstand muss nicht notwendigerweise ein Wertgegenstand, Geld oder Ähnliches sein. Gegenstand einer freigebigen Zuwendung kann auch die Gewährung eines Vermögensgebrauchs (einer Nutzungsmöglichkeit) sein. So tritt bei einem mit Auflagen oder Ansprüchen beschwerten Beschenkten beispielsweise auch dann eine Bereicherung ein, wenn auf die Ansprüche verzichtet wird. Auch die Einräumung eines zinslosen Darlehens gilt als unentgeltliche Zuwendung. Gegenstand der Zuwendung ist hier die unentgeltliche Gewährung der Nutzungsmöglichkeit des als Darlehen überlassenen Kapitals. Der Verzicht auf die zum Vermögen eines Darlehensgebers gehörende Nutzungsmöglichkeit führt bei diesem – sofern sie objektiv unentgeltlich erfolgt – zu einer Vermögensminderung und beim Darlehensnehmer zu einer entsprechenden Vermögensmehrung. Erhält also jemand ein zinsloses Darlehen, kann er nicht entgegenhalten, er sei nicht bereichert, weil er keinen wirklichen Geldmittelzufluss hatte, sondern sich nur Aufwendungen erspart habe und außer-

1 R E 7.1 ErbStR 2019.

2 BFH, Urteil v. 27.11.2013 - II R 25/12, ZAAAE-55558.

dem beim Darlehensgeber keine Entreicherung stattgefunden habe, da dieser ja nur auf eine Einnahmequelle verzichtet hat, den Darlehensbetrag jedoch in Raten wieder zurückerhält. Keine Bereicherung ist indessen gegeben, wenn der Bedachte einen Rechtsanspruch auf die Zuwendung hatte, z. B. in Form einer Forderung oder als Entlohnung für vereinbarte Dienste.

441 Der Schenkungsteuer unterliegt auch eine gemischte freigebige Zuwendung. Eine solche liegt regelmäßig dann vor, wenn einer höherwertigen Leistung eine Gegenleistung von geringerem Wert gegenübersteht und die höherwertige Leistung neben Elementen der Freigebigkeit auch Elemente eines Austauschvertrags enthält, ohne dass sich die höherwertige Leistung in zwei selbständige Leistungen aufteilen lässt.[1] Auch die Bezahlung überhöhter Bezüge an den Ehemann als Geschäftsführer einer Einzelfirma der Ehefrau kann eine (gemischt) freigebige Zuwendung der Ehefrau und Firmeninhaberin darstellen. Bewertungsmaßstab ist die für vergleichbare Tätigkeiten üblicherweise gewährte Vergütung. Weiter kommt es darauf an, nach welchen Gesichtspunkten und von welcher Ausgangslage die Höhe der Gesamtvergütung von den Beteiligten festgelegt worden ist sowie welche außerdienstlichen, insbesondere persönlichen Beziehungen zwischen ihnen bestehen. Keine (gemischt) freigebige Zuwendung stellt hingegen die Zahlung überhöhter vertraglicher Entgelte durch eine GmbH an eine dem Gesellschafter nahestehende Person dar.[2] Die gilt, wenn der Gesellschafter beim Abschluss der Vereinbarung zwischen der GmbH und der nahestehenden Person mitgewirkt hat. Der BFH sieht in einem solchen Fall die Bereicherung aus dem Gesellschaftsverhältnis zwischen der GmbH und dem Gesellschafter herrührend. Im Streitfall hatte das Finanzamt einerseits die überhöhten Zahlungen als verdeckte Gewinnausschüttung einkommensteuererhöhend berücksichtigt und andererseits bei der Bedachten eine Schenkungsteuer festgesetzt.

442 Die Bereicherung des Bedachten ist in aller Regel identisch mit dem Vermögensabfluss auf Seiten des Gebers. Das muss aber nicht ausnahmslos so sein. Hat der Schenker die mit der Übertragung eines Grundstücks anfallenden Nebenkosten übernommen, können diese nicht dem Beschenkten als zusätzliche Bereicherung hinzugerechnet werden. Die Nebenkosten schmälern aber sehr wohl das Vermögen des Schenkers. Hat der Beschenkte die auf dem

1 BFH, Urteil v. 30.1.2013 - II R 6/12, BStBl 2013 II S. 930, Rz. 12; BFH, Urteil v.13.9.2017 - II R 32/16, BStBl 2018 II S. 296.

2 BFH, Urteile v. 13.9.2017 - II R 32/16, BStBl 2018 II S. 296; II R 42/16, BStBl 2018 II S. 299; II R 54/15, BStBl 2018 II S. 292

Grundstück lastenden Hypotheken übernommen, kann er mit dem Grundstück nicht in voller Höhe als bereichert gelten. Gleichwohl aber fließt das Grundstück als Ganzes aus dem Vermögen des Schenkers ab. Diese Aspekte werden im Zusammenhang mit der gemischten Schenkung und der Auflagenschenkung nochmals aufgegriffen.[1]

Ein Erbverzicht stellt keinen Steuertatbestand dar, weil er keine Schenkung ist (§ 517 BGB). Erhalten die Verwandten oder der Ehegatte des Erblassers[2] für ihren Verzicht aber eine Abfindung, unterliegt diese Zuwendung der Besteuerung nach § 7 Abs. 1 Nr. 5 ErbStG. Abfindungen für die Ausschlagung der Erbschaft oder für den Verzicht auf den Pflichtteil werden auch von § 3 Abs. 2 Nr. 4 ErbStG erfasst. Unter § 7 Abs. 1 Nr. 5 ErbStG fallen allerdings diejenigen Abfindungen, die gezahlt werden, damit der Berechtigte bereits vor dem Tod des Erblassers auf sein Erbe verzichtet.[3]

Ein Bereicherungswille, d. h. der Wille zur Unentgeltlichkeit, liegt vor, wenn sich der Zuwendende der Unentgeltlichkeit der Zuwendung derart bewusst ist, dass er seine Leistung ohne Verpflichtung und ohne rechtlichen Zusammenhang mit einer Gegenleistung erbringt Der Schenker muss also wissen, „dass seine Vermögenshingabe weder mit einer Gegenleistung (oder einem Gemeinschaftszweck) rechtlich verknüpft ist noch der Erfüllung einer aus anderem Rechtsgrund bestehenden Verbindlichkeit dient“.[4] 443

Nicht erforderlich ist, dass der Zuwendende in Bereicherungsabsicht gehandelt hat. Einer Besteuerung steht deshalb nicht entgegen, dass eine Zuwendung unter dem Motiv oder der Hoffnung gemacht wurde, der Empfänger würde sich seinerseits revanchieren. Der Zuwendende darf also mit seinem Geschenk auch durchaus eigennützige Ziele verfolgen. 444

Die Eingehung einer Bürgschaftsverpflichtung als solche stellt grds. keine freigebige Zuwendung an den (Haupt-)Schuldner dar, weil durch sie lediglich die Forderung des Gläubigers gegen den Schuldner durch Übernahme der Hilfs- 445

1 Vgl. Rz. 452.

2 Verwandte sowie der Ehegatte des Erblassers können durch Vertrag mit dem Erblasser auf ihr gesetzliches Erbrecht verzichten (§ 2346 Abs. 1 Satz 1 BGB). Der Erbverzicht ist ein notariell zu beurkundender Vertrag zwischen dem Erblasser und seinem Ehegatten oder seinen Erbberechtigten (§ 2348 BGB). Der Verzichtende wird daraufhin von der Erbfolge ausgeschlossen und so behandelt, als würde er nicht mehr leben (§ 2346 Abs. 1 Satz 2 BGB).

3 Für Abfindungen für die Ausschlagung eines Vermächtnisses nach dem Erbfall gilt § 3 Abs. 2 Nr. 5 ErbStG.

4 Gebel in Troll/Gebel/Jülicher/Gottschalk, ErbStG, § 7 Rz. 271.

schuld gesichert wird. In Ausnahmefällen kann aber die Übernahme einer Bürgschaft eine freigebige Zuwendung darstellen, wenn nach den objektiven Umständen der Schuldner von dem Bürgen endgültig von der gegen ihn (weiter-)bestehenden Forderung befreit werden sollte.

446 Eine ausdrückliche Einigung zwischen Schenker und Beschenkten über die Unentgeltlichkeit der Zuwendung ist im Unterschied zum zivilrechtlichen Schenkungsbegriff bei der Schenkungsteuer nicht maßgeblich. So wird zwischen nahen Verwandten ein Wille zur Unentgeltlichkeit immer angenommen. Dagegen wird unter fremden Personen wie im Geschäftsleben ein Bereicherungswille nur in Ausnahmefällen unterstellt werden können. Für das Merkmal der Unentgeltlichkeit ist freilich auch Voraussetzung, dass der Zuwendende bestimmte Wertvorstellungen hat. Diese Wertvorstellungen müssen aber nicht so gefestigt sein, dass er den Wert seiner Zuwendung auf Euro und Cent genau beziffern kann. Es reicht vielmehr, wenn der Zuwendende als Laie – trotz Gegenleistung oder einer diversen Rechtspflicht – zum Ergebnis kommen muss, dass der Wert der Transaktion nicht voll ausgeglichen war und es demzufolge zu einer Un- bzw. Teilentgeltlichkeit gekommen ist.

447 In der Praxis wird die exakte Bestimmung des Zuwendungsgegenstandes nicht immer einfach sein. Für die Beteiligten mögen sich hier steuerschonende Gestaltungswege eröffnen, weil für jeden „Gegenstand“ andere Bewertungsgrundsätze und damit zusammenhängend auch ein anderer Steuerwert maßgeblich ist; u.U. ist der Gegenstand sogar steuerfrei.[1] Im Einzelfall ist immer auf die wirtschaftliche Betrachtungsweise, also auf die eingangs erwähnte „Bereicherung“ abzustellen.

448 Es ist Sache des Finanzamtes, eine freigebige Zuwendung zusammen mit einem Bereicherungswillen nachzuweisen. Um nicht in allen Fällen in Beweisnot zu gelangen, hat die Finanzverwaltung bestimmte Wissens- und Willensvermutungen entwickelt. Die Finanzverwaltung kann z. B. bei Vermögensübertragungen auf erbberechtigte Personen vom Willen der Unentgeltlichkeit ausgehen; aber auch unter Ehegatten. So können verdeckte Gewinnausschüttungen an einen Ehegatten, die eine GmbH auf Veranlassung des Geschäftsfüh-

1 Z. B. bleibt Hausrat beim Erwerb durch Personen der Steuerklasse I (Kinder usw.) bis zu 41.000 € steuerfrei (§ 13 Abs. 1 Buchst. a ErbStG). Dieser Betrag gilt dabei für jeden Elternteil. Vater und Mutter können also der Tochter bei der Gründung ihres eigenen Haushalts mit bis zu 82.000 € steuerfrei unter die Arme greifen, ohne dass hiervon der Erbschaftsteuerfreibetrag berührt wird oder gar eine Zusammenrechnung mit früheren Erwerben (§ 14 ErbStG) vorzunehmen ist. Einzige Bedingung: Der Geldbetrag muss zweckgebunden geschenkt werden, also unter der Vereinbarung, hiervon Haushaltsgegenstände zu kaufen.

rers an dessen Ehefrau erfolgen und verdeckte Gewinnausschüttungen darstellen, als mittelbare freigebige Zuwendung neben der Einkommensteuer auch der Schenkungsteuer unterliegen. Will der Steuerpflichtige dagegen ankämpfen, kann er das Finanzamt nicht zur Beweisführung auffordern, sondern muss seinerseits versuchen, diese Wissens- und Willensvermutung zu widerlegen.

Ein vom Schenker ausgesprochener Widerrufsvorbehalt schränkt die Bereiche- 449
rung nicht ein. Schenkt beispielsweise die Mutter ihrem Sohn Anteile an einer Kommanditgesellschaft unter Widerrufsvorbehalt, bleibt – wirtschaftlich betrachtet – die Mutter weiterhin Kommanditistin, obwohl ja der Sohn im Handelsregister eingetragen sein mag. Dasselbe gilt, wenn die Mutter ihrer Tochter ein vermietetes Zweifamilienhaus unter Widerrufsvorbehalt überträgt. Der Eintrag der Tochter im Grundbuch allein genügt für die Feststellung nicht, ob das Verfügungsrecht über die Einkunftsquelle auch tatsächlich auf die Tochter übergegangen ist. Eine unter Widerrufsvorbehalt vollzogene Schenkung ist deshalb sogleich steuerpflichtig, obwohl wirtschaftlich gesehen der „Marionettenspieler“ auch weiterhin der die Fäden ziehende Schenker bleibt.

HINWEISE:

- Mit einem Lottoschein wird ein Anspruch auf den Hauptgewinn unter der aufschiebenden Bedingung erworben, dass die sechs Richtigen erraten worden sind. Tritt die Bedingung tatsächlich ein, ist der Hauptgewinn keine Schenkung. Wohl aber kann daraus eine steuerpflichtige Schenkung werden, wenn das Los vor der Ziehung verschenkt wurde. Die Schenkung ist in diesem Fall sofort vollzogen, so dass bei Eintritt der sechs Richtigen keine nachträgliche Berichtigung möglich ist.
- Eine Einladung zu einer Kreuzfahrt unterliegt nicht der Schenkungsteuer.[1] Bei der Einladung zu einer gemeinsamen Kreuzfahrt kann der Eingeladene nicht über die Zuwendung frei verfügen. Denn diese ist stets daran geknüpft, den Schenker zu begleiten. Allein die „Mitnahme“ auf die Kreuzfahrt ist im Ergebnis lediglich als Gefälligkeit zu beurteilen. Durch das Erleben einer Reise tritt regelmäßig keine Vermögensmehrung ein. Die Begleitung auf einer Reise erschöpft sich vielmehr im gemeinsamen Konsum.

1 FG Hamburg, Urteil v. 12.6.2018 - 3 K 77/17, EAAAG-87788, anhängiges Revisionsverfahren BFH II R 24/18, MAAAG-97582.

3.2.3 Formen der Schenkung

450 ABB. 9: Formen der Schenkung im Überblick

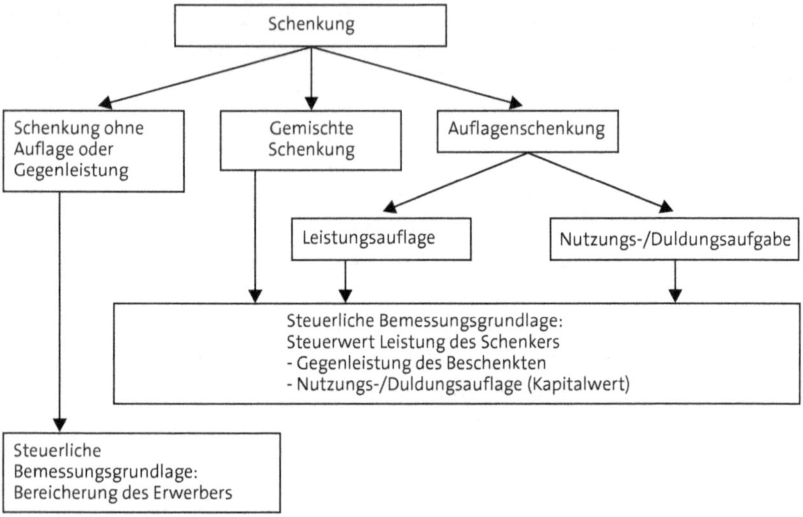

3.2.3.1 Schenkungen ohne Auflage oder Gegenleistung

451 Die Schenkung ohne Auflage oder Gegenleistung ist die Schenkung, die unter gewöhnlichen Umständen als solche angesehen wird. Der Schenkung stehen hier keine vom Bedachten zu erfüllende Gegenleistungen oder Auflagen entgegen. Bemessungsgrundlage ist die Bereicherung des Bedachten; sie stimmt hier mit der Entreicherung des Schenkers betragsmäßig überein.

3.2.3.2 Gemischte Schenkungen und Auflagenschenkungen

452 Wie bereits festgestellt, sind Schenkungen unter Lebenden nur dann und nur insoweit steuerpflichtig, als sie beim Bedachten zu einer Bereicherung führen. Macht der Geber einem Bedachten eine Schenkung unter Auflagen, kann er insoweit – als die Aufwendungen, Auflagen, Belastungen usw. den Wert des geschenkten Gegenstandes mindern – nicht als bereichert angesehen werden. Andererseits wird die Steuerpflicht einer Schenkung aber auch nicht dadurch ausgeschlossen, dass sie zur Belohnung oder unter einer Auflage gemacht oder in die Form eines lästigen Vertrages gekleidet wird (§ 7 Abs. 4 ErbStG).

Stehen der Bereicherung Gegenleistungen entgegen, spricht man von einer gemischten Schenkung oder einer Auflagenschenkung. Der Unterschied zwischen einer gemischten Schenkung und einer Auflagenschenkung liegt darin, dass der Empfänger einer gemischten Schenkung eine durch die Schenkung veranlasste Gegenleistung aus eigenem Vermögen erbringt, wogegen eine Auflagenschenkung den Beschenkten zu einer Leistung verpflichtet, die er aus der Zuwendung zu erbringen hat.

Auflagenschenkungen gliedern sich weiter in eine Schenkung unter Leistungsauflage und einer solchen unter einer Nutzungs- oder Duldungsauflage. Bei einer Schenkung unter Leistungsauflage ist der Beschenkte wie bei der gemischten Schenkung durch eine echte Geld- oder Sachleistung beschwert. Schenkungen unter einer Nutzungs- oder Duldungsauflage unterscheiden sich von Schenkungen unter einer Leistungsauflage dadurch, dass der Beschenkte bei einer Nutzungs- oder Duldungsauflage lediglich mit einem passiven, meist zeitlich befristeten Dulden belastet ist, selbst jedoch keine eigene tatsächliche Gegenleistung erbringt. 453

Bei einer Nutzungs- oder Duldungsauflage ist der Schenkungsempfänger durch ein meist zeitlich befristetes Dulden belastet. Beispiele für Auflagenschenkungen unter einer Nutzungs- oder Duldungsauflage sind Nießbrauchs- und Wohnrechtsvorbehalte. In den Bereich der Leistungsauflagenschenkung fallen dagegen Schenkungen gegen Zahlung von Gleichstellungsgeldern sowie anderen Geldleistungen.

HINWEIS:

Von einer Auflage ist die unverbindliche Empfehlung des Schenkers an den Bedachten zu unterscheiden. An eine Empfehlung ist der Bedachte nur moralisch gebunden. Eine Beschwer kann insoweit nicht begründet werden. In eine Auflage gekleidete unverbindliche Empfehlungen dürfen nicht steuermindernd berücksichtigt werden.

3.2.4 Ermittlung des steuerpflichtigen Erwerbs (Bereicherung) bei Schenkungen

3.2.4.1 Schenkung ohne Auflage oder Gegenleistung

454 Erhält der Beschenkte eine Schenkung ohne jegliche Auflage oder Gegenleistung, ist der steuerpflichtige Erwerb (Bereicherung) mit dem nach Maßgabe des Bewertungsrechts anzusetzenden Steuerwert des Zuwendungsgegenstandes identisch. Der Steuerwert entspricht im Regelfall dem gemeinen Wert (Verkehrswert) des Zuwendungsgegenstandes (§ 12 Abs. 1 ErbStG, § 9 BewG).

3.2.4.2 Gemischte Schenkung und Auflagenschenkung

455 Handelt es sich bei dem Schenkungsgeschäft um eine gemischte Schenkung oder eine Schenkung unter einer Auflage, kann der Bedachte nur i. H. des Differenzbetrages zwischen dem nach Maßgabe des Bewertungsrechts anzusetzenden Steuerwert des Zuwendungsgegenstandes und dem entsprechend ermittelten Wert seiner Gegenleistung als bereichert gelten. Entsprechend wird die Bereicherung ermittelt, indem von dem maßgeblichen Steuerwert der Leistung des Schenkers die Gegenleistungen des Beschenkten und die von ihm übernommenen Leistungs-, Nutzungs- und Duldungsauflagen mit ihren jeweils maßgeblichen steuerlichen Werten abgezogen werden.[1] Ein Abzug der ggf. kapitalisierten Gegenleistung vom Steuerwert des Schenkungsgegenstandes gilt auch dann, wenn im Einzelfall der nach dem Bewertungsgesetz ermittelte Steuerwert hinter dem gemeinen Wert zurückbleibt.[2] Der Steuerwert der Bereicherung bzw. der Steuerwert der freigebigen Zuwendung entspricht also stets jenem Betrag, um den die Zuwendung den Wert der Gegenleistung des Beschenkten übersteigt. Häufige Gegenleistungen des Beschenkten sind neben Versorgungsleistungen auch Gleichstellungsgelder, Abstandszahlungen oder die Übernahme von Verbindlichkeiten.

456 Hinsichtlich der richtigen Festlegung des wirtschaftlichen Zusammenhangs von Gegenleistungen, übernommenen Schulden, Leistungsauflagen, Nutzungs- und Duldungsauflagen, die im Zusammenhang mit einer gemischten Schenkung stehen, gilt dabei Folgendes:[3]

I. Gegenleistungen:

Gegenleistungen, die der Beschenkte auf Grund des Schenkungsvertrags erbringen muss, stehen in wirtschaftlichem Zusammenhang mit allen zugewendeten Gegenständen und sind auf diese nach dem Verhältnis der Steuerwerte aufzuteilen.

II. Schulden:

Übernimmt der Beschenkte im Rahmen der Schenkung Schulden, deren Entstehung ursächlich und unmittelbar auf Vorgängen beruht, die mit dem geschenkten Vermögensgegenstand zusammenhängen, so sind die Schulden diesem Vermögensgegenstand zuzuordnen. Die hypothekarische Sicherung der Schuld an

---

1 R E 7.4 Abs. 1 ErbStR 2019.

2 BFH, Beschluss v. 5.7.2018 - II B 122/17, BStBl 2018 II S. 660.

3 H E 7.4 Abs. 3 ErbStH 2019.

einem Grundstück begründet eine widerlegbare Vermutung, dass ein solcher wirtschaftlicher Zusammenhang besteht. Besteht kein wirtschaftlicher Zusammenhang mit nur einem einzelnen Vermögensgegenstand, stehen die Schulden in wirtschaftlichem Zusammenhang mit allen zugewendeten Gegenständen und sind auf diese nach dem Verhältnis der Steuerwerte aufzuteilen.

III. Leistungsauflagen:

Bei Leistungsauflagen, die erst mit dem Erwerb begründet werden, sieht die Finanzverwaltung stets einen wirtschaftlichen Zusammenhang mit allen zugewendeten Gegenständen als gegeben. Dies gilt insbesondere bei Rentenleistungen. Diese können nicht einzelnen (nicht steuerbefreiten Gegenständen) zugerechnet werden.

IV. Nutzungs- und Duldungsauflagen:

Schenkungen unter einer Nutzungs- oder Duldungsauflage unterscheiden sich von Schenkungen unter einer Leistungsauflage dadurch, dass der Beschenkte bei einer Nutzungs- oder Duldungsauflage lediglich mit einem passiven, meist zeitlich befristeten Dulden belastet ist, selbst jedoch keine eigene tatsächliche Gegenleistung erbringt. Bei Nutzungs- und Duldungsauflagen (Nießbrauch, Wohnrecht), die erst mit dem Erwerb begründet werden, ist ein wirtschaftlicher Zusammenhang mit dem oder den Vermögensgegenständen begründet, auf die sich die Verpflichtung bezieht. Bezieht sich eine Nutzungs- oder Duldungsauflage auf alle zugewendeten Vermögensgegenstände, ist sie auf diese nach dem Verhältnis der Steuerwerte aufzuteilen.

Als nach Maßgabe des Bewertungsrechts anzusetzenden Steuerwert einer Nut- 457
zung oder wiederkehrenden Leistung ist der Wert heranzuziehen, der sich auf Grund des tatsächlichen Jahreswerts der Nutzung oder Leistung nach §§ 13 bis 16 BewG ergibt. Der Verkehrswert einer Nutzung und der Verkehrswert des genutzten Vermögensgegenstandes müssen bei einer zutreffenden Bewertung gem. den bürgerlich-rechtlichen Bewertungsgrundsätzen stets in einem angemessenen Verhältnis zueinander stehen, da das Eigentum an einem Vermögensgegenstand dessen Nutzung einschließt. Fehlt es an einem angemessenen Wertverhältnis, ist entweder ein zu geringer Wert für den Vermögensgegenstand oder ein zu hoher Wert für die Nutzung angesetzt worden.

HINWEISE:

Sofern Grundvermögen Gegenstand einer gemischten Schenkung oder einer Schenkung unter Leistungsauflage ist, unterliegt der entgeltliche Teil der Grunderwerbsteuer nach § 3 Nr. 2 Satz 2 GrEStG, wenn der Erwerber mit dem Veräußerer nicht in gerader

Linie verwandt ist (Befreiungstatbestand des § 3 Nr. 6 GrEStG). Den entgeltlichen Teil stellt entweder die vom Erwerber zu erbringende Gegenleistung (bei gemischten Schenkungen) oder der kapitalisierte Wert der Leistungsauflage (z. B. der Versorgungsrente) dar. Dasselbe gilt auch für Grundstücksschenkungen unter einer Nutzungs- oder Duldungsauflage. Die Bemessungsgrundlage für die GrESt ergibt sich daher regelmäßig aus dem Nennwert oder dem Kapitalwert der Gegenleistung. Fällt Grunderwerbsteuer im Zusammenhang mit einer gemischten Schenkung, einer Schenkung unter Leistungs-, Nutzungs- oder Duldungsauflage an, betrifft sie stets nur den entgeltlichen Teil der Zuwendung. Ein Abzug bei der Ermittlung des Werts des steuerpflichtigen Erwerbs ist ausgeschlossen.[1] Trägt der Schenker die Grunderwerbsteuer im Zusammenhang mit einer gemischten Schenkung, einer Schenkung unter einer Leistungs-, Nutzungs- oder Duldungsauflage bei ganz oder teilweise steuerbefreitem Vermögen, handelt es sich um eine zusätzliche Geldschenkung. Übernimmt der Schenker die Grunderwerbsteuer bei mittelbaren Schenkungen, stellt dies zwar eine zusätzliche Bereicherung dar. Der zusätzlichen Bereicherung steht jedoch eine Bereicherungsminderung in gleicher Höhe durch die Folgekosten der Schenkung gegenüber. Die Grunderwerbsteuer kann in voller Höhe abgezogen werden.

Die Art der Gegenleistung und ihre Zuordnungsregelungen zu den betreffenden Zuwendungsgegenständen ist dann von Relevanz, wenn sich unter den Zuwendungsgegenständen solche befinden, die ganz oder teilweise steuerbefreit sind. Denn die Höhe des möglichen steuermindernden Abzugs hängt ganz entscheidend vom Umfang der Steuerpflicht des Zuwendungsgegenstandes ab, dem die Gegenleistung zuzuordnen ist.[2]

3.2.4.3 Mischfälle

458 Enthält eine Schenkung sowohl Teile der gemischten als auch solche einer Schenkung unter Nutzungs- oder Duldungsauflage, können die Gegenleistungen und die aus Auflagen bedingten Lasten ohne weitere Aufteilung steuermindernd abgezogen werden.[3]

BEISPIEL: Zur Übertragung gelangt eine nicht zu Wohnzwecken vermietete Eigentumswohnung im Verkehrs- und Steuerwert von 500.000 €. Der darin wohnhaften Schwester des Schenkers ist ein lebenslängliches Wohnrecht einzuräumen. Der Kapitalwert bemisst sich auf 70.000 €. Des Weiteren ist die restliche Hypothekenschuld i. H. von 80.000 € vom Beschenkten noch zu tilgen.
Die steuerpflichtige Bereicherung beträgt:

Grundbesitzwert	500.000 €
·/. Gegenleistung (übernommene Hypothekenschulden)	80.000 €
·/. Duldungsauflage (Wohnrecht)	70.000 €
Bereicherung	350.000 €

1 H E 7.4 Abs. 4 ErbStH 2019.

2 Vgl. dazu Näheres in Teil V, „Der steueroptimale Schenkungsvertrag", Rz. 881.

3 R E 7.4 Abs. 1 Satz 2 ErbStR 2019.

3.2.4.4 Abzug einer Nutzungs- oder Duldungsauflage bereits beim Grundbesitzwert

In vielen Fällen überlassen Schenker und/oder Erwerber die Grundstücks- 459
bewertung nicht den Finanzbehörden, sondern machen von der Öffnungsklausel Gebrauch und weisen, wie oben in Teil II Abschnitt 5.8 erläutert, den tatsächlichen Verkehrswert (gemeinen Wert) nach. In solchen Fällen wird bei der Grundstücksbewertung bereits der Kapitalwert des Wohnungs-/Nießbrauchsrechts abgezogen (sogenannte „Nettobetrachtung"). Zur Vermeidung einer Doppelberücksichtigung ist in solchen Fällen ein erneuter Abzug des Kapitalwerts der Nutzungs-/Duldungsauflage bei der Schenkungsteuerveranlagung ausgeschlossen (§ 10 Abs. 6 Satz 6 ErbStG). Das Nutzungsrecht selbst muss im Fall des Vorbehaltsnießbrauchs nicht eigenständig bewertet werden.

BEISPIEL:[1] A überträgt im August 2019 ein Mietwohngrundstück an B und behält sich den Nießbrauch an den Erträgen vor. Der Grundbesitzwert beträgt 380.000 € und ist bereits um den Wert des Nießbrauchs gemindert (§ 198 BewG). B übernimmt auf dem Grundstück lastende Schulden von 100.000 €.

Die Bereicherung des B beträgt		
Grundbesitzwert		380.000 €
Befreiung § 13d ErbStG 10 % von 380.000 €		·/. 38.000 €
Verbleiben		342.000 €
Gegenleistung in wirtschaftlichem Zusammenhang mit		
dem Grundstück	100.000 €	
Duldungsauflage	+ 0 €	
Summe	100.000 €	
Nicht abzugsfähig 10 % von 100.000 € =	·/. 10.000 €	
Abzugsfähig	90.000 €	·/. 90.000 €
Bereicherung		252.000 €

HINWEISE:

Das obige Beispiel gilt auch im Fall einer Grundstücksübertragung gegen Zuwendungsnießbrauch. Allerdings ist hier zum Zwecke der Besteuerung des Empfängers des Zuwendungsnießbrauchs das Nutzungsrecht gesondert zu bewerten.

Das für die Erbschaft- oder Schenkungsteuerveranlagung zuständige Finanzamt ist darüber zu unterrichten, dass die Belastung im Rahmen der Feststellung des Grundbesitzwerts berücksichtigt wurde (vgl. H E 7.4 Abs. 1 ErbStH).

1 H E 7.4 ErbStH 2019.

3.2.4.5 Gemischte Schenkung von ganz oder teilweise steuerbefreiten Gegenständen

460 Bestimmte Gegenstände wie z. B. Mietwohngrundstücke oder Kunstgegenstände[1] unterliegen einer ganzen oder teilweisen Steuerbefreiung. In diesen Fällen ist der Abzug von Gegenleistungen, Nutzungs- und Duldungsauflagen auf den steuerpflichtigen Teil beschränkt bzw. sind diese nicht abzugsfähig, soweit die Gegenstände steuerfrei sind.

BEISPIEL: [2] ▶ A überträgt B ein Mietwohngrundstück mit einem Grundbesitzwert von 750.000 €. Aus der Anschaffung resultiert noch eine Verbindlichkeit i. H. von 150.000 €, die B übernimmt. A behält sich den Nießbrauch an den Erträgen vor. Der Kapitalwert des Nießbrauchs unter Berücksichtigung der Begrenzung nach § 16 BewG beträgt 100.000 €.

Grundbesitzwert		750.000 €
Befreiung § 13d ErbStG 10 % von 750.000 €		·/. 75.000 €
Verbleiben		675.000 €
Gegenleistung in wirtschaftlichem Zusammenhang		
mit dem Grundstück	150.000 €	
Nießbrauch	+ 100.000 €	
Summe	250.000 €	
Nicht abzugsfähig 10 % von 250.000 € =	·/. 25.000 €	
Abzugsfähig	225.000 €	·/. 225.000 €
Bereicherung		450.000 €

HINWEIS:

Sind mehrere Gegenstände Teil einer freigebigen Zuwendung, sind die Befreiungen bei den einzelnen Vermögensgegenständen vorzunehmen.[3]

3.2.4.6 Abzugs(Saldierungs-)verbot für „eigennützige" Auflagen (§ 10 Abs. 9 ErbStG)

461 Auflagenschenkungen können vielfach so gestaltet werden, dass dem Beschenkten eine Verbesserung/Veredelung des Schenkungsgegenstands zur Auflage gemacht wird. Es handelt sich in solchen Fällen regelmäßig um Auflagen, die dem Bedachten selbst zugutekommen. Für solche Fälle enthält § 10 Abs. 9 ErbStG ein Abzugsverbot. So können z. B. Aufwendungen für die Reno-

1 Vgl. im Einzelnen Teil III Abschnitt 4.3 Rz. 559.

2 Vgl. H E 7.4 Abs. 2 ErbStH 2019.

3 R E 7.4 Abs. 3 ErbStR 2019.

vierung eines verschenkten Hauses gem. § 10 Abs. 9 ErbStG nicht vom Steuerwert des Schenkungsgegenstandes abgezogen werden. Voraussetzung ist allerdings, dass die Auflagen dem Bedachten unmittelbar zugutekommen. Kommt eine Auflage einem Erwerber indessen nur mittelbar, beispielsweise über eine Gesellschaftsbeteiligung zugute, kann die Auflagenlast sehr wohl abgezogen werden. Ist die Auflagenbegünstigte eine Kapitalgesellschaft, der Auflagenbeschwerte dagegen der Erbe als alleiniger Gesellschafter, erbt die Kapitalgesellschaft. Der Erbe kann die Belastung abziehen, obwohl diese Belastung wieder über seine Alleingesellschafterstellung über die Gesellschaft an ihn zurückfließt.

3.3 Besonderheiten bei der Vor- und Nacherbschaft

3.3.1 Begriff

Ein „Erblasser kann einen Erben in der Weise einsetzen, dass dieser erst Erbe 462
wird, nachdem zunächst ein anderer Erbe geworden ist (Nacherbe, § 2100 BGB)". Dieser Nacherbe stellt auch gleichzeitig einen Ersatzerben dar (§ 2102 BGB). Wann der Nacherbe Erbe werden soll, liegt im Ermessen des Erblassers. Ist nichts bestimmt, fällt die Erbschaft dem Nacherben mit dem Tod des Vorerben zu (§ 2106 Abs. 1 BGB)- Spätestens nach 30 Jahren wird die Nacherbeneinsetzung unwirksam. Der Erblasser kann für die Erbeinsetzung einen genauen Zeitpunkt bestimmen oder den Antritt an ein Ereignis knüpfen (beispielsweise das Erreichen der Volljährigkeit). Mit Eintritt der Nacherbfolge hört der Vorerbe auf, Erbe zu sein; das Vermögen fällt dem Nacherben zu (§ 2139 BGB). Sofern der Nacherbe im Zeitpunkt des Nacherbfalles bereits verstorben ist, treten an dessen Stelle seine Erben.

Von der Vor- und Nacherbschaft ist die Schlusserbschaft (§ 2265 BGB) zu un- 463
terscheiden. Bei der Schlusserbschaft setzt eine Person A (z. B. der Ehemann) eine Person B (z. B. die Ehefrau) zum Alleinerben ein. Dies geschieht i.V. mit der Erbeinsetzung einer weiteren Person C (z. B. das gemeinsame Kind von A und B) als Schlusserben. Dieser Schlusserbe ist – anders als bei der Vor- und Nacherbschaft – Erbe des Vorerben und nicht Erbe des ursprünglichen Erblassers. Der Schlusserbe wird demzufolge immer nach dem Verwandtschaftsverhältnis zum Alleinerben besteuert. Die Möglichkeit, eine Besteuerung nach dem Verwandtschaftsgrad zum ursprünglichen Erblasser (also hier zum Ehemann A) zu beantragen, ist dem Schlusserben verwehrt. Dem Nacherben dagegen steht diese „Hintertür" sehr wohl offen.

464 Vor- und Nacherbschaften werden insbesondere von kinderlosen Ehepaaren vereinbart, wenn ein Ehegatte Verwandte hat, den anderen aber höchstens der Staat beerben würde. Stirbt der verwandtenlose Ehegatte, der Vorerbe war, geht das Vorerbvermögen nicht etwa an den Staat über, sondern fällt an die als Nacherben bestimmten Familienangehörigen des vorverstorbenen Ehegatten. Nur in solchen Ausnahmesituationen kann man über die erheblichen steuerlichen Nachteile hinwegsehen.

HINWEIS:

Des Weiteren kann durch Anordnung einer Vor- und Nacherbschaft verhindert werden, dass der zweite Ehepartner der überlebenden Ehefrau am vom vorverstorbenen ersten Ehemann hinterlassenen Vermögen partizipiert. Dies wäre nämlich der Fall, wenn die überlebende Ehefrau nicht nur Vorerbin, sondern Alleinerbin geworden wäre. Überlebt der zweite Ehepartner die Ehefrau, hätte er nach der gesetzlichen Erbfolge am gesamten Vermögen der Ehefrau teil (also dann auch am Vermögen ihres ersten Ehemanns). Dagegen fällt mit der Vor- und Nacherbschaftsregelung der Nachlass aus erster Ehe den Kindern aus erster Ehe ungeschmälert zu.

3.3.2 Steuerrechtliche Behandlung

465 Das Steuerrecht behandelt und besteuert den Vorerben wie einen Vollerben (§ 6 Abs. 1 ErbStG), ungeachtet dessen, dass bestimmte Verfügungsbeschränkungen bestehen bei Grundstücken, bei Hypothekenforderungen, Grund- und Rentenschulden sowie bei Verfügungen über einen Erbschaftsgegenstand, die im Wege der Zwangsvollstreckung oder der Arrestvollziehung oder durch den Konkursverwalter erfolgen. Auch darf der Vorerbe einen Erbschaftsgegenstand nicht einfach so verschenken. Außerdem muss der Vorerbe Geld nach den für Mündelgeld geltenden Vorschriften anlegen oder auf Verlangen des Nacherben ein Verzeichnis der zur Erbschaft gehörenden Gegenstände erstellen usw. (vgl. im Einzelnen §§ 2113 bis 2135 BGB).

466 Der Vorerbe trägt die gesamten Nutzungsaufwendungen und Kosten bezüglich der Vorerbschaft (§ 2124 BGB); er hat das Erbvermögen im ordnungsgemäßen Zustand herauszugeben (§ 2130 BGB, d. h., dass er für den Erhalt der wertmäßigen Substanz des Nachlasses haftet, nicht aber für den Erhalt konkreter Nachlassgegenstände).

Der Nacherbe wird erst Erbe, wenn er die Nacherbschaft antritt. Der Nacherbe hat vor Eintritt des Nacherbfalls nicht das Recht, beispielsweise die Erteilung eines Erbscheins an sich oder an den Vorerben zu beantragen. Für die Zeit bis zum Antritt der Nacherbschaft besitzt der Nacherbe ein Anwartschaftsrecht, welches veräußerbar ist oder auch verschenkt werden kann. Veräußert der Nacherbe sein Anwartschaftsrecht, gilt der Veräußerungserlös als vom Erblasser zugewendet und ist als Erwerb nach § 3 Abs. 2 Nr. 6 ErbStG zu versteuern. Wird das Anwartschaftsrecht verschenkt, gilt es als Schenkung unter Lebenden. Die Besteuerung richtet sich nach § 7 Abs. 1 Nr. 1 ErbStG. Die Anwartschaft des Nacherben auf das Erbe zählt nicht zu seinem Nachlassvermögen (§ 10 Abs. 4 ErbStG). Ist der Eintritt der Nacherbfolge an ein bestimmtes Ereignis geknüpft, bleiben diesbezügliche Verfügungsbeschränkungen unberücksichtigt.

Der Vorerbe zahlt Erbschaftsteuern aus Mitteln der Erbmasse (§ 20 Abs. 4 467
ErbStG in Anlehnung an § 2126 BGB). Er darf also Geldmittel aus der Vorerbschaft zur Zahlung der Erbschaftsteuer entnehmen. Zahlt der Vorerbe Steuern und „außerordentliche Lasten" zunächst aus eigener Tasche, hat er gegenüber dem Nacherben ein Forderungsrecht (§ 2124 Abs. 2 BGB). Die zur Finanzierung der Erbschaftsteuer für die Vorerbschaft notwendigen Mittel fehlen dem Nacherben. Der Nacherbe zahlt für den Restnachlass (abzüglich der gezahlten Steuern des Vorerben und abzüglich des Vermögensverbrauchs des Vorerben) wiederum Erbschaftsteuer. Besonders deutlich wird die Doppelsteuerlast bei einer Vor- und Nacherbschaft, wenn der Vorerbe kurz nach dem Erbfall ebenfalls verstirbt und das Finanzamt vom Nacherben die Erbschaftsteuer sowohl für den Vor- als auch für den Nacherbfall einfordert. Die Erbschaftsteuer für den Vorerbfall kann gem. BFH-Urteil v. 13.4.2016[1] nach dem Tod des Vorerben gegen den Nacherben festgesetzt werden.

HINWEISE:

- Zählt das Familienwohnheim des Erblassers/der Erblasserin zum Nachlass, sollte im Rahmen der testamentarischen Vorerben-Nacherbenschaftsanordnung oder im Rahmen einer Überlassungsvertragsgestaltung streng auf die Verwandtschaftsverhältnisse „Ehegatte" oder „Kind" geachtet werden. Ist der Vorerbe ein anderer Verwandter oder Dritter und der Nacherbe ein direkter Abkömmling (Kind), kann die Familienwohnheimvergünstigung[2] in keinem Erbgang genutzt werden. Denn der Nacherbe erbt nach § 6 Abs. 2 Satz 1 ErbStG vom Vorerben. Und der Vorerbe ist kein Elternteil.
- Ist Gegenstand der Vor- und Nacherbschaft Unternehmensvermögen, führt der Vor- und der Nacherbfall zu zwei getrennten Erwerbsfällen. Die Steuervergünstigungen für das Betriebsvermögen kommen bei Vorliegen der übrigen Voraussetzungen[3] in beiden Erwerbsfällen in Betracht.[4]

1 BFH, Urteil v. 13.4.2016 - II R 55/14, BStBl 2016 II S. 746.

2 Vgl. Rz. 570 ff.

3 Vgl. Rz. 581 ff.

4 R E 13b.1 Abs. 1 Satz 2 ErbStR 2019.

3.3.3 Antritt der Nacherbfolge nach dem Tod des Vorerben

468 Geht das Erblasser-Vermögen nach dem Tod des Vorerben auf den Nacherben über (Zeitpunkt des Nacherbfalls = Tod der Vorerbin), wird dieser steuerlich so behandelt, als hätte er direkt vom Vorerben geerbt. Bewertungsstichtag für den ursprünglich vom Erblasser stammenden Nachlass ist der Zeitpunkt der Entstehung der Steuerschuld (§ 11 ErbStG). Die Erbschaftsteuer entsteht im Zeitpunkt des Eintritts der Nacherbfolge (§ 9 Abs. 1 Nr. 1 Buchst. h ErbStG). Auf diesen Zeitpunkt hin ist die Erbschaft auch neu zu bewerten, was im Ergebnis dazu führt das nicht nur das Erblasservermögen doppelt besteuert wird, sondern dass der Nacherbe darüber hinaus die Vermögenszuwächse während der Vorerbschaft versteuern muss.

469 Der Nacherbe hat die Erbschaft als vom Vorerben stammend zu versteuern (§ 6 Abs. 1 ErbStG). Dementsprechend gilt auch die im Verhältnis zum Vorerben maßgebliche Steuerklasse. Es besteht allerdings die Möglichkeit, eine Besteuerung der Nacherbschaft im Verhältnis des Nacherben zum Erblasser zu wählen (§ 6 Abs. 2 Satz 2 ErbStG). Eine Besteuerung nach dem Verhältnis zum Erblasser bringt insbesondere dann Steuervorteile, wenn Vorerbe das ältere Kind, Nacherbe dagegen das jüngere Kind ist, da Kinder von den Eltern in Steuerklasse I, Geschwister dagegen in Steuerklasse II erben. Schließlich ist eine Antragstellung auch überall dort zu empfehlen, wo der Nacherbe während der letzten zehn Jahre Zuwendungen aus dem freien Vermögen des Vorerben erhalten hat. Hier würde es nämlich im Falle einer Versteuerung im Verhältnis zum Vorerben zu einer Zusammenrechnung nach § 14 ErbStG kommen. Bei Antragstellung kämen dagegen nur die früheren Zuwendungen des Erblassers in Betracht. Der Nacherbe hat es also selbst in der Hand, inwieweit er eine Zusammenrechnung mit früheren Erwerben vermeiden will.[1]

470 Das Wahlrecht, anstatt zum Vorerben nach dem Verhältnis zum Erblasser besteuert zu werden, ändert aber nichts an der Tatsache, dass den Nacherben im Vergleich zum Direkterben u. U. ein auf den Erwerb bezogener höherer Steuersatz trifft. Denn in aller Regel erbt der Nacherbe auch sonstiges freies Vermögen des Vorerben (z. B. der Mutter). In solchen Fällen sind beide Nachlassteile zusammenzurechnen und steuerlich als eine Einheit zu behandeln. Dies heißt allerdings nicht, dass nicht jeder Nachlassteil selbständig zu ermitteln und zu bewerten ist (§ 6 Abs. 2 Satz 3 ErbStG).

1 Zum gezielten Einsatz des Wahlrechts bei einem ausländischen Erblasser, inländischem Vorerben und ausländischen Nacherben vgl. Rz. 875.

Die Bildung einer „Einheit“ aus beiden Nachlassteilen soll vielmehr bewirken, dass den Nacherben keine Progressionsvorteile zukommen. Ein solcher Vorteil gegenüber gewöhnlichen Erben wird durch § 6 Abs. 2 Satz 5 ErbStG verhindert, der bestimmt, dass die Steuer für jeden Erwerb nach dem Steuersatz zu erheben ist, der für den gesamten Erwerb gelten würde. 471

BEISPIEL: Der Vater V setzt seine Kinder S und T zu gleichberechtigten Nacherben ein. Vorerbin ist die Schwester S des V. V hinterlässt ein Vermögen im Steuerwert von 2 Mio. € und die Schwester S ein freies Vermögen im Steuerwert von 50.000 €, das ebenfalls auf S und T zu gleichen Teilen übergeht. Ein Antrag auf Besteuerung nach dem Verhältnis zum Vater V haben die Kinder S und T gestellt.

	Sohn S	Tochter T	Gesamt
Steuerwert der Nacherbschaft*	1.000.000 €	1.000.000 €	2.000.000 €
·/. Freibetrag	·/. 400.000 €	·/. 400.000 €	·/. 800.000 €
Bemessungsgrundlage	600.000 €	600.000 €	1.200.000 €
Steuerklasse	I	I	
Steuersatz, wie er in Klasse I für den Gesamterwerb von je 625.000 € (= 600.000 € zzgl. je 1/2 freier Erwerb von S) gelten würde, ist auch maßgeblich für den Einzelerwerb	19 %	19 %	
Steuer für Nacherbschaft (= 19 % von 600.000 €)	114.000 €	114.000 €	228.000 €
Steuerwert der freien Erbschaft	25.000 €	25.000 €	25.000 €
Gesamterwerb	1.025.000 €	1.025.000 €	20.500.000 €
Steuerklasse	III	III	
Steuersatz, wie er in Klasse III für den Gesamterwerb von je 625.000 € gelten würde, ist auch maßgeblich für den Einzelerwerb	30 %	30 %	
Steuer für freie Erbschaft (= 30 % von 25.000 ·/. 0)	7.500 €	7.500 €	15.000 €
gesamte Steuerbelastung	121.500 €	121.500 €	243.000 €

* Unterstellt wurde hier, dass die Nacherbschaft nicht durch eine Erbschaftsteuerschuld der Vorerbin gemindert wurde.

Ohne Antragstellung wäre eine Erbschaftsteuer von je 301.500 € fällig geworden. Denn das anteilige Gesamtvermögen der Tante (die Nacherbschaft eingeschlossen) i. H. von 1.025.000 € abzüglich eines Freibetrags in Klasse III von je 20.000 € = je 1.005.000 € wäre zu einem Steuersatz von 30 % zu versteuern gewesen. 472

Obiges Beispiel zeigt, dass den Abkömmlingen bei der Vor- und Nacherbschaft jeweils nur ein persönlicher Freibetrag zuerkannt wird, und zwar derjenige, der für das zur Besteuerung gewählte Verwandtschaftsverhältnis gilt. Bezüglich der freien Erbschaft kommt nur insoweit ein Freibetrag in Betracht (und zwar nur der im Verhältnis zum Vorerben maßgebliche), als der für die Nacherbschaft unter Berücksichtigung des gewählten Besteuerungsverhältnisses geltende Freibetrag durch die Nacherbschaft noch nicht aufgebraucht ist.

Ist der auf die Nacherbschaft entfallende Freibetrag nicht verbraucht, kann der nicht verbrauchte Teil insoweit nicht auf das Erbverhältnis Erwerber/Vorerbe übertragen werden. Es kann also der im Verhältnis Erbe/Vorerbe geltende Freibetrag nicht um einen nicht verbrauchten Teil des anderen Freibetrages erhöht werden.

HINWEIS:

Mit der Vor- und Nacherbschaftsregelung wird ein Freibetrag verschenkt. Im obigen Beispiel war der Freibetrag der Kinder für das der Nacherbfolge unterliegende Vermögen des Vaters bereits aufgebraucht, weshalb für das freie Vermögen der Tante kein Freibetrag mehr übrig blieb.

3.3.4 Eintritt der Nacherbfolge nicht durch den Tod des Vorerben (Eintritt eines bestimmten Ereignisses)

473 Hat der Erblasser den Eintritt der Nacherbschaft an ein bestimmtes Ereignis (Heirat, Geburt, Vollendung des 18. Lebensjahres usw.) geknüpft und tritt das Ereignis noch zu Lebzeiten des Vorerben ein gilt die Vorerbfolge als auflösend bedingter und die Nacherbfolge als aufschiebend bedingter Erwerbsanfall (§ 6 Abs. 3 Satz 1 ErbStG). Wird die Nacherbschaft als aufschiebend bedingter Anfall zu Lebzeiten des Vorerben angetreten, ist für die Besteuerung ausschließlich das Verwandtschaftsverhältnis zum Erblasser maßgebend; nicht dagegen dasjenige zum Vorerben. Eine Wahlmöglichkeit gibt es auch dann nicht, wenn der Vorerbe vor Eintritt des Ereignisses verstorben ist und der Nachlass vorübergehend auf die Erben des Vorerben übergegangen ist.[1]

474 Ist der Eintritt der Nacherbschaft an ein bestimmtes Ereignis und nicht an den Tod des Vorerben gebunden, kommt eine Zusammenrechnung der Nacherbschaft mit dem freien Vermögen des Vorerben nicht in Betracht. Die Nacherbschaft und die Erbschaft über das freie Vermögen des Vorerben bilden hier jeweils separate Steuerfälle.

1 Gottschalk in Troll/Gebel/Jülicher/Gottschalk, ErbStG, § 6 Rz. 45.

Geht der Nachlass nicht durch den Tod des Vorerben, sondern durch Eintritt eines bestimmten Ereignisses an den Nacherben über, kann der Vorerbe u.U. nur für sehr kurze Zeit an dem Erbgut bereichert gewesen sein. Es wäre daher ungerechtfertigt, den Vorerben mit der auf den Gesamterwerb gezahlten Erbschaftsteuer belastet zu lassen. Nachdem § 6 Abs. 3 ErbStG die Nacherbfolge – wenn sie nicht mit dem Tod des Vorerben angetreten wird – als aufschiebend bedingten und die Vorerbfolge als auflösend bedingten Anfall wertet, wäre hier grds. eine Berichtigung der Steuer auf den tatsächlichen Wert des Erwerbs nach § 5 Abs. 2 BewG geboten. Der Gesetzgeber kommt diesem Erfordernis nur unzureichend nach, indem er die vom Vorerben zuviel gezahlte Steuer zwar nicht erstattet, jedoch auf die vom Nacherben zu entrichtende Steuer anrechnet (§ 6 Abs. 3 Satz 2 ErbStG).

Der Anrechnungsbetrag ergibt sich aus der Differenz der vom Vorerben tat- 475
sächlich entrichteten Erbschaftsteuer und der Steuer, die bezüglich seines tatsächlichen Erwerbs zu zahlen gewesen wäre, also bezüglich dessen, was dem Vorerben aus der Erbschaft letztlich geblieben ist. Da der Vorerbe weitgehend als Nießbraucher anzusehen ist, errechnet sich die Steuer für den tatsächlichen Erwerb aus dem Kapitalwert der Nutzungen und Erträge sowie ggf. aus dem Steuerwert der entnommenen oder ihm verbleibenden Erbgegenstände.

BEISPIEL: A hat seine Lebensgefährtin zur Vorerbin ernannt. Für den Fall, dass sich die Lebensgefährtin nach seinem Tod verheiratet, soll das Kind das Vermögen als Nacherbin erhalten. Der Nachlass des A bestand aus 500.000 €. Die Lebensgefährtin entnimmt sogleich 200.000 € und verbraucht diese. Nach vier Jahren heiratet sie.

Vorerbfall

steuerlicher Bestandswert des Aktivvermögens (= Bereicherung)	500.000 €
·/. Freibetrag (Klasse III)	20.000 €
steuerpflichtiger Erwerb	480.000 €
Steuerschuld bei Steuerklasse/Steuersatz (III/30 %)	144.000 €

Nacherbfall

steuerlicher Bestandswert des ursprünglichen Aktivvermögens	500.000 €
·/. von der Lebensgefährtin verbraucht	·/. 200 000 €
·/. vom Nachlass bezahlte Erbschaftsteuer (§ 20 Abs. 4 ErbStG)	·/. 144 000 €
aus der Vorerbschaft verbleiben (= Bereicherung)	156.000 €
·/. Freibetrag (Verwandtschaftsverhältnis zum Vater)	·/. 400.000 €
steuerpflichtiger Erwerb	0 €
Steuerschuld	0 €

Steuer, die auf die tatsächliche Nutzung des Nachlasses durch die Lebensgefährtin entfällt

entnommene Barmittel		200.000 €
Nießbrauch am übrigen Kapital (500.000 ·/. 200.000)	300.000 €	
= Jahreswert (§ 15 BewG) = 5,5 % v. 300.000 €	16.500 €	
× Faktor für 4 Jahre (§ 13 BewG), Anlage 9a zum BewG[1]	3,602	59.433 €
Bereicherung (tatsächlich)		259.433 €
·/. Freibetrag der Lebensgefährtin		·/. 20.000 €
steuerpflichtiger Erwerb (gerundet auf volle 100 €)		239.400 €
Steuerschuld bei Steuerklasse/Steuersatz (III/30 %)		71.820 €
Differenz zwischen bereits bei Antritt der Vorerbschaft bezahlter Steuer und der tatsächlich auf die Nutzung entfallenden Steuer (144.000 ·/. 71.820)		72.180 €

Ein Erstattungsanspruch auf die zu viel gezahlten Erbschaftsteuern i. H. des Differenzbetrages (72.180 €) entsteht nicht.

HINWEIS:

Ist steuerbegünstigtes Betriebsvermögen Gegenstand einer Vor- und Nacherbschaft, können sowohl der Ersterwerber (Vorerbe) als auch der Nacherbe den Verschonungsabschlag nach § 13a ErbStG sowie den Abzugsbetrag nutzen. Der Vor- und der Nacherbfall sind jeweils getrennte Erwerbsfälle.[2]

Die vorzeitige Übertragung des Nacherbschaftsvermögens an den Nacherben stellt keinen Erwerb durch Erbanfall, sondern eine Schenkung unter Lebenden dar.[3]

3.3.5 Freiwillige Herausgabe der Vorerbschaft zu Lebzeiten des Vorerben

476 Gibt der Vorerbe dem Nacherben seine Erbschaft bzw. einen Teil davon mit Rücksicht auf die angeordnete Nacherbschaft freiwillig vorzeitig heraus, gilt dies als steuerpflichtige Schenkung nach § 7 Abs. 1 Nr. 7 ErbStG. Nach dieser Vorschrift gilt als Schenkung, was ein Vorerbe dem Nacherben mit Rücksicht auf die angeordnete Nacherbschaft vor ihrem Eintritt herausgibt.

Hier mag man zu Recht entgegenhalten, woraus denn die Bereicherung entstammen soll, hat doch der Nacherbe sowieso schon die Erbsubstanz in Aus-

1 Vgl. Anhang 3.

2 R E 13b.1 Abs. 1 ErbStR 2019.

3 § 7 Abs. 1 Nr. 7 ErbStG, R E 13b.1 Abs. 1 Satz 3 ErbStR 2019.

sicht. In der Tat schenkt hier der Vorerbe dem Nacherben nicht das Erbgut, sondern die Nutzungen hieraus, so dass man primär nur an den Nießbrauch denken müsste. Dem ist aber nicht so: Die vorzeitige Herausgabe einer Erbschaft wird wirtschaftlich wie auch steuerlich dem Eintritt der Nacherbfolge gleichgestellt. Gegenstand der Schenkung ist der Wert der dem Nacherben vorzeitig überlassenen Erbschaft.

Für die Besteuerung gilt von Gesetzes wegen das Verwandtschaftsverhältnis des Vorerben zum Nacherben. Analog dem § 6 Abs. 2 ErbStG besteht auch hier die Möglichkeit, die Versteuerung nach dem Verhältnis des Nacherben zum Erblasser zu beantragen (§ 7 Abs. 2 ErbStG).

HINWEIS:

Tritt die Nacherbfolge nicht durch den Tod des Vorerben ein, weil der Vorerbe das Nachlassvermögen schon zu Lebzeiten im Rahmen einer Schenkung ganz oder teilweise herausgibt, besteht zwar ein Wahlrecht bezüglich des günstigeren Verwandtschaftsverhältnisses. Es findet aber keine Anrechnung einer ggf. vom Vorerben zu viel gezahlten Erbschaftsteuer auf die Schenkungsteuer des Nacherben statt, weil § 7 Abs. 2 ErbStG und § 6 Abs. 3 Satz 2 ErbStG nicht für anwendbar erklärt sind.

3.3.6 Steuerstrategien zur Abmilderung oder Vermeidung der Doppelbelastung

Zur Vermeidung einer doppelten Nachlassbesteuerung bietet sich nach Eintritt des ersten Erbfalls regelmäßig die Erbausschlagung des Vorerben an. Die Ausschlagung muss innerhalb der gesetzlichen Frist von sechs Wochen erfolgen. Ist ein Testament bei Gericht hinterlegt, beginnt diese Frist erst mit der Testamentseröffnung durch das Nachlassgericht (§ 1944 Abs. 2 Satz 2 BGB). Zur finanziellen Absicherung des Vorerben (z. B. des überlebenden Ehegatten) kann eine Abfindung vereinbart werden. Die Abfindung kann aus steuerlicher Sicht so bemessen werden, dass alle am Erbfall Beteiligten ihre Freibeträge ausschöpfen können. Freibeträge lassen sich gewinnen, wenn im zweiten Erbfall neben den Kindern auch weitere Angehörige, wie etwaige Enkel einbezogen werden. Abfindungsansprüche beispielsweise des überlebenden Ehegatten können auch in der Weise erfüllt werden, dass dieser ein lebenslanges Nutzungsrecht an einem oder allen Wirtschaftsgütern des Nachlasses erhält. Der gegen Abfindung ausschlagende Vorerbe kann hier finanziell einem Nießbrauchsberechtigten gleichgestellt werden.[1] 477

1 Zum Nießbrauch als Alternative zur Vor- und Nacherbschaft vgl. Teil V Rz. 797.

Ist der zweite Erbfall (Nacherbfall) bereits eingetreten und ist der Alleinerbe des Vorerben (z. B. des zuletzt verstorbenen Elternteils) ein anderer (Dritter) als der testamentarisch festgesetzte Nacherbe (etwa weil dieser zwischenzeitlich verstorben ist), kann der Nacherbe seinen Pflichtteilsanspruch nach dem ersten Erblasser (z. B. dem zuerst verstorbenen Elternteil) gegen den Erben des zweitverstorbenen Elternteils (gegenüber dem Dritten) geltend machen. Ist der Nacherbe zugleich der Alleinerbe des Vorerben kann er seinen Pflichtteil als enterbter gesetzlicher Erbe des zuerst verstorbenen Elternteils gegen sich selbst geltend machen. Der Nacherbe kann so seinen persönlichen Freibetrag gegenüber dem zuerst Verstorbenen (Erblasser) nutzen. Im Fall des Verhältnisses Eltern-Kind würde der Nacherbe zumindest i. H. seines Freibetrags von 400.000 € (ggf. unter Anrechnung von Vorerwerben) steuerfrei erben. Der Nachlass des Vorerben (des zuletzt verstorbenen Elternteils) wäre um seinen Pflichtteil gemindert.

Die Geltendmachung eines Anspruchs gegen sich selbst ist abweichend von der zivilrechtlichen Beurteilung (zivilrechtlich erlischt jede Forderung eines Gläubigers, die durch Erbfall auf den Schuldner übergeht) für Erbschaftsteuerzwecke wegen § 10 Abs. 3 ErbStG möglich. Nach dieser Vorschrift gelten die infolge des Anfalls durch Vereinigung von Recht und Verbindlichkeit oder von Recht und Belastung erloschenen Rechtsverhältnisse als nicht erloschen. Diese gesetzliche Fiktion erlaubt es, dem Nacherben, seinen Pflichtteilsanspruch gegen sich selbst geltend zu machen. Hierzu genügt, wenn er dem zuständigen Erbschaftsteuer-Finanzamt unter Verweis auf die Gesetzesfiktion gegenüber erklärt, er würde seinen Pflichtteil gegen sich selbst geltend machen.

HINWEISE:

- Mit dieser Gestaltung wird faktisch das Vermögen, das dem Nacherben von dem Vorerben zufließt, um den Pflichtteil gemindert. Diese Gestaltung setzt aber regelmäßig voraus, dass der Pflichtteilsanspruch des Nacherben gegenüber dem zuerst verstorbenen Elternteil noch nicht verjährt ist. Der BFH hat im Urteil v. 5.2.2020 II R 1/16 das Recht der nachträglichen fiktiven Geltendmachung des Pflichtteils eines Pflichtteilsberechtigten, der der Alleinerbe des Pflichtteilsverpflichteten ist, bestätigt, hat jedoch dieses Recht insoweit eingeschränkt, dass der zivilrechtlich aufgrund Konfusion erloschene Pflichtteilsanspruch nicht mehr geltend gemacht werden kann, wenn er im Zeitpunkt der Geltendmachung zivilrechtlich verjährt war. Die Verjährungsfrist beträgt drei Jahre und beginnt ab Kenntnis des Pflichtteilsanspruchs (§§ 195, 199 Abs. 1 BGB).
- Wie mit der Geltendmachung von Pflichtteilsrechten der Kinder in Absprache mit dem überlebenden Ehegatten Steuern gespart werden kann, ist in Rz. 757 näher erläutert.

3.4 Besonderheiten bei Zuwendungen unter Ehegatten und Lebenspartnern

3.4.1 Grundzüge des gesetzlichen Erbrechts von Ehegatten und Lebenspartner

Der überlebende Ehegatte (Lebenspartner)[1] ist neben den Verwandten der ersten Ordnung zu einem Viertel erbberechtigt, unabhängig davon, wie viele Abkömmlinge vorhanden sind. Neben Verwandten der zweiten Ordnung oder neben Großeltern erhält der Ehegatte die Hälfte (§ 1931 BGB). Der überlebende Lebenspartner des Erblassers ist neben Verwandten der ersten Ordnung zu einem Viertel, neben Verwandten der zweiten Ordnung oder neben Großeltern zur Hälfte der Erbschaft gesetzlicher Erbe (§ 10 LPartG). Treffen mit Großeltern Abkömmlinge von Großeltern zusammen, so erhält der Lebenspartner auch von der anderen Hälfte den Anteil, der nach § 1926 des Bürgerlichen Gesetzbuchs den Abkömmlingen zufallen würde. 478

Hat der überlebende Ehegatte (Lebenspartner) mit dem Erblasser in Zugewinngemeinschaft gelebt,[2] erhöht sich sein gesetzlicher Erbteil um ein Viertel, so dass er neben den Abkömmlingen die Hälfte, neben den Eltern, Geschwistern oder Großeltern drei Viertel vom Nachlass erhält. Die Erhöhung der Erbquote um ein Viertel soll einen erbrechtlichen Zugewinnausgleich bewirken. Ein solcher pauschaler Zugewinnausgleich wird unabhängig davon gewährt, ob überhaupt ein Zugewinn erzielt wurde (§ 1371 Abs. 1 BGB). 479

BEISPIEL:

	Ehemann (Lebenspartner)	Ehefrau (Lebenspartner)
Anfangsvermögen	100	0
Endvermögen	100	0
der Ehefrau (dem Lebenspartner) steht nach der erbrechtlichen Lösung zu		50

1 Lebenspartner gem. Gesetz über die Eingetragene Lebenspartnerschaft vom 16.2.2001 (BGBl 2001 I S. 266). Seit dem 30.9.2017 können Lebenspartnerschaften zwischen zwei Personen gleichen Geschlechts nicht mehr begründet werden. Seit dem 1.10.2017 können gleichgeschlechtliche Paare die Ehe eingehen.

2 Die Lebenspartner leben im Güterstand der Zugewinngemeinschaft, wenn sie nicht durch Lebenspartnerschaftsvertrag (§ 7 LPartG) etwas anderes vereinbaren. Die für Ehegatten geltenden Regelungen in § 1363 Abs. 2 und die §§ 1364 bis 1390 des Bürgerlichen Gesetzbuchs gelten auch für den Lebenspartner entsprechend, demzufolge ebenso der steuerfreie Zugewinnausgleich.

480 Lebte der Ehegatte (Lebenspartner) mit dem Erblasser in Gütertrennung, so erbt dieser nur $1/4$. Nur bei einem oder zwei vorhandenen Kindern erbt der in Gütertrennung lebende Ehepartner (Lebenspartner) zu gleichen Teilen (neben einem Kind die Hälfte, neben zwei Kindern ein Drittel; § 1931 Abs. 4 BGB). Im Fall der Gütergemeinschaft gelten die Vorschriften für die Zugewinngemeinschaft entsprechend. Der überlebende Ehegatte (Lebenspartner) erhält hier allerdings eine weitergehende Beteiligung, und zwar am Gesamtgut, das während der Ehe (der Lebenspartnerschaft) gebildet wurde (§ 1416 BGB). Ihm steht daraus nämlich die Hälfte des Überschusses zu (§ 1476 BGB). Die andere Hälfte gehört in den Nachlass. Dem überlebenden Ehegatten (Lebenspartner) steht hieraus wiederum ein Viertel zu.

3.4.2 Der steuerfreie Zugewinnausgleich

3.4.2.1 Begriff

481 Als Zugewinn gilt „der Betrag, um den das Endvermögen eines Ehegatten das Anfangsvermögen übersteigt" (§ 1373 BGB). Charakteristisch für den gesetzlichen Güterstand der Zugewinngemeinschaft ist, dass der Zugewinn bei Beendigung der ehelichen Gemeinschaft zwischen den Beteiligten auszugleichen ist, und zwar entweder nach Maßgabe des § 1371 BGB (im Todesfall) oder nach § 1372 BGB in anderen Fällen, insbesondere durch Scheidung. Das Erbschaftsteuerrecht begünstigt den gesetzlichen Güterstand der Zugewinngemeinschaft, in dem es den Zugewinnausgleich nicht dem steuerpflichtigen Erwerb zurechnet. Kommt es zum Ende der Zugewinngemeinschaft durch den Tod eines Ehegatten, gelten die Regelungen über den erbrechtlichen Zugewinnausgleich (§ 5 Abs. 1 ErbStG).[1] Kommt es zum Ende der Zugewinngemeinschaft auf andere Weise, ist der güterrechtliche Zugewinnausgleich maßgeblich (§ 5 Abs. 2 ErbStG).

3.4.2.2 Beendigung der Zugewinngemeinschaft durch Tod des anderen Ehe-/Lebenspartners (erbrechtlicher Zugewinnausgleich)

482 Endet der gesetzliche Güterstand der Zugewinngemeinschaft durch Tod eines Ehegatten,/Lebenspartners erhält der überlebende Ehegatte (Lebenspartner), soweit er Erbe wird, den Zugewinnausgleich nach Maßgabe des § 5 Abs. 1 ErbStG steuerfrei. Der steuerfreie Zugewinnausgleich wird dem überlebenden Ehegatten/Lebenspartner zusätzlich zu seinem persönlichen Freibetrag und

1 Zur Ermittlung der Ausgleichsforderung nach Gesetzesänderung im JStG 2020 vgl. Rz. 483.

dem Versorgungsfreibetrag (§§ 16, 17 ErbStG) gewährt. Folglich führt die Beerbung des verstorbenen Ehegatten/Lebenspartners beim überlebenden Teil nur noch insoweit zur Steuerpflicht, als diese den Zugewinnausgleich nach § 1371 BGB, den persönlichen Freibetrag und den Versorgungsfreibetrag übersteigt.

Das Erbschaftsteuerrecht stellt denjenigen Ausgleichsbetrag steuerfrei, den der überlebende Ehegatte/Lebenspartner nach § 1371 Abs. 2 BGB als zivilrechtliche Ausgleichsforderung geltend machen könnte, wenn er nicht Erbe geworden wäre und ihm auch kein Vermächtnis zustünde.

Das Steuerrecht folgt dabei nicht in allen Punkten den zivilrechtlichen Rege- 483
lungen für die Berechnung des Zugewinnausgleichs nach § 1371 Abs. 2 BGB. Es gelten vielmehr folgende Ausnahmen, welche im Allgemeinen zu einem niedrigeren steuerfreien Zugewinn und zu Mehrsteuern führen:

- § 5 Abs. 1 Satz 2 ErbStG: Bei Auflösung der Zugewinngemeinschaft durch Tod bleiben güterrechtliche Vereinbarungen unberücksichtigt; dies wirkt sich insbesondere bei rückwirkender Vereinbarung der Zugewinngemeinschaft negativ aus;
- § 5 Abs. 1 Satz 3 ErbStG: Die Vermutung des § 1377 Abs. 3 BGB gilt nicht. Nach § 1377 BGB kann das Anfangsvermögen von den Eheleuten/Lebenspartnern auch der Höhe nach durch Aufstellung eines entsprechenden Inventarverzeichnisses frei bestimmt werden. Wird kein Verzeichnis erstellt, wird vermutet, dass das Endvermögen des Ehegatten/Lebenspartners seinen Zugewinn darstellt (§ 1377 Abs. 3 BGB). Da hier ein Anfangsvermögen von 0 € unterstellt wird, ist der Zugewinn bei dieser Variante am größten. Eine steuerrechtliche Anerkennung der Vermutung des § 1377 Abs. 3 BGB würde im Regelfall zu einem hohen steuerfreien Zugewinnausgleich führen. Die Finanzverwaltung kann an einem solchen naturgemäß nicht interessiert sein;
- § 5 Abs. 1 Satz 4 ErbStG: Bei nachträglicher Vereinbarung der Zugewinngemeinschaft, beispielsweise bei Wechsel vom Güterstand der Gütertrennung in den gesetzlichen Güterstand der Zugewinngemeinschaft während der Ehe, gilt der Tag des Vertragsabschlusses als Eintritt in den Güterstand. Das heißt: Es wird für die Berechnung des fiktiven steuerfreien Ausgleichs auf die tatsächliche Dauer der Zugewinngemeinschaft abgestellt. Als maßgebliche Anfangsvermögen für beide Ehegatten gelten nicht die Anfangsvermögen im Zeitpunkt der Eheschließung, sondern im Zeitpunkt der vertraglichen Vereinbarung. Erbschaftsteuerlich unbeachtlich ist danach die – in solchen Fälle übliche – vertragliche Abrede unter Ehegatten, nach dieser

für die Berechnung des Zugewinnausgleichanspruchs das Anfangsvermögen zum Zeitpunkt der Eheschließung maßgebend sein soll mit der Folge, dass auch die Vermögenswertsteigerungen von der Eheschließung bis zum Zeitpunkt der Vertragsvereinbarung in die Ausgleichsberechnung mit einbezogen werden sollen.

- § 5 Abs. 1 Satz 5 ErbStG: Es gilt höchstens der dem Steuerwert des Endvermögens entsprechende Betrag nicht als steuerpflichtiger Erwerb von Todes wegen. Gegebenenfalls höhere Verkehrswerte (wie sie ggf. zivilrechtlich zum Ausgleich kommen würden) bleiben unberücksichtigt. Ausgangspunkt für die Umrechnung der fiktiven Ausgleichsforderung in den steuerfreien Betrag bildet seit der Erbschaftsteuerreform 2009 das Endvermögen des Verstorbenen, einschließlich der Hinzurechnungen nach § 1375 Abs. 2 BGB.[1] Diese Vorschrift hat allerdings im Zuge der Anhebung der steuerlichen Grundbesitzwerte auf Verkehrswertniveau erheblich an Bedeutung verloren.
- § 5 Abs. 1 Satz 6 ErbStG: Satz 6 wurde mit dem Jahressteuergesetz 2020[2] eingefügt. Satz 6 soll einer Doppelbegünstigung des überlebenden Ehepartners/Lebenspartners entgegenwirken, welche dadurch entsteht, dass der Zugewinn und die daraus errechnete Ausgleichsforderung nach den bürgerlich-rechtlich maßgebenden Verkehrswerten des Anfangs- und Endvermögens ermittelt wird ohne Rücksicht darauf, ob für das maßgebende Endvermögen nicht bereits Steuerbefreiungen gewährt werden. Letztes wäre z. B. für das Familienwohnheim (vgl. Rz. 570), für Kunstgegenstände (vgl. Rz. 565) oder für Betriebsvermögen (vgl. Rz. 581 ff.) der Fall. Die Ergänzungsvorschrift sieht vor, dass wenn „bei der Ermittlung der Bereicherung des überlebenden Ehegatten oder des überlebenden Lebenspartners Steuerbefreiungen berücksichtigt worden", sind, lediglich „die Ausgleichsforderung im Verhältnis des um den Wert des steuerbefreiten Vermögens geminderten Werts des Endvermögens zum ungeminderten Wert des Endvermögens des Erblassers nicht als Erwerb im Sinne des § 3" ErbStG gilt. Werden Steuerbefreiungen rückwirkend geändert oder entfallen diese, ist die steuerfreie fiktive Zugewinnausgleichsforderung neu zu berechnen.

484 Das für die Berechnung des Zugewinnausgleichs maßgebliche Anfangsvermögen jedes Ehegatten/Lebenspartners – das ist das Vermögen, das dem Ehe-

1 Bislang galt der Nachlass als Bezugsgröße, vgl. auch BT-Drucks. 16/11107, Teil B zu Nr. 4 Buchst. a Doppelbuchst. cc.

2 BGBl 2020 I S 3096.

gatten/Lebenspartner nach Abzug der Verbindlichkeiten beim Eintritt des Güterstandes gehörte –, ist um den unechten inflationsbedingten Wertzuwachs zu bereinigen. Die infolge des Kaufkraftschwunds nur nominale Wertsteigerung des Anfangsvermögens während einer bestehenden Ehe/Lebenspartnerschaft stellt keinen steuerfreien Zugewinn dar. Die Korrektur des Anfangsvermögens erfolgt dergestalt, dass das Anfangsvermögen mit dem Lebenshaltungskostenindex zurzeit der Beendigung des Güterstandes multipliziert und durch die für den Zeitpunkt des Beginns des Güterstandes geltende Indexzahl dividiert wird. Dadurch ergibt sich regelmäßig ein höheres Anfangsvermögen und ein niedrigerer Zugewinn.

Die Finanzverwaltung hat in den Erbschaftsteuer-Hinweisen[1] Indexzahlen für die Indexierung der Zugewinnausgleichsforderung veröffentlicht. Für die Steuerberechnung maßgebliche aktuelle Indexzahlen veröffentlicht das Statistische Bundesamt in der monatlich erscheinenden Fachserie 17 Reihe 7, abrufbar unter https: //www.destatis.de.

TAB. 15: Preisindex für die Lebenshaltung aller privaten Haushalte

2015 = 100

1958 23,3	1959 23,4	1960 23,7	1961 24,4	1962 24,6	1963 25,4	1964 26,0	1965 26,8	1966 27,7	1967 28,3
1968 28,6	1969 29,2	1970 30,2	1971 31,8	1972 33,6	1973 35,9	1974 38,4	1975 40,7	1976 42,4	1977 44,0
1978 45,2	1979 47,1	1980 49,6	1981 52,7	1982 55,5	1983 57,2	1984 58,7	1985 59,9	1986 59,9	1987 59,9
1988 60,8	1989 62,4	1990 64,1	1991 65,5	1992 68,8	1993 71,9	1994 73,8	1995 75,1	1996 76,1	1997 77,6
1998 78,3	1999 78,8	2000 79,9	2001 81,5	2002 82,6	2003 83,5	2004 84,9	2005 86,2	2006 87,6	2007 89,6
2008 91,9	2009 92,2	2010 93,2	2011 95,2	2012 97,1	2013 98,5	2014 99,5	2015 100,0	2016 100,5	2017 102,0
2018 103,8	2019 105,3	2020 105,8							

BEISPIEL: Angenommen, die Ehe wurde 2000 geschlossen (Index 79,9) und die Zugewinngemeinschaft in 2019 (Index 105,3) beendet. Das Anfangsvermögen des verstorbenen Ehegatten betrug nominal umgerechnet 2.500.000 €.

1 H E 5.1 Abs. 2 ErbStH 2019.

	Verstorbener Ehemann	Ehefrau
Endvermögen	6.500.000 €	0 €
Anfangsvermögen nominal	2.500.000 €	0 €
Anfangsvermögen indexiert*	3.294.743 € (gerundet)	0 €
Zugewinn ohne Indexierung Anfangsvermögen	4.000.000 €	0 €
Zugewinn mit Indexierung Anfangsvermögen	3.205.256 €	0 €

* 2.500.000 × 105,3/79,9 = 3.294.743,43

Nach Anwendung der Indexierungsvorschriften reduziert sich der steuerfreie Zugewinnausgleich für den überlebenden Ehegatten von 2,0 Mio. € (hälftiger Zugewinn aus nominal 4,0 Mio €) auf rund 1,6 Mio. € (hälftiger Zugewinn aus indexiert 33.205.256 Mio. €). Damit unterfällt das Nachlassvermögen mit rund 4,9 Mio. € der Erbschaftsteuer. Ohne Indexierung wären nur 4,5 Mio. € der Erbschaftsteuer zu unterwerfen gewesen. Die Indexierung kostet den überlebenden Ehegatten nach 19 Ehejahren Mehrsteuern von rund 75.000 €.

	Mit Indexierung	Ohne Indexierung
Nachlass (Vermögensanfall)	6.500.000 €	6.500.000 €
Zugewinnausgleich steuerfrei, § 5 Abs. 1 ErbStG	1.602.628 €	2.000.000 €
Bereicherung	4.897.371 €	4.500.000 €
Freibeträge, §§ 16 Abs. 1 Nr. 1, 17 ErbStG	756.000 €	756.000 €
Steuerpflichtiger Erwerb (gerundet)	4.141.300 €	3.744.000 €
Steuer bei Steuersatz 19 %, Steuerklasse I	786.847 €	711.360 €
Differenz (Mehrsteuern)	75.487 €	

485 Der steuerfreie Zugewinnausgleich bei Beendigung der Zugewinngemeinschaft durch Tod eines Ehegatten nach § 5 Abs. 1 ErbStG errechnet sich unter Berücksichtigung der Indexierung in fünf Schritten:

1. Im ersten Schritt sind die jeweiligen Endvermögen zum Zeitpunkt der Auflösung der Zugewinngemeinschaft zu bewerten und zu ermitteln. Dabei sind alle bei der Ermittlung des Endvermögens zu berücksichtigenden Vermögensgegenstände zu bewerten und einzubeziehen, auch wenn sie nicht zum steuerpflichtigen Erwerb gehören (z. B. Hausrat). Steuerbegünstigtes Betriebsvermögen ist mit seinem Steuerwert vor Abzug des Freibetrages und des Bewertungsabschlages einzubeziehen.

2. Von den ermittelten Endvermögen sind die Anfangsvermögen anschließend jeweils um nominale Wertsteigerungen zu bereinigen (Indexierung)

und vom Endvermögen zu saldieren. Anfangsvermögen ist das Vermögen, das einem Ehegatten beim Eintritt des Güterstandes gehörte.[1]

3. Anschließend ist die fiktive Zugewinnausgleichsforderung aus der Differenz der beiden Endvermögen zu ermitteln.

4. Gehören Immobilien oder Betriebsvermögen zum Nachlass des verstorbenen Ehegatten, erfolgt eine Verhältniskürzung in Relation der Verkehrswerte zu den Steuerwerten.

BEISPIEL: Erblasser und Ehegatte E ist im Juni 2018 verstorben und hinterlässt einen Nachlass im Verkehrswert von 2,5 Mio. €. Der Steuerwert des Nachlasses soll infolge kleiner Bewertungsdifferenzen beim Grundvermögen 2,49 Mio. € betragen. Das Anfangsvermögen des verstorbenen Ehegatten betrug nominal – umgerechnet in Euro – 100.000 €. Die überlebende Ehefrau F hatte im Zeitpunkt der Eheschließung ein Anfangsvermögen von umgerechnet 50.000 € und ein Endvermögen von 200.000 €. Die Ehe wurde 1995 geschlossen.

	Ehemann M		Ehefrau F	
Endvermögen (Verkehrswert)		2.500.000 €		200.000 €
Anfangsvermögen nominal		100.000 €		50.000 €
Anfangsvermögen indexiert	$\frac{100.000 \times 103,8}{75,1}$	138.229 €	$\frac{50 000 \times 103,8}{75,1}$	69.114 €
Zugewinn inflationsbereinigt		2.361.785 €		130.892 €
Zugewinnausgleich zivilrechtlich	$= \frac{1}{2}$ (2.361.785 – 130.892) = 1.115.446€			
Verhältnisrechnung Steuerwerte/ Verkehrswerte Nachlassvermögen	$\frac{1.115.446 \times 2.490.000}{2.500.000} = 1.110.984€$			
Erbschaftsteuerfreier Erwerb (gerundet) 1.110.900€				

5. Erbt der überlebende Ehegatte ganz oder teilweise steuerbefreites Vermögen (z. B. vermietete Immobilien, Familienwohnheim, begünstigtes Betriebsvermögen), ist bei der Ermittlung der steuerfreien fiktiven Ausgleichsforderung des überlebenden Ehegatten eine anteilige Kürzung vorzunehmen, und zwar im Verhältnis des um den Wert des steuerbefreiten Ver-

1 R E 5.1 Abs. 3 ErbStR 2019. Zur Frage welcher Tag als Eintritt des Güterstandes in bestimmten Fällen gilt vgl. R E 5.1 Abs. 3 Satz 2 Nr. 1-5 ErbStR 2019.

mögens geminderten Werts des Endvermögens zum ungeminderten Wert des Endvermögens des verstorbenen Ehegatten.[1]

BEISPIEL: Erblasser und Ehegatte E ist im Januar 2021 verstorben und hinterlässt einen Nachlass im Verkehrswert = Steuerwert von 2,5 Mio. €. Darin enthalten ist das gemeinsam genutzte Einfamilienhaus (Grundbesitzwert = 1.000.000 €). Der überlebende Ehegatte erbt das Familienwohnheim steuerfrei. Die steuerfreie fiktive Ausgleichsforderung ist auf das Verhältnis des steuerfreien Endvermögens zum steuerpflichtigen Endvermögen nämlich in diesem Fall auf 60 % zu kürzen (1,5 Mio. €/ 2,5 Mio. €). Beträgt die Zugewinnausgleichsforderung z. B. € 1 Mio. wären davon nur 600.000 € steuerfrei.

3.4.2.3 Aufhebung der Zugewinngemeinschaft zu Lebzeiten der Ehegatten (güterrechtlicher Zugewinnausgleich)

486 Wird die Ehe/Lebenspartnerschaft nicht durch Tod eines Ehegatten/Lebenspartners, sondern durch Scheidung oder durch Aufhebung und/oder Wechsel des Güterstandes beendet, unterliegt der einem Ehegatten entstehende Ausgleichsanspruch – korrespondierend zur Erbschaftsteuerfreiheit bei Beendigung der Zugewinngemeinschaft durch Tod – nicht der Schenkungsteuer. Es handelt sich insoweit um eine nicht steuerbare Ausgleichsforderung gem. § 5 Abs. 2 ErbStG (güterrechtlicher Zugewinnausgleich).

Der güterrechtliche Zugewinnausgleich kommt in allen Fällen zum Tragen, in denen die Zugewinngemeinschaft nicht durch Tod beendet wird. Der güterrechtliche Zugewinnausgleich greift beim überlebenden Ehegatten nur, wenn er enterbt worden ist und kein Vermächtnis erhält oder wenn er die Erbschaft ausschlägt.

487 Der steuerfreie (güterrechtliche) Zugewinnausgleich i. S. des § 5 Abs 2 ErbStG errechnet sich im Unterschied zum erbrechtlichen Zugewinnausgleich nach Abs. 1 (bei Beendigung der Zugewinngemeinschaft durch Tod) ohne die in Rz. 483 dargelegten Ausnahmeregelungen, die für die Berechnung des Zugewinnausgleichs bei Tod gelten. In diesem Zusammenhang sei insbesondere die Vorschrift des § 5 Abs. 1 Satz 4 ErbStG erwähnt, welcher einer schenkungsteuerwirksamen Vereinbarung des Zeitpunktes der Eheschließung als jenen für die Berechnung des Anfangsvermögen i. S. des § 1374 Abs. 1 BGB maßgeblichen Zeitpunkt entgegen steht. Eine § 5 Abs. 1 Satz 4 ErbStG vergleichbare Regelung gibt es beim güterrechtlichen Zugewinnausgleich nicht. Gestaltungsspielraum ergibt sich dabei für Ehegatten/Lebenspartner, die zunächst den Güterstand der Gütertrennung vereinbart haben und wegen der steuerli-

1 § 5 Abs. 1 Nr. 6 vgl. Rz. 483.

chen Nachteile nachträglich in den gesetzlichen Güterstand wechseln wollen und dabei für die Berechnung des entstehenden Zugewinnausgleichsanspruchs das Anfangsvermögen zum Zeitpunkt der Eheschließung vertraglich festlegen.[1]

Beim güterrechtlichen Zugewinnausgleich - oft als rechnerischer Zugewinnausgleich bezeichnet - erhält derjenige Ehegatte/Lebenspartner, der den geringeren Zugewinn erzielt hat, eine Ausgleichsforderung, und zwar in Höhe der Hälfte des Überschusses, also in Höhe der Hälfte des Betrages, um den der Zugewinn des einen Ehegatten/Lebenspartners den Zugewinn des anderen übersteigt (§ 1378 Abs. 1 BGB). 488

Voraussetzung für einen steuerfreien Zugewinnausgleich ist, dass die Zugewinngemeinschaft auch tatsächlich beendet wird. Keinen steuerfreien Zugewinnausgleich generieren Eheleute/Lebenspartner mit einem „fliegenden Zugewinnausgleich", bei dem die Ehe-/Lebenspartner den Zugewinn ausgleichen, ohne allerdings den Zugewinn tatsächlich zu beenden. Die Finanzverwaltung hält die Regelungen über den Zugewinnausgleich nicht für anwendbar, „wenn Ehegatten durch Ehevertrag den während des bisherigen Bestehens des Güterstands der Zugewinngemeinschaft entstandenen Zugewinn ausgleichen, ohne den Güterstand zu beenden, so dass von Gesetzes wegen keine Ausgleichsforderung entstanden ist.[2] 489

HINWEISE:

- Bei der Berechnung des Zugewinnausgleichs nach der güterrechtlichen Lösung müssen frühere Schenkungen und unbenannte Zuwendungen zwischen Ehegatten/Lebenspartnern auf die Ausgleichsforderung angerechnet werden, sofern es keine Gelegenheits- oder Anstandsschenkungen waren (§ 1380 Abs. 1 BGB). Bereits gezahlte Schenkungsteuern sind zu erstatten (§ 29 Abs. 1 Nr. 3 ErbStG).
- Wird ein bisher erzielter Zugewinn unter Ehegatten/Lebenspartnern freiwillig ausgeglichen, ohne den gesetzlichen Güterstand zu beenden, und musste die dadurch begründete Ausgleichsforderung als steuerbare unentgeltliche Zuwendung gem. § 7 Abs. 1 Nr. 1 ErbStG versteuert werden, erlischt gem. § 29 Abs. 1 Nr. 3 ErbStG die Steuer mit Wirkung für die Vergangenheit, wenn der Güterstand später durch Tod eines Ehegatten/Lebenspartners oder zu Lebzeiten beendet und die im Weg des vorweggenommenen Zugewinnausgleichs erhaltene Zuwendung auf die Ausgleichsforderung angerechnet wird (§ 1380 Abs. 1 BGB). Der Steuererstattungsanspruch gilt sowohl in Fällen des § 5 Abs. 1 ErbStG als auch in Fällen des § 5 Abs. 2 ErbStG und steht dem überlebenden Ehegatten/Lebenspartner auch dann zu, wenn der Letzterwerb infolge der Freibeträge steuerfrei war.

1 Vgl. Teil V Rz. 751ff.

2 R E 5.2 Abs. 3 ErbStR 2019.

► Ein rückwirkendes Erlöschen der Schenkungsteuer für eine Zuwendung an den ausgleichsberechtigten Ehegatten/Lebenspartner setzt allerdings die Feststellung bzw. den Nachweis voraus, dass die Zuwendung ganz oder zum Teil auf die Ausgleichsforderung bei Beendigung der Zugewinngemeinschaft angerechnet worden ist. Ein solcher Nachweis ist dann nicht erfüllt, wenn es in der zu erstellenden Gesamtübersicht zur Vermögensaufteilung zu diversen Unstimmigkeiten kommt, etwa indem unterschiedliche Barwerte für Darlehensforderungen ausgewiesen werden oder Angaben über Guthaben oder Verbindlichkeiten zu diversen Konten fehlen, auf denen ausgleichspflichtige Zuwendungen, für die die Schenkungsteuer erlassen werden soll, geflossen sein sollen.

3.4.3 Zugewinngemeinschaft im Vergleich zur Gütertrennung

490 Die Steuervorteile, die der gesetzliche Güterstand der Zugewinngemeinschaft beiden Ehegatten/Lebenspartnern bringt – Ausschöpfung des hohen Freibetrags durch höhere Erbquoten für den überlebenden Ehegatten und der steuerfreie Zugewinnausgleich –, kompensieren sich mit den Vorteilen der Gütertrennung in aller Regel nicht, wie folgendes Beispiel zeigt:

BEISPIEL: ► Erblasser E verstirbt im Alter von 50 Jahren und hinterlässt seiner Ehefrau F und seinen beiden Kindern einen Nachlass im Verkehrswert (der in diesem Beispiel gleich dem Steuerwert sein soll) von 2,8 Mio. €. Der inflationsbereinigte Zugewinn des E beträgt 2,4 Mio. €. Die Eheleute haben vereinbart:

Zugewinngemeinschaft: Bei der Zugewinngemeinschaft erbt F insgesamt die Hälfte des Nachlasses (gesetzlicher Erbteil zzgl. des erbrechtlichen Zugewinnausgleichs i. H. des Nachlassviertels) = 1,4 Mio. €. Davon sind als Zugewinnausgleich 1,2 Mio. € steuerfrei (die Hälfte des inflationsbereinigten Zugewinns, unterstellt, die F hatte keinen Zugewinn erzielt). Bringt man noch den persönlichen Ehegattenfreibetrag von 500.000 € zum Abzug, fällt keine Steuer an, auch wenn der Versorgungsfreibetrag nach § 17 ErbStG bereits verbraucht sein sollte.

Gütertrennung: Hier erbt F mit den beiden Kindern zu gleichen Teilen. Die Erbquote der F beträgt also 1/3 von 2,8 Mio. € = 933.300 €. Hiervon kann nur der persönliche Ehegattenfreibetrag i. H. von 500.000 € zum Abzug gelangen (wieder unterstellt, dass der Versorgungsfreibetrag nach § 17 ErbStG verbraucht ist), so dass ein steuerpflichtiger Erwerb von 433.300 € verbleibt.

491 Unternehmer oder Freiberufler neigen – oftmals auch durch den Gesellschaftsvertrag gezwungen – überwiegend zur Gütertrennung, weil Ausgleichsforderungen bei Beendigung des Güterstandes zu Liquiditätsschwierigkeiten führen können, ganz zu schweigen von der Schwierigkeit, die richtigen Verkehrswerte für das Betriebsvermögen zu finden. Vielfach wird auch verkannt, dass es sich beim gesetzlichen Güterstand bis zu einem gewissen Grad auch um Gütertrennung handelt, denn das Vermögen des Mannes und das Vermögen der Frau werden nicht gemeinschaftliches Vermögen (§ 1363 Abs. 2 Satz 1 BGB).

Im Wesentlichen unterscheidet sich der gesetzliche Güterstand vom vertraglichen Güterstand der Gütertrennung nur dadurch, dass 492

- ein Ehegatte über ihm gehörende Gegenstände des ehelichen Haushalts nur verfügen kann bzw. sich zu einer solchen Verfügung nur verpflichten kann, wenn der andere Ehegatte einwilligt (§ 1369 BGB);
- ein Ehegatte nur mit Einwilligung des anderen Ehegatten über sein Vermögen im Ganzen verfügen kann (§ 1365 BGB);
- bei Beendigung des Güterstandes, entweder durch Tod oder auf andere Weise (§§ 1371, 1372 BGB) der Zugewinn auszugleichen ist.

Die Charakteristiken der Zugewinngemeinschaft sind allerdings nicht zwingendes Recht. Sie können durch Abfassung eines Ehevertrages modifiziert werden. Wird der gesetzliche Güterstand beispielsweise durch Ausschluss der Zustimmungserfordernis nach § 1365 BGB oder durch Ausschluss des Zugewinnausgleichs nach §§ 1371, 1372 BGB abgeändert, spricht man von der sogenannten modifizierten Zugewinngemeinschaft. Im Rahmen einer solchen kann ein Zugewinnausgleich nur für den Todesfall vorgesehen und in allen anderen Fällen – z. B. bei einer Scheidung – ausgeschlossen sein oder es wird vereinbart, dass das vom Ehegatten gehaltene Betriebsvermögen bei der Berechnung des Zugewinnausgleichs unberücksichtigt bleiben soll. Und weil sowohl § 5 Abs. 1 Satz 2 ErbStG (nach dieser Vorschrift bleiben für die Berechnung der Ausgleichsforderung von den Vorschriften der §§ 1373 - 1383, 1390 BGB abweichende güterrechtliche Vereinbarungen unberücksichtigt) als auch die Finanzverwaltung die Nichtsteuerbarkeit des Zugewinnausgleichs auch hinsichtlich einer durch Ehevertrag (§ 1408 BGB) oder Vertrag im Zusammenhang mit einer Ehescheidung (§ 1378 Abs. 3 Satz 2 BGB) modifizierten Ausgleichsforderung als Ausfluss der bürgerlich-rechtlichen Gestaltungsfreiheit der Ehegatten bei der Ausgestaltung des Zugewinnausgleichs anerkennen,[1] bleibt dem überlebenden Ehegatten der steuerfreie Zugewinnausgleich trotz Modifizierung im vollen Umfang erhalten. 493

BEISPIEL:

	Ehegatte	Ehefrau
Anfangsvermögen	100 (Betriebsvermögen)	0
Endvermögen	200 (Betriebsvermögen)	0
Zugewinn	100	

1 Vgl. R E 5.2 Abs. 2 ErbStR 2019.

Obwohl der Ehefrau zivilrechtlich nichts aus dem Zugewinn zusteht, kann sie steuerrechtlich 50 steuerfrei vereinnahmen.

HINWEISE:

Die modifizierte Zugewinngemeinschaft kann eine Gütertrennung fingieren, wenn alle drei genannten Kriterien vertraglich ausgeschlossen werden. Es ist deshalb fallweise genau zu prüfen, ob man die steuerlichen Nachteile der Gütertrennung angesichts der vielseitigen Gestaltungsmöglichkeiten bei einer modifizierten Zugewinngemeinschaft tragen möchte.

Soweit durch solche Vereinbarungen einem Ehegatten für den Fall der Beendigung der Zugewinngemeinschaft eine erhöhte güterrechtliche Ausgleichsforderung verschafft wird, sieht die Finanzverwaltung darin „eine steuerpflichtige Schenkung auf den Todesfall (§ 3 Abs. 1 Nr. 2 Satz 1 ErbStG) bzw. eine Schenkung unter Lebenden (§ 7 Abs. 1 Nr. 1 ErbStG)“, wenn mit den Vereinbarungen in erster Linie nicht güterrechtliche, sondern erbrechtliche Wirkungen herbeigeführt werden sollen.[1]

3.4.4 Der Übergang von der Zugewinngemeinschaft zur Gütergemeinschaft

494 Bei einem Übergang von der Zugewinn- in die Gütergemeinschaft geht das Gesetz stets davon aus, dass die Bereicherung des weniger vermögenden Ehegatten/Lebenspartners subjektiv unentgeltlich erfolgt. Dementsprechend begründet die Vereinbarung einer Gütergemeinschaft stets eine steuerpflichtige Schenkung nach § 7 Abs. 1 Nr. 4 ErbStG. Auf ein bestimmtes Motiv, etwa ein güterrechtliches,[2] kommt es nicht an.

495 Der Steuerpflicht entgeht man auch dadurch nicht, dass Güter zunächst als Vorbehaltsgut ausgewiesen werden und erst später – in der Gütergemeinschaft – dem anderen Ehegatten/Lebenspartner übertragen werden. Obwohl sich solche nachträglichen Übereignungen in einen Ehevertrag kleiden lassen und sie so für den vermögenderen Ehegatten/Lebenspartner zur Pflicht gemacht werden können, sind solche nachträglichen Vermögenswidmungen als Schenkungen i. S. des § 7 Abs. 1 Nr. 1 ErbStG zu werten.

496 Haben die Eheleute/Lebenspartner vorher in Zugewinngemeinschaft gelebt, kann es wegen der mit der Beendigung der Zugewinngemeinschaft entstehenden Ausgleichspflicht des vermögenderen Ehegatten/Lebenspartners nur insoweit zu einer Bereicherung des weniger vermögenden Ehegatten/Lebenspartners kommen, als die Ausgleichsforderung, welche von diesem Ehegatten/

1 R E 5.2 Abs. 2 ErbStR 2019.

2 Zivilrechtlich kommt eine Schenkung des reicheren an den ärmeren Ehegatten nur in Betracht, wenn der Vereinbarung das güterrechtliche Motiv fehlt.

Lebenspartner in das Gesamtgut eingebracht wird, niedriger ist als der Vermögenszuwachs, den der weniger vermögendere Ehegatte/Lebenspartner durch die Gütergemeinschaft erfährt. Dies ist im Regelfall dann gegeben, wenn die Anfangsvermögen beider Ehegatten/Lebenspartner, die nicht auszugleichen sind, stark differieren, weil sie eben zu Anfang bereits unterschiedlich hoch waren oder Zuerwerbe bei einem Ehegatten/Lebenspartner während des gesetzlichen Güterstandes angefallen sind (Erbschaften oder Schenkungen).

Wird die Gütergemeinschaft nach dem Tod des erstversterbenden Ehegatten/ 497
Lebenspartners mit den Abkömmlingen fortgesetzt (fortgesetzte Gütergemeinschaft),[1] unterliegt der Eintritt der Abkömmlinge in die fortgesetzte Gütergemeinschaft (Gesamthandsgemeinschaft) der Erbschaftsteuer nach § 4 Abs. 1 ErbStG. Die Vorschrift stellt insoweit unstreitig, dass der auf die Kinder übergehende Anteil am Gesamtgut fiktiv so zu behandeln ist, wie wenn dieser ausschließlich den anteilsberechtigten Abkömmlingen angefallen wäre. Eine Besteuerungsfiktion ist hier deshalb notwendig, weil der Anteil des verstorbenen Ehegatten/Lebenspartners am Gesamtgut gem. § 1483 Abs. 1 Satz 3 BGB nicht zum Nachlass gehört, eine Besteuerung daher nicht durchführbar wäre.

Gleiches gilt, wenn ein anteilsberechtigter Abkömmling verstirbt. Auch in die- 498
sem Fall gehört sein Anteil am Gesamtgut zivilrechtlich nicht zu seinem Nachlass (§ 1490 BGB). Der Steuerfiskus bedient sich daher wiederum einer Fiktion, indem er in § 4 Abs. 2 ErbStG bestimmt, dass „beim Tode eines anteilsberechtigten Abkömmlings" dessen Anteil am Gesamtgut „zu seinem Nachlass" gehört. Damit tritt Erbschaftsteuerpflicht ein.

HINWEISE:

- Keine Vermutungen bestehen dafür, dass Zuwendungen an nur einen Ehegatten/Lebenspartner von Todes wegen oder unter Lebenden gleichzeitig auch für den anderen Ehegatten/Lebenspartner mitbestimmt sind. Das gilt auch dann, wenn die Ehegatten/Lebenspartner in Gütergemeinschaft leben und die Zuwendung in das Gesamtgut fällt.[2]

1 Gemäß § 1483 BGB kann bestimmt werden, dass das Gesamtgut des zuerst versterbenden Ehegatten oder Lebenspartners nicht auseinandergesetzt, sondern die Gesamthandsgemeinschaft, bestehend aus dem Gesamtgut vom überlebenden Ehegatten/Lebenspartner zusammen mit den Kindern, „unter Wahrung der Identität der Gesamthandsgemeinschaft" fortgeführt wird (fortgesetzte Gütergemeinschaft).

2 Der andere Ehegatte erwirbt hier aufgrund einer gesetzlichen Vorschrift (§ 1416 BGB), so dass insoweit auch zwischen den Ehegatten keine Schenkung vorliegt.

- Steuerpflichtige Schenkungen der Ehegatten/Lebenspartner aus dem Gesamtgut sind stets als anteilige freigebige Zuwendungen beider Ehegatten/Lebenspartner zu behandeln.
- Im Ergebnis ist die Gütergemeinschaft stets mit Steuernachteilen verbunden. Es sollte daher bei der modifizierten Zugewinngemeinschaft bleiben.

3.4.6 Wenn der überlebende Ehegatte die Erbschaft ausschlägt

499 Schlägt der überlebende Ehegatte bzw. der Lebenspartner die Erbschaft aus, gilt der Erbanfall an diesen als nicht erfolgt (§ 1953 Abs. 1 BGB). Für die Ausschlagung gilt eine Frist von sechs Wochen ab dem Erbfall, wobei die Frist bei einem durch ein Nachlassgericht zu eröffnenden Testament erst mit der Verkündung zu laufen beginnt (§ 1944 Abs. 2 Satz 2 BGB). Eine Erbausschlagung bedeutet nicht zwingend, dass der betreffende überlebende Ehegatte (Lebenspartner) „leer" ausgehen muss. Der überlebende Ehegatte (Lebenspartner) erhält bei Ausschlagung der Erbschaft den Zugewinnausgleich und den „kleinen" Pflichtteil (§ 1371 Abs. 3 i. V. mit § 1371 Abs. 2 letzter Halbsatz BGB). Der überlebende Ehegatte (Lebenspartner) erhält bei Ausschlagung der Erbschaft den güterrechtlichen Zugewinn, also denjenigen nach § 1371 Abs. 2 BGB, der sich nach den Vorschriften der §§ 1373 bis 1383, § 1390 BGB errechnet und auf den auch das Steuerrecht in § 5 ErbStG Bezug nimmt, zusammen mit dem kleinen Pflichtteil. Der „kleine" Pflichtteil ist der Pflichtteil, der sich nach dem nicht erhöhten gesetzlichen Erbteil des Ehegatten bemisst. Der nicht erhöhte gesetzliche Erbteil beträgt nach § 1931 Abs. 1 BGB ein Viertel, der Pflichtteil (er beträgt nach § 2303 Abs. 1 Satz 2 BGB immer die Hälfte des Wertes des gesetzlichen Erbteils) daraus ein Achtel.

BEISPIEL: Hinterlässt A ein Vermögen von 1 Mio. € und war ein Anfangsvermögen von 100.000 € vorhanden, erhält Ehefrau E beim Tod des A, wenn sie selbst keinen Zugewinn erzielt hat und die Erbschaft ausschlägt:

- einen Zugewinnausgleich in Höhe der Hälfte des Zugewinns von 900.000 € (1.000.000 ·/. 100.000) = 450.000 € und
- den kleinen Pflichtteil i. H. von einem Achtel des Nettonachlasses von 550.000 € (Nachlass ·/. Zugewinnausgleich) = 68.750 €.

Die Ehefrau erhält vom Nachlass des A insgesamt 518.750 €. Hätte sie dagegen die Erbschaft angenommen, hätte sie nur 500.000 € erhalten, nämlich die Hälfte des Nachlasses ($^1/_4$ als gesetzlichen Erbteil nach § 1931 Abs. 1 BGB und $^1/_4$ als Zugewinnausgleich nach § 1371 Abs. 1 BGB).

An diesem Beispiel ist ersichtlich, dass der erbrechtliche Zugewinnausgleich – pauschaliert i. H. des Nachlassviertels – für den überlebenden Ehegatten auch nachteilig sein kann und schon deshalb die Überlegung lohnt, die Erbschaft beim Güterstand der Zugewinngemeinschaft auszuschlagen. Die Ausschlagung ist immer vorteilhafter, wenn nach langen Ehejahren fast das gesamte Vermögen des verstorbenen Ehegatten zum Ausgleich gelangt.

Im Idealfall hat der überlebende Ehegatte (Lebenspartner) wie im Beispiel kei- 500
nen Zugewinn erzielt. Denn in diesem Fall beträgt der güterrechtliche – also der tatsächlich zu errechnende – Zugewinnausgleich bereits die Hälfte des vom verstorbenen Ehegatten hinterlassenen Nettovermögens.[1] Und das ist genau die Hälfte, die dem überlebenden Ehegatten beim pauschalierten Zugewinnausgleich über das Nachlassviertel und sein gesetzliches Viertel zusteht. Zusätzlich dazu bleibt dem Ehegatten (Lebenspartner) immer noch sein Pflichtteils-Achtel am Vermögen, das nach Abzug des Zugewinnausgleichs verbleibt. Im obigen Beispiel betrug der Vermögensvorteil 18.750 €.

HINWEIS:

Ausschlagung und Geltendmachung des güterrechtlichen Zugewinnausgleichs hat auch noch einen anderen Nebeneffekt, nämlich denjenigen, dass, wenn der Nachlass bei der Ermittlung des als Ausgleichsforderung steuerfreien Betrages mit einem höheren Wert als dem Steuerwert angesetzt ist – das ist bei Grundstücken der Fall –, eine Beschränkung des steuerfreien Ausgleichs auf die Steuerwerte des Nachlasses, wie in § 5 Abs. 1 Satz 5 ErbStG gefordert, nicht gilt.

3.4.7 Steuerbarkeit der unbenannten (ehebezogenen) Zuwendungen

Wenden sich Ehegatten/Lebenspartner, die im gesetzlichen Güterstand oder 501
in Gütertrennung leben, gegenseitig etwas zu, ist zu unterscheiden zwischen:

- allgemeinen Schenkungen, die als Schenkungen nach § 7 Abs. 1 Nr. 1 ErbStG der Besteuerung unterliegen, und
- den unbenannten (ehebezogenen) Zuwendungen, welche zwar zivilrechtlich keine Schenkungen sind, jedoch nach § 7 Abs. 1 Nr. 1 ErbStG uneingeschränkt steuerbar sind.
- Nach der BGH-Rechtsprechung[2] sind „unbenannte Zuwendungen“ keine Schenkungen, da es regelmäßig an der Einigkeit der Ehegatten über die Unentgeltlichkeit der Zuwendungen fehlt. Der BGH definiert unbenannte oder

1 Vermögen abzüglich aller Nachlassverbindlichkeiten.

2 BGH, Urteil v. 8.7.1982 - IX ZR 99/80.

ehebedingte Zuwendungen als ein „ehebezogenes Rechtsgeschäft eigener Art".[1] Unbenannte Zuwendungen dienten ursprünglich der Auseinandersetzung der Vermögensverhältnisse bei Scheidungen. Unbenannte Zuwendungen sind solche ehebedingte Schenkungen, bei denen „der Leistung die Vorstellung oder Erwartung des zuwendenden Ehegatten (Lebenspartner) zugrunde liegt, dass die Ehe Bestand haben werde, oder wenn die Zuwendung (sonst) um der Ehe willen oder als Beitrag zur Verwirklichung oder Ausgestaltung, Erhaltung oder Sicherung der ehelichen Lebensgemeinschaft erbracht wird und darin ihre Geschäftsgrundlage hat".[2]

502 Während unbenannte Schenkungen zivilrechtlich nicht als solche anzuerkennen sind, ist eine Steuerbarkeit nach dem ErbStG im Rahmen der allgemeinen Regelungen über „freigebige Zuwendungen" (§ 7 Abs. 1 Nr. 1 ErbStG) uneingeschränkt gegeben.[3] Die beiden Voraussetzungen für eine Steuerbarkeit von Zuwendungen (objektiver und subjektiver Tatbestand) sind auch bei unbenannten Zuwendungen gegeben. Die objektive Unentgeltlichkeit (Leistung erfolgt unentgeltlich) entfällt nicht allein durch ehebezogene Motive für die Schenkung. Für die Erfüllung des subjektiven Tatbestandes reicht der einseitige Wille des Zuwendenden zur Unentgeltlichkeit. Der subjektive Schenkungstatbestand ist verwirklicht, wenn der zuwendende Ehegatte in dem Bewusstsein leistet, zu dieser Vermögenshingabe nicht verpflichtet zu sein und er auch keine adäquate Gegenleistung erwartet. Eine Gegenleistung für eine von einem Ehegatten/Lebenspartner an den anderen gemachte Zuwendung (und damit Ausschluss der Unentgeltlichkeit und Eintritt der Entgeltlichkeit) kann nicht schon darin gesehen werden, dass der (die) Beschenkte sowohl in der Vergangenheit als auch in Zukunft den gemeinsamen Haushalt führe, die gemeinsamen Kinder betreue und ihren Ehemann bei dessen geschäftlichen Aktivitäten unterstütze. Solche Tätigkeiten können schon deshalb keine Gegenleistungen für eine Zuwendung des anderen Ehegatten/Lebenspartner sein, weil es sich dabei um ohnehin dem anderen Ehegatten/Lebenspartner geschuldete Beiträge zum Familienunterhalt handelt, die nach § 1360b BGB nicht zu vergüten sind.

1 BGH, Urteil v. 8.7.1982 a. a. O.

2 BGH, Urteil v. 17.1.1990 - XII ZR 1/89.

3 BFH, Beschluss v. 25.11.1996 - II B 88/96, LAAAB-37876.

HINWEIS: 503

Unbenannte Zuwendungen können in Erbfällen zu Überraschungen führen. Im Erbrecht sind unbenannte Zuwendungen grds. wie eine Schenkung zu behandeln.[1] Das bedeutet, dass unbenannte Zuwendungen regelmäßig Pflichtteilsergänzungsansprüche von Abkömmlingen auslösen. Ausgenommen sind Zuwendungen für Alterssicherungen und Unterhaltsleistungen.

3.4.8 Begründung von Gemeinschaftskonten (Oder-Konten) als freigebige schenkungsteuerpflichtige Zuwendung

Das Oder-Konto ist ein Gemeinschaftskonto, bei dem jeder Verfügungsberechtigte einzeln und vollumfänglich über das Kontoguthaben verfügen kann. Oder-Konten werden im Regelfall von Ehegatten eingerichtet. Ehemann und Ehefrau sind hier einzeln verfügungsberechtigt. 504

Nach der geltenden Verwaltungspraxis und auch teilweise nach der gängigen Finanzgericht-Rechtsprechung soll die Errichtung eines Oder-Kontos mittels allein vom Ehemann stammenden Geldern eine freigebige Zuwendung i. S. des § 7 Abs. 1 Nr. 1 ErbStG in Höhe der Hälfte des Einlagebetrages gegenüber dem anderen Ehegatten darstellen.[2] Aus der Einzelverfügungsberechtigung eines Oder-Kontos wird meist eine Schenkung hinsichtlich des hälftigen Guthabenbetrags deshalb gesehen, weil der andere Ehegatte durch die Umwandlung im Innenverhältnis einen hälftigen Anteil an den ausschließlich vom anderen Ehegatten (dem bisherigen Kontoinhaber) stammenden Geldern erhält. 505

Nach Auffassung des Bundesfinanzhofs[3] liegt in der Errichtung eines Oder-Kontos aus dem Vermögen eines Ehegatten nur insoweit eine freigebige Zuwendung nach § 7 Abs. 1 Nr. 1 ErbStG vor, als der andere Ehegatte im Verhältnis zum einzahlenden Ehegatten tatsächlich und rechtlich frei über das eingezahlte Guthaben verfügen kann. Die Finanzverwaltung trifft insoweit die Feststellungslast für die Tatsachen, die zur Annahme einer freigebigen Zuwendung i. S. des § 7 Abs. 1 Nr. 1 ErbStG erforderlich sind. Der BFH hat in dem Urteil al- 506

1 BGH, Urteil v. 27.11.1991 - IV ZR 164/90, NJW 1992 S. 564; dies gilt im Übrigen auch für den Nießbrauch an einem Wohnhausgrundstück. Gegen die Betrachtung des Nießbrauchs als unbenannte Zuwendung spricht nicht, dass der Erblasser beabsichtigte, die Nießbrauchsbegünstigte für die Zukunft abzusichern (BGH, Urteil v. 27.9.1995 - IV ZR 217/93, ZEV 1996 S. 25).

2 Vgl. u. a. Hessisches FG, Urteil v. 26.7.2001 - 1 K 2651/00, ZAAAB-08525. Die Richter sahen in der Umwandlung eines Einzelkontos in ein Oder-Konto einen schenkungsteuerpflichtigen Vorgang.

3 BFH, Urteil v. 23.11.2011 - II R 33/10, BStBl 2012 II S. 473.

lerdings auch klargestellt, dass im Fall vorliegender hinreichend deutlicher Anhaltspunkte dafür, dass beide Ehegatten entsprechend der Auslegungsregel des § 430 BGB zu gleichen Anteilen am Kontoguthaben beteiligt sind, der zur Schenkungsteuer herangezogene Ehegatte die Feststellungslast dafür trägt, dass im Innenverhältnis nur der einzahlende Ehegatte berechtigt sein soll.

507 Zur Vermeidung einer Schenkungsteuerpflicht wird Ehegatten empfohlen, dass sich diese auf einen vom Grundsatz des hälftigen Besitzanteils (§ 430 BGB) abweichend vereinbarten Teilungsmaßstab berufen. Eine vom Halbteilungsgrundsatz abweichende schriftliche (oder mündliche) Vereinbarung bewirkt, dass der andere Ehegatte höchstenfalls nur über den im Innenverhältnis vereinbarten Vermögensteil bereichert sein kann. Besteht keine Vereinbarung, ist das von den Ehegatten im Innenverhältnis gewünschte Aufteilungsverhältnis anhand des von den Ehegatten tatsächlich verwirklichen Lebenssachverhaltes zu bestimmen. Das heißt, es kommt darauf an, wie die Ehegatten das Oder-Konto tatsächlich nutzen und wie sie die nicht für die Lebenshaltung benötigten Mittel tatsächlich verwenden. In der Praxis schwierig zu beurteilen – und damit nach Möglichkeit zu vermeiden – sind jene Fälle, in denen der Ehegatte, der keine Einlagen auf das Oder-Konto geleistet hat, auf die vom anderen Ehegatten eingezahlten Vermögensmittels auch zur Bildung eigenen Vermögens zugreifen kann. In diesem Fall dürfte die gesetzliche Halbteilungsfiktion des § 430 BGB greifen und jeder Ehegatte kann über die Hälfte des auf ihn persönlich entfallenden Teil des Kontoguthabens tatsächlich und rechtlich frei verfügen.[1]

Die Feststellungslast für eine beim anderen Ehegatten durch die Errichtung eines Oder-Kontos eingetretene Bereicherung obliegt stets dem Finanzamt. Nach der o. g. BFH-Rechtsprechung bewirkt jedenfalls allein die Einzahlung von Geldmittel auf einem Oder-Konto durch einen Ehegatten nicht automatisch die Annahme, dass der andere Ehegatte zur Hälfte an dem eingezahlten Betrag bereichert ist.

HINWEISE:

- Um eine Schenkungsteuerpflicht nach Möglichkeit zu vermeiden, sollte der Ehegatte, von dem das Vermögen nicht stammt bzw. der keine Einlagen auf das Oder-Konto leistete, entweder gar nicht oder nur für notwendige Zahlungen zur allgemeinen Lebensführung auf das Konto zugreifen, nicht aber zur Bildung eigenen Vermögens oder zur Begleichung eigener Schulden (Darlehensschulden, Steuerschulden).

1 Vgl. BFH, Urteil v. 23.11.2011 - II R 33/10, BStBl 2012 II S. 473, BGH, Urteil v. 29.11.1989 - IVb ZR 4/89.

- Ehegatten sollten kein auf einen Ehegatten lautendes bestehendes Einzelkonto in ein Oder-Konto umwandeln, wenn im Zeitpunkt der Umwandlung ein größeres Guthaben vorhanden ist.
- Anstelle der Einrichtung eines Oder-Kontos sollte dem anderen Ehegatten lediglich Kontovollmacht erteilt werden.
- Die Auflösung bereits bestehender und auf diese Weise errichteter Oder-Konten kann einen ebensolchen steuerpflichtigen Vorgang darstellen (steuerpflichtige Rückschenkung), wenn das Kontoguthaben abweichend von der von der Finanzverwaltung angewandten „Halbteilungsvermutung" aufgeteilt wird.
- Betroffene Ehegatten können sich auch auf die Rechtsprechung des Bundesfinanzhofes im Urteil vom 18.11.2004[1] berufen. Danach stellt eine Leistung, die der Empfänger an den Übertragenden zurückzugewähren hat, keine Bereicherung dar. Ist Geld übertragen worden und hat der übertragende Ehegatte/Lebenspartner einen Anspruch auf Herausgabe, steht dieser Anspruch einer Bereicherung des Empfängers trotz Vermischung mit dessen eigenem Geld entgegen.
- Werden Vermögensstände von Einzelkonten/-depots eines Ehegatten auf das jeweilige Einzelkonto/-depot des anderen Ehegatten übertragen, ist die Zuwendung ohne Zweifel in voller Höhe schenkungsteuerpflichtig. Es zählt in diesem Fall nicht die Annahme, dass dem bedachten und in Zugewinngemeinschaft lebenden Ehegatten bereits die Hälfte des erhaltenen Guthabens vor der Übertragung im Innenverhältnis gehörte. Behauptet der bedachte Ehegatte einen entsprechenden Sachverhalt, trägt dieser die Feststellungslast für Umstände, die der Annahme einer freigebigen Zuwendung in vollem Umfang entgegenstehen.

3.4.9 Missbräuchliche Vermögensverlagerungen aufgrund güterrechtlicher Vereinbarungen

Ehegatten sind zwar vor und während der Ehe frei, darüber zu entscheiden, 508
wie und ob der während der Ehe hinzugewonnene Vermögensanteil untereinander verteilt oder ausgeglichen werden soll. Diese sogenannte modifizierte Zugewinngemeinschaft kann im Extremfall den Zugewinnausgleich auch ganz ausschließen oder den gesamten Zugewinn einem einzigen Ehegatten zuordnen.

Individuelle Vereinbarung hinsichtlich des Zugewinnausgleichs sind erbschaftsteuerlich unbeachtlich berühren also die Steuerfreiheit des Zugewinnausgleichs nicht, so lange die Ehegatten auch tatsächlich Vereinbarungen über den während der Ehe erwirtschafteten Zugewinn treffen.

Der steuerfreie Zugewinnausgleich wird jedoch auch ganz gerne als „Steu- 509
ersparmodell" dergestalt genutzt, dass Vermögensverlagerungen vom einen

1 BFH, Beschluss v. 18.11.2004 - II B 176/03, NAAAB-41752.

auf den anderen Ehegatten stattfinden sollen, die unter normalen Umständen steuerpflichtige freigebige Zuwendungen wären.

510 Wird der Rahmen güterrechtlicher Vereinbarungen überschritten, etwa indem von der Höhe des tatsächlichen Zugewinnausgleichsanspruchs völlig losgelöste Ansprüche für den Fall der Beendigung des Güterstandes vereinbart werden, sieht die Finanzverwaltung die bei Beendigung des Güterstandes eintretende objektive Bereicherung des begünstigten Ehegatten unter dem Gesichtspunkt des Gestaltungsmissbrauchs entweder als steuerpflichtige Schenkung auf den Todesfall nach § 3 Abs. 1 Nr. 2 ErbStG, wenn die Zugewinngemeinschaft mit dem Tod eines Ehegatten endet, oder als Schenkung unter Lebenden nach § 7 Abs. 1 Nr. 1 ErbStG an, wenn die Zugewinngemeinschaft zu Lebzeiten beider Ehegatten beendet wird.

HINWEISE:

Solche erhöhten güterrechtlichen Ausgleichsforderungen kommen insbesondere dann in Betracht, wenn:

- für den Zugewinnausgleich auch Zeiträume vor der Eheschließung einbezogen werden,
- Wirtschaftsgüter, die zum Anfangsvermögen gehören, nicht berücksichtigt werden sollen,
- Ausgleichsansprüche eingeräumt werden, die den tatsächlichen Zugewinn deutlich überschreiten.

Sind die zivilrechtlichen Folgen solcher auf missbräuchliche Vermögensverlagerungen hindeutenden Vereinbarungen tatsächlich nicht gewollt, sollte aus erbschaftsteuerlichen Gründen ebenfalls darauf verzichtet werden.

3.4.10 Steuerfalle: Zahlung gegen Verzicht auf nacheheliche Unterhaltszahlungen

511 Auf nachehelichen Unterhaltsverzicht gerichtete Abfindungszahlungen eines Ehegatten stellen eine steuerpflichtige freigebige Zuwendung dar. Dieses schmerzliche Schicksal traf ein Ehepaar, welches vor ihrer Eheschließung für den Fall der Scheidung einen Unterhaltsverzicht gegen Abfindungszahlung vereinbarte. Die Beteiligten schlossen vor der Eheschließung einen notariell beurkundeten Ehevertrag ab. Darin vereinbarten sie Gütertrennung, den Ausschluss des Versorgungsausgleichs im Fall einer Scheidung und trafen Regelungen zur Unterhaltspflicht für die Zeit nach einer Scheidung. Für den teilweisen Verzicht der Ehefrau auf nachehelichen Unterhalt gewährte der Ehemann als Gegenleistung unter der aufschiebenden Bedingung der Eheschließung und fällig im Zeitpunkt der Eheschließung eine Zuwendung. Das Finanzamt unterwarf diese Zuwendung der Schenkungsteuer.

Ein solcher vor der Eheschließung für den Fall einer Scheidung erklärter Verzicht eines Ehegatten auf Teile eines möglichen nachehelichen Unterhalts betrifft keinen in Geld bewertbaren Vermögenswert, sondern allenfalls eine bloße Erwerbschance und ist nicht geeignet, als Gegenleistung für eine Zahlung des anderen Ehegatten die Freigebigkeit der Zuwendung auszuschließen. Bei Abschluss des Ehevertrags und ebenso bei Zahlung der Abfindung nach der Eheschließung bestand nämlich kein Unterhaltsanspruch der Ehefrau auf nachehelichen Unterhalt, und zwar auch nicht in Form einer bedingten Forderung. Unbeschadet der Möglichkeit, die Unterhaltspflicht für die Zeit nach der Scheidung bereits durch Vereinbarung während oder vor der Ehe zu regeln (§ 1585c BGB), entsteht ein nachehelicher Unterhaltsanspruch erst mit der Scheidung (§§ 1569 ff. BGB). Zudem setzt der Anspruch zum einen voraus, dass die Ehefrau nach der Scheidung nicht selbst für ihren Unterhalt sorgen kann, und zum anderen muss eine entsprechende Leistungsfähigkeit ihres Ehemannes gegeben sein. 512

► **Fazit:**

Die Abfindungszahlung unterlag als freigebige Zuwendung der Schenkungsteuer.[1] Das Vermögen der Ehefrau wurde durch die Abfindungszahlung auf Kosten ihres Ehemannes bereichert. Die Abfindungszahlung erfolgte unentgeltlich.

1 FG Nürnberg, Urteil v. 28.5.2003 - IV 422/2001, SAAAB-11928.

3.5 Besonderheiten bei Leistungen von Gesellschaftern und Dritten an eine Kapitalgesellschaft (fiktive Schenkungen an (Mit-)Gesellschafter von Kapitalgesellschaften)

Übersicht

513 ABB. 10: Leistungen im Überblick

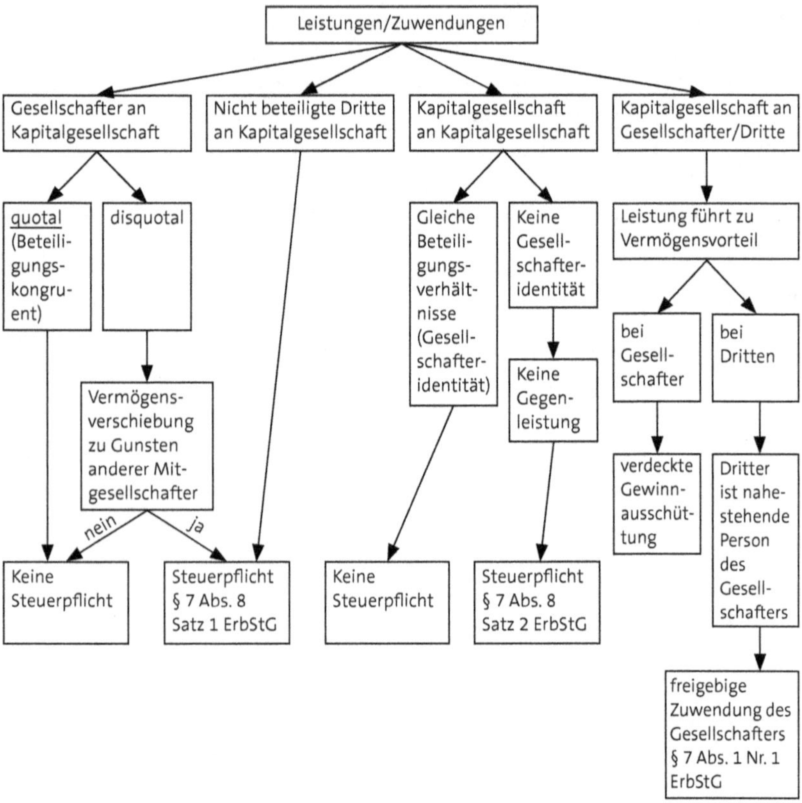

Vorbemerkung

Leistungen an eine Kapitalgesellschaft führen regelmäßig zu einer Mehrung des Vermögens bei den Mitgesellschaftern. Denn durch die Zuwendungen erhöht sich im Regelfall der Gesellschaftsanteil, wenn auch zivilrechtlich und nach wirtschaftlicher Betrachtungsweise Zuwendungen in das Gesellschaftsvermögen bzw. das Einkommen daraus der Kapitalgesellschaft selbst und nicht dem oder den anderen Gesellschaftern zuzurechnen sind. Aus diesem Grund verneinte der Bundesfinanzhof in ständiger Rechtsprechung bei Zuwendungen an Kapitalgesellschaften durch einen Gesellschafter ohne eine dessen Wert entsprechende Gegenleistung eine Bereicherung bzw. eine freigebige Zuwendung an die übrigen Gesellschafter.[1] Der BFH begründete dies u. a. mit der rechtlichen Eigenständigkeit des Gesellschaftsvermögens einer GmbH und wendete sich damit gegen die Verwaltungsauffassung.

Schenkt Vater V seinem Sohn 1 Mio. € in bar, löst diese Schenkung Schenkungsteuer nach § 7 Abs. 1 Nr. 1 ErbStG aus. Würde Vater V seinem Sohn 1 Mio. € in Form von GmbH Anteilen zuwenden, indem er mit ihm eine GmbH gründet, diesem eine 50 % Beteiligung einräumt und eine Einlage von 2 Mio. € leistet, wäre der Sohn ebenfalls um 1 Mio. € bereichert; dies aber in Anwendung der BFH-Rechtsprechung steuerfrei. Um diese Besteuerungslücke zu schließen, hat der Gesetzgeber im Beitreibungsrichtlinie-Umsetzungsgesetz vom 7.12.2019[2] den § 7 um einen Abs. 8 ergänzt. § 7 Abs. 8 ErbStG stellt ein klassisches Nichtanwendungsgesetz hinsichtlich der höchstrichterlichen Rechtsprechung dar – eine typische Fiktionsnorm, die sich über zivilrechtliche Grundsätze hinwegsetzt und z. B. im obigen Beispielfall eine steuerpflichtige Schenkung an den/die (Mit-)Gesellschafter fingiert.

HINWEIS:

Die Vorschrift ist gegenüber der allgemeinen Rechtsnorm der freigebigen Zuwendung nach § 7 Abs. 1 ErbStG (vgl. oben Rz. 438) vorrangig. Bei Vorliegen der Voraussetzungen für die Besteuerung eines fiktiven Anteilserwerbs durch Ausscheiden eines Gesellschafters (§ 7 Abs. 7 ErbStG, vgl. unten Rz. 972) geht diese Besteuerungsnorm der obigen Fiktionsnorm vor.

3.5.1 Leistungen eines Gesellschafters an die Kapitalgesellschaft

Beabsichtigt der Gesellschafter einer Kapitalgesellschaft, deren Vermögen 514
durch eine Zuwendung zu erhöhen, dient diese Leistung dem Gesellschaftszweck und hat ihren Rechtsgrund in der allgemeinen mitgliedschaftlichen Zweckförderungspflicht. So dienen Zuschüsse eines Gesellschafters an die Gesellschaft der Erreichung des Gesellschaftszwecks. Solche Zuschüsse stellen ebenso wie die Stammeinlage eine Vermögensumschichtung dar. Der Gesellschafter ersetzt mit einem Zuschuss wie bei einem Ersterwerb lediglich einen

1 BFH, Urteil v. 9.12.2009 - II R 28/08, BStBl 2010 II S. 566, v. 25.10.1995 - II R 67/93, BStBl 1996 II S. 160 und v. 20.1.2016 - II R 40/14, BStBl 2018 II S. 284.

2 BGBl 2011 I S. 2592.

Vermögensgegenstand durch einen anderen. Die Gesellschaft erhält etwas, ohne eine Gegenleistung dafür zu bieten. Ebenso können Gesellschafter verdeckte Einlagen leisten oder als Vermieter, Darlehensgeber, Verkäufer usw. Leistungen an die Kapitalgesellschaft erbringen.

515 Um solche Leistungen Gegenstand einer schenkungsteuerpflichtigen freigebigen Zuwendung werden zu lassen, bestimmt § 7 Abs. 8 Satz 1 ErbStG, dass als Schenkung gilt „die Werterhöhung von Anteilen an einer Kapitalgesellschaft, die eine an der Gesellschaft unmittelbar oder mittelbar beteiligte natürliche Person oder Stiftung (Bedachte) durch die Leistung einer anderen Person (Zuwendender) an die Gesellschaft erlangt". Für die Anwendung der Vorschrift und der Besteuerung der fiktiven Bereicherung bei den Mitgesellschaftern ist es unerheblich, ob der leistende Gesellschafter im Hinblick auf die übrigen Gesellschafter in einer Bereicherungsabsicht[1] gehandelt hat und/oder ob die übrigen Mitgesellschafter Kenntnis von der Leistung/Zuwendung an die Kapitalgesellschaft hatten. Damit knüpft die Fiktionsnorm allein an das objektive Tatbestandsmerkmal der Werterhöhung der Anteile an. Völlig außer Acht gelassen werden damit sämtliche für freigebige Zuwendungen geltenden Voraussetzungen, nämlich des Bewusstseins der Unentgeltlichkeit beim Zuwendenden.[2] Stattdessen fingiert § 7 Abs. 8 Satz 1 ErbStG i. H. des überproportionalen Teils der Leistung eine Bereicherungsabsicht. Erforderlich ist allerdings ein kausaler Zusammenhang (Beteiligungskongruenz) zwischen der Leistung des Gesellschafters und einer dadurch bewirkten Wertsteigerung der Anteile der übrigen Gesellschafter. Die Finanzverwaltung trägt hier die Feststellungslast, es handelt sich insoweit um ein tatbestandsbegründendes Merkmal.

516 Von der Fiktionsnorm des § 7 Abs. 8 Satz 1 ErbStG erfasst werden überproportionale (disquotale) offene oder verdeckte Einlagen (Verletzung der Beteiligungskongruenz). Wird z. B. eine Kapitalgesellschaft neu gegründet und erbringt ein Gesellschafter seine Stammeinlage, ohne dafür eine gleichwertige Kapitalbeteiligung zu erhalten, bilden die Vereinbarungen ein einheitliches Rechtsgeschäft mit der Folge, dass die Mitgesellschafter ihren Geschäftsanteil an der Kapitalgesellschaft mit dem gemeinen Wert nach der Einbringung des Unternehmens in die Kapitalgesellschaft vom einbringenden Gesellschafter geschenkt erhalten.[3] Voraussetzung ist, dass sie zu einer endgültigen Vermögensverschiebung zu Gunsten der Mitgesellschafter führen. Als steuerrele-

1 R E 7.5 Abs. 14 Satz 1 ErbStR 2019; § 7 Abs. 8 Satz 2 ErbStG stellt im Gegensatz zu Satz 1 der Vorschrift auf den Willen zur Unentgeltlichkeit ab.

2 Vgl. im Einzelnen oben Rz. 438.

3 R E 7.5 Abs. 2 Satz 4 ErbStR 2019.

vante Leistung i. S. des § 7 Abs. 8 Satz 1 ErbStG können daher nur solche rechtsgeschäftlichen oder tatsächlichen Handlungen gelten, die bei Leistenden zu einer Entreicherung führen, welche nicht durch eine Gegenleistung seitens der Kapitalgesellschaft oder der Mitgesellschafter usw. ausgeglichen wird.

Unter Vorgabe dieser beiden Voraussetzungen erfährt die Vorschrift eine maßgebliche teleologische Reduktion und dürfte das Anwendungsfeld entsprechend beschränken.[1] Hinsichtlich des Erfordernisses, dass Leistungen eines Gesellschafters nicht durch gleichwertige Gegenleistungen seitens der Kapitalgesellschaft oder der Mitgesellschafter usw. ausgeglichen werden, verlangt die Finanzverwaltung, im Rahmen einer Gesamtbetrachtung festzustellen, ob ggf. gegenseitige Leistungsbeziehungen vorliegen, die zu keiner steuerbaren Leistung i. S. des § 7 Abs. 8 Satz 1 ErbStG führen. In dieser Gesamtbetrachtung sind nicht nur Leistungen der anderen Gesellschafter an die Gesellschaft zu berücksichtigen, sondern auch Leistungen der Gesellschafter untereinander, durch die die Werterhöhung ausgeglichen wird. Die Finanzverwaltung bestätigt indes, dass, soweit man im Rahmen der Gesamtbetrachtung zu dem Ergebnis kommt, dass die „anderen Gesellschafter in einem zeitlichen und sachlichen Zusammenhang Leistungen an die Gesellschaft erbringen, die insgesamt zu einer den Beteiligungsverhältnissen entsprechenden Werterhöhung der Anteile aller Gesellschafter führen", eine steuerbare Leistung nicht gegeben ist.[2] Bezüglich der Gesamtbetrachtung empfiehlt sich stets eine aussagekräftige Dokumentation aller Leistungen und Gegenleistungen der Gesellschafter an die Kapitalgesellschaft.[3] 517

Beide Voraussetzungen würden indes z. B. im (tunlichst zu vermeidenden!) Fall einer Kapitalerhöhung (Ausstattung der Gesellschaft mit neuem Kapital) gegeben sein, wenn diese nicht durch alle Gesellschafter ihren Beteiligungsquoten entsprechend erfolgt ist. Hier wären disquotale Einlagen durch einzelne Gesellschafter getätigt worden, die zu einer endgültigen Vermögensverschiebung zu Gunsten der anderen Mitgesellschafter führen, die keine Einlagen bzw. keine entsprechenden Gegenleistungen getätigt haben. Eine steuerpflichtige freigebige Zuwendung des einbringenden Gesellschafters kann nicht dadurch ausgeschlossen werden, dass die Einlage im Verhältnis zur Gesellschaft den Gemeinschaftszweck fördert.[4]

1 Zur vollständigen Vermeidung vgl. Teil V Rz. 818.

2 R E 7.5 Abs. 11 Satz 4 ErbStR 2019.

3 Siehe hierzu auch Gestaltungshinweise in Teil V Rz. 822.

4 BFH, Urteil v. 5.2.2020 - II R 9/17.

518 Hinsichtlich einer generellen Anwendung der Besteuerungsvorschrift muss in jedem Fall im Rahmen einer Gesamtbetrachtung geprüft werden, ob die betreffende Gesellschafterzuwendung in einem rechtlichen, sachlichen oder wirtschaftlichen Zusammenhang mit den maßgeblichen Leistungen des Mitgesellschafters oder der Kapitalgesellschaft steht. Nur wenn man hier zu dem Ergebnis kommt, dass die Gesellschafterzuwendung ohne Gegenleistungen erfolgte, zu einer endgültigen Vermögensverschiebung zu Gunsten der anderen Mitgesellschafter führt und auch gegen die Beteiligungskongruenz verstößt (der Gesellschafter also über sein Beteiligungsverhältnis hinaus geleistet hat), wäre eine Schenkungsteuerpflicht begründet.

519 Während nach überwiegender Literaturauffassung Gebrauchs- und Nutzungsvorteile (wobei sich der Nachweis eines kausalen Zusammenhangs bei Nutzungsüberlassungen in der Praxis selten führen lassen dürfte), zinslose Darlehen oder diverse Arbeits- oder Dienstleistungen nur „eingeschränkt für steuerbare Leistungen an die Gesellschafter geeignet" sind,[1] zählt die Finanzverwaltung „Sacheinlagen" und „Nutzungseinlagen" zu den steuerpflichtigen Leistungen i. S. der Vorschrift.[2] Anwendungsfall für eine Sacheinlageschenkung ist z. B. der Eintritt in eine Kapitalgesellschaft gegen Zahlung eines zu hohen Aufgeldes (Bereicherung der anderen Mitgesellschafter) oder gegen Zahlung eines zu geringen Aufgeldes (Bereicherung des eintretenden Gesellschafters). Der Verzicht auf Anwartschaften oder diverse Erwerbsaussichten genügt allerdings nicht für eine steuerpflichtige „Leistung" i. S. des § 7 Abs. 8 Satz 1 ErbStG.

520 Weitere Ausnahmen gelten in Sanierungsfällen. Fordert ein Gesellschafter oder ein Dritter (zu den Leistungen Dritter siehe unten) angesichts einer abzuwendenden Insolvenz eine Forderung nicht mehr ein, würde zwar dem Gesetzeswortlaut entsprechend eine freigebige Zuwendung gegenüber den anderen Gesellschaftern gegeben sein. Denn das Motiv des Forderungsverzichts wäre unerheblich. Fälle der Sanierung finanziell angeschlagener Kapitalgesellschaften wurden allerdings im Gesetzgebungsverfahren von der Anwendung der Vorschrift ausgeschlossen.[3] Die Finanzverwaltung vertritt hingegen die Auffassung, dass, wenn Gesellschafter, z. B. zu Sanierungszwecken, auf Forderungen gegen die Gesellschaft verzichten wollen, das Verhältnis der Nennbeträge der

1 Gebel in Troll/Gebel/Jülicher/Gottschalk, ErbStG, § 7 Rz. 415.

2 R E 7.5 Abs. 11 Satz 1 ErbStR 2019.

3 Vgl. BT-Drucks. 17/7524 S. 6: „Die Koalitionsfraktionen betonten, werde einer Gesellschaft aus wirtschaftlichen Gründen – z. B. zur Abwendung einer Schieflage – von einem Gesellschafter eine Leistung gewährt, gelte dies nicht als eine Bereicherung eines Mitgesellschafters i. S. der Neuregelung. Ausgeschlossen werden sollten lediglich echte Missbrauchsfälle. Beobachtet werden müsse die Gefahr der Erfassung von Sanierungsfällen."

Forderungen aber von den Beteiligungsquoten abweicht, keine Bedenken bestehen gegen einen vorgeschalteten Forderungsverkauf, bei dem der verzichtende Gläubiger (Gesellschafter oder Dritter) in einem ersten Schritt einen Teil seiner Forderung zum Verkehrswert an die (Mit-)Gesellschafter verkauft und die Gesellschafter dann in einem zweiten Schritt beteiligungsproportional auf ihre Forderungen verzichten. Damit sieht die Finanzverwaltung in solchen Sanierungsfällen sehr wohl eine Besteuerung der Mitgesellschafter gegeben.[1] Dies führt in der Praxis zu erheblichen Schwierigkeiten dahingehend, dass der sanierende Gesellschafter nun auch als Schenker für die Schenkungsteuern seiner Mitgesellschafter (welche u. U. bereits zahlungsunfähig sind) haftet.

In Fällen eines Forderungsverzichts unter Besserungsvorbehalt sieht die Finanzverwaltung allerdings keinen steuerbaren Vorgang, „weil der Gläubiger einer wertlosen Forderung nichts aus seinem Vermögen hergibt, sondern lediglich uneinbringliche Werte gegen Erwerbsaussichten umschichtet". Es mangelt insoweit an einer Vermögensverschiebung von dem Verzichtenden an die Mitgesellschafter.[2]

Von der Fiktionsnorm betroffen sein können auch Steuerausländer, wenn der zuwendende Gesellschafter ein Steuerinländer ist oder eine Beteiligung an der Kapitalgesellschaft von mindestens 10 % gegeben ist (Inlandsvermögen i. S. des § 121 Nr. 4 BewG).[3]

HINWEISE:

Gesellschafter sollten die Problematik der Schenkungsteuerpflicht ihrer Leistungen nach § 7 Abs. 8 ErbStG insbesondere in folgenden Fällen in die Gestaltungsüberlegungen einbeziehen:

- bei allen Nutzungseinlagen und Arbeitsleistungen;
- offenen/verdeckten Einlagen;
- bei Einlagen zu Buchwerten oder Einbringung zu Buch- oder Zwischenwerten;
- bei disquotalen (überproportionalen) Kapitalerhöhungen gegen zu geringes oder zu hohes Aufgeld;
- bei Verzicht auf ein Bezugsrecht;
- bei Einziehung eines Anteils mit Zustimmung des Gesellschafters gegen eine den wirklichen Wert des Anteils nicht deckende Abfindung; oder
- bei Übergang des Anteils eines Gesellschafters auf die Gesellschaft beim Erwerb eigener Anteile, im Rahmen einer Kaduzierung oder eines Austritts bzw. einer Ausschließung des Gesellschafters.

1 R E 7.5 Abs. 11 Satz 9 ErbStR 2019.

2 R E 7.5 Abs. 11 Satz 11 ErbStR 2019.

3 Zum Inlandsvermögen vgl. Teil IX Rz. 1105.

3.5.2 Leistungen Dritter an die Kapitalgesellschaft

521 Erbringt ein nicht an der Gesellschaft beteiligter Dritter an die Gesellschaft eine unentgeltliche Leistung unterliegt diese Leistung nach § 7 Abs. 8 Satz 1 ErbStG grds. der Schenkungsteuer. Die Vorschrift fingiert eine Schenkung, und zwar von dem an die Gesellschaft Leistenden (Schenker) an die natürlichen Personen, die an der Gesellschaft beteiligt sind (Empfänger). Der Gesetzgeber begründet dies damit, dass durch die Zuwendung die Gesellschaftsanteile an Wert gewinnen.

Zielt die Leistung allerdings auf eine unmittelbare Bereicherung der Kapitalgesellschaft ab, liegt stattdessen eine steuerbare Zuwendung i. S. des § 7 Abs. 1 Nr. 1 ErbStG an die Kapitalgesellschaft selbst vor.[1]

HINWEIS:

Eine Begrenzung auf den Wert der Zuwendung (Höchstwert, vgl. unten Rz. 522) ist nicht vorgesehen. Denn im Anwendungsbereich des § 7 Abs. 8 Satz 1 ErbStG erfolgt keine betragsmäßige Begrenzung der Besteuerungsgrundlage hinsichtlich einer bestehenden Beteiligungsidentität.

3.5.3 Leistungen zwischen Kapitalgesellschaften

522 Die Vorschrift des § 7 Abs. 8 ErbStG erfasst in Satz 2 auch „Zuwendungen zwischen Kapitalgesellschaften, soweit sie in der Absicht getätigt werden, Gesellschafter zu bereichern, und soweit an diesen Gesellschaften nicht unmittelbar oder mittelbar dieselben Gesellschafter zu gleichen Anteilen beteiligt sind."

Sowohl vom Gesetzeswortlaut als auch auf Grundlage der Auslegung der Rechtsnorm durch die Finanzverwaltung sind an eine Steuerbarkeit von Leistungen zwischen Kapitalgesellschaftern höhere Anforderungen gesetzt als an die Steuerbarkeit von Leistungen der Gesellschafter an die Kapitalgesellschaft. Zur Verwirklichung des Steuertatbestandes des Satzes 2 kommt es im Wesentlichen auf drei Faktoren an:

- Es liegt keine Beteiligungsidentität unter den Gesellschaftern der leistenden und der empfangenden Kapitalgesellschaft vor (Gesellschafteridentität).
- Es fehlt an einer Gegenleistung der anderen Kapitalgesellschaft, die die Zuwendung erhalten hat (unterstellte Bereicherungsabsicht der leistenden Kapitalgesellschaft).

1 R E 7.5 Abs. 10 Satz 5 ErbStR 2019.

- Auf Seiten der leistenden Kapitalgesellschaft muss der Willen zur Unentgeltlichkeit gegeben sein.[1]

BEISPIEL 1:[2] ▸ A hält alle Teile der A-GmbH. Zusammen mit Sohn S ist A an der AS-GmbH zu 40 % beteiligt. Die restlichen 60 % hält S. A lässt die A-GmbH zum halben Marktpreis (Preisdifferenz des Kaufpreises zum Verkehrswert liegt bei über 25 %) ein Grundstück an die AS-GmbH veräußern. Eine Gegenleistung (Kompensation) der AS-GmbH für den günstigen Kaufpreis erfolgte nicht, ist auch nicht vereinbart bzw. dokumentiert.

Die Grundstücksveräußerung unterliegt der Schenkungsteuer, wenn die Grundstücksveräußerung von dem Willen des A veranlasst ist, den S zu bereichern. Bemessungsgrundlage für den steuerpflichtigen Erwerb ist die Höhe der Differenz zwischen Kaufpreis und Verkehrswert. Die Differenz ist entsprechend der Beteiligung des Sohnes S an der AS-GmbH zu 60 % schenkungsteuerpflichtig.

Entspricht die Werterhöhung des Gesellschaftsanteils wertmäßig nicht der Zuwendung, was in den meisten Fällen der Fall sein dürfte, werden hinsichtlich der wertmäßigen Erfassung der Zuwendung unter Berücksichtigung der Gesellschafteridentität in der Literatur die zwei folgenden Auslegungen vertreten:[3]

- Der Wert bestimmt sich nach der Quote, mit der die Schenkung besteuert werden kann. Bei einer Gesellschafteridentität von 40 % wären danach 60 % der Anteilswertsteigerung steuerpflichtig.
- Der Wert ist auf den der Zuwendung begrenzt (Höchstwert). Bei einer Gesellschafteridentität von 40 % wären danach 60 % des Wertes der Zuwendung steuerpflichtig. Für die Berechnung der Schenkungsteuer ist die Steuerklasse maßgeblich, die sich nach dem Verwandtschaftsverhältnis des V als Schenker gegenüber S ergibt (§ 15 Abs. 4 ErbStG).

BEISPIEL 2: ▸ Die A-GmbH (100 %-Anteil Schenker) wendet der B-GmbH (Anteil Schenker/Beschenkter je 50 %) unentgeltlich ein Grundstück zu. Schenker A teilt dem Beschenkten mit, er braucht sich an der Zuwendung des Grundstücks an die B -GmbH finanziell nicht zu beteiligen, bleibe aber weiterhin wie bisher zur Hälfte beteiligt. Dieser Vorgang ist schenkungsteuerbar im Verhältnis zwischen der A-GmbH und dem Beschenkten nach § 7 Abs. 8 Satz 1 ErbStG.

BEISPIEL 3:[4] ▸ Gesellschafter A und B halten über die ihnen jeweils vollumfänglich gehörende A- bzw. B-GmbH jeweils 60 %/40 % an der AB-GmbH. Letztere gewährt der A-GmbH eine verdeckte Gewinnausschüttung von 100, veranlasst durch den Gesellschafter B.

---

1 R E 7.5 Abs. 14 Satz 1 ErbStR 2019; § 7 Abs. 8 Satz 2 ErbStG stellt im Gegensatz zu Satz 1 der Vorschrift auf den Willen zur Unentgeltlichkeit ab.

2 Beispiel in Anlehnung an gleich lautende Erlasse der obersten Finanzbehörden der Länder v. 20.4.2018 - S 3806, BStBl 2018 I S. 632.

3 Vgl. Korezkij, Schenkungen unter Beteiligung von Kapitalgesellschaften, DStR 2012 S. 163 ff.

4 Beispiel in Anlehnung an Korezkij, a. a. O., Tz. 3.2.

Der Zuwendende ist die AB-GmbH, Bedachter ist die A-GmbH, indirekt aber A. Es liegt der klassische Fall des § 7 Abs. 8 Satz 2 ErbStG vor. Ohne A-GmbH liegt der Fall des § 7 Abs. 8 Satz 1 ErbStG vor. Vorteil der Zwischenschaltung der A-GmbH ist, dass eine Schenkung im Umfang der Gesellschafter- bzw. Beteiligungsidentität steuerneutral bleibt. Die Gesellschafter-/Beteiligungsidentität beträgt, was den Endbereicherten A anbelangt, 60 %, weil der Endbereicherte A über die A-GmbH 60 % an der AB-GmbH -der zuwendenden Gesellschaft - hält.

Der Wert des Anteils an der A-GmbH steigt dabei um:

a) 50 %

b) 40 %

c) 30 %

d) 0 %

In Anlehnung an Korezkij sowie die o. g. beiden möglichen Auslegungen (siehe oben 1. und 2.) ergibt sich folgende Lösung:

Auslegung 1 (Quote): Schenkungsteuerpflichtig wären 40 % der Wertsteigerung von 50/40/30 oder 0, also 20/16/12 und 0.

Auslegung 2 (Höchstwert): Schenkungsteuerpflichtig wären 100 % der Anteilswertsteigerung, also maximal 40 (auch im Fall a und Fall b und 30 bei Fall c, 0 bei Fall d).

Wegen des zwischengeschalteten Beteiligungsverhältnisses der A-GmbH an der AB-GmbH, welches bereits in einer geminderten Wertsteigerung bei der A-GmbH ihren Niederschlag findet, ist im Beispielfall allerdings nur Auslegung 2 denkbar. Der Steuertarif bemisst sich analog § 15 Abs. 4 Satz 1 ErbStG nach dem Verwandtschaftsverhältnis zwischen B (Zuwendender) und A (Bereicherter).

HINWEIS:

Die Finanzverwaltung nimmt bei disquotalen Leistungen im Regelfall eine steuerpflichtige Schenkung an, wenn der veranlassende und der begünstigte Gesellschafter Angehörige i. S. des § 15 AO sind.

Nicht gesetzlich definiert ist außerdem, wer innerhalb der leistenden Kapitalgesellschaft eine Bereicherungsabsicht haben muss und zu wessen Gunsten. Es kann der Geschäftsführer, der Gesellschafter, der Buchhalter eine Bereicherungsabsicht haben zu Gunsten der an der bereicherten Kapitalgesellschaft unmittelbar beteiligten Gesellschafter oder ggf. zu Gunsten der hinter einer beteiligten Kapitalgesellschaft stehenden natürlichen Personen (mittelbare Beteiligte). In allen Fällen aber obliegt die Feststellung der Bereicherungsabsicht eines Steuerpflichtigen gegenüber anderen Beteiligten der Finanzverwaltung. Die Feststellungen der Finanzverwaltung zu widerlegen, dürfte in vielen Fällen gelingen, z. B. durch eine aussagekräftige Dokumentation der Gründe für die Leistungen der Kapitalgesellschaft an eine andere.[1]

1 Zu den Vermeidungsstrategien vgl. Teil V Abschnitt 8, Rz. 818 ff.

HINWEISE:

Erfolgt zur Abwendung einer Insolvenz ein Darlehensverzicht durch eine Kapitalgesellschaft zu Gunsten einer Kapitalgesellschaft der Beteiligungsquote entsprechend (beteiligungskongruent), fehlt es regelmäßig an der Absicht, die anderen Gesellschafter zu bereichern. Es ist aber in jedem Fall auf die Gesellschafteridentität (Beteiligungsidentität) bei den beiden Kapitalgesellschaften (der gebenden und der nehmenden) zu achten. Sofern möglich, sollte hier außerdem besser nur auf die Darlehensverzinsung verzichtet werden statt auf das Darlehen (vgl. Gestaltungshinweise in Teil V Rz. 820).

Forderungsverzichte einer nicht beteiligungsidentischen Kapitalgesellschaft können jeweils die Steuerpflicht auslösen.

3.5.4 Bemessungsgrundlage für die steuerbaren Werterhöhungen, Steuertarif und Steuerentstehung (maßgeblicher Stichtag)

Bemessungsgrundlage für disquotale (überproportionale) Zuwendungen i. S. 523
des § 7 Abs. 8 ErbStG, welche zu einer endgültigen Vermögensverschiebung zu Gunsten der übrigen Gesellschafter führen, ist die Werterhöhung der Anteile der übrigen Mitgesellschafter. Die Werterhöhung drückt sich regelmäßig in einer Wertdifferenz aus. Diese ist dadurch zu ermitteln, dass der Wert des Geschäftsanteils nach bewertungsrechtlichen Vorschriften vor und nach der Zuwendung ermittelt und die Differenz aus den beiden Werten herausgerechnet wird.[1] Die Werterhöhung kann sich auch durch eine Verbesserung der Ertragsaussichten manifestieren. In den wenigsten Fällen wird die Wertdifferenz dabei genau der Leistung des Gesellschafters entsprechen; dieser Ausnahmefall stellt vielmehr den „Höchstbesteuerungsfall" dar. Da die Werterhöhung der Anteile durch die Leistung kausal veranlasst sein muss, kann sie nicht höher sein als der gemeine Wert der bewirkten Leistung des Zuwendenden.[2] Maßgeblich sind die Erkenntnismöglichkeiten und Wertvorstellungen der Gesellschafter in dem Zeitpunkt, in dem die Leistung bewirkt wird. Bei Zuwendungen eines Gesellschafters an seine Kapitalgesellschaft, an der mehrere Mitgesellschafter beteiligt sind, ist die Zuwendung entsprechend auf mehrere Gesellschafter aufzuteilen.

Kommt es zu einer Einlage von Wirtschaftsgütern (bilanzierungsfähige!) durch 524
einen Gesellschafter in die Gesellschaft, wird die Werterhöhung insgesamt im Regelfall identisch sein mit dem Verkehrswert (gemeinen Wert) des eingeleg-

1 Ähnlich wie bei Personengesellschaften BFH, Urteil v. 6.3.2002 - II R 85/99, DAAAA-68209; vgl. hierzu auch Korezkij, DStR 2012 S. 163 ff.

2 R E 7.5 Abs. 12 Sätze 6 und 7 ErbStR 2019.

ten Wirtschaftsgutes. Dies insbesondere, wenn zur Unternehmensbewertung das vereinfachte Ertragswertverfahren zur Anwendung kommt, da in diesem Fall innerhalb von zwei Jahren eingelegte Wirtschaftsgüter (dürfte hierbei regelmäßig der Fall sein) mit ihrem eigenständigen, zu ermittelnden gemeinen Wert anzusetzen sind (§ 200 Abs. 4 BewG).

525 Der Steuertarif bestimmt sich bei Zuwendungen der Kapitalgesellschaft an die Gesellschafter nach den verwandtschaftlichen Beziehungen zwischen dem Gesellschafter bzw. dem leistenden Dritten und den übrigen Mitgesellschaftern (§ 15 Abs. 4 ErbStG). Unter Familiengesellschaften kommt daher regelmäßig die günstige Steuerklasse I zur Anwendung. § 15 Abs. 4 ErbStG gilt allerdings nicht in Fällen, in denen die Kapitalgesellschaft Beschenkte ist.

526 Die Schenkungsteuer entsteht jeweils mit der Leistung des Gesellschafters, welche die wertsteigernde Wirkung gegenüber den Miteigentümeranteilen auslöst (§ 9 Abs. 1 Nr. 2 ErbStG). Maßgeblich ist daher im Rahmen der Gesamtbetrachtung derjenige Lebenssachverhalt bzw. derjenige Vorgang, der am maßgeblichen Stichtag vorgelegen hat oder in Aussicht ist. Insbesondere kommt es auf diverse Absprachen zwischen den Gesellschaftern sowie die stetige Praxis der Gesellschafter untereinander an.

HINWEISE:

- Die Finanzverwaltung sieht auch eine steuerbare Bereicherung bei bloßer Verbesserung der Ertragsaussichten als gegeben.[1]
- Bei mehrstufigen Beteiligungsketten oberhalb der begünstigten Kapitalgesellschaft kommt es auf die Werterhöhung der vom betreffenden Gesellschafter unmittelbar gehaltenen Beteiligung an. In vielen Fällen kann die Wertsteigerung an der untersten Stufe im Zuge der Beteiligungskette bis zur obersten letzten Stufe (der unmittelbaren Beteiligung) verpuffen. Eine Steuerpflicht kann dann nicht mehr begründet werden.
- Begünstigungen für Betriebsvermögen nach §§ 13a, 13b ErbStG dürfen bei der Berechnung der maßgeblichen Bemessungsgrundlage nicht berücksichtigt werden[2] (zu den Begünstigungen für Betriebsvermögen vgl. unten Rz. 581).
- Um die Schenkungsteuer auf solche Zuwendungen gar nicht erst entstehen zu lassen, werden in Teil V Rz. 820 ff. diverse Gestaltungstipps aufgezeigt.

1 R E 7.5 Abs. 12 Satz 3 ErbStR 2019: „Die Werterhöhung kann damit auch durch eine Verbesserung der Ertragsaussichten bewirkt werden, die durch die Leistung des Zuwendenden verursacht ist."

2 R E 7.5 Abs. 13 ErbStR 2019.

3.5.5 Leistungen der Kapitalgesellschaft an Gesellschafter und/oder Dritte

3.5.5.1 Leistungen an Gesellschafter

Zuwendungen der Kapitalgesellschaft an Gesellschafter erfolgen im Regelfall 527
mittels überhöhter Vergütungen in Form

- überhöhter Gewinnzuweisungen,
- der Erbringung von direkten Zuwendungen bzw. unentgeltlicher oder verbilligter Leistungen an den Gesellschafter.

Solche Zuwendungen der Kapitalgesellschaft an einen oder mehrere Gesellschafter sind stets als verdeckte Gewinnausschüttung der Gesellschaft an den/die begünstigten Gesellschafter zu qualifizieren.[1] Eine Schenkung scheidet hier regelmäßig aus. Nach der BFH-Rechtsprechung[2] kann es im Verhältnis zwischen einer Kapitalgesellschaft und den Gesellschaftern oder den Gesellschaftern einer an ihr beteiligten Kapitalgesellschaft keine freigebigen Zuwendungen geben. Gemäß BFH gibt es neben betrieblich veranlassten Rechtsbeziehungen lediglich offene und verdeckte Gewinnausschüttungen sowie Kapitalrückzahlungen, aber keine freigebigen Zuwendungen.[3] Verdeckte Gewinnausschüttungen an Gesellschafter werden auf Ebene des Einkommensteuer-/Körperschaftsteuerrechts besteuert.

3.5.5.3 Leistungen an Dritte

Kommt es zu Zuwendungen an nicht an der Gesellschaft beteiligte und gegen- 528
über allen Gesellschaftern nicht nahestehende Dritte, sieht die Finanzverwaltung regelmäßig keine steuerpflichtige freigebige Zuwendung der/des Gesellschafter(s) an den begünstigten Dritten.

Tätigt hingegen eine Kapitalgesellschaft auf Veranlassung eines Gesellschaf- 529
ters Vermögenszuwendungen an eine nahestehende Person, die nicht Gesellschafter ist, sieht die Finanzverwaltung ebenfalls keine freigebige Zuwendung der Gesellschaft an die nahestehende Person.[4] Solche Zuwendungen sind jedoch als freigebige Zuwendungen des betreffenden Gesellschafters an die begünstigte nahestehende Person zu qualifizieren.[5]

1 R E 7.5. Abs. 7 ErbStR 2019 stellt klar, dass bei einer verdeckten Gewinnausschüttung keine Schenkung vorliegt.

2 BFH, Urteil v. 30.1.2013 - II R 6/12, BStBl 2013 II S. 930.

3 BFH, Beschluss v. 2.9.2015 - II B 146/14, WAAAF-04535.

4 R E 7.5 Abs. 7 Sätze 1 und 4 ErbStR 2019.

5 R E 7.5 Abs. 7 Satz 6 ErbStR 2019.

HINWEIS:

Hinsichtlich des subjektiven Tatbestands der freigebigen Zuwendung reicht bei Unausgewogenheit gegenseitiger Verträge regelmäßig das Bewusstsein des einseitig benachteiligten Vertragspartners über den Mehrwert seiner Leistung aus; auf die Kenntnis des genauen Ausmaßes des Wertunterschieds kommt es nach Auffassung der Finanzverwaltung nicht an.

4 Der steuerpflichtige Erwerb als Bemessungsgrundlage für die Erbschaft- und Schenkungsteuer

4.1 Begriff

530 Der steuerpflichtige Erwerb stellt neben der subjektiven Steuerpflicht und dem steuerpflichtigen Vorgang das dritte der vier Kriterien dar, an die das Erbschaft-/Schenkungsteuerrecht die Steuerbelastung knüpft. Auf die vierte und letzte Komponente – den Steuersatz – wird im Rahmen der Steuerberechnung näher eingegangen.

Als steuerpflichtiger Erwerb gilt nicht etwa der Tod des Erblassers als solcher oder die schenkweise Übertragung von Vermögen selbst, sondern die aus diesen Vorgängen resultierende Bereicherung. Dies kann natürlich – wie es § 10 Abs. 1 Satz 1 ErbStG richtig ausdrückt – nur insoweit gelten, als die Bereicherung nicht steuerfrei ist.

531 Eine Bereicherung kann steuerfrei sein, weil sie ausschließlich aus steuerfreien Gegenständen besteht. Hier sieht das Gesetz für solche Sachen zwar an sich eine Besteuerung vor, wendet diese aber durch Ausnahmevorschriften ab (vgl. § 13 ErbStG). Man spricht hier von einer Steuerbefreiung im engeren Sinn. Den Steuerbefreiungen für Aktivposten stehen dabei immer Abzugsverbote für Passivposten gegenüber, so dass Aktiv- oder Passivposten der steuerfreien Gegenstände in die Berechnung des steuerpflichtigen Erwerbs gar nicht erst einfließen.[1]

532 Werden mehrere Vermögensgegenstände im Wege einer Schenkung übertragen, sind unabhängig davon, ob die Gegenstände zu einer oder zu mehreren Vermögensarten[2] gehören, die steuerlichen Einzelwerte zu einem einheitlichen Steuerwert der Gesamtschenkung zusammenzufassen, soweit die einzel-

1 Vgl. Rz. 552.

2 Zu Vermögensarten vgl. oben Teil II Abschnitt 1.2, Rz. 60.

nen Zuwendungen nicht zu unterschiedlichen Zeitpunkten ausgeführt wurden.[1] Sofern Steuerbefreiungen gegeben sind, sind diese direkt bei dem einzelnen begünstigten Vermögen vorzunehmen. Abzugsfähige Gegenleistungen müssen entsprechend der für den Vermögensgegenstand, dem sie zuzuordnen sind, geltenden Steuerbefreiung gekürzt werden.[2] Die Bereicherung entspricht dem Betrag, der sich ergibt, wenn von dem Steuerwert des Gesamterwerbs, soweit er positiv ist und der Besteuerung unterliegt, die abzugsfähigen und mit ihrem Steuerwert ermittelten Nachlassverbindlichkeiten abgezogen werden (§ 10 Abs. 1 Satz 2 ErbStG), wobei die Steuerwerte des Aktivvermögens sowie der Verbindlichkeiten sich stets nach den Vorschriften des Bewertungsgesetzes errechnen (§ 12 Abs. 1 ErbStG).[3] Der Differenzbetrag stellt – soweit keine Freibeträge zum Abzug gebracht werden – den steuerpflichtigen Erwerb dar.

Freibeträge sollen Steuerbefreiungen in bestimmten Grenzen erwirken. Freibeträge[4] sind Instrumente zur Milderung von Erbschaft- und Schenkungsteuer. Eine Milderung, ggf. sogar eine Neutralisierung wird dadurch erreicht, dass bei Ermittlung des steuerpflichtigen Erwerbs ein das Brutto-Aktivvermögen vermindernder Abzugsposten i. H. des Freibetrags gebildet werden darf. 533

Obige Bereicherungsdefinition und Rechtsgrundlage des § 10 Abs. 1 Satz 2 ErbStG gilt nur für Erwerbe von Todes wegen. Für Schenkungen unter Lebenden fehlt eine entsprechende Bestimmung. Ob und in welchem Umfang bei Schenkungen eine steuerpflichtige Bereicherung vorliegt, ist zunächst anhand der Verkehrswerte der Zuwendungsgegenstände und der ggf. vom Bedachten zu erfüllenden Zahlungen, Gegenleistung und Auflagen zu beurteilen.

Auch Aufwendungsersparnisse können zu einer steuerpflichtigen Bereicherung führen, so etwa, wenn jemand ein zinsloses oder unter Kapitalmarktniveau zu verzinsendes Darlehen in Anspruch nimmt. Eine Bereicherung liegt in aller Regel auch bei solchen gegenseitigen Leistungsverpflichtungen vor, die nicht auf den ersten Blick als Schenkung zu erkennen sind, weil sie etwa in einen lästigen Vertrag gekleidet sind oder der Beschenkte dem Schenker eine Gegenleistung zu erbringen hat. Steht der Leistung des Schenkers eine gleichwertige Gegenleistung des Empfängers gegenüber, liegt kein schenkungsteuerpflichtiger Vorgang vor. In allen anderen Fällen handelt es sich um eine verdeckte oder um eine gemischte Schenkung. 534

1 R E 7.4 Abs. 3 Satz 1 ErbStR 2019.

2 Hinsichtlich der wirtschaftlichen Zuordnung vgl. H E 7.4 Abs. 3 ErbStH 2019 sowie Ausführungen unter Rz. 452.

3 Grundzüge des BewG vgl. Teil II Rz. 54 ff.

4 Vgl. Rz. 661.

Schließlich ist der sich aus der nicht steuerfreien Bereicherung ergebende steuerpflichtige Erwerb auf volle 100 € abzurunden (§ 10 Abs. 1 Satz 4 ErbStG). Nachfolgende Übersicht stellt in Anlehnung an die Erbschaftsteuer-Richtlinien 2019[1] die Berechnung des steuerpflichtigen Erwerbs tabellarisch dar:

TAB. 16:		Rechnungsschema zur Ermittlung des steuerpflichtigen Erwerbs
1.		Steuerwert des Wirtschaftsteils des land- und forstwirtschaftlichen Vermögens
	+	Steuerwert des Betriebsvermögens
	+	Steuerwert der Anteile an Kapitalgesellschaften
	Zwischensumme	
	–	Befreiung nach § 13a, 13c ErbStG
	–	Befreiungen nach § 13 Abs. 1 Nr. 2 und 3 ErbStG
	–	Befreiung nach § 13d ErbStG
	+	Steuerwert des Wohnteils und der Betriebswohnungen des land- und forstwirtschaftlichen Vermögens
	–	Befreiungen nach § 13 Abs. 1 Nr. 2, 3, 4b und 4c ErbStG
	–	Befreiung nach § 13d ErbStG
	+	Steuerwert des Grundvermögens
	–	Befreiungen nach § 13 Abs. 1 Nr. 2, 3, 4a bis 4c ErbStG
	–	Befreiung nach § 13d ErbStG
	+	Steuerwert des übrigen Vermögens
	–	Befreiungen nach § 13 Abs. 1 Nr. 1 und 2 ErbStG
	=	Vermögensanfall nach Steuerwerten
2.		Steuerwert der Nachlassverbindlichkeiten, soweit nicht vom Abzug ausgeschlossen, mindestens Pauschbetrag für Erbfallkosten (einmal je Erbfall)
	=	abzugsfähige Nachlassverbindlichkeiten
3.		Vermögensanfall nach Steuerwerten (1.)
	–	abzugsfähige Nachlassverbindlichkeiten (2.)
	–	weitere Befreiungen nach § 13 ErbStG
	=	Bereicherung des Erwerbers
4.		Bereicherung des Erwerbers (3.)
	–	ggf. steuerfreier Zugewinnausgleich, § 5 Abs. 1 ErbStG
	+	ggf. hinzuzurechnende Vorerwerbe, § 14 ErbStG
	–	persönlicher Freibetrag, § 16 ErbStG
	–	besonderer Versorgungsfreibetrag, § 17 ErbStG
	=	steuerpflichtiger Erwerb (abzurunden auf volle hundert Euro)

1 R E 10.1 ErbStR 2019.

HINWEISE:

- Auch Wertsteigerungen an einem übertragenen Vermögen, welche auf die Mitwirkung des Erwerbers zurückzuführen sind, unterliegen nach ständiger höchstrichterlicher Rechtsprechung der Schenkungsteuer. Es ist daher zu vermeiden, etwas zur Wertsteigerung eines Vermögensgegenstandes beizutragen, den der Leistende in absehbarer Zeit geschenkt bzw. vererbt bekommt.
- Dem steuerpflichtigen Erwerb sind auch Einkommensteuererstattungsansprüche des Erblassers im Todesjahr hinzuzurechnen. Dies gilt auch dann, wenn die Erstattungsansprüche rechtlich erst nach dem Tod des Erblassers entstanden sind (§ 10 Abs. 1 Satz 3 ErbStG).[1]
- Erstattungszinsen zählen nur insoweit zum steuerpflichtigen Erwerb, als der Bescheid über den zu verzinsenden Steueranspruch vor dem Todestag des Erblassers ergangen ist.[2] Erlässt die Steuerbehörde den Bescheid erst nach dem Todestag des Erblassers, gehören die Zinsen zwar nicht zum steuerpflichtigen Erwerb des Erben.[3] Der Erbe hat diese jedoch als Kapitaleinkünfte der Einkommensteuer zu unterwerfen.[4]

4.2 Abziehbare Erwerbsnebenkosten und Nachlassverbindlichkeiten

4.2.1 Allgemeines

Erwerbsnebenkosten sind alle Kosten, die im Zusammenhang mit der Ausführung der Zuwendung zwangsläufig entstehen. Die Finanzverwaltung führt hier als Beispiel auf:[5] 535

- allgemeine Erwerbsnebenkosten (Kosten der Rechtsänderung, z. B. Kosten für Notar- oder Handelsregister),
- Steuer- und Rechtsberatung im Vorfeld der Schenkung,
- Kosten zur Erstellung der Steuer- bzw. Feststellungserklärung,
- Kosten für Rechtsbehelfsverfahren oder Finanzgerichtsverfahren im Steuerfestsetzungs- bzw. Feststellungsverfahren,
- Kosten eines Gutachters für die Ermittlung des gemeinen Werts von Grundbesitz,

1 I. d. F. JStG 2020 BGBl 2020 I S. 3096.
2 R E 10.3 Abs. 4 ErbStR 2019.
3 R E 10.3 Abs. 4 Satz 2 ErbStR 2019.
4 § 20 Abs. 1 Nr. 7 Satz 3 EStG.
5 HE 10.7 ErbStH 2019.

- Betriebsvermögen oder nicht notierten Anteilen an Kapitalgesellschaften,
- Grunderwerbsteuer.[1]

Nachlassverbindlichkeit ist jede rechtliche Verpflichtung zur Leistung aus dem Nachlass. Kommen auf den Erben solche rechtlichen Verpflichtungen zu, kann er nicht i. H. des Vermögensübergangs als bereichert gelten. Der Steuerwert des Vermögensübergangs ist so um die Nachlassverbindlichkeiten zu kürzen (zu saldieren). Besteuert wird letztlich nur der netto eingetretene Vermögenszufluss.

Nachlassverbindlichkeiten sind zu unterscheiden in: Erblasserschulden und Erbfallschulden. Erblasserschulden sind alle zu Lebzeiten des Erblassers entstandenen vertraglichen, außervertraglichen oder gesetzlichen Verpflichtungen, die

- im Zeitpunkt seines Todes noch nicht erloschen sind
- oder kraft § 10 Abs. 3 ErbStG als nicht erloschen gelten,
- nicht bereits bei der Berechnung des Steuerwerts des Aktivvermögens berücksichtigt wurden, wie dies etwa beim Betriebsvermögen regelmäßig der Fall ist (betriebliche Schulden, § 10 Abs. 5 Nr. 1 ErbStG),
- und die für den Erben eine tatsächliche wirtschaftliche Belastung darstellen, weil die vom Erblasser herrührende Schuld rechtlich besteht und er sie tatsächlich trägt.

Die Leistung des Erben aus dem Nachlass darf nicht auf bloßes Dulden ausgerichtet sein. So müssen die Erben z. B. von den Gläubigern eines Hypothekendarlehens tatsächlich in Anspruch genommen werden, um einen Steuerabzug zu bewirken. Keine wirtschaftliche Belastung – und damit auch keine Abzugsfähigkeit – ist beispielsweise bei Steuerschulden des Erblassers gegeben, welche das Finanzamt nicht einfordern kann, z. B. weil der Erblasser überwiegend Auslandsvermögen hatte und im Inland steuerlich nicht geführt war.

HINWEISE:

- Leistet ein Beschenkter z. B. Zahlungen auf Pflichtteilsergänzungsansprüche zur Abwendung der Herausgabe des geschenkten Gegenstandes (§ 2329 Abs. 2 BGB), kann der Beschenkte diese Zahlungen wie „Nachlassverbindlichkeiten" gem. § 10 Abs. 5 Nr. 2 und 3 ErbStG vom Wert der schenkweisen Zuwendung in vollem Umfang abziehen (Saldierung). Somit fließt die Geldzahlung noch nachträglich als Abzugsposten in die Bemessungsgrundlage für die Berechnung der – bereits gezahlten – Schenkungsteuer ein. Voraussetzung ist jedoch, dass der Beschenkte in seiner Eigenschaft als Beschenkter zahlt! Zahlt der Beschenkte als Erbe (weil er zugleich auch

1 Zur steuerlichen Behandlung der Grunderwerbsteuer vgl. oben Hinweis Rz. 457.

Erbe ist!), kann er Zahlungen zur Abwendung einer Geltendmachung von Pflichtteilsergänzungsansprüchen nur vom Aktivnachlass als Nachlassverbindlichkeit abziehen.

- Ist der Bruttonachlass überschuldet oder fällt nach Abzug der persönlichen Freibeträge keine Steuer mehr an, läuft die Pflichtteilszahlung steuerlich ins Leere, obwohl der Erbe und Beschenkte auf den dem Erbfall vorgehenden Schenkungsvorgang unter Umständen Schenkungsteuer zahlen musste. In solchen Fällen sollte der Erbe gegenüber den Finanzbehörden deutlich machen, dass er als Beschenkter die Zahlungen zur Abwendung des Herausgabeanspruches geleistet hat. Diesen Nachweis kann er führen, wenn er als Erbe zur Zahlung des Pflichtteils nicht verpflichtet ist, etwa weil kein Nachlass vorhanden oder überschuldet war, er die Dürftigkeitseinrede erhoben hat (§ 1990 BGB) bzw. dem Erben nicht einmal sein eigener Pflichtteil und Pflichtteilsergänzungsanspruch verblieben ist.
- Pflichtteilsansprüche und andere allgemeine Nachlassverbindlichkeiten stehen in keinem wirtschaftlichen Zusammenhang mit den einzelnen erworbenen Vermögensgegenständen.[1]

4.2.2 Abzugsfähige Erwerbsnebenkosten im Zusammenhang mit Schenkungen

4.2.2.1 Erwerbsnebenkosten

Während die steuerliche Behandlung von Nachlassverbindlichkeiten gesetzlich 536
geregelt ist (§ 10 Abs. 5 ErbStG, vgl. anschließend Rz. 540 ff.), fehlt für die Abzugsfähigkeit von Erwerbsnebenkosten im Zusammenhang mit Schenkungen eine entsprechende gesetzliche Regelung. Die Finanzverwaltung gibt in H E 10.7 ErbStH 2019 entsprechende Hinweise.

Unter die abzugsfähigen allgemeinen Erwerbsnebenkosten fallen alle Kosten der Rechtsänderung, die erst durch die Schenkung entstehen (z. B. Aufwendungen für Notar, Grundbuch oder Handelsregister). Trägt der Beschenkte die Erwerbsnebenkosten, können diese bei einer Vollschenkung (ohne Gegenleistungen des Beschenkten) in vollem Umfang vom Steuerwert der Zuwendung abgezogen werden. Gleiches gilt im Prinzip für mittelbare Schenkungen, gemischte Schenkungen sowie für Schenkungen unter Leistungs-, Nutzungs- oder Duldungsauflagen: Hier dürfen die Kosten zwar lediglich vom Steuerwert der tatsächlichen Zuwendung (bei mittelbaren Schenkungen) bzw. von der Nettobereicherung (bei den gemischten Schenkungen und den Schenkungen unter Leistungs-, Nutzungs- oder Duldungsauflage) abgezogen werden, sind aber dennoch in vollem Umfang abzugsfähig.

1 R E 10.10 Abs. 3 ErbStR 2019.

BEISPIEL 1: H E 10.7 ErbStH 2019:

Der Schenker übereignet dem Beschenkten ein zu gewerblichen Zwecken vermietetes Grundstück mit einem Grundbesitzwert von 500.000 €. Die Nebenkosten betragen 8.000 €. Der Beschenkte zahlt eine Gegenleistung von 100.000 €. Der Beschenkte hat (500.000 € – 100.000 € =) 400.000 € zu versteuern und kann die Nebenkosten in voller Höhe abziehen. Die Bereicherung des Beschenkten beträgt (400.000 € – 8.000 € =) 392.000 €.

Trägt hingegen der Schenker die Erwerbsnebenkosten, sieht die Finanzverwaltung darin eine zusätzliche Schenkung, die die Bereicherung des Beschenkten entsprechend erhöht. Eine zusätzliche (schenkungsteuerpflichtige) Bereicherung tritt allerdings nicht ein, da der zusätzlichen Bereicherung eine Entreicherung durch die Folgekosten der Schenkung gegenübersteht. Das gilt nicht nur, wenn der Schenker dem Beschenkten einen Geldbetrag in Höhe der Erwerbsnebenkosten zuwendet, damit dieser sie zahlen kann, sondern auch dann, wenn der Schenker selbst (in Abkürzung des Zahlungswegs) die Erwerbsnebenkosten begleicht.

BEISPIEL 2: Vollschenkung H E 10.7 ErbStH 2019:

Der Schenker übereignet dem Beschenkten ein unbebautes Grundstück mit einem Grundbesitzwert von 300.000 €. Die allgemeinen Erwerbsnebenkosten betragen 8.000 €. Trägt der Schenker – durch Geldzuwendung oder durch eigene Zahlung – die Erwerbsnebenkosten, beträgt der Gesamtwert der Zuwendungen (300.000 € + 8.000 € =) 308.000 €. Die Bereicherung des Beschenkten beträgt (308.000 € – 8.000 € =) 300.000 €.

HINWEISE:

Aus obigem Beispiel wird deutlich, dass der Erwerber offiziell stets die Erwerbsnebenkosten tragen sollte. Denn nur dann wirken sich die Erwerbsnebenkosten bereicherungsmindernd und damit auch steuermindernd aus.

Die Erwerbsnebenkosten können bei Vollschenkungen stets voll abgezogen werden und unterliegen keiner Kürzung nach § 10 Abs. 6 ErbStG, auch nicht, wenn sie im Zusammenhang mit Vermögensgegenständen entstehen, für die eine Steuerbefreiung nach §§ 13, 13a oder 13c ErbStG zur Anwendung kommt. Dies gilt auch für gemischte Schenkungen und Schenkungen unter einer Leistungs-, Nutzungs- oder Duldungsauflage und unabhängig davon, ob der Schenker oder der Erwerber die Nebenkosten trägt.

4.2.2.2 Steuer- und Rechtsberatungskosten in Angelegenheiten des Erblassers

537 Vom Erben getragene Steuer- oder Rechtsberatungskosten zählen grds. zu den abzugsfähigen Nachlassverbindlichkeiten i. S. des § 10 Abs. 5 Nr. 1 ErbStG, soweit sie vom Erblasser herrühren. Das heißt, die Geltendmachung der Kosten bei der Erbschaftsteuererklärung setzt voraus, dass der Erblasser noch zu seinen Lebzeiten den Steuerberater beauftragt hat (Verursacherprinzip). Die Fi-

nanzverwaltung zählt hierzu auch eine vom Erblasser über seinen Tod hinausgehende Beauftragung dazu, solange diese nicht durch eine Kündigung seitens des Erben beendet wird.

Beauftragt hingegen erst der Erbe nach dem Tod des Erblassers den Steuer- oder Rechtsberater, erkennt die Finanzverwaltung die Kosten nicht als Erblasserschulden an. Beauftragt der Erbe z. B. einen Steuerberater für die Nacherklärung hinterzogener steuerpflichtiger Einkünfte – den Erben trifft nämlich als Gesamtrechtsnachfolger gem. § 153 Abs. 1 AO eine Berichtigungspflicht hinsichtlich der noch vom Erblasser abgegebenen Steuererklärungen, soweit er deren Unrichtigkeit erkennt – rührt die Beauftragung nicht vom Erblasser her. Ein Steuerabzug als Erblasserschulden scheidet damit aus.

4.2.2.3 Steuer- und Rechtsberatungskosten im Zusammenhang mit Schenkungen

Im Vorfeld der Schenkung angefallene Honoraraufwendungen stehen nach Auffassung der Finanzverwaltung nicht im unmittelbaren Zusammenhang mit dem schenkweise zugewendeten Vermögen und sind deshalb nicht abziehbar[1]). Steuerlich abziehbar sind hingegen die Kosten für die Erstellung von Schenkungsteuererklärungen sowie von Feststellungserklärungen nach § 157 i.V. mit § 151 BewG. Die Kosten unterliegen keiner Kürzung. 538

BEISPIEL:[2] A überträgt im Jahr 01 dem Neffen B ein Mietwohngrundstück mit einem Grundbesitzwert von 750.000 €. Aus der Anschaffung resultiert noch eine Verbindlichkeit i. H. von 150.000 €, die B übernimmt. A behält sich den Nießbrauch an den Erträgen vor. Der Kapitalwert des Nießbrauchs unter Berücksichtigung der Begrenzung nach § 16 BewG beträgt 100.000 €. Die Erwerbsnebenkosten (für Notar, Grundbuch) belaufen sich auf 5.500 €, die Grunderwerbsteuer auf 8.750 €. An Steuerberatungskosten für die Schenkungsteuererklärung sind 2.000 € angefallen.

Grundbesitzwert	750.000 €
Befreiung § 13d ErbStG 10 % von 750.000 €	·/. 75.000 €
Verbleiben	675.000 €
Gegenleistung in wirtschaftlichem Zusammenhang	
mit dem Grundstück	150.000 €
Nießbrauch	+ 100.000 €
Summe	250.000 €

1 R E 7.4 Abs. 4 Satz 2 ErbStR 2019.

2 Vgl. H E 7.4 Abs. 4 ErbStH 2019.

Nicht abzugsfähig 10 % von 250.000 € =	·/. 25.000 €	
Abzugsfähig	225.000 €	·/. 225.000 €
Verbleiben		450.000 €
Abzugsfähige Erwerbsnebenkosten (ohne Grunderwerbsteuer)	5.500 €	
Steuerberatungskosten	+ 2.000 €	
Summe (keine Kürzung)	7.500 €	·/. 7.500 €
Bereicherung		442.500 €

HINWEISE:

Von einer Übernahme der im Vorfeld der Schenkung angefallenen Steuer- und Rechtsberatungskosten durch den Schenker ist abzuraten. Die Finanzverwaltung sieht in der Übernahme der Kosten durch den Schenker eine zusätzliche (schenkungsteuerpflichtige) Zuwendung, wenn der Beschenkte diese zu tragen hätte. Übernimmt der Schenker die Steuer- und Rechtsberatungskosten für die Steuer- und Feststellungserklärungen, handelt es sich um eine zusätzliche Schenkung, die die Bereicherung des Beschenkten entsprechend erhöht. Da die Kosten aber in vollem Umfang abzugsfähig sind, wirken sich diese „bereicherungsneutral" aus, jedoch nicht „steuermindernd". Daher sollten auch Steuer- und Rechtsberatungskosten für die Steuer- und Feststellungserklärungen vom Beschenkten getragen werden.

Kosten für das Rechtsbehelfsverfahren oder finanzgerichtliche Verfahren bzw. Verfahren zur Änderung der Steuerfestsetzung oder Wertfeststellung sind nicht abziehbar, da es sich hierbei um Rechtsverfolgungskosten zur Abwehr der Entrichtung der eigenen Schenkungsteuer handelt, die unter das Abzugsverbot des § 10 Abs. 8 ErbStG fallen.

4.2.3 Abzugsfähige Erblasserschulden beim Erwerb von Todes wegen

4.2.3.1 Steuerschulden

539 Einkommensteuerschulden, die in der Person des Erblassers entstanden sind und nach § 45 AO auf die Erben übergehen, können als Erblasserschulden vom Nachlass abgezogen werden, sofern nach Anrechnung von Steuerabzugsbeträgen und Vorauszahlungen des Erblassers noch eine Steuerschuld besteht. Als Nachlassverbindlichkeit abziehbar sind Steuerschulden aus Veranlagungszeiträumen, die vor dem Todeszeitpunkt des Erblassers endeten. Diese gelten als mit Ablauf des jeweiligen Kalenderjahres entstanden und können unabhängig davon, ob sie am Todeszeitpunkt des Erblassers bereits festgesetzt waren oder nicht, mit dem materiell-rechtlich zutreffenden Wert als Nachlassverbindlichkeiten nach § 10 Abs. 5 Nr. 1 ErbStG abzugsfähig sein.[1]

1 R E 10.8 Abs. 2 ErbStR 2019.

Steuerschulden, die erst im Zeitpunkt des Todesfalls (für den Veranlagungszeitraum, in dem der Erblasser verstorben ist) entstanden sind, sind nach ständiger Rechtsprechung des Bundesfinanzhofs (BFH)[1] ebenso als Nachlassverbindlichkeit abzugsfähig. Abzugsfähig sind jeweils die auf den Erben entsprechend seiner Erbquote entfallenden Zahlungen für die vom Erblasser herrührende Einkommensteuer, einschließlich Kirchensteuer und Solidaritätszuschlag. Vom Erblasser bereits geleistete Einkommensteuer-Vorauszahlungen, die jeweils mit Beginn des Kalendervierteljahres, in dem der Erblasser verstorben ist, zu entrichten waren können als Nachlassverbindlichkeiten abgezogen werden.[2] Abzugsfähig sind auch darauf zu zahlende Zinsen sowie Hinterziehungszinsen wegen Steuerhinterziehung des Erblassers, soweit diese auf den Zeitraum vom Beginn des Zinslaufs bis zum Todestag des Erblassers entfallen.[3] Anteilige Zinsen nach dem Todestag bis zur tatsächlichen Zahlung durch den Erben sind nicht als Nachlassverbindlichkeit abziehbar. Insoweit handelt es sich um eine Eigenschuld des/der Gesamtrechtsnachfolger(s).

Hat der Erblasser zu Lebzeiten eine Steuerhinterziehung begangen, stellen die von den Erben im Rahmen einer Berichtigungsanzeige nach § 153 AO nachzuzahlenden Steuern abziehbare Erblasserverbindlichkeiten dar, soweit die hinterzogenen Steuern nach dem Erbfall tatsächlich festgesetzt worden sind. Das gilt auch dann, wenn die Steuerhinterziehung erst nach dem Tod des Erblassers, z. B. durch den Erben, aufgedeckt wird. Auf die Frage einer wirtschaftlichen Belastung[4] ist nicht abzustellen. Steuern, die nach dem Eintritt des Erbfalls nicht festgesetzt wurden, stellen keine Nachlassverbindlichkeit dar. Dies gilt selbst dann, wenn der Erbe die zuständigen Finanzbehörden „zeitnah über die Steuerangelegenheit unterrichtet hat".[5] Im Streitfall hatte eine Erblasserin Einkünfte aus Kapitalvermögen aus Luxemburg nicht versteuert. Der BFH hat entschieden, dass der Abzug von Steuerschulden des Erblassers vom steuerpflichtigen Erwerb des Erben nach dem Bereicherungsprinzip nur dann berücksichtigt werden können, wenn eine wirtschaftliche Belastung des Erben eintritt. Keine Erblasserschuld ist hingegen die Einkommensteuerschuld, die nach dem Erbfall in der Person des Erben entsteht. Dies gilt insbesondere für solche Steuern, die auf Sachverhalte zurückzuführen sind, die der Erblasser bereits

1 BFH, Urteil v. 4.7.2012 - II R 15/11, BStBl 2012 II S. 790.

2 R E 10.8 Abs. 4 ErbStR 2019.

3 R E 10.8 Abs. 5 ErbStR 2019, FG München, Urteil v. 21.6.2006 - 4 K 3051/04, EAAAB-92173.

4 BFH, Urteil v. 24.3.1999 - II R 34/97, YAAAA-63105.

5 BFH, Urteil v. 28.10.2015 - II R 46/13, BStBl 2016 II S. 477.

verwirklicht hat, welche aber noch nicht zur Realisierung der Einkünfte geführt haben und dadurch den Erblasser nicht mehr mit Steuern belastet haben.

Nach § 24 Nr. 2 EStG gehören zu den steuerbaren Einkünften auch Einkünfte aus einer ehemaligen einkommensteuerpflichtigen Tätigkeit, und zwar auch dann, wenn sie dem Steuerpflichtigen als Rechtsnachfolger zufließen. Hinterlässt ein Erblasser, der seinen Gewinn durch sogenannte „Einnahmen-Überschussrechnung" ermittelt hat, Forderungen, die im Zeitpunkt des Todes noch nicht beglichen und versteuert waren, zahlt der Erbe hierauf Einkommensteuer und – mangels Abzugsfähigkeit als Nachlassverbindlichkeit – auch Erbschaftsteuer. Dem Erben steht gem. § 35b EStG die Möglichkeit offen, auf Antrag die tarifliche Einkommensteuer, die auf mit Erbschaftsteuer belastete Einkünfte entfällt, um einen bestimmten Prozentsatz ermäßigen zu lassen. Näheres dazu in Teil IV Rz. 731 ff.

HINWEISE:

Die vom überlebenden Ehegatten bei Zusammenveranlagung für den verstorbenen Ehegatten regelmäßig mitbezahlten Steuern können von dem überlebenden Ehegatten nicht als Nachlassverbindlichkeit abgezogen werden. Der BFH begründet dies aus dem beiderseitigen Willen (konkludentes Verhalten) der Eheleute, wonach die von beiden geschuldeten Einkommensteuern stets allein von demselben Ehegatten zu zahlen sind. Durch die jahrelange Übung ist davon auszugehen, dass die Ehegatten von einem Ausgleich nach § 426 Abs. 1 BGB absehen wollten. Im Fall versuchte ein Rechtsanwalt, für seine Ehefrau im Rahmen der Zusammenveranlagung gezahlte Einkommensteuern als Nachlassverbindlichkeit abzusetzen.[1]

Ein rechtliches Bestehen kann im Einzelfall nachgewiesen werden, wenn der überlebende Ehegatte (Lebenspartner) dem konkludenten Verhalten entgegen eine anderslautende Vereinbarung mit dem verstorbenen Ehegatten vorlegen kann, wonach bezüglich der gemeinsam geschuldeten, aber von ihm gezahlten Steuern ein interner Ausgleich habe erfolgen sollen. Eine solche schriftliche Vereinbarung kann im Einzelfall Erbschaftsteuern sparen!

4.2.3.2 Steuerfreibetrag für Pflegeleistungen

540 Für gegenüber dem Erblasser erbrachte Pflegeleistungen wird nach § 13 Abs. 1 Nr. 9 ErbStG ein steuerpflichtiges Vermögen bis zu 20.000 € nicht der Erbschaftsteuer unterworfen. Der Steuerfreibetrag wird auch Erwerbern gewährt, die gesetzlich zur Pflege oder zum Unterhalt verpflichtet sind.[2] Sofern dem steuerpflichtigen Erwerb höhere Pflegekosten gegengerechnet werden sollen, ist es in jedem Fall notwendig zu prüfen, ob sich der Erbe gegenüber dem Erb-

1 BFH, Urteil v. 15.1.2003 - II R 23/01, BStBl 2003 II S. 267.

2 R E 13.5 Abs. 1 Satz 2 ErbStR 2019.

lasser in Form eines Vertrages verpflichtet hat, Dienste zu leisten oder sonst für ihn tätig zu werden. Macht der Erbe – wie in einem vom BFH entschiedenen Fall – Fahrtkosten als Nachlassverbindlichkeiten nach § 10 Abs. 5 Nr. 1 ErbStG zum Abzug geltend, die im Zusammenhang mit der Pflege und Versorgung des Erblassers entstanden sind, so ist für deren Abzug Voraussetzung, „dass ein Dienst- bzw. Geschäftsbesorgungsverhältnis bestanden hatte, das nach den Umständen nicht unentgeltlich sein sollte“.[1]

Voraussetzung für den Abzug von unvergüteten Pflegeleistungen als Erblasserschulden ist also, dass der Erwerb bürgerlich-rechtlich als Dienstleistungsvergütung zu beurteilen ist.[2] Es müssen zwischen dem Erben und dem Erblasser dienstvertragliche Beziehungen bestanden haben, die über bloße Gefälligkeitsverhältnisse hinausgehen. Solche dienstvertraglichen Beziehungen kommen aber allein durch das Versprechen einer Erbeinsetzung nicht in Betracht.[3] Verspricht der Erblasser, jemanden als Entgelt für Dienstleistungen durch eine letztwillige Verfügung zu bedenken, kann dies aber einen Vergütungsanspruch des Dienstverpflichteten (Erben) gem. § 612 Abs. 1 und 2 BGB hervorrufen.[4] Ein solcher Anspruch ist den Umständen zu entnehmen, dass die Dienstleistung nicht unentgeltlich erfolgen sollte, weil ein bloßes derartiges Versprechen nach § 2302 BGB ungültig wäre.[5]

Ist eine Pflege gegen Erbeinsetzung vereinbart und besteht ein Anspruch auf angemessene Vergütung, kommt ein Freibetrag nach § 13 Abs. 1 Nr. 9 ErbStG nicht in Betracht.[6] Insoweit geht der Abzug von Erblasserschulden in Form von Aufwendungen der Erben für Unterhalt oder Pflege der Freibetragsregelung nach § 13 Abs. 1 Nr. 9 ErbStG vor.[7]

Dienstleistungen der Ehefrau des Erben bleiben stets unberücksichtigt, weil es in aller Regel nur um den steuerpflichtigen Erwerb des Erben selbst geht und es an der rechtlichen Anspruchserlangung der Schwiegertochter als „Dritte“ fehlt. Wollte die Ehefrau des Erben Pflegeleistungen geltend machen, müsste

---

1 BFH, Urteil v. 28.6.1995 - II R 80/94, BStBl 1995 II S. 784.

2 BFH, Urteil v. 9.11.1994 - II R 110/91, BStBl 1995 II S. 62.

3 Ebendort.

4 Gemäß § 612 BGB gilt eine Vergütung als stillschweigend vereinbart, wenn die Dienstleistung den Umständen nach nur gegen eine Vergütung zu erwarten ist. Ist die Höhe der Vergütung nicht bestimmt, ist die übliche Vergütung als vereinbart anzusehen.

5 Nach § 2302 BGB ist ein Vertrag, durch den sich jemand verpflichtet, eine Verfügung von Todes wegen zu errichten oder nicht zu errichten, aufzuheben oder nicht aufzuheben, nichtig.

6 BFH, Urteil v. 28.6.1995 - II R 80/94, BStBl 1995 II S. 784.

7 BFH, Urteil v. 28.6.1995 - II R 80/94, BStBl 1995 II S. 784; Urteil v. 9.11.1994 - II R 110/91, BStBl 1995 II S. 62.

sie gegen den Erben, also ihren Ehemann, nicht nur eine Anspruchsgrundlage haben – denkbar wäre ein unentgeltliches Auftragsverhältnis (§§ 662, 670 BGB), ein Geschäftsbesorgungsvertrag nach § 675 BGB oder Ansprüche aus ungerechtfertigter Bereicherung nach §§ 812 ff. BGB –, sondern solche Forderungen gegen den Erben auch geltend machen.[1] Es ist also eher steuerschädlich, wenn sich der Erbe auf Pflegeleistungen stützt, die seine Ehefrau erbracht hat. Denn um diese ist sein Abzugsvolumen vermindert.

HINWEIS:

Interessanterweise stellte der BFH in dem vorgenannten Urteil vom 10.5.2017 fest, dass ein Erblasser für die Gewährung des Pflegefreibetrags i. H. von 20.000 € weder pflegebedürftig nach dem Sozialgesetzbuch noch einer Pflegestufe zugeordnet sein musste.

4.2.3.3 Rückzahlungsansprüche aus an den Erblasser gewährten Darlehen

541 Bei der Frage, ob Rückzahlungsansprüche aus zwischen dem Erblasser und seinen Kindern vereinbarten Darlehen als Nachlassverbindlichkeiten geltend gemacht werden können, sind die einkommensteuerrechtlichen Grundsätze des Fremdvergleichs bei Darlehensverträgen zwischen nahen Angehörigen nicht anwendbar, da der Fremdvergleich auf die für die Einkünfteermittlung im Einkommensteuerrecht erforderliche Abgrenzung zwischen Aufwendungen für den privaten Lebensbereich und Aufwendungen für den beruflich-betrieblichen Bereich abzielt und folglich für die Ermittlung der durch einen erbschaftsteuerpflichtigen Erwerb eingetretenen Bereicherung nicht geeignet ist. Es sind daher Nachlassverbindlichkeiten, welche als Darlehen einem Erblasser gewährt wurden, ungeachtet dessen abzugsfähig, dass die Geldmittel ursprünglich vom Erblasser selbst herstammten. Es kommt allein darauf an, ob die als Nachlassverbindlichkeiten geltend gemachten Darlehensschulden im Zeitpunkt des Erbfalls nach bürgerlich-rechtlichen Grundsätzen bestanden haben und mit welchem Wert sie zum Bewertungsstichtag anzusetzen sind.

4.2.3.4 Schwebende Geschäfte

542 Hatte ein bilanzierender Gewerbetreibender oder Freiberufler zu Lebzeiten noch einen Vertrag abgeschlossen, mit deren Erfüllung im Zeitpunkt des Todes weder von ihm noch von der Gegenpartei begonnen wurde, liegt ein schwebendes Geschäft vor. Schwebende Geschäfte sind gegenseitige Verträge, die noch nicht erfüllt sind. Der Schwebezustand wird erst beendet, wenn die Sach-

1 BFH, Urteil v. 9.11.1994 - II R 110/91, BStBl 1995 II S. 62.

oder Dienstleistungsverpflichtung erbracht ist. Obwohl schwebende Geschäfte Forderungen und Schulden begründen, werden sie in der Steuerbilanz nicht erfasst, weil einerseits davon ausgegangen wird, dass sie sich gleichwertig gegenüberstehen und andererseits die Bewertungsvorschriften für die Handelsbilanz, die bis auf wenige Ausnahmen maßgebend für die Steuerbilanz ist, eine Einzelbewertung der Vermögensgegenstände und Schulden zum Abschlussstichtag zwingend vorschreiben (§ 252 HGB). Schwebende Geschäfte werden also bei der Ermittlung des steuerpflichtigen Erwerbs nicht berücksichtigt. Das Ergebnis eines schwebenden Geschäfts ist also erst zu erfassen, wenn das Geschäft abgewickelt ist.

4.2.3.5 Aufschiebend bedingte Ansprüche oder Verbindlichkeiten des Erblassers

Aufschiebend bedingte Ansprüche oder Verbindlichkeiten des Erblassers gehö- 543
ren zum Nachlass bzw. zu den Nachlassverbindlichkeiten. Dass die Ansprüche (Verbindlichkeiten) im Todeszeitpunkt gar nicht bekannt waren, ändert an dieser Tatsache nichts. Aufschiebend bedingte Ansprüche oder Verbindlichkeiten bleiben zunächst außer Ansatz. Tritt die Bedingung ein, so dass die Erben die Forderung realisieren können bzw. leisten müssen, führt dies zu einem eigenen Steuerfall.

4.2.4 Abzugsfähige Erbfallschulden im Einzelnen

Erbfallschulden entstehen im Unterschied zu den Erblasserschulden nicht 544
schon zu Lebzeiten des Erblassers, sondern anlässlich des Erbfalls. Von den Erbfallschulden zu unterscheiden sind die Nachlasserbenschulden, die zu den Eigenverbindlichkeiten des Erben gehören. Nachlasserbenschulden können vom Erwerb nicht abgezogen werden; sie sind Aufwendungen im Zusammenhang mit der Verwaltung und/oder Verwertung des Nachlasses. Abziehbar ist hingegen alles, was die Bereicherung des Erben mindert. § 10 Abs. 5 Nr. 2 ErbStG nennt als Beispiel Verbindlichkeiten aus Vermächtnissen, aus Auflagen und geltend gemachten Pflichtteilen. Nicht abzugsfähig sind Zahlungen des Vorerben zur Ablösung des Nacherbenrechts.

Voraussetzung für den Abzug der Erbfallschulden ist die Inanspruchnahme des oder der Erben und eine mit dieser im Zusammenhang stehende wirtschaftliche Belastung. So können z. B. Verbindlichkeiten aus Vermächtnissen oder Pflichtteilslasten nur abgezogen werden, wenn der Vermächtnisnehmer seine Forderungen geltend macht. Die Verbindlichkeit ist dann sofort vom Gesamterwerb abzugsfähig, auch wenn der Zeitpunkt der Fälligkeit oder Erfüllung weit hinter dem Erbfall liegt. Analog entsteht auch beim Vermächtnisnehmer die Steuerschuld schon mit dem Erbfall (§ 9 Abs. 1 Nr. 1 ErbStG). Zu den einzelnen abziehbaren Vermächtnislasten vgl. nachfolgende Übersichtstabelle:

TAB. 17: Vermächtnislast als Nachlassverbindlichkeit

Vermächtnisart	als Nachlassverbindlichkeit abzugsfähig ist
Sachvermächtnis	Steuerwert des nachlasszugehörigen Vermächtnisgegenstands
Verschaffungsvermächtnis, Gattungsvermächtnis	Leistungsanspruch (gemeiner Wert)
Geldsummenvermächtnis	Geldbetrag (Nennwert)
Geldwertvermächtnis mit Verkaufsauflage	Wert des zu veräußernden Gegenstands zum Todestag
Renten-/Nießbrauchsvermächtnisse	Kapitalwert der Leistung/Nutzungsrecht
Kaufrechtsvermächtnis	Erwerbsrecht des Vermächtnisnehmers
Aufschiebend bedingte Vermächtnisse	Vermächtnislast bleibt zunächst außer Ansatz

Verbindlichkeiten für Auflagen sind wie Vermächtnisse sofort abziehbar. Im Unterschied zum Vermächtnis entsteht die Steuerschuld bei einer Auflage nicht schon im Erbfall, sondern erst mit dem Zeitpunkt der Vollziehung der Auflage (§ 9 Abs. 1 Nr. 1 Buchst. d ErbStG). Es kann daher zwischen dem Steuerabzug und der Veranlagung des Auflagebegünstigten bei Vollziehung der Auflage ein längerer Zeitraum liegen; dem abzugsberechtigten Erben entsteht die wirtschaftliche Belastung u. U. erst später. In solchen Fällen ist der Steuerabzugsbetrag entsprechend abzuzinsen. Aufschiebend bedingte Auflagen bleiben wiederum zunächst außer Betracht.

4.2.5 Erwerbsaufwendungen und Kosten für die Abwicklung und Verteilung des Nachlasses

545 Neben den Erblasser- und Erbfallschulden sind Erwerbsaufwendungen und Kosten für die Abwicklung und Verteilung des Nachlasses abziehbar (§ 10 Abs. 5 Nr. 3 ErbStG). Erwerbsaufwendungen sind u. a. die Bestattungskosten,[1] die Kosten für ein angemessenes Grabdenkmal, die Kosten für die übliche Grabpflege sowie die sonstigen Kosten, die dem Erwerber unmittelbar im Zu-

1 Auch Leistungen aus einer Kapitallebensversicherung, die dem Steuerpflichtigen anlässlich des Todes eines nahen Angehörigen außerhalb des Nachlasses zufließen, sind auf die als außergewöhnliche Belastung anzuerkennenden Beerdigungskosten anzurechnen (BFH, Urteil v. 22.2.1996 - III R 7/94, BStBl 1996 II S. 413).

sammenhang mit der Abwicklung, Regelung und Verteilung des Nachlasses oder mit der Erlangung des Erwerbs entstehen. Als Nachlassverbindlichkeit abziehbar sind auch Grabpflegekosten für die Grabstätte Dritter, wenn sich bereits der Erblasser für die Dauer des Nutzungsrechts zur Pflege verpflichtet hatte und diese Pflicht auf den Erben übergegangen ist. Abzugsfähig sind die am Bestattungsort üblichen Grabpflegekosten für die Laufzeit des Grabnutzungsrechts.[1]

Zu den abziehbaren in unmittelbarem Zusammenhang mit der Abwicklung und Verteilung des Nachlasses stehenden sonstigen Kosten gehören alle Aufwendungen, die einem Erben im Zuge des Erwerbs entstehen. Hierzu gehören die Gebühren für die Testamentseröffnung, die Kosten für die Erteilung des Erbscheins, Kosten der Erbauseinandersetzung, Kosten für eine etwaige Testamentsvollstreckung,[2] Kosten für die Führung eines mit dem Nachlass zusammenhängenden Rechtsstreits, Kosten für die Veräußerung von ererbtem Wertpapiervermögen, sofern die Veräußerung notwendig ist, um die vom Erblasser angeordneten Geldvermächtnisse zu erfüllen. Kosten für die Inbesitznahme des Erwerbs können anfallen im Zusammenhang mit einem Rechtsstreit, den ein Erbe gegen einen Dritten wegen der Herausgabe von Nachlassgegenständen führen muss, oder im Zusammenhang mit einem Rechtsstreit, den der Vermächtnisnehmer gegen den Erben anstrebt, um an die Vermächtnisgegenstände zu gelangen.

Zu den abziehbaren Nachlassabwicklungskosten (Nachlassregelungskosten) zählen auch die Kosten eines Zivilprozesses, in dem ein Erbe vermeintliche zum Nachlass gehörende Ansprüche des Erblassers geltend gemacht hat. Die faktische „Steuerfreiheit", die sich dadurch begründet, dass der Rückforderungsprozess gescheitert ist und der Erbe diesbezüglich „nichts" zu versteuern hat, steht dem Abzug nicht entgegen.[3] Zu den abziehbaren Nachlassregelungskosten zählen auch die Steuerberatungskosten für die Erstellung der Erbschaftsteuererklärung. Auch von einem Erben für die Erstellung berichtigter Einkommensteuererklärungen gezahlte Steuerberatungskosten mindern den steuerpflichtigen Erwerb.[4] Die Verpflichtung, unvollständige Steuererklärun-

1 BFH, Urteil v. 22.1.2020 - II R 41/17, MAAAH-48554.

2 Dazu gehören nur die Konstitutionsgebühr für die Inbesitznahme des Nachlasses, die Abwicklungsgebühr als Regelvergütung sowie die Auseinandersetzungsgebühr für die Durchführung der Erbauseinandersetzung (Gebel in Troll/Gebel/Jülicher/Gottschalk, ErbStG, § 10 Rz. 225).

3 BFH, Urteile v. 6.11.2019 - II R 29/16, GAAAH-49084; v. 6.11.2019 - II R 6/17, AAAAH-49086.

4 FG Baden-Württemberg, Urteil v. 15.5.2019 - 7 K 2712/18, NAAAH-23697; Revision anhängig, BFH-Az. II R 30/19. Im Streitfall ging es um eine Berichtigungserklärung nach § 152 AO von in der Schweiz erzielten Kapitalerträgen.

gen zu berichtigen, geht regelmäßig auf die Erben über. Kommt der Erbe seiner Nacherklärungspflicht nach, erfüllt er „eine bereits bestehende Verpflichtung des Erblassers.“[1]

546 Von den Erwerbs- und Abwicklungskosten streng zu unterscheiden sind die Kosten für die Nachlassverwaltung und Nachlassverwertung. Solche Kosten sind nicht vom steuerpflichtigen Erwerb abzugsfähig, es sei denn, der Nachlass muss zum Zweck der Erbauseinandersetzung veräußert werden. Die Kosten der Nachlassverwaltung sind in § 10 Abs. 5 Nr. 3 Satz 3 ErbStG ausdrücklich von einer Abzugsfähigkeit ausgenommen. Kosten für die Räumung einer Eigentumswohnung des Verstorbenen sind ebenso nicht abzugsfähig. Räumungskosten sind im Regelfall nicht durch den Erbfall veranlasst, sondern dienen der besseren Verwertung der Wohnung.

Voraussetzung für die Abzugsfähigkeit von Erwerbsaufwendungen und Erbabwicklungskosten ist, dass diese erst nach dem Erbfall bzw. nach Inempfangnahme des Erbteils entstehen. Sofern die Voraussetzungen gegeben sind, sind auch solche Aufwendungen abziehbar, die dem Erben bereits vor dem Erbfall entstanden sind wie z. B. Zahlungen, die der Erbe an den Erblasser geleistet hat, um von diesem als Erbe eingesetzt zu werden. Die Kosten müssen nicht notwendigerweise vom Erben geltend gemacht werden. Sie können unter Nachweis von jedem abgezogen werden, der einen steuerpflichtigen Erwerb i. S. des § 3 ErbStG gemacht hat.

547 Liegen keine Einzelnachweise vor, kann ein Pauschalbetrag i. H. von 10.300 € geltend gemacht werden (Erbfallkostenpauschale § 10 Abs. 5 Nr. 3 Satz 2 ErbStG). Von der Erbfallkostenpauschale sind neben den Beerdigungskosten auch alle unmittelbar im Zusammenhang mit der Abwicklung und Regelung des Erwerbs entstandenen Kosten umfasst. Voraussetzung für die Inanspruchnahme der Erbfallkostenpausschale ist lediglich, dass dem Erwerber derartige Kosten entstanden sind und er lediglich die Höhe nicht nachgewiesen hat. Die Erbfallkostenpauschale ist auch dann zu gewähren, wenn die tatsächliche Höhe der Aufwendungen sehr gering ist.

Diese Erbfallkostenpauschale steht auch einem Nacherben zu, der zwar nicht die Kosten der Beerdigung des Erblassers, aber andere (geringfügige) mit der Abwicklung des Erbfalls entstandene Aufwendungen getragen hat.[2] Im Streitfall entstanden der Nacherbin zu ihrer Tante Kosten für die Erteilung eines Erb-

1 FG Baden-Württemberg, Urteil v. 15.5.2019 - 7 K 2712/18, NAAAH-23697; Revision anhängig, BFH-Az. II R 30/19.

2 FG Münster, Urteil v. 24.10.2019 - 3 K 3549/17 Erb, TAAAH-40786.

scheins i. H. von 40 €. Das Finanzgericht sprach der Nacherbin dennoch die volle Pauschale zu.

HINWEISE:

- Kosten, die erst dann entstehen, wenn der Erwerb bezogen auf den Einzelerwerber feststeht und vollzogen ist, fallen nicht unter die abziehbaren Erwerbsaufwendungen des § 10 Abs. 5 Nr. 3 ErbStG.
- Die bei einer gemischten Schenkung oder Schenkung unter Auflage anfallende Grunderwerbsteuer ist vom Abzug ausgeschlossen (H E 7.4 Abs. 4 ErbStH 2019).

4.2.6 Nicht abzugsfähige Schulden und Lasten

4.2.6.1 Allgemeines

Nicht alle Schulden und Lasten, die zu einer Erlösschmälerung führen, können vom Nachlass in Abzug gebracht werden. So verlangt es das sogenannte Verbundprinzip, dass Schulden und Lasten nur unter der Voraussetzung abgezogen werden können, wenn sie in wirtschaftlichem Zusammenhang mit Vermögensgegenständen stehen, die der Besteuerung unterliegen. „Verbundprinzip" beinhaltet, dass Steuerbefreiungen für Aktivposten mit Abzugsverboten für Passivposten korrespondieren müssen. 548

Folgerichtig bestimmt § 10 Abs. 6 Satz 3 ErbStG, dass Schulden und Lasten nicht abzugsfähig sind, soweit die Vermögensgegenstände, mit denen diese in wirtschaftlichem Zusammenhang stehen, steuerbefreit sind.[1] Die Vorschrift teilt das Abzugsverbot dabei in vier Gruppen ein. Es ist danach zu unterscheiden zwischen Schulden und Lasten, die im Zusammenhang stehen mit:

- steuerbefreitem Vermögen,
- mit teilweise steuerbefreitem Vermögen,
- mit Wirtschaftsgütern, die bei der deutschen Erbschaftsteuer aufgrund eines DBAs nicht zum Ansatz kommen,
- steuerpflichtigem Inlandsvermögen i. S. des § 121 BewG.

Schulden und Lasten können in vollem Umfang nicht nicht abgezogen werden, wenn sie in wirtschaftlichem Zusammenhang mit steuerbefreiten Vermögensgegenständen stehen. So können Aufwendungen, die in Zusammenhang mit Gegenständen entstanden sind, die nach § 13 ErbStG steuerfrei sind,[2] z. B. für Kulturgüter usw., nicht berücksichtigt werden. Dasselbe gilt auch für Kosten,

1 § 10 Abs. 6 Satz 3 ErbStG i. d. F. JStG 2020 BGBL 2020 I S. 3096.

2 Vgl. Rz. 559 ff.

die einem Erben für die Erlangung von nicht steuerbaren Anwartschaften oder bloßen Erwerbsaussichten entstanden sind.

Aufwendungen, die dem Vorerben zur Ablösung des Nacherbenrechts[1] entstehen, zählen ebenfalls zu den nicht abziehbaren Schulden und Lasten. Denn Zahlungen für die Übertragung von Nacherbenrechten betreffen nicht den Erwerb des Vorerben durch Erbanfall. Solche Zahlungen sind durch einen Vermögensübergang ausgelöst, der sich aber nicht zwischen dem Erblasser und dem Vorerben abspielt, sondern zwischen dem Vorerben und dem Nacherben stattgefunden hat.

549 Für den Fall, dass Doppelbesteuerungsabkommen bestehen, stellt § 10 Abs. 6 Satz 2 ErbStG sicher, dass Schulden und Lasten nur für solche Vermögensgegenstände abgezogen werden dürfen, die in wirtschaftlichem Zusammenhang mit in Deutschland zu versteuernden Vermögensgegenständen stehen. Hiermit fallen Aufwendungen i.V. mit ausländischem Grundbesitz aus der Abzugsfähigkeit heraus, da Doppelbesteuerungsabkommen im Regelfall eine Besteuerung von Immobilien nach dem Belegenheitsprinzip vorsehen, also demjenigen Staat das Besteuerungsrecht einräumen, in dessen Territorium die Immobilie steht. Für den Abzug von Schulden und Lasten enthalten die meisten Doppelbesteuerungsabkommen einschlägige Regelungen; diese DBA-Regelungen gehen § 10 Abs. 6 Satz 2 ErbStG vor. Nach den meisten DBAs können Nachlassverbindlichkeiten vom Steuerwert desjenigen Gegenstandes direkt abgezogen werden, auf den sie entfallen. Nicht zuordenbare Nachlassverbindlichkeiten teilen sich die Vertragsstaaten im Verhältnis der Werte des steuerpflichtigen Vermögens auf.

Unterliegt der Erwerbsgegenstand selbst einer Steuerpflicht (das steuerpflichtige Inlandsvermögen), beschränkt sich der Abzug von Schulden und Lasten analog dem Verbundprinzip auf diese mit dem Inlandsvermögen in wirtschaftlichem Zusammenhang stehenden Aufwendungen. Ein solcher wirtschaftlicher Zusammenhang wird in erster Linie durch schuldbegründende Vorgänge hergestellt, „die der Anschaffung oder Herstellung eines Vermögensgegenstandes des Inlandsvermögens – also einer Substanzmehrung – dienen."[2]

550 Eigene, vom Erwerber geschuldete Erbschaftsteuern – auch ausländische – sind nicht abzugsfähig (§ 10 Abs. 8 ErbStG). Die Erbschaftsteuer trifft nicht den Nachlass als solchen, sondern den einzelnen Erwerber als Person bezogen auf

1 Die Rechtsstellung des Nacherben bildet in ihrer Gesamtheit ein Anwartschaftsrecht, das veräußert und nach § 2108 Abs. 2 BGB vererbt werden kann.

2 Gebel in Troll/Gebel/Jülicher/Gottschalk, ErbStG, § 10 Rz. 255.

die von ihm erworbene Bereicherung. Es handelt sich hier also nicht um Schulden, die noch zu Lebzeiten vom Erblasser geschuldete Erbschaftsteuern sind abzugsfähig, wenn sie bereits des Erblassers entstanden sind, sondern um solche, die dem Erben entstehen. Die Erbschaftsteuer ist höchstens dann abzugsfähig, wenn sie bereits für den Erblasser im Rahmen eines anderen Erbfalls erhoben worden sind und im Rahmen des Nachlasses als Erblasserschuld auf den Erben übergegangen sind.[1] Nicht abzugsfähig ist außerdem die von Stiftungen zu entrichtende Ersatzerbschaftsteuer. Auch diese mindert die steuerliche Bemessungsgrundlage nicht (§ 10 Abs. 8 Satz 2 ErbStG).[2]

HINWEISE:

- Prozesskosten, die ein Vermächtnisnehmer auf Grund eines erst ein Jahr nach Übergabe von Vermächtnisgegenständen eingeleiteten Zivilrechtsstreits gegen den Kläger auf Überlassung weiterer Nachlassgegenstände aufwenden musste, sind keine unmittelbar im Zusammenhang mit der Abwicklung, Regelung oder Verteilung des Nachlasses oder mit der Erlangung des Erwerbs entstandenen Kosten und nicht nach § 10 Abs. 5 Nr. 3 ErbStG abzugsfähig.
- Ebenfalls nicht als Nachlassverbindlichkeiten nach § 10 Abs. 5 Nr. 3 ErbStG abziehbar sind die Kosten zur Feststellung von Verkehrswerten im Zusammenhang mit der Übertragung von Grundvermögen. Dies betrifft insbesondere Kosten für die Verkehrswertermittlung, Gerichtsgebühren, die Beratungskosten eines Architekten usw. Die mit der Verkehrswertermittlung entstandenen Kosten stehen vielmehr in einem engen Zusammenhang mit der Festsetzung der Erbschaftsteuer, die als solche ebenfalls nicht abziehbar ist (§ 10 Abs. 8 ErbStG).

4.2.6.2 Zurechnung von Schulden und Lasten, die in keinem wirtschaftlichen Zusammenhang mit einzelnen Vermögensgegenständen stehen

Mit dem Jahressteuergesetz 2020[3] wurde die steuerliche Berücksichtigung von 551
Schulden und Lasten im Zusammenhang mit steuerpflichtigen Erwerben neu geregelt. Nach der Neufassung des § 10 Abs. 6 Satz 5 ErbStG sind nicht in wirtschaftlichem Zusammenhang mit einzelnen Vermögensgegenständen des Erwerbs stehende Schulden und Lasten (beispielsweise Pflichtteilsansprüche, Zugewinnausgleichsansprüche oder Darlehensverbindlichkeiten) anteilig allen Vermögensgegenständen des Erwerbs zuzurechnen. Der jeweilige Anteil bemisst sich nach § 10 Abs. 6 Satz 7 ErbStG nach dem Verhältnis des Werts des Vermögensgegenstands nach Abzug der mit diesem Vermögensgegenstand in wirtschaftlichem Zusammenhang stehenden Schulden und Lasten zum Ge-

1 BFH, Beschluss v. 22.11.2006 - II B 6/06, NWB CAAAC-35640.

2 I. d. F. JStG 2020, zur Ersatzerbschaftsteuer vgl. Rz. 1173.

3 BGBl 2020 I S. 3096.

samtwert aller erworbenen Vermögensgegenstände nach Abzug aller mit diesen Vermögensgegenständen in wirtschaftlichem Zusammenhang stehenden Schulden und Lasten.

552 Für die Anteilsberechnung geltenden folgende Besonderheiten:

- Bei steuerbefreitem Betriebsvermögen (§ 13a, § 13c ErbStG vgl. Rz. 581 ff. und Rz. 657 ff.) ist der Zurechnungsanteil nach der Summe des begünstigten Vermögens zu berechnen.
- Soweit Vermögensgegenstände steuerbefreit sind, entfällt ein Schuldenabzug zur Gänze (§ 10 Abs. 6 Satz 9 ErbStG).
- Schulden und Lasten im Zusammenhang mit steuerbegünstigten Betriebsvermögen sind nicht abzugsfähig, soweit eine Steuerbefreiung gewährt wird (§ 10 Abs. 6 Satz 10 ErbStG vgl. unten Rz. 553).

Von der Zurechnungsaufteilung ausgenommen sind Kosten der Bestattung des Erblassers, der Abwicklung oder Regelung des Nachlasses. Diese Aufwendungen entstehen regelmäßig erst nach Eintritt des Erbfalls und werden daher nicht berücksichtigt (§ 10 Abs. 6 Satz 6 ErbStG).

HINWEIS:

Besonders bei Grundbesitztümern, die der Denkmalspflege unterstellt sind, kann ein Verzicht auf die Steuerbefreiung bares Geld bedeuten. Bei einem Verzicht auf Steuerbefreiung tritt das Abzugsverbot des § 10 Abs. 6 Satz 9 ErbStG nicht in Kraft, so dass Schulden voll zum Ansatz gebracht werden können, wenn das Objekt überschuldet ist. Außerdem kann bei Verzicht auf die Steuerbefreiung für denkmalgeschützte Bauten eine sogenannte Überlast geltend gemacht werden, die als Eigentümer durch außergewöhnliche Unterhalts- und Instandhaltungskosten entsteht.

4.2.6.3 Schuldenabzug in wirtschaftlichem Zusammenhang mit begünstigtem Betriebsvermögen und Anteilen an Kapitalgesellschaften

553 Schulden und Lasten, die mit nach § 13a ErbStG von der Erbschaftsteuer befreitem betrieblichen Vermögen im Zusammenhang stehen, sind nur in dem Betrag abzugsfähig, der dem Verhältnis des nach Anwendung des § 13a, § 13c ErbStG anzusetzenden Werts dieses Vermögens zu dem Wert vor Anwendung des § 13a, § 13c ErbStG entspricht (§ 10 Abs. 6 Satz 10 ErbStG).[1]

1 Zu § 13a ErbStG, vgl. Rz. 581 ff.

BEISPIEL: Übertragung von Unternehmensanteilen unter Übernahme einer Restschuld von 600.000 €. Die Schulden stammen aus einer Fremdfinanzierung des Schenkers zum Kauf der Anteile.

Gemeiner Wert der Anteile vor Anwendung § 13a ErbStG (Verkehrswert)	1.200.000 €
·/. Verschonungsabschlag § 13a ErbStG (85 %)	·/. 1.020.000 €
Zwischensumme/nicht begünstigtes Betriebsvermögen	180.000 €
·/. Abzugsbetrag § 13a Abs. 2 ErbStG	·/. 135.000 €
Gemeiner Wert der Anteile nach Anwendung des § 13a ErbStG	45.000 €
die abzugsfähigen Schulden betragen: $600.000 \times \frac{45.000}{1.200.000} =$	22.500 €

4.2.7 Schuldensaldierungsverbot bei der Zuwendung von Anteilen an vermögensverwaltenden Personengesellschaften nach § 10 Abs. 1 Satz 4 ErbStG

554 Übertragungen von Anteilen an Personengesellschaften, welche keinen Gewerbebetrieb i. S. des Einkommensteuergesetzes (§ 15 Abs. 1 Nr. 2 EStG) darstellen und keine gewerblichen Einkünfte erzielen (§ 97 Abs. 1 Satz 1 Nr. 5 BewG) bzw. nicht als „gewerblich geprägte Personengesellschaft" i. S. des § 15 Abs. 3 EStG zu qualifizieren sind, sind steuerrechtlich als (fiktiver) Erwerb der anteiligen Wirtschaftsgüter zu qualifizieren (§ 10 Abs. 1 Satz 4 ErbStG). Erwerber von Anteilen an vermögensverwaltenden Personengesellschaften (z. B. Familienpools)[1] werden dabei so gestellt, als würden sie das Poolvermögen direkt anteilig erwerben.

555 Den Gesellschaftern sind die einzelnen Wirtschaftsgüter und sonstigen Besitzposten des Gesamthandsvermögens und die Gesellschaftsschulden als Bruchteilseigentum zuzurechnen.[2] Tatsächlich werden aber nur Gesellschaftsanteile erworben.

556 Mit der Beteiligung an einer vermögensverwaltenden Personengesellschaft übergehende Schulden und Lasten der Gesellschaft sind bei der Ermittlung der Bereicherung des Erwerbers wie eine Gegenleistung zu behandeln. Als Gegenleistung gelten die zu übernehmenden Schulden der vermögensverwaltenden Personengesellschaft. Die Gesellschaftsschulden, für die der Erwerber einsteht, können damit nicht durch Abzug von der Summe der Besitzposten, sondern nur im Rahmen

1 Vgl. Rz. 848 ff.

2 R E 10.4 Abs. 1 Satz 2 ErbStR 2019.

der Ermittlung der Bereicherung des Erwerbers berücksichtigt werden.[1] Dies bedeutet, dass Übertragungen von Anteilen an vermögensverwaltenden Personengesellschaften mit schuldenbelasteten Vermögenswerten als gemischte Schenkung zu behandeln sind. Eine direkte Saldierung von (Hypotheken-)schulden mit dem Steuerwert des Gesellschaftsvermögens ist ausgeschlossen.

557 Bei Erwerben von Todes wegen mag diese Regelung wenig bekümmern, da es ja unterm Strich auf dasselbe herauskommt, wenn dem Erwerber statt dem nach dem Verhältnis der Vermögenswertanteile ermittelten Anteilswert die Summe der ebenfalls nach diesem Verhältnis bemessenen Anteile an den einzelnen Wirtschaftsgütern zugerechnet wird, zu denen auch Schulden gehören.[2] Anders sieht es aber bei lebzeitigen Übertragungen aus. Mit § 10 Abs. 1 Satz 4 ErbStG ist eine Schuldensaldierung hier ausgeschlossen und solche Erwerbe laufen im Ergebnis auf eine gemischte Schenkung hinaus.

HINWEIS:

Das Schuldensaldierungsverbot gilt auch für Anteile an Grundstücksgesellschaften und geschlossenen Immobilienfonds, die in der Rechtsform einer Personengesellschaft (GbR oder KG) firmieren und deren Gesellschaftsvermögen kein Betriebsvermögen ist.

4.2.8 Exkurs: Vererblichkeit von Verlustvorträgen bei der Einkommensteuer

558 Mit Beschluss vom 17.12.2007[3] sprach sich der Große Senat des Bundesfinanzhofs erstmals gegen die Vererblichkeit eines Verlustvortrages aus. Ein im Erbfall bestehender steuerlicher Verlust ist einkommensteuerlich nur dann noch verwertbar, wenn dieser beim Erblasser durch Rücktrag verwertet werden kann. Im Einzelnen gilt:[4]

- Zum Todeszeitpunkt nicht aufgezehrte Verluste des Erblassers können im Todesjahr nur in den Verlustausgleich bei der Veranlagung des Erblassers einfließen (Ausgleich mit positiven Einkünften des Erblassers).
- Werden Ehegatten für das Todesjahr zusammen veranlagt, können Verluste des verstorbenen Ehegatten aus dem Todesjahr verrechnet werden. Verlustvorträge des verstorbenen Ehegatten können ebenfalls berücksichtigt werden. Erfolgte bei zusammen veranlagten Ehegatten im Vorjahr des Todes-

1 R E 10.4 Abs. 2 Satz 3 ErbStR 2019.

2 Gebel in Troll/Gebel/Jülicher/Gottschalk, ErbStG, § 10 Rz. 59.

3 Az. GrS 2/04.

4 R 10d Abs. 9 EStR 2012.

jahres ebenfalls eine Zusammenveranlagung, können die nicht ausgeglichenen Verluste des verstorbenen Ehegatten in das Vorjahr zurückgetragen werden.

- In Fällen der Einzelveranlagung von Ehegatten kann ein Verlustrücktrag nur bei der Veranlagung des Erblassers erfolgen.

HINWEISE:

- Hat der Erblasser bisher sein zu versteuerndes Einkommen mittels einer Einnahmen-Überschussrechnung errechnet, kann durch einen Wechsel zum Bestandsvergleich infolge diverser Korrekturposten ein höheres zu versteuerndes Einkommen entstehen. Hierzu können die Erben rückwirkend zum letzten Bilanzstichtag seit dem Todesfall eine Eröffnungsbilanz erstellen und eine doppelte Buchführung einrichten.
- Gegebenenfalls aufzudeckende stille Reserven schaffen erhöhtes Abschreibungspotenzial für die Erben.

4.3 Sachliche Steuerbefreiungen

4.3.1 Steuerfreie Gegenstände

Steuerfreie Gegenstände sind solche Gegenstände, die an sich einen steuerbaren Erwerb begründen, jedoch aufgrund von Befreiungsvorschriften nicht der Besteuerung unterliegen. 559

4.3.1.1 Hausrat und andere bewegliche Gegenstände

Personen der Steuerklasse I, also der Ehegatte (oder eingetragene Lebenspartner)[1], die Kinder und weitere Abkömmlinge können Hausratgegenstände für insgesamt 41.000 € sowie andere bewegliche körperliche Gegenstände bis zu einem Freibetrag von 10.300 € steuerfrei erwerben (§ 13 Abs. 1 Nr. 1 Buchst. a und b ErbStG). Personen der Steuerklassen II und III erwerben Hausrat und andere bewegliche körperliche Gegenstände bis (zusammengefasst) zu 12.000 € steuerfrei (§ 13 Abs. 1 Nr. 1 Buchst. c ErbStG). 560

Begünstigte Vermögensgegenstände i. S. der Vorschrift sind insbesondere alle beweglichen Sachen in der Familienwohnung, also alles Mobiliar, was dem Zusammenleben der Familie dient. Darunter fallen auch wertvolle und größere Musik- 561

1 Gilt für vor dem 1.10.2017 begründete Lebenspartnerschaften. Seit dem 30.9.2017 werden Lebenspartnerschaften zwischen zwei Personen gleichen Geschlechts nicht mehr begründet, vgl. § 1 LPartG i. d. F. des Gesetzes zur Einführung des Rechts auf Eheschließung für Personen gleichen Geschlechts.

instrumente (Klavier), die der Einrichtung dienen. Nicht begünstigt sind hingegen rein persönliche Gegenstände wie Schmuck, Arbeitsgeräte usw. Steuerbegünstigte andere bewegliche Gegenstände sind individuell genutzte Musikinstrumente, Schmuck usw. Auch ein wertvoller Kunstgegenstand kann zum Hausrat gehören, wenn dieser konkret in der Wohnung des Erblassers genutzt worden ist.

Vermögensgegenstände, die zum land- und forstwirtschaftlichen Vermögen, zum Grundvermögen oder Betriebsvermögen gehören, sowie Geld, Wertpapiere, Münzen, Edelmetalle, Edelsteine und Perlen sind weder als Hausrat noch als sonstige bewegliche Gegenstände steuerbefreit (§ 13 Abs. 1 Satz 2 ErbStG).

4.3.1.2 Grundbesitztümer, Kunstgegenstände und Sammlungen

562 Für Kunstgegenstände und Sammlungen gelten die Befreiungsvorschriften für Hausrat (sofern dazu gehörig) und anderer beweglicher Gegenstände entsprechend. Kunstgegenstände, Kunstsammlungen, wissenschaftliche Sammlungen, Bibliotheken und Archive können darüber hinaus zu 60 % oder sogar ganz steuerfrei sein. Zu 60 % steuerfrei sind diese Gegenstände nach § 13 Abs. 1 Nr. 2a ErbStG, wenn:

- die Erhaltung dieser Gegenstände wegen ihrer Bedeutung für Kunst, Geschichte oder Wissenschaft im öffentlichen Interesse liegt,
- die jährlichen Kosten i. d. R. die erzielten Einnahmen übersteigen (wobei ein einmaliger Überschuss von Einnahmen steuerunschädlich ist) und
- die Gegenstände in einem den Verhältnissen entsprechenden Umfang den Zwecken der Forschung oder der Volksbildung nutzbar gemacht sind oder werden.

HINWEIS:

Diese drei Voraussetzungen müssen kumulativ vorliegen, d. h., ist ein Merkmal nicht gegeben, tritt die Steuerbefreiung nicht ein.

563 Haben Kunstgegenstände, Kunstsammlungen, wissenschaftliche Sammlungen, Bibliotheken usw. einen entsprechenden Gegenstandswert, dürfte öffentliches Interesse stets gegeben sein. Nachdem speziell mit Kunstgegenständen im Regelfall keine Einkünfte erzielt werden können, dürften auch die jährlichen Kosten die „Einnahmen" übersteigen. Hierfür genügt bereits, dass keinerlei Einnahmen erzielt werden. Auf die Kosten und ob solche überhaupt entstanden sind, kommt es nicht an. Nutzbar machen heißt, dass die Gegenstände in einem den Verhältnissen entsprechenden Umfang der Allgemeinheit, mindestens aber den interessierten Kreisen erkennbar zugänglich sind. Das

heißt nicht, dass die Gegenstände außer Haus gegeben oder in ein Museum gestellt werden müssen. Die Kunstgegenstände können auch in privaten Räumen ausgestellt sein. Gleichgültig ist ferner, ob es sich um Privatvermögen, Betriebsvermögen oder um Sonderbetriebsvermögen handelt.

Grundbesitz und Teile von Grundbesitz sind unter den genannten Voraussetzungen bis zu 85 % ihres Steuerwertes erbschaft- und schenkungsteuerfrei. 564
Der Prozentsatz gilt für Erwerbe ab dem 1.1.2009 und unter Berechnung der Grundbesitzwerte nach den seit dem 1.1.2009 geltenden Vorschriften.

Grundbesitztümer, Kunstgegenstände, Kunstsammlungen usw. können darüber hinaus in vollem Umfang steuerfrei vererbt werden, wenn sich die Gegenstände schon seit mindestens 20 Jahren in Familienbesitz befinden oder in dem Verzeichnis national wertvollen Kulturgutes oder national wertvoller Archive eingetragen sind und von Seiten der Steuerpflichtigen die Bereitschaft besteht, die Gegenstände der Denkmalspflege zu unterstellen (§ 13 Abs. 1 Nr. 2b ErbStG). Schließlich muss der Erbe zur dauerhaften Erlangung der vollen oder teilweisen Steuerbefreiung die Gegenstände noch mindestens zehn Jahre nach dem Erwerbszeitpunkt im Eigentum halten. Weigern sich die Erben, die Kunstgegenstände zu behalten, greift der Fiskus zu, auch rückwirkend (§ 13 Abs. 1 Nr. 2 Satz 2 ErbStG). Die Steuervorteile fallen auch weg, wenn ein ständiger Einnahmenüberschuss verbleibt oder die Bestimmungen der Denkmalspflege missachtet werden. 565

HINWEIS:

Erbschaftsteuern lassen sich bereits im Vorfeld umgehen, wenn Kunst- bzw. Gemäldesammlungen in eine hierfür errichtete gemeinnützige nichtrechtsfähige Stiftung (treuhänderische Stiftung oder Unterstiftung) eingebracht werden. Diesen steuersparenden Schritt kann auch noch der Erbe oder der mit Kunst Beschenkte nachholen – und zwar bis zu 24 Monate, nachdem die Gegenstände in seinen Besitz übergegangen sind. Eventuell bereits bezahlte Erbschaftsteuern gibt es sogar zurück. Näheres zu Treuhandstiftungen in Teil X Rz. 1195.

4.3.1.3 Weitere steuerfreie Gegenstände oder Zuwendungen

Von der Erbschaftsteuer freigestellt sind Zuwendungen an erwerbsunfähige Eltern, sofern der Erwerb zusammen mit dem übrigen Vermögen der Erwerber 41.000 € nicht übersteigt (§ 13 Abs. 1 Nr. 6 ErbStG). 566

Schenken Eltern ihren Kindern zu Lebzeiten Vermögensgegenstände und verstirbt das Kind dann vor den Eltern, erben diese nach §§ 1922 Abs. 1, 1925 Abs. 1 und 2 BGB (als gesetzliche Erben der zweiten Ordnung, sofern das Kind selbst keine Abkömmlinge hatte) auch die ursprünglich verschenkten Gegenstände wieder zurück; streng genommen ein (wiederholt) schenkung- bzw. erbschaftsteuerpflichtiger Vorgang. Die Besteuerung dieses Vermögens, z. B. eine Eigentumswohnung, würde sich sogar mit Faktor drei multiplizieren, wenn diese einem anderen Abkömmling, z. B. der Schwester des Verstorbenen weitergegeben würde, denn die Eltern erben, weil sie im Zeitpunkt des Erbfalls noch leben, nach § 1925 Abs. 2 BGB allein. Um diese Dreifachbelastung zu mildern, bestimmt § 13 Abs. 1 Nr. 10 ErbStG, dass Vermögensgegenstände steuerfrei bleiben, die Eltern oder Voreltern ihren Abkömmlingen durch Schenkung oder Übergabevertrag zugewandt hatten und die an diese Personen von Todes wegen wieder zurückfallen. Von der Steuerbefreiung des § 13 Abs. 1 Nr. 10 ErbStG sind allerdings nur die Vermögensgegenstände selbst eingeschlossen. Steuerfrei bleiben auch zwischenzeitliche Wertsteigerungen. Nicht nach § 13 Abs. 1 Nr. 10 steuerfrei auf den Schenker zurückfallen können allerdings die Früchte, die der Beschenkte zwischenzeitlich durch Einsatz von Kapital oder Arbeit aus dem Schenkungsgegenstand gezogen hat.

567 Nach Auffassung der Finanzverwaltung kommt eine Befreiung nur in Betracht, wenn die zurückfallenden Vermögensgegenstände dieselben sind wie die seinerzeit zugewendeten Gegenstände.[1] Danach schließt die Finanzverwaltung eine Steuerbefreiung aus, „wenn ein Erwerb von Vermögensgegenständen erfolgt, die im Austausch der zugewendeten Gegenstände in das Vermögen des Beschenkten gelangt waren."[2] Eine steuerfreie Rückfallschenkung ist allerdings sehr wohl gegeben, „wenn zwischen dem zugewendeten und dem zurückfallenden Vermögensgegenstand bei objektiver Betrachtung Art- und Funktionsgleichheit besteht."[3] Damit trägt die Finanzverwaltung der ständigen Bundesfinanzhof-Rechtsprechung Rechnung, welche keine strikte Identität zwischen den zugewendeten und den zurückfallenden Vermögensgegenständen fordert, sondern die Tatsache genügen lässt, dass zwischen dem zugewandten und dem zurückgefallenen Gegenstand bei objektiver Betrachtung Art- und Funktionsgleichheit herrscht.

Wertsteigerungen der geschenkten Vermögensgegenstände, die ausschließlich auf der wirtschaftlichen Entwicklung beruhen, stehen der Steuerfreiheit des Rückfalls nicht entgegen. Etwas anderes gilt, wenn der Bedachte den Wert der zugewendeten Vermögensgegenstände durch Einsatz von Kapital oder Arbeit

1 R E 13.6 Abs. 2 Satz 1 ErbStR 2019.

2 R E 13.6 Abs. 2 Satz 2 ErbStR 2019.

3 R E 13.6 Abs. 2 Satz 3 ErbStR 2019.

erhöht hat. Der hierdurch entstandene Mehrwert unterliegt der Steuerpflicht. Entsprechendes gilt auch für die aus dem zugewendeten Vermögensgegenstand gezogenen Früchte sowie die aus diesen Früchten erworbenen Gegenstände.[1]

Steuerbefreit sind auch Zuwendungen unter Lebenden zum Zwecke eines angemessenen Unterhalts oder zur Ausbildung einer Person (§ 13 Abs. 1 Nr. 12 ErbStG). Diese Befreiungsvorschrift gilt allerdings nur für Zuwendungen an nicht unterhaltsberechtigte Personen (weil Ansprüche von Unterhaltsberechtigten sowieso keinen Besteuerungstatbestand darstellen) und dort nur dann, wenn der Bedachte selbst nicht in der Lage ist, sich angemessen zu unterhalten. Weitere Voraussetzung für die Steuerfreiheit von Zuwendungen ist, dass der Zweck der Zuwendung eindeutig nachgewiesen ist und feststeht. Der Nachweis kann dabei auch durch außerhalb des Schenkungsvertrages liegende Umstände erfolgen. 568

Zuwendungen für eine Berufsausbildung sind dagegen ungeachtet jeglicher Angemessenheit von Ausbildung oder bereitgestellter Mittel steuerfrei. Im Rahmen der Ausbildungskosten dürfen nicht nur Schulgebühren oder Lehrmittelaufwendungen übernommen werden; auch Zuschüsse zum Lebensunterhalt des Bedachten sind steuerfrei (z. B. anlässlich eines Auslandsaufenthaltes). Anzumerken ist, dass Zuwendungen zur Begründung einer Lebensstellung im bürgerlichen Recht nicht als Schenkung zählen (§ 1624 Abs. 1 BGB). Schenkt beispielsweise der Vater seinem Sohn zur Gründung eines Metzgereibetriebes ein Grundstück mit Ladengebäude, läge bürgerlich-rechtlich keine Schenkung vor und schenkungsteuerlich könnte man entgegenhalten, dass es am Bereicherungswillen des Schenkers fehlte. 569

Schließlich sind steuerfrei:

- Zuwendungen an gemeinnützige Stiftungen, näher erläutert in Teil X Rz. 1182 ff.;
- Zuwendungen, die ausschließlich kirchlichen, gemeinnützigen oder mildtätigen Zwecken gewidmet sind, sofern die Verwendung zu dem bestimmten Zweck gesichert ist (§ 13 Abs. 1 Nr. 17 ErbStG);
- Zuwendungen an politische Parteien.

HINWEIS:

Steuerbefreiungen nach § 13 ErbStG werden von Amts wegen berücksichtigt. Der Steuerpflichtige muss allerdings dem Finanzamt gegenüber die jeweiligen Voraussetzungen vortragen, an die das Gesetz die Steuerfreiheit knüpft.

1 R E 13.6 Abs. 2 Sätze 4 bis 6 ErbStR 2019.

4.3.2 Steuerfreie Übertragung von Grundvermögen

4.3.2.1 Lebzeitige Übertragung des Familienwohnheims unter Ehegatten

570 Ehegatten und eingetragene Lebenspartner[1] können das gemeinsam genutzte Familienwohnheim zu Lebzeiten untereinander steuerfrei übertragen. Nach § 13 Abs. 1 Nr. 4a ErbStG ist die Verschaffung von Eigentum oder Miteigentum an einem zu eigenen Wohnzwecken genutzten Grundstück (das Familienwohnheim) steuerfrei. Das Grundstück, in dem sich das Familienwohnheim befindet, muss im Inland oder einem Mitgliedstaat der Europäischen Union belegen sein.

571 Steuerfrei ist auch die Bereitstellung von Finanzmitteln zur Freistellung von Verpflichtungen im Zusammenhang mit der Anschaffung oder der Herstellung des Familienwohnheims oder Zuwendungen in Form einer Tragung nachträglicher Herstellungs- und Erhaltungsaufwendungen für das Familienwohnheim, welches im Besitz beider Ehegatten oder des anderen Ehegatten/Lebenspartners ist.

Im Familienwohnheim muss sich der Mittelpunkt des familiären Lebens befinden[2]. Nicht als Familienwohnheim zählen[3] die Ferienwohnung oder das Wochenendhaus oder die Zweitwohnung eines Berufspendlers, oder ein bloßes Anwartschaftsrecht auf die Übertragung eines Familienwohnheims.[4]

Das Familienwohngrundstück beschränkt sich auf ein Grundstück mit einer einzigen Flurnummer. Nicht begünstigt ist z. B. ein an das Familienwohnheimgrundstück angrenzendes unbebautes Grundstück, wenn es zwar einheitlich genutzt wird und nicht durch einen Zaun abgegrenzt ist, aber im Grundbuch unter einer weiteren Flurnummer eingetragen ist.[5] Zur Steueroptimierung empfiehlt es sich daher, vor der Übertragung über eine Grundstücksvereinigung unter einer einzigen Flurnummer nachzudenken.

Unschädlich für die Qualifizierung als Familienwohnheim ist eine teilweise Nutzung zu anderen als Wohnzwecken, sofern diese Nutzung von untergeord-

1 Gilt für vor dem 1.10.2017 begründete Lebenspartnerschaften. Seit dem 30.9.2017 können Lebenspartnerschaften zwischen zwei Personen gleichen Geschlechts nicht mehr begründet werden, vgl. § 1 LPartG i. d. F. des Gesetzes zur Einführung des Rechts auf Eheschließung für Personen gleichen Geschlechts.

2 R E 13.3 Abs. 2 Satz 4 ErbStR 2019.

3 R E 13.3 Abs. 2 Satz 5 ErbStR 2019.

4 BFH, Urteil v. 29.11.2017 - II R 14/16, BStBl 2018 II S. 362.

5 FG Düsseldorf, Urteil v. 16.5.2018 - 4 K 1063/17 Erb, AAAAG-87062.

neter Bedeutung ist (z. B. die Einrichtung eines Arbeitszimmers in der Familienwohnung). Auch eine teilweise gewerbliche oder berufliche Mitbenutzung lässt die Finanzverwaltung zu, solange die Wohnnutzung noch überwiegt, die Wohnräume die Voraussetzungen einer Wohnung erfüllen und die Eigenart als Ein- oder Zweifamilienhaus nicht wesentlich beeinträchtigt wird; die Befreiung ist in diesem Fall aber auf den eigenen Wohnzwecken dienenden Teil der Wohnung begrenzt.[1]

Eine steuerbefreite Zuwendung eines Familienwohnheims liegt nach Auffassung der Finanzverwaltung[2] vor bei 572

- Übertragung des Alleineigentums oder Miteigentums an dem einem Ehegatten (Lebenspartner) bereits gehörenden Grundstück als Schenkung unter Lebenden,
- Kauf oder Herstellung aus den Mitteln eines Ehegatten (Lebenspartners) unter Einräumung einer Miteigentümerstellung des anderen Ehegatten,
- Anschaffung oder Herstellung (ganz oder teilweise) durch einen Ehegatten (Lebenspartner) aus Mitteln, die allein oder überwiegend vom anderen, zuwendenden Ehegatten (Lebenspartner) stammen (mittelbare Grundstückszuwendung),
- Tilgung eines im Zusammenhang mit dem Kauf oder der Herstellung des Familienwohnheims von einem oder beiden Ehegatten (Lebenspartner) aufgenommenen Darlehens aus Mitteln des zuwendenden Ehegatten,
- Befreiung von einer Schuld des einen Ehegatten oder Lebenspartners gegenüber dem anderen Ehegatten oder Lebenspartner, die im Zusammenhang mit dem Kauf oder der Herstellung des Familienheims gegenüber dem anderen Ehegatten oder Lebenspartner eingegangen wurde,
- Begleichung nachträglicher Herstellungs- und Erhaltungsaufwendungen am Familienwohnheim aus Mitteln eines Ehegatten, wenn der andere Ehegatte (Lebenspartner) Eigentümer oder Miteigentümer ist.

Anzuwenden ist § 13 Abs. 1 Nr. 4a ErbStG insbesondere in Fällen, in denen beide Ehegatten (Lebenspartner) ein Haus auf Kredit erwerben und die Ehefrau (der Lebenspartner) schon bald nach dem Erwerb ihre Berufstätigkeit aufgibt. Dass dann der Kredit allein aus dem Einkommen des Mannes bestritten wird,

1 R E 13.3 Abs. 2 Sätze 9, 10, 11 ErbStR 2019.

2 R E 13.3 Abs. 4 ErbStR 2019.

stellt keinen schenkungsteuerpflichtigen Vorgang gegenüber der Ehefrau (dem Lebenspartner) dar.

Für die Inanspruchnahme der Steuerbefreiung bei Übertragungen zu Lebzeiten ist keine Behaltenspflicht vorgesehen, auch auf den Güterstand der Ehegatten (Lebenspartner) kommt es nicht an. Eine Prüfung der Angemessenheit führt die Finanzverwaltung ebenfalls nicht durch. Auch eine spätere Veräußerung oder eine Nutzungsänderung ist unbeachtlich, sofern darin kein Gestaltungsmissbrauch zu sehen ist.[1]

HINWEISE:

- Befreiungsschädlich wirkt sich aus, wenn das an den anderen Ehegatten (Lebenspartner) übertragene Familienwohnheim ganz oder teilweise fremd vermietet oder Personen unentgeltlich zur Nutzung überlassen wird, die keine Familienmitglieder sind! Unschädlich ist lediglich die unentgeltliche Überlassung von Wohnräumen an weitere Verwandte, z. B. die Aufnahme von Eltern. Es ist daher in solchen Fällen zu empfehlen, das Gebäude rechtlich in mehrere Wohneinheiten aufzuteilen und nur die in der eigenen Familie genutzten Eigentumswohnungen zu übertragen.
- Ein sogenannter „Objektverbrauch" ist bei Zuwendungen eines Familienwohnheimes nicht gegeben. Die Steuerbefreiung kann auch für Zuwendungen im Zusammenhang mit dem gegenwärtigen Familienheim in Anspruch genommen werden, auch wenn der Empfänger früher eine steuerbegünstigte Zuwendung im Zusammenhang mit dem damaligen, inzwischen als solches aufgegebenen Familienheim erhalten hatte.[2]
- Die Steuerbefreiung ist wertmäßig nicht begrenzt, es findet keine Angemessenheitsprüfung statt.
- Eine Anrechnung des Steuerwertes des übertragenen Familienwohnheimes auf den Ehegatten-Freibetrag oder eine Zusammenrechnung mit anderen Erwerben (§ 14 ErbStG) erfolgt nicht.
- Der übertragende Ehegatte sollte sich für den Fall des Vorversterbens des anderen Ehegatten ein Rückforderungsrecht vorbehalten. Übt der Überträger dann sein Rückforderungsrecht aus, erwirbt der Überlebende im Todesfall das Familienwohnheim nicht von Todes wegen. Vielmehr wird die Schenkung aufgehoben und der übertragende Ehegatte ist nicht an die 10–jährige Behaltensfrist gebunden.[3]

1 R E 13.3 Abs. 5 Sätze 5 und 6 ErbStR 2019.

2 R E 13.3 Abs. 5 Satz 4 ErbStR 2019.

3 Vgl. nachfolgend Rz. 574.

4.3.2.2 Übertragung des Familienwohnheims unter Ehegatten von Todes wegen

Gemäß § 13 Abs. 1 Nr. 4b ErbStG steuerbefreit ist der Erwerb von: 573

- „Eigentum oder Miteigentum an einem im Inland
- oder in einem Mitgliedstaat der Europäischen Union
- oder einem Staat des Europäischen Wirtschaftsraums belegenen bebauten Grundstück" (darunter fallen Ein- und Zweifamilienhäuser, Mietwohngrundstücke, Wohnungs- und Teileigentum, Geschäftsgrundstücke, aber auch gemischt genutzte Grundstücke)
- „durch den überlebenden Ehegatten oder den überlebenden Lebenspartner[1]", von Todes wegen steuerfrei,
- „soweit der Erblasser darin bis zum Erbfall eine Wohnung zu eigenen Wohnzwecken genutzt hat"
- oder bei der er aus zwingenden Gründen an einer Selbstnutzung zu eigenen Wohnzwecken gehindert war und die beim Erwerber unverzüglich zur Selbstnutzung zu eigenen Wohnzwecken bestimmt ist (Familienheim)".

Für die Inanspruchnahme der Steuerbefreiung muss der überlebende Ehegatte Alleinerbe, alleiniger Vermächtnisnehmer oder alleiniger Auflagenbegünstigter bezüglich des Familienwohnheimes sein. Die Voraussetzung, dass der Erblasser in dem Familienwohnheim bis zum Erbfall selbst gelebt hat, ist dann nicht erfüllt, wenn beide Ehegatten den Umzug in ein neues Familienwohnheim planen, es aber infolge des Todes eines Ehegatten nicht zu Lebzeiten zu einem tatsächlichen Umzug gekommen ist.[2] Der steuerfreie Erwerb von Todes wegen ist weiterhin an die Voraussetzung gebunden, dass der überlebende Ehegatte (Lebenspartner) das Familienwohnheim mindestens noch zehn Jahre nach dem Erwerb selbst nutzt (sogenannter Nachversteuerungsvorbehalt). Wird der Nachversteuerungsvorbehalt nicht erfüllt und ist der überlebende Ehegatte/Lebenspartner auch nicht aus zwingenden Gründen an einer Selbstnutzung zu eigenen Wohnzwecken gehindert, entfällt die Steuerbefreiung mit Wirkung für die Vergangenheit in vollem Umfang. Dasselbe gilt auch, wenn 574

1 Gilt für vor dem 1.10.2017 begründete Lebenspartnerschaften. Seit dem 30.9.2017 können Lebenspartnerschaften zwischen zwei Personen gleichen Geschlechts nicht mehr begründet werden, vgl. § 1 LPartG i. d. F. des Gesetzes zur Einführung des Rechts auf Eheschließung für Personen gleichen Geschlechts.

2 FG München, Urteil v. 24.2.2016 - 4 K 2885/14, KAAAF-71747: Im Streitfall wollte ein Ehepaar vom Einfamilienhaus ausziehen und in eine Wohnung umziehen. Zwischenzeitlich erkrankte der Ehemann und starb. Die Ehefrau veräußerte dann das Einfamilienhaus und zog, wie geplant, alleine in die Eigentumswohnung. Die Steuerbefreiung für ein Familienwohnheim konnte für beide Objekte nicht in Anspruch genommen werden.

der Erwerber aus beruflichen Gründen von vornherein gehindert war, die Familienwohnung selbst zu nutzen.[1]

In Fällen einer Nichterfüllung des Nachversteuerungsvorbehalts tritt ein sogenannter „Fallbeileffekt“ ein. Das heißt, es wird die gesamte Erbschaftsteuer nachträglich fällig, auch wenn das Familienwohnheim durch den überlebenden Ehegatten/Lebenspartner z. B. neun Jahre und elf Monate selbst genutzt worden ist.

Der Fallbeileffekt tritt hingegen nicht ein, wenn der überlebende Ehegatte bzw. der Lebenspartner aus zwingenden Gründen) an einer Selbstnutzung zu eigenen Wohnzwecken gehindert war bzw. ist. Die Finanzverwaltung sieht es als zwingenden Grund an, wenn die Pflegebedürftigkeit des überlebenden Ehegatten die Führung eines eigenen Haushalts nicht mehr zulässt; dies gilt auch, wenn der überlebende Ehegatte oder Lebenspartner bereits im Zeitpunkt des Erwerbs an der Nutzung des Objekts zu eigenen Wohnzwecken wegen der Pflegebedürftigkeit gehindert war.[2] Weiterhin sieht es die Finanzverwaltung als unschädlich an, wenn ein Kind wegen seiner Minderjährigkeit im Zeitpunkt des Erwerbs rechtlich gehindert ist, einen Haushalt selbständig zu führen. Nicht als zwingenden Grund erkennt die Finanzverwaltung eine berufliche Versetzung an. Erfolgt ein Umzug innerhalb der maßgeblichen Zehnjahresfrist, kommt es zu einer Nachversteuerung, ebenfalls, wenn zwingende Hinderungsgründe innerhalb des Zehnjahreszeitraums nach dem Erwerb weggefallen sind. Sofern die Nutzung zu eigenen Wohnzwecken nicht unverzüglich aufgenommen wird, droht ebenfalls die Nachversteuerung.[3]

575 Als steuerschädlich sieht die Finanzverwaltung eine Weiterübertragung des Familienwohnheims (etwa an eines der Kinder) unter Nutzungsvorbehalt (für den überlebenden Ehegatten) an. Nach R E 13.4 Abs. 6 Satz 2 ErbStR 2019 ist eine „Weiterübertragung unter Nutzungsvorbehalt“ als „Verstoß gegen den Nachversteuerungsvorbehalt anzusehen“. Diese Ansicht entspricht der Bundesfinanzhof-Rechtsprechung.[4] Im Streitfall übertrug die überlebende Ehegattin anderthalb Jahre nach dem Erbfall das gemeinsam bewohnte Einfamilienhaus an ihre Tochter. Sie behielt sich einen lebenslangen Nießbrauch vor und zog nicht aus. Das Finanzamt gewährte die Steuerbefreiung für das Familienwohnheim rückwirkend nicht mehr, weil die überlebende Ehegattin das Familienheim weiter übertragen hatte und somit nicht mehr Eigentümerin war.

1 BFH, Urteil v. 23.6.2015 - II R 13/13, BStBl 2016 II S. 223.

2 R E 13.4 Abs. 2 ErbStR 2019.

3 Fallbeileffekt; R E 13.4 Abs. 2 Satz 6 ErbStR 2019.

4 BFH, Urteil v. 11.7.2019 - II R 38/16, OAAAH-36175.

Veränderungen am Grundstück sind hingegen unbeachtlich, wenn sich der Umfang der Nutzung der Wohnung als Familienheim nicht verringert.

Der überlebende Ehegatte bzw. Lebenspartner kann die Steuerbefreiung auch dann nicht in Anspruch nehmen, wenn er das begünstigte Vermögen „aufgrund einer letztwilligen Verfügung des Erblassers oder einer rechtsgeschäftlichen Verfügung des Erblassers auf einen Dritten übertragen muss".[1] Gleiches gilt, wenn der überlebende Ehegatte/Lebenspartner im Rahmen der Teilung des Nachlasses begünstigtes Vermögen auf einen Miterben überträgt. Wird das Familienheim im Rahmen der Teilung des Nachlasses auf einen Dritten übertragen und gibt der Dritte dabei dem überlebenden Ehegatte/Lebenspartner nicht begünstigtes Vermögen hin, das er vom Erblasser erworben hat, erhöht sich insoweit der Wert des begünstigten Vermögens des Dritten um den Wert des hingegebenen Vermögens, höchstens jedoch um den Wert des übertragenen Vermögens.[2] Im Fall der Weitergabeverpflichtung steht die Steuerbefreiung nur dem übernehmenden Erwerber/Miterben zu. Anwendungsfälle für die Weitergabeverpflichtung sind u. a.:[3]

1. Sachvermächtnisse, die auf begünstigtes Vermögen gerichtet sind,
2. Vorausvermächtnisse, die auf begünstigtes Vermögen gerichtet sind,
3. ein Schenkungsversprechen auf den Todesfall oder
4. Auflagen des Erblassers, die auf die Weitergabe begünstigten Vermögens gerichtet sind.

HINWEISE:

- Der Erwerb eines Familienwohnheims durch einen mittels Auflassungsvormerkung gesicherten Anspruch auf Verschaffung des Eigentums an einem Familienheim durch den überlebenden Ehegatten ist nicht von der Erbschaftsteuer befreit.[4]
- Beruht die Weitergabeverpflichtung des Familienwohnheims auf einer Teilungsanordnung, können die übertragenden Miterben die Befreiung nicht in Anspruch nehmen; das gilt unabhängig davon, wann die Auseinandersetzungsvereinbarung geschlossen wird.[5] Der Bundesfinanzhof hat entgegen der Auffassung der Finanzverwaltung mit Urteil v. 23.6.2015[6] entschieden, dass der Begünstigungstransfer auf den Erben auch dann Anwendung findet, wenn die Vereinbarung über die Erbauseinandersetzung erst ca. 15 Monate nach dem Erbfall erfolgt ist und alle übrigen Voraussetzungen erfüllt sind.

1 § 13 Abs. 1 Nr. 4b Satz 2 ErbStG.
2 § 13 Abs. 1 Nr. 4b Satz 4 ErbStG.
3 R E 13.4 Abs. 5 ErbStR 2019.
4 BFH, Urteil v. 29.11.2017 - II R 14/16, BStBl 2018 II S. 362.
5 R E 13.4 Abs. 5 Satz 4 ErbStR 2019.
6 BFH, Urteil v. 23.6.2015 - II R 39/13, BStBl 2016 II S. 225.

4.3.2.3 Steuerfreier Erwerb des Familienwohnheims durch die Kinder von Todes wegen

576 Gemäß § 13 Abs. 1 Nr. 4c ErbStG ist der Erwerb „des Eigentums oder Miteigentums an einem im Inland oder in einem Mitgliedstaat der Europäischen Union oder einem Staat des Europäischen Wirtschaftsraums belegenen bebauten Grundstück“ (begünstigt sind Ein- und Zweifamilienhäuser, Mietwohngrundstücke, Wohnungs- und Teileigentum, Geschäftsgrundstücke, aber auch gemischt genutzte Grundstücke) durch Kinder und durch Kinder verstorbener Kinder (Enkelkinder, wenn deren Eltern im Erwerbszeitpunkt nicht mehr leben) von Todes wegen steuerfrei:

- „soweit der Erblasser darin bis zum Erbfall eine Wohnung zu eigenen Wohnzwecken genutzt hat
- oder bei der er aus zwingenden Gründen an einer Selbstnutzung zu eigenen Wohnzwecken gehindert war,
- die beim Erwerber unverzüglich zur Selbstnutzung zu eigenen Wohnzwecken bestimmt ist (Familienheim) und
- soweit die Wohnfläche der Wohnung 200 Quadratmeter nicht übersteigt.“. Die – begrenzte – Freistellung des Familienwohnheimes für Kinder soll nach dem Willen des Gesetzgebers vor allem sicherstellen, dass die in Hausgemeinschaft lebenden Kinder das Wohneigentum nicht zur Begleichung von Erbschaftsteuerverpflichtungen veräußern müssen.

577 Unverzüglich i. S. des § 13 Abs. 1 Nr. 4c Satz 1 ErbStG heißt ohne schuldhaftes Zögern, d. h. innerhalb einer angemessenen Zeit nach dem Erbfall. Die Rechtsprechung sieht als angemessen regelmäßig einen Zeitraum von sechs Monaten an. Nach Ablauf von sechs Monaten muss der Erwerber darlegen und glaubhaft machen, zu welchem Zeitpunkt er sich zur Selbstnutzung als Familienheim entschlossen hat, aus welchen Gründen ein Einzug nicht früher möglich war und warum er diese Gründe nicht zu vertreten hat.[1] Bei einer Renovierung der Wohnung kommt es auf den Einzelfall an. Zieht sich die Renovierung deshalb länger hin, weil nach Beginn der Renovierungsarbeiten ein gravierender Mangel der Wohnung entdeckt wird, der vor dem Einzug beseitigt werden muss, kann dieser Umstand einen späteren Einzug rechtfertigen. Grundsätzlich gilt: Je größer der zeitliche Abstand zwischen dem Erbfall und dem tatsächlichen Einzug des Erwerbers in die Wohnung ist, umso höhere Anforde-

1 BFH, Urteil v. 28.5.2019 - II R 37/16, BStBl 2019 II S. 678.

rungen sind an die Darlegung des Erwerbers und seine Gründe für die verzögerte Nutzung der Wohnung für eigene Wohnzwecke zu stellen.[1]

Mit der Bindung der Steuerfreistellung an eine starre Quadratmeterzahl soll nach der Gesetzesbegründung den „regional bestehenden Unterschieden" der Grundstückswerte Rechnung getragen und die Steuerfreistellung auf eine noch angemessene Größenordnung für ein Familienheim reduziert werden. Steuerlich unbeachtlich bleibt allerdings die Grundstücksgröße. Übersteigt die Wohnfläche die 200-Quadratmeter-Grenze, fällt die Erbschaftsteuer für den übersteigenden Teil der Wohnfläche anteilig an. Die 200-Quadratmeter-Grenze zielt nicht auf den maximalen Erwerb pro Erwerber ab, sondern ist objektbezogen zu verstehen.

BEISPIEL: (H E 13.4 ErbStH 2019)

Erblasser E hinterlässt seinen Kindern A und B je zur Hälfte ein bis dahin von ihm selbstgenutztes Einfamilienhaus mit einem Grundbesitzwert von 450.000 € und einer Wohnfläche von 300 m². Eine Grundschuld valutiert i. H. von 90.000 €. Beide Kinder nutzen das Haus nach seinem Tod mehr als zehn Jahre.

Da auf die Wohnung des Erblassers abzustellen ist, sind insgesamt nur 200 m² Wohnfläche begünstigt (das entspricht 2/3 der Gesamtwohnfläche von 300 m²). Bei jedem Kind sind mithin von dem hälftigen Grundbesitzwert von 225.000 € nur 2/3 (= 150.000 €) befreit. Die hälftige Grundschuld ist bei jedem Kind im Umfang von 2/3 von 45.000 € = 30.000 € nach § 10 Abs. 6 Satz 3 ErbStG nicht als Nachlassverbindlichkeit abzugsfähig und im Umfang von 1/3 von 45.000 € = 15.000 € abzugsfähig.

Voraussetzung für die Steuerfreistellung ist, dass der Erblasser die Immobilie als Familienwohnheim zu eigenen Wohnzwecken genutzt hat (oder aus zwingenden Gründen, etwa wegen Pflegeheimbesuch etc., das Familienwohnheim bis zuletzt selbst nicht nutzen konnte) und das Kind/die Kinder das erworbene Vermögen zu Wohnzwecken selbst nutzen. Selbst nutzen heißt, dass der Erwerber dort den Mittelpunkt seines Lebensinteresses hat. Nicht begünstigt sind deshalb Zweit- oder Ferienwohnungen.[2] Unschädlich ist es, wenn das Kind, z. B. als Berufspendler, mehrere Wohnsitze hat, solange das Familienheim seinen Lebensmittelpunkt bildet. Gibt das Kind die Selbstnutzung des Familienheimes innerhalb von zehn Jahren nach dem Erwerb auf, „fällt die Steuerbefreiung mit Wirkung für die Vergangenheit weg".[3] In diesem Fall kommt es analog den Regelungen für den überlebenden Ehegatten zu einem soge- 578

1 BFH, Urteil v. 28.5.2019 - II R 37/16, BStBl 2019 II S. 678. Im Streitfall wurde erst nach zwei Jahren mit der Renovierung begonnen.

2 BFH, Urteil v. 18.7.2013 - II R 35/11, BStBl 2013 II S. 1051.

3 § 13 Abs. 1 Nr. 4c ErbStG.

nannten „Fallbeileffekt", d. h., es wird die gesamte Erbschaftsteuer nachträglich fällig, auch wenn das Familienwohnheim z. B. neun Jahre selbst genutzt worden ist. Dies gilt allerdings nicht, wenn die Aufgabe der Selbstnutzung aus zwingenden Gründen erfolgt. Ist das Kind aus zwingenden Gründen an einer Selbstnutzung gehindert, fällt trotz Nichterfüllung des Zehn-Jahres-Nutzungszeitraumes keine Erbschaftsteuer an.

HINWEISE:

- Die Familienwohnheimbefreiung erfasst nur eine Wohnung des Erblassers/der Erblasserin.[1] Letzteres ist entscheidend, wenn es sich z. B. um ein Zweifamilienhaus handelt und der Erblasser/die Erblasserin überwiegend nur eine der beiden Wohnungen genutzt hat. Steuerfrei ist dann nicht das ganze Objekt, sondern eben nur die selbst genutzte Wohnung.
- Die Steuerbefreiung wird für ein Familienwohnheim, das vom Erwerber abgerissen wird, nicht gewährt.[2]
- Auch der Wohnteil des Betriebsinhabers eines Land- und forstwirtschaftlichen Betriebs kann Familienwohnheim sein.[3]
- Eine Selbstnutzung liegt nicht vor, wenn das Kind, welches das von den Eltern genutzte Familienwohnheim geerbt hat, es dem überlebenden Elternteil zur weiteren Nutzung überlässt. Die unentgeltliche Überlassung an nahe Angehörige stellt keine Selbstnutzung dar.[4]
- Die Steuerfreistellung entfällt auf Ebene der Kinder (Ersterwerber), wenn das Familienwohnheim auf Grund letztwilliger Verfügung oder rechtsgeschäftlicher Verfügung des Erblassers (z. B. Vermächtnisse, auch Vorausvermächtnisse, Schenkungen auf den Todesfall, Auflagen oder wenn sich die Erben auf Grund einer vom Erblasser verfügten Teilungsanordnung in entsprechender Weise auseinandersetzen) auf einen Dritten übertragen werden muss. Der nachfolgende Erwerber, welcher anderen Miterben ggf. andere Vermögenswerte aus demselben Nachlass für das Familienwohnheim hingibt, wird so gestellt, als hätte er das begünstigte Vermögen von Anfang an erworben. Er kann – sofern er die persönlichen Voraussetzungen als Abkömmling erfüllt – seinerseits die Steuerbefreiung in Anspruch nehmen.
- Die Steuerfreistellung ist dem Letzterwerber unabhängig davon zu gewähren, ob er das Familienwohnheim aufgrund einer Anordnung des Erblassers erhält oder ob er es im Zuge einer freiwilligen Erbauseinandersetzung von den übrigen Miterben erwirbt.
- Bestehen Pflichtteilsansprüche von Miterben gegen den Nutzer eines Familienwohnheims, kann dieser die Pflichtteilsverbindlichkeit ungekürzt bei der Ermittlung seines steuerpflichtigen Erwerbs abziehen, auch wenn der Erwerb des Familienwohnheims erbschaftsteuerfrei ist. Dies ergibt sich aus R E 10.10 Abs. 3 ErbStR 2019. Danach besteht bei Pflichtteilsansprüchen kein wirtschaftlicher Zusammenhang mit den einzelnen erworbenen Vermögensgegenständen.

1 FG Köln, Urteil v. 30.1.2019 - 7 K 1000/17, DAAAH-15758.

2 FG München, Urteil v. 22.10.2014 - 4 K 847/13, HAAAE-82242.

3 R E 13.3 Abs. 2 Satz 2 ErbStR 2019.

4 BFH, Urteil v. 5.10.2016 - II R 32/15, BStBl 2017 II S. 130.

4.3.3 Steuerbefreiungen für zu Wohnzwecken vermietete Grundstücke

Für zu Wohnzwecken vermietete Grundstücke, die im Inland, einem Mitgliedstaat der Europäischen Union oder in einem Staat des Europäischen Wirtschaftsraums belegen sind und nicht dem begünstigten Betriebsvermögen[1] oder dem begünstigten Vermögen eines Betriebs der Land- und Forstwirtschaft zuzuordnen sind[2], gewährt der Steuergesetzgeber eine Steuerbefreiung i. H. von 10 % auf den nach obigen Grundsätzen ermittelten Steuerwert (§ 13d Abs. 1 ErbStG). Eine analoge Anwendung der für Betriebsvermögen maßgeblichen Vergünstigungsnormen scheidet für Mietwohneigentum im Privatvermögen aus.[3] Die Anwendung der Steuerverschonungsregelungen für Betriebsvermögen setzen das Vorliegen eines solchen Vermögens voraus. 579

Steuerbegünstigte zu Wohnzwecken vermietete Grundstücke und Grundstücksteile sind:

- Ein- und Zweifamilienhäuser,
- Mietwohngrundstücke,
- Wohnungseigentum oder entsprechende Grundstücksteile anderer Grundstücksarten.

Darin eingeschlossen sind auch Garagen, Nebenräume und Nebengebäude, die sich auf dem Grundstück befinden und mit den vermieteten Wohnungen gemeinsam genutzt werden.

Maßgebend sind die Verhältnisse zum Besteuerungszeitpunkt. Für die Inanspruchnahme der Steuerbefreiung reicht es aus, wenn die Immobilie im Zeitpunkt des Erwerbs auch nur teilweise zu Wohnzwecken vermietet ist. Die Vermietungsdauer vor der Übertragung ist unerheblich, so dass auch kurz vor der Übertragung neu vermietete bis dato unentgeltlich überlassene Wohnungen, Gebäude und Gebäudeteile in die Steuerbefreiung fallen. Wird das Mietverhältnissen kurz nach der Übertragung wieder beendet, ist dies im Regelfall unschädlich, es sei denn es bietet sich in der Ausgestaltung Raum für die Annahme eines Gestaltungsmissbrauchs.

1 Im Sinne von § 13a ErbStG, vgl. dazu Rz. 581 ff.

2 R E 13d Abs. 1 ErbStR 2019.

3 BFH, Beschluss v. 29.8.2019 - II B 79/18, QAAAH-36170. Zu den Vergünstigungsnormen nachfolgend Rz. 581 ff.

Die Steuerbefreiung steht nur demjenigen Erben/Erwerber zu, der das Grundstück erhält und auch behalten kann. Ist der Erbe/Erwerber aufgrund einer testamentarischen Anordnung des Erblassers oder einer rechtsgeschäftlichen Verfügung des Schenkers verpflichtet, das Grundstück an einen Dritten weiterzuübertragen, geht die Steuerbefreiung nach § 13d Abs. 2 Satz 1 ErbStG im Rahmen des Begünstigungstransfers auf den Dritten über.

Anwendungsfälle für den Begünstigungstransfer sind[1]

1. Sachvermächtnisse, die auf begünstigtes Vermögen gerichtet sind,
2. Vorausvermächtnisse, die auf begünstigtes Vermögen gerichtet sind,
3. ein Schenkungsversprechen auf den Todesfall oder
4. Auflagen des Erblassers oder Schenkers, die auf die Weitergabe begünstigten Vermögens gerichtet sind.

Der Begünstigungstransfer findet auch statt, wenn ein Erbe im Rahmen der Nachlassteilung eine vermietete Wohnimmobilie auf einen Miterben überträgt. Auch hier ist die Steuerbefreiung bei der Berechnung der Erbschaftsteuer des Miterben zu berücksichtigen.

Steuerliche Nachteile entstehen dem Weitergabeverpflichteten im Regelfall nicht, da er das Mietwohngrundstück als Nachlassverbindichkeit vom steuerpflichtigen Erwerb abziehen kann.

BEISPIEL: Sohn S als Alleinerbe ist aufgrund eines Sachvermächtnisses verpflichtet, die Mietwohnung 1 in Musterstraße 2, Musterstadt an den Neffen des Erblassers zu übertragen. Der Steuerwert (ohne Begünstigung) beträgt 400.000 €.

Nachlass Gesamt - Wertpapiere und Kontoguthaben	250.000 €
Grundstück Musterstraße 2, Musterstadt	400.000 €
Übriges Vermögen	100.000 €
Zwischensumme	750.000 €
·/. Vermächtnislast (Grundstück in Musterstadt)	– 400.000 €
Bereicherung	350.000 €
Erbfallkostenpauschale	– 10.300 €
Persönlicher Freibetrag Steuerklasse I	– 400.000 €
Steuerpflichtiger Erwerb	0 €
Erbschaftsteuer hierauf	0 €

1 R E 13d Abs. 8 ErbStR 2019.

Besteuerung des Vermächtnisnehmers

Sachvermächtnis Grundstück Musterstadt	400.000 €
Abzüglich Steuerbefreiung 10 %	−40.000 €
Bereicherung	360.000 €
Persönlicher Freibetrag	−20.000 €
Steuerpflichtiger Erwerb	340.000 €
Steuer bei Steuerklasse II, Steuersatz 25 %	85.000 €

Im Rahmen des sogenannten Begünstigungstransfers ist allerdings zu unterscheiden, ob das steuerbegünstigte Mietwohngrundstück infolge einer vom Erblasser angeordneten Teilungsanordnung oder aber im Wege der freien Erbauseinandersetzung (wenn die Miterben unter sich die Vermögenswerte aufteilen) erfolgt ist. Während der Begünstigungstransfer aufgrund einer Teilungsanordnung unabhängig davon gilt, wann die Auseinandersetzungsvereinbarung geschlossen wird (also ohne zeitliche Begrenzung und in jedem Fall[1] gegeben ist, findet ein solcher im Fall der freien Erbauseinandersetzung nur bei „zeitnaher" Übertragung statt. Als „zeitnah" sieht die Finanzverwaltung eine Frist von sechs Monaten an – jeweils bezogen auf den Erbfall.

Geht ein begünstigtes Mietwohngrundstück nicht zeitnah auf einen Erwerber über, so verbleibt der Bewertungsabschlag allen Miterben.

HINWEISE:

- Gehören vermietete Wohnungen zum Betriebsvermögen einer Personengesellschaft[2] und kommt es wegen einer Verwaltungsvermögenquote von über 90 % nicht zur Anwendung der Steuerbegünstigungen für das Betriebsvermögen, kommt die Steuerbefreiung für Wohngrundstücke zur Anwendung.[3] Dies gilt allerdings nicht, soweit es sich um Verwaltungsvermögen und nicht um junges Verwaltungsvermögen handelt.[4]
- Wird eine Steuerbegünstigung für Betriebsvermögen einer Personengesellschaft in Anspruch genommen, fällt der 10 %-Abschlag weg, egal wie hoch der Verschonungsabschlag für das Betriebsvermögen letztendlich ausfällt. Erfolgt bereits im ersten Jahr eine schädliche Verfügung über das Betriebsvermögen mit der Folge, dass die Steuerbefreiungen vollständig entfallen, kann für im Personengesell-

1 R E 13d Abs. 8 Satz 4 ErbStR 2019.

2 Bei Grundstücken von Kapitalgesellschaft ist der Befreiungsabschlag generell ausgenommen, da es hier zum Erwerb der Anteile an der Kapitalgesellschaft kommt und nicht zum Erwerb der vermieteten Wohnimmobilien § 13d Abs. 5 ErbStR 2019.

3 R E 13d Abs. 4 Satz 1 ErbStR 2019.

4 R E 13d Abs. 4 Satz 2 ErbStR 2019. Zum Begriff des jungen Verwaltungsvermögens vgl. Rz. 624.

schaftsvermögen vorhandene vermietete Wohnungen die Steuerbefreiung für Wohngrundstücke in Anspruch genommen werden.[1]

- Ein Nachbesteuerungsvorbehalt wie bei der Übertragung des Familienwohnheims auf den überlebenden Ehegatten oder auf die Kinder (zehnjährige Mindest-Selbstnutzung) ist bei vermieteten Wohngrundstücken nicht gegeben.
- Wird die Selbstnutzung eines Familienwohnheims innerhalb der Zehn-Jahres-Frist aufgegeben mit der Folge, dass die Steuerbefreiung für das Familienwohnheim rückwirkend entfällt und wird die Immobilie vermietet, kann der Befreiungsabschlag von 10 % nicht nachträglich in Anspruch genommen werden.[2]
- Gibt der Miterbe als Gegenleistung dem „Grundstückserben" nicht begünstigtes übriges Erbvermögen hin, erhöht sich der Wert des begünstigten Vermögens des Miterben gem. § 13d Abs. 2 Satz 3 ErbStG um den Wert des hingegebenen nicht begünstigten Vermögens, jedoch höchstens um den Wert des übertragenen Vermögens.
- Eine Behaltensverpflichtung oder eine Verpflichtung zur weiteren Vermietung zu Wohnzwecken besteht generell nicht.[3]
- Für zu Wohnzwecken vermietete Immobilien lassen sich die Grundsätze der mittelbaren Schenkung steueroptimal nutzen. Zu Steuerstrategien mit mittelbaren Schenkungen vgl. Teil V Rz. 827.

4.3.4 Zusammenfassende Übersicht

580

TAB. 18: Steuerbefreiungen für das Grundvermögen

Steuerverschonung/ Begünstigung	Rechtsgrundlage(n)	Bedingungen/Voraussetzungen
Verschonungsabschlag für fremdvermietete Wohnungen/Gebäude	§ 13d ErbStG	Zu Wohnzwecken vermietet, im Inland, EU-/EWR-Raum belegen, kein begünstigtes Betriebsvermögen
Familienwohnheim bei lebzeitiger Übertragung an Ehe-/Lebenspartner	§ 13 Abs. 1 Nr. 4a ErbStG	Nutzung zu eigenen Wohnzwecken
Wohneigentum bei Erwerb von Todes wegen durch den Ehe-/Lebenspartner	§ 13 Abs. 1 Nr. 4b ErbStG	Erblasser wohnte selbst bis zum Tod in dem Objekt Erwerber (Ehegatte) bezieht/ bewohnt die Wohnung selbst Selbstnutzung für zehn Jahre

1 R E 13d Abs. 4 Satz 8 ErbStR 2019.

2 R E 13d Abs. 3 ErbStR 2019.

3 R E 13d Abs. 2 ErbStR 2019.

Wohneigentum bei Erwerb durch die Kinder	§ 13 Abs. 1 Nr. 4c ErbStG	Erblasser wohnte selbst bis zum Tod in dem Objekt Kinder bewohnen/beziehen die Wohnung selbst Selbstnutzung für zehn Jahre Maximal begünstigte Größe: 200 qm
Stundungsmöglichkeiten*	§ 28 ErbStG	selbst genutztes Wohneigentum fremdvermietetes Wohneigentum Steuer nur durch Veräußerung des Objektes finanzierbar Stundung maximal zehn Jahre

* Vgl. im Detail Rz. 712 ff.

4.3.5 Steuerbefreiung für Betriebsvermögen

4.3.5.1 Allgemeines

Betriebsvermögen genießt im Erbschaft- und Schenkungsteuerrecht besondere Steuervergünstigungen. Steuerbegünstigtes Betriebsvermögen ist solches Betriebsvermögen, das im Zeitpunkt der Steuerentstehung als solches vom Erblasser oder Schenker (der Erblasser/Schenker muss selbst von ihm stammendes Betriebsvermögen einem Erben/Begünstigten zuweisen!) auf den Erwerber übergeht und der Erwerber das Betriebsvermögen als solches fortführt. Dazu gehört insbesondere das einem Gewerbebetrieb dienende Vermögen, das dem Gewerbebetrieb gleichstehende Vermögen, das der Ausübung eines freien Berufes dient, sowie Betriebsvermögen in Form von Beteiligungen an Personen- oder Kapitalgesellschaften. Voraussetzung ist, dass dieses Vermögen bei der steuerlichen Gewinnermittlung zum Betriebsvermögen gehört. 581

Die Zuordnung des zur Übertragung gelangenden Vermögens zum Betriebsvermögen ist überall dort entscheidend, wo es sich um sogenanntes gewillkürtes Betriebsvermögen handelt, also um Vermögenswerte, die zu mindestens 10 % und bis zu 50 % dem Betrieb des Erblassers/Schenkers dienen. Rechnet der Unternehmer gewillkürtes Betriebsvermögen dem Betrieb zu, hat dies auch unmittelbare Auswirkungen auf die Erbschaft- und Schenkungsteuer. Die Zuordnungsentscheidung des Überträgers fließt ferner über die für die erbschaftsteuerliche Bestandsermittlung grds. geltende Bestandsidentität mit der Steuerbilanz in die Erbschaftsteuer ein. § 95 Abs. 1 BewG bestimmt hierzu, dass das Betriebsvermögen alle Teile eines Gewerbebetriebs i. S. des Einkommensteuergesetzes umfasst, die bei der steuerlichen Gewinnermittlung zum Betriebsvermögen gehören. 582

583 Die ertragsteuerliche Dreiteilung in Betriebsvermögen, gewillkürtes Betriebsvermögen und Privatvermögen gilt daher auch für die Erbschaft- und Schenkungsteuer; bis auf eine Ausnahme: Betriebsgrundstücke. Betriebsgrundstücke können bewertungsrechtlich nur dann zum Betriebsvermögen gehören, wenn sie zu mehr als der Hälfte betrieblichen Zwecken dienen.

Für die Überprüfung der notwendigen steuerlichen Voraussetzungen für die Steuerbefreiung ist in folgenden Schritten vorzugehen:[1]

1. Feststellung und Berechnung des begünstigten Vermögens,
2. Ermittlung des Vorwegabschlags,
3. Ermittlung der Lohnsumme,
4. Prüfung, ob und in welcher Weise bereits gegen die Behaltensregelungen (§ 13a Abs. 5 ErbStG) verstoßen wurde.[2]

Die Steuerbegünstigung gilt sowohl für Erwerbe von Todes wegen (der Erwerb durch Erbanfall) als auch für Schenkungen unter Lebenden.

TAB. 19:	Steuerbegünstigte Erwerbe von Betriebsvermögen …
… von Todes wegen (R E 13b.1 Abs. 1 ErbStR 2019):	… durch Schenkungen unter Lebenden (R E 13b.2 Abs. 1 ErbStR 2019):
► Erwerbe durch Erbanfall	► Freigebige Zuwendung
► Erwerbe durch Vermächtnis, wenn der Vermächtnisnehmer begünstigtes Vermögen durch Sachvermächtnis erhält	► Erwerb infolge Vollziehung einer vom Schenker angeordneten Auflage/ Bedingung (gilt nicht für Weitergabeverpflichtungen)
► Erwerbe durch Schenkungen auf den Todesfall	► Bereicherung des Ehegatten bei Vereinbarung einer Gütergemeinschaft
► Erwerbe durch Übergang des Anteils an einer Personengesellschaft auf die überlebenden Mitgesellschafter (Anwachsungserwerb durch Fortsetzungsklausel)	► Abfindung für Erbverzicht, sofern der künftige Erblasser selbst die Abfindung in Form begünstigten Vermögens leistet
► Erwerbe begünstigter Anteile an einer Kapitalgesellschaft auf Grund gesellschaftsvertraglicher Übertragungsverpflichtung	► Erwerbe des Nacherben vom Vorerben mit Rücksicht auf die angeordnete Nacherbschaft vor deren Eintritt (§ 7 Abs. 1 Nr. 7 ErbStG)
► Erwerbe durch Vertrag zu Gunsten Dritter	► Erwerbe durch Stiftungsgeschäfte unter Lebenden

1 R E 13a.1 Abs. 2 ErbStR 2019.

2 Zu den Behaltensregelungen vgl. unten Rz. 627 ff.

► Erwerbe infolge Vollziehung einer vom Erblasser angeordneten Auflage	► Vorzeitige Abfindung für aufschiebend bedingt, betagt oder befristet erworbene Ansprüche, sofern der Schenker selbst die Abfindung in Form begünstigten Vermögens leistet
► Übergang von Vermögen auf eine vom Erblasser angeordnete Stiftung	
► der Erwerb infolge Abfindung für einen Verzicht auf den entstandenen Pflichtteilsanspruch oder für die Ausschlagung einer Erbschaft, eines Erbersatzanspruchs oder eines Vermächtnisses oder für die Zurückweisung eines Rechts aus einem Vertrag zu Gunsten Dritter auf den Todesfall	► Erwerbe durch Übergang des Anteils an einer Personengesellschaft auf die verbleibenden Mitgesellschafter (Anwachsungserwerb)
	► Erwerb begünstigter Anteile an einer Kapitalgesellschaft auf Grund gesellschaftsvertraglicher Übertragungsverpflichtung (§ 7 Abs. 7 ErbStG)
	► Mittelbare Schenkungen[1] von Betriebsvermögen/Beteiligungen des Schenkers (Erwerb von Betriebsvermögen, Beteiligungen an Personen/Kapitalgesellschaften vom Schenker durch Geldmittel des Schenkers)

TAB. 20: Nicht steuerbegünstigte Erwerbe von Betriebsvermögen

Tatbestand	Begründung
► Schenkungen unter Nießbrauchsvorbehalt	► Beschenkte wird dadurch kein Mitunternehmer
► Erwerbe, die auf eine Geldleistung gerichtet sind (Pflichtteilsansprüche)	► Es geht kein Betriebsvermögen über, da lediglich auf Geldforderung gerichteter Anspruch
► Schenkungen unter freiem Widerrufsvorbehalt	► Schenkung ist jederzeit wieder rückforderbar
► Übertragungen von Betriebsvermögen an Erfüllungs statt	► Der Erblasser selbst hat hier kein von ihm stammendes begünstigtes Vermögen an den Erwerber zugewiesen
► Erwerbe durch Verschaffungsvermächtnis	► Erworbenes Betriebsvermögen stammt nicht vom Erblasser

1 Zu mittelbaren Schenkungen vgl. Rz. 827 ff.

► Mittelbare Schenkung mit der Auflage, sich am Betriebsvermögen eines Dritten zu beteiligen[1]	► Es geht kein begünstigtes Vermögen vom Schenker auf den Erwerber über
► die Übertragung einzelner Wirtschaftsgüter eines Betriebes, wenn wesentliche Betriebsgrundlagen zurückbehalten werden (z. B. das Grundstück, auf dem der Betrieb ausgeübt wird)	► Betriebsvermögen nicht beim Erwerb eines ganzen Gewerbebetriebes oder Teilbetriebes erworben[2]
► Erwerb von in- und ausländischem Betriebsvermögen aus Nicht-EU-Staaten	► Befreiungsvorschrift gilt nur für inländisches Betriebsvermögen sowie Betriebsvermögen, das einer Betriebstätte in einem Mitgliedsland der EU dient

HINWEISE:

- Die für die Übertragung von Betriebsvermögen geltenden Vergünstigungen werden auch bei der Bemessung der Ersatzerbschaftsteuer einer Familienstiftung gewährt, soweit zum Vermögen der Stiftung begünstigtes Vermögen gehört.[1]
- Die Verschonungsregelungen gelten auch bei einem Übernahme-/Kaufrechtsvermächtnis.

Schulden und Lasten, die mit dem begünstigten Betriebsvermögen in wirtschaftlichem Zusammenhang stehen, sind nur mit dem Betrag abzugsfähig, mit dem das Betriebsvermögen steuerpflichtig ist. Darüber hinaus können nur solche Schulden und Lasten zum Abzug gebracht werden, die nicht bereits bei der Ermittlung des Werts des begünstigten Vermögens berücksichtigt worden sind.[2]

Die Steuervergünstigungen für Betriebsvermögen können nur gewährt werden, sofern ein positiver Steuerwert des begünstigten Vermögens besteht. Dies ist insbesondere bei mehreren begünstigten Vermögen zu beachten. Sofern das auf einen Erwerber übertragene begünstigte Vermögen mehrere Gewerbebetriebe oder mehrere Arten begünstigten Vermögens (land- und forstwirtschaftliches Vermögen, Betriebsvermögen, Anteile an Kapitalgesellschaften) enthält, muss sich bei deren Addition ein positiver Steuerwert ergeben. Nur von einem insgesamt positiven Steuerwert des gesamten begünstigten Vermögens kann der Verschonungsabschlag und der Abzugsbetrag abgezogen werden.[3]

1 Zur Familienstiftung vgl. Rz. 1163.

2 R E 10.10 Abs. 4 ErbStR 2019.

3 R E 13a.1 Abs. 2 Sätze 3 und 8 ErbStR 2019.

4.3.5.2 Verschonungsabschlag für das Betriebsvermögen (Regelverschonung)

Für betriebliches Vermögen sowie land- und forstwirtschaftliches Vermögen als 584
auch Anteile an Kapitalgesellschaften gewährt der Steuergesetzgeber unter bestimmten Voraussetzungen eine Steuerbefreiung. Diese Steuerbefreiung wird als „Verschonungsabschlag" bezeichnet. Verschonungsabschlag heißt, dass das genannte betriebliche Vermögen zwar im ersten Schritt bei der Ermittlung des steuerpflichtigen Erwerbs hinzuzurechnen ist., es aber im nachfolgenden Rechengang ganz oder teilweise wieder i. H. des gewährten Verschonungsabschlags abzuziehen ist.[1] Der „Verschonungsabschlag" umfasst je nach Wahl und Erfüllung der hierfür notwendigen Voraussetzungen entweder das gesamte Betriebs- bzw. land- und forstwirtschaftliche Vermögen bzw. den Gesamterwerb von Anteilen an Kapitalgesellschaften oder – was der Regelverschonung entspricht – nur 85 % des begünstigten Vermögens (§ 13a Abs. 1 Satz 1 ErbStG). Die Steuerbefreiung (Verschonungsabschlag) gilt für sämtliches nachfolgend dargestelltes begünstigtes Betriebsvermögen nach § 13b Abs. 1 Nr. 1 bis 3 ErbStG.

Begünstigungsfähig ist Betriebsvermögen bis zu einer Höhe von insgesamt 26 585
Mio. € (sogenannte Prüfschwelle bzw. Schwellenwert).[2] Dieser Betrag stellt zugleich die Höchstbetragsgrenze dar, bis zu dieser es sich bei dem Erwerb um einen Normalerwerb handelt und es (noch) nicht entweder zum Abschmelzmodell (§ 13c ErbStG) oder zu einer Verschonungsbedarfsprüfung für sogenannte Großerwerbe kommt (§ 28a ErbStG).[3] Bis zum Erreichen dieser Prüfschwelle gehen die Finanzverwaltung und der Gesetzgeber von einer unwiderleglichen Gefährdungsvermutung für den Betrieb aus. Das heißt, es sind Arbeitsplätze in Gefahr, wenn Betriebsvermögen zur Zahlung von Erbschaft- oder Schenkungsteuern liquidiert werden muss.

Die Prüfschwelle stellt eine Freigrenze, keinen Freibetrag dar. Bei der Berechnung der Prüfschwelle ist ausschließlich das begünstigte Betriebsvermögen zu berücksichtigen. Nicht zum begünstigten Betriebsvermögen zählt das zum Gesamtvermögen gehörende Verwaltungsvermögen. Kommt es zur Übertragung mehrerer Gewerbebetriebe oder mehrerer Arten begünstigungsfähigen Vermögens (land- und forstwirtschaftliches Vermögen, Betriebsvermögen, Anteile an Kapitalgesellschaften) sind bei der Ermittlung der 26-Mio.-Grenze alle Erwerbe zusammenzurechnen. Der Verschonungsabschlag als auch der Abzugsbetrag[4] können nur vom gesamten begünstigten Betriebsvermögen abgezogen

1 Vgl. Rechenschema zur Ermittlung des steuerpflichtigen Erwerbs, Tabelle 16 Rz. 534.

2 Vgl. im Einzelnen Rz. 590 ff.

3 Vgl. unten Rz. 657 ff.

4 Vgl. Rz. 588.

werden. Negative Steuerwerte, z. B. Anteile an einer verlustträchtigen Kommanditgesellschaft, sind vom gesamten begünstigten Vermögen abzuziehen.

BEISPIEL: Übertragung eines Gewerbebetriebs mit einem Steuerwert von 600.000 €, einer KG Beteiligung mit einem Steuerwert von ./. 400.000 € und GmbH Anteile mit einem Steuerwert von 500.000 €.

Das begünstigungsfähige Betriebsvermögen errechnet sich wie folgt:

Gewerbebetrieb	600.000 €	
KG-Beteiligung	./. 400.000 €	
Wert des begünstigungsfähigen Betriebsvermögens	200.000 €	200.000 €
begünstigungsfähige GmbH-Anteile		+ 500.000 €
begünstigungsfähiges Vermögen insgesamt		700.000 €

Bei der Ermittlung der Wertgrenze sind alle innerhalb von zehn Jahren von derselben Person anfallenden Erwerbe hinzuzurechnen (§ 13a Abs. 1 Satz 2 ErbStG). Die früheren Erwerbe werden dabei nach ihrem früheren Wert hinzugerechnet. In die Zusammenrechnung sind nicht nur Vorerwerbe begünstigten Vermögens einzubeziehen, für die die Steuer nach dem 30.6.2016 entsteht, sondern auch Vorerwerbe begünstigten Vermögens, für die die Steuer nach der jeweils geltenden Gesetzeslage vor dem 1.7.2016 bzw. 1.1.2009 entstanden ist.[1] Diese Regelung soll verhindern, dass ein Großbetrieb in mehreren Teiltranchen jeweils unterhalb der Prüfschwelle übertragen wird.[2]

Wird die 26-Mio.-Grenze innerhalb des Zehn-Jahres-Zeitraumes überschritten, kommt es zur Steuerpflicht des Betriebserwerbs als Großerwerb bzw. es kommt stattdessen das Abschmelzmodell (§ 13c ErbStG) oder das Erlassmodell (§ 28a ErbStG)[3] zur Anwendung. Für die Besteuerung der früheren Erwerbe vor dem 1.7.2016 hat das Überschreiten des Schwellenwerts allerdings keine nachteiligen Folgen. Diese werden ausschließlich nach der bis zum 31.12.2008 bzw. 30.6.2016 anzuwendenden Gesetzeslage besteuert.[4]

586 Die sogenannte Regelverschonung i. H. von 85 % des begünstigten Betriebsvermögens findet in allen Fällen Anwendung, in denen der Unternehmensnachfolger nicht für den 100%igen Verschonungsabschlag optiert bzw. die notwendigen Voraussetzungen hierfür nicht vorliegen. Zweck der 85 %-Grenze ist es, Vermögensgegenstände, die nicht ihrer Natur nach der privaten Lebensfüh-

1 R E 13a.2 Abs. 3 Satz 1 ErbStR 2019.

2 Nach Auffassung der Finanzverwaltung schränkt § 37 Abs. 12 ErbStG die Anwendung des § 13a Abs. 1 Satz 2 ErbStG für die Prüfung, ob mit einem Erwerb nach dem 30.6.2016 einschließlich der Erwerbe begünstigten Vermögens innerhalb von zehn Jahren von derselben Person die Prüfschwelle überschritten wird, nicht ein (R E 13a.2 Abs. 3 Satz 2 ErbStR 2019).

3 Vgl. Rz. 657 und 659.

4 § 37 Abs. 1 bis 3 ErbStG.

rung dienen und die der Steuerpflichtige zu „gewillkürtem“ Betriebsvermögen erklären kann, von der Begünstigung pauschal auszunehmen.

Nicht von der Begünstigung profitieren diejenigen Erben, die nach erbrecht- 587
lichen Gesichtspunkten aufgrund zivilrechtlicher Universalsukzession zwar zunächst Eigentümer/Miteigentümer geworden sind, nicht aber den Unternehmensfortführer darstellen. Die Steuerbefreiung steht dem Erben/dem Erwerber zu, der die Unternehmensfortführung tatsächlich gewährleistet, also in dessen Vermögen das Betriebsvermögen letztlich übergeht.

HINWEISE:

- Auf eine vom Erblasser getroffene Aufteilung des Freibetrags oder auf eine vom Schenker unwiderruflich getroffene Erklärung über die Inanspruchnahme von Steuervergünstigungen für das Betriebsvermögen kommt es nicht an.
- Die Verschonungsregelung findet allein auf Ebene des (Mit-)Erben bzw. des Betriebserben Anwendung und auf Ebene dieses (Mit-)Erben werden für die Steuerfestsetzung anschließend die persönlichen Freibeträge abgezogen. Damit profitieren nur solche Erben von der Verschonungsregelung, die das Betriebsvermögen tatsächlich erhalten. So kann ein Erwerber den Verschonungsabschlag und den Abzugsbetrag nicht in Anspruch nehmen, soweit er steuerbegünstigtes Betriebsvermögen aufgrund einer letztwilligen Verfügung des Erblassers oder einer rechtsgeschäftlichen Verfügung des Erblassers oder Schenkers auf einen Dritten übertragen muss. Gleiches gilt, wenn ein Erbe im Rahmen der Teilung des Nachlasses steuerbegünstigtes Betriebsvermögen auf einen Miterben überträgt.
- In den Genuss der Steuervergünstigungen für das Betriebsvermögen gelangen auch solche Erben/Erwerber, die auf Grund qualifizierter Nachfolgeklauseln in Gesellschaftsverträgen oder auf Grund befolgter Teilungsanordnungen steuerbegünstigtes Betriebsvermögen erwerben.
- Lässt ein Schenker einem Bedachten eine Geldzuwendung zukommen unter der Auflage, sich mit mehr als 25 % an einer bestimmten Kapitalgesellschaft zu beteiligen, ist die Geldzuwendung nicht als mittelbare Schenkung der Kapitalanteile durch den Verschonungsabschlag begünstigt. Die Finanzverwaltung begründet dies damit, dass in diesen Fällen eine Beteiligung am Vermögen eines Dritten erfolgt und insoweit kein begünstigtes Vermögen vom Schenker übergeht. Beteiligt sich der Schenker aber zunächst selbst an der Kapitalgesellschaft zu mehr als 25 % und wendet er anschließend dem Beschenkten einen Geldbetrag mit der Auflage zu, seinen 25,1 %-Anteil an der Kapitalgesellschaft zu kaufen, liegt eine unmittelbare Beteiligung des Beschenkten am Betriebsvermögen des Schenkers vor mit der Folge, dass die Steuerbegünstigungen für die Kapitalgesellschaftsanteile auch für die Geldschenkung Anwendung finden und der Verschonungsabschlag zum Abzug kommt.

4.3.5.3 Abzugsbetrag (gleitender)

Nach Aufteilung des Betriebsvermögens in einen steuerpflichtigen und einen 588
steuerfreien Teil (15 %/85 %) bleibt der steuerpflichtige Teil (15 %-Anteil) inso-

weit außer Ansatz, soweit der Wert dieses steuerpflichtigen Teils insgesamt 150.000 € nicht übersteigt (gleitender Abzugsbetrag).[1] Das bedeutet, dass Betriebe mit einem Gesamtwert von 1 Mio. € zur Gänze steuerfrei bleiben:

- 850.000 € sind steuerbefreit im Rahmen des Verschonungsabschlages,[2]
- und der über die 850.000 € hinausgehende verbleibende Teil des begünstigten Betriebsvermögens bleibt bis i. H. von 150.000 € außer Ansatz. Von Relevanz ist der Abzugsbetrag nur bei der Regelverschonung. Im Fall der Optionsverschonung[3] ist der Abzugsbetrag ohne Bedeutung.[4]

589 Soweit der 15 %-Anteil die Wertgrenze von 150.000 € übersteigt, mindert sich der Abzugsbetrag um die Hälfte des übersteigenden Betrages.[5] Dies soll heißen, dass bei einem 15 %-Anteil von 300.000 € der Abzugsbetrag nur noch 75.000 € beträgt (übersteigender Betrag = 150.000 €, davon die Hälfte = 75.000 €, Abzug vom Abzugsbetrag: 150.000 € – 75.000 € = 75.000 €). Bei einem 15 %-Anteil von 450.000 € und höher entfällt der Abzugsbetrag ganz. Somit setzt die Besteuerung des nicht steuerbefreiten 15 %-Anteils erst bei Betrieben ab einem Gesamt-Steuerwert (ermittelt wie oben dargestellt) von 3 Mio. € ein.

Der Abzugsbetrag von 150.000 € soll der Finanzverwaltung primär eine Wertermittlung und aufwendige Überwachung von Klein- und Kleinstbetrieben (z. B. Kleinhandel, kleinere Handwerker oder auch Betriebe der Land- und Forstwirtschaft) unterhalb des Grenzwerts ersparen. Größeren Betrieben – so die Intention des Gesetzgebers – soll diese Vereinfachungsregelung jedoch nicht zukommen. Der Abzugsbetrag ist daher ab einem gemeinen Wert des Betriebsvermögens (des 15 %-Anteils) von 450.000 € auf 0 € abzuschmelzen.

BEISPIEL:

Unternehmenswert, ermittelt nach Ertragswertverfahren		1.200.000 €
Verschonungsabschlag, 85 %		1.020.000 €
= nicht begünstigtes Betriebsvermögen		180.000 €
·/. Abzugsbetrag	·/. 135.000 €	
Max. 150.000 € des nicht begünstigten Betrags	150.000 €	
·/. Abschmelzungsbetrag (50 % des die Wertgrenze von 150.000 € übersteigenden Betrags = 180.000 € – 150.000 €	= 30.000 €	

1 § 13a Abs. 2 Satz 1 ErbStG; R E 13a.3 Abs. 1 ErbStR 2019.

2 Vgl. oben Abschnitt 4.3.5.2 Verschonungsabschlag.

3 Vgl. Rz. 654.

4 R E 13a.3 Abs. 1 Satz 3 ErbStR 2019.

5 § 13a Abs. 2 Satz 2 ErbStG.

Davon $1/2$	= 15.000 €	
Verbleibender Abzugsbetrag (= 150.000 € – 15.000 €)	= 135.000 €	
Zu versteuernder Unternehmenswert		45.000 €

Der vollständige Verbrauch des Abzugsbetrags tritt für das übertragene Vermögen insgesamt ein, unabhängig davon, in welcher Höhe er sich bei der Steuerfestsetzung tatsächlich ausgewirkt hat. [1]

BEISPIEL Erste Übertragung von Betriebsvermögen in 2019

Steuerwert des Betriebs		800.000 €
Verschonungsabschlag 85 % (Verwaltungsvermögen über 10 %) =		680.000 €
Verbleibender Wert		120.000 €
Abzugsbetrag	150.000 €	
·/. Abschmelzungsbetrag		
(verbleibender Wert übersteigt 150.000 € nicht)	0 €	
Verbleibender Abzugsbetrag		120.000 €
Zu versteuernder Unternehmenswert		0 €

Zweite Übertragung von Betriebsvermögen in 2020

In der zweiten Übertragung kann nur der Verschonungsabschlag berücksichtigt werden, da der Abzugsbetrag durch die erste Zuwendung 2019 verbraucht ist, auch wenn dieser um 30.000 € nicht ausgeschöpft werden konnte.

HINWEISE:

- Der Abzugsbetrag kann für Erwerbe von derselben Person innerhalb von zehn Jahren nur einmal geltend gemacht werden. Die Zehnjahresfrist beginnt im Zeitpunkt der Steuerentstehung für den begünstigten Erwerb. Nach Auffassung der Finanzverwaltung tritt der vollständige Verbrauch des Abzugsbetrags für das übertragene Vermögen insgesamt ein, unabhängig davon, in welcher Höhe sich der Abzugsbetrag bei der Steuerfestsetzung tatsächlich ausgewirkt hat.[2] Nach dem FG München[3] gilt sogar ein auf Null abgeschmolzener Abzugsbetrag als berücksichtigt mit der Konsequenz, dass bei einem Folgeerwerb innerhalb von zehn Jahren kein erneuter Abzugsbetrag mehr zur Verfügung steht.
- Der Abzugsbetrag ist auf den Erwerber bezogen und nicht auf das begünstigte Vermögen. Damit vervielfältigt er sich mit der Anzahl der Erwerber. Eine Verteilung des Unternehmensvermögens auf mehrere Erben, die das Unternehmen weiterführen, multipliziert den Abzugsbetrag.

1 R E 13a.3 Abs. 2 Satz 3 ErbStR 2019.

2 R E 13a.3 Abs. 2 Sätze 2 und 3 ErbStR 2019.

3 FG München, Urteil v. 15.5.2019 - 4 K 500/17, LAAAH-31990, Revision BFH-Az. II R 34/19.

- Der nachträgliche vollständige Wegfall des Abzugsbetrags führt dazu, dass damit der Lauf der Sperrfrist rückwirkend entfällt. Bei erneutem Erwerb begünstigten Vermögens kann der Abzugsbetrag neu in Anspruch genommen werden.

4.3.5.4 Begünstigtes Betriebsvermögen und Verwaltungsvermögenstest

590 ABB. 11: Prüfungsablauf für die Ermittlung des begünstigten Betriebsvermögens

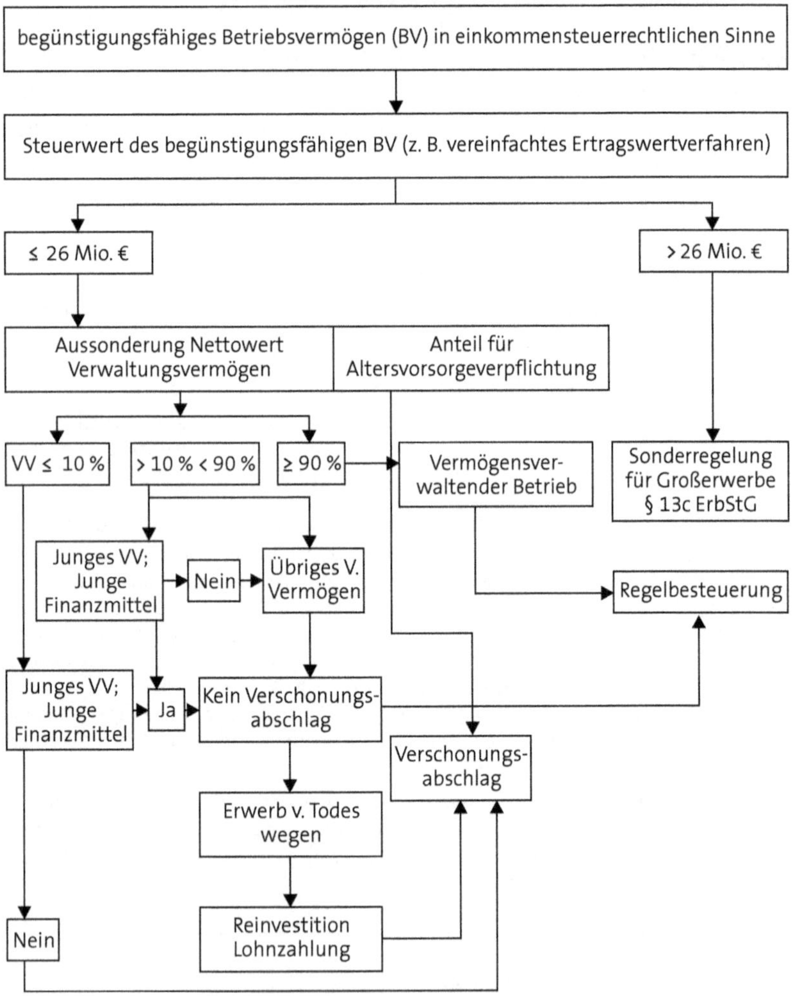

4.3.5.4.1 Allgemeines

Die Inanspruchnahme der Steuervergünstigungen für das Betriebsvermögen setzt naturgemäß voraus, dass ein begünstigtes Betriebsvermögen übertragen wird. 591

Das begünstigte Betriebsvermögen ist definiert als der Saldo aus dem begünstigungsfähigen Betriebsvermögen abzgl. des gemeinen Wertes des um das unschädliche Verwaltungsvermögen gekürzten Nettowertes des Verwaltungsvermögens.[1] Sämtliches Vermögen, das nicht zum begünstigten Vermögen gehört, ist ohne Verschonungsmöglichkeit steuerpflichtig.[2]

In einem ersten Schritt ist daher zu prüfen, ob und in welchem Umfang Betriebsvermögen als solches im gesamten steuerpflichtigen Erwerb vorhanden ist und in der Hand des Erwerbers inländisches Betriebsvermögen bleibt.[3] Die Qualifizierung als Betriebsvermögen erfolgt unter Anwendung einkommensteuerlicher Kriterien wie bereits oben in Rz. 581 dargestellt.

Besteht der Erwerb aus betriebsnotwendigem Vermögen bzw. liegt Betriebsvermögen vor, ist in einem zweiten Schritt zu prüfen, ob hierfür eine Weitergabeverpflichtung besteht. Eine solche kann bestehen aufgrund eines Testaments, etwa die Auflage, das Vermögen auf einen Dritten übertragen zu müssen. Ein Erwerber, der begünstigtes Betriebsvermögen aufgrund einer letztwilligen Verfügung des Erblassers oder einer rechtsgeschäftlichen Verfügung des Erblassers oder Schenkers auf einen Dritten übertragen muss, kann die Steuerbegünstigungen (Verschonungsabschlag und den Abzugsbetrag) nicht in Anspruch nehmen (§ 13a Abs. 5 Satz 1 ErbStG). 592

Im dritten Schritt ist die Höhe des Betriebsvermögens nach den maßgeblichen Vorschriften für die Unternehmensbewertung (z. B. im vereinfachten Ertragswertverfahren) festzustellen. Übersteigt der Erwerb die Grenze von 26 Mio. € nicht, fällt das Vermögen grds. in die Steuerbefreiung. Der Verschonungsabschlag und der gleitende Abzugsbetrag können in Anspruch genommen werden. Wird die Wertgrenze überschritten, finden die Sonderregelungen für Großerwerbe Anwendung.[4] 593

Der vierte Schritt besteht darin, zu prüfen, ob und in welchem Umfang Verwaltungsvermögen im begünstigungsfähigen Betriebsvermögen enthalten ist. 594

---

1 Zur Berechnung des Nettowertes des Verwaltungsvermögens vgl. Rz. 596.

2 R E. 13b.7 Satz 2 ErbStR 2019.

3 R E. 13b.5 Abs. 1 Satz 1 ErbStR 2019.

4 § 13c ErbStG, vgl. Rz. 657.

Sind Teile des Betriebsvermögens als Verwaltungsvermögen[1] zu qualifizieren, ist dieses insoweit auszusondern. Der Teil des Betriebsvermögens, welcher Verwaltungsvermögen ist, unterliegt wie Privatvermögen der vollen Besteuerung (unter Berücksichtigung des Abzugs der anteiligen Schulden und der 10 %-Unschädlichkeitsgrenze bzw. des 10 %-Puffers).

Ausnahme: Das separierte Verwaltungsvermögen dient anteilig der Erfüllung von Schulden aus Altersversorgungsverpflichtungen (§ 13b Abs. 3 ErbStG).[2] Verwaltungsvermögen, das zur Erfüllung solcher Verpflichtungen dient, stellt kein steuerschädliches Verwaltungsvermögen dar und wird vom Verschonungsabschlag erfasst. Innerhalb des Verwaltungsvermögens sind junges Verwaltungsvermögen und junge Finanzmittel zu separieren. Junges Verwaltungsvermögen und junge Finanzmittel sind sowohl vom Verwaltungsvermögens-Freibetrag ausgeschlossen als auch bei der Berechnung des Nettowertes des Verwaltungsvermögens (Schuldensaldierung).

595 Beträgt der Nettowert des Verwaltungsvermögens nicht mehr als 10 %, zählt es zum unschädlichen Verwaltungsvermögen, wenn es kein junges Verwaltungsvermögen bzw. junges Finanzvermögen ist (allgemeiner Verwaltungsvermögens-Freibetrag § 13b Abs. 7 ErbStG). Junges Verwaltungsvermögen ist immer aus dem begünstigungsfähigen Betriebsvermögen herauszurechnen, auch wenn der Anteil weniger als die Unschädlichkeitsgrenze von 10 % beträgt. Beträgt der Anteil des Verwaltungsvermögens zwischen 10 % und 90 %, ist es vom begünstigungsfähigen Betriebsvermögen grds. auszusondern. Für das ausgesonderte Verwaltungsvermögen gibt es keinen Verschonungsabschlag. Bei der Übertragung von reinen „vermögensverwaltenden" Gesellschaften (das Verwaltungsvermögen beträgt 90 % und mehr vom begünstigungsfähigen Betriebsvermögen[3]) entfällt die Steuerbefreiung für das Betriebsvermögen zur Gänze.

Bei der Ermittlung des begünstigten Vermögens ist wie im nachfolgenden Beispiel vorzugehen:[4]

BEISPIEL: 90 %-Test (Prüfung nach § 13b Abs. 2 Satz 2 ErbStG)

festgestellter Wert des Verwaltungsvermögens
(einschließlich junges Verwaltungsvermögen) § 13b Abs. 4 Nr. 1 bis 4 ErbStG

1 Zum Begriff vgl. Rz. 606 ff.

2 Vgl. unten Rz. 621.

3 Übermäßiges Verwaltungsvermögen vgl. R E. 13b.10 ErbStR 2019.

4 R E 13b.9 Abs. 2 ErbStR 2019.

\+ festgestellter Wert der Finanzmittel (einschließlich junge Finanzmittel) § 13b Abs. 4 Nr. 5 ErbStG

= Verwaltungsvermögen für den 90 %-Test

festgestellter Wert des (Anteils) Betriebsvermögens

= Verwaltungsvermögensquote ≥ 90 %, dann insgesamt kein begünstigtes Vermögen

Anzumerken ist, dass das Verwaltungsvermögen für den 90 %-Test ohne Verrechnung von Schulden und, soweit Finanzmittel vorhanden sind, ohne Abzug des 15%igen Sockelbetrags (Finanzmitteltest) anzusetzen ist. Das FG Münster äußerte in einem Verfahren zur Aussetzung der Vollziehung ernstliche verfassungsrechtliche Zweifel an der Berechnungsmethodik.[1]

Wie der 90 %-Test schließlich „bestanden" werden kann und die Steuerbefreiung für das Betriebsvermögen durch einfache „Vorkehrungsmaßnahmen" erreicht werden kann, wird in Rz. 875 aufgezeigt.

Schließlich ist im fünften und letzten Schritt der Nettowert des nicht begünstigten Verwaltungsvermögens unter Saldierung der Schulden zu ermitteln. 596
Der Nettowert des Verwaltungsvermögens errechnet sich unter Berücksichtigung anteiliger Schulden in folgenden drei Schritten:[2]

1 Ermittlung des Saldos Verwaltungsvermögen

festgestellter Wert des Verwaltungsvermögens

\- festgestellter Wert des jungen Verwaltungsvermögens

\+ verbleibender Wert der Finanzmittel

= Saldo Verwaltungsvermögen

2 Berechnung der anteilig verbleibenden Schulden

verbleibende Schulden × Saldo Verwaltungsvermögen (Ergebnis aus Schritt 1)

festgestellter Wert des (Anteils) Betriebsvermögens + verbleibende Schulden unter Berücksichtigung der Schulden, die im Rahmen des Finanzmitteltests verrechnet wurden

= anteilig verbleibende Schulden

3 Berechnung des Nettowertes des Verwaltungsvermögens

Saldo Verwaltungsvermögen aus Schritt 1

\- anteilig verbleibende Schulden aus Schritt 2

= Nettowert des Verwaltungsvermögens

Der Nettowert des Verwaltungsvermögens ist schließlich um das unschädliche Verwaltungsvermögen (10 % des Werts des Betriebsvermögens) zu kürzen.[3]

1 FG Münster, Beschluss v. 3.6.2019 - 3 V 3697/18 Erb, QAAAH-33727.

2 R E. 13b.9 Abs. 2 II.3 ErbStR 2019.

3 R E. 13b.26 Satz 1 ErbStR 2019.

597 Der um das unschädliche Verwaltungsvermögen gekürzte Nettowert ist vom begünstigungsfähigen Betriebsvermögen abzuziehen. Für das Verwaltungsvermögen gibt es keinen Verschonungsabschlag. Separat zu betrachten sind in diesem Schritt wieder das junge Verwaltungsvermögen und die jungen Finanzmittel. Da diese Vermögenswerte von den Steuervergünstigungen zur Gänze ausgeschlossen sind, muss der Nettowert des Verwaltungsvermögens mindestens den gemeinen Wert des jungen Verwaltungsvermögens und der Finanzmittel betragen (§ 13b Abs. 8 Satz 3 ErbStG).

Investiert der Unternehmensnachfolger Teile des Verwaltungsvermögens (im Regelfall Finanzmittel) in den Betrieb, kann für dieses reinvestierte Verwaltungsvermögen unter bestimmten Voraussetzungen rückwirkend die Verschonungsregelung greifen.

HINWEIS:

Ist das begünstigte Betriebsvermögen ermittelt und kommt der Regelverschonungsabschlag von 85 % auf dieses begünstigte Betriebsvermögens zur Anwendung, ist weiter zu prüfen, ob für das übrige Betriebsvermögen (15 % Anteil) der Abzugsbetrag gewährt werden kann.[1]

4.3.5.4.2 Begünstigungsfähiges Betriebsvermögen

598 Zum begünstigungsfähigen Betriebsvermögen zählt (§ 13b Abs. 1 ErbStG):

1. der inländische Wirtschaftsteil des land- und forstwirtschaftlichen Vermögens mit Ausnahme der Stückländereien und selbst bewirtschafteter Grundstücke sowie land- und forstwirtschaftliches Vermögen, das einer Betriebsstätte in einem Mitgliedstaat der Europäischen Union oder in einem Staat des Europäischen Wirtschaftsraums dient;
2. inländisches Betriebsvermögen nach der Definition der §§ 95 bis 97 des Bewertungsgesetzes beim Erwerb eines ganzen Gewerbebetriebs, eines Teilbetriebs, eines Anteils an einer:
   - Offenen Handelsgesellschaft
   - Kommanditgesellschaft
   - anderen Gesellschaft, bei der der Gesellschafter (Erblasser oder Schenker) als Mitunternehmer anzusehen ist.[2]
   - Gesellschaft, die als gewerbliches Unternehmen gilt

1 Vgl. oben Rz. 588.

2 Vgl. § 15 Abs. 1 Satz 1 Nr. 2 EStG.

- „gewerblich geprägten" Personengesellschaft[1]
- Gesellschaft i. S. von § 18 Abs. 4 EStG
- Anteile eines persönlich haftenden Gesellschafters einer Kommanditgesellschaft auf Aktien oder eines Anteils daran
- Betriebsvermögen, das einer Betriebsstätte in einem Mitgliedsstaat der Europäischen Union oder in einem Staat des Europäischen Wirtschaftsraums dient. Begünstigungsfähig ist nach Auffassung der Finanzverwaltung auch ausländisches Betriebsvermögen in Drittstaaten, wenn es als Beteiligung an einer Personengesellschaft oder Anteil an einer Kapitalgesellschaft Teil einer wirtschaftlichen Einheit des Betriebsvermögens im Inland oder in einem Mitgliedstaat der Europäischen Union oder in einem Staat des Europäischen Wirtschaftsraums ist.[2]

3. Anteile an Kapitalgesellschaften mit Sitz oder Geschäftsleitung im Inland oder in einem Mitgliedstaat der Europäischen Union oder in einem Staat des Europäischen Wirtschaftsraums. Streubesitz zählt dabei nicht zum begünstigten Vermögen. Das heißt, der Schenker oder Erblasser muss bzw. musste zum Übertragungszeitpunkt unmittelbar zu mehr als 25 % am Nennkapital der Kapitalgesellschaft beteiligt bzw. beteiligt gewesen sein.

Grundstücke oder Grundstücksteile sind Teil des begünstigten Betriebsvermögens, soweit sie bei der Bewertung des Betriebsvermögens zum Umfang der wirtschaftlichen Einheit gehören und diese Eigenschaft auf den Erwerber übergeht. Für Grundbesitz der in § 97 Abs. 1 Satz 1 Nr. 5 BewG bezeichneten inländischen Körperschaften, Personenvereinigungen und Vermögensmassen setzt die Finanzverwaltung eine Zugehörigkeit zum Betriebsvermögen kraft Rechtsform voraus. Ein zum Gesamthandsvermögen einer Personengesellschaft gehörendes Grundstück ist allerdings dann nicht begünstigt, wenn es ausschließlich oder fast ausschließlich der privaten Lebensführung eines, mehrerer oder aller Gesellschafter dient. 599

Begünstigt ist nur der unmittelbare Übergang von Betriebsvermögen und dann auch nur im Paket. Das Betriebsvermögen muss im Zusammenhang mit dem Erwerb eines ganzen Gewerbebetriebs, eines Teilbetriebs oder einer Betei- 600

1 Vgl. § 15 Abs. 3 EStG. Eine gewerblich geprägte Personengesellschaft ist eine Personengesellschaft in der Rechtsform einer GmbH & Co. KG, die keine gewerbliche Tätigkeit ausübt und bei der eine GmbH als Komplementärin beteiligt ist, nur diese für die KG persönlich haftet und nur die GmbH oder Personen, die selbst nicht zugleich Gesellschafter sind, zur Geschäftsführung befugt sind.

2 R E. 13b.5 Abs. 4 ErbStR 2019.

ligung an einer Personengesellschaft auf den Erwerber übergehen.[1] Teilübertragungen eines Gewerbebetriebs oder die Übertragung einzelner Wirtschaftsgüter eines Betriebsvermögens sind nicht begünstigt. Dies gilt insbesondere, wenn der Schenker wesentliche Betriebsgrundlagen zurückbehält oder auf andere Erwerber überträgt.[2]

601 Die Zurückbehaltung des Sonderbetriebsvermögens oder eine disquotale Übertragung desselben ist hingegen nicht steuerschädlich. Nach Auffassung der Finanzverwaltung ist eine begünstigte Übertragung eines Anteils an einer Personengesellschaft oder am Sonderbetriebsvermögen des Gesellschafters nicht davon abhängig, dass die Gesellschaftsanteile und das Sonderbetriebsvermögen im gleichen quotalen Umfang auf den Erwerber übergehen. Vielmehr gilt dies auch dann, wenn der Schenker sein Sonderbetriebsvermögen in geringerem Umfang überträgt oder es insgesamt zurückbehält und das zurückbehaltene Sonderbetriebsvermögen weiterhin zum Betriebsvermögen derselben Personengesellschaft gehört, sowie auch dann, wenn der Schenker sein Sonderbetriebsvermögen in größerem Umfang überträgt.[3]

602 Befinden sich Anteile an Kapitalgesellschaften im Gesamthandsvermögen einer vermögensverwaltenden Personengesellschaft, z. B. in einem Familienpool, sollen diese nach Auffassung der Finanzverwaltung nicht als begünstigtes Betriebsvermögen gelten. „Unterbeteiligungen oder über eine andere Kapitalgesellschaft oder eine Personengesellschaft gehaltene mittelbare Beteiligungen des Erblassers oder Schenkers" sollen gem. R E 13b.6 Abs. 2 Satz 3 ErbStR 2019 selbst nicht begünstigt sein und außerdem „bei der Prüfung seiner Beteiligungshöhe" unberücksichtigt bleiben. Damit scheiden z. B. Anteile an einer A-GmbH, welche mittelbar durch Übertragung von Anteilen an der B-GmbH & Co. KG übertragen werden, aus der Begünstigungsregelung für Betriebsvermögen i. S. des § 13b ErbStG aus.

603 Als maßgebliches Nennkapital sieht die Finanzverwaltung bei der GmbH den Nennbetrag des Stammkapitals und bei der AG den Nennbetrag des Grundkapitals an. Hält die Gesellschaft eigene Anteile, mindern sie das Nennkapital der Gesellschaft und erhöhen damit die Beteiligungsquote des Gesellschafters.[4] Unterbeteiligungen oder mittelbare Beteiligungen des Erblassers oder Schenkers sind nicht begünstigt und zählen für die Ermittlung der maßgeblichen Beteiligungshöhe nicht dazu.

1 R E 13b.5 Abs. 3 ErbStR 2019.

2 R E 13b.5 Abs. 3 Satz 8 ErbStR 2019.

3 R E 13b.5 Abs. 3 ErbStR 2019.

4 R E 13b.6 Abs. 2 Satz 2 ErbStR 2019.

Werden mehrere wirtschaftliche Einheiten des Betriebsvermögens gleichzeitig übertragen, sind deren Steuerwerte vor Anwendung der Begünstigungsvorschrift zusammenzurechnen. Verschonungsabschlag und Abzugsbetrag werden so vom Wert aller begünstigten Einheiten abgezogen. Dies gilt für mehrere Gewerbebetriebe oder mehrere Arten begünstigten Vermögens (land- und forstwirtschaftliches Vermögen, Betriebsvermögen, Anteile an Kapitalgesellschaften). Der Verschonungsabschlag und der Abzugsbetrag können dann nur von einem insgesamt positiven Steuerwert des gesamten begünstigten Vermögens abgezogen werden.[1] 604

Auch der Zuwendungsnießbrauch an einer Beteiligung an einer Personengesellschaft zählt zum begünstigungsfähigen Betriebsvermögen, wenn der Zuwendungsnießbraucher ertragsteuerlich als Mitunternehmer der Personengesellschaft anzusehen ist.[2] 605

Tabellarische Zusammenfassungen: Begünstigungsfähiges Betriebsvermögen bei der Übertragung von Einzelunternehmen/Personengesellschaften sowie von Anteilen an Kapitalgesellschaften.[3]

► **Einzelunternehmen/Personengesellschaften**

Zum Vermögen des Einzelunternehmens/ der Personengesellschaft gehören	begünstigungsfähiges/nicht begünstigungsfähiges Betriebsvermögen
Betriebsstätte im Inland	begünstigungsfähiges Betriebsvermögen
Betriebsstätte in einem Mitgliedstaat der Europäischen Union oder einem Staat des Europäischen Wirtschaftsraums	begünstigungsfähiges Betriebsvermögen
Betriebsstätte in einem Drittstaat	nicht begünstigungsfähiges Betriebsvermögen
Beteiligung an einer Personengesellschaft im Inland	begünstigungsfähiges Betriebsvermögen, auch soweit die Personengesellschaft eine Betriebsstätte in einem Drittstaat unterhält
Beteiligung an einer Personengesellschaft in einem Mitgliedstaat der Europäischen Union oder einem Staat des Europäischen Wirtschaftsraums	begünstigungsfähiges Betriebsvermögen, auch soweit die Personengesellschaft eine Betriebsstätte in einem Drittstaat unterhält

1 R E 13a 2 ErbStR 2019.

2 R E 13b.30 Abs. 6 ErbStR 2019.

3 H E 13b.5 ErbStH 2019.

Beteiligung an einer Personengesellschaft in einem Drittstaat	begünstigungsfähiges Betriebsvermögen, auch soweit die Personengesellschaft eine Betriebsstätte in einem Drittstaat unterhält
Anteile an einer Kapitalgesellschaft im Inland	begünstigungsfähiges Betriebsvermögen
Anteile an einer Kapitalgesellschaft in einem Mitgliedsstaat der Europäischen Union oder einem Staat des Europäischen Wirtschaftsraums	begünstigungsfähiges Betriebsvermögen
Anteile an einer Kapitalgesellschaft in einem Drittstaat	begünstigungsfähiges Betriebsvermögen

► **Anteile an Kapitalgesellschaften**[1]

Zum Vermögen der Kapitalgesellschaft gehören	begünstigungsfähiges/nicht begünstigungsfähiges Vermögen
Betriebsstätte im Inland	begünstigungsfähiges Vermögen
Betriebsstätte in einem Mitgliedstaat der Europäischen Union oder einem Staat des Europäischen Wirtschaftsraums	begünstigungsfähiges Vermögen
Betriebsstätte in einem Drittstaat	begünstigungsfähiges Vermögen, da Sitz bzw. Geschäftsleitung der Kapitalgesellschaft im Inland, einem Mitgliedstaat der Europäischen Union oder einem Staat des Europäischen Wirtschaftsraums
Beteiligung an einer Personengesellschaft im Inland	begünstigungsfähiges Vermögen, da Sitz bzw. Geschäftsleitung der Kapitalgesellschaft im Inland, einem Mitgliedstaat der Europäischen Union oder einem Staat des Europäischen Wirtschaftsraums
Beteiligung an einer Personengesellschaft in einem Mitgliedstaat der Europäischen Union oder einem Staat des Europäischen Wirtschaftsraums	begünstigungsfähiges Vermögen, da Sitz bzw. Geschäftsleitung der Kapitalgesellschaft im Inland, einem Mitgliedstaat der Europäischen Union oder einem Staat des Europäischen Wirtschaftsraums
Beteiligung an einer Personengesellschaft in einem Drittstaat	begünstigungsfähiges Vermögen, da Sitz bzw. Geschäftsleitung der Kapitalgesellschaft im Inland, einem Mitgliedstaat der Europäischen Union oder einem Staat des Europäischen Wirtschaftsraums

1 H E 13b.6 ErbStH 2019.

Anteile an einer Kapitalgesellschaft im Inland	begünstigungsfähiges Vermögen, da Sitz bzw. Geschäftsleitung der Kapitalgesellschaft im Inland, einem Mitgliedstaat der Europäischen Union oder einem Staat des Europäischen Wirtschaftsraums
Anteile an einer Kapitalgesellschaft in einem Mitgliedsstaat der Europäischen Union oder einem Staat des Europäischen Wirtschaftsraums	begünstigungsfähiges Vermögen, da Sitz bzw. Geschäftsleitung der Kapitalgesellschaft im Inland, einem Mitgliedstaat der Europäischen Union oder einem Staat des Europäischen Wirtschaftsraums
Anteile an einer Kapitalgesellschaft in einem Drittstaat	begünstigungsfähiges Vermögen, da Sitz bzw. Geschäftsleitung der Kapitalgesellschaft im Inland, einem Mitgliedstaat der Europäischen Union oder einem Staat des Europäischen Wirtschaftsraums

HINWEISE:

- In vielen Fällen kann es durch die Zusammenrechnung der Werte aller übertragenen begünstigten wirtschaftlichen Einheiten des Betriebsvermögens dazu kommen, dass der Abzugsbetrag verloren geht und u.U. eine getrennte Übertragung vorteilhafter ist (zum Abzugsbetrag vgl. Rz. 588 ff.).
- Auf die „Art“ der Einkünfte des Unternehmens kommt es nicht an. Es spielt also keine Rolle, ob das zu übertragende Unternehmen oder Anteile daraus „aktive“ oder „passive“ Einkünfte erzielt. Auch ein Unternehmen, das ausschließlich operativ tätig ist, kann nicht begünstigt sein, wenn die notwendigen Voraussetzungen (siehe Rz. 591 Schritte 1 bis 4) nicht erfüllt sind.
- Wird die erforderliche unmittelbare Mindestbeteiligung nicht erreicht, kann mittels eines Poolvertrages (Poolvereinbarung) u.U. dennoch erreicht werden, dass die Anteile in die Verschonungsregelung einbezogen werden können und damit nicht zum Verwaltungsvermögen zählen.[1] Näheres zur Poolvereinbarung in Teil VII Rz. 981.
- Neben inländischem Betriebsvermögen ist auch entsprechendes Betriebsvermögen begünstigt, das einer Betriebsstätte in einem Mitgliedstaat der Europäischen Union oder in einem Staat des Europäischen Wirtschaftsraums dient. Begünstigt sind außerdem Beteiligungen an Ober- und Holdinggesellschaften mit Sitz oder Geschäftsleitung im Ausland (sogenannte Verbundbetrachtung oder Konzernklausel § 13b Abs. 9 ErbStG).

1 R E 13b.6 Abs. 3 Satz 1 ErbStR 2019.

4.3.5.4.3 Nicht begünstigtes Verwaltungsvermögen im Betriebsvermögen (Verwaltungsvermögenstest)

4.3.5.4.3.1 Allgemeines

606 Liegt dem Grunde nach begünstigtes Betriebsvermögen vor, ist im zweiten Schritt (vgl. Rz. 590 „Übersicht Prüfungsablauf") zu prüfen, ob in diesem begünstigten Betriebsvermögen ein sog. „Verwaltungsvermögen" enthalten ist.[1] Ziel der Unterscheidung zwischen begünstigtem Betriebsvermögen und Verwaltungsvermögen innerhalb des Gesamt-Betriebsvermögens ist es, das verschonungswürdige – weil der originär gewerblichen Tätigkeit dienende – Vermögen von jenem Vermögen zu trennen, das dem Unternehmen eher der Kapitalanlage dient. Das hierbei anzuwendende „Prüfverfahren" wurde im Zuge der Erbschaftsteuerreform 2016[2] neu gefasst und den Vorgaben des Bundesverfassungsgerichts angepasst. Ist Verwaltungsvermögen vorhanden, mindert sich die Höhe des begünstigten Vermögens um den sog. Nettowert des Verwaltungsvermögens. Der Nettowert des Verwaltungsvermögens errechnet sich unter Abzug der mit diesem Vermögen im Zusammenhang stehenden Schulden. Einen direkten Abzug jener Schulden, die wirtschaftlich bestimmten Wirtschaftsgütern zugeordnet werden können, akzeptiert die Finanzverwaltung nicht.[3] Die anteiligen Schulden errechnen sich nach dem „Verhältnis des gemeinen Werts des Verwaltungsvermögens zum gemeinen Wert des Betriebsvermögens des Betriebs oder der Gesellschaft zuzüglich der ... verbleibenden Schulden" (§ 13b Abs. 6 ErbStG). Dabei kommt dem Abzug von entsprechenden Wirtschaftsgütern für Altersversorgungsverpflichtungen vorrangige Bedeutung zu. Der dann verbleibende Schuldenüberhang fließt in die weiteren Berechnungen ein.

BEISPIEL:[4] Erwerber E erbt von seinem Vater ein Einzelunternehmen, dessen Steuerwert im Rahmen des vereinfachten Ertragswertverfahrens auf 2,5 Mio. € festgestellt worden ist. In diesem Betrieb befindet sich Verwaltungsvermögen im Wert von 500.000 €. Darüber hinaus sind Finanzmittel i. H. von 750.000 € vorhanden und Schulden i. H. von 1 Mio. €.

---

1 Zum Begriff siehe anschließend Rz. 609 ff.

2 Vom 4.11.2016, BGBl 2016 I S. 2464.

3 R E 13b.25 Satz 2 ErbStR 2019.

4 Berechnung ohne Berücksichtigung des Verwaltungsvermögens Freibetrages von 10 % (§ 13b Abs. 7 ErbStG).

Der Nettowert des nicht begünstigten Verwaltungsvermögens errechnet sich wie folgt:

Steuerwert des begünstigungsfähigen Betriebsvermögens		2.500.000,00 €
gemeiner Wert des Verwaltungsvermögens	500.000,00 €	
Schuldenüberhang bei Verwaltungsvermögen „Finanzmittel"*		
Finanzmittel	750.000 €	
Schulden	1.000.000 €	
Schuldenüberhang	300.000,00 €	
Zwischensumme Steuerwert Betriebsvermögen + Schuldenüberhang		2.800.000,00 €

$$\text{Schuldenanteil des Verwaltungsvermögens} = \frac{500.000/2.800.000}{\times 100} = 17{,}85\,\%$$

* Beispiel unter der Annahme, dass es sich bei den Finanzmitteln nicht um „junge Finanzmittel" handelt, zum Schuldensaldierungsverbot bei jungen Finanzmitteln vgl. unten Rz. 623 ff.

Der Schuldenanteil des Verwaltungsvermögens beträgt 17,85 %. Das Verwaltungsvermögen ist um einen Schuldenanteil von (300.000 x 17,85 % = 53.571,43 € zu kürzen. Das Nettoverwaltungsvermögen beträgt danach (500.000 € - (300.000 × 17,85 %) = 446.428,57 €

Der Verschonungsabschlag ist aus einem begünstigten Betriebsvermögen von (2.800.000 - 446.428) = 2.353.571 € zu berechnen. Der Regelverschonungsabschlag beträgt unter Berücksichtigung des Verwaltungsvermögens 85 % aus 2.353.571 € = 2.000.525 €. Für den geerbten Betrieb sind rund 353.000 € als steuerpflichtiger Erwerb der Erbschaftsteuer zu unterwerfen. Der Schuldenabzug wird allerdings in mehreren Fällen wieder eingeschränkt. Außerdem ist eine gesetzliche Untergrenze für den Nettowert des Verwaltungsvermögens vorgegeben.[1]

Von der Summe des gesamten ermittelten Verwaltungsvermögens ist ein sogenannter „Verwaltungsvermögens-Freibetrag" (auch „Puffer" genannt) abzuziehen. Damit soll dem Umstand Rechnung getragen werden, dass praktisch jedes Unternehmen im operativen Geschäftsbetrieb liquide Mittel in bestimmter Höhe vorhalten muss. Der „Puffer" beträgt 10 % des „um den Nettowert des Verwaltungsvermögens gekürzten gemeinen Werts des Betriebsvermögens" (sogenanntes „unschädliches Verwaltungsvermögen", § 13b Abs. 7 607

1 Vgl. hierzu unten Rz. 623 ff.

Satz 1 ErbStG). Ausgeschlossen ist der Abzug des Puffers vom „jungen Verwaltungsvermögen“ (Verwaltungsvermögen, das dem Betrieb im Besteuerungszeitpunkt weniger als zwei Jahre zuzurechnen war) bzw. von „jungen“ Finanzmitteln mit einer Betriebszugehörigkeit von weniger als zwei Jahren (§ 13b Abs. 7 Satz 2 ErbStG).

608 Der Verwaltungsvermögenstest ist anhand der Verhältnisse zum Besteuerungszeitpunkt durchzuführen. Dabei ist ausschließlich auf die Verhältnisse beim Erblasser oder Schenker abzustellen. Veränderungen hinsichtlich der Quote des Verwaltungsvermögens, die nach dem Besteuerungszeitpunkt beim Erwerber eintreten, sind unbeachtlich.[1] Erhöht sich also innerhalb des übertragenen Vermögens die Verwaltungsvermögensquote nachträglich, hat dies keinen Einfluss auf die Verschonungsquote.

HINWEISE:

- Die zuständigen Bewertungsstellen stellen die Summen der gemeinen Werte der Wirtschaftsgüter des Verwaltungsvermögens und des jungen Verwaltungsvermögens auf Anweisung der Erbschaftsteuerfinanzämter gesondert fest (§ 13b Abs. 10 ErbStG).
- Wurden aufgrund eines einheitlichen Schenkungsvorgangs oder Erbfalls mehrere wirtschaftliche Einheiten des Betriebsvermögens übertragen (z. B. ein Gewerbebetrieb und ein Einzelunternehmen), ist der Verwaltungsvermögenstest für jede übertragene wirtschaftliche Einheit gesondert zu prüfen.
- Bei Erwerben von Todes wegen sollte(n) der/die Erwerber zudem eine Neuberechnung des Verwaltungsvermögens innerhalb von zwei Jahren beantragen, wenn er/sie Finanzmittel nachträglich zur Erfüllung eines vom Erblasser gefassten Investitionsplans verwendet haben oder bei saisonalen Einnahmeschwankungen Liquiditätsreserven für Lohnzahlungen einsetzen mussten.
- Zu beachten ist, dass von Gesetzes wegen kein Schuldenabzug zulässig ist für ohne wirtschaftlichen Grund über den durchschnittlichen Schuldenstand der letzten drei Jahre aufgeblähte Schulden. Außerdem können solche Schulden nicht abgezogen werden, die das Unternehmen nicht wirtschaftlich belasten (§ 13b Abs. 8 Satz 2 ErbStG).

4.3.5.4.3.2 Nicht begünstigtes Verwaltungsvermögen im Einzelnen

609 **► Grundstücke, Grundstücksteile, grundstücksgleiche Rechte und Bauten**

Zum Verwaltungsvermögen zählen Dritten zur Nutzung überlassene Grundstücke, Grundstücksteile, grundstücksgleiche Rechte und Bauten (§ 13b Abs 4 Satz 1 Nr. 1 ErbStG). Unerheblich dabei ist, ob die Überlassung entgeltlich oder ganz bzw. teilweise unentgeltlich erfolgt.[2]

1 R E 13b.8 Abs. 2 Sätze 2 und 3 ErbStR 2019.

2 R E 13b.13 Satz 2 ErbStR 2019.

Grundstücke zählen hingegen – trotz einer Nutzungsüberlassung an Dritte – nicht zum Verwaltungsvermögen, wenn eine der folgenden Ausnahmeregelungen greift:

1. Grundstücke im Sonderbetriebsvermögen und Betriebsaufspaltung

Der Erblasser oder Schenker konnte sowohl im überlassenden Betrieb als auch 610
im nutzenden Betrieb allein oder zusammen mit anderen Gesellschaftern einen einheitlichen geschäftlichen Betätigungswillen durchsetzen) oder der Erblasser oder Schenker hatte als Gesellschafter einer gewerblichen oder freiberuflichen Gesellschaft[1] das Grundstück der Gesellschaft zur Nutzung überlassen, und diese Rechtsstellung ist auf den Erwerber übergegangen.

Diese Ausnahmeregelung betrifft solche Grundstücke, die ertragsteuerrechtlich als Sonderbetriebsvermögen zu behandeln sind. Eine Behandlung als Verwaltungsvermögen scheidet aus.

Ausnahme: Es erfolgt eine weitere Nutzungsüberlassung an einen weiteren Dritten. Liegt eine weitere Nutzung bei nutzenden Dritten vor, für die keine der Ausnahmen greift, ist wieder schädliches Verwaltungsvermögen gegeben (Rückausnahme).[2]

Diese Ausnahmeregelung betrifft auch solche Grundstücke, die im Rahmen einer Betriebsaufspaltung überlassen werden (§ 13b Abs. 4 Nr. 1 Satz 2 Buchst. a ErbStG). Übertragen die Eltern Anteile sowohl an der das Grundstück überlassenden Gesellschaft (der Besitzgesellschaft) als auch der das Grundstück nutzenden Gesellschaft (der Betriebsgesellschaft), zählt das Grundstück nicht zum Verwaltungsvermögen. Dies gilt aber nur, soweit die Betriebsgesellschaft das Grundstück unmittelbar nutzt.

Die Finanzverwaltung knüpft die Anwendung der Rückausnahme für eine Grundstücksüberlassung im Rahmen einer Betriebsaufspaltung u. a. an die Bedingung an, dass der Erblasser/Überträger seinen Willen sowohl im Besitz- als auch im Betriebsunternehmen unmittelbar durchsetzen konnte. Die Finanzverwaltung wendet die Rückausnahme auch im Fall einer umgekehrten Betriebsaufspaltung an.[3]

---

1 Im Sinne des § 15 Abs. 1 Satz 1 Nr. 2 und Abs. 3 oder § 18 Abs. 4 EStG.

2 R E 13b.14 Abs. 1 Satz 2 ErbStR 2019: Dies gilt nur, soweit die Betriebsgesellschaft das Grundstück unmittelbar nutzt; eine Weiterüberlassung des Grundstücks durch die Betriebsgesellschaft an einen Dritten führt zum Verwaltungsvermögen.

3 R E 13b.14 Abs. 1 Satz 8 ErbStR 2019.

2. Grundstücksüberlassung im Rahmen von Betriebsverpachtungen

611 Verpachtetes Betriebsvermögen zählt hingegen zum begünstigungsfähigen Betriebsvermögen. Daher sind Grundstücke, für die eine Nutzungsüberlassung im Rahmen der Verpachtung eines ganzen Betriebs erfolgt, welche beim Verpächter zu ertragsteuerlichen Gewinneinkünften (nicht zu Einkünften aus Vermietung und Verpachtung) führt, von der Zuordnung zum Verwaltungsvermögen ausgenommen. Die Finanzverwaltung knüpft die Ausnahmeregelung an drei Voraussetzungen:

1. der Erbe, auf den der verpachtete Betrieb übergeht, ist bereits Pächter des Betriebs oder
2. bei einer Schenkung unter Lebenden hat der Verpächter den Pächter im Zusammenhang mit einer unbefristeten Verpachtung durch eine letztwillige Verfügung oder eine rechtsgeschäftliche Verfügung als Erben eingesetzt oder
3. der Beschenkte kann den Betrieb noch nicht selber führen, weil ihm z. B. die dazu erforderliche Qualifikation noch fehlt und der Schenker im Hinblick darauf den verschenkten Betrieb für eine Übergangszeit von maximal zehn Jahren an einen Dritten verpachtet hat. Die Verpachtung darf nicht über den Zeitpunkt hinausgehen, in dem der Beschenkte das 28. Lebensjahr vollendet, wenn die Schenkung an ein minderjähriges Kind erfolgt ist.[1]

Die Steuerbegünstigungen gelten nicht für verpachtete Betriebe, die vor ihrer Verpachtung die Voraussetzungen als begünstigtes Vermögen nicht erfüllt haben. Hierdurch wird vermieden, dass ein in der aktiven Zeit nicht begünstigtes Unternehmen über den Weg der Betriebsverpachtung in begünstigtes Vermögen umqualifiziert werden kann.[2]

3. Überlassung von Grundstücken im Konzern sowie Grundstücke von Wohnungsunternehmen

612 Nicht zum Verwaltungsvermögen zählen Grundstücke, wenn der überlassende Betrieb als auch der nutzende Betrieb zu einem Konzern gehören. Dies gilt auch hier nur insoweit, als keine Nutzungsüberlassung an einen weiteren Dritten erfolgt.

Ebenso stellen Grundstücke, Grundstücksteile, grundstücksgleiche Rechte und Bauten kein steuerschädliches Verwaltungsvermögen dar, wenn der Haupt-

1 R E 13b.15 Abs. 1 Satz 1 Nr. 3 ErbStR 2019.

2 R E 13b.15 Abs. 1 Satz 4 ErbStR 2019.

zweck des Betriebs in der Vermietung von Wohnungen besteht und dessen Erfüllung einen wirtschaftlichen Geschäftsbetrieb erfordert. Dadurch sind Wohnimmobilien aus dem steuerschädlichen Verwaltungsvermögen ausgenommen, wenn deren Überlassung im Rahmen eines in kaufmännischer Weise eingerichteten, d. h. wirtschaftlichen Geschäftsbetriebs erfolgt. Der Gesetzgeber wollte damit erreichen, dass den Wohnungsunternehmen die Steuervergünstigungen nicht generell versagt bleiben.

Nach Auffassung der Finanzverwaltung besteht der Hauptzweck eines Unternehmens in der Vermietung von Wohnungen, wenn diese „den überwiegenden Teil der betrieblichen Tätigkeit ausmacht".[1] Die Finanzverwaltung lässt die Zuordnung zum steuerbegünstigten Betriebsvermögen auch gelten, „wenn Grundstücke oder Grundstücksteile vermietet werden, die nicht zu Wohnzwecken, sondern z. B. auch zu gewerblichen, freiberuflichen oder öffentlichen Zwecken genutzt werden".[2]

Maßstab ist die Summe der Grundbesitzwerte der zu Wohnzwecken vermieteten Grundstücke oder Grundstücksteile im Verhältnis zur Summe der Grundbesitzwerte aller vermieteten Grundstücke. Dient der Betrieb danach im Hauptzweck der Vermietung von Wohnungen, sind auch solche Grundstücke oder Grundstücksteile kein Verwaltungsvermögen, die nicht zu Wohnzwecken, sondern z. B. zu gewerblichen, freiberuflichen oder öffentlichen Zwecken genutzt werden.[3]

Die Prüfung dieser Voraussetzungen ist betriebsbezogen und nicht für das gesamte auf den Erwerber übergehende Vermögen vorzunehmen.

Die Finanzverwaltung nimmt das Vorliegen eines wirtschaftlichen Geschäftsbetriebs bei Unternehmen mit mehr als 300 eigenen Wohnungen von Amts wegen an. Bei kleineren Wohnungsunternehmen kommt es für den Verwaltungsvermögenstest auf folgende Indizien an:[4]

- Umfang der Geschäfte,
- Unterhalten eines Büros,
- Buchführung zur Gewinnermittlung,
- umfangreiche Organisationsstruktur zur Durchführung der Geschäfte,

1 R E 13b.17 Abs. 2 Satz 1 ErbStR 2019.
2 R E 13b.17 Abs. 2 Satz 2 ErbStR 2019.
3 R E 13b.17 Abs. 2 Satz 4 ErbStR 2019.
4 R E 13b.17 Abs. 3 ErbStR 2019.

- Bewerbung der Tätigkeit,
- Anbieten der Dienstleistung/der Produkte einer breiteren Öffentlichkeit gegenüber.

4. Grundstücke, die dem Absatz und der Produktion dienen

613 Kein Verwaltungsvermögen stellen Grundstücke, Grundstücksteile, grundstücksgleiche Rechte und Bauten dar, die Dritten vorrangig überlassen werden, um im Rahmen von Lieferungsverträgen dem Absatz von eigenen Erzeugnissen und Produkten zu dienen (§ 13b Abs. 4 Satz 2 Nr. 1 Buchst. e ErbStG). Diese mit der Erbschaftsteuerreform 2016 eingefügte Rückausnahme betrifft u. a. Brauereigrundstücke oder Tankstellen. Im ersten Fall verpachtet eine Brauerei eine Gaststätte in Verbindung mit einer Bierbezugsverpflichtung. Mineralölkonzerne verpachten Tankstellenanlagen in Verbindung mit der Bezugsverpflichtung für die konzerneigene Mineralölsorte. Eine Ausnahme solcher Grundstücke vom Verwaltungsvermögen setzt einen entsprechenden Pachtvertrag voraus, aus dem sich eine entsprechende mit der Verpachtung untrennbare Bezugsverpflichtung ableiten lässt. Die Bezugsverpflichtung muss am Übertragungsstichtag bestanden haben. Unerheblich ist, ob bzw. dass die Verpflichtung alsbald endet. Solche Pachtverträge können im Regelfall nur bis zu maximal 15 Jahren abgeschlossen werden. Längerfristige Vereinbarungen gelten im Allgemeinen als sittenwidrig.

5. Verpachtete land- und forstwirtschaftliche Grundstücke

614 Als sozusagen „letzte Rückausnahme" zählen an Dritte überlassene Grundstücke nicht zum Verwaltungsvermögen, wenn sie der land- und forstwirtschaftlichen Nutzung dienen (§ 13b Abs. 4 Satz 2 Nr. 1 Buchst. f ErbStG). Die Finanzverwaltung betrachtet solche land- und forstwirtschaftlich genutzte Flächen als Rückausnahme, wenn diese, aus betriebswirtschaftlichen oder betriebstechnischen Gründen im Besteuerungszeitpunkt bis zu 15 Jahre an andere zur land- und forstwirtschaftlichen Nutzung überlassen werden.[1]

HINWEIS:

Liegt eine Nutzungsüberlassung an Dritte vor, die das Grundstück in steuerschädliches Verwaltungsvermögen wandelt, ist der Wert des Grundstücks aufzuteilen in einen Teil, der Dritten zur Nutzung überlassen wird, einen Teil, der dem Verwaltungsvermögen zuzuordnen ist, und einen Teil, für den eine der Rückausnahmen greift und keine weitere steuerschädliche Nutzungsüberlassung an Dritte begründet ist.

1 R E 13b.19 Abs. 1 Satz 3 ErbStR 2019.

6. Anteile an Kapitalgesellschaften mit einem Beteiligungsanteil von 25 % oder weniger

Zum Verwaltungsvermögen zählen im Unternehmensvermögen gehaltene Anteile an Kapitalgesellschaften, wenn die unmittelbare Beteiligung am Nennkapital dieser Gesellschaften 25 % oder weniger beträgt und sie nicht dem Hauptzweck des Gewerbebetriebes eines Kreditinstitutes oder eines Finanzdienstleistungsinstitutes i. S. des Kreditwesengesetzes oder eines Versicherungsunternehmens zuzurechnen sind (§ 13b Abs. 4 Satz 1 Nr. 2 ErbStG). Sofern Anteile an einer Kapitalgesellschaft zum Sonderbetriebsvermögen eines Gesellschafters einer Personengesellschaft gehören und die unmittelbare Beteiligung am Nennkapital dieser Gesellschaft 25 % oder weniger beträgt, ist der Anteil nach Auffassung der Finanzverwaltung auch dann dem Verwaltungsvermögen zuzurechnen, wenn die Summe aller zum Sonderbetriebsvermögen der Mitunternehmer gehörenden Anteile über 25 % liegt. Im Übrigen gilt das Prinzip der getrennten Prüfung, wenn Anteile teilweise zum Gesamthandsvermögen und teilweise zum Sonderbetriebsvermögen gehören. Die Beteiligungsgrenzen sowohl für das Gesamthandsvermögen als auch für jedes Sonderbetriebsvermögen sind getrennt zu prüfen.[1] 615

Für die Zurechnung der Beteiligung zum Verwaltungsvermögen kommt es auf die Beteiligungsgrenze und dem Ergebnis des Verwaltungsvermögenstests bei der Tochterkapitalgesellschaft an. Werden auf dieser Ebene die Voraussetzungen für Nichtverwaltungsvermögen erfüllt, gelten diese Anteile nicht als Verwaltungsvermögen, auch wenn die Beteiligungen in einem Wertpapier, z. B. einer Aktie verbrieft sind.

Bei mehrstufigen Beteiligungen muss die Mindestbeteiligungsquote von mehr als 25 % auf jeder Beteiligungsebene geprüft werden (§ 13b Abs. 4 Nr. 2 ErbStG).

HINWEISE:

- Die Erfüllung der Mindestbeteiligungsquote ist nach der Summe der dem Betrieb unmittelbar zuzurechnenden Anteile und der Anteile weiterer Gesellschafter zu prüfen, wenn die Gesellschafter untereinander verpflichtet sind, über die Anteile nur einheitlich zu verfügen oder sie ausschließlich auf andere derselben Verpflichtung unterliegende Anteilseigner zu übertragen und das Stimmrecht gegenüber nicht gebundenen Gesellschaftern nur einheitlich ausüben. Es werden also die anderen Anteile von Gesellschaftern hinzugerechnet, sofern diese in einer Poolvereinbarung (Poolvertrag) verbunden sind. Die Poolregelung für Kapitalgesellschafts-

1 R E 13b.20 Abs. 2 Satz 2 ErbStR 2019.

anteile von 25 % oder weniger gilt entsprechend.[1] Die gebundenen Anteile zählen dann nicht zum Verwaltungsvermögen.

► Mit einem Poolvertrag können sich unter bestimmten Voraussetzungen Steuerersparnisse ergeben. Näheres vgl. Rz. 981.

7. Anteile an Kapitalgesellschaften mit einem Beteiligungsanteil von mehr als 25 % sowie Beteiligungen an Personengesellschaften

616 Zum Verwaltungsvermögen zählen Beteiligungen an gewerblichen Personengesellschaften und freiberuflichen Gesellschaften sowie an gewerblich geprägten Gesellschaften[2] und Beteiligungen an entsprechenden Gesellschaften im Ausland sowie Anteile an Kapitalgesellschaften mit einem Beteiligungsanteil von mehr als 25 %, wenn bei diesen Gesellschaften das Verwaltungsvermögen mehr als 50 % beträgt.

BEISPIEL: Vererbt wird ein 15 %-Kommanditanteil. Der Steuerwert der KG beträgt 200. Die KG hat in ihrem Betriebsvermögen eine GmbH-Beteiligung i. H. von 40 %. Der GmbH-Anteil stellt nicht begünstigtes Verwaltungsvermögen dar. Wenn der GmbH-Anteil mehr als die Hälfte des gesamten KG-Betriebsvermögens ausmacht (also über 100 von 200), ist der gesamte Kommanditanteil nicht begünstigt.

Für die Beurteilung, ob Beteiligungen an Kapitalgesellschaften von mehr als 25 % oder Beteiligungen an Personengesellschaften dem steuerschädlichen Verwaltungsvermögen zuzuordnen sind oder nicht, kommt es also auf die Verhältnisse auf der Ebene der Personen- oder Kapitalgesellschaft an, an der die Beteiligung besteht. Wenn bei diesen Gesellschaften das Verwaltungsvermögen mehr als 50 % beträgt, zählt die ganze Beteiligung zum Verwaltungsvermögen. Umgekehrt gilt, dass die Beteiligung zum steuerbegünstigten Betriebsvermögen zählt, wenn der Verwaltungsvermögenstest auf Ebene der beteiligten Gesellschaft aus Sicht des Steuerpflichtigen positiv ausfällt.

8. Kunstgegenstände

617 Kunstgegenstände, Kunstsammlungen, wissenschaftliche Sammlungen, Bibliotheken und Archive, Münzen, Edelmetalle und Edelsteine, Briefmarkensammlungen, Oldtimer, Yachten, Segelflugzeuge sowie sonstige typischerweise der privaten Lebensführung dienende Gegenstände zählen zum Verwaltungsvermögen, es sei denn der Handel mit diesen Gegenständen, deren Herstellung oder Verarbeitung oder die entgeltliche Nutzungsüberlassung an Dritte, stellt den Hauptzweck des Betriebs dar. Als Oldtimer gilt ein Kraftfahrzeug mit einem Alter von mindestens 30 Jahren. Ob nun Oldtimer, Yachten usw. als Luxusgüter der privaten Lebensführung zuzurechnen sind, bedarf notwendigerweise einer Einzelfallwertung. Bilden die Kunstgegenstände bzw. die ge-

1 R E 13b.20 Abs. 1 Satz 2 ErbStR 2019.

2 § 15 Abs. 1 Satz 1 Nr. 2 und Abs. 3 oder § 18 Abs. 4 EStG.

nannten Luxusgüter den Hauptzweck des Unternehmens (z. B. bei Kunsthändlern oder Künstlern mit selbst hergestellten Werken), findet keine Umqualifizierung zum steuerlich nicht begünstigten Verwaltungsvermögen statt.

HINWEIS:

Kunstgegenstände, die nach obigen Ausführungen Verwaltungsvermögen darstellen, können unter den entsprechenden Voraussetzungen als Kulturgüter begünstigt sein (vgl. § 13 Abs. 1 Nr. 2 ErbStG).[1]

9. Wertpapiere und vergleichbare Forderungen

Wertpapiere und vergleichbare Forderungen gehören grds. zum Verwaltungsvermögen.[2] Unter Wertpapiere i. S. der erbschaftsteuerrechtlichen Verschonungsvorschriften sind ausschließlich auf dem Markt gehandelte Wertpapiere zu verstehen. Vergleichbare Forderungen i. S. dieser Vorschrift sind solche, über die keine Urkunden ausgegeben wurden, die nach dem Wertpapierhandelsgesetz aber als Wertpapiere gelten.[3] 618

TAB. 21: Wertpapiere und vergleichbare Forderungen – Abgrenzung[4]

Wertpapiere oder vergleichbare Forderungen i. S. des § 13b Abs. 4 Nr. 4 ErbStG	Weder Wertpapiere noch vergleichbare Forderungen, jedoch Finanzmittel i. S. des § 13b Abs. 4 Nr. 5 ErbStG
	Geld
Pfandbriefe	Sichteinlagen
Schuldbuchforderungen	Sparanlagen
Geldmarktfonds	Festgeldkonten
Festgelfonds	Forderungen aus Lieferungen und Leistungen
	Forderungen an verbundene Unternehmen
	Ansprüche aus Rückdeckungsversicherungen

10. Zahlungsmittel, Geschäftsguthaben, Geld- und andere Forderungen (Finanzmittel)

Zahlungsmittel, Geschäftsguthaben, Geldforderungen und andere Forderungen (Finanzmittel) sind dem Verwaltungsvermögen zuzurechnen (§ 13b Abs. 4 Satz 2 Nr. 5 ErbStG). Die Finanzverwaltung zählt zu den Finanzmitteln u. a.[5] 619

- Geld, Sichteinlagen, Sparanlagen, Festgeldkonten,
- Forderungen aus Lieferungen und Leistungen,

1 Vgl. oben Rz. 562.
2 § 13b Abs. 4 Satz 2 Nr. 4 ErbStG, R E 13b.22 ErbStR 2019.
3 R E 13b.22 ErbStR 2019.
4 H E 13b.22 ErbStH.
5 R E 13b.23 Abs. 2 ErbStR 2019.

- Forderungen an verbundene Unternehmen,
- Ansprüche aus Rückdeckungsversicherungen,
- Forderungen im Sonderbetriebsvermögen eines Gesellschafters einer Personengesellschaft, insbesondere Forderungen des Gesellschafters gegen die Personengesellschaft,
- Forderungen von Personen- oder Kapitalgesellschaften gegen ihre Gesellschafter,
- sonstige auf Geld gerichtete Forderungen aller Art, insbesondere Steuerforderungen, Forderungen aus stillen Beteiligungen.

Geleistete Anzahlungen stellen nach Ansicht des FG Münster[1] kein Verwaltungsvermögen dar und sind bei der Berechnung der Verwaltungsvermögensquote nicht zu berücksichtigen. Anzahlungen sind keine anderen Forderungen. Anzahlungen verkörpern hingegen Sachleistungsansprüche und keine auf Geld gerichtete Forderungen. Die Finanzverwaltung rechnet hingegen Anzahlungen dem Verwaltungsvermögen regelmäßig hinzu. Maßgebend ist jeweils der positive Wert der Zahlungsmittel nach Abzug der Schulden. Finanzmittel zählen jedoch nur dann zum Verwaltungsvermögen, wenn es sich dabei um größere Liquiditätsbestände handelt. Finanzmittelbestände sind lediglich von geringer Bedeutung, wenn der positive Saldo der Finanzmittel (abzüglich der Schulden) 15 % des anzusetzenden Werts des Betriebsvermögens des Betriebs oder der Gesellschaft nicht übersteigt. Bei Anteilen an Kapitalgesellschaften ergibt sich der Sockelbetrag aus 15 Prozent des gemeinen Wertes des Anteils.[2]

Die Berechnung des Verwaltungsvermögensanteils für Finanzmittel erfolgt somit aus dem Saldo der Aktiva, abzüglich der Schulden und des Sockelbetrages von 15 % des gemeinen Wertes nach folgendem Rechenschema.

BEISPIEL: Finanzmitteltest[3]

  festgestellter Wert der Finanzmittel
- festgestellter Wert der jungen Finanzmittel, höchstens der festgestellte Wert der Finanzmittel
= Saldo
- festgestellter Wert der Schulden
= Saldo
- Sockelbetrag 15 % des festgestellten Werts des (Anteils) Betriebsvermögens
= verbleibender Wert der Finanzmittel, mindestens 0 €

1 Urteil, v. 22.10.2020, Az. 3 K 2699/17 F.

2 R E 13b.23 Abs. 6 Satz 3 ErbStR 2019.

3 H E 13b.23 ErbStH.

Besonderheiten gelten für das sogenannte „junge" Finanzvermögen. Junges Finanzvermögen zählt regelmäßig zum Verwaltungsvermögen. Junges Finanzvermögen sind solche Vermögenswerte, die dem Betrieb im Zeitpunkt der Entstehung der Steuer (§ 9) weniger als zwei Jahre zuzurechnen waren.

HINWEISE:

Wertpapiere und vergleichbare Forderungen sowie Finanzmittel gehören nicht zum Verwaltungsvermögen, wenn sie dem Hauptzweck des Gewerbebetriebs, eines Kreditinstitutes oder eines Finanzdienstleistungsinstitutes dienen.

Besteht das verwaltungsvermögen ausschließlich aus Finanzmitteln, kann der Sockelbetrag von 15 % der 10 %-Unschädlichkeitsgrenze (10 %-Puffer) hinzuaddiert werden. In Summe sind Finanzmittel bis zu 25 % des Nettoverwaltungsvermögens steuerunschädlich.

Der Abzug eines Sockelbetrags ist ausgeschlossen, wenn das begünstigungsfähige Vermögen nach dem Hauptzweck einer vermögensverwaltenden Tätigkeit oder einer gewerblich geprägten Personengesellschaft oder einer Gesellschaft dient, die nicht überwiegend eine land- und forstwirtschaftliche, gewerbliche oder freiberufliche Tätigkeit ausübt.[1]

Ein nicht verbrauchter Sockelbetrag kann nicht mit anderen Verwaltungsvermögen verrechnet werden.

4.3.5.5 Reinvestitionsregelung für nicht begünstigtes Betriebs-/Verwaltungsvermögen (Reinvestitionsklausel)

Eine Reinvestition (vorzugsweise durch Verwendung von jungem Verwaltungs- 620
vermögen) von nicht begünstigtem Betriebsvermögen in begünstigtes Betriebsvermögen stellt oftmals den letzten „Rettungsanker" für die Inanspruchnahme von Steuerbefreiungen für den gesamten Betrieb dar. Dies gilt insbesondere in jenen Fällen, in denen der ererbte Betrieb beim sogenannten „90 %-Test" durchgefallen ist.[2] Eine Reinvestitionsmöglichkeit und damit die Umwandlung von schädlichem Verwaltungsvermögen in „gutes" begünstigungsfähiges Betriebsvermögen bietet sich allerdings nur für Betriebserwerbe von Todes wegen an. Nur für diese Fälle bestimmt § 13b Abs. 5 ErbStG Folgendes: „Beim Erwerb von Todes wegen entfällt die Zurechnung von Vermögensgegenständen zum Verwaltungsvermögen rückwirkend zum Zeitpunkt der Entstehung der Steuer... wenn der Erwerber innerhalb von zwei Jahren ab dem Zeitpunkt der Entstehung der Steuer... diese Vermögensgegenstände in Vermögensgegenstände innerhalb des vom Erblasser erworbenen, begünstigungsfähigen" Betriebsvermögens investiert. Der Erbe muss also

1 R E 13b.23 Abs. 6 Satz 6 ErbStR 2019.

2 Vgl. hierzu Rz. 875.

nicht begünstigtes Verwaltungsvermögen innerhalb des begünstigungsfähigen Vermögens in Vermögen investieren, das kein Verwaltungsvermögen ist. Das Vermögen muss außerdem unmittelbar einer land- und forstwirtschaftlichen, gewerblichen oder freiberuflichen Tätigkeit dienen[1] und darf wiederum kein Verwaltungsvermögen sein.[2] Diese Reinvestitionsregelung soll in erster Linie besondere Härten abwenden, die in Fällen ungeplanter Stichtage der Steuerentstehung regelmäßig eintreten können.

BEISPIEL: Der Unternehmer U hat hohe Finanzmittel bereitgestellt, welche mehr als 15 % des anzusetzenden Werts des Betriebsvermögens betragen. Sinn und Zweck war die Anschaffung neuer Maschinen und Fahrzeuge. Tätigt nun der Betriebsübernehmer diese vom Erblasser vorgefasste Investition, müssen die Finanzmittel bei Ermittlung des begünstigten Betriebsvermögens nicht ausgesondert werden. Die Finanzmittel rechnen somit zum begünstigten Vermögen und partizipieren vom Verschonungsabschlag.

Die Finanzverwaltung betrachtet als steuerkonforme Reinvestition nicht nur die Anschaffung von Anlagegütern, Betriebsteilen oder von neuen Betrieben, die das veräußerte Vermögen im Hinblick auf den ursprünglichen oder einen neuen Betriebszweck ersetzen. Auch die Tilgung betrieblicher Schulden gilt als Reinvestition.[3]

Voraussetzung für die Anwendung der Reinvestitionsklausel ist, dass der Unternehmenserwerber mit der Investition einen bereits vom Erblasser vorgefassten Entschluss fortführt. Der Unternehmenserwerber muss dabei einen Plan des Erblassers erfüllen. Der Plan des Erblassers muss dabei so konkret sein, dass dieser und die entsprechend vom Erwerber umgesetzte Investition nachvollzogen werden können. Der Plan des Erblassers muss außerdem die zu erwerbenden oder herzustellenden Gegenstände beinhalten.[4] Der Nachweis eines vom Erblasser eigenständig gefassten Investitionsentschlusses obliegt dem Unternehmenserwerber. Der Nachweis kann z. B. durch bereits durch einen vom Erblasser unterzeichneten Kaufvertrag für die betreffenden Investitionsgüter, eines Bauhandwerkervertrags usw. geführt werden. Hatte der Erblasser keinen Einfluss auf die Geschäftsleitung des Betriebs, weil er z. B. Minderheitsgesellschafter war, genügt es nach Auffassung der Finanzverwaltung, wenn die Geschäftsleitung zum Zeitpunkt des Todes des Erblassers einen konkreten Investitionsplan gefasst hatte und diesen innerhalb der Frist von zwei

1 Tätigkeit i. S. von § 13 Abs. 1, § 15 Abs. 1 Satz 1 Nr. 1 oder § 18 Abs. 1 Nr. 1 und 2 EStG.

2 Da Finanzmittel zum Verwaltungsvermögen gehören, ist eine unschädliche Reinvestition in Liquiditätsreserven grds. nicht möglich (R E 13a.18 Satz 5 ErbStR 2019).

3 R E 13a.18 Satz 3 ErbStR 2019.

4 R E 13b.24 Abs. 3 ErbStR 2019.

Jahren verwirklicht. Die Finanzverwaltung rechnet diesen Plan und seine Umsetzung dann dem Erblasser zu.[1] Ein eigenständiger Entschluss des Erwerbers führt hingegen nicht zur Steuerersparnis.

Eine Verwaltungsvermögensqualifizierung entfällt – hier allerdings nur Finanzmittel[2] betreffend – ebenfalls beim Erwerb von Todes wegen (ungeplante Steuerentstehung), wenn die Finanzmittel innerhalb von zwei Jahren rückwirkend zum Zeitpunkt der Entstehung der Steuer (Todestag des Erblassers) zum Ausgleich von aufgrund wiederkehrender saisonaler Schwankungen fehlender Einnahmen oder zur Zahlung von Löhnen verwendet werden (§ 13b Abs. 5 Sätze 3 und 4 ErbStG). Diese Regelung soll insbesondere Saisonbetriebe vor der Zahlung übermäßiger Erbschaftsteuern entlasten.

HINWEISE:

- Nicht von der Reinvestitionsklausel erfasst werden Investitionen in eine gewerblich geprägte Personengesellschaft
- Aus dem in den Erbschaftsteuer-Hinweisen 2019[3] enthaltenen Beispiel über eine Reinvestition in Umlaufvermögen kann gefolgert werden, dass es nicht darauf ankommt, dass das reinvestierte Vermögen für eine bestimmte Zeit im Betrieb verbleibt. Denn Umlaufvermögen ist zur kurzfristigen Veräußerung, zum Verbrauch oder Weiterverarbeitung bestimmt.

4.3.5.6 Besonderheiten für Altersversorgungsverpflichtungen

Aus dem Verwaltungsvermögen i. S. der obigen Ausführungen[4], welches im 621
Grunde nicht zum steuerbegünstigten Betriebsvermögen zählt, ist jenes Vermögen auszusondern, das der Erfüllung von Schulden aus Altersversorgungsverpflichtungen des Unternehmens gegenüber seinen Mitarbeitern dient (§ 13b Abs. 3 ErbStG). Dieser Teil des Verwaltungsvermögens zählt zum steuerbegünstigten Betriebsvermögen. Unter den Begriff Altersversorgungsverpflichtungen fallen neben Pensionsrückstellungen auch alle sonstigen langfristigen Verpflichtungen mit Vorsorgecharakter, z. B. Alters-, Invaliditäts- oder Hinterbliebenenversorgung und vor allem sogenannte CTA-Strukturen. Bei solchen Contractual Trust Arrangements gliedert ein Betrieb die Pensionszahlungen und Pensionsforderungen aus der eigenen Bilanz aus und überträgt diese auf eine Treuhandgesellschaft.[5]

1 R E 13b.24 Abs. 3 Satz 7 ErbStR 2019.

2 Vgl. oben Rz. 619.

3 H E 13b.24 Abs. 2 ErbStH.

4 Rz. 609 ff.

5 R E 13b.11 Abs. 2 Satz 4 ErbStR 2019.

Die Separierung dieses Teils des Verwaltungsvermögens hat auch Auswirkungen für die Prüfung, ob insgesamt ein steuerbegünstigter oder ein insgesamt nicht begünstigter Betrieb vorliegt. Denn dieses separierte Verwaltungsvermögen ist nicht in die Berechnung des Verwaltungsvermögensanteils einzubeziehen und fließt daher nicht in die Beurteilung ein, ob das Verwaltungsvermögen 90 % und mehr des gemeinen Wertes des begünstigungsfähigen Vermögens erreicht (§ 13b Abs. 2 ErbStG).[1]

622 Vom Verwaltungsvermögen auszusondern sind Vermögensteile, die ausschließlich und dauerhaft für diese Altersversorgungsverpflichtungen reserviert sind und die dem Zugriff aller übrigen Gläubiger des Betriebes entzogen sind. Auszusondern sind alle Gegenstände des Verwaltungsvermögens, nicht nur Finanzverwaltungsvermögen. Eine Separierung ist bis i. H. des gemeinen Wertes der Schulden aus den Altersversorgungsverpflichtungen möglich (Höchstgrenze).

HINWEISE:

Da Finanzmittel zur Deckung der Altersversorgungsrückstellungen keine jungen Finanzmittel sein können, zumindest nicht bis zur maßgeblichen Höchstgrenze, können private Finanzmittel bis zu dieser Höchstgrenze in den Betrieb eingelegt werden und somit im Rahmen des Verschonungsabschlages steuerbegünstigt übertragen werden.

Nicht ausreichend für die Qualifizierung als begünstigtes Betriebsvermögen ist eine Rückdeckungsversicherung für die Altersversorgungsverpflichtungen.[2]

4.3.5.7 Ausschluss der Schuldensaldierung bei jungem Verwaltungs- und Finanzvermögen und Untergrenze für Nettowert des Verwaltungsvermögens

623 Die im Grundsatz gegebene und oben in Rz. 606 dargestellte Schuldensaldierung wird in Fällen des Vorliegens von jungem Verwaltungsvermögen und jungen Finanzmitteln eingeschränkt. Junges Verwaltungsvermögen und junge Finanzmittel sind generell von der Steuerbegünstigung ausgeschlossen. Infolgedessen sind junges Verwaltungsvermögen und junge Finanzmittel von jeglicher Schuldensaldierung ausgeschlossen (§ 13b Abs. 8 ErbStG). Sinn und Zweck der Ausnahme jungen Verwaltungs- und Finanzvermögens ist es zu verhindern, dass (nicht begünstigtes) Privatvermögen in den Betrieb kurzfristig eingelegt wird, um es dann zusammen mit begünstigtem Betriebsvermögen ebenfalls als „begünstigte" zu übertragen bzw. vorhandene Schulden zur Verrechnung zu nutzen.

1 Siehe auch Abb. 12 Rz. 590.

2 R E 13b.11 Abs. 2 Satz 6 ErbStR 2019.

Die verbleibenden Schulden sind wie folgt zu ermitteln[1]

BEISPIEL: Berechnung der verbleibenden Schulden

festgestellter Wert der Schulden

\- Wert der Schulden, die im Rahmen des Finanzmitteltests verrechnet wurden

= verbleibende Schulden

Junges Verwaltungsvermögen ist jenes Verwaltungsvermögen, welches dem Betrieb im Besteuerungszeitpunkt (Todesfall oder Schenkungszeitpunkt) weniger als zwei Jahre zuzurechnen war (§ 13b Abs. 7 Satz 2 ErbStG). Hierzu gehört nach Auffassung der Finanzverwaltung nicht nur innerhalb des Zweijahreszeitraums eingelegtes Verwaltungsvermögen, sondern i. d. R. auch Verwaltungsvermögen, das innerhalb dieses Zeitraums aus betrieblichen Mitteln angeschafft oder hergestellt worden ist.[2] Vermögensgegenstände wie Grundstücke usw., die seit zwei Jahren und mehr zum Betriebsvermögen gehörten, sind auch dann kein junges Verwaltungsvermögen, wenn sie beispielsweise erst innerhalb der letzten beiden Jahre fremdvermietet bzw. an Dritte zur Nutzung überlassen, vorher aber selbst genutzt wurden. Letzteres wäre z. B. dann der Fall, wenn ein Grundstück bislang betrieblich genutzt wurde, die Eigennutzung aber z. B. fünf Monate vor der Übertragung bzw. vor dem Todesfall eingestellt wurde und das Grundstück vermietet worden ist. In diesem Fall würde das Betriebsgrundstück nicht zum jungen Verwaltungsvermögen zählen. 624

Junge Finanzmittel sind solche Finanzmittel, „welche dem Betrieb im Zeitpunkt der Entstehung der Steuer weniger als zwei Jahre zuzurechnen waren" (§ 13b Abs. 4 Nr. 5 Satz 2 ErbStG). Den Anteil an jungen Finanzmitteln ermittelt man aus dem Saldo der innerhalb von zwei Jahren eingelegten und entnommenen Finanzmittel. Unerheblich für die Besteuerung ist, ob die Finanzmittel im Besteuerungszeitpunkt noch vorhanden sind.[3]

HINWEISE: 625

- Von der Steuerbefreiung profitiert auch ein in Betriebsaufspaltung überlassenes Betriebsvermögen sowie Sonderbetriebsvermögen.
- Fremdfinanziertes Verwaltungsvermögen wirkt sich doppelt schädlich aus. Vor einer Unternehmensübertragung sollte daher z. B. fremdfinanziertes Immobilienvermögen abgestoßen werden.

1 R E 13b.9 Abs. 2 II.2 ErbStR 2019.

2 R E 13b.27 Satz 2 ErbStR 2019.

3 R E 13b.23 Abs. 3 ErbStR 2019.

- Fremdfinanzierte Immobilien sollten privat gehalten oder die Darlehensschulden getilgt werden.
- Fremdfinanzierungen von Investitionen in Verwaltungsvermögen sollten erst nach der Übertragung vorgenommen werden.
- Zur Reduzierung des steuerschädlichen jungen Verwaltungsvermögens empfiehlt es sich besonders, dieses zur Verwendung für Investitionen in „gutes" Betriebsvermögen zu verwenden. Das Verwaltungsvermögen ist damit der Besteuerung entzogen.[1] Alternativ kann die Bündelung von Verwaltungsvermögen und Schulden in eine separat errichtete Kapitalgesellschaft erfolgen. Soll diese mit übertragen werden, tritt zwar keine Steuerbegünstigung ein. Der gemeine Wert ist aber abzüglich der Verbindlichkeiten oftmals mit Null anzusetzen. Dadurch entstehen auch in diesem Fall keine Steuern, das übrige Betriebsvermögen kann aber dafür steuerbegünstigt übertragen werden.
- Für den Fall der Nichtgewährung der Steuerbegünstigungen für das Betriebsvermögen, sollte der Übergabevertrag eine Widerrufsklausel enthalten. Gegebenenfalls gezahlte Steuern werden anlässlich des Widerrufs zurückgewährt (§ 29 ErbStG).
- Auch ein „Aktiv-Aktiv-Tausch" kann zu jungem Verwaltungsvermögen führen, wenn z. B. Aktien veräußert werden und aus dem Erlös andere erworben werden. Letzteres gilt für sämtliche Wertpapiere, die innerhalb von zwei Jahren vor der Übertragung neu angeschafft wurden.
- Gehört ein Wertpapierdepot zum Betriebsvermögen, sollte dieses Wertpapierdepot in Bezug auf Neuanschaffungen der vergangenen zwei Jahre genau geprüft werden. Ist die Betriebsübertragung zeitnah geplant, empfiehlt es sich, Wertpapiere in Barvermögen umzuschichten.[2] Alternativ kann die Zwei-Jahres-Frist abgewartet werden und die Übertragung danach durchgeführt werden.

626 Das für die Bewertung des Betriebes örtlich zuständige Finanzamt – das ist dasjenige, in dessen Bezirk sich die Geschäftsleitung des Gewerbebetriebes befindet – stellt die Summe der gemeinen Werte des Verwaltungsvermögens sowie des jungen Verwaltungsvermögens und der jungen Finanzmittel gesondert fest (§ 13b Abs. 10 ErbStG). Die gesonderte Feststellung erfolgt, wenn diese Angaben für die Erbschaftsteuer oder eine andere Feststellung i. S. dieser Vorschrift von Bedeutung sind, auf Veranlassung des zuständigen Erbschaftsteuer- und Schenkungsteuerfinanzamtes. Die gesonderte Feststellung erfolgt auch, wenn nur ein Anteil übertragen wird.

1 Näheres zur Investitionsregelung vgl. Rz. 620.

2 Vgl. Uhl-Ludäscher, NWB-EV 11/2019 S. 373, ZAAAH-33630.

4.3.5.8 Bedingungen für die endgültige Gewährung der Steuerbefreiung für das begünstigte Betriebsvermögen (Lohnsumme und schädliche Vorgänge innerhalb der Behaltensfrist)

4.3.5.8.1 Allgemeines

Die endgültige Gewährung der Steuerbefreiungen für betriebliches Vermögen 627
sind an zwei Bedingungen geknüpft. Diese sind:

- Einhaltung einer bestimmten Lohnsummenhöhe.
- Während einer bestimmten Mindestbehaltensfrist dürfen keine nach dem Gesetz schädlichen Veräußerungs- bzw. Übertragungsvorgänge erfolgen.

4.3.5.8.2 Lohnsummenregelung

Betriebsvermögen bleibt nur dann endgültig i. H. des Verschonungsabschla- 628
ges[1] aus der Besteuerung ausgenommen, wenn die Summe der maßgebenden jährlichen Lohnsummen des übernommenen Betriebs (bei Beteiligungen an einer Personengesellschaft oder Anteilen an einer Kapitalgesellschaft entsprechend die Lohnsumme des Betriebs der jeweiligen Gesellschaft) innerhalb von fünf Jahren nach dem Erwerb (Lohnsummenfrist) eine bestimmte Ausgangslohnsumme (Mindestlohnsumme) nicht unterschreitet. Das Lohnsummenkriterium ist zwar keine starre Arbeitsplatzklausel. Sie bindet den Unternehmensnachfolger jedoch weitgehend an den Beschäftigtenstand zu Zeiten seines Vorgängers. Im Rahmen der Lohnsummenüberwachung ist auf den gesamten maßgeblichen Fortführungszeitraum (fünf bzw. sieben Jahre bei der Vollverschonung- und Optionsverschonung[2]) abzustellen. Eine jährliche Betrachtungsweise scheidet aus, so dass niedrige Lohnsummen in schwachen Jahren durch höhere Lohnsummen in starken Wirtschaftsjahren ausgeglichen werden können.

4.3.5.8.3 Beschäftigtenzahl und gestaffelte Lohnsummensätze

Die Höhe der jeweiligen Mindestlohnsumme ist abhängig von der Anzahl der 629
Beschäftigten im Betrieb. Die Mindestbeschäftigtenzahl sowie die einzelnen Staffelungen wurden mit dem Erbschaftsteuerreformgesetz 2016 den Vorgaben des Bundesverfassungsgerichts (BVerfG)[3] angepasst. Das BVerfG hält eine volle bzw. teilweise Begünstigung von Betriebsvermögen unter der Vo-

1 Der Abzugsbetrag ist vom Unterschreiten der Lohnsumme nicht berührt.

2 Rz. 654.

3 BVerfG, Urteil v. 17.12.2014 - 1 BvL 21/12, BStBl 2015 II S. 50.

raussetzung für gerechtfertigt, dass die Vergünstigungen auf eine „relativ kleine Gruppe von Betriebsübergängen begrenzt und diese Gruppe zudem so umschrieben wird, dass das Bedürfnis für eine solche Freistellung ein besonderes Gewicht besitzt". Das BVerfG führte in diesem Zusammenhang als Anwendungsbeispiel Betriebe auf, die über eine entsprechend geringe Anzahl an Beschäftigten verfügen, so dass Kündigungen bereits einzelner Mitarbeiter, die Einhaltung einer Mindestlohnsumme gefährden bzw. unmöglich machen.

Unter diesen Gesichtspunkten hat der Gesetzgeber die Nichtaufgriffsgrenze für von der Einhaltung einer Lohnsumme abhängigen Steuerbefreiung des Betriebsvermögens auf nicht mehr als fünf Mitarbeiter festgelegt (Bagatellgrenze). Darüber hinaus verzichtet die Finanzverwaltung generell auf die Überwachung der Lohnsumme bei einem gemeinen Wert des übertragenen begünstigungsfähigen Betriebsvermögens von bis zu 150.000 €.[1]

Bei der Bestimmung der Mindestanzahl der Beschäftigten ist auf die Anzahl der beschäftigten Arbeitnehmer abzustellen, die im zugewendeten Betrieb zum maßgeblichen Besteuerungszeitpunkt beschäftigt sind oder in der Gesellschaft tätig sind, an der die zugewendete Beteiligung oder der zugewendete Anteil besteht. Werden mehrere Gewerbebetriebe übertragen oder mehrere Arten begünstigten Vermögens (land- und forstwirtschaftliches Vermögen, Betriebsvermögen, Anteile an Kapitalgesellschaften), ist auf die Beschäftigtenzahl in jeder wirtschaftlichen Einheit abzustellen. Beträgt die Anzahl der Beschäftigten in einer der wirtschaftlichen Einheiten nicht mehr als fünf, bleibt deren Ausgangslohnsumme und Summe der maßgebenden jährlichen Lohnsummen außer Betracht. Bei nachgeordneten Gesellschaften sind für die Prüfung der Mindestbeschäftigtenzahl auch diese betreffenden Beschäftigten mit der entsprechenden Beteiligungsquote einzubeziehen (§ 13a Abs. 3 Sätze 11 und 12 ErbStG).[2]

BEISPIEL[3]: E ist verstorben und wurde von A als Alleinerben beerbt. Ein Antrag auf Optionsverschonung wurde nicht gestellt. Zum Nachlass gehören jeweils 100 % der Anteile an folgenden Gesellschaften:

Gesellschaft	Anzahl der Beschäftigten	Ausgangslohnsumme
A-GmbH	9	200.000 €
B-GmbH	10	350.000 €
C-GmbH	4	80.000 €

1 R E 13a.4 Abs. 1 Satz 6 ErbStR 2019.

2 R E 13a.4 Abs. 2 Satz 13 ErbStR 2019.

3 H E 13a.6 ErbStH.

Die B-GmbH hält wiederum 100 % der Anteile an der D-GmbH. Die D-GmbH hat sechs Beschäftigte und eine Ausgangslohnsumme von 150.000 €.

Ausgangslohnsumme und der Anzahl der Beschäftigten:

Gesellschaft	festzustellende Anzahl der Beschäftigten	festzustellende Ausgangslohnsumme
A-GmbH	9	200.000 €
B-GmbH	16*	500.000 €**
D-GmbH	6	150.000 €

* (B-GmbH 10 + D-GmbH 6)

** (B-GmbH 350.000 € + D-GmbH 150.000 €)

Für die selbständige wirtschaftliche Einheit „Anteil C-GmbH" ist keine Ausgangslohnsumme und keine Anzahl der Beschäftigten festzustellen, da die Gesellschaft insgesamt nicht mehr als fünf Beschäftigte hat.

Zur Beschäftigtenzahl zählen nicht (§ 13a Abs. 3 Satz 7 ErbStG)

- Beschäftigte, die sich im Mutterschutz befinden oder
- die sich in einem Ausbildungsverhältnis befinden oder
- die Bezieher von Krankengeld oder Elterngeld
- sowie Saisonarbeiter bzw. Mitarbeiter, „die nicht ausschließlich oder überwiegend in dem Betrieb tätig sind" sowie
- Leiharbeiter.[1]

Diese Personengruppe ist nicht nur von der maßgeblichen Beschäftigtenzahl ausgenommen. Vergütungen an diese Personengruppe bleiben bei der Lohnsummenberechnung ebenfalls außer Ansatz. Teilzeitkräfte zählen hingegen mit, sowohl mit ihrer Kopfzahl als auch bei der Lohnsumme. Einzubeziehen sind erstmals alle Teilzeitkräfte, also nicht nur bei überwiegender Tätigkeit im Betrieb (§ 13a Abs. 3 Satz 7 ErbStG), ebenfalls geringfügig Beschäftigte.

Für Betriebe mit einer Beschäftigtenzahl von fünf bis zu 15 Mitarbeitern sowie einem begünstigungsfähigen Betriebsvermögen von mehr als 150.000 € gilt darüber hinaus eine nach der Beschäftigtenzahl gestaffelte und ermäßigte Mindestlohnsumme. Im Einzelnen gelten folgende Staffelsätze:

1 R E. 13a.4 Abs. 2 Satz 8.

TAB. 22:	Staffelung der Lohnsumme nach Beschäftigtenzahl sowie Regelverschonung und Vollbefreiung (Optionsverschonung)	
Anzahl der Mitarbeiter	Regelverschonung (fünf Jahre Behaltensfrist)	Vollbefreiung (Optionsverschonung mit sieben Jahre Behaltensfrist)
bis 5	entfällt	entfällt
6 bis 10	250 %	500 %
11 bis 15	300 %	565 %
ab 16	400 %	700 %

630 Gehören zum Betriebsvermögen des Betriebs, bei Beteiligungen an einer Personengesellschaft und Anteilen an einer Kapitalgesellschaft des Betriebs der jeweiligen Gesellschaft, unmittelbar oder mittelbar Beteiligungen an Personengesellschaften, die ihren Sitz oder ihre Geschäftsleitung im Inland, in einem Mitgliedstaat der Europäischen Union oder in einem Staat des Europäischen Wirtschaftsraums haben, sind die Lohnsummen und die Anzahl der Beschäftigten dieser Gesellschaften einzubeziehen. Maßgeblich ist dabei der Anteil, zu dem die unmittelbare oder mittelbare Beteiligung besteht (§ 13a Abs. 3 Satz 11 ErbStG). Gleiches gilt für Anteile an Kapitalgesellschaften, wenn die unmittelbare oder mittelbare Beteiligung mehr als 25 % beträgt.

Die Einbeziehung von Gesellschaftsbeteiligungen kann oftmals zu „überraschenden“ Ergebnissen führen:

BEISPIEL: Übertragen wird die A-Personengesellschaft. Diese Gesellschaft ist ein „Ein-Mann Betrieb“ ohne einen angestellten Geschäftsführer, hat aber eine Beteiligung von 30 % an der B-GmbH. Die B-GmbH hat 25 Angestellte. Die für die Anwendung der Lohnsummenregelung maßgebliche Beschäftigtenzahl der A-Personengesellschaft beträgt 30 % von 25 = 7,5). Da die Beschäftigtenzahl bei der A-Personengesellschaft höher als 5 ist, ist die Lohnsummenregelung anwendbar. Maßgeblich ist hier die Lohnsumme der jeweiligen Beteiligungsgesellschaft.[1]

Während die Beschäftigten einer beteiligten Kapitalgesellschaft nur dann anteilig einzubeziehen sind, wenn die Anteile an dieser Gesellschaft mindestens 25 % betragen, sind Beschäftigte nachgeordneter Personengesellschaften immer in die Berechnung einzubeziehen. Mit der (anteiligen) Berücksichtigung der Beschäftigtenzahl von Arbeitnehmern nachgeordneter Gesellschaften sollen Gestaltungen vermieden werden, bei denen in Holdinggesellschaften keine Arbeitnehmer beschäftigt werden.

1 § 13a Abs. 3 Satz 3 ErbStG.

BEISPIEL: Die A-GmbH fungiert als reine Holding und hat keine Beschäftigten. Sie hat jedoch eine 10%ige Beteiligung an der B-OHG. Die OHG hat 200 Mitarbeiter. Werden die Anteile an der A-GmbH übertragen, ist die Lohnsummenregelung maßgeblich. Die Beschäftigtenzahl bei der A-GmbH beträgt 20.

Abwandlung: Die B-Gesellschaft ist keine Kapitalgesellschaft (GmbH). Gelangen die Gesellschaftsanteile der A-GmbH zur Übertragung, findet das Lohnsummenverfahren keine Anwendung, da die Beteiligung an der B-Kapitalgesellschaft weniger als 25 % beträgt.

Tabellarische Zusammenfassungen zu berücksichtigender Beschäftigte nach Rechtsform und Sitz des Unternehmens/Ort der Beteiligung.[1]

► Übertragung von Einzelunternehmen/Personengesellschaft

Zum Vermögen des Einzelunternehmens/der Personengesellschaft gehören	Einbeziehung der Beschäftigten sowie der Löhne und Gehälter
Betriebsstätte im Inland	Die Beschäftigten sowie die Löhne und Gehälter sind einzubeziehen (§ 13a Abs. 3 Satz 1 ErbStG).
Betriebsstätte in einem Mitgliedstaat der Europäischen Union oder einem Staat des Europäischen Wirtschaftsraums	Die Beschäftigten sowie die Löhne und Gehälter sind einzubeziehen (§ 13a Abs. 3 Satz 1 ErbStG).
Betriebsstätte in einem Drittstaat	Die Beschäftigten sowie die Löhne sind nicht einzubeziehen, da der Erwerb ausländischen Betriebsvermögens nicht begünstigungsfähig ist (R E 13b 5 Abs. 4 Satz 2 ErbStR 2019).
Beteiligung an einer Personengesellschaft im Inland	Die Beschäftigten der Personengesellschaft und die von ihr gezahlten Löhne und Gehälter sind unabhängig von der Beteiligungshöhe anteilig einzubeziehen (§ 13a Abs. 3 Satz 11 ErbStG, Abschnitt 13a.7 Abs. 2 ErbStR 2019).
Beteiligung an einer Personengesellschaft in einem Mitgliedstaat der Europäischen Union oder einem Staat des Europäischen Wirtschaftsraums	Die Beschäftigten der Personengesellschaft und die von ihr gezahlten Löhne und Gehälter sind unabhängig von der Beteiligungshöhe anteilig einzubeziehen (§ 13a Abs. 3 Satz 11 ErbStG, Abschnitt 13a.7 Abs. 2 ErbStR 2019).

1 H E 13a.7 Abs. 2 ErbStH.

Beteiligung an einer Personengesellschaft in einem Drittstaat	Die Beschäftigten sowie die Löhne sind nicht einzubeziehen, da der Erwerb ausländischen Betriebsvermögens nicht begünstigungsfähig ist (R E 13b 5 Abs 4 Satz 2 ErbStR 2019).
Anteile an einer Kapitalgesellschaft im Inland	Die Beschäftigten der Kapitalgesellschaft und die von ihr gezahlten Löhne und Gehälter sind anteilig einzubeziehen, wenn im Besteuerungszeitpunkt eine mittelbare bzw. unmittelbare Beteiligung von mehr als 25 % besteht (§ 13a Abs. 3 Satz 12 i.V. mit Satz 11 ErbStG, R E 13a.7 Abs. 3 ErbStR).
Anteile an einer Kapitalgesellschaft in einem Mitgliedstaat der Europäischen Union oder einem Staat des Europäischen Wirtschaftsraums	Die Beschäftigten der Kapitalgesellschaft und die von ihr gezahlten Löhne und Gehälter sind anteilig einzubeziehen, wenn im Besteuerungszeitpunkt eine mittelbare bzw. unmittelbare Beteiligung von mehr als 25 % besteht (§ 13a Abs. 3 Satz 12 i.V. mit Satz 11 ErbStG, R E 13a.7 Abs. 3 ErbStR).
Anteile an einer Kapitalgesellschaft in einem Drittstaat	Die Beschäftigten der Kapitalgesellschaft und die von ihr gezahlten Löhne und Gehälter sind nicht einzubeziehen (H E 13a 7 Abs. 2 ErbStH).

► **Übertragung von Anteilen an Kapitalgesellschaften**

Zum Vermögen der Kapitalgesellschaft gehören	Einbeziehung der Beschäftigten sowie der Löhne und Gehälter
Betriebsstätte im Inland	Die Beschäftigten sowie Löhne und Gehälter sind einzubeziehen (§ 13a Abs. 3 Satz 1 ErbStG).
Betriebsstätte in einem Mitgliedstaat der Europäischen Union oder einem Staat des Europäischen Wirtschaftsraums	Die Beschäftigten sowie Löhne und Gehälter sind einzubeziehen (§ 13a Abs. 3 Satz 1 ErbStG).
Betriebsstätte in einem Drittstaat	Da sich der Sitz bzw. die Geschäftsleitung der Kapitalgesellschaft im Inland, einem Mitgliedstaat der Europäischen Union oder einem Staat des Europäischen Wirtschaftsraums befindet, liegt auch hinsichtlich der Betriebsstätte in einem Drittstaat begünstigtes Vermögen vor. Die Beschäftigten sowie Löhne und Gehälter sind einzubeziehen (§ 13a Abs. 3 Satz 1 ErbStG).

Beteiligung an einer Personengesellschaft im Inland	Die Beschäftigten der Personengesellschaft und die von ihr gezahlten Löhne und Gehälter sind unabhängig von der Beteiligungshöhe anteilig einzubeziehen (§ 13a Abs. 3 Satz 11 ErbStG, R E 13a 7 Abs. 2 ErbStR 2019).
Beteiligung an einer Personengesellschaft in einem Mitgliedstaat der Europäischen Union oder einem Staat des Europäischen Wirtschaftsraums	Die Beschäftigten der Personengesellschaft und die von ihr gezahlten Löhne und Gehälter sind unabhängig von der Beteiligungshöhe anteilig einzubeziehen (§ 13a Abs. 3 Satz 11 ErbStG, R E 13a 7 Abs. 2 ErbStR 2019).
Beteiligung an einer Personengesellschaft in einem Drittstaat	Da sich der Sitz bzw. die Geschäftsleitung der Kapitalgesellschaft im Inland, einem Mitgliedstaat der Europäischen Union oder einem Staat des Europäischen Wirtschaftsraums befindet, liegt zwar auch hinsichtlich der Beteiligung begünstigtes Vermögen vor. Die Beschäftigten der Personengesellschaft und die von ihr gezahlten Löhne und Gehälter sind jedoch nicht mit einzubeziehen, da sich ihr Sitz bzw. ihre Geschäftsleitung in einem Drittstaat befindet (§ 13a Abs. 3 Satz 11 ErbStG).
Anteile an einer Kapitalgesellschaft im Inland	Die Beschäftigten der Kapitalgesellschaft und die von ihr gezahlten Löhne und Gehälter sind anteilig einzubeziehen, wenn im Besteuerungszeitpunkt eine mittelbare bzw. unmittelbare Beteiligung von mehr als 25 % besteht (§ 13a Abs. 3 Satz 12 i. V. m. Satz 11 ErbStG, R E 13a.7 Abs. 3 ErbStR 2019).
Anteile an einer Kapitalgesellschaft in einem Mitgliedstaat der Europäischen Union oder einem Staat des Europäischen Wirtschaftsraums	Die Beschäftigten der Kapitalgesellschaft und die von ihr gezahlten Löhne und Gehälter sind anteilig einzubeziehen, wenn im Besteuerungszeitpunkt eine mittelbare bzw. unmittelbare Beteiligung von mehr als 25 % besteht (§ 13a Abs. 3 Satz 12 i. V. mit Satz 11 ErbStG, R E 13a.7 Abs. 3 ErbStR 2019).

Anteile an einer Kapitalgesellschaft in einem Drittstaat	Da sich der Sitz bzw. die Geschäftsleitung der Kapitalgesellschaft, deren Anteile übertragen werden, im Inland, einem Mitgliedstaat der Europäischen Union oder einem Staat des Europäischen Wirtschaftsraums befindet, liegt zwar auch hinsichtlich der Anteile an der Kapitalgesellschaft im Drittstaat begünstigtes Vermögen vor. Die Beschäftigten der Kapitalgesellschaft und die von ihr gezahlten Löhne und Gehälter sind jedoch nicht mit einzubeziehen, da sich ihr Sitz bzw. ihre Geschäftsleitung in einem Drittstaat befindet (§ 13a Abs. 3 Satz 12 i.V. mit Satz 11 ErbStG).

HINWEISE:

- Bei der Ermittlung der maßgeblichen Beteiligungsquote einer Personengesellschaft an einer Tochterkapitalgesellschaft sind Anteile an der Tochterkapitalgesellschaft sowohl im Gesamthandsvermögen der Personengesellschaft als auch im Sonderbetriebsvermögen aller beteiligten Gesellschafter zusammenzurechnen.[1]
- Gehen mehrere wirtschaftliche Einheiten auf einen Erwerber über, ist die Frage des Überschreitens der Mindestarbeitnehmerzahl für jeden Gewerbebetrieb bzw. für jede Art von begünstigtem Vermögen bzw. für jede wirtschaftliche Einheit getrennt zu ermitteln.[2]
- Für die Berechnung der maßgeblichen Arbeitnehmerzahl und für die Ermittlung der Ausgangslohnsumme gelten unterschiedliche Stichtage und Zeiträume.
- Für die Berechnung der Lohnsumme ist es unerheblich, zu welchem Anteil der Betrieb oder die Gesellschaft zugewendet wird.[3]
- Während der angestellte Gesellschafter-Geschäftsführer einer Kapitalgesellschaft zu den beschäftigten Arbeitnehmern zählt, ist der angestellte Gesellschafter-Geschäftsführer einer Personengesellschaft nicht mitzuzählen.[4]

1 H E 13a.4 Abs. 7 ErbStH 2019.

2 R E 13a.4 Abs. 2 Satz 5 ErbStR 2019.

3 R E 13a.4 Abs. 2 Satz 3 ErbStR 2019.

4 H E 13a.4 ErbStH 2019.

4.3.5.8.4 Ausgangslohnsumme

Ausgangslohnsumme ist die durchschnittliche Lohnsumme aller Vergütungen (Löhne und Gehälter sowie andere Bezüge und Vorteile[1]), die in den letzten fünf Jahren vor dem Zeitpunkt der Entstehung der Steuer (Erbfall bzw. Schenkungszeitpunkt) endenden Wirtschaftsjahre an die auf den Lohn- und Gehaltslisten erfassten Beschäftigten gezahlt worden sind. Beträgt die Ausgangslohnsumme Null (z. B. bei einem Ein-Mann-Unternehmen), kommt die Lohnsummenregelung nicht zur Anwendung (§ 13a Abs. 3 Satz 3 ErbStG). 631

Sind Gesellschaftsbeteiligungen bei der Ausgangslohnsumme zu berücksichtigen[2] und gehörte die Beteiligung nicht für den gesamten Fünfjahreszeitraum zum Betriebsvermögen des übertragenen Betriebs, ist die Lohnsumme anteilig nur für den Zeitraum der Zugehörigkeit tagegenau zu berücksichtigen. Hat sich die Beteiligungsquote innerhalb des Fünfjahre-Zeitraums verändert, ist die Lohnsumme der Gesellschaft für den jeweiligen Zeitraum in der jeweils bestehenden Beteiligungshöhe einzubeziehen. Das gilt auch für Zeiten, in denen die Beteiligungshöhe 25 % oder weniger betrug.[3]

Die Ausgangslohnsumme ist für jede wirtschaftliche Einheit des begünstigten Betriebsvermögens gesondert und getrennt zu ermitteln. Der Ausgangslohnsumme ist für jedes Wirtschaftsjahr die aktuelle Lohnsumme gegenüberzustellen.

Die aktuelle Lohnsumme setzt sich wie folgt zusammen: 632

- Alle Vergütungen (Löhne und Gehälter und andere Bezüge und Vorteile), die im maßgebenden Wirtschaftsjahr an die auf den Lohn- und Gehaltslisten erfassten Beschäftigten gezahlt werden;
- alle Geld- oder Sachleistungen für die von den Beschäftigten erbrachte Arbeit, unabhängig davon, wie diese Leistungen bezeichnet werden und ob es sich um regelmäßige oder unregelmäßige Zahlungen handelt (u. a. alle Mitarbeiterbeteiligungsmodelle sowie Vermögensbildungsbeträge nach dem 5. VermBG);
- alle von den Beschäftigten zu entrichtenden Sozialbeiträge, Einkommensteuern und Zuschlagsteuern (insbesondere der Solidaritätszuschlag). Dies

1 Vgl. Eisele, Erbschafsteuerreform 2016, S. 15.
2 Rz. 630.
3 R E 13a.7 Abs. 2 ErbStR 2019.

gilt auch dann, wenn sie vom Arbeitgeber einbehalten und an den Sozialversicherungsträger und die Steuerbehörde abgeführt werden;

- alle Sondervergütungen, Prämien, Gratifikationen, Abfindungen, Zuschüsse zu Lebenshaltungskosten, Familienzulagen, Provisionen, Teilnehmergebühren und vergleichbare Vergütungen.

633 Praktisch sind der Ausgangslohnsumme alle Löhne gegenüberzustellen, die das Unternehmen zahlt, das bzw. dessen Anteile übernommen werden sollen. Die Finanzverwaltung beanstandet es nicht, wenn bei inländischen Gewerbebetrieben von dem in der Gewinn- und Verlustrechnung ausgewiesenen Aufwand für Löhne und Gehälter ausgegangen wird (§ 275 Abs. 2 Nr. 6 HGB).[1] Es sind allerdings folgende Abweichungen zu berücksichtigen:

- Altersvorsorge, die durch Entgeltumwandlung vom Arbeitnehmer getragen wird, ist einzubeziehen;
- der Arbeitgeberanteil zu den gesetzlichen Sozialabgaben sowie tariflich vereinbarte, vertraglich festgelegte oder freiwillige Sozialbeiträge durch den Arbeitgeber bleiben ausgenommen;
- das dem Arbeitgeber von der Bundesagentur für Arbeit ausgezahlte Kurzarbeitergeld ist von diesem Aufwand nicht abzuziehen.[2] Die gezahlten Löhne aller Tochterunternehmen in Deutschland und aus dem EU-/EWR-Raum sind in Beteiligungshöhe bei entsprechender Beteiligung einzubeziehen.

Außer Ansatz bleiben:

- Vergütungen an solche Arbeitnehmer, die nicht ausschließlich oder überwiegend in dem Betrieb tätig sind, der zur Übertragung gelangt,
- Löhne und Gehälter, die an Arbeitnehmer in Drittstaaten (nicht EU/EWR) gezahlt werden,
- Leiharbeits- und Saisonarbeitsverhältnisse.

634 Gehören zum Betriebsvermögen des übertragenen Betriebs (bei Beteiligungen an einer Personengesellschaft und Anteilen an einer Kapitalgesellschaft des Betriebs der jeweiligen Gesellschaft) unmittelbar oder mittelbar:

- Beteiligungen an Personengesellschaften, die ihren Sitz oder ihre Geschäftsleitung im Inland, einem Mitgliedstaat der Europäischen Union oder in einem Staat des Europäischen Wirtschaftsraums haben, sind die Lohnsummen dieser Gesellschaften einzubeziehen. Dies gilt unabhängig von

1 R E 13a.5 Satz 2 ErbStR 2019.

2 Saldierungsverbot § 246 Abs. 2 HGB. R E 13a.5 Satz 4 ErbStR 2019.

der Höhe der Beteiligung. Nicht dazu zählen Beteiligungen an Personengesellschaften mit Sitz oder Geschäftsleitung in Drittstaaten.

- Anteile an Kapitalgesellschaften, die ihren Sitz oder ihre Geschäftsleitung im Inland, einem Mitgliedstaat der Europäischen Union oder in einem Staat des Europäischen Wirtschaftsraums haben (Tochterunternehmen), wenn im Besteuerungszeitpunkt eine mittelbare bzw. unmittelbare Beteiligung von mehr als 25 % besteht.

Die Lohnsummen der in den beteiligten Unternehmen beschäftigten Mitarbeiter sind dabei nur insoweit in die Berechnung der Ausgangslohnsumme einzubeziehen, als die Beteiligungen innerhalb des gesamten maßgeblichen Fünfjahreszeitraumes zum Betriebsvermögen zählten. Zählte eine Beteiligung nicht innerhalb des gesamten maßgeblichen Fünfjahreszeitraumes zum Betriebsvermögen, sind nur die für den Zeitraum der Zugehörigkeit zum Betrieb anfallenden Lohnsummen einzubeziehen.[1] 635

Die Berechnung des maßgeblichen Zeitraumes hat taggenau zu erfolgen. Bestand die Beteiligung zu keinem Zeitpunkt innerhalb des maßgeblichen Fünfjahreszeitraums, sind die Lohnsummen der in den beteiligten Unternehmen beschäftigten Mitarbeiter nicht einzubeziehen. 636

BEISPIEL: Die X-GmbH erwirbt zum 10.1.2020 eine 100 %-Beteiligung an der Y-GmbH. Es gelten für alle Gesellschaften kalendergleiche Wirtschaftsjahre. Zum 30.12.2019 übertrug der Alleingesellschafter der X-GmbH 60 % seiner Anteile schenkweise. Die Lohnsummen der Beschäftigten in der Y-GmbH zählen nicht mit, da der für die Ausgangslohnsummenberechnung maßgebliche Zeitraum der 1.1.2015 bis 31.12.2019 ist.

Änderten sich die Beteiligungsquoten an der (den) Tochtergesellschaft(en) während des für die Ermittlung der Ausgangslohnsumme maßgeblichen Fünfjahreszeitraums (also vergangenheitsbezogen), sind die Lohnsummen der Gesellschaft(en) für den jeweiligen Zeitraum entsprechend der Beteiligungshöhe einzubeziehen.[2] Verdeckte Gewinnausschüttungen an den Geschäftsführer oder andere Arbeitnehmer werden nicht in die Lohnsumme einbezogen.[3] Dies führt zu folgender Konsequenz, dass die exakte Höhe der Mindestlohnsumme bzw. der Ausgangslohnsumme bei Kapitalgesellschaften mit ausreichender Sicherheit erst nach einer Betriebsprüfung feststeht, nämlich wenn der Betriebsprüfer nicht (mehr) zu der Erkenntnis kommt, dass ein Teil der Löhne als ver- 637

1 R E 13a.7 Abs. 8 Satz 5 ErbStR 2019.
2 R E 13a 7 Abs. 2 Satz 4 ErbStR 2019.
3 H E 13a.5 ErbStH 2019.

deckte Gewinnausschüttungen zu qualifizieren ist. Kommt es nachträglich zur Feststellung verdeckter Gewinnausschüttungen, hat dies Auswirkungen auf die Lohnsummenprüfung. Gegebenenfalls kommt es zu einer nachträglichen Festsetzung von Erbschaftsteuern. Daher sollte anstehenden Betriebsprüfungen gerade bei neu übertragenen Betrieben besondere Beachtung zukommen.

Unternehmerlöhne, welche bei der Bewertung des Betriebsvermögens zu berücksichtigen sind, sind weder in die Ausgangslohnsumme einzurechnen noch bei der Ermittlung der tatsächlichen Mindestlohnsumme zu berücksichtigen.[1] Somit können die Mindestlohnsummen durch den Unternehmer nicht durch Erhöhung des eigenen Unternehmerlohns beeinflusst werden.

4.3.5.8.5 Gesonderte Feststellung von Lohnsumme und der Anzahl der Beschäftigten

638 Das für die Bewertung des Betriebes örtlich zuständige Finanzamt, das ist dasjenige, in dessen Bezirk sich die Geschäftsleitung des Gewerbebetriebes befindet stellt die Ausgangslohnsumme, die Anzahl der Beschäftigten und die Summe der maßgebenden jährlichen Lohnsummen gesondert fest. Festgesetzt werden sowohl die Ausgangslohnsumme im Zeitpunkt vor dem begünstigten Erwerb als auch die Mindestlohnsumme nach der Behaltensfrist.

Die gesonderte Feststellung erfolgt, wenn diese Angaben für die Erbschaftsteuer oder eine andere Feststellung i. S. dieser Vorschrift von Bedeutung sind, auf Veranlassung des zuständigen Erbschaftsteuer- und Schenkungsteuerfinanzamtes.

4.3.5.8.6 Steuerliche Folgen bei Unterschreitung der Lohnsumme

639 Unterschreitet der Unternehmensübernehmer die Mindestlohnsummen (400 bzw. 700 % der Ausgangslohnsumme bei entsprechender Optierung[2]), vermindert sich der Verschonungsabschlag entsprechend im selben prozentualen Umfang, wie die Mindestlohnsumme unterschritten wird. Ein ggf. gewährter Abzugsbetrag bleibt unberührt; ein Verstoß gegen die Lohnsummenregelung wirkt sich auf den Abzugsbetrag und auf den Vorwegabschlag für Familienunternehmen nicht aus.[3]

---

1 R E 13a.7 Abs. 10 ErbStR 2019.

2 Zur Vollbefreiung vgl. unten Rz. 657.

3 Zum Vorwegabschlag vgl. Rz. 844 ff. R E 13a.20 ErbStR 2019.

Die Lohnsummenprüfung erfolgt betriebsbezogen. Wurden mehrere Arten begünstigten Vermögens (land- und forstwirtschaftliches Vermögen, Betriebsvermögen, Anteile an Kapitalgesellschaften) in einem Schenkungsvorgang übertragen oder im Todesfall geerbt, erfolgt die Berechnung zunächst bezogen auf jede wirtschaftliche Einheit gesondert. Bei der Ermittlung der maßgebenden Lohnsumme ist jedoch auf die Summe der einzeln ermittelten Lohnsummen aus allen Arten des begünstigten Betriebsvermögens abzustellen, so dass Defizite bei einer Kapitalgesellschaft mit Überschüssen aus einem Personenunternehmen oder umgekehrt ausgeglichen werden dürfen.[1] 640

BEISPIEL: Die Summe der jährlichen Lohnsummen in den fünf Jahren erreicht 360 % der Ausgangslohnsumme und liegt damit 40 % unter der Mindestlohnsumme von 400 %, das entspricht einer Unterschreitung von (400 % – 360 %) / 400 % = 10 % = einem Zehntel der Mindestlohnsumme. Der Verschonungsabschlag verringert sich um ein Zehntel von 85 % auf 76,5 %. Beträgt der gemeine Wert eines Betriebs im Besteuerungszeitpunkt 10 Mio. €, bleiben zunächst 8,5 Mio. € steuerfrei und 1,5 Mio. € sind zu versteuern. Wegen des Verstoßes gegen die Lohnsummenregelung bleiben dann nur noch 7,65 Mio. € steuerfrei und 2,35 Mio. € sind zu versteuern. Die zunächst gezahlte Steuer wird verrechnet.

Der Unternehmenserwerber ist verpflichtet, dem Finanzamt das Unterschreiten der Mindestlohnsumme innerhalb von sechs Monaten nach Ablauf der Fünf- bzw. Siebenjahresfrist anzuzeigen. Es gelten hierbei die allgemeinen Regelungen der Abgabenordnung, wonach ein Steuerpflichtiger verpflichtet ist, den Wegfall der Voraussetzungen für eine Steuerbefreiung, Steuerermäßigung oder sonstige Steuervergünstigung dem Finanzamt anzuzeigen. Die Finanzverwaltung vermerkt im jeweiligen Steuerbescheid die Anzeigepflichten bzw. weist darauf hin, dass Verstöße gegen die Behaltensregelungen innerhalb einer Frist von einem Monat nachdem der jeweilige Tatbestand verwirklicht wurde, schriftlich anzuzeigen sind. Die Anzeige hat die Wirkung einer Steuererklärung; sie hat auch dann zu erfolgen, wenn keine Steuerrelevanz gegeben ist. 641

HINWEISE:

- Der Unternehmensüberträger selbst sollte auf eine Minimierung der Ausgangslohnsumme achten, d. h. notwendige Rationalisierungsmaßnahmen im Personalwesen noch selbst vornehmen. Ein Personalcheck vor der Übertragung entlastet den Übernehmer durch eine niedrigere Ausgangslohnsumme. Die Finanzverwaltung sieht allerdings einen Gestaltungsmissbrauch dann, wenn kurze Zeit vor der Übertragung eine Minderung der Anzahl der Beschäftigten erfolgte.[2]

1 R E 13a.4 Abs. 3 ErbStR 2019.

2 R E 13a.4 Abs. 2 Satz 4 ErbStR 2019.

- Die Prüfung, ob die Mindestlohnsumme nach Ende der fünf- bzw. siebenjährigen Behaltensfrist eingehalten ist, erfolgt bei der gleichzeitigen Übertragung mehrerer betrieblicher Einheiten (z. B. GmbH und Personenunternehmen) insgesamt für alle erworbenen begünstigten wirtschaftlichen Einheiten[1], so dass eine zu niedrige Mindestlohnsumme bei der GmbH mit einem Überschuss bei dem Personenunternehmen kompensiert werden kann.
- Soweit in der Lohnsumme Löhne aus begünstigten Vermögen aus einer Betriebsstätte in einem Mitgliedstaat der Europäischen Union oder in einem Staat des Europäischen Wirtschaftsraums enthalten sind, lässt die Finanzverwaltung einen Rückgriff auf den für inländische Besteuerungszwecke in der Gewinn- und Verlustrechnung ausgewiesenen Lohnaufwand zu.[2]

4.3.5.8.7 Gesetzliche Behaltensregelungen für begünstigtes Betriebsvermögen

642 Eine weitere Bedingung zur Erlangung der endgültigen Steuerfreiheit für das Betriebsvermögen ist, dass der Betrieb in seiner Vermögensstruktur nahezu unverändert für mindestens fünf Jahre fortgeführt wird (Mindestbehaltensfrist § 13a Abs. 3 Satz 1 ErbStG). Optiert der Unternehmensnachfolger für einen 100%igen Verschonungsabschlag (Vollbefreiung), muss er den Betrieb in seiner Vermögensstruktur nahezu unverändert für eine mindestens siebenjährige Mindestbehaltensfrist fortführen sowie eine Lohnsumme von 700 % erfüllen (§ 13a Abs. 10 ErbStG). Dies bedeutet, dass der Unternehmensnachfolger in den maßgeblichen Zeiträumen kein Betriebsvermögen veräußern darf. Die Mindestbehaltensfrist beginnt mit dem Zeitpunkt der Steuerentstehung und endet jeweils mit Ablauf des fünften bzw. siebten Jahres (Zeitjahr). Die Schenkungsteuer entsteht bei Schenkungen mit der Ausführung der Schenkung.

Die Lohnsummenfrist, und damit auch die „Abschmelzungsperiode" beginnt stets am Übertragungstag des Betriebs. Die Abschmelzung erhöht sich mit jedem vollen Jahr, in dem die Lohnsummen-Voraussetzungen erfüllt worden sind. Soll ein übertragener Betrieb innerhalb der genannten Fristen weiterveräußert werden (was gegen die Behaltensregelungen verstößt) sollte vor Veräußerung möglichst auf die Vollendung eines weiteren vollen Jahres geachtet werden.

BEISPIEL: Bei Veräußerung eines am 1.9.2020 übertragenen Betriebes am 16.8.2023 werden 2/5 abgeschmolzen (bei fünfjähriger Behaltensfrist) bzw. 2/7 (bei siebenjähriger Behaltensfrist). Wird die Übertragung hingegen in den September 2023 verschoben (ab dem 1.9.2023) wären hingegen bereits 3/5 bzw. 3/7 abgeschmolzen.

1 R E 13a.4 Abs. 3 Satz 3 ErbStR 2019.

2 R E 13a.7 Abs. 9 ErbStR 2019.

Zu beachten ist, dass die Finanzverwaltung für den Veräußerungszeitpunkt auf den Abschluss des obligatorischen Rechtsgeschäfts abstellt und nicht erst auf den Zeitpunkt der Übertragung des wirtschaftlichen Eigentums. Dadurch kann sich die steuerliche Behaltefrist unter Umständen deutlich verkürzen und eine Verschiebung des Veräußerungszeitpunktes auf ein Datum nach Ablauf der Mindestbehaltensfrist durch eine aufschiebende Bedingung im Kauf-/Veräußerungsvertrag bleibt für die Erbschaft- und Schenkungsteuer ohne Wirkung.[1]

Einen Verstoß gegen die Behaltensfristen (Lohnsummenfristen) mit entsprechender Nachversteuerung lösen die nachfolgenden fünf im Gesetz genannten Maßnahmen aus, „soweit" diese innerhalb der fünfjährigen bzw. der siebenjährigen Behaltensfrist (bei der Optionsverschonung) getroffen bzw. vollzogen werden. „Soweit" heißt, dass Verschonungsabschlag und Abzugsbetrag bei Eintritt der nachfolgenden Ereignisse innerhalb der Behaltensfrist (Lohnsummenfrist) zeitanteilig abgeschmolzen werden (§ 13a Abs. 6 ErbStG). 643

Veräußerung von Gewerbebetrieb und Anteilen: Als Verstoß gegen die Behaltensregelungen gilt die Veräußerung eines Gewerbebetriebs oder eines Teilbetriebs oder eines Anteils an einer gewerblichen oder freiberuflichen Gesellschaft, eines Anteils eines persönlich haftenden Gesellschafters einer Kommanditgesellschaft auf Aktien oder eines Anteils daran. Als Veräußerung gilt auch die Aufgabe des Gewerbebetriebs, Teilbetriebs oder Mitunternehmeranteils sowie die Eröffnung des Insolvenzverfahrens.[2] 644

Gleiches gilt, wenn wesentliche Betriebsgrundlagen eines Gewerbebetriebs veräußert oder in das Privatvermögen überführt oder anderen betriebsfremden Zwecken zugeführt werden oder wenn Anteile an einer Kapitalgesellschaft veräußert werden, die der Veräußerer durch eine gewinnneutrale Sacheinlage erworben hat, oder der Anteil an einer gewerblichen oder freiberuflichen Gesellschaft oder ein Anteil daran veräußert wird, den der Veräußerer durch eine Einbringung in eine Personengesellschaft erworben hat. Der Umfang der schädlichen Verfügung bemisst sich nach dem gemeinen Wert des Einzelwirtschaftsguts (z. B. Betriebsgrundstück) im – ursprünglichen – Besteuerungszeitpunkt.

HINWEISE:

Bei teilweiser Veräußerung von begünstigten Anteilen an einer Gesellschaft lässt die Finanzverwaltung eine zu Gunsten der Steuerpflichtigen gegebene Reihenfolgefiktion gelten. Nach R E 13a.13 Abs. 1 Satz 5 ErbStR 2019 kann bei einer teilweisen Veräuße-

1 Vgl. R E 13a.13 Abs. 1 Satz 2, Abs. 2 Satz 2, R E 13a.14 Abs. 1 Satz 2, R E 13a.6 Abs. 1 Satz 2 ErbStR 2019.

2 R E. 13a.13 ErbStR 2019.

rung eines Anteils regelmäßig davon ausgegangen werden, dass zunächst die bereits früher erworbenen Anteile veräußert werden, wenn der Erwerber begünstigter Anteile vor dem maßgebenden Besteuerungszeitpunkt an dieser Gesellschaft beteiligt war.

Keinen Verstoß gegen die Behaltensregelungen stellt die Einbringung eines Betriebs, Teilbetriebs oder Mitunternehmeranteils in eine Kapital- oder Personengesellschaft gegen Gewährung von Gesellschaftsanteilen dar. Dasselbe gilt für Umwandlungen, Verschmelzungen oder die Realteilung von Personengesellschaften. Voraussetzung ist, dass die übernehmende Gesellschaft ihren Sitz im Inland oder innerhalb der Europäischen Union oder des EWR hat.[1]

645 Veräußerung von land- und forstwirtschaftlichem Vermögen: Als Verstoß gegen die Behaltensregelungen gelten die Veräußerung eines Betriebs der Land- und Forstwirtschaft oder eines Teilbetriebs oder einer land- und fortwirtschaftlichen Gesellschaft. Ebenso gilt auch hier als Veräußerung die Aufgabe des Betriebs. Steuerschädlich ist auch die Veräußerung von durch eine gewinnneutrale Sacheinlage erworbenen Anteilen.

646 Überentnahmen: Als Verstoß gegen die Behaltensregelungen gilt das Tätigen von sogenannten „Überentnahmen" aus dem Betrieb. Als Überentnahmen gelten Entnahmen, die der Unternehmenserwerber als (neuer) Inhaber eines Gewerbebetriebs oder als (neuer) Gesellschafter oder als persönlich haftender Gesellschafter einer Kommanditgesellschaft auf Aktien bis zum Ende des letzten in die Fünf- (bei 85%iger Steuerfreiheit und Regelbesteuerung) bzw. Sieben-Jahres-Frist (bei 100%iger Steuerbefreiung mit Optionsverschonung) fallenden Wirtschaftsjahres tätigt, und die die Summe aus Einlagen und der ihm zuzurechnenden Gewinne oder Gewinnanteile seit dem Erwerb um mehr als 150.000 € übersteigen. Nach Auffassung der Finanzverwaltung gilt dies auch, wenn die Entnahmen zur Bezahlung der Erbschaftsteuer getätigt werden.[2] Verluste bleiben dabei unberücksichtigt.

Der Entnahmebegriff ist nach den Grundsätzen des Ertragsteuerrechts zu beurteilen.[3] Steuerschädlich sind auch Sachentnahmen. Maßgeblich ist der ertragsteuerrechtliche Entnahmewert im Entnahmezeitpunkt.

Die Überentnahmen führen rückwirkend zu einer Aberkennung der Steuervergünstigungen – nicht in voller Höhe, sondern anteilig in Höhe der Überentnahmen.

1 R E 13a.16 Abs. 3 ErbStR 2019.

2 R E 13a.15 Abs. 1 ErbStR 2019.

3 R E 13a.15 Abs. 1 Satz 4 ErbStR 2019.

BEISPIEL[1] Unternehmer U überträgt begünstigtes Betriebsvermögen mit einem gemeinen Wert von 4.000.000 € an seinen Sohn S. Innerhalb der Behaltensfrist tätigt S Überentnahmen von 200.000 €.

Für S ergibt sich zunächst folgende Steuer:

Betriebsvermögen (begünstigt)		4.000.000 €	
Verschonungsabschlag (85 %)		– 3.400.000 €	
Verbleiben		600.000 €	
Abzugsbetrag		– 0 €	
Steuerpflichtiges Betriebsvermögen			600.000 €
Abzugsbetrag		150.000 €	
Verbleibender Wert (15 %)	600.000 €		
Abzugsbetrag	– 150.000 €		
Unterschiedsbetrag	450.000 €		
davon 50 %		– 225.000 €	
Verbleibender Abzugsbetrag		0 €	
Persönlicher Freibetrag			– 400.000 €
Steuerpflichtiger Erwerb			200.000 €
Steuer nach Stkl. I (11 %)			22.000 €

Für S ergibt die Nachversteuerung folgende Steuer:

Betriebsvermögen		4.000.000 €	
Überentnahmen		– 200.000 €	200.000 €
Betriebsvermögen (begünstigt)		3.800.000 €	
Verschonungsabschlag (85 %)		– 3.230.000 €	
Verbleiben		570.000 €	
Abzugsbetrag		– 0 €	
Steuerpflichtiges Betriebsvermögen			+ 570.000 €
Abzugsbetrag		150.000 €	
Verbleibender Wert (15 %)	570.000 €		
Abzugsbetrag	– 150.000 €		
Unterschiedsbetrag	420.000 €		
davon 50 %		– 210.000 €	
Verbleibender Abzugsbetrag		0 €	
Persönlicher Freibetrag			– 400.000 €
Steuerpflichtiger Erwerb			370.000 €
Steuer nach Stkl. I (15 %)			55.500 €
Bisher festgesetzt			– 22.000 €
Nachsteuer			33.500 €

1 Vgl. H E 13a.15 ErbStH 2019.

HINWEISE:

Bei gleichzeitiger Übertragung mehrerer wirtschaftlicher Einheiten des Betriebsvermögens (z. B. GmbH-Anteile und Personenunternehmen/Einzelunternehmen) ist für jede wirtschaftliche Einheit gesondert zu prüfen, ob die Entnahmebegrenzung für den entsprechenden Betrieb eingehalten worden ist.[1] Die Finanzverwaltung sieht es nicht als Gestaltungsmissbrauch an, wenn der Erwerber gegen Ende der fünf- bzw. siebenjährigen Behaltensfrist eine Einlage tätigt, um den Betrag von 150.000 € übersteigende Entnahmen wieder auszugleichen. Die Einlage sollte jedoch aus vorhandenen privaten Vermögen stammen, nicht aus Kreditmitteln. Denn wird die Einlage unter Aufnahme eines Kredits geleistet, prüft die Finanzverwaltung, ob der Kredit als betriebliche Schuld oder ggf. als negatives Sonderbetriebsvermögen des Erwerbers zu behandeln ist. Sofern die Prüfung ergibt, dass der Kredit als Betriebsvermögen des Erwerbers zu behandeln ist, liegt keine Einlage vor.[2]

Die Entnahmebegrenzung ist für jeden Betrieb gesondert zu prüfen. Bei Gewerbebetrieben mit Beteiligungen ist die Entnahmebegrenzung bei den Beteiligungen nicht gesondert zu prüfen, weil sich die Entnahmen insoweit beim Gewerbebetrieb niederschlagen und dort ggf. zu einem Verstoß gegen die Entnahmebegrenzung führen.

647 Anteile an Kapitalgesellschaften: Als Verstoß gegen die Behaltensregelungen gilt die Veräußerung (ganz oder teilweise) von Anteilen an Kapitalgesellschaften. Einer steuerschädlichen Veräußerung steht gleich:

- Eine verdeckte Einlage von Anteilen in eine Kapitalgesellschaft. Eine verdeckte Einlage ist jede unentgeltliche Vermögenszuwendung eines Gesellschafters an seine Gesellschaft aus gesellschaftsrechtlichen Gründen gegen Gewährung von Gesellschaftsrechten.
- Die Auflösung der Kapitalgesellschaft.
- Die Herabsetzung des Nennkapitals, es sei denn, es handelt sich dabei nur um eine nominelle Kapitalherabsetzung zum Zweck der Sanierung der Gesellschaft und es wird kein Kapital an Gesellschafter zurückgezahlt.[3]
- Die Veräußerung wesentlicher Betriebsgrundlagen verbunden mit der Verteilung des Erlöses an die Gesellschafter.
- Die Übertragung des Vermögens der Kapitalgesellschaft auf eine Personengesellschaft, eine natürliche Person oder eine andere Körperschaft (Verschmelzung), soweit die durch die Umwandlung erworbenen Anteile innerhalb der Behaltensfrist veräußert werden.

Kommt es zur Einbringung eines Betriebs, Teilbetriebs oder Mitunternehmeranteils in eine Kapital- oder eine Personengesellschaft (§§ 20, 24 UmwStG) ge-

1 R E 13a.15 Abs. 1 Satz 8 ErbStR 2019.

2 R E 13a.15 Abs. 4 ErbStR 2019.

3 R E 13a.16 Abs. 2 ErbStR 2019.

gen Gewährung von Gesellschaftsanteilen (formwechselnde Umwandlung, Verschmelzung oder Realteilung von Personengesellschaften, soweit der Realteiler nicht nur einzelne Wirtschaftsgüter erhält), ist erst eine nachfolgende Veräußerung der dabei erworbenen Beteiligung, des erworbenen Betriebs oder der erworbenen Anteile an der Kapitalgesellschaft innerhalb der Behaltenszeit ein Verstoß gegen die Behaltensregelung. Voraussetzung hierfür ist, dass die übernehmende Gesellschaft ihren Sitz oder ihre Geschäftsleitung im Inland oder in einem Mitgliedstaat der Europäischen Union oder in einem Staat des Europäischen Wirtschaftsraums hat.

War der Erwerber bereits vor dem Anteilserwerb aus eigenem Vermögen an der Gesellschaft beteiligt, geht die Finanzverwaltung bei einer teilweisen Veräußerung der Anteile zu Gunsten des Gesellschafters vom First In First Out Prinzip aus. Das heißt, es wird von Amts wegen unterstellt, dass der Gesellschafter die ihm bereits früher gehörenden Anteile zuerst veräußert.

BEISPIEL:[1] A ist zu 30 % an einer GmbH beteiligt. Durch Erbanfall erwirbt er eine weitere Beteiligung von 30 % an der Gesellschaft. Drei Jahre nach dem Erwerb veräußert er eine Beteiligung von 40 %.

Bei dem Verkauf der Beteiligung ist aus Vereinfachungsgründen davon auszugehen, dass es sich dabei im Umfang von 30 % um die Anteile handelt, mit denen A schon vor dem Erbfall beteiligt war (kein Verstoß gegen Behaltensregelung), und im Umfang von 10 % um Anteile, die A durch Erbanfall erworben hatte (Verstoß gegen Behaltensregelung).

Aufhebung von Poolvereinbarungen: Als Verstoß gegen die Behaltensrege- 648
lungen gilt die nachträgliche Aufhebung von Stimmrechtsbündelungen und/oder Verfügungsbeschränkungen mittels Poolvereinbarungen (Poolverträgen), sofern nur auf Grund dieser Maßnahmen bei einer Kapitalgesellschaftsbeteiligung eine Beteiligungsquote von über 25 % erreicht wurde. Veräußert ein Poolgesellschafter seine Anteile an andere Poolgesellschafter oder seinen Poolvertrag an Dritte entgeltlich, führt die Übertragung nur bei diesem zum Verlust der Begünstigung, wenn die verbleibenden Poolmitglieder weiterhin über mehr als 25 % der Anteile verfügen.[2]

HINWEISE:

Die erbschaftsteuerlich relevante Poolvereinbarung geht nicht schon dann verloren, wenn innerhalb der Behaltensfrist[3]

1. ein Gesellschafter an seinem Anteil einen Nießbrauch bestellt und das Stimmrecht beim Nießbrauchbesteller verbleibt;

1 Vgl. H E 13a.16 ErbStH 2019.

2 R E 13a.17 Abs. 2 Nr. 1 ErbStR 2019.

3 R E 13a.17 ErbStR 2019.

2. ein Gesellschafter seinen Anteil verpfändet. Das Mitgliedschafts- und Stimmrecht geht in einem solchen Fall nicht auf den Pfandgläubiger über. Schädlich ist erst die Verwertung des Pfandguts durch den Pfandgläubiger (§ 13a Abs. 6 Satz 1 Nr. 4 ErbStG). Die verbleibenden Poolmitglieder verlieren ihre bisher gewährte Begünstigung nicht;
3. eine Vereinigung aller Anteile bei dem letzten Poolgesellschafter einer Poolgemeinschaft eintritt, weil die Anteile des vorletzten Poolgesellschafters auf ihn übergegangen sind.

Werden Kapitalerhöhungen innerhalb der maßgeblichen Behaltensfrist beschlossen, sollten die Poolmitglieder darauf achten, dass ihre Beteiligungsquote dadurch nicht auf 25 % oder weniger sinkt. Dasselbe gilt auch, wenn ein oder mehrere Poolmitglieder ausscheiden. In beiden Fällen würde es nämlich zu einem Wegfall der Steuerbegünstigungen kommen.

649 Sonstige Verstöße: Ein Verstoß gegen die Behaltensregelungen liegt nach Auffassung der Finanzverwaltung auch vor, wenn begünstigtes Vermögen[1]

- als Abfindung für einen Verzicht auf den entstandenen Pflichtteilsanspruch oder für die Ausschlagung einer Erbschaft usw. übertragen wird (Fälle des § 3 Abs. 2 Nr. 4 ErbStG, vgl. hierzu Rz. 420),
- zur Erfüllung anderer schuldrechtlicher Ansprüche, z. B. aufgrund eines Geldvermächtnisses, Pflichtteils- oder Zugewinnausgleichsanspruchs hingegeben wird.

Kein Verstoß gegen die Behaltensregelungen stellen hingegen dar:[2]

- der Übergang von begünstigtem Vermögen im Wege des Übergangs von Todes wegen,
- die Weiterübertragung von Vermögen durch Schenkung unter Lebenden. Erfolgt die Zuwendung teilentgeltlich (gemischte Schenkung), gilt dies nur hinsichtlich des unentgeltlichen Teils der Zuwendung. Der entgeltliche Teil der Zuwendung stellt ungeachtet der ertragsteuerlichen Behandlung einen Verstoß gegen die Behaltensregelungen dar. (Verstößt schließlich der nachfolgende Erwerber gegen die Behaltensregelungen, verliert auch der vorangegangene Erwerber die Verschonung, soweit bei ihm die Behaltenszeit noch nicht abgelaufen ist.
- Die Einräumung eines Nutzungsrechts an dem begünstigten Vermögen.

1 R E 13a.12 Abs. 3 ErbStR 2019.
2 R E 13a.12 Abs. 2 ErbStR 2019.

► **Reinvestitionen**

Eine Nachversteuerung droht dem Unternehmensnachfolger dann nicht, wenn er zwar einen Teilbetrieb oder wesentliche Betriebsgrundlagen innerhalb der jeweiligen Behaltensfrist veräußert hat, er den Veräußerungserlös aber in den Betrieb reinvestiert und der Veräußerungserlös somit innerhalb der begünstigten Vermögensart verbleibt. Von einer steuerunschädlichen Reinvestition geht die Finanzverwaltung aus, wenn der Veräußerungserlös innerhalb von sechs Monaten in der entsprechenden begünstigungsfähigen Vermögensart (land- und forstwirtschaftliches Vermögen, Betriebsvermögen oder Anteile an Kapitalgesellschaften) verbleibt (§ 13a Abs. 6 Sätze 3 und 4 ErbStG). Für die Berechnung der Sechsmonatsfrist ist jeweils auf den Zeitpunkt der obligatorischen Rechtsgeschäfte (Abschluss der Kaufverträge) sowohl für die veräußerten Wirtschaftsgüter als auch für die Reinvestitionsgüter abzustellen.[1] Der Zeitpunkt des Übergangs des wirtschaftlichen Eigentums an dem neu angeschafften Reinvestitionsgut kann auch außerhalb der Sechsmonatsfrist liegen. Nach der Gesetzesbegründung fällt unter die Reinvestition neben der Anschaffung von neuen Betrieben, Betriebsteilen oder Anlagegütern, die das veräußerte Vermögen im Hinblick auf den ursprünglichen oder einen neuen Betriebszweck ersetzen, auch beispielsweise die Tilgung betrieblicher Schulden oder die Erhöhung von Liquiditätsreserven, welche nicht zum steuerschädlichen Verwaltungsvermögen gehören. Die Reinvestition muss aber stets innerhalb derselben Vermögensart erfolgen. 650

HINWEISE:

- Bei dem Reinvestitionsgut darf es sich nicht um Verwaltungsvermögen handeln.
- Unter Bezugnahme auf das Erfordernis „innerhalb der jeweiligen begünstigungsfähigen Vermögensart" bedeutet eine Reinvestition des Erlöses aus Kapitalgesellschaftsanteilen in Mitunternehmeranteile einer Personengesellschaft eine Nachversteuerung innerhalb der Behaltensfrist. Dass es sich in beiden Fällen um Betriebsvermögen handelt, ist unbeachtlich.
- Keinen Behaltensfristverstoß stellt der Erwerb im Wege des Übergangs von Todes wegen oder die unentgeltliche Übertragung (Schenkung) des begünstigten Betriebsvermögens gegen Nießbrauchsvorbehalt dar.[2]

4.3.5.8.4 Nachversteuerung bei Verstoß gegen die Behaltensregelungen

Die für die Bewertung und Feststellung des Betriebsvermögens zuständigen Finanzämter stellen die Ausgangslohnsumme, die Anzahl der Beschäftigten und 651

1 R E 13a.18 Satz 5 ErbStR 2019.

2 R E 13a.12 Abs. 2 ErbStR 2019.

die Summe der maßgebenden jährlichen Lohnsummen auf Anweisung der Erbschaftsteuerfinanzämter gesondert fest. Erfüllt der Unternehmensnachfolger die Behaltensfristen nicht, kommt es für die Beurteilung der steuerlichen Konsequenzen auf den Einzelfall an. Hat der Unternehmensnachfolger beispielsweise das gesamte begünstigte Betriebsvermögen innerhalb der Behaltensfrist veräußert (siehe Rz. 644), und erfolgt keine Reinvestition,[1] entfällt der Abzugsbetrag in vollem Umfang. Der Verschonungsabschlag fällt hingegen rückwirkend nur anteilig weg, d. h., er bleibt für die Jahre erhalten, in denen das Betriebsvermögen im Besitz des Unternehmensnachfolgers war (§ 13a Abs. 6 Satz 2 ErbStG).[2] Verstöße gegen die Behaltensregelungen gehen stets zulasten desjenigen Erwerbers, der das begünstigte Vermögen erhält und in der Nachfolge des Erblassers/Schenkers fortführt. Sind mehrere Erben/Erwerber beteiligt, und verstößt nur einer von ihnen gegen die Behaltensregelungen, erfolgt eine Nachversteuerung nur für die von diesem in Anspruch genommenen Verschonung.[3] Wird begünstigtes Betriebsvermögen innerhalb der noch laufenden Lohnsummenfristen im Wege einer Schenkung weiter übertragen, geht ein Verstoß gegen die Behaltensregelungen des Nachfolgers auch zu Lasten des vorangegangenen Erwerbers, soweit bei ihm die Behaltensfristen noch nicht abgelaufen sind.

Wurden Kapitalgesellschaftsanteile veräußert oder Poolvereinbarungen aufgelöst,[4] entfällt der Verschonungsabschlag für den Teil, der dem Verhältnis der im Zeitpunkt der schädlichen Verfügung verbleibenden Behaltensfrist einschließlich des Jahres, in dem die Verfügung erfolgt, zur gesamten Behaltensfrist entspricht. Soweit es danach zu einer Nachversteuerung kommt, können Schulden, die bisher nicht abgezogen werden konnten, weil sie mit steuerbefreitem Vermögen in wirtschaftlichem Zusammenhang standen, entsprechend steuerlich geltend gemacht werden.[5] Überentnahmen[6] führen rückwirkend zu einer Aberkennung der Steuerbegünstigungen in Höhe der Überentnahmen.

652 Bei einem Unterschreiten der Lohnsummenregelung im Zeitpunkt des Ablaufs der Lohnsummenfrist (von fünf Jahren für die Regelverschonung bzw. von sie-

1 Vgl. oben Rz. 620.
2 R E 13a.19 Abs. 1 Satz 5 ErbStR 2019.
3 R E 13a.19 Abs. 4 ErbStR 2019.
4 Vgl. oben Rz. 647 f.
5 R E 10.10 Abs. 4 Satz 7 ErbStR 2019.
6 Vgl. oben Rz. 646.

ben Jahren für die Vollbefreiung bzw. Optionsverschonung)[1], entfällt der Verschonungsabschlag in dem Verhältnis, in dem die tatsächliche Lohnsumme die Mindestlohnsumme unterschreitet. Der Abzugsbetrag unterliegt bei einem Unterschreiten der Mindestlohnsumme hingegen keiner Anpassung.[2] Betrifft die schädliche Verfügung nur einen Teil des begünstigten Vermögens, ist die Kürzung der Mindestlohnsumme nur auf diesen Teil zu beschränken. Kommt es sowohl zu einem Verstoß gegen die Behaltensfrist als auch zu einer Unterschreitung der Mindestlohnsumme, etwa weil das gesamte betriebliche Vermögen vor Ablauf der fünf- bzw. siebenjährigen Behaltensfrist veräußert worden ist und es zu keiner entsprechenden Reinvestition gekommen ist, ist der Verschonungsabschlag zu kürzen. Dabei sind die entfallenden Verschonungsabschläge wegen der Verfügung über das begünstigte Vermögen und wegen Unterschreitens der Mindestlohnsumme gesondert zu berechnen. Der höhere der sich hierbei ergebenden Beträge wird bei der Kürzung angesetzt.[3]

Die für die endgültige Gewährung der Steuerbefreiungen notwendigen Voraussetzungen müssen für jede wirtschaftliche Einheit des begünstigten Betriebsvermögens gesondert geprüft werden. Das heißt, für jedes begünstigte Betriebsvermögen ist: 653

1. der Umfang des Verwaltungsvermögens (§ 13b Abs. 2 ErbStG) gesondert zu prüfen,
2. die Lohnsumme (§ 13a Abs. 1 Satz 3 und 4 und Abs. 4 ErbStG) gesondert zu ermitteln,
3. zu prüfen, ob und in welcher Weise bereits gegen die Behaltensregelungen (§ 13a Abs. 6 ErbStG) verstoßen wurde.

Betrifft die schädliche Verfügung nur einen Teil des begünstigten Vermögens, sind der Verschonungsabschlag und ggf. der Abzugsbetrag für den weiterhin begünstigten Teil des Vermögens zu gewähren.[4]

Umfasst das auf einen Erwerber übertragene begünstigte Vermögen aber mehrere selbständig zu bewertende wirtschaftliche Einheiten einer Vermögensart, z. B. mehrere Gewerbebetriebe oder mehrere Arten begünstigten Vermögens (land- und forstwirtschaftliches Vermögen, Betriebsvermögen, Anteile an Kapitalgesellschaften), sind deren Werte vor der Anwendung der Steu-

1 Zur Optionsverschonung vgl. unten Rz. 654.
2 R E 13a.19 Abs. 2 ErbStR 2019.
3 R E 13a.19 Abs. 3 ErbStR 2019.
4 R E 13a.12 Abs. 1 Satz 6 ErbStR 2019.

erbefreiungen zusammenzurechnen. Die Prüfung, ob die Mindestlohnsumme (§ 13a Abs. 1 Satz 2 ErbStG) erfüllt ist, soll dann nur insgesamt für alle erworbenen begünstigten wirtschaftlichen Einheiten erfolgen.

HINWEISE:

- Wurden gleichzeitig mehrere wirtschaftliche Einheiten des Betriebsvermögens übertragen (z. B. Anteile an einer Kapitalgesellschaft, dazu noch ein Personenunternehmen/Einzelunternehmen usw.), ist die Einhaltung der Behaltensregelungen für jede wirtschaftliche Einheit gesondert zu prüfen.
- Zur Sicherstellung der Steuernacherhebung trifft dem Unternehmenserben bzw. Unternehmensübernehmer eine Anzeigepflicht. Die Anzeige gilt als Steuererklärung; sie hat auch dann zu erfolgen, wenn der Vorgang zu keiner Besteuerung führt. Da Lohnsumme und Behaltensfrist über die lange Überwachungsdauer hinweg leicht in Vergessenheit geraten, ist es empfehlenswert, im Gesellschaftsvertrag zu regeln, dass mindestens fünf Jahre – oder bei entsprechender Option sieben Jahre lang – auf jeder jährlichen Gesellschafterversammlung die Lohnsumme und das vorhandene Betriebsvermögen auf schädliche Verfügung sowie „Überentnahmen" überprüft werden.
- Lohnsummen aus Teilbetrieben (Tochterunternehmen) mit Sitz in einem Mitgliedsland der EU/des EWR sind in die Ausgangslohnsumme zu integrieren. Verlagerungen von Arbeitsplätzen aus diesem Wirtschaftsraum in Drittländer gehen zu Lasten der Lohnsumme.
- Analog den Bagatellregelungen zur Lohnsumme kann bei einem Vermögenswert des Betriebsvermögens von bis zu 150.000 € die Überwachung der Behaltensregelungen auf die Fälle der Veräußerung/Aufgabe des begünstigten Vermögens beschränkt werden.
- Kommt der (gleitende) Abzugsbetrag wegen der Kürzung[1] bei der erstmaligen Steuerfestsetzung nicht in Betracht, kann er bei einer Änderung der Steuerfestsetzung in Folge eines Verstoßes gegen die Behaltensregelung nachträglich zur Anwendung kommen, wenn die Voraussetzungen dafür erfüllt sind.[2]
- Ein Verstoß gegen die Behaltensregelungen wirkt sich nicht auf die Ermittlung des begünstigten Vermögens aus, da nicht der Wert des begünstigten Vermögens, sondern die Höhe der Steuerbefreiung nachträglich korrigiert wird.[3]

4.3.5.8.5 Vollständige Befreiung von Betriebsvermögen (100%ige Optionsverschonung)

654 Der Unternehmenserwerber kann für einen vollständigen (100%igen) Verschonungsabschlag optieren (§ 13a Abs. 10 ErbStG). Diese Erklärung ist für den Erwerber unwiderruflich und an folgende Auflagen geknüpft:

1 Vgl. oben Rz. 588.

2 R E 13a.19 Abs. 1 Satz 7 ErbStR 2019.

3 R E 13a.12 Abs. 1 Satz 6 ErbStR 2019.

- Behaltensfrist (Lohnsummenfrist) sieben Jahre anstatt fünf Jahre,
- Mindestlohnsumme von 700 % an Stelle der maßgebenden Mindestlohnsumme von 400 %,
- Bei einer Anzahl von Mitarbeitern von mehr als fünf, aber nicht mehr als zehn Beschäftigten eine Lohnsumme von 500 % an Stelle der Mindestlohnsumme von 250 %
- Bei einer Anzahl von Mitarbeitern von mehr als zehn, aber nicht mehr als 15 Beschäftigten eine Lohnsumme von 565 % an Stelle der Mindestlohnsumme von 300 %
- Behaltensfrist für das erworbene und steuerbegünstigte Betriebsvermögen sieben Jahre statt fünf Jahre,
- Anteil des Verwaltungsvermögens am begünstigungsfähigen Betriebsvermögen von nicht mehr als 20 %. Das heißt, stellt ein Erwerber begünstigten Vermögens einen Antrag auf Optionsverschonung, ist diese nur für die übertragenen wirtschaftlichen Einheiten zu gewähren, bei denen das Verwaltungsvermögen die Grenze von 20 % nicht überschreitet.[1]

Die (unwiderrufliche) Erklärung auf Vollbefreiung kann bis zur materiellen Bestandskraft der Festsetzung der Erbschaft- oder Schenkungsteuer abgegeben werden.[2] Materielle Bestandskraft liegt zu dem Zeitpunkt vor, zu dem der Steuerbescheid unabänderlich geworden ist, etwa weil der Vorbehalt der Nachprüfung aufgehoben worden ist und/oder die vierjährige Festsetzungsverjährungsfrist abgelaufen ist. Daher können Anträge auf Optionsverschonung auch noch während einer Steuerfestsetzung unter dem Vorbehalt der Nachprüfung gestellt werden oder aber auch, solange der Ablauf der Festsetzungsverjährung gehemmt ist (z. B. solange ein Gerichtsverfahren läuft). Adressat für die Beantragung der Optionsverschonung ist das für die Erbschaft- oder Schenkungsteuer zuständige Finanzamt. Der Antrag kann nach Zugang beim Erbschaftsteuerfinanzamt nicht mehr widerrufen werden. 655

Der Unternehmenserwerber kann den Antrag zur vollständigen Befreiung des Betriebsvermögens im Erbfall insgesamt nur einheitlich für alle Arten des erworbenen begünstigten Vermögens (land- und forstwirtschaftliches Vermögen, Betriebsvermögen und Anteile an Kapitalgesellschaften) stellen. Bei Schenkungen mit einheitlichem Schenkungswillen (z. B. mehrere Betriebsüber- 656

1 R E 13a.20 Abs. 4 Satz 1 ErbStR 2019.

2 R E 13a.21 Abs. 2 ErbStR 2019.

tragungen in mehreren Schenkungsverträgen und einheitlichem Schenkungswillen) gilt dies entsprechend.[1] Eine Antragstellung ist bis zur materiellen Bestandskraft des Steuerbescheides möglich, bzw. solange der Steuerbescheid unter dem Vorbehalt der Nachprüfung (§ 164 AO) steht. Bei Durchführung des Verwaltungsvermögenstests ist jede wirtschaftliche Einheit gesondert zu prüfen. Werden mehrere wirtschaftliche Einheiten übertragen, kann die Erklärung zur Vollbefreiung des begünstigten Vermögens insgesamt nur für alle wirtschaftliche Einheiten gestellt werden.

HINWEISE:

- Für die Berechnung der Höchstquote für das Verwaltungsvermögen von 20 % ist das Verhältnis des gemeinen Wertes der Einzelwirtschaftsgüter des Verwaltungsvermögens zum gemeinen Wert des gesamten Betriebes zu ermitteln. Die quotale Schuldenverrechnung (§ 13b Abs. 6 ErbStG) und der 10 %-Abschlag für das Verwaltungsvermögen (§ 13b Abs. 7 ErbStG) kommen nicht zur Anwendung.[2]
- Wird nachträglich ermittelt (z. B. im Rahmen einer Betriebsprüfung), dass die Verwaltungsvermögensgrenze für die Optionsverschonung in allen wirtschaftlichen Einheiten nicht erfüllt ist, erhält der Erwerber für das begünstigte Vermögen die Regelverschonung.[3]
- Werden mehrere Einheiten von Betriebsvermögen erworben (z. B. ein Einzelunternehmen und ein 50%iger Kapitalgesellschaftsanteil) und erfüllt z. B. nur eine wirtschaftliche Einheit z. B. das Einzelunternehmen die Voraussetzungen für eine Optionsverschonung, da Verwaltungsvermögen unter 20 % liegt, unterliegt die andere Einheit (der Kapitalgesellschaftsanteil) der vollen Regelbesteuerung. In solchen Fällen ist zu prüfen, ob eine Regelverschonung für Einzelunternehmen und Kapitalgesellschaftsanteil nicht vorteilhafter wäre als die Vollbefreiung nur für den Betrieb.

4.3.5.9 Besonderheiten bei Großerwerben von begünstigtem Betriebsvermögen

4.3.5.9.1 Abschmelzmodell

657 Überschreitet das begünstigte Betriebsvermögen die Prüfschwelle von 26 Mio. €[4], scheidet – wie oben gesehen[5] – die Regelverschonung aus. Für Un-

1 R E 13a.21 Abs. 1 ErbStR 2019.

2 R E 13a.21 Abs. 3 Satz 2 ErbStR 2019.

3 R E 13a.21 Abs. 4 Satz 4 ErbStR 2019.

4 Bei der Berechnung der Prüfschwelle ist ausschließlich das begünstigte Betriebsvermögen zu berücksichtigen, nicht das Verwaltungsvermögen. Ohne Bedeutung ist der Wert des begünstigungsfähigen Betriebsvermögens, also der gesamte Unternehmenswert, welcher auch das nicht begünstigte Verwaltungsvermögen umfasst.

5 Vgl. Rz. 585.

ternehmenserwerbe über dieser Prüfschwelle – als „Großerwerbe“ bezeichnet – gelten stattdessen besondere Regelungen. Nach Maßgabe des § 13c ErbStG greift bei Großerwerben hinsichtlich des Verschonungsabschlags für das begünstigte Betriebsvermögen ein Abschmelzungsmechanismus bzw. es kommt zu einer Verschonungsbedarfsprüfung (§ 28a ErbStG). Das Abschmelzmodell sieht eine prozentuale Reduzierung der Abschlagsätze bei der Regelverschonung bzw. Vollverschonung vor. Im Einzelnen verringert sich der jeweilige 85%ige oder 100%ige Verschonungsabschlag „um jeweils einen Prozentpunkt für jede vollen 750.000 €, die der Wert des begünstigten Vermögens“ den Betrag von 26 Mio. € übersteigt (§ 13c Abs. 1 Satz 1 ErbStG).

BEISPIEL:

Wert des begünstigten Vermögens	50.000.000 €
Abzüglich Prüfgrenze (Prüfschwelle)	26.000.000 €
Betrag des begünstigten Vermögens, welches die Prüfschwelle übersteigt	24.000.000 €
Übersteigender Betrag dividiert durch 750.000	32

Der Verschonungsabschlag verringert sich bei der Regelverschonung um 32 Prozentpunkte von 85 % auf 53 %. Das steuerpflichtige Vermögen beträgt 23,5 Mio. €. Bei der Vollverschonung (Optionsverschonung) reduziert sich der Prozentbetrag von 100 % auf 68 %. Das steuerpflichtige Vermögen beträgt 16 Mio. €.

Die dauerhafte Inanspruchnahme der verringerten Verschonungsabschläge 658
für Großerwerbe setzt – wie bei der Regelverschonung – die Einhaltung der jeweiligen Lohnsummen- und Behaltensregelungen voraus. Das Abschmelzmodell kann in den Fällen der Regelverschonung bis zu einem begünstigten Betriebsvermögen i. H. von 89.750.000 € und in den Fällen der Optionsverschonung (100 % Verschonung, § 13a Abs. 10 ErbStG[1]) bis zu einem Wert von 89.999.999 € beantragt werden.[2] Bei Erwerben über diesen Wertgrenzen bleibt alternativ ein Antrag auf Verschonungsbedarfsprüfung.[3]

Bei mehreren Erwerben begünstigten Vermögens von derselben Person innerhalb von zehn Jahren sind für die Bestimmung des Verschonungsabschlags für den letzten Erwerb die früheren Erwerbe nach ihrem früheren Wert dem letzten Erwerb hinzuzurechnen (§ 13c Abs. 2 Satz 1 ErbStG). Nach § 37 Abs. 12 ErbStG werden bei der Zusammenrechnung allerdings nur solche Erwerbe be-

1 Rz. 654.

2 R E 13c.1 Abs. 4 ErbStR 2019.

3 Vgl. nachfolgend Rz. 659.

rücksichtigt, die nach dem Systemwechsel (nach dem 30.6.2016) angefallen sind.

BEISPIEL: Erwerb begünstigten Vermögens am 1.7.2016 i. H. von 20 Mio. €. Regelverschonung für Ersterwerb 85 % des begünstigten Vermögens = 17 Mio. € zu versteuern sind 3 Mio. € begünstigtes Vermögen. Zweiterwerb am 1.7.2020 i. H. von 10 Mio. € von derselben Person. Mit dem Zweiterwerb wird die 26 Mio. € Prüfschwelle um 4 Mio. € überschritten. Dies führt dazu, dass sich der Verschonungsabschlag für den früheren Erwerb von ursprünglich 85 % um (4.000.000/750.000 =) 5 Prozentpunkte auf 80 % verringert. Damit erhöht sich die Schenkungsteuer für den Ersterwerb entsprechend. Die Mehrsteuern sind allerdings nicht zu verzinsen, da die Vorschriften für die Verzinsung von Steuernachforderungen (§ 233a AO) nicht für die Erbschaft- und Schenkungsteuer gelten.

Die Abschmelzvariante setzt einen Antrag des Unternehmenserwerbers bei dem für die Erbschaft- oder Schenkungsteuer zuständigen Finanzamt voraus.[1] Einen Antrag auf Durchführung des Abschmelzmodells kann der Betriebsübernehmer insgesamt nur einheitlich für alle Arten des erworbenen begünstigungsfähigen Vermögens stellen.[2] Maßgeblich ist das insgesamt erworbene begünstigte Vermögen. Das begünstigte Vermögen mehrerer wirtschaftlicher Einheiten ist zusammenzurechnen.

Der Antrag kann bis zum Eintritt der materiellen Bestandskraft der Festsetzung der Erbschaft- oder Schenkungsteuer gestellt werden. Er ist unwiderruflich und schließt die Verschonungsbedarfsprüfung aus.[3] Soll das Abschmelzmodell für die Optionsverschonung angewendet werden, muss der Erwerber zusätzlich einen entsprechenden Antrag stellen.[4]

HINWEIS:

Dadurch dass „nur" Zuwendungen von derselben Person innerhalb von zehn Jahren für die Bestimmung des Verschonungsabschlages zusammengerechnet werden, können durch entsprechende Vervielfältigung der Zuwender-Empfängerverhältnisse unter Umständen Steuern gespart werden. Eine Möglichkeit, unternehmerisches Vermögen innerhalb der Familie auf möglichst viele Köpfe zu verteilen, besteht mit dem Familienpool. Mehr dazu in Teil V Rz. 848 ff.

1 Soll das Abschmelzmodell i. V. mit einer Vollverschonung angewendet werden, sind vom Erwerber zwei Anträge erforderlich, ein Antrag für die Vollverschonung und ein weiterer Antrag für das Abschmelzmodell.

2 Im Einzelnen für land- und forstwirtschaftliches Vermögen, Betriebsvermögen und Anteile an Kapitalgesellschaften, vgl. R E 13c.1 Abs. 3 EStR 2019.

3 Vgl. R E 13a.2 ErbStR 2019.

4 R E 13c.1 Abs. 1 Satz 3 ErbStR 2019.

TAB. 23: Prozentsätze und Verschonungsabschlag bei steuerpflichtigen Großerwerben		
	Regelverschonung	Vollbefreiung (Optionsverschonung)
Wert des begünstigten BV	Verschonungsabschlag (Abschmelzbetrag	Verschonungsabschlag (Abschmelzbetrag
26 Mio. (Prüfschwelle)	85 %	100 %
30 Mio.	80 %	95 %
35 Mio.	73 %	88 %
40 Mio.	67 %	82 %
50 Mio.	53 %	68 %
60 Mio.	40 %	55 %
70 Mio.	27 %	42 %
80 Mio.	13 %	28 %
90 Mio	0 %	0 %

HINWEISE:

- Ab einem begünstigten Betriebsvermögen von ca. 51 Mio. € wirkt die Abschmelzung besonders nachteilig.
- Der Vorwegabschlag (in Höhe der satzungsmäßigen prozentualen Minderung der Abfindung gegenüber dem gemeinen Wert bzw. bis zu maximal 30 % des gemeinen Wertes des Unternehmens) ist vor Prüfung des Schwellenwerts von 26 Mio. € und vor Anwendung des Abschmelzmodells zu berücksichtigen.[1]
- Die Finanzverwaltung schließt einen Antrag auf Verschonungsbedarfsprüfung (Erlassmodell, siehe nachfolgend) aus, wenn der Unternehmenserwerber bereits unwiderruflich beantragt hat, das Abschmelzmodell nach § 13c ErbStG anzuwenden.[2]
- Ein Antrag nach § 13c ErbStG schließt die Steuerbefreiung für Wohngrundstücke[3] nach § 13d aus.[4]
- Da der Antrag für das Abschmelzmodell bereits im Festsetzungsverfahren zu stellen ist, sollte bereits im Zeitpunkt des Feststellungsverfahrens geprüft werden, ob für das Abschmelzmodell oder das Erlassmodell optiert werden soll.

4.3.5.9.2 Verschonungsbedarfsprüfung (Erlassmodell)

Alternativ zur Inanspruchnahme des Abschmelzmodells können Erwerber von 659
begünstigtem Betriebsvermögen über der Prüfschwelle von 26 Mio. € einen

1 R E 13c.1 Abs. 1 Satz 2 ErbStR 2019.
2 R E 13a.2 Abs. 1 Satz 4 Nr. 1 ErbStR 2019.
3 Vgl. Rz. 579.
4 R E 13d Abs. 4 Satz 4 ErbStR 2019.

Antrag auf die sog. Verschonungsbedarfsprüfung stellen. Der Antrag ist widerruflich und für Betriebsvermögen in unbegrenzter Höhe möglich und nicht wie das Abschmelzmodell auf einen maximalen Wert des begünstigten Betriebsvermögens von 90 Mio. € begrenzt.

Voraussetzung für die Einleitung einer Verschonungsbedarfsprüfung verbunden mit einem Voll- oder Teilerlass der zu zahlenden Erbschaft-/Schenkungsteuern ist, dass der Erwerber nachweist, „dass er persönlich nicht in der Lage ist, die Steuer aus seinem verfügbaren Vermögen" zu begleichen (§ 28a Abs. 1 Satz 1 ErbStG).

Der Gesetzgeber sieht einen Unternehmenserwerber nur dann nicht zur Steuerzahlung in der Lage, wenn die Erbschaft- und Schenkungsteuer die Hälfte seines verfügbaren Vermögens übersteigt. Das heißt, der Erwerber muss mindestens die Hälfte seines verfügbaren Vermögens zur Steuerzahlung verwenden.

660 Das verfügbare Vermögen setzt sich zusammen aus (§ 28a Abs. 2 ErbStG):

- 50 % der Summe der gemeinen Werte des mit der Erbschaft oder Schenkung zugleich übergegangenen Vermögens, das nicht zum begünstigten Betriebsvermögen gehört, und
- 50 % des dem Erwerber im Zeitpunkt der Entstehung der Steuer gehörenden Vermögens, welches nicht zum begünstigten Betriebsvermögen gehören würde.

Zum verfügbaren Vermögen gehören nach Auffassung der Finanzverwaltung u. a.[1]

1. das nicht begünstigungsfähige Betriebsvermögen, z. B. Anteile an Kapitalgesellschaften unter der erforderlichen Mindestbeteiligung oder ausländisches Betriebsvermögen in einem Drittstaat, oder Privatvermögen aller Art (Kapitalvermögen, Grundstücke, übriges Vermögen),
2. das nicht begünstigte Verwaltungsvermögen, das zu einer wirtschaftlichen Einheit des begünstigungsfähigen Betriebsvermögens gehört,
3. Vermögen, das nicht der Besteuerung nach dem ErbStG unterliegt.

Gezahlte Erbschaft- oder Schenkungsteuer mindert nach Auffassung der Finanzverwaltung den Wert des verfügbaren Vermögens nicht. Ebensowenig haben durch einen (späteren) Verkauf von verfügbarem Vermögen anfallende sonstige Steuern, z. B. Einkommensteuer oder Grunderwerbsteuer, Einfluss auf die Höhe des verfügbaren Vermögens. Steuerbefreiungen, z. B. für Hausrat, Kulturgüter oder ein Familienheim, als auch die persönlichen Freibeträge,[2] sind

1 R E 28a.2 Abs. 1 Satz 7 ErbStR 2019.

2 Vgl. Rz. 661.

ebenfalls nicht zu berücksichtigen. Bestehende Schulden sind hingegen vollumfänglich abzuziehen.[1]

Bei der Ermittlung des dem Erwerber gehörenden Vermögens sind darüber hinaus Vermögenswerte einzubeziehen, die der Erwerber „innerhalb von zehn Jahren nach dem Zeitpunkt der Entstehung der Steuer … durch Schenkung oder von Todes wegen erhält", sofern dieses Vermögen „verfügbares Vermögen" nach obigen Gesichtspunkten ist (§ 28a Abs. 4 Satz 1 Nr. 3 ErbStG). Hierzu bestimmt § 28a Abs. 4 Satz 1 ErbStG, dass ein allfälliger Steuererlass nur auflösend bedingt ausgesprochen wird; auflösend bedingt eben unter der Prämisse, dass dem Erwerber innerhalb der nächsten zehn Jahre ggf. weiteres Vermögen zufließt. Unerheblich ist, ob dieses weitere Vermögen vom ursprünglichen Erblasser oder Schenker stammt oder von einer jeden anderen Person. Fließen dem Unternehmenserwerber weitere Vermögenswerte zu, lebt die zunächst erloschene Steuer vollständig wieder auf. Der Erwerber kann einen neuen Antrag stellen, bei diesem das verfügbare Vermögen um 50 % des gemeinen Werts des hinzuerworbenen Vermögens zu erhöhen ist. Anzusetzen ist jeweils der Nettowert des hinzuerworbenen Vermögens. Aus Vereinfachungsgründen lässt die Finanzverwaltung übliche Gelegenheitsgeschenke (§ 13 Abs. 1 Nr. 14 ErbStG)[2] außer Acht.

Ein gewährter Steuererlass nach Maßgabe dieses Erlassmodells erfolgt darüber hinaus unter folgenden weiteren auflösenden Bedingungen:

- Es müssen die Lohnsummenkriterien eingehalten werden. Es gilt dabei die für die Vollverschonung maßgebliche Ausgangslohnsumme (Mindestlohnsumme) von 700 % bzw. von 500 % für Betriebe mit bis zu 10 Beschäftigten bzw. 565 % für Betriebe mit bis zu 15 Beschäftigten. Unterschreitet die Summe der maßgebenden jährlichen Lohnsummen die Mindestlohnsumme, mindert sich der Steuererlass prozentual zur Unterschreitung der Mindestlohnsumme.
- Der Erwerber darf nicht gegen die siebenjährige Behaltensfrist für das Betriebsvermögen verstoßen.
- Der Erwerber darf innerhalb von zehn Jahren kein weiteres Vermögen erhalten, das als verfügbares Vermögen zu qualifizieren ist.

Mit dem UStAVermG[3] wurde der Katalog der auflösenden Bedingungen um weitere Sachverhalte erweitert. So kann der Steuererlass rückwirkend (ex tunc)

1 R E 28a.2 Abs. 2 ErbStR 2019.

2 R E 28a.4 Abs. 2 Satz 3 ErbStR 2019, zum Begriff Gelegenheitsgeschenke vgl. Rz. 30.

3 Gesetz zur Vermeidung von Umsatzsteuerausfällen beim Handel mit Waren im Internet und zur Änderung weiterer steuerlicher Vorschriften (UStAVermG) v. 11.12.2018 (BGBl 2018 I S. 2338).

aufgehoben werden, wenn Feststellungsbescheide betreffend das erworbene Vermögen geändert oder erlassen werden und die festgestellten Werte von jenen abweichen, die dem Erlass zugrunde gelegt worden sind. Dies betrifft gesonderte Feststellungen der Grundbesitzwerte, des Werts des Betriebsvermögens oder des Anteils am Betriebsvermögen oder die Feststellung des Werts der Kapitalgesellschaftsanteile. Der Steuererlass kann auch bei Änderungen von Steuerfestsetzungen aufgehoben werden. Oder wenn der Erlass ganz oder teilweise nicht mehr in Anspruch genommen werden kann, weil das begünstigte Vermögen ganz oder teilweise an Dritte zu übertragen ist.

Die Erweiterung des „Auflösungskatalogs" ist i. S. des Steuerpflichtigen, wäre doch andernfalls vor der Erlassentscheidung der Erlass entsprechender Bescheide abzuwarten, was die Erlassentscheidung in die Länge ziehen würde. Die Neuregelungen hinsichtlich der Verschonungsbedarfsprüfung finden erstmalig auf Erwerbe Anwendung, für die ein Erlass nach dem 14.12.2018 ausgesprochen worden ist (§ 37 Abs. 16 Satz 2 ErbStG).

Wird gegen die Lohnsummen- bzw. Behaltensregelungen verstoßen, lebt die zunächst erloschene Steuer ganz oder teilweise wieder auf. Die Höhe der zu zahlenden Steuer richtet sich nach den Regelungen der Optionsverschonung.[1] Damit bei Eintritt einer im Gesetz genannten auflösenden Bedingung für den Steuererlass keine Verjährung eintreten kann, wurden die entsprechenden Ablaufhemmungstatbestände im § 28a Abs. 6 ErbStG mit Art 18 des UStAVermG angepasst. Für aufgrund der beiden neu eingefügten auflösenden Bedingungen des Erlasses geänderter Feststellungs- oder Steuerbescheide endet die Zahlungsverjährungsfrist „nicht vor dem Ablauf des zweiten Jahres nach Bekanntgabe des Feststellungsbescheides oder des Steuerbescheids". Dem Gesetzgeber erschien hier eine Verjährungsfrist von zwei Jahren ausreichend, während die Ablaufhemmung für alle anderen auflösenden Tatbestände (unverändert) fünf Jahre beträgt. Schließlich sieht der Gesetzgeber im Rahmen des Erlassmodells für die Steuer, die auf das erworbene begünstigte Vermögen entfällt und die nicht erlassen wurde, eine Stundung bis zu sechs Monaten vor (§ 28a Abs. 3 ErbStG). Die Regelung trägt dem Umstand Rechnung, dass ein Unternehmenserwerber sein ihm im Zeitpunkt der Steuerentstehung (der Betriebsübertragung) gehörendes Vermögen nicht sofort liquide stellen kann. Dies gilt besonders dann, wenn Grundvermögen veräußert werden muss.

1 R E 28a.4 Abs. 1 Satz 2 ErbStR 2019 zur Nachversteuerung bei Verstoß gegen die Behaltensregelungen vgl. Rz. 651.

HINWEISE:

- Bei der Verschonungsbedarfsprüfung handelt es sich um eine Billigkeitsmaßnahme im Erhebungsverfahren. Der Erwerber kann die Bedarfsprüfung daher erst in Anspruch nehmen, wenn der Erbschaft-/Schenkungsteuerbescheid erlassen ist.
- Ein Antrag auf eine Verschonungsbedarfsprüfung nach dem Erlassmodell schließt einen Antrag bzw. die Anwendung des Abschmelzmodells (§ 13c ErbStG) aus (§ 28a Abs. 8 ErbStG).
- Liegt eine Personengesellschaft vor und gehören umfangreiche vermietete Wohnimmobilien zum Betriebsvermögen, dieser Gesellschaft, sollte grds. das Erlassmodell gewählt werden, da bei Anwendung des Erlassmodells die Steuerbefreiung für vermietete Wohnimmobilien zusätzlich in Anspruch genommen werden kann. Bei Anwendung des Abschmelzungsmodells ist die Steuerbefreiung hingegen ausgeschlossen (§ 13d ErbStG und § 28a ErbStG schließen sich nicht aus, während sich § 13c ErbStG und § 13d ErbStG ausschließen).
- Empfehlenswert kann die Errichtung einer Familienstiftung mit anschließender Übertragung des Betriebsvermögens in die Stiftung sein. Eine mit dem gesetzlichen Mindestkapital von 50.000 € ausgestattete Familienstiftung dürfte im Regelfall nicht in der Lage sein, die Erbschaft- oder Schenkungsteuer aus dem der Stiftung zur Verfügung gestellten Vermögen zu begleichen. Eine Familienstiftung ermöglicht auch die Separierung des Unternehmensvermögens vom Privatvermögen dergestalt, dass die Erlassprüfung ohne Berücksichtigung des Privatvermögens durchzuführen ist. Weitere Gestaltungstipps mit der Familienstiftung vgl. Teil X Rz. 1178.

4.3.5.10 Zusammenfassende Übersicht

TAB. 24: Verschonungsregelungen für Betriebsvermögen

	Verschonungsabschlag	
	Regelverschonung (85 %)	Option vollständige Verschonung (100 %)
Behaltensfrist für das begünstigte Betriebsvermögen	5 Jahre	7 Jahre
Lohnsummenfrist	5 Jahre	7 Jahre
Mindestlohnsumme > 15 Beschäftigte	400 %	700 %
Mindestlohnsumme > 5 <= 10 Beschäftigte	250 %	500 %
Mindestlohnsumme > 10 <= 15 Beschäftigte	300 %	565 %
Verwaltungsvermögen darf maximal betragen (vom Gesamtvermögen)	< 90 %	20 %

HINWEIS:

Für Familienunternehmen bzw. Unternehmen mit „familiengesellschaftstypischen" Beschränkungen bei der Entnahme oder Verfügung von Gesellschaftsvermögen oder Abfindungsbeschränkungen bestehen besondere erbschaft- und schenkungsteuerliche Begünstigungen für das Betriebsvermögen. Eine kurze Darstellung findet sich in Teil V Rz. 843 ff.

4.4 Persönliche Steuerfreibeträge

661 Persönliche Steuerfreibeträge bestehen für:

TAB. 25: Übersicht persönliche Steuerfreibeträge

Erwerber	Vermögen i. H. von
Ehegatte und Lebenspartner	500.000 €
Kinder der Steuerklasse I und Kinder verstorbener Kinder dieser Steuerklasse (wenn der Enkel beim Tod der Großmutter bzw. des Großvaters an Stelle des bereits verstorbenen Vaters oder der Mutter erbt)	400.000 €
die übrigen Personen der Steuerklasse I (Kinder der Kinder Enkelkinder, sofern im Erwerbszeitpunkt die Kinder noch leben) sowie Eltern und Voreltern, wenn sie Vermögen ihrer Kinder von Todes wegen erwerben)	200.000 €
Übrige Personen der Steuerklasse I (u. a. die Urenkelkinder) Personen der Steuerklasse II	20.000 €
Personen der Steuerklasse III	20.000 €
Erwerber mit beschränkter Steuerpflicht (§ 2 Abs. 1 Nr. 3 ErbStG)	2.000 €

Jeder Elternteil kann dabei jedem Kind bis zu 400.000 € steuerfrei schenken oder vererben. Umgekehrt – also beim Vermögenserwerb durch Tod der Kinder – wird den Eltern ein Freibetrag von 100.000 € pro Kind gewährt. Großeltern können jedem Enkelkind bis zu 200.000 € steuerfrei verschenken bzw. vererben. Enkelkinder erhalten den für Kinder geltenden höheren Freibetrag von 400.000 €, wenn im Zeitpunkt des Erwerbs die Kinder (Eltern der Enkelkinder) nicht mehr leben. Urenkeln steht hingegen nur ein Freibetrag von 100.000 € zu, nicht auch von 200.000 € zu. Dies gilt jedenfalls dann, wenn Eltern und Großeltern noch nicht verstorben sind. Nach Ansicht des BFH fallen unter den Begriff „Kinder" i. S. von § 16 Abs. 1 ErbStG eindeutig nicht Kindeskinder oder weitere Abkömmlinge. Dementsprechend fallen unter „Kinder der Kinder" ausschließlich die Enkelkinder, nicht die Urenkel. Die Gewährung gleicher Freibeträge auch bei Überspringen einer oder mehrerer Generationen würde einer Vervielfältigung der Freibeträge und damit eine Überbegünstigung zur Folge haben.[1]

Voraussetzung für die Inanspruchnahme der persönlichen Steuerfreibeträge ist die unbeschränkte Steuerpflicht des Erwerbers. Unterliegt der Ehegatte, das Kind oder ein anderer Erwerber in Deutschland nur der beschränkten Steuerpflicht, wird der persönliche Freibetrag nicht in voller Höhe, sondern nur anteilig gewährt.[2] Des Weiteren entfällt bei beschränkter Steuerpflicht der besondere Versorgungsfreibetrag nach § 17 ErbStG.

Dem steuerpflichtigen überlebenden Ehegatten oder eingetragenen Lebenspartner des Erblassers wird zusätzlich zu den persönlichen Freibeträgen ein besonderer Versorgungsfreibetrag von 256.000 € gewährt (§ 17 ErbStG).[3] Die steuerpflichtigen Kinder des Erblassers erhalten einen nach Altersstufen gestaffelten Versorgungsfreibetrag von mindestens 10.300 € und höchstens 52.000 €. Der besondere Versorgungsfreibetrag steht auch Erwerbern mit beschränkter Steuerpflicht (bei Erwerb von Inlandsvermögen)[4] unter der Voraussetzung zu, dass durch die Staaten, in denen der Erblasser ansässig war oder der Erwerber ansässig ist, Amtshilfe geleistet wird (§ 17 Abs. 3 ErbStG). Die Amtshilfe soll es den deutschen Behörden ermöglichen, Auskünfte über dort bezogene, nicht der Erbschaftsteuer unterliegende Versorgungsbezüge erhalten zu können. Die Voraussetzung einer Amtshilfegewährung begründet sich daraus, dass der Versorgungsfreibetrag um den Kapitalwert der vom überlebenden Ehegatten aus Anwartschaften des verstorbenen Ehegatten geleisteten Versorgungsbezüge zu kürzen ist (§ 17 Abs. 1 Satz 2 ErbStG). Die Kürzung soll die unterschiedliche erbschaftsteuerrechtliche Behandlung der auf Gesetz, Arbeits- oder Dienstverträgen des Erblassers beruhenden Versorgungsbezüge einerseits und der übrigen auf einem privaten Vertrag begründeten Versorgungsbezüge andererseits im Grundsatz beseitigen. Eine unterschiedliche erbschaftsteuerrechtliche Behandlung ergibt sich deshalb, weil die auf Gesetz beruhenden Versorgungsbezüge wegen des unmittelbaren Rechtsanspruchs der Hinterbliebenen nicht vom Erblasser „erworben" werden und somit keinen steuerbaren Erwerb darstellen, während die Bezüge der Hinter-

1 BFH, Beschluss v. 27.7.2020 - II B 39/20.

2 Zur Berechnung und weiterer Ausführungen vgl. Rz. 1111 ff.

3 Kein Versorgungsfreibetrag wird grds. bei Schenkungen gewährt, aber Ausnahme siehe Hinweise unten!

4 Zum Inlandsvermögen vgl. Rz. 1104 ff.

bliebenen auf Grund eines privaten Vertrages (z. B. eines Lebensversicherungsvertrages) nach § 3 Abs. 1 Nr. 4 ErbStG der Besteuerung unterliegen, weil sie auf einer rechtsgeschäftlichen Handlung des Erblassers beruhen.[1]

Nicht der Erbschaftsteuer unterliegende und damit den Freibetrag mindernde Versorgungsbezüge sind Zuwendungen, die auf einem Arbeits- oder Dienstvertrag des Erblassers beruhen, wie:

- Versorgungsbezüge der Hinterbliebenen von Beamten aufgrund der Beamtengesetze des Bundes und der Länder,
- Versorgungsbezüge, die den Hinterbliebenen von Angestellten und Arbeitern aus der gesetzlichen Rentenversicherung zustehen; dies gilt auch in den Fällen freiwilliger Weiter- und Höherversicherung,
- Versorgungsbezüge, die den Hinterbliebenen von Angehörigen der freien Berufe aus einer berufsständischen Pflichtversicherung zustehen,
- Versorgungsbezüge, die den Hinterbliebenen von Abgeordneten aufgrund der Diätengesetze des Bundes und der Länder zustehen,
- Hinterbliebenenbezüge, die auf Tarifvertrag, Betriebsordnung, Betriebsvereinbarung, betrieblicher Übung oder dem Gleichbehandlungsgrundsatz beruhen und
- Hinterbliebenenbezüge auf Grund eines zwischen den Erblasser und seinem Arbeitgeber geschlossenen Einzelvertrages, soweit diese angemessen sind.
- Hinterbliebenenversorgung der Beamten.

Maßgeblich für die Berechnung des Kapitalwerts ist die Höhe der jährlichen Bruttobezüge, die dem hinterbliebenen Ehegatten nach dem Tod des Erblassers gezahlt werden. Bei Leistungen aus der gesetzlichen Rentenversicherung ist grds. auf den Rentenbetrag abzustellen, der dem Berechtigten nach Ablauf des Sterbevierteljahres zusteht.[2] Zusätzliche Leistungen sind zu berücksichtigen, ebenso Einmalbeträge (Sterbegelder), Kapitalabfindungen oder Abfindungen bei Wiederverheiratung usw.

662 Die persönlichen Steuerfreibeträge gelten für einen Zehnjahreszeitraum bzw. leben alle zehn Jahre neu auf. Alle steuerpflichtigen Schenkungen und Erwerbe von Todes wegen innerhalb des Zehnjahreszeitraums werden zu einem Ge-

1 Dies gilt selbst für den Leistungsbezug aus einer vom Erblasser zur Befreiung von der Pflichtversicherung in der gesetzlichen Rentenversicherung abgeschlossenen Lebensversicherung.

2 R E 17 Abs. 3 ErbStR 2019.

samterwerb addiert. Der jeweilige Freibetrag wird einmal abgezogen. Die Zehnjahresfrist ist jeweils rückwärts zu berechnen. Dabei ist der Tag des letzten Erwerbs mitzuzählen.[1]

BEISPIEL:[2] Übertragen Eltern – wie im Streitfall – an ihren Sohn z. B. am 31.12.1998 ein bebautes Grundstück unentgeltlich im Wege der vorweggenommenen Erbfolge, können diese nach zehn Jahren – exakt am 31.12.2008 – wieder zum Notar gehen und weiteres Vermögen übertragen. Der persönliche Freibetrag zum Beschenkten ist bei der Folgeschenkung erneut zu gewähren. Die Frist des § 14 Abs. 1 Satz 1 ErbStG beginnt im Beispielfall am 31.12.2008 um 24:00 Uhr zu laufen und endet am 1.1.1999 um 00:00 Uhr und damit vor dem Ersterwerb.

HINWEISE:

- Eine Grundstücksschenkung ist bereits dann ausgeführt, wenn die Auflassung beurkundet worden ist und der Schenker die Eintragung der Rechtsänderung in das Grundbuch bewilligt hat.[3]
- Übersteigt der Kapitalwert der steuerpflichtigen Versorgungsbezüge den Freibetrag, ist – nur – der überschießende Betrag steuerpflichtig.
- Bei beschränkter Steuerpflicht ist es für die Gewährung des Versorgungsfreibetrags unerheblich, ob und in welchem Umfang Vermögen von Todes wegen erworben wird, das nicht der beschränkten Erbschaftsteuerpflicht unterliegt. Die Inanspruchnahme vergleichbarer Versorgungsfreibeträge im Inland als auch im Wohnsitzstaat des Erwerbers hat keinen Einfluss auf die Freibetragsgewährung in Deutschland.
- Der Versorgungsfreibetrag nach § 17 ErbStG kann ausnahmsweise bei Abfindungszahlungen für einen Erbverzicht steuerpflichtige Erwerbe nach § 7 Abs. 1 Nr. 5 ErbStG gewährt werden, wenn ein Ehegatte/Lebenspartner als Abfindung ein bis zum Tod des anderen Ehegatten aufschiebend bedingtes Leibrentenstammrecht erwirbt.
- Der Ehegatten-Freibetrag i. H. von 500.000 € steht auch dem beschränkt steuerpflichtigen Ehegatten in voller Höhe zu, unabhängig vom Anteil des steuerpflichtigen Inlandsvermögens[4] zum Gesamtvermögen[5]

1 BFH, Urteil v. 28.3.2012 - II R 43/11, BStBl 2012 II S. 599.

2 In Anlehnung an BFH, Urteil v. 28.3.2012- II R 43/11, BStBl 2012 II S. 599.

3 BFH, Urteil v. 2.2.2005 - II R 26/02, BStBl 2005 II S. 312.

4 Zum Begriff des Inlandsvermögens vgl. Rz. 1104.

5 BFH, Urteil v. 10.5.2017 - II R 53/14, BStBl 2017 II S. 1200.

5 Die Steuerberechnung

5.1 Berechnungsschema/Übersicht

663 Die festzusetzende Erbschaft-/Schenkungsteuer ermittelt sich wie folgt:

TAB. 26:		Berechnungsschema in Anlehnung an R E 10.1 Abs. 2 ErbStR 2019
1.		Tarifliche Erbschaftsteuer nach § 19 ErbStG
	–	Abzugsfähige Steuer nach § 14 Abs. 1 ErbStG
	–	Entlastungsbetrag nach § 19a ErbStG
	=	Summe 1
2.	–	Ermäßigung nach § 27 ErbStG (dabei Steuer lt. Summe 1 nach § 27 Abs. 2 ErbStG aufteilen und zusätzlich Kappungsgrenze nach § 27 Abs. 3 ErbStG beachten)
	–	Anrechenbare Steuer nach § 6 Abs. 3 ErbStG
	=	Summe 2
3.	–	Anrechenbare Steuer nach § 21 ErbStG (dabei Steuer lt. Summe 2 nach § 21 Abs. 1 Satz 2 ErbStG aufteilen)
	=	Summe 3
		mindestens Steuer nach § 14 Abs. 1 Satz 4 ErbStG höchstens nach § 14 Abs. 3 ErbStG begrenzte Steuer (Hälfte des Werts des weiteren Erwerbs)
	=	Festzusetzende Erbschaftsteuer

5.2 Steuertarif (Staffeltarif)

5.2.1 Allgemeines

664 Der Steuertarif bzw. das Besteuerungsmaß für den steuerpflichtigen Erwerb richtet sich einerseits nach der Steuerklasse des Erwerbers und innerhalb der Steuerklasse nach dem Steuersatz, welcher mit der Höhe des steuerpflichtigen Erwerbs ansteigt. Der Anstieg erfolgt hierbei nach Stufen, d. h., dass jeder Erwerb ausschließlich mit dem Steuersatz zu besteuern ist, der sich aus der betreffenden Wertstufe unter Berücksichtigung der Steuerklasse ergibt. Unterliegen 300.000 € in Steuerklasse I der Besteuerung, sind nicht etwa für die ersten 75.000 € 7 % und für die restlichen 225.000 € 11 %, sondern für die gesamten 300.000 € 11 % an Erbschaft- und Schenkungsteuer zu entrichten (Staffeltarif).

Die Prozenttarife der Erbschaftsteuer sind also auf den gesamten steuerpflichtigen Erwerb anzusetzen. Eine Aufspaltung des steuerpflichtigen Erwerbs in

Teilbeträge mit unterschiedlichen Steuertarifen erfolgt nicht. Der BFH hat diesen „Staffeltarif" als rechtmäßig angesehen.[1] In Fällen, in denen die nächst niedrigere Stufe nur um ein paar Euro verfehlt wird, gewährt das Gesetz einen sogenannten Härteausgleich.[2]

5.2.2 Steuerklassen

Steuerklassen bewirken, dass die Steuerbelastung nach dem Verwandtschaftsverhältnis des Erwerbers zum Erblasser/Schenker gestaffelt wird. Die Steuersätze stimmen die Belastung des Erwerbers mit der durch die Höhe der Zuwendung entstandenen besonderen Leistungsfähigkeit ab. 665

Nach den persönlichen Verhältnissen des Erwerbers zum Erblasser oder Schenker unterscheidet das Erbschaft- und Schenkungsteuergesetz (§ 15 ErbStG) zwischen folgenden drei Steuerklassen mit den entsprechenden Freibeträgen:

TAB. 27: Steuerklassen und persönliche Freibeträge

Steuerklasse	Personengruppe	Persönlicher Freibetrag (Beträge in €)
I	Ehegatte und der eingetragene Lebenspartner	500.000
	Kinder und Stiefkinder	400.000
	Abkömmlinge von Kindern und Stiefkindern	200.000
	Eltern und Großeltern bei Erwerb von Todes wegen	100.000
	Erben von Betriebsvermögen, für das das Steuerklassenprivileg in Anspruch genommen werden kann, die Erben aber nicht der Steuerklasse I angehören	20.000
II	Eltern/Großeltern bei Schenkungen	20.000
	Geschwister und Geschwisterkinder	
	Stiefeltern/Schwiegereltern	
	Schwiegerkinder	
	Geschiedener Ehegatte und Lebenspartner einer aufgehobenen Lebenspartnerschaft	
III	Alle sonstigen Erwerber und die Zweckzuwendungen	20.000

Ehegatte und der eingetragene Lebenspartner gehören zur Steuerklasse I, wenn im Zeitpunkt der Entstehung der Steuer eine rechtsgültige Ehe bzw. ein-

1 BFH, Beschluss v. 20.2.2019 - II B 83/18, ZAAAH-12508.

2 Siehe Rz. 675.

getragene Lebenspartnerschaft bestanden hat. Auf die Dauer der Ehe oder auf den Güterstand bzw. auf die Dauer der Lebenspartnerschaft kommt es nicht an.

Pflegekinder fallen anders als Adoptiv- oder Stiefkinder nicht in Steuerklasse I. Sie werden stattdessen in der ungünstigsten Steuerklasse III eingestuft. Der BFH hat hierzu entschieden, dass Pflegekinder den in § 15 Abs. 1 ErbStG genannten Kindern und Stiefkindern nicht gleichzustellen sind und diese daher nicht der Steuerklasse I zuzuordnen sind.

Für die Steuerklasseneinteilung nach § 15 Abs. 1 ErbStG sind die bürgerlich-rechtlichen Vorschriften über die Abstammung und Verwandtschaft maßgebend. Vater eines Kindes im bürgerlich-rechtlichen Sinne ist der Mann, der zum Zeitpunkt der Geburt mit der Mutter verheiratet ist, der die Vaterschaft anerkannt hat oder dessen Vaterschaft gerichtlich festgestellt ist. In die Steuerklasse I fallen nur Erwerbe der vom Vater nach den Regeln des Zivilrechts „abstammenden" Kinder und Adoptivkinder. Für Erwerbe eines Kindes von seinem leiblichen Vater, der nicht auch der rechtliche Vater ist (biologischer Vater), gilt somit die Steuerklasse III[1].

666 Schwiegerkinder werden nach Steuerklasse II besteuert. Darauf ist zu achten, wenn Eltern ihren verheirateten Kindern – beispielsweise zur Hochzeit – Geschenke machen. Oft wird hier das Brautpaar bedacht und dabei vergessen, dass solche Geschenke zur Hälfte in eine höhere Steuerklasse fallen, weil durch die Zuwendungen auch das Schwiegerkind bereichert wird. Schenkungsempfänger sollte daher ausschließlich das eigene Kind sein.

667 Eltern und Voreltern (also die Eltern und Großeltern der Eltern) erwerben nur von Todes wegen nach Steuerklasse I, sonst nach Steuerklasse II. Damit soll verhindert werden, dass Schenkungen zwischen Geschwistern unter Zwischenschaltung der Eltern mit günstigerer Steuerklasse – ggf. auch steuerfrei – ausgeführt werden können.

Geschwisterkinder sind Abkömmlinge ersten Grades von Geschwistern, also die leiblichen Kinder des Bruders oder der Schwester. In erster Linie denkt man hier an Nichten und Neffen, wobei diese Bezeichnung ungenau wird, wenn man auch die Abkömmlinge der Geschwister des Ehegatten als „Nichten und Neffen" bezeichnen will.

1 BFH, Urteil v. 5.12.2019 - II R 5/17, IAAAH-44212. Die Systematik des § 15 ErbStG verlangt nach Ansicht des BFH die Anwendung der Steuerklasse I im Verhältnis des Kindes zu seinem biologischen Vater nicht.

Nicht in Steuerklasse II fallen die Enkel der Geschwister. Diese sind zwar Abkömmlinge, aber keine solchen ersten Grades. Ebenso wie die Enkel der Geschwister fallen auch Verwandtschaftsverhältnisse zwischen den Kindern von Geschwistern untereinander (Vettern, Basen) oder zwischen den Kindern und den Geschwistern der Eltern (Onkel, Tanten) nicht in Steuerklasse II, sondern in Steuerklasse III.

In Steuerklasse III fallen alle Erwerber, die nicht in die Steuerklassen I und II 668
eingeordnet werden können. Nach dieser Steuerklasse erwerben auch Körperschaften, Personenvereinigungen, Stiftungen und Zweckzuwendungen. Denn solche Institutionen können mit einem Erblasser oder Schenker nicht verwandt sein. Personengesellschaften können zwar gleichwohl als Personenvereinigungen betrachtet werden; es erwerben dort aber die Gesellschafter und nicht die Gesellschaft. Personengesellschaften sind also in keinem Fall erbschaft- und schenkungsteuerpflichtig.[1] Maßgeblich ist hier diejenige Steuerklasse, die sich nach dem Verwandtschaftsverhältnis des jeweiligen Gesellschafters richtet.

Kinderlose Ehepaare, die ein Berliner Testament vereinbart haben, sollten Folgendes beachten: Nach § 15 Abs. 3 ErbStG sind die mit dem verstorbenen Ehegatten bzw. dem eingetragenen Lebenspartner näher verwandten Erben (und Vermächtnisnehmer) als seine Erben anzusehen, soweit sein Vermögen beim Tod des zuletzt verstorbenen Ehegatten noch vorhanden ist. Diese Vorschrift beruht auf der Überlegung, dass es unbillig ist, allein auf das Verwandtschaftsverhältnis zu dem zuletzt versterbenden Ehegatten/Lebenspartner abzustellen, soweit das dem Schlusserben anfallende Vermögen von dem zuerst verstorbenen Ehegatten bzw. Lebenspartner stammt und der Erbe auf Grund seines Verwandtschaftsverhältnisses zu diesem Ehegatten in eine günstigere Steuerklasse fällt; denn beim gemeinschaftlichen Testament mit Bindung des zuletzt versterbenden Ehegatten/Lebenspartners erwirbt der Schlusserbe nach dem Tod dieses Ehegatten die Erbschaft auf Grund des Willens beider Ehegatten (Lebenspartner).

Zur Anwendung kommt § 15 Abs. 3 ErbStG dann, wenn als Schlusserben die 669
nur mit einem Ehepartner (Lebenspartner) verwandten Neffen eingesetzt werden. Ohne § 15 Abs. 3 ErbStG könnte der Erwerb nach der günstigeren Steuerklasse II nur unter der Voraussetzung besteuert werden, dass der mit dem Neffen verwandte Ehepartner (Lebenspartner) zuletzt stirbt. Tritt aber der umgekehrte Fall ein, wäre der gesamte Nachlass nach Klasse III zu besteuern. Hier

1 Vgl. Rz. 348.

greift § 15 Abs. 3 ErbStG begünstigend ein, indem er bestimmt, dass der mit dem erstverstorbenen Ehegatten bzw. Lebenspartner näher verwandte Schlusserbe als sein Erbe anzusehen ist (er also so zu stellen ist, als würde er vom erstverstorbenen Ehegatten/Lebenspartner erben), soweit es das noch vorhandene Vermögen des erstverstorbenen Ehegatten (Lebenspartners) betrifft.

Die Finanzverwaltung hat in R E 15.3 der ErbStR 2019 für die Anwendung der Begünstigungsvorschrift des § 15 Abs. 3 ErbStG Folgendes festgelegt:

1. „Wertsteigerungen und reine Vermögensumschichtungen des noch vorhandenen Vermögens zwischen dem Todestag des Erstversterbenden und dem des Letztversterbenden sind auf Grund des Surrogationsprinzips wie bei § 6 Abs. 2 ErbStG auch bei § 15 Abs. 3 ErbStG begünstigt. Es ist deshalb auf den Wert dieses Vermögens am Todestag des Letztversterbenden abzustellen.

2. Erträge des Vermögens zwischen dem Todestag des Erstversterbenden und dem des Letztversterbenden sind erst in der Person des Letztversterbenden entstanden und deshalb, soweit sie nicht verbraucht wurden, nicht im begünstigten Vermögen zu berücksichtigen.

3. Die Erbfallkostenpauschale nach § 10 Abs. 5 Nr. 3 ErbStG[1] muss dem begünstigten Vermögen anteilig zugeordnet werden."

670 Weitere Voraussetzung für die Anwendung dieser Steuervergünstigung ist, dass der überlebende Ehegatte/Lebenspartner an die gemeinschaftliche Verfügung gebunden ist, was im Regelfall so ist, wenn keine expliziten Änderungs- oder Freistellungsvorbehalte vereinbart wurden. Denn Berliner Testamente können nach dem Tod eines Ehegatten von dem Überlebenden grds. nicht mehr geändert werden, dies trifft insbesondere auf die Schlusserbeneinsetzung zu, wenn diese wechselseitig war. Haben sich die Ehegatten/Lebenspartner in einem gemeinschaftlichen Testament, durch das sie sich gegenseitig als Erben einsetzen (Berliner Testament), das Recht eingeräumt, die Schlusserbenfolge sowie die Verteilung des Nachlasses zu ändern, bleibt § 15 Abs. 3 ErbStG zu Gunsten des Schlusserben insoweit anwendbar, als der überlebende Ehegatte durch eine spätere Verfügung von Todes wegen die Erbquote des Schlusserben nicht verändert hat. Denn nur wenn alles unverändert bleibt, ist die Rechtsgrundlage für die Erbschaft des Schlusserben der in dem gemein-

1 Vgl. Rz. 546.

schaftlichen Testament niedergelegte Wille beider Ehegatten, auch der des verstorbenen Ehegatten.

Ist es allerdings so, dass der überlebende Ehegatte/Lebenspartner von seinem Recht auf Änderung dadurch Gebrauch macht, dass er abweichend vom gemeinschaftlichen Testament einem Schlusserben, dessen Erbquote als solche unverändert bestehen bleibt, ein Vorausvermächtnis aussetzt, kann für diesen Vermächtniserwerb § 15 Abs. 3 ErbStG nicht gelten. Sinn und Zweck der Vorschrift, nämlich, dass die Erbfolge nach dem niedergelegten Willen beider Ehegatten erfolgt, sind auch dann nicht erfüllt, wenn der überlebende Ehegatte ein eigenes Testament errichtet. Die Vergünstigungen sind hier auch dann verschenkt, wenn der überlebende Ehegatte in seinem Testament die Regelungen des Berliner Testaments nur wiederholt und den Neffen zum Alleinerben einsetzt. 671

Bei einer Schenkung durch eine Kapitalgesellschaft oder Genossenschaft ist der Besteuerung das persönliche Verhältnis des Erwerbers zu derjenigen unmittelbar oder mittelbar beteiligten natürlichen Person oder Stiftung zugrunde zu legen, durch die sie veranlasst ist (§ 15 Abs. 4 ErbStG). In diesem Fall gilt die Schenkung bei der Zusammenrechnung früherer Erwerbe (§ 14 ErbStG) als Vermögensvorteil, der dem Bedachten von dieser Person anfällt. Die Vorschrift greift in allen Fällen, in denen der Gesellschafter einer Kapitalgesellschaft indirekt über eine Kapitalgesellschaft (oder einer Genossenschaft) an eine diesem nahestehende Person (in der Regel an die Kinder) eine freigebige Zuwendung vornimmt. 672

BEISPIEL: Die VO-GmbH zahlt dem S auf Veranlassung der beiden Gesellschafter ein um 1.000.000 € überhöhtes Gehalt. V ist der Vater und an der VO-GmbH mit 60 % beteiligt, O ist der Onkel des S und an der VO-GmbH mit 40 % beteiligt. S legt keine andere Veranlassung dar. Nach § 15 Abs. 4 ErbStG ist die auf die Zuwendung der VO-GmbH entfallende Steuer auf die Summe der Steuerbeträge begrenzt, die sich bei einer Schenkung des V i. H. von 600.000 € und einer Schenkung des O i. H. von 400.000 € ergeben hätte.

HINWEISE:

- § 15 Abs. 4 ErbStG betrifft nur die Rechtsfolgen der Steuerermittlung. Die Kapitalgesellschaft bzw. Genossenschaft bleibt Zuwendende.
- § 15 Abs. 3 ErbStG gilt nicht für Schenkungen. Gibt der überlebende, nicht mit dem Schlusserben verwandte Ehegatte/Lebenspartner vorzeitig Erbvermögen heraus, zahlt der Schlusserbe den Vorteil der früheren Verfügbarkeit über das Vermögen mit einer schlechteren Steuerklasse.

5.2.3 Steuersätze

673 Die Erbschaft- und Schenkungsteuer wird nach folgenden Sätzen erhoben:

TAB. 28: Steuersätze nach Steuerklassen

Wert des steuerpflichtigen Erwerbs bis einschließlich ...	Steuerklasse I	Steuerklasse II	Steuerklasse III
75.000 €	7	15	30
300.000 €	11	20	30
600.000 €	15	25	30
6.000.000 €	19	30	30
13.000.000 €	23	35	50
26.000.000 €	27	40	50
Darüber	30	43	50

674 Die Erbschaft- und Schenkungsteuer wird nach diesen sieben Wertstufen „voll" erhoben, d. h., bei steuerpflichtigen Erwerben bis 75.000 € fallen in der Steuerklasse I volle 7 % = 5.250 €, bis 600.000 € bereits 15 % = 90.000 € und bei 6.000.000 € sind es 19 % = 1.140.000 €. Werden z. B. 600.100 €, also nur 100 € mehr als der Stufenbetrag vererbt (verschenkt), würde Erbschaftsteuer (Schenkungsteuer) nach der nächsthöheren Wertstufe (= 19 % auf 600.100 €) anfallen. Dem Mehrerwerb von 100 € stünde eine Erhöhung der Steuerlast um 24.019 € gegenüber.

675 Solche extremen Belastungen verhindert der Gesetzgeber mit dem sogenannten Härteausgleich innerhalb des Steuertarifs. § 19 Abs. 3 ErbStG bestimmt, dass der Unterschied zwischen der Steuer, die sich nach der maßgebenden Wertstufe ergibt (im Beispiel 19 % aus 600.100 € = 114.019 €), und der Steuer, die sich berechnen würde, wenn der Erwerb die letztvorhergehende Wertstufe nicht überstiegen hätte (im Beispiel 15 % aus 600.000 € = 90.000 €), nur insoweit erhoben wird, als er bei einem Steuersatz bis zu 30 % aus der Hälfte und bei einem Steuersatz über 30 % aus drei Vierteln des die Wertgrenze übersteigenden steuerpflichtigen Erwerbs gedeckt werden kann.

Im Beispielfall wären also nicht exakt 114.019 €, sondern nur 90.050 € an Steuern zu zahlen, d. h. 50 € mehr. Denn die Wertstufe von 600.000 € wird nur um 100 € überschritten. Davon kommt nur die Hälfte, also 50 €, zum Ansatz. Formel: Steuertarif bei letztvorhergehender Wertstufe + $^1/_2$ (stpfl. Erwerb ./. Betrag der letztvorhergehenden Wertstufe); im Beispiel: 90.000 € + $^1/_2$ (600.100 – 600.000) = 90.050 €. Anzuwenden ist diese Formel immer dann, wenn der steuerpflichtige Erwerb folgende Wertgrenzen nicht überschreitet:

TAB. 29: Härteausgleich, Wertstufen 676

Wertgrenze gem. § 19 Abs. 1 ErbStG bis ... €	Härteausgleich gem. § 19 Abs. 3 ErbStG bei Überschreiten der letztvorhergehenden Wertgrenze bis einschließlich ... € in Steuerklasse		
	I	II	III
75.000	–	–	–
300.000	82.600	87.400	–
600.000	334.200	359.900	–
6.000.000	677.400	749.900	–
13.000.000	6.888.800	6.749.900	10.799.900
26.000.000	15.260.800	14.857.100	–
über 26.000.000	29.899.900	28.437.400	–

5.2.4 Tarifbegrenzung beim Erwerb von steuerbegünstigtem Betriebsvermögen

677 Erwirbt eine natürliche Person der Steuerklasse II oder III steuerbegünstigtes Betriebsvermögen, land- und forstwirtschaftliches Vermögen, Anteile an begünstigten Kapitalgesellschaften, ist von der tariflichen Erbschaftsteuer ein Entlastungsbetrag abzuziehen (§ 19a Abs. 1 ErbStG). Der Entlastungsbetrag ist ein Abzugsposten, der – im Unterschied zu einem Freibetrag – nicht den steuerpflichtigen Erwerb mindert, sondern der analog einer Steuervorauszahlung auf, die nach tatsächlichen Verhältnissen errechnete Steuer angerechnet wird.

Sinn und Zweck dieses Entlastungsbetrages ist, steuerbegünstigtes Betriebsvermögen bei allen Erwerbern nahe dem Tarif der Steuerklasse I zu besteuern. Die Tarifbegrenzung kommt nur beim Erwerb durch eine natürliche Person der Steuerklasse II oder III in Betracht; das sind in der Praxis in den meisten Fällen die Geschwister oder Nichten und Neffen. Erwerbe durch juristische Personen und Vermögensmassen sind nicht begünstigt.[1]

678 Der Entlastungsbetrag hat die Aufgabe, Unterschiedsbeträge zwischen der auf das Betriebsvermögen entfallenden Steuer nach der tatsächlichen Steuerklasse und einer auf das Betriebsvermögen entfallenden (fiktiven) Steuer nach Steuerklasse I auszugleichen.

1 R E 19a.1 Abs. 1 ErbStR 2019.

Der Entlastungsbetrag kann notwendigerweise nur auf dasjenige Betriebsvermögen gewährt werden, das nach Anwendung der Steuerbefreiungsregelungen (Verschonungsabschlag und Abzugsbetrag[1]) als steuerpflichtiges Vermögen verbleibt. Das sind im Regelfall die restlichen 15 % des Betriebsvermögens. Wird die 100%ige Optionsverschonung in Anspruch genommen, entfällt die Tarifbegrenzung naturgemäß vollständig.

679 Der Entlastungsbetrag errechnet sich in drei Schritten:

- Zunächst wird die Steuer nach der tatsächlichen Steuerklasse des Erwerbers berechnet und nach dem Verhältnis des steuerbegünstigten Betriebsvermögens, das nach Anwendung des § 13a ErbStG verbleibt, zum gesamten Vermögensanfall (vor Abzug von Freibeträgen und Nachlassverbindlichkeiten) aufgeteilt.
- Sodann ist die Steuer zu berechnen, die anfallen würde, wenn der Erwerber zum Personenkreis der Steuerklasse I gehören würde. Die nach Steuerklasse I anfallende fiktive Steuer ist wiederum nach dem Verhältnis des Betriebsvermögens zum gesamten Vermögensanfall aufzuteilen.
- Der Entlastungsbetrag errechnet sich aus der Differenz der beiden Ergebnisse aus Schritt 1 und 2 (§ 19a Abs. 4 ErbStG).

BEISPIEL: Zum Nachlass gehört u. a. ein kleiner Gewerbebetrieb. Der nach dem vereinfachten Ertragswertverfahren errechnete Steuerwert beträgt 5.000.000 €. Das übrige Vermögen (Barvermögen, Aktien, Wertpapiere usw.) beläuft sich auf einen Verkehrs- und Steuerwert von 800.000 €. Der Erwerber fällt unter Steuerklasse III.

1. Schritt: Steuer nach tatsächlicher Steuerklasse

Gewerbebetrieb	
Steuerwert	5.000.000 €
·/. Verschonungsabschlag 85 %	./. 4.250.000 €
Zwischensumme	750.000 €
·/. Abzugsbetrag	–
Wertansatz Betriebsvermögen	750.000 €

Übriges Vermögen:	
Wertansatz	800.000 €
Stpfl. Gesamtvermögen:	1.550.000 €
·/. Freibetrag (Klasse III)	·/. 20.000 €
steuerpfl. Erwerb	1.530.000 €

1 Vgl. Rz. 584, 588.

Steuer bei Steuerklasse/ Steuersatz (II/30 %)	459.000 €	auf das Betriebsvermögen entfallen: Verhältnis Betriebsvermögen/ Gesamtvermögen = $\frac{750.000}{1.550.000}$ = Faktor 0,483	
		48,3 % aus 459.000 €	221.697 €
2. Schritt: Steuer nach Steuerklasse I			
steuerpfl. Erwerb	1.530.000 €		
Steuer bei Steuerklasse/Steuersatz (I/19 %)	290.700 €	auf das Betriebsvermögen entfallen: Verhältnis Betriebsvermögen/ Gesamtvermögen	
		(48,3 % aus 290.700 €)	140.408 €
3. Schritt: Ermittlung des Entlastungsbetrags			
Der Entlastungsbetrag beträgt			81.289 €
Festzusetzende Steuer = (459.000 € – 81.289)			= 377.711 €

Dieses Drei-Schritt-Rechenverfahren braucht in der Praxis allerdings nur bei Mischerwerben – Erwerben, die aus begünstigtem Betriebs- und nicht begünstigtem Privatvermögen bestehen – angewendet zu werden. Besteht der Erwerb ausschließlich aus Betriebsvermögen, kann die Steuer gleich nach Tarif der Steuerklasse I errechnet werden.

Der Entlastungsbetrag entfällt rückwirkend, wenn der Unternehmensüberneh- 680
mer innerhalb von fünf Jahren gegen die Behaltensregelungen verstößt.[1] In Fällen der vollständigen Verschonung (Options- oder Vollverschonung, § 13a Abs. 10 ErbStG) sowie bei Vorschonungsbedarfsprüfung (§ 28a Abs. 1 Satz 1 ErbSt)[2] gilt eine verlängerte Behaltensfrist von sieben Jahren.[3] Damit gelten in Fällen von Vollbefreiungen und für „Großerwerbe" im Wert von über 26 Mio. € einheitlich sieben Jahre als „Karenzfrist" für die Inanspruchnahme des Entlastungsbetrags.

Ein Unterschreiten der Lohnsummenregelung ist für den Entlastungsbetrag nicht schädlich.[4]

1 § 19a Abs. 5 ErbStG, vgl. im Einzelnen Rz. 651.

2 Vgl. Rz. 659.

3 § 19a Abs. 5 Satz 2 ErbStG i. d. F. des Gesetzes zur Vermeidung von Umsatzsteuerausfällen beim Handel mit Waren im Internet und zur Änderung weiterer steuerlicher Vorschriften (UStAVermG) v. 11.12.2018 (BGBl 2018 I S. 2338).

4 R E 19a.3 Abs. 1 Satz 4 ErbStR 2019.

HINWEISE:

- Bei Ermittlung des Verhältnisses zwischen dem Wert des begünstigten Betriebsvermögens und dem Wert des Gesamterwerbs (des gesamten Vermögensanfalls) ist auch der Wert für den Gesamterwerb um die damit wirtschaftlich zusammenhängenden abzugsfähigen Schulden und Lasten zu mindern (§ 19a Abs. 3 ErbStG).
- Die Vorschrift stellt Erwerber der Steuerklassen II und III gegenüber Kindern oder anderen Erwerbern der Steuerklasse I nicht gleich, weil Erwerbern der Steuerklassen II und III nicht dieselben persönlichen Freibeträge zustehen wie den Personengruppen der Steuerklasse I.

5.3 Berücksichtigung früherer Erwerbe

5.3.1 Allgemeines

681 „Berücksichtigung früherer Erwerbe" heißt, dass alle Erwerbe vom selben Geber auf denselben Empfänger innerhalb eines Zeitraumes von zehn Jahren zusammengerechnet werden müssen.[1]

§ 14 ErbStG soll zum einen verhindern, dass die Steuerpflicht einer größeren Schenkung durch Aufteilung in mehrere kleinere Schenkungen mit Steuerwerten jeweils unter den Freibeträgen umgangen werden kann. Des Weiteren soll § 14 ErbStG unerwünschte Steuereinsparungen im Steuertarif verhindern. Durch Aufteilung größerer Schenkungen in mehrere kleinere Zuwendungen könnte man nämlich nicht nur die Freibeträge mehrmals nutzen, sondern auch einen niedrigeren Steuersatz erwirken. Die steuerliche Berücksichtigung früherer Erwerbe soll den Steuerpflichtigen aber so stellen, als hätte er alle zusammengerechneten Erwerbe vom selben Zuwendenden in einer Einheit erworben.

682 Frühere Erwerbe sind auch dann in die Zusammenrechnung einzubeziehen, wenn sie steuerfrei waren. Die Zuwendung bleibt dabei auch steuerfrei, denn die Werte des früheren Erwerbs bleiben bei der Zusammenrechnung unverändert (§ 14 Abs. 1 Satz 1 ErbStG: „Mehrere innerhalb von zehn Jahren von derselben Person anfallende Vermögensvorteile werden in der Weise zusammengerechnet, dass dem letzten Erwerb die früheren Erwerbe nach ihrem früheren Wert zugerechnet werden"). Entsprechendes gilt für den früheren Erwerb von Grundbesitz vor dem 1. 1. 2009. Dieser ist mit den maßgebenden früheren

1 § 14 ErbStG.

Grundbesitzwerten anzusetzen.[1] Wertänderungen in der Zwischenzeit, auch solche, die auf veränderte Bewertungsgrundlagen des Zuwendungsgegenstands zurückzuführen sind, bleiben unberücksichtigt. Genauso unberücksichtigt bleibt eine zwischenzeitliche Veräußerung des Schenkungsgegenstandes oder ein zwischenzeitlich eingetretener Wertverfall. Denn die einzelnen Erwerbe verlieren mit der Zusammenrechnung nicht ihre Selbständigkeit. Zu Steuererrückerstattungen kann es durch die Zusammenrechnung nicht kommen.[2] Gemäß § 14 Abs. 1 Satz 4 ErbStG darf „die Steuer, die sich für den letzten Erwerb ohne Zusammenrechnung mit früheren Erwerben ergibt", durch den Abzug der fiktiven Steuer bzw. gezahlten Steuer für den Ersterwerb nicht unterschritten werden. Damit sind Steuerrückerstattungen nach der Berücksichtigung früherer Erwerbe ausgeschlossen.

Für die Steuerberechnung ist wie folgt vorzugehen: 683

1. Die Erwerbe innerhalb der letzten zehn Jahre sind zusammenzurechnen Der für die Berücksichtigung von Vorerwerben maßgebliche Zehnjahreszeitraum ist rückwärts zu berechnen. Dabei ist der Tag des letzten Erwerbs mitzuzählen.[3]

2. Die Erbschaft-/Schenkungsteuer für den Letzterwerb wird aus der Steuer für den Gesamterwerb ermittelt.

3. Die Steuer für den Gesamterwerb ist um die (fiktive) Steuer, die auf den früheren Erwerb unter Berücksichtigung der persönlichen Verhältnisse und des Steuerrechts zum Zeitpunkt des letzten Erwerbs entfällt (§ 14 Abs. 1 Satz 2 ErbStG), zu kürzen. Dies gilt auch, wenn für den Vorerwerb ein Steuererlass nach § 28a ErbStG erfolgte.[4] War die tatsächlich gezahlte Steuer höher, ist diese abzuziehen (§ 14 Abs. 1 Satz 3 ErbStG).[5] Maßgeblich ist stets der Steuertarif im Zeitpunkt des letzten Erwerbs.

4. Die Steuer für den Letzterwerb errechnet sich nun aus der Differenz zwischen der Steuer für den Gesamterwerb und der (fiktiv errechneten) bzw.

1 R E 14.1 Abs. 2 Satz 2 ErbStR 2019.

2 R E 14.1 Abs. 3 Satz 10 ErbStR 2019.

3 R E 14.1 Abs. 1 Sätze 4-6 ErbStR 2019.

4 R E 14.1 Abs. 3 Satz 4 ErbStR 2019.

5 R E 14.1 Abs. 3 Satz 9 ErbStR 2019: „Als tatsächlich zu entrichtende Abzugssteuer ist jedoch die Steuer zu berücksichtigen, die sich nach den tatsächlichen Verhältnissen zur Zeit der Steuerentstehung für den Vorerwerb unter Berücksichtigung der geltenden Rechtsprechung und Verwaltungsauffassung zur Zeit der Steuerentstehung für den Letzterwerb ergeben hätte".

tatsächlichen Steuer – abhängig davon, welche Steuer höher ist – für den Vorerwerb.

5. Anschließend ist die Steuer für den Letzterwerb isoliert zu ermitteln, also ohne Zusammenrechnung mit den früheren Erwerben. Diese Steuer wird mit der nach den Schritten 1 bis 4 errechneten Gesamtsteuer verglichen. Ist die Steuer für den Gesamterwerb höher, ist diese anzusetzen. Ist die – isoliert ermittelte – Steuer für den Letzterwerb höher, ist diese anzusetzen.

BEISPIEL: A schenkt seinem Sohn im Jahr 2010 500.000 € und im Jahr 2017 weitere 300.000 €. Die Steuer für den Letzterwerb (300.000 €) errechnet sich wie folgt:

Erwerb 2010		500.000 €
Erwerb 2017		300.000 €
Gesamterwerb		800.000 €
·/. Freibetrag zur Zeit des letzten Erwerbs		./. 400.000 €
Steuerpflichtiger Gesamterwerb		400.000 €
Steuerklasse/Steuersatz (I/15 %)		60.000 €
hiervon abzuziehen: Steuer für den Ersterwerb (Annahme: fiktive Steuer = tatsächlich gezahlte Steuer).		
Ersterwerb	500.000 €	
·/. Freibetrag	./. 400.000 €	
Steuerpflichtiger Erwerb	100.000 €	
Steuerklasse/Steuersatz (I/11 %)	11.000 €	·/. 11.000 €
Zwischensumme		49.000 €
Steuer für den Letzerwerb (Mindeststeuer, § 14 Abs. 1 Satz 4 ErbStG)		
Letzterwerb: 300.000 €		
·/. Freibetrag: 400.000 €		
Steuerpflichtiger Erwerb/Schenkungsteuer		0
Die Steuer für den Gesamterwerb beträgt demnach		49.000 €

684 Sind mehr als zwei Erwerbe zusammenzurechnen, werden zunächst alle Erwerbe als ein einziger Erwerb zusammengerechnet. Die Summe aus allen Vorerwerben wird als ein einziger Erwerb behandelt und dem Letzterwerb hinzugerechnet.

BEISPIEL: A wendet seiner Lebensgefährtin (Steuerklasse III, Freibetrag 20.000 €) jährlich 20.000 € zu.

Jahr	Zuwendung (€)	Freibetrag (€)	steuerpfl. Erwerb (€)	Steuer Gesamterwerb (€)	Steuer Vorerwerb (€)	Steuer Letzterwerb (Mindeststeuer (€)	Steuer Gesamterwerb
01	20.000	20.000	0				
02	20.000 + 20.000	20.000	20.000	6.000	0	6.000	6.000
03	20.000 + 40.000	20.000	40.000	12.000	6.000	6.000	6.000
04	20.000 + 60.000	20.000	60.000	18.000	12.000	6.000	6.000
05	20.000 + 80.000	20.000	80.000	24.000	18.000	6.000	6.000

Kommt Betriebsvermögen zur Übertragung, kann der Abzugsbetrag[1] innerhalb 685
von zehn Jahren für von derselben Person übertragenes Betriebsvermögen nur einmal berücksichtigt werden. Dies gilt auch bei der Zusammenrechnung mit früheren Erwerben im Rahmen des § 14 ErbStG. Wird der Abzugsbetrag, der ratierlich abzuschmelzen ist, erstmals durch die Übertragung von mehreren Betriebsvermögen(teilen) innerhalb von zehn Jahren überschritten, kann dadurch nur die Besteuerung des Nacherwerbs beeinflusst werden. Der anteilig auf den Vorerwerb entfallende Abzugsbetrag kann im Nachhinein nicht mehr abgeschmolzen werden.[2]

Kindern möglichst frühzeitig Geldmittel zukommen zu lassen, und zwar je- 686
weils im Abstand von mehr als zehn Jahren und jeweils unter der vollen Ausnutzung der alle zehn Jahre wieder auflebenden Freibeträge, bringt auf der Einkommensteuerseite Vorteile. Kindern steht nicht nur ein eigener Sparer-Pauschbetrag zur Verfügung, in dessen Höhe sie zusätzlich Kapitaleinkünfte steuerfrei vereinnahmen können. Durch die frühzeitige Übertragung reduziert sich auch die Schenkungsteuerbelastung, und zwar um mehr, als man zunächst anzunehmen vermag!

BEISPIEL: Vater V steht vor der Entscheidung, ob er seiner Tochter die Aussteuer von 500.000 € schon jetzt oder erst anlässlich einer Heirat zukommen lassen soll. Steuerberater Schlau rät ihm dabei, seiner Tochter jetzt schon kurz vor dem 10. Geburtstag 400.000 € zukommen zu lassen, dieses Geld für sie anzulegen und nach der Heirat,

1 Vgl. Rz. 588.

2 Ebenso Jülicher in Troll/Gebel/Jülicher/Gottschalk, ErbStG, § 14 Rz. 41.

spätestens aber nach zehn Jahren die weiteren 100.000 EUR zuzuwenden. Schlau stellt dabei folgende zwei Vergleichsrechnungen auf:

Zuwendungen am	Betrag (€)	Zuwendungen am	Betrag (€)
vor dem zehnten Geburtstag	400.000		
·/. Freibetrag	400.000		
Steuerpflichtiger Erwerb	0		
Schenkungsteuer	0		
Bei Heirat bzw. frühestens nach weiteren zehn Jahren	100.000	z.B. anlässlich einer Heirat	500.000
·/. Freibetrag	400.000	·/. Freibetrag	400.000
Steuerpflichtiger Erwerb	0	steuerpflichtiger Erwerb	100.000
Schenkungsteuer	0	Steuerklasse/Steuersatz I/11 %	
		Schenkungsteuer	11.000

Die Steuerersparnis bei vorzeitiger Vermögensübertragung und der zweimaligen Nutzung der persönlichen Freibeträge beträgt im Beispiel 11.000 €. Die Vergleichsrechnung fällt in einer Gesamtsteuerbetrachtung allerdings noch stärken zu Gunsten einer vorzeitigen Vermögensübertragung aus, wenn man berücksichtigt, dass die in der ersten Schenkung übertragenen Vermögenswerte bei einer angenommenen Durchschnittsverzinsung von 2 % bis zum Zeitpunkt der Folgeschenkung auf das 1,2 fachte = 480.000 € angewachsen sind. Der Vermögenszuwachs kann auf Seiten der Beschenkten unter Berücksichtigung des Grundfreibetrags sowie des Sparer-Pauschbetrages ggf. einkommensteuerfrei realisiert werden.

Soll die Tochter im Ergebnis gleich gestellt werden, müssten ihr im Zeitpunkt der Heirat 87.600 € mehr zugewendet werden. Die zu zahlende Schenkungsteuer bzw. die Steuerersparnis im Vergleich zur vorzeitigen Vermögensübertragung beträgt in diesem Fall 20.636 €.

Zuwendung am	Betrag (€)	Zuwendung am	Betrag (€)
vor dem zehnten Geburtstag (steuerfrei)	400.000		
Anlage zu 2 %, für zehn Jahre (Faktor 1,219)	487.600		
bei Heirat bzw. frühestens nach mehr als zehn Jahren (wieder steuerfrei)	100.000		
steuerfrei übertragenes Gesamtvermögen	587.600	anlässlich einer Heirat	587.600
		·/. Freibetrag	400.000
		steuerpflichtiger Erwerb	187.600
		Steuerklasse/Steuersatz I/11 %	
		Schenkungsteuer	20.636

Mit der Vorschrift des § 14 ErbSG will der Gesetzgeber letztlich eine Gleichstellung von mehreren Erwerben innerhalb des Zehnjahreszeitraums mit einem einheitlichen Gesamterwerb sicherstellen. Durch entsprechende verfahrensrechtliche Regelungen wird dies auch in Fällen erreicht, in denen die Steuerfestsetzung für den Vorerwerb aufgrund eines rückwirkenden Ereignisses nachträglich geändert werden muss.

Letzteres wird verfahrensrechtlich durch folgende Gesetzesfiktionen erreicht:

1. Ist die Steuerfeststsetzung für einen Vorerwerb aufgrund eines rückwirkenden Ereignisses zu ändern, gilt dies auch für den späteren Erwerb als Ereignis mit Rückwirkung für die Vergangenheit (§ 14 Abs. 2 Satz 1 ErbStG[1]
2. Für den späteren Erwerb gelten auch der erstmalige Erlass, die Änderung und die Aufhebung eines Steuerbescheides für einen früheren bei der Zusammenrechnung zu berücksichtigenden Erwerb als rückwirkendes Ereignis.[2] Damit kann auch die Steuerfestsetzung für den Nacherwerb zutreffend geändert werden.

HINWEISE:

- Die Zusammenrechnung mit früheren Erwerben ändert an der ursprünglichen Steuerfestsetzung nichts. Ist die Steuer für den Vorerwerb unzutreffend festgesetzt worden (z. B. fehlerhafter Wertansatz, fehlerhafte Steuerklasse), bleibt die Festsetzung für den Vorerwerb unverändert.[3]
- Die nach den im Zeitpunkt des letzten Erwerbs geltenden Regelungen zu berechnende (fiktive) Steuer für den Ersterwerb stimmt mit der im Zeitpunkt des Ersterwerbs tatsächlich gezahlten Steuer nur dann überein, wenn sich inzwischen weder bei der steuerlichen Wertermittlung, bei der Steuerklasse, bei den Freibeträgen oder den Steuersätzen etwas geändert hat. Dies ist freilich selten der Fall. Es ändern sich entweder die Bewertungsgrundlagen, Steuerklassen und Steuersätze, die Ehegatten sind inzwischen geschieden (aus Steuerklasse I wird II), das Pflegekind wurde auf Rat des Steuerberaters adoptiert (aus Steuerklasse III wird I) oder das Verlobungspaar hat inzwischen geheiratet. In solchen oder ähnlichen Fällen kann die fiktiv errechnete Steuer höher oder niedriger ausfallen als die für den Ersterwerb tatsächlich gezahlte Steuer. Daher ist stets ein Vergleich zwischen der fiktiv zu errechnenden Steuer und der tatsächlich gezahlten Steuer vorzunehmen; der jeweils höhere Betrag ist abzuziehen. Eine Steuerersparnis ergibt sich daraus aber nur, wenn der Saldo zwischen der Steuer für den Gesamterwerb und der tatsächlich (bzw. fiktiv) gezahlten Steuer höher ist als die Erbschaft-/Schenkungsteuer für den Letzterwerb. Denn diese Steuer bildet die Mindeststeuer; sie darf nicht unterschritten werden.

---

1 I. d. F. des JStG 2020 BGBl 2020 I S. 3096.

2 § 14 Abs. 2 Satz 2 ErbStG.

3 R E 14.1 Abs. 3 Satz 8 ErbStR 2019.

► Trotz des § 14 ErbStG können Eltern einem Kind lebenslänglich jährlich 40.000 €/Jahr steuerfrei zuwenden. Der persönliche Freibetrag i. H. von 400.000 € würde in diesem Fall zu keiner Zeit überschritten werden; weder bei der Einzelschenkung noch – bei Zusammenrechnung – für die gesamte Zuwendung. Im Einzelfall sollte der Steuerberater genau berechnen, ob sich ein Abwarten des Zehnjahreszeitraumes zur Vermeidung der Zusammenrechnung lohnt oder ob gerade die Zusammenrechnung günstiger ist, weil steuerfreie Zuschenkungen möglich sind.

5.3.2 Wenn die Schenkungskette über einen Zeitraum von mehr als zehn Jahren hinausreicht

687 Wurden Schenkungen zwischen denselben Personen über einen Zeitraum von mehr als zehn Jahren getätigt, kommt es infolge der Zusammenrechnungsvorschrift des § 14 ErbStG bei derjenigen Schenkung, die sowohl im vergangenen Zehnjahreszeitraum als auch im aktuellen Zehnjahreszeitraum mit den übrigen Schenkungen zusammenzurechnen war, zu einer Überprogression. Diese ergibt sich daraus, dass wie gesehen nicht jeweils die tatsächliche für die Vorerwerbe festgesetzten bzw. erhobenen Steuern abzuziehen sind, sondern die Steuern, die für die früheren Erwerbe zur Zeit des letzten Erwerbs zu erheben gewesen wären (fiktive Steuer). Wurden einem Kind in 01, in 05 und 14 Zuwendungen gemacht, fließt die 05er Schenkung sowohl in die Schenkungskette 01–11 als auch in die Schenkungskette 04–14 ein.

688 Diese Überprogression wird dadurch beseitigt, dass kein Freibetrag mehr bei der ersten Schenkung im neuen Zehnjahreszeitraum abgezogen wird. Damit wird der Rechtsprechung des BFH[1] entsprochen, derzufolge die Erbschaft- oder Schenkungsteuer für den letzten Erwerb so zu berechnen ist, dass sich der dem Erben/ Beschenkten zur Zeit des letzten Erwerbs zustehende persönliche Freibetrag tatsächlich auswirkt, soweit er nicht innerhalb von zehn Jahren vor diesem Erwerb verbraucht worden ist.[2]

BEISPIEL: ► M schenkte A im Jahr 01 800.000 €, in 05 weitere 800.000 € und in 14 1.000.000 €. Doppelt belastet ist hier der Erwerb 05, zu korrigieren der diesem nachfolgende Erwerb 14.

1 BFH, Urteil v. 2.3.2005 - II R 43/03, BStBl 2005 II S. 728.

2 R E 14.1 Abs. 3 Satz 5 ErbStR 2019.

Erwerb 14		
Barvermögen		1.000.000 €
Barvermögen 05		800.000 €
Gesamt		1.800.000 €
·/. persönlicher Freibetrag 14		·/. 400.000 €
Steuerpflichtiger Gesamterwerb		1.400.000 €
Steuer auf Gesamterwerb (Klasse I, 19 %)		266.000 €
Fiktive Steuer 14 auf Vorerwerb 05	800.000 €	
·/. Freibetrag 14, höchstens beim Erwerb 05 verbrauchter Freibetrag = 0 €	·/. 0 €	
Steuerpflichtiger Erwerb	800.000 €	
Fiktive Steuer auf Gesamterwerb (Klasse I, 19 %)	152.000 €	
Anzurechnen ist die fiktive Steuer		152.000 €
Festzusetzende Steuer 14		114.000 €
Berechnung der Mindeststeuer, § 14 Abs. 1 Satz 4 ErbStG		
Erwerb 14	1.000.000 €	
Freibetrag 14	·/. 400.000 €	
Steuerpflichtiger Erwerb	600.000 €	
Steuer (Klasse I, 15 %)	90.000 €	
Vergleich Mindeststeuer mit festzusetzender Steuer für Gesamterwerb = Mindeststeuer niedriger		114.000 €

5.3.3 Wenn während des Zehnjahreszeitraumes zuerst das Nutzungsrecht, dann die Substanz übertragen wird

Eine Schenkung des Nutzungsrechts mit anschließender Übertragung des Gegenstandes kommt wirtschaftlich einer Sofortschenkung gleich, nur mit dem Vorteil, dass der Beschenkte die auf den kapitalisierten Nießbrauch erhobene Schenkungsteuer in Jahressteuerraten entrichten kann. Wird der Nießbrauch an einem Sparbuch mit einer Einlagesumme von 500.000 € verschenkt, versteuert der Beschenkte nicht die Einlage, sondern nur den Nutzwert aus 500.000 €, der mit 5,5 % kapitalisiert einen steuerpflichtigen Jahreswert von 27.500 € ergeben würde und bezogen auf eine Nutzungsdauer von zehn Jahren einen Kapitalwert von 211.750 €. Die darauf entfallende Schenkungsteuer von etwas über 23.000 € in der Steuerklasse I kann in einer Jahressteuer entrichtet werden. 689

HINWEIS:

Der Steuerwert des Nießbrauchs sowie der Steuerwert der Substanz sind auch dann separat anzusetzen, wenn die Summe aus den beiden Werten den Steuerwert der Substanz übersteigt.

Gestaltungsmodelle dieser Art bedürfen daher der genauen Berechnung. Teuer werden kann beispielsweise die Zusammenrechnung von Nießbrauchs- und Substanzsteuerwert im folgenden Fall: A schenkt B ein Wohngrundstück unter Vorbehaltsnießbrauch. Nach zwei Jahren verzichtet er auf den Nießbrauch entschädigungslos. Da ein Nießbrauchsverzicht eine freigebige Zuwendung i. S. von § 7 ErbStG darstellt, fällt je nach Höhe des verbleibenden und zu versteuernden Nießbrauch-Kapitalwertes[1] eine unter Umständen höhere Schenkungsteuer an.

5.3.4 Nachträgliche Änderungen der Steuerfestsetzung für den Vorerwerb

690 Die rückwirkende Änderung der Steuerfestsetzung eines im Rahmen der Zusammenrechnung zu berücksichtigenden früheren Erwerbs wirkt sich im Regelfall auch auf die geschuldete Steuer für den Nacherwerb aus. Die Auswirkungen können sowohl zu Gunsten als auch zu Lasten des Erwerbers ausfallen. Dies zeigt folgendes

BEISPIEL: Schenker S überträgt an den Erwerber E im Jahr 01 ein Wertpapierdepot im Wert vom 500.000 €. Kurze Zeit später verstirbt S, Alleinerbe ist E. Es werden folgende Steuern festgesetzt: Schenkungsteuer für die Vorschenkung: 5.000 €, Erbschaftsteuer auf den übrigen Erwerb unter Berücksichtigung der Vorschenkung: 10.000 €. E legt Einspruch gegen den Schenkungsteuerbescheid für den Vorerwerb ein. Das Finanzamt hilft dem Einspruch ab, es kommt zu einer Herabsetzung der Bemessungsgrundlage für die freigebige Zuwendung (Wertpapierdepot). Der Erbschaftsteuerbescheid erwächst zwischenzeitlich in Bestandskraft.

Für solche Fälle wurde mit dem Jahressteuergesetz 2020 durch Ergänzung der Vorschrift des § 14 Abs. 2 ErbStG eine Änderungsmöglichkeit für die Steuerfestsetzung des nachfolgenden Erwerbs (im Beispiel des Erwerbs von Todes wegen) geschaffen. Nach der Vorschrift kann in Fällen der Veränderung eines Wertes für einen früheren, in die Zusammenrechnung einzubeziehenden Erwerb der spätere Erwerb aufgrund eines Ereignisses mit Wirkung für die Vergangenheit nach § 175 Abs. 1 Satz 1 Nr. 2 der Abgabenordnung (rückwirkendes Ereignis) geändert werden.

1 Zur Berechnung des Kapitalwerts vgl. Rz. 99 ff.

6 Steuerfestsetzung und Erhebung

6.1 Die Rolle des Steuerschuldners

Steuerschuldner ist erstrangig der Erwerber, also der Erbe, der Vermächtnis- 691
nehmer, der Pflichtteilsberechtigte oder der Beschenkte. Erwerber kann auch eine unbeschränkt steuerpflichtige Kapitalgesellschaft sein. Solange der Nachlass noch nicht auseinandergesetzt ist, haftet der Nachlass für die Erbschaftsteuer (§ 20 Abs. 3 ErbStG). Diese „Massehaftung" macht aus dem Nachlass keinen Steuerschuldner; sie führt vielmehr zu einer gesamtschuldnerischen Haftung aller Erben einer Erbengemeinschaft bis zur Auseinandersetzung. Nach der Auseinandersetzung haftet jeder Erbe für sich, ggf. auch mit dem eigenen Vermögen. Im Regelfall aber wird sich die Erbschaft- und Schenkungsteuer aus dem zugeflossenen Vermögen heraus finanzieren lassen. Voraussetzung für die Erhebung der Steuer ist ein positiver Erwerb, so dass die – theoretisch bestehende – Haftung des Erwerbers in das eigene Vermögen hinein praktisch ausgeschlossen ist.

Bei einer Schenkung sind Steuerschuldner der Beschenkte (Erwerber) als auch der Schenker (Gesamtschuldner § 20 Abs 1 ErbStG). Von Amts wegen aber wird der Schenker in aller Regel nur dann Steuerschuldner, wenn die Einziehung der Steuer beim Erwerber erfolglos war. Trägt der Schenker die Schenkungsteuer zur Entlastung des Erwerbers, stellt die Übernahme der Schenkungsteuer wiederum eine steuerpflichtige Schenkung an den Erwerber dar. Die Übernahme der Schenkungsteuer durch den Schenker führt jedoch regelmäßig zu einer Schenkungsteuerersparnis.[1]

Der Steuerschuldner ist stets Beteiligter im Feststellungsverfahren (§ 154 692
Abs. 1 Nr. 3 BewG). Wird die Steuer für eine Schenkung unter Lebenden geschuldet, ist der Erwerber Beteiligter, es sei denn, der Schenker hat die Steuer selbst übernommen (§ 10 Abs. 2 ErbStG) oder soll als Schuldner der Steuer in Anspruch genommen werden. In diesen Fällen ist der Schenker Beteiligter am Feststellungsverfahren, wenn er die Steuer übernommen hat oder als Schuldner für die Steuer in Anspruch genommen werden soll.

1 Vgl Teil V Abschnitt 15 Rz 877 ff.

6.2 Besonderheiten beim Erwerb von Renten, Nutzungen und Leistungen

6.2.1 Allgemeines

693 Ein Erbe bzw. ein Beschenkter muss nicht notwendigerweise nur mit Geld- oder Sachleistungen bereichert sein. So kann beispielsweise die Witwe als Alleinerbin neben sonstigem Vermögen auch eine monatliche oder jährliche Rente aus einem privaten Vertrag heraus erhalten, den der Erblasser für sie abgeschlossen hat. Ein Beispiel für den steuerpflichtigen Erwerb von Nutzungen und Leistungen stellt der Nießbrauch dar.

Renten sowie andere Nutzungen und Leistungen, die im Rahmen eines Erwerbs von Todes wegen oder einer freigebigen Zuwendung (als Schenkung) anfallen, wären grds. – gem. den Vorschriften des Bewertungsrechts – mit ihrem Kapitalwert zu versteuern, und zwar entweder im Erbfall oder im Zeitpunkt der Ausführung der Zuwendung. Da aber Renten und Nutzungsrechte dem Erwerber nicht sofort, sondern auf die Laufzeit verteilt zufließen, käme es – würde die Erbschaftsteuer sofort erhoben – nicht selten zu Liquiditätsengpässen, weil der Erwerber eines Rentenrechts im Gegensatz zum Erwerber von Barvermögen nicht das entsprechende Vermögen unmittelbar zur freien Verfügung hat. Der Gesetzgeber hat den Empfängern von steuerpflichtigen Renten, Nutzungen und Leistungen dementsprechend die Möglichkeit eingeräumt, die Erbschaftsteuer – anstatt einmalig vom Kapitalwert – jährlich im Voraus vom Jahreswert zu entrichten (§ 23 ErbStG). Die Regelung läuft im Ergebnis auf eine Stundung hinaus, bei der Stundungszinsen i. H. von 5,5 % berechnet werden. Die Erbschaftsteuer wird dann sozusagen zur Jahressteuer.

HINWEIS:

Für die Jahresbesteuerung bedarf es eines Antrags. Antragsberechtigt ist der Erwerber des Renten- oder Nutzungsrechts bzw. derjenige, der die Steuerlast zu tragen hat. Der Antrag sollte bereits bei Abgabe der Erbschaftsteuererklärung gestellt werden; er ist allerdings nicht fristgebunden.

6.2.2 Wann und für wen lohnt sich ein Antrag auf Jahresversteuerung?

694 Für die Jahressteuer spricht einmal die zusätzlich gewonnene Liquidität, die dadurch entsteht, dass die Erbschaftsteuer bei der Jahresversteuerung nicht vorfinanziert werden muss, sondern aus der Zuwendung heraus gezahlt werden kann. Andererseits ist die Sofortversteuerung für den Steuerpflichtigen vorteilhaft, wenn der Rentenberechtigte voraussichtlich länger lebt, als in den zur Berechnung des Kapitalwerts maßgeblichen Sterbetafeln ausgewiesen ist.

Bei der Sofortversteuerung kommt es nämlich zu keiner Nachbesteuerung und es wird die festgesetzte Steuer sogar nachträglich noch korrigiert, wenn der Rentenberechtigte früher stirbt als in den Sterbetafeln dokumentiert. Bei der Jahresversteuerung hingegen wird die Steuer auch dann noch erhoben, wenn die statistische Lebenserwartung längst überschritten ist oder die Rente selbst inzwischen weggefallen bzw. das Wirtschaftsgut, an dem sich das Nutzungsrecht bestimmt, untergegangen ist.

Ein weiterer wirtschaftlicher Vorteil der Entrichtung der Erbschaftsteuer als 695
Jahressteuer war die Abzugsfähigkeit der Steuer bei der Einkommensteuer im Rahmen der Sonderausgaben. Ein Sonderausgabenabzug sowohl der Erbschaftsteuer als auch der Schenkungsteuer als Jahressteuer kommt für folgende Versorgungsleistungen in Betracht:[1]

- Versorgungsleistungen im Zusammenhang mit der Übertragung eines Mitunternehmeranteils an einer gewerblich tätigen oder freiberuflich tätigen Personengesellschaft,
- Versorgungsleistungen im Zusammenhang mit der Übertragung eines Betriebs oder Teilbetriebs sowie
- Versorgungsleistungen im Zusammenhang mit der Übertragung eines mindestens 50 % betragenden Anteils an einer Gesellschaft mit beschränkter Haftung, wenn der Übergeber als Geschäftsführer tätig war und der Übernehmer diese Tätigkeit nach der Übertragung übernimmt.

Entsprechend beschränkt sich auch die Sonderausgabenabzugsmöglichkeit der Erbschaftsteuer als Jahressteuer. Als Sonderausgabe abgezogen werden kann nur eine solche Jahressteuer, die sich aus einer Bereicherung mit Nutzungen bzw. Leistungen aus einem oben genannten Wirtschaftsgut begründet.

Unabhängig davon gilt für die Erbschaftsteuer als Jahressteuer analog die Re- 696
gelung, welche im Rahmen des ErbStRG 2009 eingeführt worden ist und eine Einkommensteuerermäßigung bei Belastung mit Erbschaftsteuer vorsieht (§ 35b EStG).[2] Die Einkommensteuerermäßigung gilt allerdings nur für die Erbschaftsteuer, nicht auch für die Schenkungsteuer.

HINWEIS:

Bei der Kapitalisierung der Rente bzw. des Nutzungsrechts wird mit einem Zinssatz von 5,5 % kalkuliert. Wer die Jahresversteuerung wählt und den andernfalls sofort fälligen Steuerbetrag zu besseren Konditionen als zu 5,5 % anzulegen vermag, gewinnt finanzielle Vorteile.

1 § 10 Abs. 1a Nr. 2 EStG, siehe hierzu weiterführend Teil VI Rz. 907.

2 Vgl. Teil IV Rz. 731 ff.

6.2.3 Berechnung der Jahressteuer

697 Die Jahressteuer errechnet sich aus zwei Komponenten: zum einen aus dem im Fall einer Sofortversteuerung maßgeblichen Steuersatz und zum anderen aus dem Jahreswert. Für die Bestimmung des Steuersatzes ist zunächst der steuerpflichtige Erwerb zu bestimmen.[1] Hierbei ist die Rente, die wiederkehrende Nutzung oder Leistung mit dem Kapitalwert zum übrigen Erwerb hinzuzurechnen. Maßgeblich sind jeweils die Verhältnisse zum Erwerbszeitpunkt.

698 Der so ermittelte Steuersatz ist im zweiten Schritt auf den Jahreswert anzuwenden. Der Jahreswert kann bei Nutzungen (beim Nießbrauch) nur maximal den 18,6ten Teil des Steuerwerts des zur Nutzung überlassenen Wirtschaftsgutes betragen (§ 16 BewG).

BEISPIEL: Der Jahreswert eines zu Gunsten der geschiedenen Ehefrau eingeräumten Nießbrauchs an einem steuerlich mit 1,5 Mio. € bewerteten Haus würde betragen: 1.500.000 : 18,6 = 80.645 €. Hätte die Berechtigte im Zeitpunkt der Zuwendung das 60. Lebensjahr vollendet, ergäbe sich ein Kapitalwert von 1.119.675 € (80.645 × 13,884)[2], was zugleich der Bereicherung entspräche. Nach Abzug eines persönlichen Freibetrags von 20.000 € (Steuerklasse II; § 16 Abs. 1 Nr. 4 ErbStG) ergäbe sich ein steuerpflichtiger Erwerb i. H. von 1.099.600 € (auf volle Hundert € nach unten gerundet), auf den ein Steuersatz von 30 % zu erheben wäre. Multipliziert man schließlich den Steuersatz mit dem Jahreswert, erhält man die Jahressteuer. Die Jahressteuer beträgt im Beispiel 24.193 €.[3]

Eine Jahressteuer wird allerdings so lange nicht erhoben, als dem Berechtigten persönliche Freibeträge auf den Vermögenserwerb zustehen und diese noch nicht ausgeschöpft sind. Die Steuer ist also erst dann zu zahlen, wenn die Freibeträge durch Verrechnung mit den Jahreswerten aufgezehrt sind (sogenannte Aufzehrungsmethode). Ist neben dem Rentenrecht auch sonstiges Vermögen vorhanden, das der Sofortversteuerung unterliegt, müssen die Freibeträge zuerst von dem der Sofortversteuerung unterliegenden Vermögen abgezogen werden.

BEISPIEL: Nach dem Tod des Ehemanns erhält die 66-jährige Ehefrau eine Leibrente im Kapitalwert von 1.000.000 € sowie sonstiges Vermögen i. H. von 500.000 €. Es bestand Gütertrennung (kein steuerfreier Zugewinnausgleich). Hinsichtlich der Rente soll die Jahresversteuerung gewählt werden.

---

1 Vgl. Rz. 530 ff.

2 Vervielfältigertabelle: BMF, Schreiben v. 28.10.2020 - IV C 7 - S 3104/19/10001 :005, BStBl 2020 I S. 1048, siehe Anhang 5.

3 Kommt § 19 Abs. 3 ErbStG (vgl. Rz. 675) zur Anwendung, ist zunächst der effektive Steuerbetrag zu errechnen und sodann der maßgebende Prozentsatz zu ermitteln.

Kapitalwert Rente		1.000.000 €
Sonstiges Vermögen		200.000 €
Erwerb gesamt		1.200.000 €
·/. Freibetrag § 16 ErbStG	500.000 €	
·/. Freibetrag § 17 ErbStG	256.000 €	·/. 756.000 €
Steuerpflichtiger Erwerb		444.000 €
Steuersatz Sofortsteuer (Klasse I, 15 %)		
Sofortsteuer:		
Sonstiges Vermögen	200.000 €	
Freibeträge §§ 16, 17 ErbStG	·/. 756.000 €	
Restfreibetrag	·/. 556.000 €	
Steuer sofort zu zahlen		0,00 €
Jahressteuer 15 % von Jahreswert 80.814 (= 1.000.000/12,374[1])		12.122 €
In den ersten (556.000/80.814 =) 6,88 Jahren wird die Jahressteuer mit Rücksicht auf den Restfreibetrag nicht erhoben.		

HINWEIS:

Neben der Aufzehrungsmethode lässt die Finanzverwaltung auf Antrag auch die Kürzungsmethode zu.[2] Bei der Kürzungsmethode wird der Jahreswert, aus dem sich die Jahressteuer berechnet, um den Prozentsatz gekürzt, der sich aus dem Verhältnis des Freibetrags zum Kapitalwert der Rente, also zum steuerpflichtigen Erwerb ergibt. Die Kürzungsmethode kann bei voraussichtlich besonders langen Renten- oder Nutzungsbezugszeiten zu einer Steuerersparnis führen.

6.2.4 Dauer und Fälligkeit der Jahresversteuerung

Die Erhebungsdauer der Jahressteuer richtet sich nach der Laufzeit des Renten- oder Nutzungsrechts. Bei lebenslänglichen Renten endet die Steuererhebung demgemäß mit dem Tod des Berechtigten. Die Jahressteuer ist jeweils für das nächste Jahr im Voraus zu entrichten. Der genaue Zahlungstermin ist dabei vom Zeitpunkt der Entstehung der ursprünglichen Steuerschuld abhängig. Verstirbt z. B. der Ehegatte, der seiner Frau noch zu Lebzeiten einen privaten Rentenversicherungsvertrag hatte zukommen lassen, am 1. 5., so ist Zahltag der jeweilige 1. 5. eines Jahres. Der erste Jahresbetrag ist bereits bei Steuerfestsetzung fällig. 699

1 Faktor BMF, Schreiben v. 28.10.2020 IV C 7 - S 3104/19/10001 :005, BStBl 2020 I S. 1048, vgl. Anhang 5.

2 H E 23 ErbStH 2019.

6.2.5 Ablösung der Jahressteuer

700 Die Jahressteuer kann jeweils zum nächsten Fälligkeitszeitpunkt mit dem Kapitalwert abgelöst werden. Die Höhe des Kapitalwerts hängt in erster Linie davon ab, wie lange die Jahresrente noch zu zahlen wäre bzw. dem Erwerber das Nutzungsrecht noch zusteht. Bei befristeten Renten- und Nutzungsrechten gilt dementsprechend die Tabelle zu § 13 Abs. 1 BewG.[1] Für auf Lebenszeit ausgerichtete Renten- und Nutzungsrechte gelten jene Vervielfältiger, die das Bundesministerium der Finanzen für den jeweiligen Bewertungsstichtag (Ablösungszeitpunkt) veröffentlicht hat.[2] Dabei ist für die Berechnung befristeter Renten- und Nutzungsrechte nach § 13 BewG auf die noch verbleibende Laufzeit abzustellen. Für die Kapitalwertermittlung nach § 14 BewG ist das Lebensalter des Berechtigten im Ablösungszeitpunkt maßgebend.

BEISPIEL: Die unverheiratete Tochter T hat von ihrem Vater V eine lebenslängliche Rente zugesagt bekommen. T hat sich für die Jahresversteuerung entschieden. Da V am 1.6. verstorben war und T mit dem Tod ihres Vaters die Rentenberechtigung erlangt hat, war die Jahressteuer jeweils am 1.6. für ein Jahr im Voraus zu entrichten. T, welche im Erwerbszeitpunkt 60 Jahre alt war, zahlte eine Jahressteuer von 2.000 €. Mit Eintritt ins Rentenalter möchte T die Jahressteuer ablösen. Im Ablösezeitpunkt ist T 65 Jahre alt.

701 Zur Berechnung des Kapitalwerts der abzulösenden Jahressteuer ist diese mit dem Faktor 12,648 zu multiplizieren.[3] Es ergibt sich hieraus ein einmalig zu zahlender Ablösebetrag von 25.296 € (= 2.000 × 12,648).

Die Ablösung ist nur auf Antrag möglich. Der Antrag muss spätestens bis zum Beginn des Monats gestellt sein, der dem nächsten Jahressteuer-Fälligkeitstermin vorausgeht.

HINWEISE:

- An eine Ablösung sollte vor allem dann gedacht werden, wenn absehbar ist, dass die Rente länger läuft, als dies nach dem statistischen Zahlenmaterial ursprünglich vorauszuberechnen war, und sich aus dem Sonderausgabenabzug keine großen einkommensteuerlichen Vorteile mehr ergeben.
- Liegt zwischen der Wahl der Jahresversteuerung und der Ablösung ein längerer Zeitraum, wird die Ablösung – sowohl bei der Aufzehrungs- als auch bei der Kürzungsmethode – im Regelfall zu einer im Vergleich zur Sofortversteuerung höheren Steuerbelastung führen, da die Lebenserwartung nach der zur Berechnung des Ka-

1 Entspricht Anlage 9a zum BewG, abgedruckt in Anhang 3.

2 Vgl. für Bewertungsstichtage ab 1.1.2021 vgl. BMF, Schreiben v. 28.10.2020 - IV C 7 - S 3104/19/10001 :005, BStBl 2020 I S. 1048, vgl. Anhang 5.

3 Vgl. Anhang 5, Eintrittsalter 65 Jahre.

pitalwertes zu Grunde gelegten Sterbetafel mit höherem Alter ansteigt. Die günstigere Methode wird im Regelfall die Kürzungsmethode sein. Die Unterschiede können von Fall zu Fall erheblich sein.

6.3 Wenn dasselbe Vermögen im Familienkreis mehrmals vererbt wird

Wird dasselbe Vermögen innerhalb eines bestimmten Zeitraumes zwischen Personen der Steuerklasse I mehrmals von Todes wegen übertragen,[1] kommt es naturgemäß zur Mehrfachbelastung des Vermögens mit Erbschaftsteuer. Dieser Mehrfachbelastung soll § 27 ErbStG entgegenwirken. 702

Der Vorschrift liegt der Gedanke zu Grunde, dass bei mehrmaligem Übergang desselben Vermögens innerhalb des engsten Familienkreises die auf dieses Vermögen entfallende Steuer ermäßigt werden soll. Es muss also für das Vermögen vor Übertragung auf einen Angehörigen der Steuerklasse I schon einmal Erbschaftsteuer von einem anderen Angehörigen der Steuerklasse I gezahlt bzw. erhoben worden sein, und zwar in den letzten zehn Jahren. 703

§ 27 ErbStG kommt beispielsweise zur Anwendung, wenn der Großvater sein Vermögen an den Sohn überträgt, der Sohn überraschend stirbt und die Ehefrau Erbin wird, diese aber wenig später ebenfalls verstirbt und nur das Enkelkind übrig bleibt. In solchen Fällen würde sich die beim letzten Steuerfall festgesetzte Erbschaftsteuer wie folgt ermäßigen:

TAB. 30: Steuerermäßigungen bei mehrfachem Vermögenserwerb nach § 27 ErbStG

wenn zwischen den beiden Zeitpunkten der Entstehung der Steuer liegen	kommt es zu einer Ermäßigung um ...%
nicht mehr als 1 Jahr	50
mehr als 1 Jahr, aber nicht mehr als 2 Jahre	45
mehr als 2 Jahre, aber nicht mehr als 3 Jahre	40
mehr als 3 Jahre, aber nicht mehr als 4 Jahre	35
mehr als 4 Jahre, aber nicht mehr als 5 Jahre	30
mehr als 5 Jahre, aber nicht mehr als 6 Jahre	25
mehr als 6 Jahre, aber nicht mehr als 8 Jahre	20
mehr als 8 Jahre, aber nicht mehr als 10 Jahre	10

1 Die Vorschrift gilt nicht bei Schenkungen.

704 Die Steuerermäßigung ist sozusagen zeitabhängig gestaffelt; sie beträgt zwischen 10 % und 50 % und gilt nicht für Schenkungen.[1] Die Ermäßigung kann also nicht durch Kettenschenkungen künstlich herbeigeführt werden.[2]

Prinzipiell ist auf den vorhergehenden Steuerfall abzustellen, d. h., es ist nicht erforderlich, dass der letzte Erwerber zum ursprünglichen Erblasser des ersten Steuerfalls der Steuerklasse I angehört, solange dies zum vorhergehenden Erwerber der Fall ist. Erblasser und Erwerber müssen also nicht notwendigerweise – wie oben als Beispiel angeführt – dem ersten Verwandtschaftsgrad (der geraden Linie, § 1589 BGB) angehören.

Zur Berechnung der Vergünstigung ist es notwendig, die im nachfolgenden Erwerbsfall festgesetzte Steuer (also die Steuer für den Gesamterwerb) in dem Verhältnis aufzuteilen, in dem der steuerliche Wert des wiedervererbten Vermögens (des begünstigten Vermögens) zum steuerlichen Wert des Gesamterwerbs ohne Abzug von Freibeträgen steht, weil ja nur die auf das wiederholt vererbte Vermögen entfallende Steuer ermäßigt werden kann (§ 27 Abs. 2 ErbStG).

705 Der Steuerpflichtige muss danach jeweils feststellen, wie hoch die ursprüngliche Steuer war, die auf das wiedervererbte Vermögen entfällt und wie hoch die auf das betreffende Vermögen entfallende Steuer im aktuellen Erbfall ist. Diese beiden Werte multipliziert er mit dem jeweils in Frage kommenden Steuerermäßigungssatz.

706 Von der für das Gesamtvermögen errechneten Steuerschuld aus dem nachfolgenden Erbfall ist anschließend der jeweils kleinere Wert abzuziehen. Begründung: Die Ermäßigung im nachfolgenden Erbfall darf den Betrag nicht überschreiten, der sich bei Anwendung der in § 27 Abs. 1 ErbStG genannten Prozentsätze auf die Steuer ergibt, die der Vorerwerber für den Erwerb desselben Vermögens entrichtet hat (§ 27 Abs. 3 ErbStG).

BEISPIEL: Der Sohn S des Erblassers E erbt im Januar 2001 Vermögen im Wert von 850.000 €. Im März 2005 stirbt S. Erbe ist Enkel und Sohn A. A erbt von S Vermögen im steuerlichen Wert von 1,0 Mio. €; darin sind 500.000 € vom Großvater E wiedervererbtes Vermögen i. S. von § 27 ErbStG enthalten.

Zwischen dem Mehrfacherwerb liegen mehr als vier Jahre, jedoch nicht mehr als fünf Jahre. Es kommt ein Ermäßigungsbetrag von 30 % in Betracht.

1 BFH, Beschluss v. 16.7.1997 - II B 99/96, BStBl 1997 II S. 625.

2 Zur Kettenschenkung vgl. Rz. 823.

Im ersten Steuerfall, dem Übergang des Vermögens von G auf S, war zu zahlen:

steuerpflichtiger Erwerb = 450.000 € (850.000 ·/. 400.000 € Freibetrag), Steuersatz 15 % = Steuerschuld = 67.500 €.

Davon entfällt auf das begünstigte Vermögen: $\frac{500.000 \times 67.500}{850.000} = 39.705$ €

Die Steuer im zweiten Steuerfall, dem Übergang des Vermögens von S auf A, beträgt:

steuerpfl. Erwerb = 600.000 € (1 Mio. € ·/. 400.000 € Freibetrag), Steuersatz 15 % = Steuerschuld = 90.000 €.

Davon entfällt auf das begünstigte Vermögen: $\frac{500.000 \times 90.000}{1.000.000} = 45.000$ €

Ermäßigungsbeträge nach § 27:

erster Steuerfall:	30 % von 39.705 =	11.911 €
zweiter Steuerfall:	30 % von 45.000 =	13.500 €

Weil die Ermäßigung den Betrag nicht überschreiten darf, der sich bei Anwendung des § 27 ErbStG auf die Steuer ergibt, die der Vorerwerber (hier der Sohn des Erblassers S) für den Erwerb desselben Vermögens (für die an A weitervererbten 500.000 €) entrichtet hat, kann die Steuerermäßigung für A im zweiten Steuerfall, also im Übergang vom S auf den A, nicht mehr als 11.911 € betragen (Höchstwertbeschränkung § 27 Abs. 3 ErbStG).

Ergebnis: A muss statt 90.000 € (Erwerb 1.000.000 ·/. 400.000 persönlicher Freibetrag = 600.000 €, davon 15 % = 90.000) nur 78.089 € (= 90.000 ·/. 11.911) an Erbschaftsteuer entrichten.

6.4 Wenn der Schenker Verschenktes wieder zurückfordert oder Vermögensgegenstände von Todes wegen dem Schenker wieder zurückfallen

6.4.1 Allgemeines

Im Familienkreis oder unter Schenkern wird oftmals übersehen, dass die Rück- 707
gängigmachung einer vollzogenen Schenkung eine der Schenkungsteuer unterliegende freigebige Zuwendung ist, wenn der Empfänger keinen Rechtsanspruch für die Rückübertragung geltend machen kann. Behält sich der Schenker dagegen ein vertragliches Rückforderungsrecht vor, und kann er auf Grund dieses Rechts die Rückgabe verlangen, kosten Schenkung und Herausgabe keine Steuern. Denn muss der Beschenkte den Schenkungsgegenstand auf Grund eines Rückforderungsrechts wieder herausgeben, erlischt nach § 29 ErbStG die ursprünglich entstandene und festgesetzte Schenkungsteuer rück-

wirkend; sie kann vom Fiskus zurückgefordert werden. Ein Rückforderungsrecht kann von Gesetzes wegen gegeben sein oder auf vertraglicher Vereinbarung beruhen (z. B. beim Widerrufsvorbehalt).

Gesetzlich verankerte Rückforderungsrechte sind:

- die Verarmung des Schenkers (§ 528 BGB),
- die Nichtvollziehung einer Auflage, sofern das Geschenk zur Erfüllung der Auflage hätte verwendet werden müssen (§ 527 BGB),
- der grobe Undank des Beschenkten durch eine schwere Verfehlung gegen den Schenker oder seine Angehörigen (§ 530 BGB),
- die Rückforderung von Geschenktem wegen Aufhebung der Verlobung (§ 1301 BGB),
- Ansprüche aus der Auflösung der Zugewinngemeinschaft (§ 1390 BGB),
- die Beeinträchtigung der Rechte des Nacherben (§ 2113 BGB),
- der einen eigenen Steuertatbestand bildende Herausgabeanspruch nach § 2287 BGB
- oder die sonstige Nichtigkeit der Schenkung.

708 Kein Rückforderungsrecht kann geltend gemacht werden, wenn dem Beschenkten die Möglichkeit der Einrede nach §§ 529, 532 BGB gegeben ist, wenn also der Schenker seine Bedürftigkeit vorsätzlich oder grob fahrlässig herbeigeführt hat oder ein Widerruf deshalb ausgeschlossen ist, weil der Schenker dem Beschenkten verziehen hat. Ebenfalls nicht unter § 29 ErbStG fällt der Rückerwerb von Todes wegen oder die Rückschenkung. Hier käme allenfalls die Steuerermäßigung nach § 27 ErbStG in Betracht.

709 Als vertraglich vereinbartes Rückforderungsrecht kommt in erster Linie ein Widerrufsvorbehalt in Betracht. Wird eine Schenkung unter Widerrufsvorbehalt getätigt, gilt die Zuwendung als unter einer auflösenden Bedingung geleistet, d. h., der Vorbehalt stellt eine auflösende Bedingung dar. Eine Rückerstattung der Schenkungsteuer ergäbe sich dann nicht nur aus § 29 ErbStG, sondern auch aus § 5 Abs. 2 BewG. Gemäß dieser Vorschrift ist eine nicht laufend veranlagte Steuer – wie es die Erbschaftsteuer ist – zu berichtigen, wenn die Bedingung eingetreten ist, der Schenker also von seinem Widerrufsvorbehalt Gebrauch gemacht hat. § 29 ErbStG und § 5 Abs. 2 BewG führen letztlich zum selben Ergebnis.

710 Ein Schenkungsvertrag kann auch rückgängig gemacht werden, wenn die Steuerfolgen dieser Vertragskonstruktion nicht oder nicht in solch schwerwiegendem Ausmaß vorhersehbar waren und Steuerfolgen im Vertrag nicht als

Widerrufsgrund festgehalten wurden („Steuerklausel"). Eine Erstattung der Schenkungsteuer nach § 29 ErbStG käme hier gleichfalls in Betracht. Wendet der Beschenkte einen bezüglich des Geschenkes bestehenden Herausgabeanspruch dadurch ab, dass er sich verpflichtet, dem Schenker Unterhalt zu zahlen (§ 528 Abs. 1 Satz 2 BGB), so kann er für den Kapitalwert der Rentenzahlungen die Erstattung der Schenkungsteuer verlangen (§ 29 Abs. 1 Nr. 2 ErbStG).

HINWEIS:

Gibt der Erwerber das Geschenkte wieder heraus, muss er wie ein Nießbraucher den Kapitalwert der Nutzungen versteuern, die ihm während seines Besitzes zugeflossen und letztlich auch verblieben sind (§ 29 Abs. 2 ErbStG).

6.4.2 Rückforderungsrechte und Rückfallklauseln

Überlassungsverträge enthalten im Regelfall Rückforderungsrechte bzw. eine 711
Rückfallklausel zu Gunsten des Übergebers. Auf Grundlage dieser Klausel ist entweder der Rückfall an den (die) Übergeber oder an eine andere Person festgeschrieben. Rückfallklauseln stehen der steuerlichen Anerkennung einer Schenkung nicht entgegen.

Rückforderungsrechte sichern dem Übergeber nicht nur die Vermögensrückgabe, wenn bestimme Umstände eintreten. Auch steuerlich haben vertraglich vereinbarte Rückfallklauseln drei wesentliche Vorteile, die im Anwendungsfall zu einer nicht unbeachtlichen Steuerersparnis führen:

- Der Rückfall an den Schenker ist schenkungsteuerfrei;
- Die bereits gezahlte Schenkungsteuer wird im Rückübertragungsfall aufgehoben (vgl. § 29 Abs. 1 Nr. 1 ErbStG).
- für eine evtl. nachfolgende Vermögensweitergabe ist das Verwandtschaftsverhältnis des ursprünglichen Schenkers und nicht dasjenige zum verstorbenen Beschenkten maßgebend.

BEISPIEL: Witwe und Mutter M verschenkt einen Großteil ihres Vermögens an ihre beiden Söhne S1 und S2. Das zur Übertragung anstehende Vermögen besteht ausschließlich aus Wertpapieren (der Steuerwert des Schenkungsvermögens entspricht daher dem Kurswert). Bei einem Steuerwert von je 600.000 € und Freibeträgen i. H. von je 400.000 € zahlen S1 und S2 jeweils 22.000 € Schenkungsteuer (Steuerklasse I, Steuersatz 11 %). 15 Jahre nach der Schenkung verstirbt S1. Der Sohn war unverheiratet und hinterließ keine Kinder. Aus dem verschenkten Wertpapiervermögen von 600.000 € sind noch 300.000 € übrig.

Annahme: Der Schenkungsvertrag enthält keine Rückfallklausel. Es tritt die gesetzliche Erbfolge ein.			
Der verstorbene Sohn wird beerbt von Mutter M und S2 je zur Hälfte.			
Mutter M	es fällt keine Schenkungsteuer an (§ 13 Abs. 1 Nr. 10 ErbStG)		
Sohn/Bruder S2			
Bereicherung (1/2 v. 300.000 €)	150.000 €		
·/. Freibetrag (Klasse II)	20.000 €		
steuerpfl. Erwerb	130.000 €		
Steuer bei Steuerklasse/ Steuersatz (II/20 %)	26.000 €		
Weiterschenkung M an S2	Schenkungsteuer entfällt, da Freibetrag höher als Bereicherung (neue persönlicher Freibetrag, weil seit letzter Schenkung mehr als zehn Jahre vergangen sind)		0 €
	Schenkungsteuerbelastung bei gesetzlicher Erbfolge		26.000 €
Annahme: Der Schenkungsvertrag enthält eine Rückfallklausel. Witwe und Mutter M schenkt das Vermögen anschließend dem überlebenden Sohn.			
Mutter M	Es fällt keine Schenkungsteuer an (§ 13 Abs. 1 Nr. 10 ErbStG).		
	Steuererstattung der Schenkungsteuer für den ursprünglichen Erwerb nach § 29 Abs. 1 Nr. 1 ErbStG		22.000 €
Weiterschenkung an Sohn S2			
Bereicherung	300.000 €		
·/. Freibetrag (Klasse I)	400.000 €		
steuerpfl. Erwerb	0 €		
	Schenkungsteuerbelastung mit Rückfallklausel		0 €
	Schenkungsteuererstattung durch Rückfallklausel		22.000 €

HINWEISE:

- Steuerlich motivierte Rückforderungsrechte stellen keinen Gestaltungsmissbrauch dar. Behält sich der Überträger ein Rückforderungsrecht für den Fall vor, dass Schenkungsteuer anfällt, kann der Anfall von Schenkungsteuer vermieden werden.
- Ist vertraglich vereinbart, dass der Schenkungsgegenstand im Falle des Vorversterbens des Beschenkten nicht an den Schenker, sondern direkt an einen Dritten, beispielsweise dem Bruder oder die Schwester, übergehen soll, ist eine mögliche Erstattung der Schenkungsteuer insofern problematisch, als der Schenkungsgegenstand nicht direkt an den Schenker zurückfällt, wie es § 29 ErbStG fordert.
- Handelt es sich bei dem von einem verstorbenen Kind hinterlassenen Nachlass nicht um erbschaftsteuerfrei bleibendes Vermögen, das Eltern oder Voreltern ihren Abkömmlingen durch Schenkung oder Übergabevertrag zugewandt hatten und das auf die Eltern/Voreltern wieder zurückfällt (Vermögen i. S. des § 13 Abs. 1 Nr. 10 ErbStG), sollte vor einer Erbausschlagung durch die Eltern zu Gunsten übriger Kinder ein Belastungsvergleich durchgeführt werden.
- Schlagen die Eltern aus und geht der Nachlass direkt auf die Geschwister über, wird zwar ein steuerpflichtiger Übergang eingespart. Dem steht aber der Nachteil entgegen, dass die Eltern nach Steuerklasse I bei einem Freibetrag für von Kindern erworbene Vermögen von je 100.000 € erworben hätten, den Geschwistern hingegen in Steuerklasse II nur ein Freibetrag von jeweils 20.000 € zusteht. Im Verhältnis Eltern-Kinder gilt außerdem ein sehr viel höherer Freibetrag von 400.000 €.

6.5 Steuerstundung in Härtefällen

6.5.1 Steuerstundung für begünstigtes Betriebsvermögen

Wurde begünstigtes Betriebsvermögen[1] von Todes wegen vererbt, kann die darauf entfallende Erbschaftsteuer auf Antrag bis zu sieben Jahre gestundet werden, soweit dies für die Erhaltung des Betriebes notwendig ist (§ 28 Abs. 1 Satz 1 ErbStG). 712

Eine Steuerstundung kommt in Betracht:[2]

- in den Fällen der Regelverschonung für die Steuer auf begünstigtes Vermögen nach Abzug des Verschonungsabschlags (§ 13a Abs. 1 ErbStG) und des Abzugsbetrags (§ 13a Abs. 2 ErbStG);
- in den Fällen von Großerwerben und Anwendung des Abschmelzmodells[3] für die Steuer auf begünstigtes Vermögen nach Abzug des geminderten Verschonungsabschlags;

1 Vgl. im Einzelnen oben Rz. 581.

2 Vgl. R E. 28 Abs. 1 Satz 2 ErbStR 2019.

3 Vgl. Rz. 657.

- in den Fällen der Anwendung des Erlassmodells und beantragter Verschonungsbedarfsprüfung[1] für die nicht erlassene Steuer auf begünstigtes Vermögen;
- in den Fällen, in denen weder eine Verschonung nach § 13c (Abschmelzmodell) noch nach § 28a ErbStG (Erlassmodell) beantragt wurde

Die Steuerstundung gilt nur in Erbfällen, nicht auch für Schenkungen bzw. für die Schenkungsteuer. Für lebzeitige Schenkungen kommt eine Stundung nicht in Betracht, da solche Erwerbe planbar sind.

Die gestundete Steuer muss in gleichen Jahresbeträgen entrichtet werden. Die erste Jahresrate ist zinslos zu stunden. Die weiteren Jahresraten werden verzinst.[2]

HINWEISE:

Die Stundung endet[3]

- sobald der Erwerber den Betrieb oder einen Anteil davon weiter überträgt (verschenkt) oder veräußert bzw. aufgibt,
- sobald der Unternehmenserwerber gegen die Lohnsummenvorgaben und die Behaltensregelungen verstößt.[4]
- Die Stundung von Erbschaftsteuern auf Betriebsvermögen kann nach der ab 1.7.2016 geltenden Regelung unabhängig von der Tatsache gewährt werden, ob eine Zahlung der Steuer die Fortsetzung des Betriebes gefährden würde oder nicht.
- Die vom Unternehmenserwerber zu zahlende Nachsteuer aufgrund eines Verstoßes gegen die Lohnsummen- und Behaltensregelungen ist nicht stundungsfähig!

6.5.2 Zu Wohnzwecken vermietete und zu eigenen Wohnzwecken genutzte Grundstücke

713 § 28 Abs. 3 ErbStG sieht eine Erbschaftsteuer-/Schenkungsteuerstundung für zu Wohnzwecken vermietete bebaute Grundstücke oder Grundstücksteile vor, die im Inland, in einem Mitgliedstaat der Europäischen Union oder in einem Staat des Europäischen Wirtschaftsraums belegen sind und nicht zum begünstigten Betriebsvermögen i. S. des § 13a gehören. Voraussetzung ist, dass der Erwerber die Steuer nur durch Veräußerung des Grundstücks selbst aufbringen kann. Gleiches gilt bei Erwerb eines Ein- oder Zweifamilienhauses oder Wohneigentums, wenn der Erwerber das Objekt nach dem Erwerb zu eigenen Wohnzwecken nutzt und die Entrichtung der Steuer nur durch Veräußerung

1 Vgl. Rz. 659.
2 R E 28 Abs. 2 ErbStR 2019.
3 R E 28 Abs. 3 ErbStR 2019.
4 Vgl. hierzu Rz. 627 ff.

des erworbenen Objektsmöglich ist. Ein Rechtsanspruch auf Stundung besteht hingegen nicht, wenn der Erwerber die auf das begünstigte Vermögen entfallende Steuer entweder aus weiterem erworbenen Vermögen oder aus seinem vorhandenen eigenen Vermögen aufbringen kann. Der Steuerpflichtige muss nach Auffassung der Finanzverwaltung auch die Möglichkeit der Kreditaufnahme ausschöpfen.

In Fällen der Eigennutzung eines Ein- oder Zweifamilienhaus oder Wohneigentums, gilt die Steuerstundung für die Dauer der Selbstnutzung. Der Erblasser oder Schenker muss das betreffende Objekt vor der Übertragung nicht selbst zu eigenen Wohnzwecken genutzt haben. Nach Aufgabe der Selbstnutzung ist die Stundung unter den Voraussetzungen weiter zu gewähren, dass das Objekt vermietet wird. Bei Vermietung nach Beendigung der Selbstnutzung soll durch die weitere Stundung erreicht werden, dass die gestundete Steuer aus den Erträgen entrichtet werden kann. Mit dem „Gesetz zur Vermeidung von Umsatzsteuerausfällen beim Handel mit Waren im Internet und zur Änderung weiterer steuerlicher Vorschriften" (UStAVermG)[1] wurde die zinslose Stundung bei Erwerben von Todes auch auf Immobilienvermögen erweitert. 714

HINWEISE:

- Während die Stundungsregelung für Betriebsvermögen nur bei Erbschaften greift, findet die Stundungsregelung für den Erwerb von bebauten Grundstücken auch bei Schenkungen Anwendung.
- Eine Wohnung in einem Mietwohn-, Geschäfts- oder gemischt genutzten Grundstück oder in einem sonstigen bebauten Grundstück ist nicht begünstigt.[2]
- Wird ein zu Wohnzwecken vermietetes oder zu eigenen Wohnzwecken genutztes Grundstück im Wege einer Schenkung übertragen, endet die Steuerstundung generell.
- Die Stundungsregelung gilt nur für ein Grundstück.
- Kann der Schenker als Gesamtschuldner zur Zahlung der Schenkungsteuer herangezogen werden, entfällt eine Stundung.
- Die Steuerstundung ist in allen Fällen zinslos.

(Einstweilen frei) 715–730

1 v. 11.12.2018 BGBl 2018 I S. 2338.

2 R E 28 Abs. 6 Satz 3 ErbStR 2019.

Teil IV: Doppelbelastung mit Erbschaft- und Einkommensteuer

731 Eine Doppelbesteuerung mit Einkommen- und Erbschaftsteuern tritt regelmäßig ein, wenn der Erwerber einkommensteuerbehaftetes Vermögen erbt. Einkommensteuerbehaftetes Vermögen liegt z .B. bei Betriebsvermögen zur Erzielung von Gewinneinkünften oder bei Immobilien vor, die zur Vermietung oder Verpachtung dienen. Einkommensteuerbehaftet ist regelmäßig auch die Veräußerung oder Aufgabe eines ganzen Gewerbebetriebs, Teilbetriebs oder Mitunternehmeranteils. Mit dem Erwerb von einkommensteuerbehaftetem Vermögen „erbt" der Erbe regelmäßig auch „stille Reserven". Mit Einbezug der stillen Reserven durch Anwendung der verkehrswertorientierten Bewertungsmethoden für Unternehmens- und Grundvermögen bleiben solche ererbten Vermögensgegenstände auch beim Erben/Erwerber ertragsteuerbehaftet, soweit sie von diesem später veräußert werden. Es entstehen für den/die Erwerber latente Steuerschulden, welche nicht als Nachlassverbindlichkeiten des Erblassers abziehbar sind. Denn die spätere Veräußerung eines einkommensteuerbehafteten Vermögens ist regelmäßig vom Erben veranlasst. Es handelt sich hier regelmäßig um Eigenschulden des Erben.[1]

732 Veräußert der Erbe/Erwerber dieses Vermögen nach dem Erwerb, kommt es bedingt durch die sich am „gemeinen Wert" orientierenden Bewertungsvorschriften für die Erbschaftsteuer regelmäßig zu einer doppelten Erfassung stiller Reserven sowohl bei der Erbschaft- als auch der Einkommen-/Körperschaftsteuer.

§ 35b EStG sieht für Fälle, in denen beim Erben Einkünfte tatsächlich mit Einkommensteuer belastet werden, die zuvor als Vermögen oder Bestandteil von Vermögen bereits der Erbschaftsteuer unterlagen, eine Steuerermäßigung vor. Konkret müssen bei der Ermittlung des einkommensteuerpflichtigen Einkommens Einkünfte einbezogen worden sein, die im Veranlagungszeitraum oder in den vorangegangenen vier Veranlagungszeiträumen als Erwerb von Todes wegen der Erbschaftsteuer unterlegen haben (§ 35b Satz 1 ErbStG).

Die tarifliche Einkommensteuer, die auf diese Einkünfte entfällt, wird um einen bestimmten Prozentsatz ermäßigt. Der Prozentsatz bestimmt sich gem. § 35b Satz 2 EStG nach dem „Verhältnis, in dem die festgesetzte Erbschaftsteuer zu dem Betrag steht, der sich ergibt, wenn dem steuerpflichtigen Erwerb (§ 10 Abs. 1 ErbStG) die Freibeträge nach §§ 16 und 17 und der steuer-

1 FG Münster, Urteil v. 24.9.2019 - 12 K 2262/16, TAAAH-36344.

freie Betrag nach § 5 des Erbschaftsteuer- und Schenkungsteuergesetzes hinzugerechnet werden". Die Einkommensteueranrechnung ist stets auf den Betrag beschränkt, der auf die geerbten stillen Reserven entfällt (Höchstbetrag).

BEISPIEL: Erwerber E erhält steuerbehaftetes Vermögen i. H. von 3 Mio. €. Der Freibetrag als Kind beträgt 400.000 €. Die Erbschaftsteuer aus einem Erwerb von 3 Mio. € beträgt bei einem Steuersatz von 19 % = 570.000 €. Setzt man diesen Betrag ins Verhältnis zum Erwerb zzgl. Freibetrag = 3,4 Mio. €, (= 570.000 x 100/3.400.000) ergibt sich ein Prozentsatz von 16,76 %. Die auf die stillen Reserven entfallende tarifliche Einkommensteuerermäßigung beträgt danach nicht 19 %, sondern nur 16,76 %

Die Doppelbelastungen aus einem Erwerb von stillen Reserven wird nicht vollständig durch eine Einkommensteuerermäßigung kompensiert. Noch gravierender fällt der Nachteil aus, wenn es durch den Abzug der latenten Steuerschulden bei der Erbschaftsteuer zu einer niedrigeren Prozentstufe im Staffeltarif gekommen wäre.[1] So würde sich z. B. der Steuersatz in Fällen, in denen der Erwerb unter Abzug latenter Steuerschulden unter die 6 Mio. €-Grenze fallen würde, von 19 % auf 15 % ermäßigen. Die Steuerermäßigung i. H. von 4 % aus 6 Mio. € (= 240.000 €) wird mit § 35b EStG in keinem Fall ausgeglichen. 733

Die Einkommensteuerermäßigung wird nur bei einem Erwerb von Todes wegen gewährt, nicht auch bei Schenkungen unter Lebenden. Darüber hinaus muss der Erbe die stillen Reserven im Todesjahr oder in den vier folgenden Jahren aufdecken und versteuern, wenn er die Einkommensteuerermäßigung in Anspruch nehmen will. Zu beachten ist, dass sich diese Vier-Jahres-Frist bei einem ererbten buchführenden Gewerbebetrieb mit abweichendem Wirtschaftsjahr verringern kann. 734

Eine Doppelbelastung von Erwerben mit Erbschaft- und Einkommensteuer lässt sich zur Gänze vermeiden, wenn es noch auf Seiten des Erblassers zu einer Aufdeckung der stillen Reserven kommt. Der Nachlass mindert sich dann um die vom Erblasser zu entrichtenden Einkommensteuern bzw. diese sind als Nachlassverbindlichkeit vom steuerpflichtigen Erwerb abziehbar. Eine Realisierung der stillen Reserven auf Seiten des Erblassers bedingt notwendigerweise den Verkauf des gesamten Betriebs. Erblasser und Erwerber müssen sich dabei aber wirtschaftlich nicht schlechter stellen. So kann der Betriebsverkauf an Angehörige gegen eine Kaufpreisrente und einer Aufdeckung und Versteuerung der stillen Reserven auf Seiten des Veräußerers äquivalent zu einer Betriebsverpachtung zu Lebzeiten mit anschließender Übertragung auf den Todesfall gestaltet werden. 735

1 Zum Steuertarif vgl. Rz. 644.

Größere Kapitalvermögen oder vermietete Grundstücke lassen sich ebenfalls an Angehörige gegen Leibrente veräußern. Bei einem Verkauf an fremde Dritte wird man an länger laufende Kaufpreisraten denken. In allen Fällen partizipiert der Veräußerer auch noch nach der Veräußerung von den Einkünften aus dem betreffenden Vermögen.

HINWEISE:

- Die Steuerermäßigung wird nicht von Amts wegen gewährt, sondern erfordert eine Antragstellung.
- Fällt die Einkommensteuerermäßigung wegen hoher stiller Reserven regelmäßig ins Gewicht, sollte anstelle einer Schenkung unter Lebenden ggf. über eine Schenkung auf den Todesfall nachgedacht werden.
- Ist der Verkauf eines geerbten Betriebs zwingend oder geplant, sollte der Veräußerungsgewinn noch innerhalb des Jahres des Erbfalls bzw. in den folgenden vier Jahren realisiert werden.

Teil V: Gestaltungstipps zur Steueroptimierung im Erbfall und bei Schenkungen

Rückblick

Im vorangegangenen Teil III standen jene vier Komponenten im Mittelpunkt, die die Höhe der Erbschaft- und Schenkungsteuerbelastung bestimmen. 736

Im Einzelnen waren dies:

1. die persönliche Steuerpflicht,
2. der steuerpflichtige Erwerbsvorgang,
3. der steuerpflichtige Erwerb (die Bereicherung),
4. der Steuersatz.

Soll Vermögen der nächsten Generation möglichst steuerschonend übertragen werden, müssen Überlegungen angestellt werden, die auf eine oder mehrere der vier Komponenten einwirken. Unter Berücksichtigung der vier genannten Besteuerungselemente weist die praxisbezogene Steuerplanung folgende fünf Fragen auf: 737

1. Wer und was ist steuerpflichtig?
2. Welche Bemessungsgrundlagen gelten jeweils?
3. Werden Steuerfreibeträge optimal genutzt und welche zivilrechtlichen Gestaltungsspielräume gibt es, diese zu nutzen?
4. Wie hoch ist der Steuersatz?
5. Wann wird letztlich die Steuer fällig und wie kann man die Erbschaft-/Schenkungsteuer hinausschieben?

Gestaltungen, die zu einer minimalen Erbschaft- bzw. Schenkungsteuerbelastung führen, müssen jedoch für Schenker und Erwerber nicht zwangsläufig auch die günstigste Alternative sein. Die für alle Beteiligten günstigste Alternative kann sich vielmehr erst im Rahmen einer Gesamtsteuerplanung herauskristallisieren. Und schließlich spielen bei der Seniorgeneration auch Aspekte der optimalen Altersvorsorge eine entscheidende Rolle. 738

1 Optimale Steuerplanung durch sachkundige Testamentsgestaltung

1.1 Allgemeines zum Testament als Instrument zur Regelung des Erbgangs

739 Das Testament ist das zivilrechtliche Instrument zur steuerlichen Ausgestaltung des Erwerbsvorgangs von Todes wegen im Allgemeinen (gewillkürte Erbfolge). Man unterscheidet im Einzelnen zwischen: dem Einzeltestament (privatschriftlich und eigenhändig oder notariell errichtet und jederzeit widerrufbar), dem gemeinschaftlichen Ehegattentestament (kennzeichnend hierfür ist die wechselbezügliche Verfügung nach § 2270 BGB) und dem Erbvertrag. Das Testament bietet dem Erblasser unter Beachtung der Grenzen für die Testierfreiheit[1] die Möglichkeit, auf Erbfolge und Umgang der Erben mit dem Nachlass einzuwirken. Das eigenhändige und privatschriftliche Testament muss eigenhändig verfasst sein, eine klare Überschrift (wie z. B. Testament) enthalten sowie mit dem vollständigen Namen unterschrieben sein. Unterschriften wie „Euer Hans" oder „Euer Vater" führen i. d. R. zu Zuordnungsschwierigkeiten. Sofern das Testament über mehrere Seiten hinausgeht, empfiehlt es sich stets, die Seiten durchgehend zu nummerieren. Ort und Zeitangabe wie Datum usw. sollten ebenfalls Bestandteil eines privatschriftlichen Testamentes sein.

740 Das Testament entbindet den Erblasser von den Bestimmungen der Ehegatten- und Verwandtenerbfolge; es ermöglicht, durch die konstitutive Erbeinsetzung – beispielsweise von nachrangig verwandten oder nicht verwandten Angehörigen – den Kreis der Erben über die gesetzliche Erbfolge hinaus zu erweitern, lässt umgekehrt aber auch zu, den Kreis der Erben enger abzugrenzen. Mit Hilfe des Testaments können Erbquoten verändert werden, einzelne Nachlassposten bestimmten Erben gezielt zugewiesen oder bestimmte Geschenke, Belohnungen und mildtätige Zuwendungen durch Vermächtnis ausgesetzt werden. Ein Testament bindet im Gegensatz zum Erbvertrag nicht. Der Erbvertrag sichert dem Vertragspartner eine sichere Erbenposition zu. Darüber hinausgehende Rechte und Pflichten entstehen nicht; insbesondere garantiert ein Erbvertrag nicht, dass das Vermögen, über das bei Vertragsabschluss diskutiert wurde, im Erbfall noch vorhanden ist.

---

1 Verstoß gegen ein gesetzliches Verbot (§ 134 BGB) oder Sittenwidrigkeit (§ 138 Abs. 1 BGB), Pflichtteilsrecht (§§ 2303 ff. BGB).

Der steueroptimalen Testamentsgestaltung gehen in aller Regel drei Fragen voraus: 741

1. Wie würde die gesetzliche Erbfolge aussehen?
2. Welche (steuer)nachteiligen Folgen hätte die gesetzliche Erbfolge?
3. Und wie können diese Nachteile durch die sachkundige Testamentsgestaltung vermieden werden?

Zur letzten Frage bietet das Testament folgende Möglichkeiten: 742

- Veränderung der Erbquoten der Nachlassbeteiligten (der Erbe mit hoher Steuerbelastung erhält die niedrigste Erbquote);
- Ausgestaltung der Zuwendungen so, dass alle bestehenden Freibeträge voll ausgeschöpft werden können;
- optimale Ausgestaltung der Zuwendungen an Erwerber mit Vorempfängen, so dass der Steuerentstehungszeitpunkt (§ 9 Abs. 1 Nr. 1a ErbStG) über den Zehnjahreszeitraum des § 14 ErbStG hinaus verschoben werden kann bzw. – wenn der Testamentsverfasser kein Inländer war – die Wegzugsbesteuerung vermieden wird (z. B. mit einer aufschiebenden Bedingung für den Vermächtniserwerb, deren Eintritt der Bedachte selbst beeinflussen kann).[1]

Zur Vermeidung von Steuernachteilen ist eine klare Erbeinsetzung Voraussetzung. Die Erbeinsetzung sollte immer zu Beginn eines selbst verfassten Testaments erfolgen, und zwar namentlich unter Gebrauch der Worte „Erbe“ oder „erbt“ ... einen bestimmten Teil. 743

1.2 Beispiele einer steueroptimalen Testamentsgestaltung

1.2.1 Gezielte Festlegung von Erbquoten

Die Erbschaftsteuer wird ausschließlich aus dem Erwerbsanteil am ungeteilten Nachlass bemessen. Nicht der Nachlass oder etwa die Teilung des Nachlasses mittels einer Teilungsanordnung, sondern der jeweilige Teilerwerb am Nachlass bestimmt die Bemessungsgrundlage (den steuerpflichtigen Erwerb). Um Erbschaftsteuer zu sparen, muss folglich die Erbquote entsprechend fest- 744

1 Wäre der Testamentsverfasser ein Inländer, hätte der Wegzug keinen Sinn, weil die Wurzeln der Steuerpflicht an der Inländereigenschaft des Erblassers haften. Der Erwerber kann hierbei nichts ändern, auch wenn er Deutschland nach dem Erbfall verlässt und das Erbe erst fünf Jahre später in Empfang nimmt.

gesetzt werden. Erbquoten bestimmen, mit welchem Anteil ein Erbe am Nachlass beteiligt ist.

745 Im Unterschied hierzu legt der Erblasser mittels einer Teilungsanordnung fest, welche Gegenstände jeder Erbe bekommen soll. Dass z. B. der Sohn das Haus und die Tochter die Wertpapiere erhalten soll, kann mit dem Testament zwar frei bestimmt werden. Steuerlich wirken sich solche testamentarischen Einzelzuweisungen von Nachlassgegenständen allerdings nicht aus.

BEISPIEL 1: A lebt im gesetzlichen Güterstand der Zugewinngemeinschaft, hat zwei Kinder und vererbt Immobilienvermögen im Steuerwert von 2 Mio. €. Ehefrau E hat keinen Zugewinn erzielt. Nach der gesetzlichen Erbquotenteilung würde die Hälfte des Nachlasses an den überlebenden Ehegatten fallen, die andere Hälfte bekämen die Kinder jeweils zu gleichen Teilen. Die Kinder hätten jeweils (500.000 € ·/. 400.000 € persönlicher Freibetrag =) 100.000 € zu versteuern. Das Familienvermögen würde sich um insgesamt 22.000 € verringern (jeweils 11.000 € bei Steuerklasse I, Steuersatz 11 %). Der Ehegatte erhält seinen Teil als Zugewinnausgleich steuerfrei.

Da dem überlebenden Ehegatten neben dem Zugewinnausgleich noch der Ehegatten-Freibetrag und der besondere Versorgungsfreibetrag i. H. von insgesamt (500.000 € + 256.000 € =) 756.000 € zustehen, kann die Gesamtsteuerlast erheblich gemindert werden, wenn die Kinder testamentarisch auf den Pflichtteil gesetzt werden.

Bestimmt A in seinem Testament, dass der Ehegatte anstatt der Hälfte $^6/_8$ erhält, wären die 1,5 Mio. € beim überlebenden Ehegatten steuerfrei, da dieser bereits 1 Mio. € als Zugewinnausgleich (§ 5 ErbStG) erhält, darüber hinaus noch einen persönlichen Freibetrag von 500.000 € (§ 16 ErbStG) sowie einen besonderen Versorgungsfreibetrag von 256.000 € (§ 17 ErbStG) erhält. Die Kinder zahlen für den Pflichtteil i. H. von $^1/_8$ (= 250.000 €) ebenfalls keine Steuern, da diese Zuwendung innerhalb der persönlichen Freibeträge von je 400.000 € liegt.

Tabellarisch aufbereitet gestaltet sich das Beispiel wie folgt (Beträge in €):

Gesetzliche Erbfolge				Steueroptimiertes Testament			
	Ehegatte	Kind 1	Kind 2		Ehegatte	Kind 1	Kind 2
Erbteil	1.000.000	500.000	500.000	Erbteil/ Pflichtteil	1.500.000	250.000	250.000
Zugewinnausgleich	·/. 1.000.000	–	–	Zugewinnausgleich	·/. 1.000.000	–	–
Freibetrag	·/. 500.000	·/. 400.000	·/. 400.000	Freibetrag	·/. 500.000	·/. 400.000	·/. 400.000
Besonderer Versorgungsfreibetrag	·/. 256.000	–	–	Besonderer Versorgungsfreibetrag	·/. 256.000	–	–
Steuerpflichtiger Erwerb	–	100.000	100.000	Steuerpflichtiger Erwerb	–	–	–
Erbschaftsteuer	–	11.000	11.000	Erbschaftsteuer	–	–	–

BEISPIEL 2: H lebt in Gütertrennung und hat keine Kinder. Er hinterlässt den Ehegatten und eine Schwester. Der Nachlasswert beträgt 2,5 Mio. €. Der überlebende Ehegatte und die Schwester teilen sich den Nachlass zu je $^1/_2$.

Der Ehefrau entsteht dadurch eine Steuerbelastung von 74.100 €, welche sich wie folgt errechnet:

Zuwendung: 1,25 Mio. € ·/. 500.000 € persönlicher Freibetrag ·/. 256.000 € besonderer Versorgungsfreibetrag (wegen Gütertrennung kein steuerfreier Zugewinnausgleich!) = steuerpflichtiger Erwerb i. H. von 494.000 € Steuersatz 15 %, Steuerklasse I = Steuer v. 74.100 €.

Die Schwester zahlt an Steuern:

Zuwendung: 1,25 Mio. € ·/. 20.000 € persönlicher Freibetrag = steuerpflichtiger Erwerb i. H. von 1,23 Mio. €, Steuersatz 30 %, Steuerklasse II = Steuer v. 369.000 €.

Beide Erbinnen zahlen zusammen 443.100 €.

Wird aber die Erbquote zu Gunsten der überlebenden Ehegattin um $^1/_4$ erhöht, ergeben sich folgende Steuerbelastungen:

Ehefrau: Bereicherung: 1.875.000 € ·/. 756.000 € Freibeträge (persönlicher + besonderer Versorgungsfreibetrag = steuerpflichtiger Erwerb: 1.119.000 €)

Steuerlast bei Steuerklasse I, Steuersatz 19 % = 212.610 €.

Schwester: Bereicherung: 625.000 € ·/. 20.000 € persönlicher Freibetrag = steuerpflichtiger Erwerb 605.000 €

Steuerlast bei Steuerklasse II, Steuersatz 30 % Härtefallregelung = 152.500 €.

Beide Erbinnen zahlen zusammen: 365.110 €.

Steuerersparnis bei Erhöhung der Erbquote der Ehefrau um $^1/_4$ = 77.990 €.

BEISPIEL 3: Eine in Gütertrennung lebende kinderlose Erblasserin hinterlässt ihren Ehemann und einem Kind ihrer Schwester einen Nachlass im Wert von 1,5 Mio. €.

Nach der gesetzlichen Erbfolge würde der Nachlass zwischen dem Ehemann und der Großnichte je zur Hälfte verteilt werden. Hieraus entstünde eine Steuerbelastung des Ehemannes: Bereicherung: 750.000 € ·/. 756.000 € persönlicher Freibetrag und besonderer Versorgungsfreibetrag = 0 € steuerpflichtiger Erwerb.

Zu zahlende Erbschaftsteuer = 0 €.

Die Nichte hätte zu zahlen: Bereicherung 750.000 € ·/. 20.000 €. Persönlicher Freibetrag = 730.000 € steuerpflichtiger Erwerb, Steuerlast bei Steuerklasse II, Steuersatz 30 % = 219.000 €.

Die Gesamtsteuerbelastung würde betragen: 219.000 €.

Bei Erhöhung der Erbquote zu Gunsten des Ehegatten von $^1/_2$ auf $^3/_4$ wäre an Steuern gespart:

Ehemann: Stpfl. Erwerb = 1.125.000 € ·/. 500.000 € persönlicher Freibetrag ·/. 256.000 € besonderer Versorgungsfreibetrag = 369.000 €; Steuerlast bei Steuerklasse I, Steuersatz 15 % = 55.350 €;

Nichte: Stpfl. Erwerb = 375.000 € ·/. 20.000 € persönlicher Freibetrag = 355.000 €, Steuerlast bei Steuerklasse II, Steuersatz 25 % unter Berücksichtigung der Härtefallregelung, § 19 Abs. 3 ErbStG = 87.500 €.

Gesamtsteuerbelastung: 142.850 €; Ersparnis: 76.150 €.

HINWEIS:

Die testamentarische Änderung von Erbquoten hat auch Risiken. Angenommen, der Testator lebte mit seinem Ehegatten in kinderloser Ehe und der Ehegatte selbst hat keine Verwandte. Erbe seines Vermögens wäre der Staat (§ 1936 BGB). Der Testator selbst hat eine Schwester. Nun erhöht der Testator – um Erbschaftsteuer zu sparen – die Erbquote zu Gunsten seines Ehegatten von $^1/_2$ auf $^3/_4$. Der Testator verunglückt zusammen mit seinem Ehegatten, Letzterer überlebt um wenige Stunden. 75 % des Testatorvermögens würden an den Fiskus gehen.

1.2.2 Direkte Erbeinsetzung nachrangig Verwandter (Generation-Skipping)

746 In einigen Fällen mag es im Zuge einer langfristigen Steuerplanung sinnvoll sein, Vermögen der Großeltern gleich auf die Enkelkinder zu übertragen, anstatt zunächst die eigenen Kinder (Eltern der Enkelkinder) zu bedenken, welche das Vermögen anschließend auf die Zielerwerber (die Enkelkinder) übertragen würden. Solche generationenüberspringende Zuwendungen werden als „Generation-Skipping“ bezeichnet. Das Generation-Skipping ist Instrument für die steueroptimale konstitutive Erbeinsetzung nachrangiger Verwandter durch Testament. Ein Gestaltungsmissbrauch kann in Fällen des Generation-Skipping bei richtiger Ausgestaltung nicht angenommen werden. Es steht den Angehörigen grds. frei, ihre Rechtsverhältnisse untereinander so zu gestalten, dass sie für sie steuerlich möglichst günstig sind.[1]

747 Der Vorteil des Generation-Skippings liegt darin, dass durch das Überspringen einer Generation ein Steuerfall entfällt, der Erbschaftsteuer kosten würde. Des Weiteren bleiben die Erwerbe des Kindes vom Großvater und vom Vater getrennt. Hierdurch entsteht ein Progressionsvorteil: Generation-Skipping lohnt sich also besonders dann, wenn sowohl Großeltern als auch Eltern große Vermögenswerte besitzen, weil der Steuertarif sonst, wenn beide Vermögen kumuliert weitervererbt würden, stark anwächst. Das Generation-Skipping spart außerdem Steuern auf die Erträge des Großvatervermögens bis zum Tod des Vaters.

748 Diesen Vorteilen steht allerdings auch ein Nachteil gegenüber: Durch das Überspringen eines Erbgangs und der direkten Überleitung des Vermögens vom Großvater auf das Enkelkind geht der Freibetrag des Vaters als Zwischen-

1 BFH, Urteil v. 16.1.1992 - V R 1/91, BStBl 1992 II S. 541.

erwerber verloren. Schließlich ist auch zu bedenken, dass das Generation-Skipping nur dann funktioniert, wenn der Vater keine Pflichtteilsrechte geltend macht.

Nachfolgend soll in einem Beispiel die Steuerbelastung bei indirekter Verbung des Großvatervermögens über den Vater mit derjenigen im Fall des Direkterwerbs Großvater-Enkelkind verglichen werden. Zeitliche Aspekte, welche bei einer dynamischen Investitionsrechnung durch das Auf- und Abzinsen berücksichtigt werden, werden der Einfachheit halber außer Acht gelassen. 749

BEISPIEL: Indirekter Erwerb des Großvatervermögens über den Vater

Nachlassvermögen des Großvaters		2.000.000 €
Freibetrag Vater		·/. 400.000 €
Steuerpflichtiger Erwerb des Vaters		1.600.000 €
Steuerbetrag bei Steuerklasse/Steuersatz (I/19 %)		304.000 €
Erwerb des Vaters nach Steuern		1.696.000 €
Eigenes Vermögen des Vaters		500.000 €
Gesamt-Nachlassvermögen des Vaters		2.196.000 €
Freibetrag des Kindes		·/. 400.000 €
Steuerpflichtiger Erwerb des Kindes (gerundet)		1.796.000 €
Steuerbetrag bei Steuerklasse/Steuersatz (I/19 %)		341.250 €
Gesamterwerb des Kindes (Enkelkinds) nach Steuern		1.854.750 €
Gesamtsteuerbelastung		
Vater	304.000 €	
Kind (Enkelkind)	341.250 €	
	645.250 €	

Direkter Erwerb des Großvatervermögens

Nachlassvermögen des Großvaters	2.000.000 €
Freibetrag des Enkelkindes	·/. 200.000 €
Steuerpflichtiger Erwerb vom Großvater	1.800.000 €
Steuerlast bei Steuerklasse/Steuersatz (I/19 %)	342.000 €
Erwerb vom Großvater nach Steuern	1.658.000 €
Nachlassvermögen des Vaters	500.000 €
Freibetrag des Kindes	·/. 400.000 €
Steuerpflichtiger Erwerb vom Vater	100.000 €
Steuerlast bei Steuerklasse/Steuersatz (I/7 %)	7.000 €
Erwerb vom Vater nach Steuern	493.000 €

Gesamterwerb des Kindes (Enkelkinds) von Großvater und Vater		2.151.000 €
Gesamtsteuerbelastung		
Erwerb von Großvater	342.000 €	
Erwerb von Vater	7.000 €	
Summe	349.000 €	
Steuerersparnis (645.250 ·/. 349.000)		296.250 €

Die in den Rechenbeispielen dargestellten Unterschiede in der Steuerbelastung können noch dadurch gemildert werden, dass bei kurz aufeinanderfolgenden Mehrfacherwerben von Personen der Steuerklasse I eine Steuerermäßigung nach Maßgabe des § 27 ErbStG eintreten kann.

HINWEIS:

Überträgt ein Großelternteil ein Grundstück schenkweise auf ein Kind und schenkt das bedachte Kind unmittelbar im Anschluss an die ausgeführte Schenkung einen Grundstücksteil an das Enkelkind weiter, ohne zur Weiterschenkung verpflichtet zu sein, liegt schenkungsteuerrechtlich keine Zuwendung des Großelternteils an das Enkelkind vor. Dies gilt nach Auffassung des Finanzgerichts Hamburg[1] auch dann, wenn die Weiterübertragung in einem gemeinschaftlichen Testament der Großeltern vorgesehen ist. Das Gericht sah keinen Gestaltungsmissbrauch.

1.2.3 Bewertungsvorteile schaffen mit testamentarischen Vermächtnisanordnungen

750 Vermächtnisse ermöglichen es dem Erblasser, die Steuerwerte einzelner Nachlassgegenstände individuell zu verschieben. Sollen mit einer testamentarischen Vermächtnisanordnung Steuervorteile verschafft werden, müssen Personen der Steuerklassen II und III solche Gegenstände vermacht werden, für die das Gesetz besondere Steuerbefreiungen gewährt wie z. B. vermietete Grundstücke, welche gem. § 13d ErbStG nur zu 90 % ihres Wertes anzusetzen sind, oder solche Gegenstände, die nach § 13 ErbStG zur Gänze steuerfrei sind.[2] Eine gezielte Zuweisung solcher Nachlassgegenstände ist nur durch Vermächtnisanordnung möglich; Teilungsanordnungen sind steuerlich unbeachtlich. Es empfiehlt sich in solchen Fällen stets, den niedrig besteuerten Erben zum Alleinerben zu bestimmen und den höher besteuerten Erben mit steuerlich begünstigten Gegenständen als Vermächtnisnehmer einzusetzen.

1 FG Hamburg, Urteil v. 20.8.2019 - 3 K 123/18, HAAAH-32946.
2 Vgl. Rz. 559.

2 Gestaltungen unter Ehegatten

2.1 Aufhebung oder Wechsel des Güterstandes

2.1.1. Güterstandsschaukel 751

In Teil III (Rz. 486 ff.) wurde dargelegt, dass eine durch Beendigung der Zugewinngemeinschaft in anderer Weise als durch den Tod eines Ehegatten/Lebenspartners ausgelöste Ausgleichsforderung keine freigebige Zuwendung an den ausgleichsberechtigten Ehegatten darstellt und dass der Ausgleichsbetrag auch nicht auf den Ehegattenfreibetrag anzurechnen ist. Mit einer sog. „Güterstandsschaukel", darunter versteht man die Beendigung der Zugewinngemeinschaft mit vorübergehendem Übergang zur Gütertrennung und anschließender Rückkehr in die Zugewinngemeinschaft, lässt sich zu Lebzeiten unter Ehegatten schenkungsteuerfrei Vermögen zu Gunsten des vermögensschwächeren Ehegatten verschieben. Die Ehegatten beenden zu diesem Zweck die Zugewinngemeinschaft. Auf Seiten des vermögensschwächeren Ehegatten entsteht ein Ausgleichsanspruch. Der Ausgleichsanspruch ist wie gesehen schenkungsteuerfrei (§ 5 Abs 2 ErbStG). Der anschließende und unmittelbare Wechsel aus dem Güterstand der Gütertrennung zurück in die Zugewinngemeinschaft stellt keinen Gestaltungsmissbrauch dar. Der Bundesfinanzhof hat im Urteil v. 12. 7. 2005[1] die Güterstandsschaukel grundsätzlich anerkannt. Gemäß dem Urteil ist eine Ausgleichsforderung durch ehevertragliche Beendigung des Güterstandes der Zugewinngemeinschaft nicht als freigebige Zuwendung schenkungsteuerbar, wenn es tatsächlich zu einer güterrechtlichen Abwicklung der Zugewinngemeinschaft kommt, und zwar auch dann nicht, wenn der Güterstand der Zugewinngemeinschaft im Anschluss an die Beendigung neu begründet wird. Der Ansicht des BFH folgt auch die Finanzverwaltung: „Entsteht von Gesetzes wegen eine Ausgleichsforderung durch ehevertragliche Beendigung des Güterstandes der Zugewinngemeinschaft, ist dies nicht als freigebige Zuwendung schenkungsteuerbar, wenn es tatsächlich zu einer güterrechtlichen Abwicklung der Zugewinngemeinschaft kommt, und zwar auch dann nicht, wenn der Güterstand der Zugewinngemeinschaft im Anschluss an die Beendigung neu begründet wird." [2]

Die Güterstandsschaukel ist auch bei bestehender modifizierter Zugewinngemeinschaft möglich, sofern ein Zugewinnausgleich nicht nur für den Todesfall, sondern auch für einen Güterstandswechsel vereinbart worden ist. Dass

1 II R 29/02, BStBl 2005 II S. 843.

2 H E 5.2 ErbStH 2019.

ein Zugewinnausgleich bei der modifizierten Zugewinngemeinschaft für den Scheidungsfall ausgeschlossen ist, ist steuerlich unbeachtlich. Gemäß R E 5.2 Abs. 2 Satz 1 ErbStR 2019 gilt die Nichtsteuerbarkeit auch hinsichtlich einer durch Ehevertrag (§ 1408 BGB) oder Vertrag im Zusammenhang mit einer Ehescheidung (§ 1378 Abs. 3 Satz 2 BGB) modifizierten Ausgleichsforderung als Ausfluss der bürgerlich-rechtlichen Gestaltungsfreiheit der Ehegatten bei der Ausgestaltung des Zugewinnausgleichs.

HINWEISE:

- Es darf jedoch einem Ehegatten keine erhöhte güterrechtliche Ausgleichsforderung verschafft werden. Denn in diesem Fall sieht die Finanzverwaltung eine steuerpflichtige Schenkung auf den Todesfall bzw. eine Schenkung unter Lebenden gegeben, wenn in erster Linie nicht güterrechtliche, sondern erbrechtliche Wirkungen verfolgt werden (R E 5.2 Abs. 2 Satz 2 ErbStR 2019).
- Zwischen der Beendigung der Zugewinngemeinschaft und ihrer Wiedervereinbarung muss keine „Karenzfrist" eingehalten werden, wenn außersteuerlich Gründe hierfür vorliegen und auch dargelegt werden können.[1] Außersteuerliche Gründe können u. a. sein die finanzielle Absicherung des anderen Ehegatten oder Pflichtteilsvermeidungsstrategien.

2.1.2 Vereinbarung einer Zugewinngemeinschaft mit auf den Zeitpunkt der Eheschließung maßgeblichem Anfangsvermögen („rückwirkender" Zugewinnausgleich)

752 Ehegatten können im Rahmen der Vertragsfreiheit bei Vereinbarung der Zugewinngemeinschaft für die Berechnung des Zugewinnausgleichsanspruchs bestimmen, dass für dessen Berechnung das Anfangsvermögen zum Zeitpunkt der Eheschließung maßgeblich sein soll. § 1374 BGB, der das Anfangsvermögen bestimmt, stellt insoweit „nachgiebiges Recht" dar und stellt nicht zwingend auf das Abschlussdatum des Ehevertrages ab. Für die Ermittlung des bürgerlich-rechtlichen Zugewinnausgleichsanspruchs kommt es somit nicht auf die tatsächliche Dauer der Zugewinngemeinschaft an. Wird die Zugewinngemeinschaft anders als durch Tod eines Ehegatten/Lebenspartners beendet, wird der maximale steuerfreie Zugewinnausgleich regelmäßig erreicht, wenn für die Berechnung des Anfangsvermögens der Zeitpunkt der Eheschließung definiert wird. Es wird in diesem Zusammenhang oft von einer „rückwirkenden" Zugewinngemeinschaftsvereinbarung gesprochen: Tatsächlich aber kann in solchen Fällen die Zugewinngemeinschaft nicht rückwirkend, sondern nur ab Vertragsabschluss und damit für die Zukunft vereinbart werden. Nur

1 H.-U. Viskorf in Viskorf/ Schuck/ Wälzholz, ErbStG § 5 Rz. 47.

die Berechnungsmodalitäten für das für den Zugewinnausgleich maßgebliche Anfangsvermögen werden nach einem frei festgelegten in der Vergangenheit liegenden Zeitpunkt fixiert.

BEISPIEL: Die Eheleute A und B sind seit 1990 verheiratet im Güterstand der Gütertrennung. In 2020 erkennen sie die erbschaftsteuerlichen Nachteile, die ihnen dieser Güterstand bringt. Sie heben daher im Juni 2020 den Güterstand auf, vereinbaren für die Zukunft den gesetzlichen Güterstand und legen gleichzeitig fest, dass für die Berechnung des Zugewinnausgleichs die Vermögensverhältnisse bei Eheschließung im Jahr 1990 gelten sollen. Der maßgebliche Stichtag für die Berechnung des Anfangsvermögens i. S. des § 1374 Abs. 1 BGB wird auf den 5.5.1990 (Tag der Eheschließung) festgelegt. Ein Jahr später beenden sie den vertraglich vereinbarten Güterstand der Zugewinngemeinschaft und gleichen den Zugewinn aus. Unter Zugrundelegung des Anfangsvermögen vom 5.5.1990 ergibt sich nach der güterrechtlichen Lösung (güterrechtlicher Zugewinnausgleich) ein Ausgleichsanspruch zugunsten von B in Höhe von 1 Mio. EUR. Der Vermögensübertrag stellt keine steuerpflichtige freigebige Zuwendung dar und es erfolgt auch keine Anrechnung auf den Ehegatten-Freibetrag. Der Ausgleichsanspruch fließt dem ausgleichsberechtigten Ehegatten nach § 5 Abs. 2 ErbStG in voller Höhe schenkungsteuerfrei zu, darin eingeschlossen auch derjenige Teil, der auf den Zeitraum zwischen Eheschließung (5.5.1990) und Vertragsschluss (Juni 2020) entfällt.

Der schenkungsteuerfreie Vermögensausgleich begründet sich wie folgt:

1. Eine für den erbrechtlichen Zugewinnausgleich (§ 5 Abs. 1 ErbStG) vergleichbare Regelung, wonach bei Vereinbarung des Güterstandes der Zugewinngemeinschaft durch Ehevertrag als Zeitpunkt des Eintritts des Güterstandes der Tag des Vertragsabschlusses gilt (§ 5 Abs. 1 Satz 4 ErbStG), fehlt für den bei Beendigung des Güterstandes zu Lebzeiten der Eheleute maßgeblichen güterrechtlichen Zugewinnausgleich. Der Gesetzgeber hat zudem bis heute in § 5 Abs. 2 ErbStG keine vergleichbare Beschränkung aufgenommen und § 5 Abs. 2 ErbStG auch in den letzten Steuerreformen 2009 und 2017 nicht geändert. Im Rahmen des güterrechtlichen Ausgleichs ist es also auch möglich, „einen Zugewinn für Zeiträume erbschaftsteuerfrei auszugleichen, in denen Gütertrennung vereinbart war".[1]
2. Nach der höchstrichterlichen Rechtsprechung des Bundesfinanzhofs (BFH)[2] ist die Vereinbarung eines abweichenden Anfangsvermögens anzuerkennen. Denn nach Auffassung des BFH haben „ Eheleute [..] nämlich trotz der Neuregelung verschiedene Möglichkeiten, den güterrechtlichen Zugewinnausgleich durchzuführen und so die Schenkungsteuerfreiheit auch für die von den Regelungen des BGB abweichenden Vereinbarungen einschließlich der abweichenden (rückwirkenden) Bestimmung des Anfangsvermögens zu erreichen..". Neben dem Zugewinnausgleich nach Beendigung der Zugewinngemeinschaft während fort-

1 Strothenke, NWB-EV Nr. 5/2020 S. 152 ff. mit Verweisen auf Meincke ErbStG § 5 Rz. 44, Gottschalk in Troll/Gebel/Jülicher/Gottschalk, ErbStG § 5 Rz. 253.

2 BFH, Urteil v. 18.1.2006, II R 64/04. unter Verweis auf BFH, Urteil v. 12. 7. 2005, II R 29/02, a. a. O.

bestehender Ehe[1] „[...] besteht auch die Möglichkeit, durch Verfügung von Todes wegen oder Ausschlagung der Erbschaft (§ 1942 ff. BGB) oder eines Vermächtnisses (§§ 2176, 2180 BGB) durch den überlebenden Ehegatten dafür zu sorgen, dass dieser weder Erbe noch Vermächtnisnehmer wird und daher den güterrechtlichen Zugewinnausgleich nach § 1371 Abs. 2 BGB beanspruchen kann mit der Folge, dass die Ausgleichsforderung (§ 1378 BGB) nicht zum Erwerb i. S. des § 3 ErbStG gehört (§ 5 Abs. 2 ErbStG)."

3. Die Aufhebung bzw. der Wechsel eines Güterstandes per Vereinbarung ist zivilrechtlich zulässig (§§ 1408, 1414 BGB). Es entsteht in diesen Fällen ein gesetzlich begründeter und geschuldeter Ausgleichsanspruch. Schon allein daraus begründet sich keine freigebige Zuwendung.
4. Vereinbarungen über die Ermittlung des Anfangsvermögen sind bis zur Grenze des Gestaltungsmissbrauchs möglich und anzuerkennen. Die Grenze zum Gestaltungsmissbrauch ist allenfalls dann überschritten, wenn die getroffenen Vereinbarungen nicht mehr als eine „angemessene Beteiligung des ausgleichsberechtigten Ehegatten an den Früchten des ehelichen Zusammenlebens verstanden werden können."[2]
5. Auch in der überwiegenden Finanzgericht-Rechtsprechung werden vertragliche Zugewinngemeinschafts-Vereinbarungen mit Festlegung des maßgeblichen Anfangsvermögen auf den Zeitpunkt der Eheschließung überwiegend anerkannt. Nach Auffassung des Hessischen Finanzgerichts[3] „ist es den Ehegatten aufgrund der ihnen durch die in § 1408 Abs. 1 BGB zugedachten Befugnis, ihre güterrechtlichen Verhältnisse durch Ehevertrag umfassend zu regeln, gestattet, den Güterstand der Zugewinngemeinschaft *nicht nur rückwirkend zu vereinbaren* sondern auch bei fortbestehender Ehe zu beenden und anschließend neu zu begründen."[4] Diese „bürgerlichrechtliche Gestaltungsmöglichkeit" ist nach Auffassung des Gerichts „auch im Erbschaft- und Schenkungsteuerrecht zu beachten, wenn es tatsächlich zu einer güterrechtlichen Abwicklung kommt und dies zu einer Ausgleichsforderung eines Ehegatten gegen den anderen führt". Soweit die Ehegatten durch „Beendigung des Güterstandes der Zugewinngemeinschaft im Rahmen der zivilrechtlichen Regelungen den Umfang der Nichtsteuerbarkeit beeinflussen können, ist dies unmittelbarer Ausfluss des dispositiven Zivilrechts". Das FG Düsseldorf[5] hat eine „rückwirkende" Vereinbarung der Zugewinngemeinschaft z. B. auf den Zeitpunkt der Beginn der Ehe als schenkungsteuerlich wirksam anerkannt.

Die Finanzverwaltung erkennt in R E 5.2 Abs. 2 Satz 1 ErbStR 2019 zivilrechtliche Gestaltungsfreiheiten der Ehegatten grundsätzlich an, indem sie „die Nichtsteuerbarkeit [...] auch hinsichtlich einer durch Ehevertrag (§ 1408 BGB) oder Vertrag im Zusammenhang mit einer Ehescheidung (§ 1378 Absatz 3 Satz 2 BGB) modifizierten

1 Vgl. oben Rz. 751.

2 H.-U. Viskorf in Viskorf/ Schuck/ Wälzholz, ErbStG § 5 Rz. 47.

3 Hessisches FG, Urteil vom 15.12.2016 - 1 K 199/15 rkr.

4 Mit Verweis auf BGH-Urteil vom 1. April 1998 XII ZR 278/96, NJW 1998, 1857; Brudermüller in Palandt, Bürgerliches Gesetzbuch, 66. Aufl. 2007, § 1408 Rz. 14).

5 Urteil v. 14.6.2006 DS 2006 S. 1470.

Ausgleichsforderung als Ausfluss der bürgerlich-rechtlichen Gestaltungsfreiheit der Ehegatten bei der Ausgestaltung des Zugewinnausgleichs" anerkennt und „allein die rückwirkende Vereinbarung der Zugewinngemeinschaft [...]keine erhöhte güterrechtliche Ausgleichsforderung" begründet.[1]

HINWEISE:

- Die Beendigung bzw. ein Wechsel des Güterstandes während der Ehe wirft auf Seiten der Finanzverwaltung regelmäßig die Frage nach einem Gestaltungsmissbrauch auf. Nach der Generalvorschrift des § 42 Abgabenordnung (AO) kann die Finanzverwaltung auch ernstlich gewollte und tatsächlich durchgeführte Rechtsgeschäfte als steuerlich unbeachtlich qualifizieren, wenn sie als Gestaltungsmissbrauch anzusehen sind. Daher sollten Vereinbarungen unter Ehegatten, die auf einen steuerfreien Zugewinnausgleich abzielen, in jedem Fall bürgerlich-rechtlich wirksam sein und entsprechend der Vereinbarung auch tatsächlich durchgeführt werden. Von der Vereinbarung eines „negativen Anfangsvermögens oder einer Vorverlegung des für das Anfangsvermögen maßgeblichen Stichtags auf einen Tag vor der Eheschließung[2] sollte abgesehen werden. Denn hier dürfte die Schwelle zum Gestaltungsmissbrauch überschritten sein.
- Der vom ausgleichspflichtigen Ehegatten tatsächlich gezahlte Betrag sollte die nach zivilrechtlichen Grundsätzen zu berechnende rechnerische Zugewinnausgleichsforderung des ausgleichsberechtigten Ehegatten nicht übersteigen. Das Hessische FG[3] zieht die Grenzen der Gestaltungsfreiheit güterrechtlicher Vereinbarungen dort, wo sie „einem Ehepartner eine überhöhte Ausgleichsforderung dergestalt verschafft, dass der Rahmen einer güterrechtlichen Vereinbarung überschritten wird". In diesen Fällen liegt regelmäßig eine schenkungsteuerpflichtige freigebige Zuwendung an den anderen Ehepartner vor. Auch die Finanzverwaltung sieht eine Schenkungsteuerpflicht auslösende überhöhte Ausgleichsforderung dann, wenn und "soweit die tatsächliche Ausgleichsforderung, z. B. durch Vereinbarung eines vor dem Zeitpunkt des Vertragsschlusses liegenden Beginns des Güterstands oder eines abweichenden Anfangsvermögens, die sich nach §§ 1373 bis 1383 und 1390 BGB ohne Modifizierung ergebende Ausgleichsforderung übersteigt". Daher sollte bei der Berechnung der Ausgleichsforderung nicht über das zivilrechtliche Maß hinaus gegangen werden.
- Zu „verlieren" haben Ehegatten allerdings nichts, wenn „ihre" gewählte Gestaltung im Einzelfall nicht anerkannt wird. Denn es tritt keine Schlechterstellung gegenüber der Regelung in § 5 Abs. 1 ErbStG (der erbrechtlichen Lösung) ein. Generell wird aber die Vereinbarung einer "modifizierten Zugewinngemeinschaft"[4] von Beginn der Ehe an empfohlen.

1 R E 5.2 Abs. 2 Satz 4 ErbStR 2019.

2 Was zivilrechtllich möglich ist vgl. Münch/Komm/Koch § 1374 BGB Rz. 30 f.

3 Urteil vom 15.12.2016 a.a.O.

4 Vgl. Teil III Rz. 493.

2.2 Familienheimschaukel

753 Die schenkungsteuerfreie Übertragung des Familienwohnheims auf den anderen Ehegatten (Lebenspartner[1]) lässt auch die Übertragung anderer Vermögenswerte, z. B. Bargeld, zu. Hierzu überträgt der eine Ehegatte (Lebenspartner) dem anderen das Familienwohnheim bzw. seinen jeweiligen Anteil und kauft es von diesem dann zurück. Auf diese Weise lässt sich Bargeld auf den anderen Ehegatten (Lebenspartner) steuerfrei übertragen.

HINWEIS:

Der persönliche Steuerfreibetrag des anderen Ehegatten/(Lebenspartners) wird dadurch nicht berührt.

2.3 Die Entschärfung von Steuernachteilen beim Berliner Testament

2.3.1 Die erbschaftsteuerliche Problematik auf einen Blick

754 Das Berliner Testament gehört, wie bereits mehrmals angesprochen, zu den steuerschädlichsten Übertragungsinstrumenten und sollte nur dann gewählt werden, wenn zwingende zivilrechtliche Gründe für ein solches Testament sprechen. Beim Berliner Testament werden Steuerfreibeträge verschenkt, die dem Schlusserben zum erstversterbenden Ehegatten zugestanden hätten. Durch die Konzentration des Vermögens auf den überlebenden Ehegatten erhöht sich außerdem die steuerliche Bemessungsgrundlage und damit auch die Steuerprogression. Das Vermögen des erstversterbenden Ehegatten wird im zweiten Erbfall nochmals der Besteuerung unterworfen (Doppelbesteuerung). Und schließlich, um die Negativliste komplett zu machen, kommt es durch den gleichzeitigen Übergang des Vermögens des überlebenden Ehegatten zusammen mit dem Vermögen des erstverstorbenen Ehegatten zu einem hohen steuerpflichtigen Erwerb und einer hohen Steuerprogression.

HINWEIS:

Die für Erwerbe von Todes wegen erweiterte steuerfreie Übertragung des Familienwohnheims entschärft die nachteiligen Auswirkungen des Berliner Testaments unter Ehegatten. Denn der überlebende Ehepartner muss das auf ihn übergehende Familienwohnheim im Erwerbszeitpunkt nicht versteuern.

---

1 Gilt für vor dem 1.10.2017 begründete Lebenspartnerschaften. Seit dem 30.9.2017 können Lebenspartnerschaften zwischen zwei Personen gleichen Geschlechts nicht mehr begründet werden § 1 LPartG i. d. F. des Gesetzes zur Einführung des Rechts auf Eheschließung für Personen gleichen Geschlechts.

2.3.2 Gestaltungsmöglichkeiten beim bestehenden Berliner Testament

2.3.2.1 Ausschlagung der Erbschaft durch den überlebenden Ehegatten

Haben die Ehegatten Zugewinngemeinschaft vereinbart, kann der überlebende Ehegatte sein Erbe nach dem Berliner Testament ausschlagen. Seine Rechtsposition verbessert sich dadurch sogar um das Pflichtteilsachtel. Bei Ausschlagung der Erbschaft durch den überlebenden Ehegatten wäre der inflationsbereinigte Zugewinnausgleich steuerfrei. Der Zugewinnausgleich ist zwar nur ein Bargeldanspruch, der aber im Einverständnis mit den Kindern (den Schlusserben, die an Stelle des ausschlagenden Ehegatten treten) mit Sachleistungen abgegolten werden kann. So kann der überlebende Ehegatte trotzdem zu diversen Nachlassgegenständen kommen. Den kleinen Pflichtteil braucht der überlebende Ehegatte nicht geltend zu machen, sofern steuerlicherseits dadurch keine Vorteile entstehen. 755

Doch auch wenn die Ehegatten im Güterstand der Gütertrennung gelebt haben, kann es sich steuerlich lohnen, wenn der überlebende Ehegatte gegen Zahlung einer monatlichen Rente die Erbschaft zu Gunsten des Schlusserben ausschlägt.

BEISPIEL: Der Senior und seine Ehefrau leben in Gütertrennung und haben sich in einem Berliner Testament als gegenseitige Alleinerben eingesetzt und den gemeinsamen Sohn zum Schlusserben benannt. Der Senior hinterlässt ein Vermögen im Steuer(brutto)wert von 7,5 Mio. €, das allerdings noch mit Schulden i. H. von 2 Mio. € belastet ist.

Wäre die Erbfolge nach dem Berliner Testament vollzogen, wären von der Ehefrau folgende Steuern zu zahlen:

Steuerwert des Nachlasses (€)	Bereicherung (abzgl. Schulden, in €)	Freibeträge nach §§ 16, 17 ErbStG (€)	steuerpflichtiger Erwerb (€)	Steuersatz (%) bei Steuerklasse I	Steuerbetrag (€)
7,5 Mio.	5,5 Mio.	756.000	4.794.000	19	910.860

Angenommen, die Ehefrau stirbt nach elf Jahren und die Schulden wären dieselben geblieben. Der Sohn hätte dann folgende Steuern zu zahlen:

Steuerwert des Nachlasses (€)	Bereicherung (€)	Freibetrag nach § 16 ErbStG (€)	steuerpflichtiger Erwerb (€)	Steuersatz (%) bei Steuerklasse I	Steuerbetrag (€)
7,5 Mio.	5,5 Mio.	400.000	5,1 Mio.	19	969.000
Mutter und Sohn hätten also zusammen zu zahlen:					1.879.860

Die Ehefrau schlägt nun ihre Erbschaft aus dem Berliner Testament zu Gunsten des Sohnes gegen Zahlung einer monatlichen Rente i. H. von 1.200 € aus (Jahreswert 14.400 €). Der Kapitalwert dieser Rente beträgt bei einem Lebensalter der Mutter von 80 Jahren (Faktor 7,484)[1] 107.769 €. Da dieser Kapitalwert (Steuerwert) erheblich unter den Freibeträgen nach §§ 16, 17 ErbStG liegt, fällt keine Steuer an.

Der Sohn kann die Rentenlasten steuermindernd berücksichtigen und hätte dann wie folgt zu versteuern:

Steuerwert des Nachlasses (€)	Bereicherung (€)*	Freibetrag nach § 16 ErbStG (€)	steuerpflichtiger Erwerb (gerundet) (€)	Steuersatz (%) bei Steuerklasse I	Steuerbetrag (€)
7.500.000	5.392.231	400.000	4.992.200	19	948.518
Steuerersparnis für die Familienkasse durch Ausschlagung gegen einmalige Kapitalforderung = (1.879.860 – 948.518)					931.342
* abzgl. Schulden und Kapitalforderung der Mutter					

2.3.2.2 Ein Steuertrick: Die Ausschlagung durch die Schlusserben im Namen des überlebenden Ehegatten

756 Versterben beide Ehegatten binnen kurzer Zeit, genauer gesagt noch innerhalb der sechswöchigen Ausschlagungsfrist, erben die Kinder (Schlusserben) das Ausschlagungsrecht des überlebenden Ehegatten nach § 1952 BGB samt Berliner Testament mit. Üben sie das Ausschlagungsrecht im Namen des – für kurze Zeit – überlebenden Ehegatten aus, kann das Berliner Testament vollumfänglich ausgehebelt werden.

In einem Fall, den das Finanzgericht Düsseldorf zu entscheiden hatte,[2] starben die Eltern im Zeitabschnitt von zwei Tagen, und zwar der Vater am 2.2.1963 und die Mutter am 4.2.1963. Sie hatten sich gegenseitig zu Alleinerben eingesetzt (Berliner Testament). Nach dem Tod der Mutter schlugen die Kinder als deren gesetzliche Erben die Erbschaft der Mutter nach dem Vater aus, so dass diese Erbschaft ebenfalls ihnen als gesetzliche Erben des Vaters zufallen konnte.

Das Finanzamt erkannte die Erbausschlagung nicht an und behandelte die Mutter als Alleinerbin des Vaters und die Kinder als Erben der Mutter. Die Finanzbeamten sahen in der Ausschlagung angesichts des Umstands, dass die Steuerpflichtigen im Zeitpunkt der Ausschlagung bereits Eigentümer des gesamten Vermögens der Eltern gewesen sind, einen Gestaltungsmissbrauch nach § 42 AO. Das Finanzgericht entschied, dass „ein Missbrauch einer Gestaltungsmöglichkeit nicht schon deshalb gegeben ist, weil eine rechtliche Gestaltung lediglich der Steuerersparnis wegen gewählt worden ist".

1 BMF, Schreiben v. 28.10.2020 - IV C 7 - S 3104/19/10001 :005, BStBl 2020 I S. 1048, vgl. Anhang 5.

2 FG Düsseldorf, Urteil v. 16.10.1964 - III 8/63 Erb, EFG 1965 S. 183.

2.3.2.3 Geltendmachung von Pflichtteilsansprüchen in Absprache mit dem überlebenden Ehegatten

Bei Geltendmachung von Pflichtteilsansprüchen in Absprache mit dem über- 757
lebenden Ehegatten werden die persönlichen Steuerfreibeträge der Kinder zumindest zum Teil gerettet.

BEISPIEL: F ist Alleinerbin von M. Die Eltern leben in Gütertrennung. Nachlasswert 2 Mio. €. Schlusserbin ist Tochter T.

1. Erbfall: M stirbt		
Steuerwert Nachlass	2.000.000 €	
·/. Freibeträge F	·/. 756.000 €	
Steuerpflichtiger Erwerb	1.244.000 €	
Erbschaftsteuer (Kl I, 19 %)		236.360 €
2. Erbfall: F stirbt		
Steuerwert Restnachlass	2.000.000 €	
·/. Freibetrag T	·/. 400.000 €	
Steuerpflichtiger Erwerb	1.600.000 €	
Erbschaftsteuer (Kl. I, 19 %)		304.000 €
Erbschaftsteuer zusammen		540.360 €
Abwandlung: Tochter T macht im Einverständnis ihrer Mutter Pflichtteilsansprüche geltend		
1. Erbfall: M stirbt		
Erbschaftsteuer Mutter		
Steuerwert Nachlass	2.000.000 €	
·/. Freibeträge F	·/. 756.000 €	
Pflichtteilsanspruch T 1/4 v. 2.000.000 €	·/. 500.000 €	
Steuerpflichtiger Erwerb	744.000 €	
Erbschaftsteuer (Kl. I, 19 %)		141.360 €
Erbschaftsteuer Tochter (7 % aus steuerpflichtigem Erwerb von 100.000 €)		7.000 €
2. Erbfall: F stirbt		
Steuerwert Restnachlass (abzgl. Pflichtteil)	1.500.000 €	
·/. Freibetrag T	·/. 400.000 €	
Steuerpflichtiger Erwerb	1.100.000 €	
Erbschaftsteuer (Kl. I, 19 %)		209.000 €
Erbschaftsteuer zusammen		357.360 €
Erbschaftsteuerersparnis durch Pflichtteil		183.000 €

2.3.3 Gestaltungsmöglichkeiten bei der Konzipierung eines Berliner Testaments

2.3.3.1 Zugewinngemeinschaft vereinbaren

758 Die erbschaftsteuerfreie Zugewinnausgleichsforderung entlastet den längerlebenden Ehegatten hier besonders, da das gesamte Vermögen des vorverstorbenen Ehegatten auf ihn übergeht.

2.3.3.2 Geldvermächtnisse auf den Tod des erstversterbenden Ehegatten

759 Ein erhebliches Maß an Erbschaftsteuern kann gespart werden, wenn den Schlusserben schon im ersten Erbgang, also im Zeitpunkt des Übergangs des Vermögens auf den überlebenden Ehegatten, Geldvermächtnisse in Höhe der persönlichen Steuerfreibeträge ausgesetzt werden.

BEISPIEL: Ehemann E hinterlässt ein Vermögen von 5 Mio. €. Der Zugewinn der Ehefrau betrug 0 €.

Es sind zwei gemeinsame Kinder S und T vorhanden (Schlusserben), die im ersten Erbgang je ein Vermächtnis von 400.000 € erhalten.

	Erster Erbfall Erbschaftsteuer, je	Zweiter Erbfall Erbschaftsteuer, je	Erbschaftsteuer gesamt
Ohne Vermächtnisanordnung	331.360 €	399.000 €*	1.129.260 €
Mit Vermächtnisanordnung	255.360 €	323.000 €**	901.360 €
Erbschaftsteuerersparnis durch Geldvermächtnisse:			227.900 €

*ohne Vermächtnisanordnung bei gleichbleibender Vermögenshöhe.
** mit Vermächtnisanordnung abzgl. Ersterwerb.

2.3.3.3 Geldvermächtnisse mit auf den Tod des überlebenden Ehegatten hinausgeschobener Erfüllung

760 Die Aussetzung von Geldvermächtnissen zu Gunsten der Schlusserben in Höhe ihrer persönlichen Freibeträge fordert regelmäßig die sofortige Auszahlung dieser Bargeldvermächtnisse durch den überlebenden Ehegatten. Mangels erforderlicher Liquidität dürfte es daher in vielen Fällen nicht möglich sein, Geldvermächtnisse zur „Rettung" der persönlichen Freibeträge der Kinder im ersten Erbgang zu vereinbaren.

761 Der ideale „Steuersparplan" wäre der, die Geldvermächtnisse auf den ersten Erbfall auszusetzen und gleichzeitig die Fälligkeit der Geldvermächtnisse auf den Tod des längerlebenden Elternteils hinauszuschieben. Damit hätte man

die Steuervorteile gerettet und der längerlebende Ehegatte hätte zu Lebzeiten keine Auszahlungspflichten.

Zivilrechtlich ist es zweifelsohne möglich, ein Vermächtnis bereits mit dem Tod des erstversterbenden Ehegatten auszusetzen, jedoch erst später fällig zu stellen. Steuerlich entsteht jedoch wegen des § 6 Abs. 4 ErbStG kein Nutzen. Die Vorschrift stellt die beim Tode des Beschwerten fälligen Vermächtnisse den Nacherbschaften[1] gleich. Im Klartext bedeutet dies, dass die Aussetzung von Geldvermächtnissen auf den Tod des längerlebenden Ehegatten einer Vor- und Nacherbschaft gleichzusetzen wäre, was zur Folge hätte, dass sowohl der Vermögensanfall an den Vorerben (den überlebenden Ehegatten) als auch derjenige an den Nacherben (den Schlusserben des Berliner Testaments) steuerpflichtig wäre. Die Finanzverwaltung sieht einen solchen Fall insbesondere dann gegeben, wenn die Ehegatten in einem gemeinschaftlichen Testament mit gegenseitiger Erbeinsetzung bestimmen, dass ihren ansonsten zu Schlusserben eingesetzten Kindern beim Tod des erstversterbenden Elternteils Vermächtnisse zufallen sollen, die erst beim Tod des überlebenden Elternteils fällig werden. Die Vermächtnisse sind als Erwerb vom überlebenden Elternteil zu versteuern. 762

► **Fazit:**

Folglich liegt bei solchen Geldvermächtnissen weder beim Tod des erstversterbenden noch beim Tod des überlebenden Ehegatten eine die jeweilige Bereicherung durch Erbanfall mindernde Vermächtnislast vor! Entsprechendes gilt natürlich auch, wenn im Berliner Testament – um nach dem Tod des erstversterbenden Ehegatten die Geltendmachung von Pflichtteilsansprüchen durch die zu Schlusserben eingesetzten gemeinschaftlichen Kinder zu verhindern – bestimmt wird, dass den Kindern, die den Pflichtteil nicht fordern, als Erwerb vom erstversterbenden Elternteil ein Vermächtnis im Wert des Pflichtteils zufallen soll, das erst mit dem Tod des überlebenden Elternteils fällig wird (sogenannte Jastrowsche Klausel).

2.3.3.4 Geldvermächtnisse mit zu einem fest bestimmten Zeitpunkt hinausgeschobener Erfüllung

Die gewünschten erbschaftsteuerlichen Vorteile, nämlich die Nutzung der persönlichen Freibeträge der Kinder im ersten Erbgang, lassen sich bei gleichzeitiger ganzer oder teilweiser Vermeidung einer Liquiditätsbelastung des über- 763

1 Zur Vor- und Nacherbschaft vgl. Rz. 462.

lebenden Ehegatten nur dann erreichen, wenn das Vermächtnis bereits mit dem Tod des erstversterbenden Ehegatten ausgesetzt ist, die Fälligkeit aber für einen späteren, fest bestimmten Zeitpunkt bestimmt ist, welcher sich nicht an der Lebenserwartung des längerlebenden Ehegatten orientiert (also beispielsweise einen festen Jahreszeitraum von 20 Jahren umfasst). Wird ein Vermächtnis auf einen fest bestimmten Zeitpunkt in der Zukunft vereinbart, handelt es sich um ein betagtes Vermächtnis. Beim betagten Vermächtnis besteht keine den Vermächtnisanfall verzögernde Ungewissheit. Es ist weder der Eintritt des Vermächtnisanfalls oder dessen Zeitpunkt ungewiss. Das betagte Vermächtnis gilt als ausgesetzt. Lediglich die Fälligkeit des Vermächtnisanspruchs ist bis zu einem vom Erblasser bestimmten Zeitpunkt verschoben. Solche Gestaltungen können damit den Nacherbschaften nicht gleichgestellt werden.

764 Werden betagte Vermächtnisse vereinbart, kann der überlebende Ehegatte den durch die Betagung niedrigeren abgezinsten Barwert der Vermächtnisforderung gleich im Erbfall steuermindernd gegenrechnen (abzugsfähige Erbfallschulden, § 10 Abs. 5 Nr. 2 ErbStG). Der Vermächtnisnehmer (Schlusserbe) muss dafür aber seine Erbschaftsteuer schon nach dem Tode des erstverstorbenen Ehegatten entrichten, wenn ihm auch das Geldvermächtnis zu einem u. U. sehr viel späteren Zeitpunkt zufließt.[1]

HINWEIS:

Da betagte Vermächtnisse mit dem (abgezinsten) Barwert bei der Ermittlung des steuerpflichtigen Erwerbs gem. § 12 Abs. 3 BewG anzusetzen sind, verringert sich ihr steuerlicher Wert umso mehr, je länger die Fälligkeit hinausgeschoben wird. Soll die Fälligkeit eines Barvermächtnisses 30 Jahre hinausgeschoben werden und soll der persönliche Freibetrag eines Kindes i. H. von 400.000 € im ersten Erbfall voll ausgeschöpft werden, muss ein Barvermächtnis von knapp 2 Mio. € ausgesetzt werden.[2]

2.3.3.5 Aussetzung von aufschiebend bedingten oder befristeten Geldvermächtnissen

765 Bei einem aufschiebend bedingten oder befristeten Vermächtnis ist der Anfall des Vermächtnisanspruchs bis zum Eintritt der Bedingung oder eines Anfangstermins hinausgeschoben. Der Vermächtniseintritt ist im Gegensatz zum betagten Vermächtnis nicht gewiss und auch nicht fix, denn es kann zum Zeitpunkt der Aussetzung nicht garantiert werden, ob die Bedingung überhaupt eintritt.

1 Gottschalk in Troll/Gebel/Jülicher/Gottschalk, ErbStG, § 3 Rz. 187.

2 Abzinsungsfaktor = 0,201, bezüglich des maßgeblichen Vervielfältigers siehe Tabelle Anhang 2.

► **Fazit:**

Die Ungewissheit führt dazu, dass der längerlebende Ehegatte den gesamten Vermögensanfall zunächst einmal versteuern muss, so dass eine Steuerwirkung erst mit Eintritt der Bedingung oder des Ereignisses erreicht werden kann.

2.3.4 Alternativen zum Berliner Testament

2.3.4.1 Barvermächtnis mit Rentenoption

Das Alternativmodell funktioniert wie folgt: Der längerlebende Ehegatte erhält ein Barvermächtnis mit Rentenoption. Von dieser Option macht der längerlebende Ehegatte beim Tod der Erstversterbenden Gebrauch. Das Kind wird als Alleinerbe eingesetzt; es kann das Barvermächtnis steuermindernd gegenrechnen. Der längerlebende Ehegatte erwirbt das Barvermächtnis zudem nach Abzug der Freibeträge im Regelfall zumindest bis i. H. von 756.000 € (dem persönlichen Ehegattenfreibetrag i. H. von 500.000 € und dem besonderen Versorgungsfreibetrag von 256.000 €) steuerfrei. 766

Der einzige Nachteil, den der überlebende Ehegatte gegenüber einer Erbeneinsetzung im Rahmen des Berliner Testaments hat, liegt in der Verfügbarkeit über das Gesamtvermögen. Der überlebende Ehegatte erwirbt bei der Barvermächtnisalternative einen Geldanspruch gegen den Alleinerben. Der Geldanspruch berechtigt ihn aber nicht, uneingeschränkt über das Gesamtvermögen zu verfügen. 767

BEISPIEL: ► Gegeben ist ein Berliner Testament nach der Einheitslösung (keine Vor- und Nacherbschaft). Der Nachlass des A beträgt 2.000.000 €. Alleinerbin wird Ehefrau B. Kind K wird Schlusserbe. Die Ehegatten lebten in Gütertrennung. Vermögen der B: 100.000 €.

1. Erbfall: A stirbt		
Erbschaftsteuer für B		
Steuerwert Nachlass	2.000.000 €	
·/. persönlicher Freibetrag	·/. 500.000 €	
·/. Versorgungsfreibetrag § 17 ErbStG	·/. 256.000 €	
Steuerpflichtiger Erwerb	1.244.000 €	
Erbschaftsteuer (Steuerklasse I, 19 %)		236.360 €
2. Erbfall: B stirbt		
Erbschaftsteuer für K		
Steuerwert Nachlass	2.100.000 €	
·/. persönlicher Freibetrag	·/. 400.000 €	

Steuerpflichtiger Erwerb	1.700.000 €	
Erbschaftsteuer (Steuerklasse I, 19 %)		323.000 €
Erbschaftsteuer zusammen		559.360 €

Abwandlung: K wird Alleinerbe. Es wird zu Gunsten des längerlebenden Ehegatten ein Barvermächtnis im Kapitalwert von 1 Mio. € ausgesetzt. Die Mutter kann dieses Barvermächtnis in eine Rentenoption umwandeln.

1. Erbfall: A stirbt		
Erbschaftsteuer für K		
Steuerwert Nachlass	2.000.000 €	
·/. persönlicher Freibetrag	·/. 400.000 €	
·/. Vermächtnislasten für B	·/. 1.000.000 €	
Steuerpflichtiger Erwerb	795.000 €	
Erbschaftsteuer K		151.050 €
Erbschaftsteuer für B		
Steuerwert Nachlass	1.000.000 €	
·/. persönlicher Freibetrag	·/. 500.000 €	
·/. Versorgungsfreibetrag § 17 ErbStG	·/. 256.000 €	
Steuerpflichtiger Erwerb	244.000 €	
Erbschaftsteuer B (Steuerklasse I, 11 %)		26.840 €
2. Erbfall: B stirbt		
Erbschaftsteuer für K		
Steuerwert Nachlass	100.000 €	
·/. persönlicher Freibetrag	400.000 €	
Steuerpflichtiger Erwerb/Erbschaftsteuer		0 €
Erbschaftsteuer gesamt		177.890 €
Erbschaftsteuerersparnis gegenüber Berliner Testament		381.470 €

2.3.4.2 Württembergisches Modell

► Allgemeines

768 Das „Württembergische Modell" basiert auf der Überlegung, dem überlebenden Ehegatten eine möglichst umfassende Nutzung des Nachlassvermögens zu ermöglichen bei gleichzeitig weitreichenden Verfügungsmöglichkeiten über das Nachlassvermögen. Zu diesem Zweck wird dem überlebenden Ehegatten vermächtnisweise ein Nießbrauch zugewandt, der sich entweder als Sachnießbrauch auf einzelne Gegenstände des Nachlasses beschränkt (z. B. nur auf das gemeinsam bewohnte Familienwohnheim) oder nur auf Erbteile

der Kinder. Zugleich wird der überlebende Ehegatte als Verwaltungsvollstrecker[1] auf Lebenszeit mit der Befreiung von der Beschränkung des § 181 BGB[2] eingesetzt.

Dadurch wird für den überlebenden Ehegatten eine Art „Dispositionsnießbrauch" erreicht, da er die umfassende Nutzung des Nachlassvermögens hat und zugleich auch darüber verfügen kann. Dem Dispositionsnießbrauch schließt sich meist ein vermächtnisweise eingeräumtes Auseinandersetzungsverbot an.[3]

► Vor- und Nachteile gegenüber dem Berliner Testament

Der überlebende Ehegatte wird so der Rechtsstellung in einem Berliner Testament weitgehend gleichgestellt. Der erbschaftsteuerliche Vorteil der Württembergischen Vermächtnismodelle liegt darin, dass die Freibeträge der Kinder im ersten Erbfall nicht verloren gehen und in der Hand des überlebenden Ehegatten keine Vermögenskumulation stattfindet, die zu einer entsprechend hohen Steuerprogression im zweiten Erbfall führt. Der Nachteil gegenüber der Berliner Testamentslösung liegt darin, dass der überlebende Ehegatte keine Umverteilung der unter den Kindern als Miterben zugeflossenen Vermögenswerte vornehmen und somit nicht auf spätere Fehlentwicklungen der Kinder reagieren kann. Demgegenüber steht es dem überlebenden Ehegatten bei der Berliner Testamentslösung offen, durch die Anordnung eines freien Änderungsvorbehalts (Freistellungsklausel) eine Abänderungsmöglichkeit bezüglich der Schlusserbeneinsetzung der Kinder vorzubehalten und ggf. auch auszuüben. 769

► Risiken

Wirksame Einräumung des Nießbrauchs

Die Nutzung des Nachlassvermögens ist für den überlebenden Ehegatten nur gesichert, wenn der Nießbrauch auch wirksam eingeräumt ist. Dies ist nur dann der Fall, wenn der Nießbrauch dinglich wirksam begründet worden ist. Gemäß dem sachenrechtlichen Bestimmtheitsgrundsatz ist die wirksame Begründung eines Nießbrauchs an jedem einzelnen Gegenstand oder Recht durch notariell zu beurkundenden Vertrag erforderlich. 770

1 Vgl. § 2209 Satz 1 2. Alt. BGB.
2 Befreiung vom Selbstkontrahierungsverbot.
3 § 2044 Abs. 1 BGB.

Abberufung des überlebenden Ehegatten als Testamentsvollstrecker

771 Gemäß § 2227 Abs. 1 BGB kann der überlebende Ehegatte als Testamentsvollstrecker vom Nachlassgericht auf Antrag der Kinder auch entlassen werden. Wichtige Gründe hierfür lassen sich schnell finden; so rechtfertigt bereits ein objektiv gerechtfertigtes Misstrauen der Kinder gegenüber dem überlebenden Ehegatten eine solche Entlassung. Interessengegensätze, die ein solches Misstrauen rechtfertigen, sind in jeder Erbengemeinschaft enthalten.

Vereinbarter Teilungsausschluss fraglich

772 Trotz eingeräumtem Auseinandersetzungsverbot kann ein Miterbe unter bestimmten Voraussetzungen die Aufhebung der Erbengemeinschaft verlangen, wenn hierfür wichtige Gründe vorliegen. Danach ist eine Nachlassaufteilung möglich, wenn eine ordnungsgemäße Nutzung und Verwaltung des Vermögens unmöglich geworden ist und ein Miterbe (Kind) den wichtigen Grund (die Unmöglichkeit) nicht oder nicht überwiegend herbeigeführt hat.[1]

3 Die Bestimmung des optimalen Erwerbanfalls- und Besteuerungszeitpunktes

3.1 Ersatzerwerbe (Surrogaterwerbe)

773 Geht es um Schenkungen, fällt es nicht schwer, den optimalen Erwerbanfalls- und Besteuerungszeitpunkt zu bestimmen, weil sich der Zeitpunkt der Ausführung der Zuwendung nach Belieben vereinbaren lässt. Schwieriger wird es vielmehr bei Erwerben von Todes wegen. Denn hier entsteht die Steuerpflicht in aller Regel schon mit dem Erbfall. Gestaltungsmöglichkeiten ergeben sich aber dort, wo die Steuer nicht schon mit dem Erbfall, sondern nach dem Erbfall entsteht. Letzteres ist bei sogenannten Surrogaterwerben der Fall.

774 Surrogaterwerbe (Ersatzerwerbe) sind: die Abfindung für einen Pflichtteilsverzicht, die Abfindung für die Erbausschlagung, die Abfindung für die Ausschlagung eines Vermächtnisses (auch für ein aufschiebend bedingtes, betagtes oder befristetes) oder der Kaufpreis für die Nacherbenanwartschaft (§ 3 Abs. 2 Nrn. 4, 5 und 6 ErbStG). Bei Surrogaterwerben entsteht die Steuerpflicht erst mit dem Zeitpunkt des Verzichts, der Ausschlagung bzw. mit dem Zeitpunkt der Vereinbarung einer Abfindung oder – bei der Nacherbenanwartschaft – mit dem Zeitpunkt der Übertragung (§ 9 Abs. 1 Nr. 1 Buchst. f, g und i ErbStG). Unter Beachtung diverser zivilrechtlicher Ausschlussfristen (für die Ausschla-

1 BGH, Urteil v. 14.11.1994 - II ZR 209/93, NJW-RR 1995 S. 267.

gung gilt eine Frist von sechs Wochen, § 1944 BGB) kann hier der optimale Steuerzeitpunkt bestimmt werden.

HINWEIS:

Besonders die Zusammenrechnung früherer Erwerbe nach § 14 ErbStG[1] sollte bei der Bestimmung des optimalen Erwerbanfalls- und Besteuerungszeitpunktes eine zentrale Rolle spielen.

3.2 Warum Verlobte mit größeren Geschenken bis nach der Hochzeit warten sollten

Zwischen Ehegatten und Verlobten herrschen gravierende Unterschiede im Steuertarif.[2] Während der Ehegatte nach Steuerklasse I besteuert wird und zudem noch einen hohen persönlichen Freibetrag von 500.000 € und einen besonderen Versorgungsfreibetrag von 256.000 € beanspruchen kann, steht dem Verlobten in Steuerklasse III nur ein Freibetrag von 20.000 € zu. 775

Die Belastungsunterschiede sind dabei beträchtlich, wie folgendes Beispiel zeigt:

BEISPIEL: Aus Anlass der Verlobung und um feste Heiratsabsichten zu bekunden, schenkt der Großindustrielle Johannes Reich seiner Verlobten einen Ferrari im Wert von 200.000 €. Nachdem er schon von mehreren Seiten gehört hat, dass die Kraftfahrzeugzulassungsämter bei solchen Luxuswagen Kontrollmitteilungen an die Finanzämter verschicken, reicht er bei seinem Finanzamt eine Schenkungsanzeige ein. Reich war ziemlich erstaunt, als er folgenden Bescheid erhielt:

Bereicherung	200.000 €
·/. sachliche Steuerbefreiungen	-,-
·/. Zugewinn-Ausgleichsfreibetrag	-,-
·/. persönliche Freibeträge	·/. 20.000 €
·/.Versorgungsfreibetrag	-,-
steuerpflichtiger Erwerb	180.000 €
Steuerlast nach Steuerklasse/Steuersatz III/30 %	54.000 €

Hätte der Verlobte mit der Schenkung noch bis nach der Hochzeit gewartet, hätte sich die gesamte Schenkungsteuer vermeiden lassen. Die Anwendung von Steuerklasse III bei der Besteuerung von Schenkungen oder auch Erbschaften an nicht verheiratete Partner, stellt auch dann nach höchstrichterlicher Auffassung keine unbillige sachliche Härte dar, wenn der Erbfall nach der Bestellung des Aufgebots eingetreten war.[3]

1 Vgl. Rz. 681.

2 Vgl. Rz. 664.

3 BFH, Urteil v. 23.3.1998 - II R 41/96, BStBl 1998 II S. 396.

HINWEISE:

- Grundstückserwerbe zwischen Verlobten sind nicht von der Grunderwerbsteuer befreit! Die Grunderwerbsteuerbefreiungen nach § 3 Nr. 4 und Nr. 5 GrEStG beschränken sich nämlich nach höchstrichterlicher Rechtsprechung ausschließlich auf Grundstückserwerbe zwischen Partnern einer Ehe i. S. des bürgerlichen Rechts. Die Nichtgewährung einer Grunderwerbsteuerbefreiung für Grundstückserwerbe zwischen Verlobten ist auch nicht verfassungswidrig.
- Beginnt der Lebensparter bzw. der/die Verlobte schon vor Eheschließung mit dem Kauf/dem Bau des gemeinsamen Familienwohnheimes bzw. wird ein solches vor der Eheschließung bezogen, sollte der andere Partner vor der Eheschließung anstatt einer Schenkung vor Eheschließung ein Darlehen gewähren. Wird vor der Eheschließung mit dem Bau des gemeinsamen Familienwohnheims begonnen, bzw. wird eine solches aus Mitteln nur eines Partners erworben, sollte der die Vermögensmittel zur Verfügung stellende Partner dem anderen an Stelle einer Schenkung ein Darlehen gewähren. Der nach der Eheschließung gewährte Schuldenerlass ist nach § 13 Abs. 1 Nr. 4a ErbStG steuerfrei.

3.3 Steuergestaltungen mit der Erbausschlagung

776 Die Option der Erbausschlagung ist in der Praxis das wichtigste Instrument zur Erbschaftsteuerreduzierung nach dem Erbfall. Jeder Erbe, der Vermögen im Rahmen einer Erbschaft erwirbt, hat auch das Recht, die Erbschaft auszuschlagen (§ 1942 BGB). Die Ausschlagung einer Erbschaft bewirkt, dass der Erbfall rückwirkend wieder aufgehoben wird; der Erbanfall gilt an den Ausschlagenden als nicht erfolgt (§ 1953 BGB). Ersatzerwerber und neuer Steuerpflichtiger ist derjenige, der berufen sein würde, wenn der Ausschlagende zur Zeit des Erbfalls nicht gelebt hätte (§ 1953 Abs. 2 Halbsatz 1 BGB). Ist eine Erbenmehrheit vorhanden, erhöhen sich durch die Ausschlagung eines Erben die Erbteile der übrigen Miterben entsprechend (§ 1935 BGB); bei der testamentarischen Erbeinsetzung wächst der Erbteil des Ausschlagenden den übrigen Miterben nach dem Verhältnis ihrer Erbteile an (§ 2094 Abs. 1 Satz 1 BGB).

Im Regelfall treten an die Stelle des Ausschlagenden dessen Abkömmlinge als in der geraden Linie nächstfolgende gesetzliche Erben ein. Bei testamentarischer Erbeinsetzung tritt an die Stelle des Ausschlagenden der vom Erblasser bestimmte Ersatzerbe. In der Ausschlagung selbst liegt im Übrigen keine Schenkung vor (§ 517 BGB), so dass kein (zweiter) Besteuerungstatbestand erfüllt wird.

777 Sinn und Zweck der Ausschlagung als Steuergestaltungsmittel ist, einen steuerpflichtigen Erwerbsvorgang einzusparen und damit Erbschaftsteuer zu sparen. Geht Erbvermögen zuerst von Todes wegen an einen testamentarisch bestimmten Alleinerben (bei Erbschaftsannahme) und überträgt dieser anschlie-

ßend das Vermögen an seine Kinder im Wege einer Schenkung, fällt zweimal Steuer an: zum einen beim Erwerb von Todes wegen (Übergang vom Erblasser an die Ehefrau) und zum anderen bei der Schenkung (Übergang des Vermögens von der Ehefrau an die Kinder). Schlägt der Alleinerbe hier fristgemäß aus (nach § 1944 BGB gilt eine Ausschlagungsfrist von sechs Wochen ab dem Erbfall, wobei im Fall eines von einem Nachlassgericht zu eröffnenden Testaments die Frist erst mit der Verkündung beginnt, § 1944 Abs. 2 Satz 2 BGB), gilt bürgerlich-rechtlich der Anfall der Erbschaft an den Erben als nicht erfolgt.

BEISPIEL: A setzt seine Schwester zur Alleinerbin ein. Diese schlägt zu Gunsten ihrer vier Kinder aus. Der Nachlass hat einen Steuerwert von 1 Mio. €.

Besteuerung gem. Testament

	Steuerwert des Nachlasses (€)	Freibetrag (€)	steuerpflichtiger Erwerb (€)	Steuersatz (%)	Steuerbetrag (€)
Schwester (Steuerklasse II)	1 Mio.	20.000	980.000	30	294.000

Besteuerung nach Ausschlagung

4 Kinder (Steuerklasse II)	je 250.000	je 20.000	je 230.000	20	4 × 46.000 = 184.000
Steuerersparnis (294.000 ./. 184.000)					110.000

Als besonders steuereffizient erweist sich die Erbausschlagung dann, wenn 778
der an Stelle des Ausschlagenden tretende Ersatzerwerber einer günstigeren Steuerklasse unterliegt. Die Ausschlagung kann nicht zu Gunsten einer bestimmten Wunschperson erfolgen. Der Bedingung, nur zu Gunsten der einer günstigeren Besteuerung unterliegenden Person auszuschlagen, steht die in § 1947 BGB angeordnete Bedingungsfeindlichkeit entgegen.

Soll eine größtmögliche Steuerersparnis erreicht werden, muss vor der Ausschlagung sichergestellt sein, dass der an die Stelle des Ausschlagenden tretende Ersatzerwerber keiner schlechteren Steuerklasse unterliegt als der Ausschlagende selbst. Denn eine Erbausschlagung ist unwiderruflich und kann nur als Willenserklärung im Rahmen der allgemeinen Vorschriften (§§ 119 ff. BGB) angefochten werden. Der Irrtum in der nachfolgenden Person, die ggf. einer höheren Steuerklasse unterliegt, ist ein nicht anfechtbarer Motivirrtum.

Abgesehen von der Prüfung, ob der von Gesetzes wegen zu bestimmende Er- 779
satzerwerber überhaupt die Person ist, der das Vermögen letztlich zukommen soll, ist in jedem Fall vor einer Ausschlagung ein Belastungsvergleich zwischen der Ausschlagung und einer alternativen Erbschaftsannahme mit anschließen-

der Weiterschenkung durchzuführen. Im Allgemeinen lohnt sich die Erbausschlagung auch dann, wenn der Ersatzerwerber der schlechtesten Steuerklasse angehört. Denn der Nachteil des Wechsels zu einer ungünstigeren Steuerklasse wird im Regelfall vom Wegfall eines Besteuerungstatbestandes kompensiert.

BEISPIEL: Nachlass 5 Mio. €, Verhältnis Erblasser – Erwerber = Steuerklasse I, Verhältnis Erwerber – Ersatzerwerber = Steuerklasse II, Verhältnis Erblasser – Ersatzerwerber = Steuerklasse III. Erwerber ist die Ehefrau, Ersatzerwerber ist der Sohn der Schwester der Ehefrau (Neffe).

Alternative 1: Erbannahme und Weiterschenkung

(1) Übergang Erbvermögen v. Erblasser an Erwerber

Nachlass	5.000.000 €	
·/. Freibeträge §§ 16, 17 ErbStG	·/. 756.000 €	
Steuerpflichtiger Erwerb	4.244.000 €	
Steuer hierauf (Klasse I, 19 %)		806.360 €
(2) Weiterschenkung v. Erwerber an Ersatzerwerber		
Schenkungsbetrag nach Abzug von Erbschaftsteuer (Nachlass abzgl. Steuerschuld)	4.193.640 €	
·/. Freibetrag	·/. 20.000 €	
Steuerpflichtiger Erwerb (gerundet)	4.173.600 €	
Steuer hierauf (Klasse II, 30 %)		1.252.080 €
Gesamtbelastung		2.058.440 €

Alternative 2: Erbausschlagung durch Erwerber und Vermögensübergang direkt vom Erblasser auf den Ersatzerwerber

Nachlass	5.000.000 €	
·/. Freibetrag	·/. 20.000 €	
Steuerpflichtiger Erwerb	4.980.000 €	
Steuer hierauf (Klasse III, 30 %)		1.494.000 €
Steuerersparnis durch die Erbausschlagung		+ 564.440 €

780 Wird gegen Zahlung einer Abfindung ausgeschlagen, unterliegt diese als „Surrogaterwerb" der Erbschaftsteuer nach § 3 Abs. 2 Nr. 4 ErbStG. Die Abfindung gilt hierbei als vom Erblasser zugewendet, womit für die Bestimmung der Steuerklasse das Verwandtschaftsverhältnis des Ausschlagenden zum Erblasser maßgebend ist. Eine Erbausschlagung gegen Abfindung bietet sich besonders in den Fällen an, in denen die Ausschlagung allein einen Wechsel in eine ungünstigere Steuerklasse bewirken würde. Unterliegt der Ersatzerwerber, also derjenige, der bei der Ausschlagung zum Zug kommt, der Steuerklasse III, der Erwerber, also derjenige, der ausschlägt, der Steuerklasse I, kann der Ausschlagende mit der

Abfindung für einen Teil der Erbschaft eine günstigere Steuerklasse sichern. Mit einer Ausschlagung gegen Abfindung kann im wirtschaftlichen Ergebnis auch eine Teilausschlagung erreicht werden. Einer Teilausschlagung stehen ansonsten die §§ 1950 und 2180 Abs. 3 BGB entgegen. Dementsprechend kann eine Teilausschlagung auch steuerrechtlich nicht anerkannt werden.

Bestehen zwischen Erwerber und Ersatzerwerber unterschiedliche Steuerklassen, kann die Vereinbarung einer Abfindung selbst dann sinnvoll sein, wenn der Ausschlagende eigentlich keine Zuwendung in Anspruch nehmen will. 781

BEISPIEL: (Fortsetzung des obigen Beispiels)

Ein Nachlass von 5.000.000 € entsprach bei einem Freibetrag von 200.000 € einem steuerpflichtigen Erwerb von 4.980.000 €, woraus sich bei Steuerklasse III eine Steuerbelastung von knapp 1,5 Mio. € ergab. Hätte der Erwerber gegen eine Abfindung von 2 Mio. € ausgeschlagen, würde sich der Steuerfall wie folgt darstellen:

Steuerbelastung Erwerber (Ausschlagender)		
Wert der Abfindung	2.000.000 €	
·/. Freibeträge §§ 16, 17 ErbStG	·/. 756.000 €	
Steuerpflichtiger Erwerb	1.244.000 €	
Steuerbetrag (Klasse I, 19 %)		236.360 €
Steuerbelastung Ersatzerwerber		
Nachlasswert	5.000.000 €	
·/. Abfindung an Ausschlagenden	·/. 2.000.000 €	
·/. Freibetrag (Klasse III)	·/. 20.000 €	
Steuerpflichtiger Erwerb	2.980.000 €	
Steuerbetrag (Klasse III, 30 %)		894.000 €
Gesamtbelastung		1.130.360 €

Die Abfindung spart 363.640 € (= 1.494.000 ·/. 1.130.360) an Erbschaftsteuern.

HINWEIS:

Wenn ein Vermächtnisnehmer ausschlägt, entfällt das Vermächtnis, sofern keine Ersatzperson bestimmt ist. In solchen Fällen vermindern sich auch die Nachlassverbindlichkeiten des oder der Erben um das Vermächtnis. Es kommt also auch hier zur Erhöhung der Erbschaftsteuer, und zwar rückwirkend, weil ja die Erbschaftsteuer bereits mit dem Tod des Erblassers entstanden ist.

4 Erbschaftsverträge unter Geschwistern

Es sei folgender Fall gegeben: S möchte der T – aus welchen Gründen auch immer – 150.000 € möglichst steuerfrei zukommen lassen. Zwischen den Geschwistern gilt Steuerklasse II und ein Freibetrag von 20.000 €. Schenkt S der T 782 die 150.000 € im direkten Weg, wären 130.000 € zu versteuern und bei einem Steuersatz von 20 % 26.000 € an Schenkungsteuern zu entrichten.

Es wird stattdessen folgender Weg beschritten: Nachdem der hälftige abgezinste Anspruch der T am elterlichen Nachlassvermögen unter Berücksichtigung der voraussichtlichen Lebenserwartung der Eltern in etwa den Schenkungsbetrag ergibt, vereinbart T mit ihrem Vater gegen eine von S zu zahlende Abfindung von 150.000 € einen Erbverzicht. Dieser Vertrag wird notariell beurkundet. Die Abfindung für den Erbverzicht unterliegt der Schenkungsteuerpflicht nach § 7 Abs. 1 Nr. 5 ErbStG. Bis hierher wäre also noch nichts gewonnen.

Der Vorteil dieser Konstruktion liegt darin, dass sich die Besteuerung des Erbverzichts nach der dem Verhältnis der Verzichtenden (der T) zum künftigen Erblasser (ihrem Vater) entsprechenden Steuerklasse richtet, auch wenn der Bruder S den Geldbetrag aufwendet. Somit gelten die vom Bruder gezahlten 150.000 € steuerlich als vom Vater zugewendet. Es gilt somit Steuerklasse I und ein Freibetrag von 400.000 €. Die Schenkung von S an T ist damit steuerfrei.

5 Optimierung der persönlichen Freibeträge zwischen Eltern und Kindern

783 Eine Optimierung der persönlichen Freibeträge wird regelmäßig durch Vervielfachung der Zuwender-Empfängerverhältnisse erreicht. Das bedeutet konkret, dass:

- In allen Fällen möglichst die Zehnjahresfrist zwischen mehreren Zuwendungen an denselben Erwerber abgelaufen bzw. abgewartet werden sollte.
- Möglichst viele Zuwender-/Empfängerverhältnisse durch optimale Vermögensumschichtungen und den Einsatz von Schenkungen geschaffen werden sollten.

Je nach Fallgestaltung können Zuwendungen i. H. von insgesamt 4.000.000 € (jeweils 1.000.000 € an ein Kind, von jedem Elternteil 500.000 €) von den Eltern an vier Kinder folgende Schenkungsteuern auslösen:

BEISPIEL 1: Ein Elternteil schenkt allein je Kind 1.000.000 €

Schenkung je Kind	1.000.000 €
Abzgl. Freibetrag	·/. 400.000 €
Steuerpflichtiger Erwerb	600.000 €
Schenkungsteuer 15 % = 90.000 € je Kind = gesamt:	360.000 €

BEISPIEL 2: Beide Elternteile schenken je Kind 500.000 € nach vorausgehendem steuerfreien Vermögensausgleich (u. a. durch den steuerfreien Zugewinnausgleich, vgl. Rz. 751 ff. und/oder durch Nutzung des persönlichen Freibetrages unter Ehegatten in Höhe von 500.000 €).

	Schenkung Vater pro Kind	Schenkung Mutter pro Kind
Zuwendung	500.000 €	500.000 €
Abzgl. Freibetrag	·/. 400.000 €	·/. 400.000 €
Steuerpflichtiger Erwerb	100.000 €	100.000 €
Schenkungsteuer 11 %	11.000 €	11.000 €
Gesamtbelastung je Kind = 22.000 €, gesamt =		88.000 €

BEISPIEL 3: Beide Elternteile schenken im Jahr 01 einen Geldbetrag von 400.000 € und im elften Jahr (nach zehn Jahren) nochmals 100.000 €

	Schenkung Vater pro Kind	Schenkung Mutter pro Kind
Zuwendung Jahr 01	400.000 €	400.000 €
Abzgl. Freibetrag	·/. 400.000 €	·/. 400.000 €
Steuerpflichtiger Erwerb	0 €	0 €
Schenkungsteuer	0 €	0 €
Zuwendung Jahr 11	100.000 €	100.000 €
Abzgl. Freibetrag	·/. 400.000 €	·/. 400.000 €
Steuerpflichtiger Erwerb	0 €	0 €
Schenkungsteuer	0 €	0 €

► **Fazit:**

Eine Schenkung von insgesamt 4.000.000 € von den Eltern an ihre vier Kinder kann je nach Gestaltung folgende Schenkungsteuern auslösen:

- Alleinschenkung eines Elternteils: 360.000 €
- Schenkungen beider Elternteile: 88.000 €
- Schenkungen beider Elternteile verteilt auf mehr als zehn Jahre unter Nutzung der persönlichen Steuerfreibeträge: 0 €

6 Steuereffiziente Gestaltungen mit dem Nießbrauch

6.1 Allgemeines

Eine Sache kann in der Weise belastet werden, dass derjenige, zu dessen Gunsten die Belastung erfolgt, berechtigt ist, Nutzungen an der Sache zu ziehen. So umschreibt § 1030 BGB den Nießbrauch. Der Nießbraucher erhält nicht die Substanz, sondern den Besitz und die Erträge aus dem Nießbrauchsobjekt. 784

Besitz und Ertrag dürfte insbesondere dann genügen, wenn der Nießbrauchsberechtigte bereits fortgeschrittenen Alters ist und sich die Frage stellt, ob der Betreffende das Vermögen – für das er Steuern zahlt – überhaupt noch auszunutzen vermag. In solchen Fällen kann es günstiger sein, Steuern nur auf den Kapitalwert der Nutzung, des Nießbrauchs, zu zahlen. Schließlich gelangt der Betreffende auch so in den Genuss der laufenden Erträge, nur eben steuerlich günstiger.

785 Zivilrechtlich kann der Nießbrauch als sog. Nettonießbrauch oder Bruttonießbrauch ausgestattet sein. Im Fall eines Nettonießbrauchs trägt der Nießbraucher nur die öffentlichen und privatrechtlichen Lasten. Zu diesen zählen Zinsen diverser Hypotheken und Grundschulden oder die Lasten einer Rentenschuld. Hingegen erstreckt sich die Lastentragungspflicht beim Bruttonießbrauch auf sämtliche Lasten, die im Zusammenhang mit dem Nießbrauchsgegenstand stehen, beispielsweise die Verpflichtung, die Tilgungsraten eines hypothekenbelasteten Grundstücks zu tragen.

786 Bezogen auf die Erbschaft- und Schenkungsteuer bietet der Nießbrauch u. a. folgende wesentliche Vorteile:

1. Die Nießbrauchslast kann vom Beschwerten als Nachlassverbindlichkeit steuermindernd abgezogen werden.
2. Der Nießbrauch wird günstiger bewertet und damit auch niedriger besteuert als das Wirtschaftsgut selbst.
3. Der Nießbrauch erlischt beim Tod des Berechtigten. Dann lebt die Nutzungsbefugnis des eigentlichen Eigentümers wieder auf, ohne dass dieser Befugniswechsel irgendwelche Steuerpflichten hervorgerufen hätte.
4. Wertsteigerungen des übertragenen Vermögens werden nach Übertragung auf der Seite des Erwerbers realisiert und bleiben frei von jeglicher Erbschaft- und Schenkungsteuer.

787 Besonders die steuerliche Abzugsfähigkeit des Nießbrauch-Kapitalwertes vom Steuerwert des Zuwendungsgegenstandes bei der Vermögensübertragung gegen Vorbehaltsnießbrauch spricht für den Nießbrauchsvorbehalt. Die bereicherungsmindernde Wirkung der Last kann wie folgt errechnet werden:

BEISPIEL: A überträgt auf Nichte B eine vermietete Eigentumswohnung unter Vorbehaltsnießbrauch. Der Grundbesitzwert beträgt 350.000 €. Die Jahresmiete 12.000 €. A ist im Zeitpunkt der Übertragung 60 Jahre alt. Der für die Berechnung des Kapitalwertes maßgebliche Vervielfältiger (für Erwerbe ab 2021) beträgt: 12,858.[1] Der 18,6te Teil des Grundbesitzwertes (Höchstwert) beträgt 18.817 €.

1 BMF, Schreiben v. 28.10.2020 - IV C 7 - S 3104/19/10001 :005 BStBl 2020 I S. 1048, vgl. Anhang 5.

Steuerwert der Eigentumswohnung (Verkehrswert)	350.000 €
·/. Nießbrauchslast (Jahreswert = 12.000 × 12,858)	154.296 €
Differenz	195.704 €
Bemessungsgrundlage § 13d/§ 10 Abs. 6 Satz 3 ErbStG (90 % von Steuerwert und Nießbrauchslast)	176.133 €
Freibetrag (Klasse II)	20.000 €
Steuerpflichtiger Erwerb (gerundet)	156.100 €
Zu zahlende Schenkungsteuer (Klasse II 20 %)	31.220 €
Vergleich: Zu zahlende Schenkungsteuer ohne Nießbrauch steuerpflichtiger Erwerb unter Berücksichtigung des § 13d ErbStG und eines Freibetrags v. 295.000 EUR, Steuersatz 20 %)	59.000 €

HINWEIS:

Vom Schenker als Nießbrauchsberechtigten gezahlte Schuldzinsen für ein vom Nießbrauchsverpflichteten übernommenes Darlehen im Zusammenhang mit einer Grundstücksübertragung mindern den Jahreswert des Nießbrauchsrechts. Dies gilt insbesondere, wenn die Schuldzinsen vom Schenker als Nießbraucher während des Bestehens des Nießbrauchsrechts aufgrund einer gesetzlichen oder vertraglichen Verpflichtung getragen werden.[1]

6.2 Nießbrauch oder Versorgungsrente?

Wird Ertrag bringendes Vermögen im Rahmen einer Schenkung zu Lebzeiten übertragen, stellt sich regelmäßig die Frage hinsichtlich der Versorgung des/der Schenker nach dem Übertragungsvorgang. Denn vielfach können oder wollen die Schenker auf die laufenden Erträge aus dem Vermögen nicht verzichten. Der Vorbehaltsnießbrauch ermöglicht es, die Substanz zu übertragen und sich gleichzeitig die Erträge aus dem Schenkungsgegenstand vorzubehalten. Alternativ stellt sich aber auch die Möglichkeit dar, dem Junior das Immobilienvermögen voll zu schenken und ihn zu entgeltlichen Gegenleistungen (Versorgungsleistungen) zu verpflichten. 788

Was – allein von der Höhe des Zuwendungsbetrages gesehen – als gleichwertig erscheinen mag, hat schenkung- und ertragsteuerlich höchst unterschiedliche Auswirkungen. Die unterschiedliche schenkungsteuerliche Behandlung resultiert daraus, dass bei der Variante des Nießbrauchsvorbehalts der Jahreswert den 18,6ten Teil des Steuerwertes des Zuwendungsgegenstandes nicht überschreiten darf. Dadurch kann der Kapitalwert des Nießbrauchsrechts, den 789

1 BFH, Urteil v. 28.5.2019 - II R 4/16, NAAAH-37571.

der Erwerber vom Steuerwert des zugewendeten Gegenstands abziehen kann, niedriger sein als im Fall der Versorgungsrente.

BEISPIEL: ► Vater V (68) schenkt Sohn S (30) ein zu Wohnzwecken vermietetes Mehrfamilienhaus Der Grundbesitzwert beträgt 2 Mio. €. Hierfür hat S dem V

a) ein Rentenrecht (Rentenvorbehalt)

b) ein Nießbrauchsrecht (Zuwendungsnießbrauch)

einzuräumen.

V will monatlich 7.500 € erhalten, entweder in Form einer von S zu zahlenden Rente oder – bei der Nießbrauchsalternative – durch Mieteinnahmen in gleicher Höhe. Der Jahreswert des Rentenrechts beträgt 7.500 × 12 = 90.000 €. Der Kapitalwertfaktor (Vervielfältiger) beträgt für den Bewertungsstichtag 10,656.[1] Hieraus errechnet sich ein Kapitalwert für das Rentenrecht von (90.000 × 10,656 =) 959.040 €.

Bei der Nießbrauchsalternative darf der Jahreswert nach § 16 BewG den 18,6ten Teil des Steuerwerts des Mehrfamilienhauses (18,6 von 1 Mio. = 53.763 €) nicht übersteigen. Der Jahreswert des Nießbrauchsrechts beträgt somit 53.763 €, der Kapitalwert (53.763 × 10,656 =) 572.899 €.

	Rentenalternative (€)	Nießbrauchsalternative (€)
Steuerwert der Zuwendung	2.000.000	2.000.000
Steuerbefreiung § 13d ErbStG 10 %	− 200.000	− 200.000
► Kapitalwert Rente/Nießbrauch	− 959.040	− 572.899
► Davon abzugsfähig unter Berücksichtigung der Steuerbefreiung für zu Wohnzwecken vermietete Immobilien § 13d ErbStG = 90 % v. Kapitalwert 90 %	− 863.136	-515.609
Bereicherung	936.864	1.284.391
► Persönlicher Freibetrag	− 400.000	− 400.000
► Steuerpflichtiger Erwerb (auf volle 100 EUR gerundet § 10 Abs. 1 Satz 6 ErbStG)	536.800	884.300
► Schenkungsteuer Kl I 15 %	80.520	132.645
Steuerersparnis gegenüber der Nießbrauchsalternative:	52.125	

1 BMF, Schreiben v. 28.10.2020 - IV C 7 - S 3104/19/10001 :005 für Erwerbe ab dem 1.1.2021 BStBl 2020 I S. 1048, siehe Anhang 5.

Eine Übertragung von Immobilienvermögen gegen Vorbehaltsnießbrauch kann insbesondere dann angebracht sein, wenn die Elterngeneration ertragsteuerliche Abschreibungen für das Gebäude wie zuvor als Eigentümer auch nach der Übertragung in Anspruch nehmen will. Einen weiteren wesentlichen Aspekt in der Frage der Vereinbarung einer Versorgungsrente oder eines Nießbrauchs stellt der Werbungskostenabzug von größeren Instandhaltungs- und Renovierungsaufwendungen im Zusammenhang mit dem übernommenen Objekt dar. Wird eine Versorgungsrente vereinbart, ist der Werbungskostenabzug auch von größeren Instandhaltungs- und Renovierungsaufwendungen ertragsteuerlich ohne Einschränkungen möglich. Erfolgt die Übertragung – beispielsweise eines Mietshauses – gegen Vorbehaltsnießbrauch, ist die vollständige steuerliche Geltendmachung von Instandhaltungs- und Renovierungsaufwendungen hingegen gefährdet, wenn der Nießbrauchsverpflichtete keine Einkünfte aus Vermietung und Verpachtung bezieht. Denn in solchen Fällen stehen die Instandhaltungs- und Renovierungskosten in keinem Zusammenhang mit steuerpflichtigen Einkünften. 790

Die Nießbrauchsberechtigten (der oder die Übergeber), welche die Einkünfte letztlich erzielen und versteuern müssen, sind kraft Gesetz nicht zur Übernahme größerer Erhaltungsaufwendungen verpflichtet und können die in diesem Zusammenhang entstehenden Kosten damit auch nicht steuerlich geltend machen. Abhilfe schafft jedoch in solchen Fällen eine abweichend von § 1041 BGB erklärte Verpflichtung der Nießbrauchsberechtigten zur Übernahme aller Grundstückslasten. Vereinbarungen hierüber bedürfen keiner Form, wenn der Nießbrauch im Zusammenhang mit der Grundstücksschenkung notariell beurkundet wurde. Fehlt es an einer Vereinbarung und werden die Reparaturaufwendungen freiwillig vom Nießbraucher getragen, liegt eine schenkungsteuerpflichtige Zuwendung vor.

Die Vorteilhaftigkeit einer Vermögensübergabe gegen Vorbehaltsnießbrauch oder Versorgungsleistung beurteilt sich wiederum anders, wenn hypothekenbelastete Grundstücke übergehen bzw. der Schenkungsgegenstand mit Verbindlichkeiten belastet ist. Soll eine zu Wohnzwecken vermietete Immobilie unter Nießbrauchsvorbehalt übertragen werden, sollten die Verbindlichkeiten beim Übergeber verbleiben, da andernfalls der Werbungskostenabzug für die Schuldzinsen gefährdet ist. Würde der Übernehmer die Verbindlichkeiten übernehmen, kann dieser mangels Einkünften die Zinszahlungen nicht steuerlich geltend machen. Der Übergeber versteuert im Gegenzug die gesamten Mieteinnahmen ohne Minderung durch die Zinslasten, da diese ja beim Übernehmer anfallen. 791

792 Aus dem Blickwinkel der Erbschaft- und Schenkungsteuer betrachtet bedeutet dies, dass vom Steuerwert des Zuwendungsgegenstandes nur der Kapitalwert der Nießbrauchslast abziehbar ist. Die Verbindlichkeiten wirken sich hingegen nicht steuermindernd aus, da der Übernehmer mit den Lasten im Zeitpunkt der Übertragung (noch) nicht belastet ist. Es handelt sich insoweit um aufschiebend bedingte Lasten, welche bei der Vermögensübergabe nicht berücksichtigt werden (§ 6 BewG). Eine Belastung mit Verbindlichkeiten tritt vielmehr erst dann ein, wenn die Nießbrauchslast durch Tod erlischt bzw. der Berechtigte auf sein Nutzungsrecht verzichtet. Ein Erlöschen des Nießbrauchsrechts führt – soweit damit der Übergang von Verbindlichkeiten (Hypotheken usw.) verbunden ist – zu einer gemischten Schenkung. Der ursprüngliche Schenkungsteuerbescheid wäre zu berichtigen (§§ 175 Abs. 1 Nr. 1 AO i.V. mit §§ 6 Abs. 2, 5 Abs. 2 BewG).

793 Erfolgt die Vermögensübergabe eines hypothekenbelasteten Grundstücks bzw. eines mit Verbindlichkeiten belasteten Schenkungsgegenstandes gegen Versorgungsleistung, können die Verbindlichkeiten sofort bereicherungsmindernd abgezogen werden. Im Gegensatz zur Übertragung unter Nießbrauchsvorbehalt übernimmt der Übernehmer die Verbindlichkeiten jedoch auch schuldrechtlich sofort.

BEISPIEL: Vater V schenkt seinem Sohn S ein vermietetes Mehrfamilienhaus (Grundbesitzwert = 1 Mio. €)

a) gegen Vorbehaltsnießbrauch

b) gegen Versorgungsrente

Der Kapitalwert des Nießbrauchsrechts bzw. der Versorgungslast soll 200.000 € betragen. Das Mehrfamilienhaus ist mit einer – valutierten – Hypothek von 300.000 € belastet.

	Vorbehaltsnießbrauch	Versorgungsrente
Steuerwert der Zuwendung	1.000.000 €	1.000.000 €
·/. Kapitalwert Nießbrauchslast/ Versorgungsleistung	200.000 €	200.000 €
·/. Hypothek (Valuta)		300.000 €
Saldo	800.000 €	500.000 €
Bemessungsgrundlage für den steuerpflichtigen Erwerb nach §§ 13d, 10 Abs. 6 ErbStG = 90 %	720.000 €	450.000 €
Zu versteuern vor Abzug der persönlichen Freibeträge	720.000 €	450.000 €

Während Sohn S bei der Nießbrauchsalternative – ggf. unter Abzug persönlicher Freibeträge – eine Zuwendung i. H. von 720.000 € versteuern muss, würde er bei der

Rentenalternative nur 450.000 € versteuern müssen, übernimmt hier allerdings die gesamten Schuldenlasten, sofern nichts Abweichendes vereinbart ist. Abweichungen in der Höhe des zu versteuernden Erwerbs werden in der Praxis besonders hervorgerufen durch die Begrenzung des Jahreswerts der Nießbrauchsnutzung auf den 18,6ten Teil des Steuerwerts des Nutzungsgegenstandes. Darüber hinaus erfolgt die Bemessung der Versorgungsrente (Kapitalwert) im Regelfall unter Abzug der Schuldzinsen.

Bei Übergang unbelasteten Vermögens sind sowohl der Kapitalwert des Nießbrauchsrechts als auch der Kapitalwert der Versorgungsrente sofort abzugsfähig. Es sollte hier die Variante mit dem größeren Abzugsbetrag (und damit dem geringeren steuerpflichtigen Erwerb) in Erwägung gezogen werden. 794

Nachfolgende Tabelle stellt Entscheidungsaspekte bei der Übertragung von Vermögen gegen Nießbrauch oder Versorgungsrente gegenüber

TAB. 31: Gegenüberstellung Nießbrauch – Versorgungsrente

Entscheidungsaspekt	Vorbehaltsnießbrauch	Versorgungsrente
Ertragszufluss/Risiko	Erträge hängen von Vermietbarkeit und der Ertragskraft des Nießbrauchsobjekts ab.	Versorgung unabhängig vom Nießbrauchsobjekt, abhängig von der persönlichen Zahlungsfähigkeit des Bedachten.
Berechnung des steuerpflichtigen Erwerbs	Saldierung	Saldierung
Kapitalwert der abzugsfähigen Last	Gegebenenfalls begrenzt auf den 18,6ten Teil des Steuerwerts des Übertragungsgegenstandes.	Keine Begrenzung bei Kapitalwert auf Versorgungsrente, daher abzugsfähiger Kapitalwertbetrag im Regelfall höher.
Einkommensteuerliche Behandlung	Nießbrauchsberechtigter versteuert Erträge gem. geltender Einkunftsart.	Strittig: i. d. R. Einordnung als Unterhalt bei Sonderausgabenabzug Versteuerung der Rente als wiederkehrende Bezüge. Sonderausgabenabzug zulässig i. V. mit Vermögen i. S. des § 10 Abs. 1a Nr. 2 Buchst. a–c EStG.[1]

1 Vgl. Rz. 907.

Entscheidungsaspekt	Vorbehaltsnießbrauch	Versorgungsrente
Abschreibungen/Werbungskosten aus Vermietung und Verpachtung	Verbleiben beim Nießbrauchsberechtigten, jedoch Probleme bei umfangreichen Sanierungsaufwendungen, die über die gesetzlich zu tragenden Aufwendungen hinausgehen (§ 1041 BGB), daher ausdrückliche Vereinbarung notwendig.	Gehen auf den Beschenkten über; Werbungskostenabzug i.V. mit Einkünften im Regelfall möglich.
Verbindlichkeiten	Bei der Schenkungsteuer nicht abziehbar, verbleiben beim Nießbrauchsberechtigten.	Bei der Schenkungsteuer voll abziehbar, Übernehmer übernimmt Schuldenlast.

HINWEISE:

- Außergewöhnliche Instandhaltungskosten an einem unter Vorbehaltsnießbrauch übertragenen Vermögen, die der Übernehmer des Erbvermögens trägt, können von diesem nicht als dauernde Last abgezogen werden. Denn der Eigentümer (Vermögensübernehmer) hat nach der gesetzlichen Lastenverteilung beim Vorbehaltsnießbrauch diese Aufwendungen zu tragen.
- Für die Vereinbarung einer Versorgungsrente als Alternative zum Nießbrauch spricht auch die Möglichkeit des Sonderausgabenabzuges der Rentenleistung durch den Verpflichteten bei seiner Einkommensteuer. Letzteres gilt allerdings nur im Zusammenhang mit der Übertragung von Mitunternehmeranteilen bzw. von Betrieben oder Teilbetrieben[1]

6.3 Der Nießbrauch unter Ehegatten

795 Die häufigsten Nießbrauchsvereinbarungen finden sich zwischen Ehegatten. So wird entweder ein Nießbrauch zu Gunsten beider Ehegatten vereinbart, so dass der Nießbrauch nicht erlischt, wenn ein Ehegatte verstirbt. Nachdem aber bei einem gemeinsamen Nießbrauch dieser jedem Ehegatten hälftig zusteht, steht dem überlebenden Ehegatten auch nur der hälftige Nießbrauch an dem Nießbrauchsgegenstand (z. B. Grundstück) zu. Dadurch kann sich für den überlebenden Ehegatten eine Versorgungslücke ergeben, zumal auch durch den Tod eines Ehegatten die Altersversorgung (Rente, Pension) entsprechend reduziert wird.

796 Wird ein Vorbehaltsnießbrauch zu Gunsten beider Ehegatten bestellt, und ist ein Ehegatte sehr viel jünger als der andere, sollte der Nießbrauchsvorbehalt

1 Vgl. Rz. 907.

so ausgestaltet werden, dass das Nießbrauchsrecht dem Schenker und dessen Ehegatten als Gesamtberechtigung zusteht. Die höhere Lebenserwartung des jüngeren und im Regelfall weiblichen Ehepartners führt zu einer höheren Nießbrauchsbelastung. Der steuerpflichtige Erwerb mindert sich entsprechend.

HINWEIS:

Wird zunächst ein Nießbrauch nur zugunsten eines Ehegatten - etwa desjenigen, der den Nießbrauchsgegenstand übertragen hat vereinbart und soll für den überlebenden Ehegatten ein Nießbrauchsrecht (in diesem Fall als Zuwendungsnießbrauch) erst im Zeitpunkt des Todes des anderen Ehegatten entstehen, müssen auch ertragsteuerliche Aspekte in die Erbfolgeplanung einbezogen werden!

6.4 Der Nießbrauch im Vergleich zur Vor- und Nacherbschaft

Der Nießbrauch zeichnet sich als Alternative zur Vor- und Nacherbschaft da- 797
durch aus, dass die Rechtstellung eines Vorerben derjenigen eines Nießbrauchers im Wesentlichen gleich kommt. Dies gilt insbesondere dann, wenn der Erblasser den Vorerben nicht von den gesetzlichen Verfügungsbeschränkungen freigestellt hat (§§ 2113 bis 2136 BGB).[1]

Trotz der Tatsache, dass der Nießbraucher von Gesetzes wegen grds. kein Ver- 798
fügungsrecht über den Nießbrauchsgegenstand hat,[2] erleidet ein (nicht befreiter) Vorerbe keine nennenswerten Nachteile, wenn der Nachlass gleich den Nacherben unter Ausspruch eines Nießbrauchsvermächtnisses für den Vorerben zufällt. Der Nacherbe würde hier den gesamten Nachlass versteuern; der Vorerbe den Kapitalwert des Nießbrauchs. Im Regelfall gleicht sich die Rechnung aus, weil dasjenige, was der Vorerbe versteuern muss (den Kapitalwert des Nießbrauchs), der Nacherbe als Schuldposten steuermindernd abziehen kann.

Die Nießbrauchsalternative ist allerdings dennoch der Vor- und Nacherbschaft 799
vorzuziehen, und zwar aus folgendem Grund: Die Vermögenssubstanz geht zu steuerlichen Werten im Zeitpunkt der Schenkung auf die Kinder über. Erfährt das Vermögen einen stetigen Wertzuwachs, wird dieser bereits bei den Kindern realisiert ohne weitere Erbschaftsteuerbelastung. Ein weiterer Vorteil der Nießbrauchsalternative ist, dass hier nur ein Steuerfall gegeben ist, dessen Steuerlast zudem auf zwei Personen (auf den Erben und den Nießbrauchs-

1 Wobei auch der befreite Vorerbe nicht von den Beschränkungen in §§ 2113 Abs. 2, 2115, 2121, 2122, 2111 BGB befreit werden kann.

2 Einschränkende Rechte ergeben sich allenfalls aus §§ 1074, 1077 und 1087 Abs. 2 BGB.

begünstigten) aufgeteilt werden kann. Dies bedeutet doppelte Freibeträge und günstigere Steuersätze.

BEISPIEL: Das Vermögen des Erblassers E (Steuerwert 2 Mio. €) geht über:

(1) an den längerlebenden Ehegatten (M) als Vorerbe zum Kind des Erblassers als Nacherben (Vor- und Nacherbschaft);

(2) direkt auf das Kind S unter gleichzeitigem Nießbrauchsvermächtnis zu Gunsten des längerlebenden Ehegatten M (60 Jahre).

M (lebte mit dem Erblasser in Gütertrennung). Ihm stehen an Freibeträgen zu:

- der persönliche Freibetrag (§ 16 Abs. 1 Nr. 1 ErbStG = 500.000 €);
- der Versorgungsfreibetrag (§ 17 Abs. 1 ErbStG = 256.000 €).

Dem Sohn stehen an Freibeträgen zu:

- Freibetrag für das Kind (§ 16 Abs. 1 Nr. 2 ErbStG = 400.000 €) Verhältnis zum Erblasser (Vater) = Klasse I = 400.000 €.

Der Jahreswert des Nießbrauchs ist mit 5,5 % des Steuerwertes anzusetzen, höchstens mit dem 18,6ten Teil des Steuerwerts des genutzten Wirtschaftsguts (§§ 15 Abs. 1, 16 BewG). 2 Mio. × 5,5 % = 110.000 €; 2 Mio. : 18,6 = 107.526 €. Der Jahreswert der Nutzung ist gem. § 16 BewG auf den 18,6ten Teil des Steuerwerts des Wirtschaftsguts (= 107.526 €) beschränkt. Unter Berücksichtigung des maßgeblichen Kapitalisierungsfaktors nach der statistischen Lebenserwartung der Erwerberin M (= 13,884) ergibt sich ein Kapitalwert für das Nießbrauchsrecht in Höhe von 1.492.891.[1]

Vor- und Nacherbschaft

	Steuerpflichtiger Erwerb (€)	Steuerklasse	Steuersatz (%)	Steuerbetrag (€)	Gesamt Sohn (€)	Gesamt Mutter (€)	Gesamtbelastung (€)
Die Ehefrau versteuert:	1.244.000(1)	I	19	236.360		236.360	
Der Sohn versteuert	1.363.600(2)	I	19	259.084	259.084		
		Sohn/Mutter zahlen insgesamt:			259.084	236.360	495.444

(1) Steuerwert des Gesamtnachlasses – 756.000 € Freibeträge gesamt.

(2) Steuerwert des Gesamtnachlasses – Steuerlast der Vorerbin ·/. Freibetrag i. H. von 400.000 € (gerundeter Betrag)

Nießbrauchsalternative

	Steuerpflichtiger Erwerb (€)	Steuerklasse	Steuersatz (%)	Steuerbetrag (€)	Gesamt Sohn (€)	Gesamt Mutter (€)	Gesamtbelastung (€)
Die Ehefrau versteuert:	736.800(1)	I	19	139.992		139.992	
Der Sohn versteuert nach Abzug des Nießbrauchs:	107.100(2)	I	11	11.781	11.781		
		Sohn/Mutter zahlen insgesamt			11.782	139.992	151.773

1 BMF, Schreiben v. 28.10.2020 IV C 7 - S 3104/19/10001 :005 BStBl 2020 I S. 1048, vgl. Anhang 5.

(1) Steuerwert des Nießbrauchs = 1.492.891 – 756.000 € Freibeträge gesamt, gerundet auf volle 100 €
(2) 2 Mio. € Gesamtsteuerwert – 1.492.891 € Nießbrauchswert ·/. 400.000 € Freibetrag, gerundet auf volle 100 €

ERGEBNIS: Die Steuerersparnis bei der Nießbrauchsalternative beträgt gegenüber der Vor- und Nacherbschaft 343.671 €.

6.5 Die Ausschlagung gegen Nießbrauchsabfindung

Eine Ausschlagung gegen Barabfindung ist oft wegen finanzieller Engpässe 800 nicht durchführbar. Erbt beispielsweise die Ehefrau GmbH-Gesellschaftsanteile und schlägt sie zu Gunsten des gemeinsamen Kindes gegen Barabfindung aus, setzt dies voraus, dass der Ersatzerwerber die Abfindung aus Eigenmitteln finanzieren kann. Denn an einen Verkauf der Anteile an fremde Dritte dürfte bei Familienunternehmen nicht zu denken sein. Als alternatives Gestaltungsmittel wird daher vielfach die Ausschlagung gegen Nießbrauchsabfindung gewählt.

Angenommen, die Witwe L, die mit ihrem Ehemann E in Gütertrennung lebte, erhält 10 % der GmbH-Geschäftsanteile. Sie möchte aber diese Anteile eigentlich gar nicht behalten, sondern sie dem gemeinsamen Kind K übertragen, der zwischenzeitlich Gesellschafter-Geschäftsführer der GmbH ist. Andererseits aber waren die Geschäftsanteile für die Witwe als Alterssicherung vorgesehen. Die Witwe muss auch tatsächlich die Dividendenausschüttungen selbst vereinnahmen, weil sie nur eine geringe Altersrente erhält. In solchen Fällen hilft die Nießbrauchsabfindung.

BEISPIEL: Angenommen, der GmbH-Anteil hätte einen Steuerwert von 5 Mio. € und die Ehefrau wäre im Zeitpunkt der Nießbrauchsbestellung 60 Jahre alt, betrüge der Jahreswert des Nießbrauchs nach § 16 BewG den 18,6ten Teil des Steuerwerts, also 268.818 € (= 5.000.000 : 18,6). Dieser Jahreswert ergibt multipliziert mit dem maßgeblichen Vervielfältiger[1] einen Nießbrauch-Kapitalwert von (268.818 × 13,884 =) 3.732.269 €.

Schlägt der überlebende Ehegatte zu Gunsten des gemeinsamen Kindes gegen Nießbrauchsabfindung aus, ergibt sich folgende steuerliche Belastung

Steuerbelastung Ehefrau		
Wert des Nießbrauchs	3.732.269 €	
·/. Freibetrag § 16 ErbStG	500.000 €	
·/. Freibetrag § 17 ErbStG	256.000 €	
Steuerpflichtiger Erwerb (gerundet)	2.976.200 €	
Erbschaftsteuer hierauf (Klasse I, 19 %)		565.478 €

1 BMF, Schreiben v. 28.10.2020 IV C 7 - S 3104/19/10001: 005 BStBl 2020 I S. 1048, vgl. Anhang 5.

Steuerbelastung Sohn		
Nachlasswert	5.000.000 €	
·/. Nießbrauchslast Mutter	3.732.269€	
·/. Freibetrag	400.000 €	
Steuerpflichtiger Erwerb (gerundet)	867.700 €	
Erbschaftsteuer hierauf (Klasse I, 19 %)	164.863 €	164.863 €
Gesamtbelastung Mutter und Sohn		730.341 €

► **Fazit:**

Hätte der überlebende Ehegatte die Erbschaft über die Geschäftsanteile angenommen und anschließend an das gemeinsame Kind weitervererbt, wären im ersten Erbgang (Übergang der Geschäftsanteile an die Ehefrau) 806.360 € an Erbschaftsteuern fällig geworden und im zweiten Erbgang (Übergang der Geschäftsanteile an den Sohn) wiederum 874.000 €, zusammen 1.680.360 €. Die Ausschlagung gegen Nießbrauchsabfindung stellt den überlebenden Ehegatten in seiner Vermögens-/Altersabsicherung gleich und spart insgesamt rund 950.000 € an Erbschaftsteuer.

HINWEIS:

Die Steuerbefreiung für Betriebsvermögen (§ 13a ErbStG) findet in dem Beispiel keine Anwendung, da der Geschäftsanteil nicht mehr als 25 % des Nennkapitals beträgt (§ 13b Abs. 1 Nr. 3 ErbStG).

6.6 Wenn der Nießbraucher Erbe wird

801 Wird ein Nießbraucher zum Erben, geht das Nießbrauchsrecht zivilrechtlich gesehen durch die durch Antritt der Erbschaft eintretende Vereinigung von Recht und Pflicht unter. Steuerrechtlich bleibt das Recht aber bestehen (§ 10 Abs. 3 ErbStG[1]); es besteht parallel zur Erbschaft und „belastet" diese.

802 War der Nießbrauch lebenslänglich eingeräumt, ist er vom Steuerwert der Erbschaft abzuziehen, und zwar i. H. des Kapitalwertes, der sich für eine Laufzeit, „gerechnet ab dem Zeitpunkt der Übertragung des Vermögens ergeben hätte",[2] d. h. es ist der Kapitalwert abzuziehen, der sich am Tag der Zuwendung

1 Die Bedeutung der Vorschrift ist folgende: Schuldet beispielsweise der Erbe dem Erblasser 100.000 € und braucht er das Geld infolge des Todes des Erblassers nicht mehr zurückzuzahlen, gilt er als um diesen Betrag bereichert. Die Forderung gehört insoweit zum steuerpflichtigen Erwerb des Erben.

2 Gebel in Troll/Gebel/Jülicher/Gottschalk, ErbStG, § 10 Anhang R 1, Anmerkung zu RFH, Urteil v. 13.5.1930.

zugrunde legen lässt. Unter der Berücksichtigung eines für den überlebenden Ehegatten geltenden Versorgungsfreibetrags i. H. von 256.000 € (§ 17 ErbStG) und eines Freibetrags i. H. von weiteren 500.000 € (§ 16 ErbStG)[1] können überlebende Ehegatten, die vorher Nießbraucher eines Gegenstandes waren, ein um den abzugsfähigen Kapitalwert des Nießbrauchs vermindertes „Nettovermögen" von 756.000 € steuerfrei erben.

BEISPIEL: Angenommen, der Steuerwert des Vermögens beträgt 900.000 € und der Jahreswert des Nießbrauchs gem. § 15 Abs. 1 BewG 5,5 % des Vermögens, höchstens der 18,6te Teil = rund 48.000 €. Die Ehefrau ist bei Einräumung des Nießbrauchsrechts 40 Jahre alt und im Erbfall (im Zeitpunkt des Antritts der Erbschaft) 60 Jahre alt. Die beiden Steuerfälle würden wie folgt berechnet:

1. Steuerfall:			
steuerpflichtiger Kapitalwert des Nutzungsrechts (gerundet)	48.000 × 16,917[2]		812.000 €
2. Steuerfall:			
Steuerwert des Vermögens		900.000 €	
·/. Kapitalwert des Nießbrauchs am Tage der Zuwendung	48.000 × 13,884[3]	666.432 €	
steuerpflichtiger Erwerb (gerundet)		233.568 €	233.500 €
aus 1 und 2 insgesamt zu versteuern (Gesamtsteuerwert)			1.045.500 €

Anzumerken ist, dass – obwohl der Steuerwert des Vermögens nur 900.000 € betragen hat – in beiden Steuerfällen zusammen 1,04 Mio. € zu versteuern sind. Zur Vermeidung einer höheren Besteuerung hatte der BFH bislang stets eine Deckelung von Nießbrauchs- und Substanzerwerb auf den Steuerwert des Nutzungsgegenstandes befürwortet, diesen Grundsatz aber mit Urteil vom 7.10.1998[4] aufgegeben.

HINWEIS:

Vermögen sollte direkt an die Kinder übertragen werden. Die finanzielle Absicherung des überlebenden Ehegatten lässt sich mit einem Vorbehaltsnießbrauch im Regelfall ausreichend und in jedem Fall steuergünstiger verwirklichen.

1 Sofern nicht Teile davon schon innerhalb der letzten zehn Jahre in Anspruch genommen wurden.

2 BMF, Schreiben v. 28.10.2020 - IV C 7 - S 3104/19/10001 :005 BStBl 2020 I S. 1048, vgl. Anhang 5.

3 BMF, Schreiben v. 28.10.2020 - IV C 7 - S 3104/19/10001 :005 BStBl 2020 I S. 1048, Anhang 5.

4 BFH, Urteil v. 7.10.1998 - II R 64/96, BStBl 1999 II S. 25.

6.7 Der Nießbrauch zur Steueroptimierung beim Generation-Skipping

803 Das bereits vorgestellte Steuersparmodell des Generation-Skipping kann noch optimiert werden, wenn der Zwischengeneration ein Nießbrauch an dem dem Enkelkind vollumfänglich übertragenen Vermögen eingeräumt wird. Der entscheidende Nachteil des Generation-Skippings, dass nämlich ein Generationen-Freibetrag ungenutzt bleibt, kann dadurch vermieden werden.

BEISPIEL: Der Großvater räumt dem Sohn für die dem Enkelkind direkt zu übertragende Vermögenssubstanz im Steuerwert von 2 Mio. € (besteht aus Wertpapieren und einem Mietwohngrundstück) einen Nießbrauch ein. Der Jahreswert des Nießbrauchs beträgt 40.000 €. Daraus errechnet sich ein Kapitalwert (der Sohn ist im Zeitpunkt der Schenkung 60 Jahre alt, Vervielfältiger[1] = 12,858) von 514.320 €.

Die Schenkungsteuerbelastung errechnet sich beim Direkterwerb Großvater-Enkelkind wie folgt:

beim Enkelkind		
Nachlassvermögen des Großvaters	2.000.000 €	
·/. Nießbrauchsbelastung für Nießbrauch Sohn/Vater	·/. 514.320 €	
Bereicherung	1.485.680 €	
·/. Freibetrag	·/. 100.000 €	
steuerpflichtiger. Erwerb (gerundet)	1.385.600 €	
Steuerbetrag bei Steuerklasse/Steuersatz (I/19 %)	263.264 €	
beim Sohn/Vater		
Bereicherung	514.320 €	
·/. Freibetrag	·/. 400.000 €	
steuerpfichtiger. Erwerb (gerundet)	114.300 €	
Steuerbetrag bei Steuerklasse/Steuersatz (I/11 %)	12.573 €	
Gesamtsteuerbelastung des Enkelkinds		
Erwerb v. Großvater (mit Nießbrauchsbelastung)	263.264 €	
Erwerb v. Vater (wie oben Beispiel Rz. 749)	7.000 €	270.264 €
Steuerersparnis (349.000 ·/. 270.264)		78.736 €

1 BMF, Schreiben v. 28.10.2020 - IV C 7 - S 3104/19/10001 :005 BStBl 2020 I S. 1048, vgl. Anhang 5.

7 Besteuerung von und Gestaltungsmöglichkeiten mit Kapital- und Rentenlebensversicherungen*

ABB. 12: Übertragung von Lebensversicherungspolicen

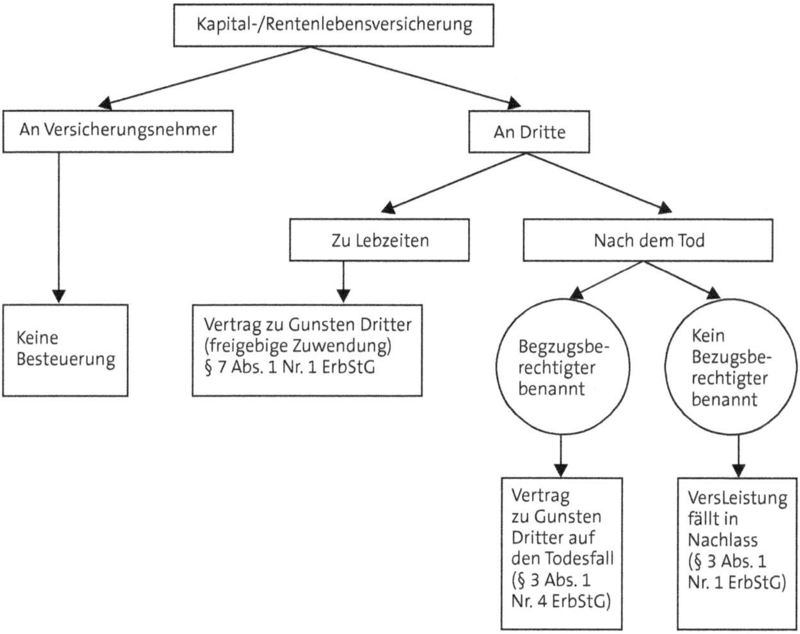

Vorbemerkung

Leistungen aus einer Kapital- bzw. Rentenlebensversicherung[1] unterliegen 804
dann einer Erbschaft- bzw. Schenkungsbesteuerung, wenn die Auszahlung der Versicherungssumme nicht an den Versicherungsnehmer selbst, sondern an Dritte erfolgt. Je nachdem, ob der Versicherungsnehmer einen Bezugsberech-

1 Rentenlebensversicherungen unterscheiden sich von Kapitallebensversicherungen nur in der Art der Auszahlung der Versicherungssumme. So wird die Versicherungssumme bei der Kapitallebensversicherung in einer Summe an den Versicherungsnehmer bzw. an die Begünstigten ausbezahlt. Bei der Rentenlebensversicherung hingegen wird die Versicherungssumme nicht in einem Betrag, sondern als regelmäßige wiederkehrende Leistung ausbezahlt. In der Praxis bieten Rentenlebensversicherungen dem Versicherungsnehmer oft ergänzend am Ende der Aufschubdauer ein Kapitalwahlrecht auf Auszahlung des angesparten Kapitals anstelle einer lebenslangen Rentenzahlung.

*Abschnitt bearbeitet von Dipl. Vw. Markus Hetzer, Lic.oec.int., LV 1871 Private Assurance AG, Triesen.

tigten benannt hat, die Auszahlungen an Dritte zu Lebzeiten des Versicherungsnehmers oder nach seinem Tod erfolgen, entsteht ein Besteuerungstatbestand entweder als freigebige Zuwendung nach § 7 Abs. 1 Nr. 1 ErbStG, als Erwerb von Todes wegen nach § 3 Abs. 1 Nr. 1 ErbStG oder als Vertrag zu Gunsten Dritter auf den Todesfall nach § 3 Abs. 1 Nr. 4 ErbStG.

7.1 Zuwendungen aus Kapital- und Rentenlebensversicherungen zu Lebzeiten des Versicherungsnehmers

805 Bei Lebensversicherungen kann der Versicherungsnehmer regelmäßig einen Drittbegünstigten bestimmen, an den die Versicherungsleistung bei Ablauf des Versicherungsvertrages auszuzahlen ist. Durch die Einräumung eines Bezugsrechts an Drittpersonen entsteht ein Dreiecksverhältnis zwischen dem (1) Versicherungsnehmer, dem (2) Versicherungsunternehmen und dem (3) Drittbegünstigten (z. B. Familienangehörige, Geschäftspartner, gemeinnützige Stiftungen oder sonstige Dritte als natürliche oder juristische Personen). In diesem Dreiecksverhältnis wird die Beziehung zwischen Versicherungsnehmer und dem Bezugsberechtigten als Valutaverhältnis und die Beziehung zwischen dem Versicherungsnehmer und dem Versicherungsunternehmen als Deckungsverhältnis bezeichnet.

ABB. 13: Verhältnis Versicherungsnehmer/Versicherer

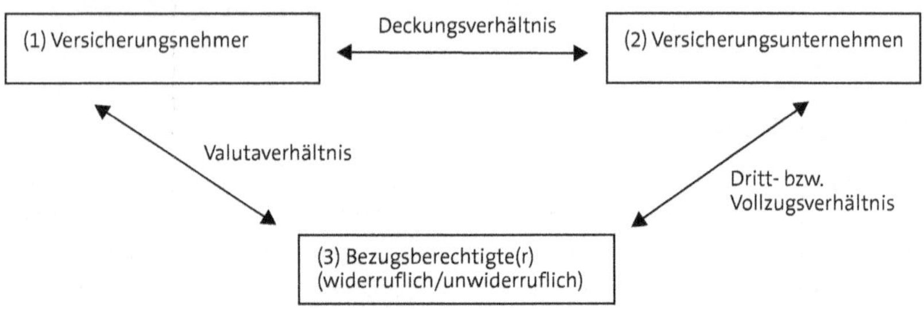

806 Bestimmt der Versicherungsnehmer nicht sich selbst, sondern einen Dritten als Bezugsberechtigten der Lebensversicherung, so handelt es sich um einen Vertrag zu Gunsten Dritter gem. § 328 Abs. 1 BGB.[1] Im Versicherungsfall erwirbt der Bezugsberechtigte einen unmittelbaren Anspruch auf die Versicherungsleistung. Im Erbfall, d. h. Tod des Versicherungsnehmers, der gleichzeitig

1 Vgl. auch die Auslegungsregel des § 330 BGB.

die versicherte Person ist, fällt die Versicherungsleistung nicht in den Nachlass (Vertrag zu Gunsten Dritter auf den Todesfall, §§ 328, 331 BGB). Neben dem Vorteil der Vermeidung langwieriger Erbauseinandersetzungen behält auch ein „Erbe“ des ggf. überschuldeten „Erblasser“-Nachlasses als Begünstigter einen Anspruch auf Auszahlung der Versicherungsleistung trotz möglicher Ausschlagung des Erbes. Fällt die Versicherungsleistung nicht in den Nachlass, so entstehen weiterhin auf die Versicherungsleistung keine Erb- bzw. Pflichtteilsansprüche anderer Berechtigter. Gleichwohl bleiben ggf. Pflichtteilsergänzungsansprüche gem. §§ 2325 ff. BGB gegenüber Erben bzw. „Beschenkten“ bestehen. Ist kein Begünstigter bzw. sind keine Begünstigten benannt, fällt im Erbfall die Versicherungsleistung in den Nachlass.

Die „Kunst“ der optimalen Vermögensübertragung liegt nun darin, das Valuta- 807
verhältnis bzw. die Rollen des Versicherungsvertrages so zu gestalten bzw. zu besetzen, dass bei Eintritt des Versicherungsfalls bzw. bei Auszahlung der vertraglichen Leistungen keine Erbschaft- bzw. Schenkungsteuerpflicht eintritt, zusätzlich die Einkommensteuer für die Begünstigten im Erlebens- bzw. Todesfall minimiert wird und der „Nachlass“ des Versicherungsnehmers direkt oder indirekt für die Begünstigten gesichert wird.

Strategiebeispiel: „Generationenmodell“:[1]

Großvater G (70 Jahre) möchte einen Teil seines Vermögens zielgerichtet und unbürokratisch an sein Enkelkind E im Rahmen der persönlichen Freibeträge übertragen. Der Großvater möchte bis zu seinem Tod über den Zeitpunkt der Verfügbarkeit bestimmen können.

1 Strategiebeispiel in Zusammenarbeit mit der LV 1871 Private Assurance AG, Austr. 15, FL-9495 Triesen, Herr Markus Hetzer, Tel. 00423-2388300, markus.hetzer@lv1871private.com, www.lv1871private.com.

ABB. 14: Generationenmodell*

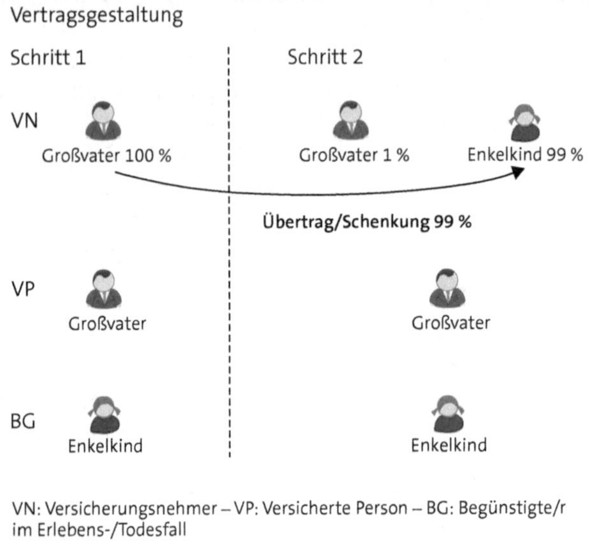

*Quelle: LV1871 Private Assurance AG,

808 Das Generationenmodell erlaubt die Nutzung des persönlichen Freibetrags beim Enkelkind (200.000 €) jeweils pro Großelternteil. Im Ergebnis können daher durch beide Großelternteile gemeinsam bis zu (2 x 200.000 € =) 400.000 € direkt an jedes Enkelkind weitergegeben werden. Die schenkweise Weitergabe an das Enkelkind ist dabei für die Großeltern mit der Möglichkeit verbunden, mit z. B. 1 % weiter Versicherungsnehmer zu bleiben und so weiterhin die Kontrolle[1] über die Versicherung und die Versicherungsleistung auszuüben. Im Todesfall unterliegen lediglich 1 % der Versicherungsleistung der Erbschaftsteuerpflicht auf Ebene des Enkelkinds. Liegen zwischen Schenkung des Vertrages und Versicherungsfall mehr als zehn Jahre, so können die persönlichen Steuerfreibeträge erneut in Anspruch genommen werden.[2] Die Versicherungsleistung an den Begünstigen (hier: Enkelkind) ist im Todesfall – unabhängig von ihrer Höhe – vollständig einkommensteuerfrei. Das „Generationenmodell"

1 Entscheidungen hinsichtlich des Vertrages z. B. Rückkauf, Teilkündigungen, Änderungen der Begünstigten oder Änderung der Anlagestrategie können nur gemeinsam von allen Versicherungsnehmern gemeinsam getroffen werden. Alternativ kann sich der Schenker (hier: z. B. der Großvater) auch durch den Beschenkten bevollmächtigen lassen.

2 Vgl. Rz. 661.

kann unter Berücksichtigung anderer persönlicher Steuerfreibeträge ebenfalls angewendet werden auf die Vermögensweitergabe zwischen Eltern und Kindern, Ehepaaren bzw. Lebenspartnern.[1]

7.2 Erwerbe aus Kapital- und Rentenlebensversicherungen von Todes wegen

Bei Erwerben aus Kapital- oder Rentenlebensversicherungen von Todes wegen 809 ist zu unterscheiden, ob der Versicherungsnehmer, der die Versicherung auf sein eigenes Leben abgeschlossen hat (Versicherungsnehmer = versicherte Person), einen Bezugsberechtigten bestimmt hat oder nicht. Hat der Versicherungsnehmer keinen Bezugsberechtigten benannt, fällt die Versicherungsleistung in seinen Nachlass. Die Erben haben die Zuwendung als Erwerb von Todes wegen nach § 3 Abs. 1 Nr. 1 ErbStG zu versteuern. Wurde hingegen ein Bezugsberechtigter benannt, wirkt die Lebensversicherung wie ein Vertrag zu Gunsten Dritter auf den Todesfall. Mit dem Tod des Versicherungsnehmers entsteht auf Seiten des Bezugsberechtigten ein eigener Anspruch gegen das Versicherungsunternehmen. Dieser Anspruch fällt nicht in den Nachlass des Versicherungsnehmers, da dieser bereits zu Lebzeiten Ansprüche aus dem Versicherungsverhältnis für den Fall seines Ablebens aufgegeben hat. Der Erwerb der Versicherungsleistung ist daher nicht als Erwerb von Todes wegen, sondern als Erwerb i. S. von § 3 Abs. 1 Nr. 4 ErbStG zu qualifizieren. Es handelt sich hierbei um einen Vermögensvorteil, den der Drittbegünstigte aufgrund des vom Versicherungsnehmer und Erblasser geschlossenen Vertrages bei dessen Tode von einem Dritten (der Versicherungsgesellschaft) unmittelbar erworben hat. Voraussetzung für eine Besteuerung der Versicherungssumme ist eine freigebige Zuwendung im Valutaverhältnis, also zwischen dem Versicherungsnehmer und dem Drittbegünstigten. Diese setzt Unentgeltlichkeit voraus.

Unentgeltlichkeit wäre nach allgemeiner Auffassung dann nicht gegeben, wenn der Bezugsberechtigte die Prämienzahlungen übernommen hat. Das Niedersächsische Finanzgericht[2] hat allerdings in einem Fall, in dem der Bezugsberechtigte der eigentliche Prämienzahler war, die Versicherungsleistung dem Nachlass des Versicherungsnehmers zugerechnet. Damit musste der Prämienzahler die gesamte Versicherungssumme als Erwerb von Todes wegen

1 Gilt für vor dem 1.10.2017 begründete Lebenspartnerschaften. Seit dem 30.9.2017 können Lebenspartnerschaften zwischen zwei Personen gleichen Geschlechts nicht mehr begründet werden (§ 1 LPartG i. d. F. des Gesetzes zur Einführung des Rechts auf Eheschließung für Personen gleichen Geschlechts).

2 Niedersächsisches FG, Urteil v. 16.11.2005 - 3 K 47/04, KAAAB-82412.

und damit den gesamten Vermögensvorteil, der aufgrund eines vom Erblasser geschlossenen Vertrags bei dessen Tode unmittelbar erworben wird (§ 3 Abs. 1 Nr. 4 ErbStG) versteuern. Nach Auffassung des Niedersächsischen Finanzgerichts könnte etwas anderes gelten, „wenn der Versicherungsnehmer lediglich formal als Vertragspartner des Versicherers auftritt, während die Position des Versicherungsnehmers nach Maßgabe des Valutaverhältnisses wirtschaftlich dem Prämienzahler zukommt. Eine Steuerpflicht der Lebensversicherungsleistung bei Prämienzahlung kann also vermieden werden, wenn der Prämienzahler vom Versicherungsnehmer unwiderruflich als Bezugsberechtigter eingesetzt wird. Dann nämlich würden nach Ansicht des FG alle aus dem Versicherungsvertrag resultierenden Vermögenswerte von vornherein zum Vermögen des Prämienzahlers gehören; für einen Erwerb von Todes wegen bliebe dann kein Raum.

810 Nach BFH-Rechtsprechung schließt außerdem jener Umstand eine Steuerpflicht nach § 3 Abs. 1 Nr. 4 ErbStG aus, in dem die Begünstigung an einer Lebensversicherung in rechtlichem Zusammenhang mit einem zusammen mit dem Erblasser verfolgten Gemeinschaftszweck zu sehen ist. Im Streitfall ist der Erblasser zusammen mit der Bezugsberechtigten zwecks einer Firmengründung gemeinsame Darlehensverpflichtungen eingegangen. Die Bezugsberechtigte und Firmenmitbegründerin war widerrufliche Bezugsberechtigte einer Lebensversicherung, die der Erblasser wegen des Darlehens auf Anraten der Bank abgeschlossen hatte.[1] Die Voraussetzungen einer freigebigen Zuwendung durch den Erblasser waren nach Auffassung des BFH nicht erfüllt und damit die Versicherungsleistung an die Begünstigte nicht steuerpflichtig.

HINWEISE:

- Zuwendungs- und Besteuerungsgegenstand ist auch hier wieder die Versicherungssumme, nicht die Bezugsberechtigung.
- Schließt sich an den Tod des Versicherungsnehmers (der versicherten Person) ein Ermittlungsverfahren der Versicherungsgesellschaft zur Prüfung der Leistungspflicht an, ist die Erbschaftsteuer erst mit dem Abschluss der zur Feststellung der Leistungspflicht erforderlichen Erhebungen der Versicherungsgesellschaft entstanden, nicht bereits mit dem Tod des Versicherungsnehmers (der versicherten Person). Insoweit handelt es sich um betagte Ansprüche, bei denen der Eintritt des Zeitpunktes der Fälligkeit (Abschluss der versicherungsinternen Ermittlungen) unbestimmt ist.[2]

1 BFH, Beschluss v. 4.8.1999 - II B 59/99, VAAAA-63077.

2 BFH, Urteil v. 27.8.2003 - II R 58/01, BStBl 2003 II S. 921.

7.3 Terminierte Vermögensübertragungen mit Termfix-Versicherungen

Bei einer Termfix-Versicherung, handelt es sich um eine Kapitallebensversicherung mit festem Auszahlungstermin. Der Auszahlungstermin wird bei Vertragsabschluss oder zu Lebzeiten durch den Versicherungsnehmer festgelegt. Stirbt die versicherte Person vor dem vereinbarten Auszahlungstermin, so erwerben die Begünstigten einen unwiderruflichen Anspruch auf die Versicherungsleistung zum Auszahlungstermin. 811

Strategiebeispiel: „Terminierter Vermögensübertrag und Konfliktvermeidung“:[1]

Dieses Strategiemodell kann durch eine Termfixklausel einerseits einen unerwünscht „frühen“ Zufluss bei den Begünstigten vermeiden, andererseits beugt es möglichen Familienkonflikten zwischen den Angehörigen vor. Durch die Nennung der Begünstigten fließt die Versicherungsleistung zum vereinbarten Zeitpunkt direkt an die Bezugsberechtigten – ohne dass die Versicherungsleistung durch eine oftmals langwierige Erbauseinandersetzung z. B. mit der Familie der neuen Ehefrau blockiert wird.

Vater V ist in zweiter Ehe verheiratet und möchte für den Fall seines Todes seine noch minderjährige Tochter T aus erster Ehe absichern. Gleichzeitig möchte er den Zugriff auf das Vermögen behalten. T soll bei Tod des Vaters erst mit Volljährigkeit über das Vermögen verfügen können. Vater V (als Versicherungsnehmer und versicherte Person) setzt seine Tochter T aus erster Ehe widerruflich als Begünstigte in einen Lebensversicherungsvertrag mit Termfixklausel ein und behält sich selbst zu Lebzeiten den Zugriff auf den Vertrag, d. h. alle Rechte zur Vertragsänderung vor. Im Falle des Todes des Vaters wird die Termfixklausel ausgelöst und die Tochter erhält einen unwiderruflichen nicht mehr entziehbaren Anspruch auf die Versicherungsleistung. Die Termfixklausel kann zu Lebzeiten des Vaters jederzeit geändert werden. Außerdem kann der Vater die Bezugsrechte jederzeit ändern und beispielsweise weitere Bezugsberechtigte in den Vertrag aufnehmen.

---

1 Strategiebeispiel in Zusammenarbeit mit der LV 1871 Private Assurance AG, Austr. 15, FL-9495 Triesen, Herr Markus Hetzer, Tel. 00423-2388300, markus.hetzer@lv1871private.com, www.lv1871private.

ABB. 15: Strategie „Terminierter Vermögensübertrag und Konfliktvermeidung"*

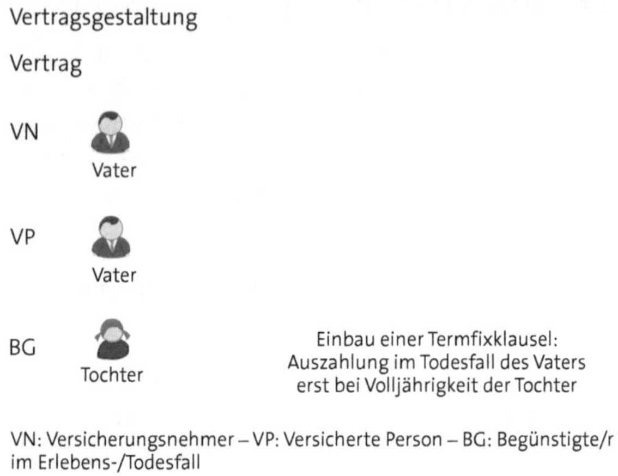

* Quelle: LV1871 Private Assurance AG

Zivilrechtlich handelt es sich bei dem Anspruch der Begünstigten (hier: Tochter T) aus der durch den Tod des Vaters ausgelösten Termfixklausel um eine betagte Forderung, die bereits entstanden, aber deren Fälligkeit auf einen späteren Zeitpunkt hinausgeschoben ist. Steuerlich wird der zivilrechtlichen Qualifikation als betagte Forderung aber nur dann gefolgt, wenn der Zeitpunkt des Eintritts des zur Fälligkeit führenden Ereignisses ungewiss oder unbestimmt ist, d. h. es sich eben gerade nicht um einen „fixierten" Zeitpunkt handelt.

Die Erbschaftsteuer entsteht bei Termfix-Versicherungen nach Auffassung der Finanzgerichte Köln und Nürnberg[1] mit dem Tod der versicherten Person. Dies gilt sowohl für klassische als auch für fondsgebundene Lebensversicherungen mit Termfixklausel. Die Finanzgerichte bestätigen und erweitern damit die bisherige Auffassung der Finanzverwaltung.[2] Gemäß § 9 Abs. 1 Nr. 1 ErbStG entsteht die Steuer bei Erwerben von Todes wegen mit dem Tode des Erblassers. Abweichend hiervon entsteht die Erbschaftsteuer für den Erwerb des unter einer aufschiebenden Bedingung, unter einer Betagung oder Befristung Bedachten sowie für zu einem Erwerb gehörende aufschiebend bedingte, betagte oder befristete Ansprüche mit dem Zeitpunkt des Eintritts der Bedingung oder

1 FG Köln, Urteil v. 30.1.2019 - 7 K 1364/17, NAAAH-15759, FG Nürnberg, Urteil v. 12.9.2018 - 8 K 498/17, beide rkr.

2 FinMin Baden-Württemberg, Erlass v. 22.12.2009 - 3 - S 3844/36, TAAAD-35157.

des Ereignisses (§ 9 Abs. 1 Nr. 1 Buchst. a ErbStG).[1] § 9 Abs. 1 Nr. 1 Buchst. a ErbStG betrifft jedoch nach ständiger Rechtsprechung des BFH nicht alle zivilrechtlich als betagt anzusehenden Ansprüche, sondern nur solche, bei denen der Eintritt oder der Zeitpunkt des Eintritts des zur Fälligkeit führenden Ereignisses ungewiss oder unbestimmt ist. Für Ansprüche, die zu einem bestimmten (feststehenden) Zeitpunkt fällig werden, entsteht die Erbschaftsteuer dagegen bereits im Zeitpunkt des Todes des Erblassers.

Bei der Ermittlung des steuerpflichtigen Erwerbs zum Zeitpunkt des Todes des Erblassers (Bewertungsstichtag) ist zu unterscheiden zwischen:

- einer fondsgebundenen Kapital- bzw. Rentenlebensversicherung mit Termfixklausel und
- einer klassischen Termfix-Lebensversicherung mit einer garantierten (Mindest-)Leistung zum Termfix-Zeitpunkt.

Im Fall einer fondsgebundenen Kapital- bzw. Rentenlebensversicherung mit Termfixklausel entspricht der steuerpflichtige Erwerb dem Nennwert[2] des fondsgebundenen Vertrages zum Zeitpunkt des Todes des Erblassers. Der Nennwert entspricht bei fonds- oder portfoliogebundenen Lebensversicherungen dem (Fonds-)Depotwert bzw. dem Kurswert der in der Versicherung gehaltenen Vermögenswerte zum Bewertungsstichtag. Dieser Wert weicht aufgrund von noch nicht verrechneten Kosten oftmals vom Rückkaufswert der Versicherung zum Bewertungsstichtag ab. Gegebenenfalls ist der Nennwert des fondsgebundenen Vertrages um die auf den Bewertungszeitpunkt abgezinste zusätzliche Todesfalldeckung zu erhöhen. Eine zusätzliche Todesfallleistung wird vom Versicherer zum Termfix-Zeitpunkt ggf. ergänzend zum angesparten Kapital an die Begünstigten ausgezahlt und ist aufgrund der Unverzinslichkeit auf den Bewertungsstichtag abzuzinsen.[3] Eine Bewertung der fondsgebundenen Lebensversicherung vollständig nach § 12 Abs. 3 BewG für unverzinsliche Forderungen oder nach § 12 Abs. 4 BewG mit dem Rückkaufswert (anzuwenden für noch nicht fällige Ansprüche aus Lebensversicherungen) scheidet nach der FG-Rechtsprechung für Termfix-Versicherungen aus. Die persönlichen Freibeträge der Begünstigten im persönlichen Vehältnis zum Versicherungsnehmer finden Anwendung (ggf. Zusammenrechnung mit anderen Erwerben i. S. des § 14 ErbStG).[4]

1 Vgl. Rz. 342, 343.

2 Vgl. Rz. 99.

3 § 12 Abs. 3 BewG, vgl. Rz. 100.

4 Als weiteres wichtigstes Ergebnis bleibt neben der „terminierten" Weitergabe von Vermögen die vollständige Einkommensteuerfreiheit im Versicherungsfall auf Ebene der begünstigten Tochter gem. § 20 Abs. 1 Nr. 6 EStG als einkommensteuerfreie Todesfallleistung.

Klassische Termfix-Lebensversicherungen mit einer garantierten (Mindest-)Leistung zum Termfix-Zeitpunkt werden für Erbschaftsteuerzwecke gem. § 12 Abs. 1 ErbStG i.V. mit § 12 Abs. 3 BewG bewertet und auf den Bewertungsstichtag (Todestag des Erblassers) abgezinst.[1]

HINWEISE:

- In der Beratungspraxis ist genau auf die steuerlichen Unterschiede von Fälligkeitsklauseln (wie z. B. Termfixklauseln) oder Ereignisklauseln im Zusammenhang mit Lebensversicherungsverträgen zu achten. Im Falle einer Fälligkeitsklausel ist der Zeitpunkt der Fälligkeit bestimmt mit der Folge, dass die Erbschaftsteuer bereits im Zeitpunkt des Todes des Erblassers entsteht. Im Falle von Ereignisklauseln, bei der auf die Ungewissheit bzw. Unbestimmheit des Eintritts oder Eintrittszeitpunktes des zur Fälligkeit der Versicherung führenden Ereignisses abgestellt wird, entsteht die Erbschaftsteuer erst mit dem Eintritt des Ereignisses (z. B. Erfolgreicher Abschluss eines Studiums durch den Begünstigten). Mit Eintreten des in der Klausel formulierten Ereignisses fallen hierbei die wirtschaftliche Bereicherung des Begünstigten und die Erbschaftsteuer zusammen.
- Lebensversicherungen mit Termfixklausel führen regelmäßig zu einer „vorgezogenen" Erbschaftbesteuerung bei Tod der versicherten Person. Anschließende Wertsteigerungen im Versicherungsportfolio bis zur Auszahlung unterliegen dafür aber nicht mehr der Erbschaftsteuer. Umgekehrt können negative Wertentwicklungen insbesondere bei fondsgebundenen Lebensversicherungen zu einer unter dem bereits versteuerten steuerpflichtigen Erwerb liegenden geringeren Auszahlung an die Begünstigten führen.

7.3 Verbundene Lebensversicherungen (unter Ehegatten)

812 Bei einer verbundenen Lebensversicherung schließen zwei oder mehrere Personen – im Regelfall Ehegatten – eine Lebensversicherung auf das Leben des zuerst versterbenden Mitversicherungsnehmer-Ehegatten ab; die Ehegatten bilden insoweit eine Gemeinschaft. Die aufgrund des Todes des Erstversterbenden oder im Erlebensfall fällige Versicherungsleistung fällt somit zu Gunsten der Gemeinschaft an. Im Versicherungsfall erfolgt die Leistung an den überlebenden Ehegatten. Dieser erhält die Leistung in seiner Eigenschaft als Versicherungsnehmer und Bezugsberechtigter anteilig – entsprechend seinem Anteil an der Gemeinschaft. Soweit dem überlebenden Ehegatten die Versicherungssumme in der Eigenschaft als Versicherungsnehmer zufließt, unterliegt der Erwerb nicht der Erbschaftsteuer. Bei Ehegatten wird wegen der engen persönlichen Bindung und aufgrund gleichgerichteter Interessenlagen eine im Innenverhältnis vereinbarte hälftige Zahlungsverpflichtung unterstellt, was im Ergebnis bedeutet, dass unter Ehegatten die Hälfte der Versiche-

1 Vgl. Rz. 100.

rungsleistung immer steuerfrei vereinnahmt werden kann. Nur die übrige Versicherungssumme, die der überlebende Ehegatte als begünstigter Dritter und nicht als Versicherungsnehmer erhält, ist entweder nach § 3 Abs. 1 Nr. 4 ErbStG (bei Erwerben von Todes wegen[1]) oder nach § 7 Abs. 1 Nr. 1 ErbStG (bei Schenkungen unter Lebenden) steuerpflichtig.[2]

BEISPIEL: Erblasser E hat:

- eine eigene Lebensversicherung (Eigenversicherung) abgeschlossen und seine Ehegattin G als Bezugsberechtigte bestimmt;
- zusammen mit seiner Ehegattin G eine verbundene Lebensversicherung abgeschlossen.

Die Besteuerung der Ablaufleistung i. H. von 4 Mio. € stellt sich wie folgt dar:

	Eigenversicherung	Verbundene Lebensversicherung
Ablaufleistung, zu versteuernde	4.000.000 €	2.000.000 €
Freibeträge	·/. 756.000 €	·/. 756.000 €
steuerpfl. Erwerb	3.244.000 €	1.244.000 €
Erbschaftsteuerbetrag	616.360 €	236.360 €

Die Steuerersparnis durch die verbundene Lebensversicherung beträgt bei gleichen Versicherungsleistungen 380.000 €.

7.4 Abschluss einer Lebensversicherung auf das Leben des Ehegatten

Die Steuerfolge des § 3 Abs. 1 Nr. 4 ErbStG kann nicht nur zur Hälfte, sondern 813
sogar ganz vermieden werden, wenn eine Lebensversicherung auf das Leben einer anderen Person, also beispielsweise auf das Leben des Ehepartners abgeschlossen wird. Der Versicherte ist dann der andere Ehegatte. Ist kein Bezugsberechtigter benannt, erhält der Versicherungsnehmer-Ehegatte in seiner Eigenschaft die Versicherungssumme, ohne dass dieser Erwerb erbschaftsteuerpflichtig wäre.

1 Siehe hierzu insbesondere Ausführungen in Rz. 364.

2 Darüber hinaus lässt sich mit diesem Modell neben der Erbschaftsteueroptimierung auch die vollständige Einkommensteuerfreiheit der Versicherungsleistung im Todesfall des Erstversterbenden erreichen, da die Leistung an den überlebenden Ehegatten gem. § 20 Abs. 1 Nr. 6 EStG als einkommensteuerfreie Todesfallleistung qualifiziert wird.

Strategiebeispiel: Ehegatten-Absicherungs-Modell[1]

Das Ehepaar E ist kinderlos und möchte sich gegenseitig steueroptimiert absichern. Es soll keine Erbschaftsteuer anfallen.

ABB. 16: Strategie „Ehegatten-Absicherungs-Modell"*

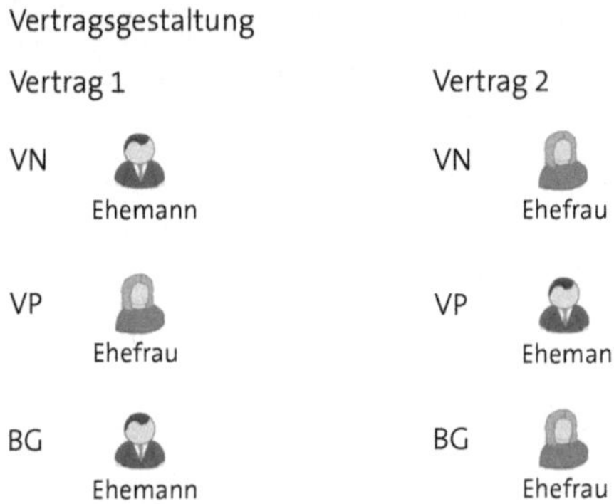

VN: Versicherungsnehmer – VP: Versicherte Person – BG: Begünstigte/r im Erlebens-/Todesfall

* Quelle: LV1871 Private Assurance AG

Ehemann und Ehefrau schließen jeweils eine eigene Risikolebensversicherung auf das Leben des anderen Ehegatten ab (VP). Begünstigter (BG) bleibt jeweils derjenige Ehegatte, der auch der Versicherungsnehmer ist. Die Auszahlung erfolgt im Todesfall des jeweils anderen Ehegatten erbschaft- und einkommensteuerfrei.[2] Zu beachten ist im Falle einer alternativen Gestaltung mit kapitalbildenden Lebensversicherungen statt mit reinen Risikoversicherungen, dass der jeweils zweite abgeschlossene Versicherungsvertrag durch den Tod des Gatten (=Versicherungsnehmer) noch nicht fällig geworden ist und daher als solcher in dessen Nachlass fällt und dort gegebenenfalls – i. H. des Rückkaufswertes – Erbschaftsteuer nach § 3 Abs. 1 Nr. 1 ErbStG auslöst. In der Praxis wird daher oftmals eine Nachfolge des Versicherungsnehmers im Falle des To-

1 Strategiebeispiel in Zusammenarbeit mit der LV 1871 Private Assurance AG, Austr. 15, FL-9495 Triesen, Herr Markus Hetzer, Tel. 00423-2388300, markus.hetzer@lv1871private.com, www.lv1871private.com.

2 Als weiteres wichtiges Ergebnis bleibt neben der Absicherung des Partners die vollständige Einkommensteuerfreiheit der Versicherungsleistung im Todesfall des Ehepartners, da die Leistung an den überlebenden Ehegatten gem. § 20 Abs. 1 Nr. 6 EStG als einkommensteuerfreie Todesfallleistung qualifiziert wird.

des vereinbart. Dies kann der überlebende Ehegatte oder eine andere Person sein.

HINWEIS:

Diese Variante eignet sich insbesondere zur Absicherung des Partners bzw. der Familie. Eine Erweiterung der Vertragsgestaltung zum „Generationenvertrag“ durch Einbeziehung von nahen Angehörigen ist möglich. Die Ehepartner behalten über ihren Vertrag die Kontrolle.

7.5 Abschluss einer Lebensversicherung auf das Leben des anderen Geschäftspartners

Neben Ehepartnern wollen sich in vielen Fällen auch Geschäftspartner gegen- 814
seitig für den Fall des Todes des anderen absichern. Da Geschäftspartner im Regelfall nicht verwandt sind und im Verhältnis zueinander bei der Erbschaftsteuer die Steuerklasse III anzuwenden wäre, ist es in diesen Fällen besonders wichtig, dass die Todesfallleistung erbschaftsteuerfrei zur Auszahlung kommt.

Strategiebeispiel: „Geschäftspartner-Absicherungs-Modell“[1]

ABB. 17: „Geschäftspartner-Absicherungs-Modell“*

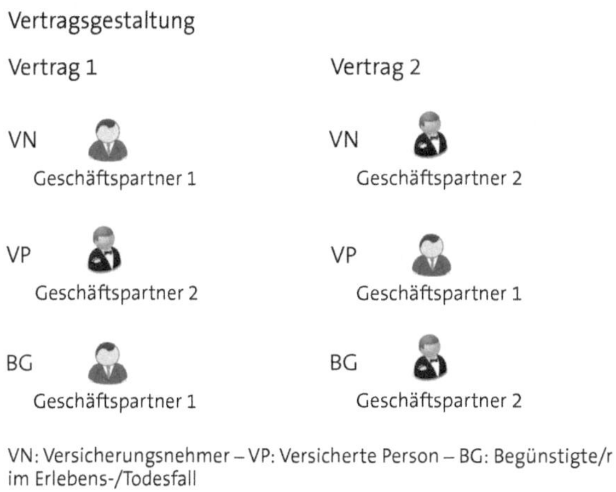

*Quelle: LV1871 Private Assurance AG

1 Strategiebeispiel in Zusammenarbeit mit der LV 1871 Private Assurance AG a. a. O. Weitere Gestaltungstipps vgl. Hetzer/Götzenberger, Absicherungs- und Gestaltungsstrategien mit Lebensversicherungen für Unternehmer, BB 2009 S. 2290 ff.

Die Ausgestaltung der Versicherungsverträge erfolgt in gleicher Weise wie bei der Absicherung unter Ehegatten. Die Geschäftspartner schließen jeweils eine Risikolebensversicherung als Versicherungsnehmer auf das Leben des jeweils anderen Geschäftspartners (als versicherte Person) ab.

Die erbschaftsteuer- und einkommensteuerfrei auszuzahlende Todesfallleistung[1] kann verwendet werden:

- für den Erwerb der Geschäftsanteile von den Erben des verstorbenen Geschäftspartners
- zur Überbrückung von Liquiditätsrisiken und operativen Risiken.

HINWEIS:

Darüber hinaus lässt sich mit obiger LV-Strategie bei Verwendung von kapitalbildenden Lebensversicherungen sowohl mit einer Risikotodesfallleistung als auch einem Sparanteil für die Geschäftspartner jeweils ergänzend eine zusätzliche Altersvorsorge aufbauen.

7.6 Prämienschenkung

815 Als weitere Gestaltungsalternative bietet sich die sogenannte Prämienschenkung an. Bei einer Prämienschenkung setzt ein Ehegatte, der versicherte Person ist und die Prämien für die Lebensversicherung zahlt, seinen Ehepartner als Versicherungsnehmer und Bezugsberechtigten in den Versicherungsvertrag ein. Der Ehepartner zahlt dann lediglich auf die Prämien Schenkungsteuer, nicht aber auf die spätere Versicherungsleistung.

Die Steuerpflicht für die spätere Versicherungsleistung entfällt aber nicht bereits dadurch, dass der Bezugsberechtigte die Prämien an Stelle des Versicherungsnehmers ganz oder teilweise gezahlt hat. Das Finanzamt überprüft in derartigen Fällen anhand der zwischen dem Versprechensempfänger und dem Bezugsberechtigten getroffenen Vereinbarungen, ob die Prämienzahlung und die Zuwendung der Versicherungsleistung jeweils als zwei getrennte Zuwendungsvorgänge zu behandeln sind oder der Bezugsberechtigte im Innenverhältnis die Stellung des Versicherungsnehmers innehatte und somit Prämienzahlung und Versicherungsleistung von vornherein seiner Vermögenssphäre zuzurechnen sind.[2]

1 Daneben ist die Versicherungsleistung im Todesfall des Geschäftspartners vollständig einkommensteuerfrei gem. § 20 Abs. 1 Nr. 6 EStG.

2 FinMin Nordrhein-Westfalen, Erlass v. 26.4.1999 - S 3802 - 17 - V A 2, DB 1999 S. 1142; FinMin Baden-Württemberg, Erlass v. 6.5.1999 - 3 - S 3802/20, DStR 1999 S. 1231; FinMin Bayern, Erlass v. 22.4.1999 - 34 - S 3802 - 17/3 - 9800.

Einer solchen steuerlichen Prüfung entgeht man dadurch, dass der andere Ehegatte – wie erwähnt – Versicherungsnehmer und Bezugsberechtigter gleichzeitig ist. Ist der Erwerber sowohl Versicherungsnehmer als auch Bezugsberechtigter, erfolgt von Seiten der inländischen Versicherungsgesellschaft keine Meldung an das Finanzamt (§ 33 Abs. 3 ErbStG).

HINWEIS:

Eine Prämienschenkung rechtsgültig zu vollziehen, heißt, dass der als Versicherungsnehmer und Bezugsberechtigter eingesetzte Ehegatte die Versicherungsprämien „aus eigener Tasche" zahlt. Es empfiehlt sich daher, die Prämienschenkung zwischenzuschalten, d. h., der Ehegatte (der Prämienschenker) muss die Beiträge zunächst dem anderen Ehegatten auf sein Konto überweisen, bevor dieser das Geld dann an die Versicherungsgesellschaft weiterleitet.

7.7 Steueroptimierte Vermögensübertragung mit sofort fälligen Rentenlebensversicherungen

Rentenlebensversicherungen können auch als sogenannte sofortbeginnende Rentenversicherung ausgestaltet sein, bei der gegen Einzahlung eines Einmalbetrages die Rentenleistung sofort beginnt. Möchte ein Elternteil einem Kind einen Versorgungsbetrag zuwenden, kann wie folgt verfahren werden: 816

- Variante 1: Direkte Zuwendung einer Bargeldsumme zur freien Verfügung
- Variante 2: Einzahlung einer Bargeldsumme in eine sofortbeginnende Rentenlebensversicherung. Versicherte Person und Begünstigte aus der Versicherungspolice ist das Kind.

Auch wenn beide Varianten so ausgestaltet werden können, dass sie das Kind materiell gleichstellen, bestehen auf Ebene der Schenkungsteuer erhebliche Unterschiede. Während in der ersten Variante der zugewendete Bargeldbetrag Besteuerungsgegenstand ist und – ggf. unter Abzug noch nicht ausgeschöpfter persönlicher Freibeträge – zum Nennwert der Schenkungsteuer zu unterwerfen ist, errechnet sich der Steuerwert für Versicherungsleistungen aus dem erworbenen Rentenstammrecht. Wird ein Rentenstammrecht zugewiesen, was der Fall ist, wenn aus der Versicherungspolice ein Dritter begünstigt werden soll, entsteht die Schenkungsteuer bereits mit dem Zeitpunkt der Zuwendung (§ 9 Abs. 1 Nr. 2 ErbStG).

Die Bemessungsgrundlage für die als wiederkehrende Leistungen zu erbringenden Rentenzahlungen (Renten) errechnet sich aus dem zu kapitalisierenden Jahreswert.[1] Je nach Ausgestaltung des Versicherungsvertrages können wiederkehrende Leistungen auf bestimmte Zeit oder lebenslänglich vereinbart sein. Der jeweils maßgebliche Kapitalisierungsfaktor ergibt sich:

- bei wiederkehrenden Leistungen auf bestimmte Zeit aus der Anlage 9a zu § 13 BewG[2]
- bei lebenslänglichen Leistungen aus den für den jeweiligen Bewertungsstichtag vom BMF veröffentlichten Vervielfältiger zu § 14 Abs. 1 BewG.[3]

Die Schenkungsteuer auf zugewendete Leistungen aus Rentenlebensversicherungen kann entweder vom Kapitalwert sofort oder auch jährlich im Voraus vom Jahreswert als Jahressteuer entrichtet werden.

BEISPIEL: Mutter M will ihrer Tochter T ein direktes laufendes Einkommen sichern. Hierzu sollen 1.000.000 € in eine Anlage zur laufenden Versorgung investiert werden. Die Tochter (45 Jahre) hat bereits ein Kind und lebt unverheiratet mit einem Lebensgefährten zusammen. Die Mutter will sicherstellen, dass die laufende Versorgung beim Tod der Tochter nicht dem Lebensgefährten zu Gute kommt, sondern je nach Wahl ihr selbst oder dem Enkelkind.

Variante 1: M wendet der T 1.000.000 € direkt zu, die die Tochter zur laufenden Versorgung individuell anlegen kann. Die Tochter zahlt auf die Barzuwendung Schenkungsteuer i. H. von 90.000 € (steuerpflichtiger Erwerb = 1.000.000 – 400.000 = 600.000 €, Steuerklasse I, Steuersatz 15 %). Die aus der Vermögensanlage erzielten Einkünfte stellen steuerpflichtige Einkünfte aus Kapitalvermögen dar, die T bei Überschreiten ihres Sparer-Pauschbetrages der Einkommensteuer unterwerfen muss. Im Fall des Todes der Tochter fällt die nicht verbrauchte Barzuwendung in den Nachlass.

Variante 2: Die Mutter zahlt den vorgesehenen Bargeldbetrag in eine sofortbeginnende Rentenlebensversicherung mit ihrer Tochter als versicherte Person ein und begünstigt diese für die Rentenzahlungen aus dem Vertrag. Die Rentenleistungen aus der Police sollen lebenslänglich sein. Im Fall des Todes der Tochter soll die Todesfallleistung (entspricht dem gezahlten Einmalbeitrag abzgl. der bereits ausgezahlten garantierten Renten) der Mutter (falls diese noch lebt) oder dem Enkelkind zufallen.

Für die oben genannte Produktlösung würde sich unter Zugrundelegung des maßgeblichen Vervielfältigers[4] folgende Schenkungsteuer errechnen:

---

1 Zum Begriff und Berechnung des Jahreswertes vgl. Rz. 118.

2 Vgl. Anhang 3.

3 Für Bewertungsstichtage ab 1.1.2021 vgl. BMF, Schreiben v. 28.10.2020 - IV C 7 - S 3104/19/10001 :005 BStBl 2020 I S. 1048, vgl. Anhang 5.

4 Vgl. Anhang 5.

Garantierte Jahresrente (bei Einmalanlage 1.000.000 €, Rentenempfänger: 45 Jahre, weiblich; Tarif - sofortbeginnende Rentenversicherung mit Todesfallschutz) (Sofort beginnende dynamische, d. h. jährlich ansteigende lebenslange jährliche Rente inkl. Überschussanteilen für die Begünstigte)	22.696 €
× Kapitalisierungsfaktor	16,396
= Steuerlicher Kapitalwert	372.124 €
Bereicherung	372.124 €
·/. Freibetrag	·/. 400.000 €
Steuerpflichtiger Erwerb	0 €
Schenkungsteuer auf die Rentenzuwendung	0 €

Während also bei der ersten Variante, der direkten Bargeldzuwendung, Schenkungsteuer von mehr als 90.000 € anfällt, erhält die Tochter die Versorgung mittels Variante 2, der Rentenlebensversicherung mit Sofortrente, steuerfrei.

HINWEIS:

Die aus der Versicherungspolice bezogenen Rentenleistungen müssen im Gegensatz zu den aus der Anlage der Bargeldzuwendung (Variante 1) erwirtschafteten Kapitalerträgen nicht mit dem vollen Betrag, sondern nur mit dem jeweiligen Ertragsanteil der Einkommensteuer unterworfen werden, welcher sich aus der Tabelle zu § 22 Nr. 1 Satz 3 Buchst. a, Doppelbuchst. bb ergibt. Im obigen Fallbeispiel würde sich bei einem Eintrittsalter der Tochter von 45 Jahren ein Ertragsanteil von 34 % ergeben. Der Sparer-Pauschbetrag der Tochter bleibt unberührt und steht für weitere Kapitaleinkünfte zur Verfügung.

7.8 Steueroptimierte Vermögensübertragung durch Nießbrauch an Lebensversicherungen

7.8.1 Allgemeines

In der Praxis wird häufig ein Vermögensgegenstand wie z. B. eine vermietete Immobilie an die Tochter oder den Sohn übertragen mit der Maßgabe, dass sich der Schenker den lebenslänglichen Nießbrauch an dem übertragenen Vermögenswert vorbehält. Dem Nießbraucher wird das Recht eingeräumt, die Erträge aus dem übertragenen Vermögensgegenstand zu vereinnahmen, solange er lebt.[1] 817

Nießbrauchsgestaltungen sind vor dem Hintergrund des Erbschaftsteuergesetzes besonders interessant, da sich der Multiplikator im Zusammenhang mit

1 Vgl. Rz. 784 ff.

der Berechnung des Kapitalwertes der Nießbrauchsbelastung aufgrund der steigenden Lebenserwartung nahezu jährlich erhöht. Wendet man diese vorteilhafte Gesetzeslage auf Versicherungsverträge an, bedeutet dies, dass der Nießbrauch an einem Versicherungsvertrag zu einer nennenswerten Kürzung der schenkungsteuerlichen Bemessungsgrundlage führt. Diese Kürzung fällt umso höher aus, je jünger der Nießbrauchsberechtigte ist.

Hinweis: Verstirbt der Nießbrauchberechtigte – abhängig vom Alter zu Beginn – innerhalb eines bestimmten Zeitraums[1] (bei einem 65-Jährigen beträgt diese Frist beispielsweise sieben Jahre), kommt es zu einer Steuerberichtigung und Nachzahlung von Schenkungsteuer. Nach Ablauf dieser altersabhängigen Frist kommt es im Todesfall zu keiner Nachzahlung von Erbschaftsteuer durch die Beschenkten. Vielmehr kann der Beschenkte nach dem Tod des Schenkers auch die zuvor abgeführten Erträge aus der Lebensversicherung nunmehr vollumfänglich steueroptimiert behalten.

7.8.2 Vertragsgestaltung

Nachdem die Einräumung eines Vorbehaltsnießbrauchs an einer Versicherung zivilrechtlich entsprechend den Vorschriften der §§ 1068 ff. BGB grds. möglich ist, kommt es darauf an, wie der Nießbrauch an dem betreffenden Versicherungsvertrag gestaltet wird. Hierzu bedarf es eines Schenkungsvertrages unter Nießbrauchsvorbehalt zwischen dem Vermögensinhaber (Schenker und Nießbrauchsberechtigter) der Versicherung, also dem Versicherungsnehmer und dem Beschenkten (Nießbrauchsgeber). Diese Vereinbarung, die privatschriftlicher Natur sein kann, muss im Zusammenhang mit der Übertragung des Lebensversicherungsvertrags geschlossen werden. Der Nießbrauchsberechtigte genießt besondere Rechte, die im Schenkungsvertrag fixiert werden. Beispielsweise kann der Versicherungsnehmer ohne die Zustimmung des Nießbrauchsberechtigten die Police weder kündigen noch beleihen oder an eine andere Person übertragen. Die Erträge der Police stehen dem Nießbrauchsberechtigten zu seinen Lebzeiten zu. Bei Tod des Nießbrauchsberechtigten endet die Nießbrauchsverpflichtung. Ist der Nießbrauchsberechtigte gleichzeitig die versicherte Person, wird die Todesfallleistung einkommensteuerfrei an den Bezugsberechtigten ausgezahlt.

1 § 14 Abs. 2 BewG, Tabelle § 14 Abs. 2 vgl. Rz. 132.

Strategiebeispiel: „Nießbrauch an einer Lebensversicherung“:[1]

ABB. 18: Strategie: Nießbrauch an einer Lebensversicherung

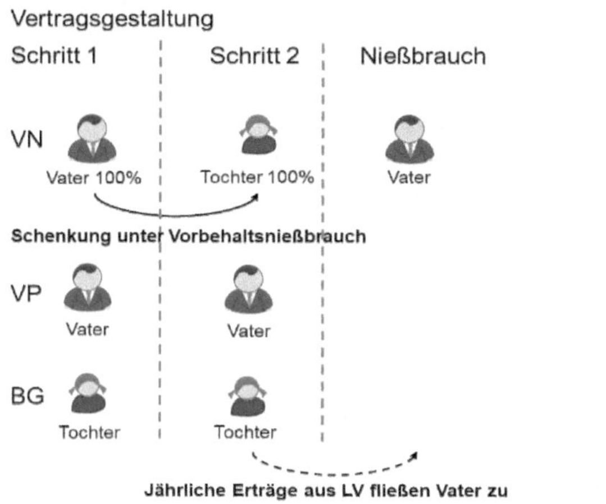

VN: Versicherungsnehmer - VP: Versicherte Person - BG: Begünstigte /r im Erlebens-/Todesfall

Der Vater (63 Jahre) schließt einen fonds- bzw. portfoliogebundenen Lebensversicherungsvertrag gegen einen Einmalbeitrag von 1 Mio. € ab. Der Vater ist sowohl Versicherungsnehmer als auch versicherte Person. Im Leistungsfall (Tod oder Erleben) ist jeweils ein Bezugsberechtigter widerruflich benannt. Es handelt sich somit um einen Vertrag zugunsten Dritter gem. den §§ 328 bzw. 330 BGB. Nach Vertragsabschluss überträgt er unentgeltlich die Police an seine Tochter (neue Versicherungsnehmerin) gegen Vorbehaltsnießbrauch. Der Jahreswert des Nießbrauchs ist bei einer fonds- bzw. portfoliogebundenen Lebensversicherung im Vorhinein nicht bekannt und muss gem. § 15 Abs. 3 BewG als Durchschnittswert geschätzt werden. Im Falle von z. B. global anlegenden Mischfonds lag die langfristige jährliche Rendite im Durchschnitt bei über 6 % p. a.[2] Unter Berücksichtigung der Begrenzung des maximalen Jahreswerts nach § 16 BewG[3] ergibt sich bei der Schenkung einer Lebensversicherung

1 Strategiebeispiel in Zusammenarbeit mit der LV 1871 Private Assurance AG, Austr. 15, FL-9495 Triesen, Herr Markus Hetzer, Tel. 00423-2388300, markus.hetzer@lv1871private.com, www.lv1871private.com.

2 Vgl. Wertentwicklungsstatistik von Fondskategorien des BVI.

3 18,6ter Teil vom Steuerwert des Wirtschaftsguts, § 16 BewG vgl. Rz. 121.

unter Nießbrauchsvorbehalt im Vergleich zu einer direkten Schenkung folgender Schenkungsteuerbelastungsvergleich:

	Schenkung mit Nießbrauchsvorbehalt	Schenkung ohne Nießbrauchsvorbehalt
Steuerwert Lebensversicherungsvertrag	**1.000.000 €**	**1.000.000 €**
Jahreswert des Nießbrauchs unter Berücksichtigung der Begrenzung nach § 16 BewG (1.000 T€/18,6)	53.763 €	
× Kapitalisierungsfaktor für 63-jährigen Mann[1]	12,081	
= Kapitalwert des Nießbrauchsrechts	./. 649.516 €	
Bereicherung des Erwerbers nach Abzug des Nießbrauchsrechts	350.484 €	1.000.000 €
·/. Freibetrag für Schenkung an Tochter	·/. 400.000 €	/. 400.000 €
Steuerpflichtiger Erwerb	0 €	600.000 €
x Steuersatz gem. § 19 ErbStG (15 %, Steuerklasse I, Tochter)		15 %
Schenkungsteuerbelastung	**0 €**	**90.000 €**

Die Einräumung eines Vorbehaltsnießbrauchs an einem Versicherungsvertrag führt in vielen Fällen zu einem schenkungsteuerfreien bzw. schenkungsteuerreduzierten Erwerb. Gleichzeitig wird die Interessenslage des Schenkers insofern gewahrt, dass einerseits der Versorgungsstatus über den Nießbrauch erhalten bleibt, andererseits der Schenker und potenzielle Erblasser weiterhin das „Sagen" über den Versicherungsvertrag behält.

HINWEIS:

Die laufenden Kapitalerträge aus der Fondspolice fließen dem Schenker und Nießbrauchsberechtigten weiter zu. Dieser versteuert diese Erträge entweder mit dem Abgeltungsteuersatz oder gem. der 12/62-Regelung nach § 20 Abs. 1 Nr. 6 EStG zur Hälfte mit dem persönlichen Einkommensteuersatz. Für die jährlichen Nießbrauchsleistungen an den Schenker ergibt sich durch die Aufteilung der als Teilkündigung qualifizierten Leistungen in einen steuerpflichtigen und einen steuerfreien Anteil ein zusätzlicher vorteilhafter Steuerstundungseffekt. Mit dem Tod des Nießbrauchsberechtigten erlischt der Nießbrauch. Es erfolgt eine Auszahlung der Todesfallleistung steuerfrei an den Erwerber als Versicherungsnehmer. Stirbt der Nießbrauchsberechtigte innerhalb der Fristen des § 14 Abs. 2 BewG nach Vertragsabschluss und Übertragung, kommt es ggf. gem. § 14 Abs. 2 BewG zu einer Steuerberichtigung und einer Nachveranlagung mit Schenkungsteuer beim Erwerber.

1 Kapitalisierungsfaktor BMF, Schreiben v. 28.10.2020 - IV C 7 - S 3104/19/10001 :005 BStBl 2020 I S. 1048, vgl. Anhang 5.

7.9 Wichtig bei hohen Altersunterschieden: Der Versicherungsnehmerwechsel

Angenommen, ein 60-Jähriger hat eine Lebensversicherung abgeschlossen und als Begünstigte seine 35-jährige Partnerin eingesetzt. Würde der 60-Jährige heute versterben, müsste seine Partnerin die gesamte Versicherungsleistung als Erwerb von Todes wegen mit Steuerklasse III versteuern. Im ungünstigsten Fall würde so die Hälfte wegbesteuert. Hier ist es dringend geboten, den Versicherungsnehmer zu wechseln, d. h. die Partnerin als Versicherungsnehmerin und Bezugsberechtigte einzusetzen. Versicherte Person bleibt weiterhin der 60-Jährige. Der Versicherungsnehmerwechsel ist zwar nicht steuerfrei. Denn die Partnerin erwirbt dadurch noch nicht fällige Ansprüche aus einer Lebensversicherung, welche mit dem Rückkaufswert zu bewerten und der Schenkungsteuer zu unterwerfen sind.[1] Die Partnerin versteuert beim Versicherungsnehmerwechsel aber weniger als die Versicherungssumme im Versicherungsfall. 818

HINWEIS:

Voraussetzung beim Versicherungsnehmerwechsel ist, dass die Begünstigte die weitere Zahlung der Versicherungsprämien übernimmt. Nur dann beruht der spätere Erwerb der Versicherungssumme nicht mehr auf einer Zuwendung des Schenkers, da der Schenker und bisherige Versicherungsnehmer aus dem Vertrag vollständig ausgeschieden ist. Trägt hingegen der Zuwendende die Prämien weiter, wäre die Übertragung wie die Einräumung eines Bezugsrechts zu behandeln. Folglich wäre die Vertragsübertragung dann erst bei Eintritt des Versicherungsfalls nach § 3 Abs. 1 Nr. 4 ErbStG bzw. § 7 Abs. 1 Nr. 1 ErbStG mit der vollen Versicherungssumme zu besteuern; im Ergebnis wäre also nichts gewonnen!

7.10 Gestaltungsmöglichkeiten im unternehmerischen Bereich

Ein Unternehmer möchte seine Familie für den Fall seines Todes absichern und gleichzeitig im Konkursfall einen Teil seines Vermögens für die Familie sichern. 819

1 Rz. 107.

Strategiebeispiel: Insolvenzschutz der Unternehmerfamilie[1]

ABB. 19: ABB. 19: „Insolvenzschutz der Unternehmerfamilie"*

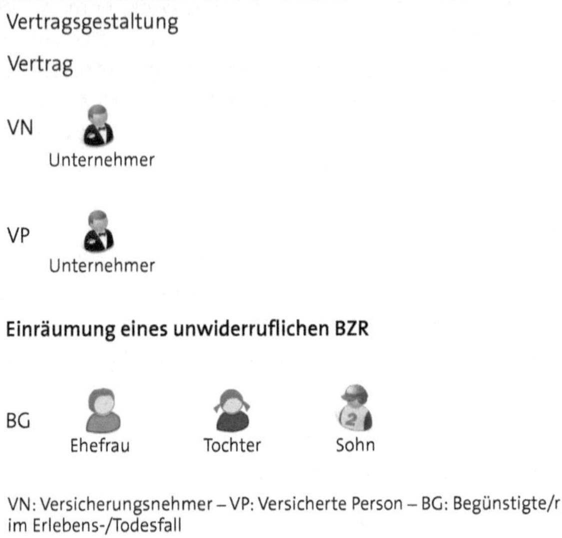

*Quelle: LV1871 Private Assurance AG

Die Strategie wird wie folgt durchgeführt: Der Unternehmer U setzt seine Familie unwiderruflich als Bezugsberechtigte in seinem Todesfall ein. Die Familienmitglieder (Bezugsberechtigte) erwerben damit im Todesfall des Unternehmers U sofort das Recht, über fällige Leistungen aus dem Lebensversicherungsvertrag zu verfügen. Der Vertrag wird aber auch bereits zu Lebzeiten des Unternehmers dem Vermögen der anderen Familienmitglieder zugeordnet und fällt damit in einem Insolvenzfall des Vaters nicht in die Insolvenzmasse.

Voraussetzung für die Verhinderung des Gläubigerzugriffs ist eine bereits mindestens vier Jahre vor dem Insolvenzfall des Vaters erfolgte unwiderrufliche Bezugsberechtigung der Familienmitglieder. Diese kann nur mit Zustimmung des/der Bezugsberechtigten geändert werden. Der Bundesgerichtshof (BGH) hat mit Urteil vom 27.9.2012[2] den Schutz des Versicherungsvertrages im Insolvenzfall des Versicherungsnehmers nochmals höchstrichterlich bestätigt.

1 Strategiebeispiel in Zusammenarbeit mit der LV 1871 Private Assurance AG, a. a. O.
2 BGH, Urteil v. 27.9.2012 - IX ZR 15/12, GAAAE-23344.

HINWEIS:

Leistungen aus dem Lebensversicherungsvertrag unterliegen hier der vollen Erbschaftsteuerpflicht nach § 3 Abs. 1 Nr. 4 ErbStG. Die Versicherungsleistung an die Familienmitglieder bei Tod des Unternehmers ist jedoch vollständig einkommensteuerfrei. Wichtig für das Wirksamwerden des Insolvenzschutzes ist das rechtzeitige und gutgläubige Einrichten der unwiderruflichen Begünstigung mindestens vier Jahre vor dem möglichen Insolvenzfall.

8 Vermeidung der Schenkungsteuer auf Werterhöhungen von Anteilen an einer Kapitalgesellschaft

8.1 Leistung unter Vereinbarung einer Gegenleistung der Kapitalgesellschaft

In Teil III wurde unter Abschnitt 3.5 (Rz. 513 ff.) die Problematik der Werterhö- 820
hung von Anteilen an einer Kapitalgesellschaft im Zusammenhang mit Leistungen eines Gesellschafters an seine Kapitalgesellschaft erörtert. Steuerpflichtige Schenkungen unter Beteiligung von Kapitalgesellschaften (der Steuertatbestand des § 7 Abs. 8 ErbStG), lassen sich aber einfach vermeiden.

Liegt am maßgeblichen Steuerstichtag, also zum Zeitpunkt der Leistung eines Gesellschafters, ein bestehender entgeltlicher Zusammenhang mit einer Gegenleistung der Kapitalgesellschaft vor oder gilt eine solche als vereinbart, etwa in Form eines entgeltlichen Austauschvertrages, dessen Erfüllung mit der Leistung an die Kapitalgesellschaft erfolgt, liegt bereits keine unentgeltliche Schenkung vor. Die Gegenleistung der Kapitalgesellschaft kann dabei bereits erbracht sein oder in naher Zukunft erfolgen. Zur Vermeidung des Steuertatbestandes reicht es, wenn am maßgeblichen Stichtag entsprechende Vereinbarungen getroffen sind, aus denen hervorgeht, dass es durch die Leistung eines Gesellschafters an seine Kapitalgesellschaft zu keiner endgültigen Vermögensverschiebung zu Gunsten der anderen (Mit-)Gesellschafter gekommen ist; dies muss freilich nachgewiesen werden können.

Die tatsächliche spätere Umsetzung der Vereinbarung ist wegen der von Gesetzes wegen gegebenen Maßgeblichkeit der Umstände am Stichtag für die Besteuerung ohne Bedeutung. Denn es können nach der Leistung eines Gesellschafters an die Kapitalgesellschaft Ereignisse eintreten, welche bestenfalls indizielle Bedeutung haben können. Die tatsächliche spätere Nichtumsetzung stellt jedenfalls kein rückwirkendes Ereignis dar, welches eine steuerliche Wirkung für die Vergangenheit entfalten würde, die eine nachträgliche Änderung des ursprünglichen Steuerbescheides i. S. des § 175 Abs. 1 Satz 1 Nr. 2 AO zur Folge hätte.

Alternativ zu einer Gegenleistung der Kapitalgesellschaft können sich auch die Mitgesellschafter zu entsprechenden Leistungen bereit erklären. Die Vereinbarung muss spätestens zum Stichtag getroffen werden. Die Vereinbarungen zwischen den Mitgesellschaftern und/oder der Kapitalgesellschaft dürfen allerdings nicht einen Missbrauch von rechtlichen Gestaltungsmöglichkeiten erkennen lassen.

8.2 Forderungsverzicht durch Umwandlung von Verbindlichkeiten in Eigenkapital

821 Verzichtet ein Gesellschafter auf Forderungen gegenüber „seiner" Kapitalgesellschaft, löst dies regelmäßig die Steuerpflicht nach § 7 Abs. 8 Satz 1 ErbStG aus. Denn ein dauerhafter Forderungsverzicht führt unzweifelhaft in einem kausalen Zusammenhang zu einer endgültigen Vermögensverschiebung zu Gunsten der anderen Gesellschafter. Sofern kein Forderungsverzicht unter Besserungsvorbehalt erwünscht oder durchsetzbar ist,[1] bieten sich alternativ folgende Gestaltungen an:

- Der Gesellschafter wandelt die Verbindlichkeit in Eigenkapital unter gleichzeitiger Erhöhung des Stammkapitals der Gesellschaft. Dadurch wird die Werterhöhung in den anderen Mitunternehmeranteilen ausgeschlossen.
- Alternativ zur Stammkapitalerhöhung der Gesellschaft können die Gesellschafter die Beteiligungsquoten neu ausrichten, so dass es durch den Forderungsverzicht nicht zu einer Bereicherung der anderen Mitunternehmer kommen kann.

HINWEIS:

Leistungen einzelner Gesellschafter führen zu keiner nach § 7 Abs. 8 Satz 1 ErbStG steuerbaren Werterhöhung der Anteile von Mitgesellschaftern, soweit am Stichtag diesbezüglich zwischen den Gesellschaftern oder mit der Kapitalgesellschaft Zusatzabreden bestehen, die für den einlegenden Gesellschafter gewährleisten, dass seine Leistungen nicht zu einer endgültigen Vermögensverschiebung zugunsten der Mitgesellschafter führen.

1 Bei einem Forderungsverzicht unter Besserungsvorbehalt sieht die Finanzverwaltung keinen steuerbaren Vorgang i. S. des § 7 Abs. 8 ErbStG gegeben. Gemäß R E 7.5 Abs. 11 Sätze 11 und 12 ErbStR 2019 fehlt es bei einem Forderungsverzicht unter Besserungsvorbehalt an einem steuerbaren Vorgang, weil der Gläubiger einer wertlosen Forderung nichts aus seinem Vermögen hergibt, sondern lediglich uneinbringliche Werte gegen Erwerbsaussichten umschichtet. Es mangelt insoweit an einer Vermögensverschiebung von dem Verzichtenden an die Mitgesellschafter.

Gleiches gilt, wenn hinsichtlich der Leistungen gesellschaftsvertraglich eine von den maßgebenden Beteiligungsquoten abweichende Verteilung des Vermögens bei späterer Liquidation der Gesellschaft vereinbart wird oder soweit die Leistung als schuldrechtlich zu Gunsten des leistenden Gesellschafters gebundene Kapitalrücklage verbucht wird (§ 72 Satz 2 GmbHG).[1] In diesem Zusammenhang sollte stets eine ggf. nach dem Körperschaftsteuerrecht (§ 8c KStG) eintretende Verlustabzugsbeschränkung beachtet werden.

8.3 Verzicht auf Darlehenszinsen, statt auf Darlehen selbst

Ein von einem Gesellschafter ausgesprochener Darlehensverzicht führt im Re- 822
gelfall zu einer Bereicherung der übrigen Gesellschafter bzw. einer Wertsteigerung der übrigen Anteile und bildet so einen klassischen Anwendungsfall des § 7 Abs. 8 Satz 1 ErbStG. Dennoch empfiehlt es sich in allen möglichen Fällen, statt auf das Darlehen selbst zunächst nur auf die Darlehenszinsen zu verzichten. In der zinslosen Gewährung des Darlehens liegt im Regelfall eine unentgeltliche Nutzung vor, die nicht von der Vorschrift erfasst wird; § 7 Abs. 8 Satz 1 ErbStG bezieht nur Leistungen ein.

HINWEISE:

- Die Finanzverwaltung sieht auch Nutzungseinlagen als steuerbare Leistungen i. S. von § 7 Abs. 8 Satz 1 ErbStG an.
- In Sanierungsfällen sieht die Finanzverwaltung nur bei einem Forderungsverzicht gegen Besserungsschein keine Schenkungsteuerpflicht.

8.4 Dokumentation der Leistungsvorgänge

Zur Vermeidung der Schenkungsteuerfiktion des § 7 Abs. 8 ErbStG gegenüber 823
den übrigen Mitgesellschaftern ist eine umfassende und detaillierte Dokumentation der entsprechenden Leistungsvorgänge unerlässlich. Hierbei ist insbesondere darauf zu achten, dass die Dokumentation ausreichend Aufschlüsse über die am maßgeblichen Stichtag (Zeitpunkt der Leistung/Einlage des Gesellschafters) gegebenen wirtschaftlichen und rechtlichen Vorgänge, Erkenntnisse und Zusammenhänge gibt, die in der entsprechenden Leistung eines Gesellschafters eine dauerhafte und endgültige Vermögensverschiebung zu Gunsten der anderen Mitgesellschafter ausschließen.

1 R E 7.5 Abs. 11 Sätze 13 und 14 ErbStR 2019.

9 Steuerersparnisse durch Kettenschenkungen

824 Im Rahmen der allgemeinen Ausführungen zu Schenkungen wurde bereits betont, dass sich die Besteuerung nach der Steuerklasse vollzieht, die für das Verwandtschaftsverhältnis zwischen Geber und Bedachten maßgeblich ist und dass es u. U. zweckmäßig sein kann, die „richtigen" Geber und Bedachten auszuwählen. Genau dieser Aspekt wird mit der Kettenschenkung verfolgt. Die Kettenschenkung führt Vermögen vom Geber über eine Reihe von Zwischenerwerbern auf steuersparende Weise zum Zielbedachten über. Möchte beispielsweise der Vater seinem Schwiegerkind etwas zukommen lassen, müsste der Vorgang bei Direktübertragung mit Steuerklasse II besteuert werden. Wird dagegen zuerst das eigene Kind beschenkt und beschenkt dieses sodann seinen Ehegatten (also das Schwiegerkind des Gebers), kommen die Beteiligten beide Male in den Genuss der Steuerklasse I.

Kettenschenkungen – sofern als solche erkennbar – werden von den Finanzbehörden unter Bezugnahme auf § 42 AO als Gestaltungsmissbrauch verworfen. Diese Ansicht verkennt allerdings, dass die Wahl eines zivilrechtlich zulässigen günstigen Übertragungsweges nicht von Anfang an als Gestaltungsmissbrauch gewertet werden darf. Das Gestaltungsmotiv der Ersparnis von Steuern macht eine Gestaltung jedenfalls nicht unangemessen.[1]

825 Damit Kettenschenkungen auch dem Finanzamt gegenüber ihr Ziel erreichen, nämlich die Wertung der Schenkungen als jeweils eigenständige Steuervorgänge (Geber – Zwischenerwerber – Zielbedachter), sollte Folgendes beachtet werden:

- Die Weiterschenkung vom Zwischenerwerber muss erkennbar nach eigenem Willen und ohne Pflicht erfolgen. Der Zwischenerwerber wird steuerlicherseits ignoriert und ein Vermögensübergang direkt vom Geber zum Zielbedachten fingiert, wenn der Zwischenerwerber die Weiterschenkung auf Grund einer Auflage veranlasst hat, die ihm der Schenker gemacht hat. Bei Schenkungen unter einer Weiterschenkungsklausel ist eine Zuwendung an den Zielbedachten von demjenigen anzunehmen, der die Auflage angeordnet hat (hier also vom ursprünglichen Geber).
- Der Zwischenerwerber darf die Zuwendung nicht sofort weiterübertragen. Bei Bargeldübertragungen sollte die Durchgangsperson eine Zinsperiode abwarten und Zinsen selbst vereinnahmen, ehe sie die Mittel weiter überträgt.

1 BFH, Beschluss v. 29.11.1982 - GrS 1/81, BStBl 1983 II S. 272.

- Der Betrag, den der Zwischenerwerber als Schenkung erhält, sollte nicht identisch sein mit dem Betrag, den der Zwischenerwerber nach Verstreichen der Schonfrist an den (die) Zielerwerber weiterschenkt.

Der BFH[1] hatte in einem Fall eine unmittelbare Vermögensübertragung des Vaters an seine Tochter bzw. einen zwischen den Eltern und der Tochter einheitlichen Schenkungsvorgang angenommen, durch den die Tochter (allein) von ihrem Vater einen Geldbetrag zur Leistung einer Einlage bei einer GbR hatte geschenkt bekommen. Dem Vorgang lag einmal ein Schenkungsvertrag zwischen den Eltern zugrunde, in dem sich der Vater verpflichtete, seiner Ehefrau (der Mutter) einen Barbetrag (steuerfrei wegen des höheren Ehegattenfreibetrags) zu schenken, des Weiteren ein Schenkungsvertrag zwischen der Tochter und ihrem Vater über eine Geldzuwendung (wiederum steuerfrei, da genau i. H. des zu dieser Zeit maßgebenden Freibetrags) und schließlich ein Schenkungsvertrag zwischen Mutter und Tochter, wiederum steuerfrei. Die Geldbeträge, die der Vater im ersten Vertrag seiner Ehefrau überschrieb, erhielt die zweite Tochter der Eheleute, und um den Familienfrieden zu wahren, bekam die zweite Tochter auch noch vom Vater denselben Betrag.

Das Familienoberhaupt hatte zwar bedacht, dass es zwischen ihm und seiner Ehefrau keine Absprachen hinsichtlich der Verwendung der empfangenen Geldzuwendungen geben dürfe (keine Auflagen wegen § 7 Abs. 1 Nr. 2 ErbStG), der BFH hatte aber aus den Umständen erkannt, dass die Mutter Zuwendungen nur erhalten hat, um diese anschließend an ihre beiden Töchter weiterzugeben. Für die Tatsache, dass die Mutter lediglich als Zwischenerwerberin eingesetzt war, sprach ferner der Abschluss der Verträge in einem Zuge. So wurden diese am selben Tag abgeschlossen und trugen aufeinanderfolgende Urkundenrollennummern des amtierenden Notars und waren inhaltlich bezüglich der Geldbeträge und ihrer sofortigen Fälligkeit identisch. 826

10 Steuerstrategien mit mittelbaren Schenkungen

10.1 Begriff

Eine mittelbare Schenkung liegt vor, wenn jemand aus seinem Vermögen einen anderen bereichert, indem er dem anderen mit seinen Mitteln einen Gegenstand von einem Dritten verschafft, ohne zunächst selbst Eigentümer ge- 827

1 BFH, Urteil v. 13.10.1993 - II R 92/91, BStBl 1994 II S. 128.

worden zu sein.[1] In solchen Fällen ist ein hingegebener Vermögensgegenstand nur Mittel zum Erwerb des eigentlichen Zuwendungsgegenstandes und der Beschenkte kann im Verhältnis zum Schenker nicht über den hingegebenen Vermögensgegenstand (z. B. über das ihm übergebene Geld), sondern nur über das Surrogat (also über dasjenige, was durch Hingabe des geschenkten Vermögens angeschafft werden muss) verfügen. Der Zuwendungsgegenstand, welcher erst angeschafft oder hergestellt werden muss, entsteht somit unmittelbar im Vermögen des Bedachten bzw. wird in sein Vermögen erworben. Der Beschenkte ist dann so zu behandeln, als hätte er vom Schenker nicht die Mittel zur Herstellung/zum Erwerb, sondern den tatsächlich und rechtlich endgültigen Zuwendungsgegenstand geschenkt erhalten.

828 Maßgebend für die Berechnung des steuerpflichtigen Erwerbs ist bei einer mittelbaren Schenkung demzufolge die tatsächliche Bereicherung bzw. die Vermögensmehrung, so wie sie sich beim Bedachten im Zeitpunkt der Zuwendung darstellt. Entscheidend ist dabei nicht das Versprechen des Zuwendenden oder dasjenige, was nach der Schenkungsabrede geschenkt sein sollte. Entscheidend ist allein die Frage, über welchen Gegenstand und wann der Bedachte nach der Schenkungsabrede im Verhältnis zum Zuwendenden frei bzw. tatsächlich und rechtlich endgültig verfügen kann. Und nach dem Steuerwert dieses Gegenstandes bemisst sich letztlich auch die Schenkungsteuer. Das Rechtsinstitut der mittelbaren Schenkung geht auf die höchstrichterliche Zivilrechtsprechung zurück, welche vom BFH übernommen wurde.[2] Mittelbare Schenkungen basieren auf der von BGH und BFH übereinstimmenden Anerkennung, dass der Gegenstand, um den der Beschenkte bereichert wird, nicht vorher in derselben Gestalt im Vermögen des Schenkers gewesen sein muss und dass die Form der Entreicherung beim Zuwendenden nicht identisch sein muss mit der Form der Bereicherung beim Beschenkten. Die Grundsätze mittelbarer Schenkungen gelten aber nicht für Erwerbe von Todes wegen und sind nicht für Schenkungen auf den Todesfall anwendbar.

HINWEIS:

Für mittelbare Schenkungen in Form von Geldzuwendungen zum Erwerb eines Betriebs kann nach der BFH-Rechtsprechung keine Steuervergünstigung für Betriebsvermögen nach § 13a ErbStG erlangt werden. Die Steuervergünstigungen des § 13a ErbStG sind nur zu gewähren, wenn das erworbene Vermögen sowohl auf Seiten des Erblassers

1 BFH, Urteil v. 12.12.1979 - II R 157/78, BStBl 1980 II S. 260.

2 Vgl. stellvertretend BGH, Urteil v. 2.7.1990 - II ZR 243/89, BGHZ 112 S. 40; BFH, Urteil v. 5.4.1989 - II R 45/86, RAAAB-30849; Urteil v. 26.9.1990 - II R 50/88, BStBl 1991 II S. 32; Urteil v. 6.3.2002 - II R 85/99, DAAAA-68209.

oder Schenkers als auch auf Seiten des Erwerbers begünstigtes Vermögen ist.[1] Der BFH begründet diese Sichtweise mit der höchstrichterlichen Rechtsprechung des BVerfG.[2] Das BVerfG hat die Milderung des Steuerzugriffs bei Betriebsvermögen ausdrücklich auf solche Erwerber beschränkt, die den Betrieb „weiterführen", „aufrechterhalten" und „fortführen". Diese Wortwahl zeigt, dass das BVerfG den Betrieb des Erblassers oder Schenkers im Blick hatte.

10.2 Wann zweckgebundenes Schenken Steuervorteile bringt

Zweckgebundenes Schenken bringt überall dort Steuervorteile, wo bewertungsrechtliche Unterschiede bestehen zwischen dem tatsächlich hingegebenen Gegenstand (der Bargeldschenkung) und dem Wirtschaftsgut, das angeschafft werden soll bzw. über das tatsächlich und rechtlich endgültig verfügt werden kann. Bewertungsunterschiede zwischen Verkehrswert und Steuerwert bestehen seit der Erbschaftsteuer-Reform praktisch nur noch bei Wirtschaftsgütern, für die besondere Steuerbefreiungen gelten, z. B. für Betriebsvermögen (§ 13a ErbStG) oder auch für zu Wohnzwecken vermietete Grundstücke (§ 13d ErbStG). 829

BEISPIEL: V schenkt seiner Tochter

A) einen Geldbetrag i. H. von 500.000 €;

B) einen Geldbetrag zum Kauf eines Anteils an einem geschlossenen Immobilienfonds im Verkehrswert von 500.000 € (Steuerwert 300.000 €);

C) einen Geldbetrag zum Erwerb einer Unternehmensbeteiligung (Anteile an der Personen- oder Kapitalgesellschaft) aus den Unternehmen des Schenkers (Alleingesellschafter) heraus (Verkehrswert = Steuerwert der Beteiligung/des Anteils: 500.000 €).

Die Steuer errechnet sich jeweils wie folgt:

	Alternative A	Alternative B	Alternative C
Steuerwert der Zuwendung	500.000 €	300.000 €	500.000 €
./. sachliche Steuerbefreiungen	-,-	-,-	./. 425.000 €*
./. persönliche Freibeträge	./. 400.000 €	./. 400.000 €	./. 400.000 €
steuerpflichtiger Erwerb	100.000 €	0 €	0 €
Steuerbetrag bei Steuerklasse/ Steuersatz (I/11 %)	11.000 €	0 €	0 €

* Steuerbefreiung, § 13a ErbStG, vgl. Rz. 581.

1 Leitsatz BFH, Urteil v. 8.5.2019 - II R 18/16, BStBl 2019 II S. 681, zu den Steuervergünstigungen für Betriebsvermögen Rz. 581 ff.

2 BVerfG, Urteil v. 22.6.1995 - 2 BvR 552/91, BStBl 1995 II S. 671 (BVerfGE 93 S. 165, unter C.I.2.b bb).

10.3 Mittelbare Schenkung vermieteter Grundstücke

830 Zu Wohnzwecken vermietete Immobilien werden, wie in Rz. 579 dargestellt, bei der Berechnung des steuerpflichtigen Erwerbs (der Bereicherung) nur mit 90 % ihres Grundbesitzwertes angesetzt. Dieser 10%ige Abschlag lässt Spielraum für Gestaltungen mit dem Rechtsinstitut der mittelbaren Grundstücksschenkung. Für die Planung und Ausgestaltung eines steueroptimalen mittelbaren Schenkungsvorgangs müssen nachfolgende Punkte in die Gesamtbetrachtung einbezogen werden:

► Genaue Bezeichnung des Objekts

831 Macht der Schenker einem Bedachten eine Barzuwendung und bringt er diesem gegenüber lediglich zum Ausdruck, dass er „ein Mietwohngrundstück oder eine vermietete Eigentumswohnung“ erwerben soll, ohne dass dabei schon feststeht, um welches Objekt es sich konkret handelt, sieht die Finanzverwaltung darin regelmäßig keine mittelbare Grundstücksschenkung, sondern eine Geldschenkung unter einer Auflage. Eine mittelbare Grundstücksschenkung akzeptiert die Finanzverwaltung nur dann als solche, wenn der Schenker den Kaufpreis für die Anschaffung eines genau bestimmten Mietwohngrundstücks zur Verfügung stellt.

► Vorwegerwerb

832 Eine mittelbare Schenkung liegt auch vor, wenn der Schenker den für den Kauf eines bestimmten Grundstücks vorgesehenen Geldbetrag vor dem Erwerb des Grundstücks dem Bedachten verspricht und ihm den Geldbetrag bis zur Tilgung der Kaufpreisschuld zur Verfügung stellt. Unerheblich ist, dass und ob der Bedachte bereits vor der Überlassung des Geldbetrages Eigentümer des Mietwohngrundstücks war.

► Abtretung

833 Ein Mietwohngrundstück kann auch nach entsprechender Abrede mittelbar geschenkt werden, so etwa wenn der Schenker dem Bedachten einen ihm zustehenden Anspruch auf Übereignung des Grundstücks unentgeltlich abtritt oder ihm die Mittel für den Erwerb eines solchen Anspruchs gewährt. Entscheidend für die Beurteilung einer Geldschenkung als mittelbare Schenkung ist stets, dass der Bedachte dann, wenn er im Innenverhältnis zum Schenker den erworbenen Anspruch zu erfüllen hat (also das dem Schenkungsvorgang gegenständliche Grundstück oder den entsprechenden Gegenstand erwerben muss), er erst endgültig über diesen Gegenstand, nicht hingegen über den Anspruch tatsächlich und rechtlich frei verfügen kann.

► Eigentumsumschreibung

Bei der Beurteilung einer Geldschenkung als mittelbare (Grundstücks-)Schenkung kommt es alleine auf den Willen des Schenkers an. Die Zuwendung selbst bzw. deren Zeitpunkt ist für die Beurteilung einer Geldschenkung als mittelbare Sachschenkung nicht relevant. Mittelbare Grundstücksschenkungen können daher auch noch nach Umschreibung des Eigentums auf den Bedachten vollzogen werden, wenn dem Bedachten der Geldbetrag unter der Auflage geschenkt wird, diesen ausschließlich zur Tilgung des Kaufpreises zu verwenden. Voraussetzung ist aber, dass die Zusage des Schenkers, dem Bedachten den Kaufpreis für einen bestimmten Gegenstand zuzuwenden, vor dem Eigentumserwerb dieses Gegenstandes durch den Bedachten erfolgt ist. Bezogen auf die mittelbare Schenkung eines zur Vermietung vorgesehenen Wohnobjektes bedeutet dies, dass die Finanzierungszusage des Schenkers vor dem Grundstückserwerb und/oder Baubeginn, die Zuwendung selbst hingegen auch erst nach dem Grundstückskauf und/oder der Baufertigstellung erfolgen kann. 834

Die Finanzverwaltung stellt stets auf den Zeitpunkt der Schenkungsabrede ab. Kann dem Finanzamt nachgewiesen werden, dass zum Erwerbszeitpunkt bzw. im Fall der mittelbaren Grundstücksschenkung im Zeitpunkt des Grundstückskaufs/Baubeginns eine Schenkungszusage vorhanden war, erfüllt auch die nachträgliche Zuwendung des Geldbetrages die Voraussetzungen für eine mittelbare Grundstücksschenkung. Die Zahlung des vereinbarten Geldbetrags kann auch nachträglich erfolgen, jedoch nicht nach der Bezahlung der Anschaffungs- oder Herstellungskosten durch den Beschenkten.[1] 835

► Vorauszahlungen

Wendet der Schenker dem Beschenkten den zweckgebundenen Geldbetrag schon im Voraus – z. B. bei einer Schenkung zum Bau eines Hauses bereits vor Baubeginn – zinslos zu, liegt nach höchstrichterlicher Rechtsprechung darin eine weitere Schenkung in Form einer Kapitalnutzungsmöglichkeit vor, die nicht als mittelbare Grundstücksschenkung, sondern in Form einer freigebigen Zuwendung zu versteuern ist. Diese Annahme lässt freilich den Aspekt offen, dass unverzichtbares Besteuerungsmerkmal neben der Bereicherung des Beschenkten auch die Entreicherung des Zuwendenden ist. Stellt der Zuwendende Kapital im Voraus bereit, stellt sich die Frage, ob er schon allein dadurch 836

1 R E 7.3 Abs. 1 Satz 5 ErbStR 2019.

entreichert ist. Alternativ hätte der Schenker den Geldbetrag auch unverzinslich auf dem Girokonto lassen können!

837 Werden die Vermögensmittel vom Erwerber zwischenzeitlich angelegt, sind die erwirtschafteten Kapitalerträge steuerlich allein dem Bedachten zuzurechnen; sie sind im Regelfall nicht Gegenstand einer weiteren freigebigen Zuwendung. Etwas anderes kann nur gelten, wenn der Schenkungsvertrag Vereinbarungen in Form von Nutzungs- oder Fruchtziehungsvorbehalten enthält, nach denen die Kapitalerträge dem Schenker gehören sollen. Verzichtet der Schenker nachträglich auf die Kapitalerträge, löst dieser Verzicht eine weitere Schenkung aus.

Verwendet der Bedachte die ihm zurechenbaren Kapitalerträge ebenfalls zum Erwerb des Gegenstandes der mittelbaren Schenkung, handelt es sich soweit um Eigenleistung des Bedachten, die zur Annahme einer Teilschenkung führen. Zur Vermeidung solch komplizierter Ergebnisse und zusätzlicher Steuern ist es daher zu empfehlen, die mittelbare Geldschenkung zeitnah (nach Fälligkeit dem Baufortschritt des Mietwohnobjektes entsprechend) oder erst nach Fertigstellung des Gebäudes zuzuwenden!

► Kostenübernahme für Grundstück und Gebäude

838 Übernimmt der Schenker die Kosten des Erwerbs eines bestimmten unbebauten Grundstücks und der im Anschluss daran auf diesem Grundstück erfolgenden Errichtung des Mietwohngebäudes, so liegt eine einheitliche Zuwendung eines bebauten Grundstücks vor. Maßgebend ist dann der Steuerwert des bebauten Grundstücks.

Übernimmt der Schenker dagegen zwar die vollen Kosten des Erwerbs eines Grundstücks, aber nur einen Teil der Kosten der Errichtung bzw. Fertigstellung des Gebäudes, so ist vom Steuerwert des bebauten Grundstücks nur der Teil anzusetzen, der dem Verhältnis des insgesamt hingegebenen Geldbetrages zu den Gesamtkosten für Grundstückserwerb und Gebäudeerrichtung entspricht.

► Zinslose Hypothek

839 Wird ein Mietwohngrundstück gegen Einräumung einer zinslosen Hypothek übertragen, so ist als Bereicherung nicht der Verzicht auf die Zinsen anzusehen. Es handelt sich auch hier um einen Beitrag zur Finanzierung des Mietwohngrundstücks. Die Steuerbefreiung nach § 13d ErbStG ist anzuwenden.

► Kostenübernahme für Reparatur, Modernisierung, Renovierung

Übernimmt der Schenker die Kosten für Maßnahmen zur Reparatur, Modernisierung, Renovierung oder andere grundstücksbezogene Verwendungen an einem zu Wohnzwecken vermieteten Grundstück bzw. einem Gebäude, ist eine mittelbare Grundstücksschenkung – und somit die Steuerbefreiung nach § 13d ErbStG – nur dann anzunehmen, wenn diese Zuwendung im wirtschaftlichen Zusammenhang mit der Zuwendung eines bestimmten Grundstücks oder Gebäudes erfolgt und somit ein einheitliches Rechtsgeschäft angenommen werden kann. Maßgebend ist jeweils die Werterhöhung im Steuerwert des Grundstücks nach Durchführung der genannten Maßnahmen, d. h., als Schenkung gilt die Differenz zwischen dem Grundstückswert des bebauten Grundstücks vor und nach der Bezugsfertigkeit des aus- oder umgebauten Gebäudes. 840

► Kostenübernahme für Gebäudeanbau

Eine mittelbare Grundstücksschenkung hängt weder davon ab, ob der Schenkungsgegenstand als eine selbständige wirtschaftliche Einheit angesehen werden kann, noch von der Tatsache, ob das Zuwendungsobjekt nach der Ausführung der Zuwendung als rechtlich verselbständigtes Wirtschaftsgut verbleibt. Daher ist es auch möglich, mittelbare Grundstücksschenkungen in Form der Finanzierung eines Anbaus an ein bereits bestehendes Mietwohngebäude des Bedachten zu vollziehen. Erforderlich ist nur, dass durch eine Baumaßnahme ein selbständig abgrenzbarer Grundstücksbestandteil entsteht und dieser ebenfalls Mietwohnzwecken dient. Die Grundsätze der mittelbaren Grundstücksschenkung können daher auch für Geldmittel zur Finanzierung eines Anbaus an ein bereits bestehendes Gebäude des Bedachten Anwendung finden, wenn die Kosten schenkweise ganz oder teilweise getragen werden. 841

► Unbedeutende Geldzuwendungen

Unbedeutende Geldzuwendungen – und darunter versteht die Finanzverwaltung Zuwendungen bis etwa 10 % des vom Beschenkten aufgebrachten Kaufpreises – will die Finanzverwaltung nur als Geldzuschuss verstanden wissen. Diese Geringfügigkeitsgrenze steht allerdings der Annahme einer mittelbaren Grundstücksschenkung nicht entgegen, wenn der Schenker seinen Willen, mittels eines Geldbetrages ein vom Bedachten noch zu erwerbendes Grundstück anteilig zuzuwenden, in einer Verwendungsabrede oder Verwendungsauflage klar und eindeutig geäußert hat. 842

► Zusammenfassende Übersicht

Schenker gibt/ wendet Kaufpreis/ Barmittel zu	**Mittelbare Schenkung (Grundstücksschenkung)**	**Zuwendungsgegenstand**	**Bemessungsgrundlage für die Schenkung**
Für ein genau bezeichnetes Mietwohngrundstück	Ja	Grundstück	90 % vom Steuerwert des Grundstücks
Für ein beliebiges Grundstück/ Immobilie	Nein	Bargeldbetrag	Nominalwert des Bargeldbetrages
Teil des Kaufpreises eines genau bezeichneten Grundstücks/ Mietimmobilie	Ja, sofern Kaufpreisanteil mehr als 10 % Nein, wenn Kaufpreisanteil unter 10 %	Grundstücksteil	Dem Geldbetrag entsprechender Anteil
Kaufpreis über Grundstück im Zustand der Bebauung	Ja	Grundstück im Zustand der Bebauung	90 % aus Steuerwert des Grundstücks
Für genau bezeichnetes Mietwohngrundstück und Bau eines Gebäudes	Ja	Bebautes Grundstück	90 % vom Steuerwert des bebauten Grundstücks
Für die Errichtung eines Mietwohngebäudes auf einem dem Beschenkten gehörenden Grundstück	Ja	Gebäude	90 % aus Steuerwert des bebauten Grundstücks abzgl. Steuerwert des unbebauten Grundstücks
Für Aus-, An- oder Umbauten	Ja	Teil des Grundstücks	90 % vom Mehrwert des Steuerwerts des Grundstücks
Reparatur, Renovierung, Modernisierung	Ja, sofern wirtschaftlicher Zusammenhang gegeben	Werterhöhung des Grundstücks	90 % vom Mehrwert des Steuerwerts des Grundstücks

11 Steuereffiziente Übertragung familiengeführter Unternehmen

ABB. 20: Vorwegabschlag für Familienunternehmen

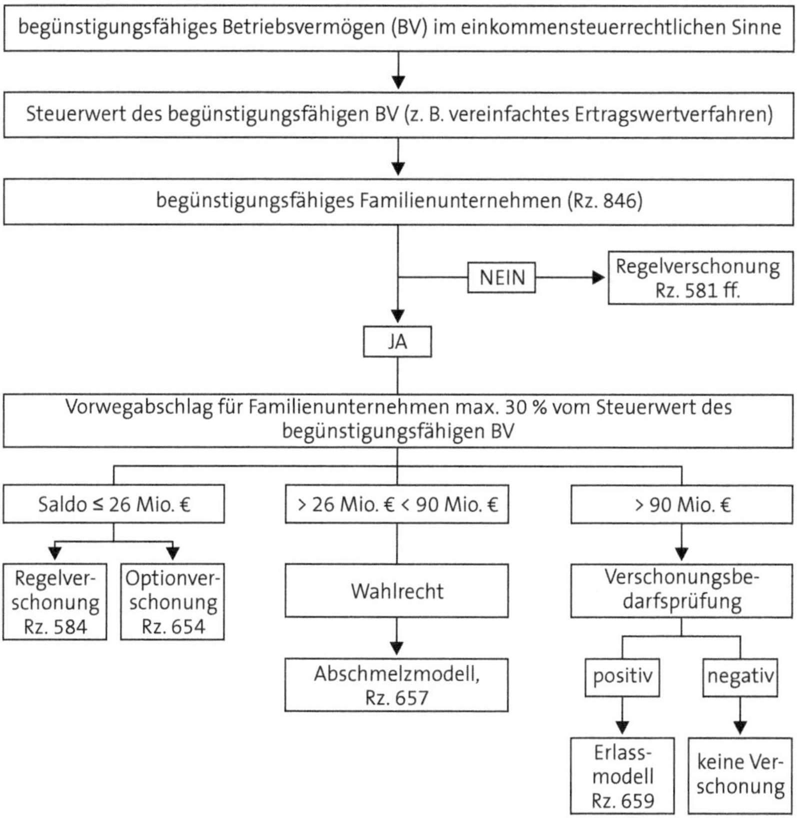

11.1 Allgemeines 843

Familiengeführte Unternehmen unterscheiden sich von gewöhnlichen Unternehmen vielfach durch gesellschaftsvertragliche und/oder satzungsmäßige Besonderheiten. Familiengesellschaftstypische Besonderheiten sind u. a. Ausschüttungs- oder Entnahmerestriktionen, Verfügungsbeschränkungen und besondere Abfindungsregelungen. Familienunternehmen sind darüber hinaus regelmäßig auf eine langfristige Fortführung des Unternehmens und Sicherung der Unternehmerexistenz ausgerichtet. Ein freier Handel der Gesellschaftsanteile wie beispielsweise bei einer börsennotierten Aktiengesellschaft ist bei Anteilen von Familienunternehmen nicht gegeben. Diese besonderen familienbedingten Verhältnisse, verbunden mit kumulativ vorliegenden Entnahme-, Verfügungs- und/oder Abfindungsbeschränkungen werden bei der Berechnung des gemeinen Werts des Betriebsvermögens regelmäßig nicht berücksichtigt. Gemäß § 9 Abs. 2 Satz 3 BewG sind „ungewöhnliche oder persönliche Verhältnisse ... nicht zu berücksichtigen". Zu den persönlichen Verhältnissen, die bei der Preisfindung auszuklammern sind, zählt die Finanzverwaltung Verfügungsbeschränkungen wie u. a. „eine angeordnete Testamentsvollstreckung, die Anordnung einer Vor- oder Nacherbschaft oder einer Nachlassverwaltung". Auch vertraglich vereinbarte Verfügungsbeschränkungen wie Regelungen, „die eine Verfügung nur auf Mitgesellschafter, Angehörige, bestimmte Personengruppen, wie z. B. Familienstämme oder eine inländische Familienstiftung oder eine entsprechende ausländische Familienstiftung zulassen", werden bei der Ermittlung der Unternehmenswerte nicht berücksichtigt.[1]

11.2 Der Vorwegabschlag

11.2.1 Allgemeines

844 Der Gesetzgeber sieht für Erwerber von Beteiligungen oder Anteilen an familiengeführten Unternehmen in der Rechtsform von Personen- oder Kapitalgesellschaften ein erhöhtes erbschaft- und schenkungsteuerliches Verschonungsbedürfnis. Diesem Verschonungsbedürfnis soll mit dem Vorwegabschlag Rechnung getragen werden. Gemäß § 13a Abs. 9 Satz 2 ErbStG wird für begünstigtes Familienbetriebsvermögen vor dem Abzug des allgemeinen Verschonungsabschlags[2] ein „Vorwegabschlag" gewährt. Dieser Abschlag kommt – wie die Bezeichnung schon vermuten lässt – vor Anwendung der Regelverschonung, der Optionsverschonung, des Abschmelz- oder Erlassmodells zur Anwendung.[3] Daher ist der Wert des begünstigten Vermögens vor der Prüfung des Schwellenwerts für Großerwerbe von 26 Mio. €[4] um den sich im Einzelfall ergebenden Vorwegabschlag zu verringern.

1 R B 9.2 ErbStR 2019.
2 Vgl. oben Rz. 584.
3 Zu den einzelnen Modellen vgl. oben Rz. 581 ff.
4 Vgl. Rz. 657.

Im Einzelnen ergibt sich für Familienunternehmen folgendes Rechenschema[1]:

Steuerpflichtiges Vermögen

	begünstigtes Vermögen (festgestelltes Betriebsvermögen, Verwaltungsvermögen)
-	Vorwegabschlag § 13a Abs. 9 ErbStG
=	verringertes begünstigtes Vermögen
-	Verschonungsabschlag § 13a Abs. 1 ErbStG (Rz. 584 ff.)
=	Zwischensumme
-	Abzugsbetrag (Rz. 588)
=	steuerpflichtiges begünstigtes Vermögen
+	steuerpflichtiger Wert des Verwaltungsvermögens (nicht begünstigtes Vermögen, Rz. 606 ff.)
=	steuerpflichtiges Vermögen

Für die Inanspruchnahme des Vorwegabschlags müssen nach dem Gesellschaftsvertrag oder der Satzung des Unternehmens folgende drei Voraussetzungen kumulativ gegeben sein und in einem Zeitraum von zwei Jahre vor dem Steuerentstehungszeitpunkt (= Todeszeitpunkt des Erblassers bzw. Ausführung der Schenkung).[2] (§ 13a Abs. 9 ErbStG):

- Entnahmen oder Ausschüttungen[3] sind auf höchstens 37,5 % „des um die auf den Gewinnanteil oder die Ausschüttungen aus der Gesellschaft entfallenden Steuern vom Einkommen gekürzten Betrages des steuerrechtlichen Gewinns“ begrenzt, und
- „die Verfügung über die Beteiligung an der Personengesellschaft oder den Anteil an der Kapitalgesellschaft auf Mitgesellschafter, auf Angehörige“[4] ....“ oder auf eine Familienstiftung „ist beschränkt und
- „für den Fall des Ausscheidens aus der Gesellschaft“ ist eine Abfindung vorgesehen, „die unter dem gemeinen Wert der Beteiligung an der Personengesellschaft oder des Anteils an der Kapitalgesellschaft liegt“.

---

1 R E 13b.9 Abs. 2 IV ErbStR 2019.

2 Zum Steuerentstehungszeitpunkt vgl. Rz. 80 vorgelegen haben.

3 Die Begriffe Entnahme und Ausschüttung sind nach den Grundsätzen des Ertragsteuerrechts zu beurteilen vgl. R E 13a.20 Abs. 3 Satz 7 ErbStR 2019.

4 Zum Begriff vgl. § 15 AO, danach gelten als „Angehörige“ u. a. der Verlobte, der Ehegatte (Lebenspartner), Verwandte und Verschwägerte gerader Linie, Geschwister, Kinder der Geschwister, Ehegatten oder Lebenspartner der Geschwister und Geschwister der Ehegatten oder Lebenspartner, Geschwister der Eltern, oder Personen, die durch ein auf längere Dauer angelegtes Pflegeverhältnis mit häuslicher Gemeinschaft wie Eltern und Kind miteinander verbunden sind (Pflegeeltern und Pflegekinder). Angehörige im obigen Sinne sind auch „frühere“ Angehörige wie z. B. der geschiedene Ehepartner.

Außerdem müssen „die Bestimmungen den tatsächlichen Verhältnissen entsprechen", d. h., die Beschränkungen in Gesellschaftsvertrag oder Satzung müssen auch tatsächlich so gelebt werden. Von der Beschränkung der Entnahme oder Ausschüttung (1. Voraussetzung) bleiben solche „zur Begleichung der auf den Gewinnanteil oder die Ausschüttungen aus der Gesellschaft entfallenden Steuern vom Einkommen unberücksichtigt" (§ 13a Abs. 9 Nr. 1 ErbStG).

Für den Vorwegabschlag besteht bei Vorliegen der notwendigen Voraussetzungen (dem/den Erwerber(n) obliegt die jeweilige Nachweispflicht) ein Rechtsanspruch.[1] Das Vorliegen der Voraussetzungen für den Vorwegabschlag und dessen Höhe stellt das für die Bewertung des Betriebsvermögens örtlich zuständige Finanzamt gesondert fest, sofern die Angaben für die Erbschaftsteuer von Bedeutung sind. Die Entscheidung über die Bedeutung der Feststellungen für die Erbschaftsteuer trifft das für die Erbschaftsteuerfestsetzung zuständige Finanzamt (§ 13a Abs. 9a ErbStG).[2]

11.2.2 Höhe des Vorwegabschlags

845 Die Höhe des Vorwegabschlags soll der im „Gesellschaftsvertrag oder in der Satzung vorgesehenen prozentualen Minderung der Abfindung gegenüber dem gemeinen Wert" entsprechen[3] und darf 30 % des gemeinen Werts des Unternehmens nicht übersteigen. Die Höhe des Abschlags bemisst sich also danach, um wieviel Prozent die laut Gesellschaftsvertrag oder Satzung vorgesehene Höhe der Abfindung unter dem gemeinen Wert (Verkehrswert/Marktwert) der Gesellschaftsbeteiligung oder Anteile liegt. Nicht von Relevanz bei der Ermittlung der Höhe des Abschlags sind Beschränkungen der Entnahme oder Ausschüttung und der Verfügungsmöglichkeiten.[4]

BEISPIEL: Der Gesellschaftsvertrag der Familien- GmbH & Co. KG sieht eine Abfindungsbeschränkung von 50 % des gemeinen Werts des Gesellschaftsanteils vor, das heißt, jeder Familienmitunternehmer wird im Fall des Ausscheidens mit der Hälfte des tatsächlichen Wertes abgefunden. Die übrigen beiden Voraussetzungen liegen ebenfalls vor. Der gemeine Wert des Unternehmens, ermittelt mit dem vereinfachten Ertragswertverfahren, beträgt 30 Mio. € und übersteigt damit die Prüfschwelle für die Regelverschonung.[5] Es können bis zu 30 % aus 30 Mio. € = 9 Mio. € als Vorwegabschlag abgezogen werden, so dass der maßgebliche Unternehmenswert für

1 R E 13a.20 Abs. 1 ErbStR 2019.

2 I. d. F. JStG 2020 BGBl 2020 I S. 3096.

3 Die Regelung lehnt sich an die 3. Voraussetzung der drei kumulativ zu erfüllenden Voraussetzungen an.

4 R E 13a.20 Abs. 5 Satz 3 ErbStR 2019.

5 Zur Prüfschwelle vgl. oben Teil III Rz. 581 ff.

die Berechnung der Regelverschonung (oder Optionsverschonung) von 30 Mio. € auf 21 Mio. € reduziert werden kann. Im Beispielfall können Familienunternehmer im zweiten Schritt die Regel- bzw. Optionsverschonung in Anspruch nehmen.

11.2.3 Voraussetzungen, Nachweis und zeitliche Bindungsfrist

Hinsichtlich der Voraussetzungen für die Inanspruchnahme des Vorwegabzugs gilt Folgendes: 846

- Entnahme-, Ausschüttungsbeschränkung

Unter die Entnahme- und Ausschüttungsbeschränkung fallen auch Vorab-Ausschüttungen. Nicht dazu zählen hingegen solche aus der Auflösung von Rücklagen oder Ausschüttungen in Folge einer Teil-Liquidation.

Ergebnisse aus Sonder- und Ergänzungsbilanzen bleiben unberücksichtigt. Ebenso unberücksichtigt bleiben Entnahmen zur Begleichung der auf den Gewinnanteil oder die Ausschüttungen aus der Gesellschaft entfallenden Steuern vom Einkommen. Zur Kalkulation der von den Entnahmen bzw. Ausschüttungen zu kürzenden Steuern lässt die Finanzverwaltung bei einer Personengesellschaft einen Kalkulationssteuersatz von 30 % zu. Entnahmen oder Ausschüttungen zur Begleichung der Erbschaft- oder Schenkungsteuer zählen zu den schädlichen Entnahmen.[1]

- Verfügungsbeschränkung

Zur Erfüllung dieser kumulativ erforderlichen zweiten Voraussetzung muss der Gesellschaftsvertrag bzw. die Gesellschaftssatzung eine Beteiligung an der Familiengesellschaft ausschließlich auf die übrigen Mitgesellschafter, auf „Angehörige" oder auf eine inländische Familienstiftung oder eine entsprechende ausländische Familienstiftung begrenzen. Keine Angehörigen sind u. a. nicht verheiratete Partner. Steuerschädlich für den Vorwegabschlag ist auch, wenn der Gesellschaftsvertrag bzw. die Gesellschaftssatzung z. B. die Übertragung von Anteilen auf die Abkömmlinge des anderen Mitgesellschafters zulassen würde, da Kinder anderer Mitgesellschafter keine Angehörigen i. S. der Vorschrift sind.[2] Schädlich ist auch eine Verfügung auf andere Personen nach Zustimmung der übrigen Gesellschafter. Sieht der Gesellschaftsvertrag oder die Satzung schließlich eine Verfügung zu Gunsten einer vermögensverwaltenden

1 R E 13a.20 Abs. 3 Satz 6 ErbStR 2019.

2 In solchen Fällen müsste das Kind eines anderen Mitgesellschafters zunächst von diesem einen Betriebsanteil erhalten, um dann als Mitgesellschafter den Anteil des anderen Mitgesellschafters zu erhalten, ohne dass der Vorwegabschlag gefährdet wäre.

Familiengesellschaft vor, an der Angehörige des Gesellschafters beteiligt sind, ist der Vorwegabschlag ebenfalls zu versagen.[1]

Zu beachten ist außerdem, dass der Vorwegabschlag nur für den Teil des begünstigten Vermögens gewährt wird, welcher der Verfügungsbeschränkung unterliegt (§ 13a Abs. 9 Satz 2 ErbStG).

- Abfindungsbeschränkung

Zu beachten ist, dass die Höhe der Abfindungsbeschränkung für die Höhe des Vorwegabschlags maßgeblich ist. Für die Inanspruchnahme des maximalen Vorwegabschlags muss der Gesellschaftsvertrag bzw. die Satzung eine Abfindungsreduzierung bei Ausscheiden aus dem Familienunternehmen von mindestens 30 % des gemeinen Wertes (Verkehrswertes/Marktwertes) des jeweiligen Gesellschaftsanteils vorsehen. Es reicht nicht aus, dass ein Verkauf an Mitgesellschafter, auf Angehörige i. S. des § 15 AO oder auf eine in- oder ausländische Familienstiftung unter dem Marktwert zulässig ist.[2] Die Höhe des Vorwegabschlags richtet sich somit ausschließlich nach der Höhe des Abschlags der Abfindung vom Verkehrswert. Die 30 %-Grenze erhöht sich durch höhere Abfindungsreduzierungen von z. B. 50 % oder einer allgemeinen „Buchwertklausel" nicht. Der Nachweis des Unterschreitens des Verkehrswertes ist entweder durch ein Wertverfahren zu führen oder es ist ein offener Abschlag vom Verkehrswert vereinbart.

Die vorstehend genannten drei Voraussetzungen müssen zwei Jahre vor dem Zeitpunkt der Entstehung der Steuer (der Betriebs- oder Anteilsübertragung) vorliegen und außerdem mindestens über einen Zeitraum von 20 Jahren nach der Betriebsübertragung eingehalten werden.

Dieser Zeitraum von insgesamt 22 Jahren stellt Europas längste Nachsteuerfrist dar. Besonders zu beachten ist, dass der Vorwegabschlag bei Wegfall der Voraussetzungen zu Lasten des Erwerbers entfallen kann, wenn dieser zu dem maßgeblichen Zeitpunkt nicht mehr Gesellschafter ist, auch wenn er z. B. durch Tod ausgeschieden ist. Wird beispielsweise innerhalb des Zeitraums von 20 Jahren die Abfindungsbeschränkung gelockert, so dass ein niedrigerer Prozentsatz des Vorwegabschlags zur Anwendung kommen würde, ist der Vorwegabschlag entsprechend zu kürzen.[3]

Es empfiehlt sich angesichts dieses langen teilweise unüberschaubaren Zeitraums, in Gesellschaftsverträgen auf die Regelung des Vorwegabschlages hin-

---

1 R E 13a.20 Abs. 2 Nr. 2 ErbStR 2019.

2 R E 13a.20 Abs. 2 Nr. 3 ErbStR 2019.

3 R E 13a.20 Abs. 7 Satz 5 ErbStR 2019.

zuweisen, um nicht nach beispielsweise 19 Jahren durch eine hohe Sonderentnahme oder einer späteren Lockerung der Verfügungs- und Abfindungsbeschränkungen den Abschlag zu gefährden. Es besteht eine generelle Hinweispflicht den Finanzbehörden gegenüber. So müssen die Rechtsnachfolger dem für die Erbschaftsteuer zuständigen Finanzamt die Änderungen der genannten Bestimmungen oder der tatsächlichen Verhältnisse innerhalb einer Frist von einem Monat anzeigen (§ 13a Abs. 9 Satz 6 ErbStG). Nicht anzeigepflichtig ist der Unternehmenskäufer.

HINWEISE:

- Der Vorwegabschlag entwickelt einen bestimmten „Kumulationseffekt". Eisele[1] hat errechnet, dass wegen des Kumulationseffektes von Vorwegabschlag und Verschonungsabschlag der Vorwegabschlag wie ein „zusätzlicher Sockelfreibetrag" wirkt, der den Prüfschwellenwert von 26.000.000 € um rund 11.145.000 € auf ca. 37.145.000 € erhöht.
- Familien-Einzelunternehmen[2] (Vater-Sohn-Betriebe) können nicht in den Genuss des Vorwegabschlages kommen, da für diese Unternehmen keine Gesellschaftsverträge bestehen. Damit können die Anforderungen des Gesetzes, dargestellt oben in Rz. 844, nicht erfüllt werden. Einzelunternehmer, die von diesem Vorwegabschlag profitieren wollen, bringen ihr Unternehmen am besten in eine Ein-Mann-Gesellschaft ein wie Einmann-GmbH oder GmbH & Co. KG).
- Der Vorwegabschlag entfällt bei Erwerb von Anteilen an einer Aktiengesellschaft, weil das Aktiengesetz keine entsprechenden Einschränkungen in der Satzung zulässt.
- Der Vorwegabschlag entfällt nicht, wenn der Betrieb innerhalb der Behaltensfrist von Todes wegen weiter übertragen wird, durch Schenkung unter Lebenden übertragen wird oder entgeltlich veräußert wird und das , begünstigte Vermögen dabei auf Mitgesellschafter oder auf „Angehörige" usw. (Personen i. S. von § 13a Abs. 9 Satz 1 Nr. 2 ErbStG u. a. auch Familienstiftung) unter Beachtung der im Zeitpunkt des ursprünglichen Erwerbs geltenden Beschränkungen übergeht. Ein Vermögensübergang an „andere" Personen würde hingegen unmittelbar zur schädlichen Verfügung führen.[3]
- Veräußert ein Mitunternehmer innerhalb der fünfjährigen Behaltensfrist seinen Anteil an einen anderen Mitunternehmer, bleibt zwar der Vorwegabschlag nach § 13a Abs. 9 ErbStG erhalten. Es entfällt aber der Verschonungsabschlag nach § 13a Abs. 1 ErbStG.
- Ein Verstoß gegen die Behaltensregeln führt bei mehreren Erwerbern nur bei demjenigen Erwerber zu einer Nachversteuerung, der gegen die Behaltensregelungen verstößt. Verstößt der nachfolgende Erwerber gegen die Voraussetzungen des Vor-

1 Erbschaftsteuerreform 2016, S. 32.
2 R E 13a.20 Abs. 1 Satz 4 Nr. 1 ErbStR 2019.
3 Höne, NWB-EV 3/2020 S. 74, ZAAAH-42942.

wegabschlags, verliert auch der bisherige Erwerber den Vorwegabschlag, sofern die Frist von 20 Jahren noch nicht verstrichen ist.[1]

- Wird gegen die Behaltensregelungen verstoßen, können die negativen steuerlichen Folgen durch geeignete Reinvestition i. S. des § 13a Abs. 6 Sätze 3 und 4 ErbStG in „privilegiertes" Vermögen vermieden werden. Die Reinvestition muss innerhalb von sechs Monaten erfolgen.[2]
- Der Vorwegabschlag entfällt außerdem beim Erwerb von Anteilen an einer Familiengesellschaft durch vermögensverwaltende Gesellschaften.
- Können die genannten Voraussetzungen z. B. aufgrund eines Auslandsverbotes ganz oder teilweise für ausländische Unternehmensteile nicht erbracht werden, entfällt der Vorwegabschlag (z. B. Verbot einer Abfindungsbeschränkung in Frankreich).
- Hinsichtlich der Begrenzung der Entnahmen oder Ausschüttungen auf 37,5 % des steuerlichen Gewinns ist besonders auf sogenannte verdeckte Gewinnausschüttungen zu achten. Solche sollten nach Möglichkeit vermieden werden.
- Vertragsformulierungen bezüglich Entnahmen/Ausschüttungen sollten im Gesellschaftsvertrag möglichst neutral gefasst sein. Es sollten keine Endberechnungen enthalten sein. Dies auch angesichts künftiger Steueränderungen.
- Zu berücksichtigen ist, dass die Ausschüttung bei Kapitalgesellschaften bereits mit Kapitalertragsteuer belastet ist. Die Entnahmebeschränkung von 37,5 % bezieht sich auf den um die Steuern gekürzten Betrag.

12 Steuerstrategien bei der Schenkung von Kapitalgesellschaftsanteilen

847 Die Steuerbefreiung für betriebliches Vermögen nach § 13a ErbStG findet keine Anwendung bei mittelbaren Anteilsschenkungen. Werden Kapitalgesellschaftsanteile mittelbar in der Form übertragen, dass der Beschenkte vom Schenker einen Geldbetrag unter der Auflage erhält, sich an einer bestimmten Kapitalgesellschaft zu beteiligen, unterliegt der Vorgang der Regelbesteuerung. Dies gilt auch, wenn das zu erwerbende Beteiligungspaket mehr als ein Viertel betragen muss. In diesem Fall erfolgt eine Beteiligung am Vermögen eines Dritten. Es geht insoweit kein begünstigtes Vermögen vom Schenker über.

Beteiligt sich der Schenker selbst an der Kapitalgesellschaft und wendet dieser anschließend dem Beschenkten einen Geldbetrag mit der Auflage zu, seine an der Kapitalgesellschaft erworbenen Anteile zu kaufen, beteiligt sich der Beschenkte unmittelbar am Betriebsvermögen des Schenkers.

1 R E 13a.20 Abs. 7 Satz 4 ErbStR 2019.

2 Details dazu vgl. Reinvestitionsklausel in R E 13a.18 ErbStR 2019 und Rz. 620.

Je nach Fallkonstellation würde sich folgende Steuerrechnung ergeben:

	Beschenkter kauft Beteiligung am Vermögen eines Dritten	Beschenkter kauft die Kapitalanteile des Schenkers
Nominalwert Geldschenkung	1.000.000 €	1.000.000 €
Nominalwert Kapitalgesellschaftsanteile		1.000.000 €
Steuerbefreiung zu 85 % (Verschonungsabschlag), § 13a Abs. 1 ErbStG		·/. 850.000 €
Zwischensumme		150.000 €
Abzugsbetrag, § 13a Abs. 2 ErbStG		·/. 150.000 €
Bereicherung	1.000.000 €	0
·/. pers. Freibeträge	·/. 400.000 €	·/. 400.000 €
Steuerpfl. Erwerb	600.000 €	0 €
Steuer bei Steuerklasse I 19/15 %	90.000 €	0 €
Steuerersparnis bei mittelbarer Schenkung der Kapitalanteile des Schenkers		90.000 €

HINWEIS:

Die Begünstigungen für Betriebsvermögen nach § 13a ErbStG hängen nicht von einer bestimmten Vorbesitzzeit des Schenkers bezüglich des begünstigten Betriebsvermögens ab. Zwingend erforderlich ist nur, dass der Schenker im Zeitpunkt der Schenkung (Übertragung) selbst an der Kapitalgesellschaft zur mehr als einem Viertel beteiligt war.

13 Gestaltungsmöglichkeiten mit der vermögensverwaltenden Familiengesellschaft (Familienpool)

13.1 Allgemeines

Anstelle der klassischen Schenkung oder Vererbung kann Vermögen auch unter Nutzung der Regelungen des Gesellschaftsrechts auf Nachkommen übertragen werden, indem es vom Übergeber in eine Gesellschaft eingebracht wird. Als Gesellschaft kommt die vermögensverwaltende Familiengesellschaft in Betracht, diese wird als „Familienpool" oder auch „Familienholding" be- 848 zeichnet.[1] Die vermögensverwaltende Familiengesellschaft kann in der Rechtsform einer Personengesellschaft bürgerlichen Rechts (GbR) oder aber auch durch Eintragung ins Handelsregister in der Rechtsform einer Kommanditgesellschaft (KG) oder einer gewerblich geprägten GmbH & Co. KG (als Firmenmantel) bestehen. Welche Gesellschaftsform gewählt wird, hängt von den zu beteiligenden Personen, deren Lebensalter und der Höhe des zu übertragenden Vermögens ab.

Die Gesellschaft wird Eigentümerin des Vermögens. Gesellschafter werden neben dem Übergeber diejenigen Personen, denen die Vermögenssubstanz zukommen soll. Dies sind üblicherweise Personen aus dem engsten Familienkreis, können aber auch beliebige andere Personen sein. Künftige Übertragungen aus dem Poolvermögen können durch Änderung der jeweiligen Beteiligungsquoten an der Gesellschaft schnell und effizient vollzogen werden.

849 Der nicht gewerblich geprägte Familienpool in der Rechtsform einer Personengesellschaft bürgerlichen Rechts (GbR) oder einer Kommanditgesellschaft (KG) eignet sich als ideales „Steuerplanungsmodell“. Der gewerblich geprägte Familienpool in der Rechtsform einer GmbH & Co. KG eröffnet darüber hinaus auch Gestaltungsmöglichkeiten in Bezug auf einen sogenannten Abschreibungs-Step-up. Dieser Effekt tritt dadurch ein, dass vermietetes und auf einen niedrigen Restwert abgeschriebenes Immobilienvermögen zu Verkehrswerten in den gewerblich geprägten Pool eingebracht wird. Das Abschreibungsvolumen im gewerblichen Familienpool beginnt damit quasi wieder von Neuem auf Basis der Verkehrswerte des Immobilienvermögens im Zeitpunkt der Einbringung.[2]

Der Vorteil des nicht gewerblich geprägten Familienpools liegt in der genauen „Dosierung“ der Höhe der Vermögenszuwendung und einer exakten Aufsplittungsmöglichkeit der Zuwendung hinsichtlich der jeweils geltenden – persönlichen Freibeträge. Besonders großes Grundbesitzvermögen verlangt nach einer gleitenden Übertragung. Der Familienpool ermöglicht dem Schenker hier die schrittweise Beteiligung der Kinder jeweils mit den ihren Schenkungsteuerfreibeträgen entsprechenden Quoten. Nach Wiederaufleben der persönlichen Freibeträge nach Ablauf von zehn Jahren können die Beteiligungsquoten angepasst werden.

1 Der Verfasser hat zusammen mit dem auf Gesellschaftsrecht, Immobilienrecht und Erbrecht spezialisierten Rechtsanwalt Dr. Rudolf Meindl, Partner der Kanzlei MEINDL & RIEDEL in München (www.meindl-riedel.de), die Internet-Seite „www.familienpool.info“ verfasst, aus der der Leser weiterführende Informationen entnehmen kann.

2 Vgl. Rz. 871.

Mit einem Familienpool lassen sich Vermögensübertragungen auch mit Einkünfteverlagerungen auf Kinder steuersicher gestalten. Durch entsprechende Gestaltung des Gesellschaftsvertrages mittels Gewinnverteilungsschlüssel lassen sich Einnahmen aus dem Poolvermögen denjenigen Kindern zuordnen, die über eine geringe Steuerbelastung verfügen oder gar keine Steuern zahlen. Aus dem bekannten „Ehegattensplitting“ kann ein „Familiensplitting“ konzipiert werden. 850

HINWEIS:

Ob die Steuerbefreiung für das Familienwohnheim nach § 13 Abs. 1 Nr. 4a ErbStG[1] auch zu gewähren ist, wenn die Übertragung des Familienwohnheimes in Form von Gesellschaftsanteilen an einer Personengesellschaft erfolgt, ist höchstrichterlich bisher nicht geklärt. Soll das einem Ehegatten/Gesellschafter alleine gehörende Familienwohnheim in einen Familienpool eingebracht werden und soll der „andere“ Ehegatte dann als Familienpool-Gesellschafter ganz oder teilweise an dem Familienwohnheim beteiligt werden, empfiehlt es sich, dieses Familienwohnheim ganz oder teilweise vor Einbringung in die Familiengesellschaft an den anderen Ehegatten zu übertragen. Nach Einhaltung einer bestimmten Frist (mindestens sechs Monate) kann der Empfänger-Ehegatte seinen Erwerbsanteil am Familienwohnheim in die Familienpool-Gesellschaft einbringen. Dieser Weg sichert die Schenkungsteuerbefreiung für das Familienheim. Für weitere Übertragungsanteile in Form von Gesellschaftsanteilen kommt es nicht mehr zu einem steuerprivilegierten Erwerb durch den anderen Ehegatten (Gesellschafter). Soweit nach einem Gesellschaftsvertrag bei Tod eines Familienpool-Gesellschafters ein Anwachsungserwerb zum Tragen kommt, kommt es hingegen zu einer weiteren Steuerbefreiung nach § 13 Abs. 1 Nr. 4b ErbStG (Steuerbefreiung bei Erwerb von Todes wegen), da der Anwachsungserwerb gem. § 3 Abs. 1 Nr. 2 Satz 2 ErbStG als Erwerb von Todes wegen gilt. Wird ein Familienwohnheim zusammen mit Kindern in einem Pool gehalten, ist der Anwachsungserwerb vorteilhaft, da beim Ableben der Eltern die Steuerbefreiung für Kinder nach § 13 Abs. 1 Nr. 4c ErbStG greift.[2]

13.2 Der Familienpool unter erbrechtlichen Aspekten

13.2.1 Problemstellung

Die Beratungspraxis zeigt, dass mit einer direkten Vermögensübertragung folgende Nachteile verbunden sind, welche mit einer vermögensverwaltenden Familiengesellschaft weitgehend vermieden werden können: 851

1 Vgl. Rz. 570.

2 Werner, NWB-EV 3/2018 S. 90, HAAAG-75510, zur steuerfreien Übertragung des Familienwohnheims vgl. Rz. 570 ff.

- Fehlende Verfügungsmacht

852 Nach erfolgter Direktübertragung kann der Schenker über das Vermögen nicht mehr verfügen, selbst wenn er nur Teile weggeschenkt hat. Ist etwa eine Immobilie nur zu einem Bruchteil an Kinder übertragen worden, kann der Schenker ohne deren Zustimmung diese nicht mehr veräußern oder belasten.

- Wirtschaftliche Abhängigkeit

853 Aus der fehlenden Verfügungsmacht heraus folgt bei Direktübertragung des Familienvermögens eine gewisse wirtschaftliche Abhängigkeit des/der Schenker(s) von den Beschenkten bezüglich Nutzung und der daraus erzielbaren Erträge. Die Bestellung eines Nießbrauchs verschafft zwar Erträge, ist aber auf den konkreten Vermögenswert (z. B. Immobilie) beschränkt, schließt aber dessen Veräußerung oder Umgestaltung (z. B. Umbau) ohne Zustimmung des Eigentümers aus. Eine Zuwendung gegen dauernde Last setzt voraus, dass der Zuwendungsempfänger selbst zahlungsfähig und zahlungswillig ist.

- Gläubigerzugriff, Zerschlagung

854 Werden Kinder oder sonstige Begünstigte am Vermögen des/der Schenker(s) beteiligt, haftet das Vermögen auch gegenüber Gläubigern der Beschenkten, etwa im Fall deren Insolvenz oder Scheidung. Dies kann im schlimmsten Fall zur Verwertung und Zerschlagung des gesamten Vermögens führen.

- Pflichtteilsergänzungsansprüche

855 Lebzeitige Schenkungen können im Erbfall Pflichtteilsergänzungsansprüche übergangener Kinder auslösen, wenn Nachkommen durch Zuwendungen ungleich begünstigt wurden. Die Höhe von Pflichtteilsergänzungsansprüchen wurde zwar durch das am 1.1.2010 in Kraft getretene Gesetz zur Änderung des Erb- und Verjährungsrechts modifiziert. Unverändert werden Schenkungen an Dritte – ausgenommen der Ehepartner (Lebenspartner) die vom Erblasser innerhalb der letzten zehn Jahre vor seinem Tod durchgeführt worden sind, für die Bemessung des Pflichtteilsergänzungsanspruches herangezogen. Pflichtteilsergänzungsansprüche auslösende Schenkungen eines Erblassers finden – je länger sie zurück liegen – immer weniger Berücksichtigung.

BEISPIEL: Schenkungen im ersten Jahr vor dem Erbfall werden in voller Höhe berücksichtigt. Schenkungen, die zwei Jahre vor dem Erbfall erfolgten, werden nur noch zu 9/10 berücksichtigt. Schenkungen, die schon drei Jahre vor dem Erbfall durchgeführt worden sind, fließen nur noch zu 80 % in die Bemessungsgrundlage ein.

Dennoch: Da Pflichtteilsansprüche Zahlungsansprüche sind, die von den Erben aus dem vorhandenen Vermögen befriedigt werden müssen, können diese zu

Liquiditätsproblemen und wiederum zur Verwertung des überlassenen Vermögens führen.

- Erbengemeinschaften

Zuwendungen durch Testament oder im Wege gesetzlicher Erbfolge oder sonstige auf den Todesfall abgestellte Übertragungen führen bei mehreren Begünstigten zu Erbengemeinschaften, die denselben Gefahren ausgesetzt sind, wie lebzeitige Bruchteilsgemeinschaften. Jeder der Beteiligten kann die Auseinandersetzung der Gemeinschaft erzwingen, was zur Zerschlagung und Verwertung des Vermögens führt. 856

Mit konventionellen Nachfolgekonzepten können die dargestellten Probleme zwar auch in gewissem Maß vermieden werden, jedoch führen diese Gestaltungsmethoden meist dazu, dass die Vermeidung eines der genannten Probleme die Eröffnung eines anderen zur Folge hat. Konventionelle Gestaltungen, seien es Rechtsgeschäfte unter Lebenden oder Verfügungen auf den Todesfall sind folglich nur zu empfehlen, wenn bestimmte oben genannte Probleme (z. B. die fehlende Verfügungsmacht zu Lebzeiten) für den Schenker keine Rolle spielen.

13.2.2 Problemlösung mit dem Familienpool

Der Familienpool vermeidet Nachteile, die konventionelle Gestaltungskonzepte und Direktübertragungen mit sich bringen. 857

- Vermeidung fehlender Verfügungsmacht und wirtschaftlicher Abhängigkeit durch Erhaltung vollständiger Verfügungsmacht zu Lebzeiten der/des Schenker(s)

Mit dem Familienpool können der bzw. die Übergeber (Eltern) durch entsprechende Gestaltung der Geschäftsführungsbefugnisse und Stimmrechte die vollständige Verfügungsmacht über das gesamte Familienvermögen behalten und somit einzelne Gegenstände beliebig veräußern und belasten, Ersatzbeschaffungen tätigen, weitere Immobilien anschaffen, und zwar unabhängig davon, ob die Eltern noch mehrheitlich am Kapital der Gesellschaft beteiligt sind oder schon einen Großteil des Vermögens an die Nachkommen übertragen haben. Der Vorteil der gesellschaftsrechtlichen Konstruktion liegt darin, dass Stimmrechte und Kapitalanteile unabhängig voneinander geregelt werden können. 858

Erträge aus dem Poolvermögen und deren Nutzung können durch vertragliche Regelungen dem Schenker (den Schenkern), der/die das Vermögen in den Pool 859 einbringt/einbringen, vorbehalten werden. Auf diese Weise bleiben dem Schenker die Einnahmen aus dem Vermögen bis zu seinem Lebensende erhalten. Sollten diese Erträge zum Lebensunterhalt nicht ausreichen, ist ein Rückgriff auf die eingebrachte Vermögenssubstanz unter den gleichen Voraussetzungen möglich, wie beim Widerruf einer Schenkung.

860 Das in die Gesellschaft eingebrachte Immobilienvermögen wird gemeinschaftliches Vermögen der Eltern und der Kinder als künftige Erben. Das Vermögen wird im Pool gebündelt; Rechtsträger und verfügungsberechtigt ist die Gesamthand. Kein Gesellschafter kann allein über das Gesamthandsvermögen einzeln verfügen, und zwar auch nicht über seinen rechnerischen Bruchteil. Durch die entsprechende Ausgestaltung des Gesellschaftsvertrags können aber die Eltern mit ihrer Stimmenmehrheit unabhängig von der wirtschaftlichen Kapitalbeteiligung das Vermögen verwalten und bestimmen, ob z. B. eine Immobilie veräußert oder vermietet wird.

► Gläubigerzugriff, Zerschlagung

861 Während bei konventioneller Vermögensübertragung auf mehrere Begünstigte eine Miteigentümergemeinschaft oder eine Erbengemeinschaft entsteht, ist bei der Poolkonstruktion das Familienvermögen vor Zerschlagung und wirtschaftlicher Vernichtung durch einzelne Beteiligte gesichert. Keiner der Gesellschafter (Kinder) kann die Teilungsversteigerung erzwingen. Den Kindern bzw. dem einzelnen Gesellschafter steht lediglich ein Kündigungsrecht zu, welches nur zum Ausscheiden des Betreffenden führt und das außerdem im Gesellschaftsvertrag für mehrere Jahre ausgeschlossen werden kann. Eine Zerschlagung des Vermögens droht dabei nicht, da die Abfindungskonditionen entsprechend niedrig festgelegt werden.

862 Die Poolkonstruktion reduziert auch den Gläubigerzugriff bei überschuldeten Pool-Mitgliedern (Kindern) aufgrund der gesamthänderischen Bindung allein auf schuldrechtliche Ansprüche, die dem Schuldner aus dem Poolvermögen zustehen, also auf anteilige Miet- oder Pachterträge oder auf das Auseinandersetzungsguthaben, sofern es zur Auflösung des Familienpools kommt. Letzteres kann vertraglich stark reduziert werden.

Gleiches gilt auch für den Fall einer Scheidung von Ehegatten, die an der Familiengesellschaft beteiligt sind. Im Gegensatz zur möglichen Teilungsversteigerung einer Immobilie im Miteigentum bleibt bei der Poolkonstruktion das (elterliche) Gesellschaftsvermögen unberührt. Es können individuelle Regelungen über das Ausscheiden eines Gesellschafters im Falle der Scheidung getroffen werden.

Mit einem Familienpool können schließlich auch Unterhaltsansprüche früherer Ehegatten des Schenkers, die sich gegen dessen Erben richten, ausgehebelt werden. Zum anderen werden sie aber auch dem Grunde nach obsolet, wenn durch Einbringung der wesentlichen Vermögenswerte kein „Nachlass“ mehr zur Verfügung steht, aus dem diese Ansprüche bedient werden müssten. 863

Da der Geschäftsanteil eines Gesellschafters in dessen Todesfall nicht in seinen Nachlass fällt, besteht für die Erben auch nicht die Möglichkeit, bei angeordneten Vermächtnissen die Erbschaft nach § 2306 BGB auszuschlagen, den Pflichtteil zu verlangen und damit den Verkauf des Familienvermögens (um Liquidität für die Erfüllung der Pflichtteile zu schaffen) zu erzwingen. 864

- Vermeidung/Reduzierung von Pflichtteilsansprüchen und Pflichtteilsergänzungsansprüchen

Durch die Vereinbarung sogenannte „Fortsetzungsklauseln“ stellt der Familienpool sicher, dass nach dem Tod eines Gesellschafters die Gesellschaft mit den verbleibenden Gesellschaftern fortgeführt werden kann. Der Gesellschaftsanteil des Verstorbenen fällt nicht in dessen Nachlass, so dass insoweit auch keine Pflichtteilsansprüche übergangener Abkömmlinge (z. B. Kinder aus erster Ehe) entstehen können. 865

Die Beteiligung von Gesellschaftern ohne Einlage ist in bestimmten Fällen auch nicht als Schenkung im zivilrechtlichen Sinn zu qualifizieren, so dass sich in bestimmten Fällen sogar Pflichtteilsergänzungsansprüche vermeiden bzw. reduzieren lassen, selbst wenn der Schenker vor Ablauf von zehn Jahren nach der Gründung verstirbt.

- Vermeidung von Erbengemeinschaften

Mit der Poolkonstruktion kann eine Erbengemeinschaft insgesamt vermieden werden.

Abgesehen von diesen Vorteilen lässt sich mit der Bildung eines Familienpools der Weg des Poolvermögens – anders als bei bloßer Vererbung – bis in die dritte Generation steuern. Der Schenker bestimmt mit der Gestaltung des Gesellschaftsvertrages, wer in den Pool nachrückt und wer nicht, und zwar unabhängig davon, welche testamentarischen Bestimmungen seine Kinder treffen.

13.3 Vermögenssicherung des Übergebers durch Nießbrauchsbestellung an Poolvermögen und/oder am Gesellschaftsanteil (Vorbehalts-/Vollrechts-/Doppelnießbrauch)

866 Der Elterngeneration ermöglicht ein Vorbehaltsnießbrauch, Vermögenssubstanz zu übertragen unter gleichzeitigem Vorbehalt der Erträge aus dem Schenkungsgegenstand. Auf diese Weise bleiben dem Schenker die Einnahmen aus dem Vermögen bis zu seinem Lebensende erhalten. Sollten diese Erträge zum Lebensunterhalt nicht ausreichen, ist ein Rückgriff auf die eingebrachte Vermögenssubstanz unter den gleichen Voraussetzungen möglich wie beim Widerruf einer Schenkung.

Der Kapitalwert des Nießbrauchsrechts mindert den Wert der zu übertragenden Anteile an der Familiengesellschaft (KG Anteile, § 10 Abs. 1 Nr. 4 ErbStG). Duldungs- oder Nutzungsauflagen sind als bereicherungsmindernde Faktoren anzusehen, die im Wege der Saldierung zu berücksichtigen sind.[1] Bei vermieteten Familienpool-Grundstücken kommt ein Nießbrauchabzug wegen der 10%igen Steuerbefreiung nur zu 90 % in Betracht.

867 Alternativ zum Vorbehaltsnießbrauch an den in den Pool einzubringenden Sachwerten können sich die Vermögensübergeber (Elterngeneration) auch einen Nießbrauch an den zu übertragenden Anteilen an der Familienvermögensverwaltungs-KG hinsichtlich des auf die Anteile entfallenden Gewinnanteils vorbehalten. Das Nießbrauchsrecht kann als Vollrechtsnießbrauch oder Ertragsnießbrauch ausgestaltet sein.

Als für die Vermögensübergeber optimale Lösung ist ein Doppelnießbrauch zu sehen.[2] Jeder Ehegatte bzw. Vermögenseinbringer behält sich hier den Grundstücksnießbrauch vor. Dieser bleibt immer bestehen, auch wenn die Familienvermögensverwaltungs-KG mit nur noch einem Gesellschafter verbleibt und es infolgedessen zu einem Untergang der Nießbrauchsrechte an den Gesellschaftsanteilen kommt. Ein wesentlicher Vorteil des Doppelnießbrauchs ist folgender: Im Regelfall behält sich ein Ehegatte den Nießbrauch auf sein eingebrachtes Sachvermögen (im Regelfall handelt es sich dabei um ein Grundstück) auf Lebenszeit vor. Danach soll meist der andere Ehegatte den Nießbrauch erhalten (aufschiebend bedingter Erwerb). Kommt es zum Erwerb, fällt Schenkungsteuer an. Kann der überlebende Ehegatte als Ersatz noch auf sein

1 Gebel in Troll/Gebel/Jülicher/Gottschalk, ErbStG, § 7 Rz. 160.

2 Siehe dazu auch: Spiegelberger, Vermögensnachfolge, 2010, Rz. 105 ff.

Nießbrauchsrecht an den Anteilen der Familienvermögensverwaltungs-KG zurückgreifen, kann er auf den Nießbrauch am vom verstorbenen Ehegatten eingebrachten Vermögen verzichten. Dann kommt es zu keinem steuerpflichtigen Vorgang.

Die Nießbrauchseinräumung zu Gunsten eines Ehegatten gilt grundsätzlich als steuerpflichtige Schenkung. Schenkungssteuer wird durch den Doppelnießbrauch jedoch nicht ausgelöst, weil der andere Ehegatte, der den Nießbrauch an den KG-Anteilen erhält, keine Erträge hat, denn diese fließen gar nicht in die Familien-KG ein. Wegen des Vorbehaltsnießbrauchs an den eingebrachten Vermögenswerten werden die Erträge schon außerhalb der Familien-KG aufgefangen.

HINWEIS:

Beim Doppelnießbrauch hat der gesellschaftsrechtliche Nießbrauch erst dann Bedeutung, wenn der sachenrechtliche Nießbrauch erloschen ist.

13.4 „Afa-Step-Up“ mit dem gewerblich geprägten Familienpool

13.4.1 Allgemeines

Eine vermögensverwaltende Familiengesellschaft entfaltet aus der Tätigkeit des Haltens und Verwaltens von privatem Vermögen heraus keine gewerbliche Betätigung. Ihr kann jedoch durch folgende Ausgestaltung gewerbliche Prägung verliehen werden (vgl. § 15 Abs. 3 Nr. 2 EStG): 868

- Die Familiengesellschaft wird als GmbH & Co. KG errichtet.
- Persönlich haftende Gesellschafterin (Komplementärin) der Familien-KG ist ausschließlich die GmbH; natürliche Personen sind von einer Komplementärfunktion ausgeschlossen.
- Nur die GmbH oder (familienfremde) Personen, die nicht auch Gesellschafter der KG sind, treten als Geschäftsführer für die Familien-KG auf.

Der gewerblich geprägte Familienpool gilt als Gewerbebetrieb, das Poolvermögen als Betriebsvermögen. Die GmbH ist am Vermögen nicht beteiligt. Eigentümer des Geschäftsvermögens (des Grundbesitzes) ist die KG. 869

Alle Familienmitglieder, die bei der Komplementär-GmbH Gesellschafter sind, sind zugleich Kommanditisten der KG (sogenannte GmbH & Co. KG im engeren Sinne). Die Beteiligungsverhältnisse an GmbH und KG können aber auch in beiden Gesellschaften abweichen. Die Eltern können hier variieren und bestimmen, inwieweit welches Kind Einfluss auf die Geschäftspolitik der KG haben soll.

HINWEIS:

Die gewerbliche Prägung entsteht schließlich durch Eintragung der KG ins Handelsregister. Für Zwecke der Erbschaft- und Schenkungsteuer tritt erst zum Zeitpunkt der Eintragung der KG im Handelsregister die gewerbliche Prägung ein. Vor der Eintragung ins Handelsregister handelt es sich um eine vermögensverwaltende Gesellschaft bürgerlichen Rechts, unabhängig davon, dass ertragsteuerlich rückwirkend von einer gewerblichen Prägung ausgegangen wird (R E 10.4 Abs. 1 Satz 3, 4 ErbStR 2019).

13.4.2 AfA Step-Up durch Einbringung des Familien-Immobilienvermögens gegen Gesellschaftsrechte

870 Die gewerbliche Prägung bietet die Möglichkeit, bei Übertragung von ertragsbringendem Immobilienvermögen einen sog. „AfA-Step-Up“ zu generieren. Hat die Elterngeneration das in den gemeinsamen Pool zur Vermögensnachfolge zu übertragende Grundvermögen schon länger als zehn Jahre im Privatbesitz, löst eine Einbringung gegen Gewährung von Gesellschaftsrechten kein steuerpflichtiges privates Veräußerungsgeschäft i. S. v. § 23 EStG aus. Auf der privaten Vermögensebene der Einbringenden müssen die Wertzuwächse somit nicht der Einkommensteuer unterworfen werden. Gleichwohl kann die Bemessungsgrundlage für weitere Abschreibungen auf Ebene der GmbH & Co. KG nach dem Einlagewert (Teilwert, entspricht dem im Zeitpunkt der Einbringung maßgeblichen Verkehrswert, abzüglich der von der Anschaffung bis zur Einbringung vorgenommenen Abschreibungen § 6 Abs. 1 Nr. 5 Satz 2 EStG) bemessen werden. Das durch die Einbringung geschaffene AfA-Potenzial ermäßigt sich dadurch um die bereits vorgenommenen Abschreibungen (§ 7 Abs. 1 Satz 5 EStG), wodurch bei bereits voll abgeschriebenen Gebäuden eine doppelte steuerliche Berücksichtigung der historischen Anschaffungskosten vermieden wird. Für die eingebrachten Immobilienwerte beginnt ein neuer Abschreibungszeitraum von 50 Jahren; es können jährlich 2 % vom Einbringungswert (vermindert um die bereits in Anspruch genommenen Abschreibungen) abgeschrieben werden (§ 7 Abs. 4 Nr. 2a EStG).

13.4.3 AfA-Step-Up durch Veräußerung des Familien-Immobilienvermögens an den gewerblich geprägte Familienpool

871 Wird das Familien-Immobilienvermögen alternativ zur Einbringung an die Familien-KG veräußert, entfällt die Kürzung der AfA-Bemessungsgrundlage um die bereits vorgenommenen Abschreibungen (§ 7 Abs. 1 Satz 5 EStG). Das neu

generierte Abschreibungspotenzial entspricht hier den (neuen) Gebäudeanschaffungskosten bei der gewerblich geprägten Familiengesellschaft. Diese entsprechen dem Teilwert/Gebäudeverkehrswert im Zeitpunkt der Einbringung.

HINWEISE:

- Für die Generierung eines AfA-Step-Up ist eine gewerblich geprägte Familien-GmbH & Co KG erforderlich. Eine Einbringung oder eine Veräußerung an eine vermögensverwaltende Familiengesellschaft führt nicht zu einem Veräußerungsvorgang beim einbringenden Elternteil bzw. zu einer Anschaffung auf Ebene der Familiengesellschaft. Bei vermögensverwaltenden Personengesellschaften gilt die Bruchteilsbetrachtung nach § 39 Abs. 2 Nr. 2 AO. Nach dieser Vorschrift werden Wirtschaftsgüter, die mehreren zur gesamten Hand gehören, den Beteiligten anteilig zugerechnet. Die Einbringung/Veräußerung an einen vermögensverwaltenden Familienpool löst daher keinen Veräußerungs-/Anschaffungsvorgang aus, soweit der/die Veräußerer an der aufnehmenden vermögensverwaltenden Personengesellschaft beteiligt sind. Da die Elterngeneration das Immobilienvermögen zunächst in den vermögensverwaltenden Familienpool einbringt und erst im zweiten Schritt weitere Familienangehörige an dem Poolvermögen beteiligt, ist eine (zunächst) 100%-Beteiligung der Eltern an der aufnehmenden Familiengesellschaft gegeben, was einen Veräußerungs-/Anschaffungsvorgang vollumfänglich ausschließt. In solchem Fall wären nur die Buchwerte fortzuführen. Das Abschreibungsvolumen bliebe unverändert.
- Nichts anderes ergibt sich aus der höchstrichterlichen Rechtsprechung. Der BFH sieht in der Einbringung von Grundstücken in eine personenidentische GbR keinen Anschaffungsvorgang.[1] Ebenso die Finanzverwaltung in dem BMF-Schreiben v. 5.10.2000.[2] Nach Auffassung der Finanzverwaltung ist die Übertragung eines Grundstücks auf eine Personengesellschaft oder Gemeinschaft ohne Betriebsvermögen gegen Entgelt oder gegen Gewährung von Gesellschaftsrechten insoweit nicht als Veräußerung anzusehen, „als der bisherige Eigentümer nach der Übertragung am Vermögen der Gesellschaft oder Gemeinschaft beteiligt ist."

13.4.4 Wechsel der Geschäftsführung, Ausscheiden der GmbH aus dem gewerblich geprägten Familienpool

Ein wesentlicher Nachteil bei Einbringung des Familienimmobilienvermögens 872
in einen gewerblich geprägten Familienpool ist die dadurch generierte „Steuerverstrickung" des eingebrachten Immobilienvermögens. Steuerverstrickung heißt, dass sämtliche Wertzuwächse während der Haltedauer der Immobilienwerte in dem gewerblich geprägten Familienpool der Einkommensteuer unterliegen. Nach Ablauf einer bestimmten Schamfrist (empfohlen werden mindes-

1 BFH, Urteil v. 6.10.2004 IX R 68/01.

2 BStBl. I 2000, 1383 Rz. 8.

tens 3 Jahre) besteht jedoch die Möglichkeit, die gewerblich geprägte GmbH & Co KG in eine vermögensverwaltende KG umzuwandeln. Dies kann einfach dadurch geschehen, dass ein Kommanditist (z.B. ein Elternteil) zum Geschäftsführer der KG bestellt wird oder zum Komplementär wird und somit die Rolle der GmbH übernimmt, welche dem Pool die gewerbliche Prägung ursprünglich verliehen hat.

Die gewerbliche Prägung kann also durch eine Änderung des KG-Vertrags, gemäß dieser einer der Kommanditisten (vorzugsweise die Eltern) neben der Komplementär-GmbH zum Geschäftsführer bestellt wird, beseitigt werden. Die Komplementär-GmbH kann aus dem Poolgeflecht ausscheiden bzw. ein weiteres Verbleiben ohne Geschäftsführerfunktion wäre unbeachtlich.

Vermögenszuwächse, die sich innerhalb der Schamfrist in dem gewerblich geprägten Pool ergeben haben, wären bei Beseitigung der gewerblichen Prägung und Übergang des Pools zum steuerlichen Privatvermögen in Form eines Aufgabegewinns einkommensteuerpflichtig.[1] Nach der Umwandlung sind alle sich danach auf Ebene der vermögensverwaltenden KG ergebenden Vermögenszuwächse wieder dem Privatbereich zuzurechnen und nur insoweit ertragsteuerpflichtig, als sich ein privates Veräußerungsgeschäft i. S. von § 23 EStG begründen lässt. Letzteres wäre bei Veräußerungen innerhalb von 10 Jahren nach dem Ausscheiden der GmbH gegeben.

HINWEIS:

Das generierte Abschreibungspotenzial bleibt den Gesellschaftern nach der Übertragung des Immobilienvermögens auf die Vermögensverwaltungs-KG wegen der Identität der Vermögensverwaltungs-KG mit der ehemaligen GmbH & Co KG erhalten.

13.4.5 Exkurs: Bildung von Rücklagen nach Maßgabe der §§ 6b EStG

873 Die Veräußerung von Immobilienvermögen aus dem Betriebsvermögen eines gewerblich geprägten Familienpools bzw. das Ausscheiden der GmbH als Geschäftsführerin der Familien-KG löst stets eine Einkommensteuerpflicht bezüglich des während der Besitzdauer generierten Wertzuwachses aus (Besteuerung stiller Reserven). Der Gesetzgeber räumt Unternehmern speziell bei der Veräußerung oder Entnahme von Grund und Boden und Gebäuden die Möglichkeit ein, den Veräußerungserlös mit den darin enthaltenen stillen Reserven wieder zu reinvestieren. Diese Option steht auch den Gesellschaftern eines gewerblich geprägten Familienpools offen. Im Einzelnen können reinvestiert werden:

1 Vgl. im Einzelnen hierzu § 8 UmwStG.

- Gewinne aus der Veräußerung von Grund und Boden in Grund und Boden oder Gebäude
- Gewinne aus der Veräußerung von Gebäuden in andere Gebäude

Fehlt es im Zeitpunkt der Veräußerung von Grund und Boden oder Gebäuden an einem geeignetem Reinvestitionsgut, kann in Höhe der aus der Veräußerung der genannten betrieblichen Wirtschaftsgüter entstandenen stillen Reserven auf bestimmte Zeit eine den Gewinn mindernde Rücklage gebildet werden (§ 6b EStG Rücklage). In beiden Fällen lässt sich eine Einkommensbesteuerung der stillen Reserven in Gänze bzw. zumindest temporär vermeiden.

13.5 Zusammenfassende Übersicht: Vorteile der vermögensverwaltenden Familiengesellschaft auf einen Blick

- Optimale Planung von Erbschaft-/Schenkungsteuer durch frühzeitige und vollständige Nutzung von Freibeträgen und Nutzung der wieder auflebenden Freibeträge alle zehn Jahre 874
- Nutzung des Abzugsbetrages für steuerbegünstigtes Betriebsvermögen alle zehn Jahre
- Vermögensverlagerung auf Ehegatten zur Schaffung weiterer Freibeträge zu Gunsten gemeinsamer Kinder
- Progressionsminderungen durch mehrere Schenkungen (Übertragungen)
- Senkung der Einkommensteuerlast durch Zuordnung von Einkünften an Personen mit geringerem Steuersatz (Kinder)
- Das Poolvermögen bleibt steuerliches Privatvermögen (nur Familienpool als vermögensverwaltende Kommanditgesellschaft, nicht gewerblich geprägter Familienpool – Firmenmantel)
- Vollständige Verfügungsmacht des Schenkers zu Lebzeiten ohne Mitspracherechte der Beschenkten (Eltern verfügen als Komplementäre die volle Geschäftsführungs- und Vertretungsmacht)
- Schutz vor Zerschlagung des Vermögens durch Auseinandersetzungsversuche von Kindern und Erben
- Ausschluss unliebsamer Pflichtteilsberechtigter und Gestaltung der Erbfolge nach eigenen Vorstellungen des Schenkers
- Steuerung des Vermögens über Generationen durch Gestaltung des Gesellschaftsvertrags

- Ersparnis von Grundbuchkosten durch erstmalige Eintragung der KG in das Grundbuch; spätere Änderungen im Gesellschafterbestand führen zu keiner weiteren Eintragung (da vermögensverwaltende Kommanditgesellschaft unter ihrer Firma im Grundbuch eingetragen ist)
- Schutz vor Gläubigern des Schenkers und der Beschenkten sowie vor Unterhaltsansprüchen früherer Ehegatten des Schenkers
- Sicherung der Altersvorsorge wie bei der konventionellen Schenkung unter Nießbrauchsvorbehalt sowie Zurückbehaltung des Stimmrechts bei Nießbrauchsvorbehalt
- Langfristige Einsparung von Vollzugskosten
- Frühzeitige Beteiligung von Minderjährigen ohne Risiko
- Uneingeschränkte Geschäftsführung
- Unentziehbare Vertretungsmacht
- Umschichtungsrecht
- Realteilungsrecht
- Haftungsbeschränkung der Familienmitglieder als Kommanditisten, auch Beteiligungen Minderjähriger möglich
- 30-jähriger Kündigungsausschluss möglich, auch bei Eintritt der Volljährigkeit
- Ausschluss des Erbrechts von Schwiegerkindern möglich und Anwachsung der Anteile innerhalb der Familie
- Abfindungszahlungen beliebig vereinbar, reduzierte Abfindungsklauseln möglich
- Einsparungen von Grundbuchgebühren bei mehrfacher (Weiter-)Übertragung von Gesellschaftsanteilen
- Grunderwerbsteuerfreiheit der Anteilsübertragung
- Abschreibungen gebühren bei Vorbehaltsnießbrauch weiterhin den Einbringenden (Eltern); diese erzielen selbst (und nicht die Gesellschaft) weiterhin Einkünfte aus Vermietung und Verpachtung
- AfA-Step-Up (nur gewerblich geprägter Familienpool – Firmenmantel)

14 Der „90 %-Test": Steuerbefreiung für Betriebsvermögen durch Umwandlung von Verwaltungsvermögen

In Rz. 595 wurde bereits darauf hingewiesen, dass die Steuerbefreiung für das Betriebsvermögen zur Gänze entfällt, wenn das Verwaltungsvermögen mehr als 90 % des begünstigungsfähigen Betriebsvermögens beträgt. Das Verwaltungsvermögen für den 90 %-Test errechnet sich aus der Summe des Verwaltungsvermögens und der Finanzmittel (jeweils Bruttowerte ohne Abzug von Schulden und bei den Finanzmitteln ohne Abzug des Sockelbetrags von 15 %). Werden vor einer geplanten Übertragung des Betriebs die Finanzmittel in „gutes Betriebsvermögen" (auch in Umlaufvermögen) investiert[1], so dass der 90 %-Test bestanden wird, können Verschonungsabschlag und Abzugsbetrag im Regelfall in Anspruch genommen werden. 875

BEISPIEL: Einzelunternehmer U möchte den Betrieb an seinen Sohn weitergeben. Der Steuerwert für das Unternehmen soll 5 Mio. € betragen. Ein schädliches Verwaltungsvermögen ist nicht vorhanden. Die Kundenforderungen und die Geldmittel (Finanzmittel) betragen 4,5 Mio. €. Die Unternehmensschulden betragen 3 Mio. €.

Berechnung, 90 %-Test:[2]

Festgestellter Wert des Verwaltungsvermögens (einschl. junges Verwaltungsvermögen)	0,00 €
Festgestellter Wert der Finanzmittel	4,5 Mio. €
= Verwaltungsvermögen für den 90 %-Test	4,5 Mio. €

Im Vergleich zum Wert des gesamten Betriebsvermögens beträgt das Verwaltungsvermögen genau 90 % des Unternehmenswerts, so dass keine Steuerbefreiung für das Betriebsvermögen in Anspruch genommen werden kann.

Abhilfemaßnahme: Vor der geplanten Übertragung zieht Unternehmer U die Kundenforderung ein und kauft für 200.000 € Betriebsmittelzubehör und lässt für 20.000 € sein Büro neu gestalten. Die Finanzmittel reduzieren sich um 220.000 €. Der Anteil des Verwaltungsvermögen beträgt nur noch 4,28 Mio. € und die Verwaltungsvermögenquote sinkt auf 85,6 %. 876

1 Vgl. Rz. 620.
2 R E 13b.9 Abs. 2 ErbStR 2019.

Der Steuerwert des begünstigten Betriebsvemögens berechnet sich danach wie folgt:

Festgestellter Wert der Finanzmittel	4.280.000 €
Festgestellter Wert der Schulden	3.000.000 €
- Sockelbetrag (15 % vom festgestellten Wert des Betriebsvermögens)	750.000 €
Verbleibender Wert der Finanzmittel	530.000 €

Durch die Reinvestition verbleibt per Saldo nur noch ein Verwaltungsvermögen von 530.000 €. Für das übrige Betriebsvermögen können die Steuervergünstigungen[1] genutzt werden.

HINWEIS:

Bei der Auswahl der Reinvestitionsmittel sollte stets dem jungen Verwaltungsvermögen der Vorzug gegeben werden. Das heißt, der Unternehmenserbe sollte in erster Linie das junge Verwaltungsvermögen auflösen und in begünstigungsfähiges Betriebsvemögen umwandeln.[2]

15 Warum der Schenker die Schenkungsteuer übernehmen sollte

15.1 Allgemeines

877 Erklärt sich der Schenker bereit, zusätzlich zur Schenkung auch noch die Schenkungsteuer zu tragen, gilt als steuerpflichtiger Erwerb nicht nur der Steuerwert der Zuwendung (der Schenkung), sondern vielmehr der Betrag, der sich bei einer Zusammenrechnung des Erwerbs mit der aus ihm errechneten Steuer ergibt (§ 10 Abs. 2 ErbStG). Die vom Schenker übernommene Schenkungsteuer stellt also eine zusätzliche Zuwendung dar und ist steuerpflichtig.

So paradox es klingt: Übernimmt der Schenker die Steuer, fällt Schenkungsteuer auf die Schenkungsteuer an. Damit dürfte die Übernahme der Schenkungsteuer durch den Schenker auf den ersten Blick wohl ganz und gar nicht als Steuer sparendes Gestaltungsmodell erscheinen. Ein Großteil der Schenker lehnt deshalb die Übernahme der Schenkungsteuer ab und belässt es beim Regelfall, d. h. bei der Steuerschuldnerschaft des Empfängers.

Doch diese Denkweise ist falsch, wie folgender Fall zeigt.

1 Vgl. Rz. 581 ff.

2 Zu den Auswirkungen einer Reinvestition unter Verwendung von jungem Verwaltungsvermögen, von sonstigem Verwaltungsvermögen und unter Verwendung von nicht jungem Verwaltungsvermögen und Finanzmittel vgl. Höne, NWB-EV 2/2018 S. 43, HAAAG-71476.

BEISPIEL: A möchte seiner Lebensgefährtin zum 60. Geburtstag einen Geldbetrag von 700.000 € schenken. Zahlt die Lebensgefährtin die Steuer selbst, würde sich der Fall so darstellen:

Bereicherung	700.000 €
·/. Freibetrag (Klasse III)	·/. 20.000 €
steuerpflichtiger Erwerb	680.000 €
·/. Steuerbetrag (Steuersatz 30 %)	204.000 €
der Lebensgefährtin verbleiben	476.000 €

Möchte A aber, dass der Lebensgefährtin echte 700.000 € verbleiben, und erklärt er deshalb, die Schenkungsteuer zu übernehmen, sieht die Rechnung so aus:

Steuerwert des Geldgeschenkes	700.000 €
+ übernommene Schenkungsteuer, bezogen auf den zugewendeten Nettobetrag	+ 204.000 €
Bereicherung	904.000 €
·/. Freibetrag	·/. 20.000 €
steuerpflichtiger Erwerb	884.000 €
Steuerbetrag (Steuersatz 30 %)	265.200 €

265.200 € an Schenkungsteuer müsste A also tragen, damit der Lebensgefährtin echte 700.000 € verbleiben. Hätte die Lebensgefährtin die Steuer selbst bezahlt, wären 204.000 € fällig gewesen. Wo also liegt hier die Steuerersparnis?

Die Steuerersparnis wird besonders deutlich, wenn man

- sich vor Augen führt, wie viel A insgesamt hätte schenken müssen, damit der Lebensgefährtin 700.000 € geblieben wären, wenn sie selbst die Schenkungsteuer gezahlt hätte, oder
- darauf abstellt, was der Beschenkten bei gleichen Aufwendungen des Schenkers rein „netto" verbleibt.

Es ist also jeweils auf die Bruttoaufwendung des Schenkers oder alternativ auf die Nettobereicherung des Bedachten abzustellen. Letzteres soll hier dargestellt werden.

FORTSETZUNG DES OBIGEN BEISPIELS: Übernimmt A die Steuern, beträgt sein Gesamtaufwand (700.000 + 265.200) = 965.200 €. Hätte er der Lebensgefährtin anstatt 700.000 € diesen Betrag geschenkt und sie dafür die Steuer zahlen lassen, könnte die Rechnung überschlagsmäßig wie folgt aufgestellt werden:

Schenkungsbetrag	965.200 €
·/. Freibetrag	·/. 20.000 €
Steuerpflichtiger Erwerb	945.200 €
Steuerbetrag (Steuersatz 30 %)	283.560 €
verbleibender Nettobetrag (965.200 – 283.560)	681.640 €

Bei gleichem Aufwand des A wären der Lebensgefährtin 18.360 € (700.000 ·/. 681.640) weniger geblieben, wenn sie die Schenkungsteuer gezahlt hätte. Wie kommt das?

878 Der Trick dieses Sparmodells liegt darin, dass für die Steuerermittlung zwar die zusätzliche Bereicherung des Beschenkten berücksichtigt wird, diese Bereicherung aber nicht „brutto", d. h. nach der Zuwendung einschließlich der Steuer, sondern „netto", d. h. nur nach der Zuwendung ohne Steuer berechnet wird. Der Gesetzgeber bricht eine unendliche Kette, Schenkungsteuer auf die Schenkungsteuer zahlen zu müssen, schon nach der ersten Steuer auf die Steuer ab. Es gilt nur der Betrag als Erwerb, der sich aus der Zusammenrechnung des Erwerbs mit der aus ihm errechneten Steuer ergibt (Steuer = (Erwerb + Steuer vom Erwerb) × Steuersatz). So wird in obiger Beispielrechnung von einem Schenkungsbetrag von 965.200 € ausgegangen, der die vom Schenker übernommene Schenkungsteuer bereits beinhaltet. Streng genommen hätte man aber von 983.560 € ausgehen müssen (700.000 € + 283.560 €).

Buciek[1] meint, dass § 10 Abs. 2 ErbStG nicht danach fragt, welche Summe der Schenker ohne Übernahme der Steuer dem Beschenkten hätte zuwenden müssen, damit diesem nach Abzug der (dann von ihm zu tragenden) Steuer letztlich wiederum der „netto" zugewendete Betrag verbliebe. Die Vorschrift begnügt sich vielmehr mit der Zurechnung derjenigen Steuer, die angefallen wäre, wenn der Beschenkte die tatsächlich netto erfolgte Zahlung lediglich brutto erhalten hätte. Dass die sich aus § 10 Abs. 2 ErbStG selbst ergebende Steuerbelastung das Vermögensopfer des Schenkenden zusätzlich erhöht, bleibt – anders als beispielsweise in vergleichbarer Situation im Lohnsteuerrecht – aus Vereinfachungsgründen unberücksichtigt.

879 Nun wurde in den obigen Beispielen stets unterstellt, dass der Schenker so zahlungskräftig ist, dass er die Schenkungsteuer ohne Mühe auf seine Geld-

1 DStR 1990 S. 228.

schenkung draufschlagen kann. Es kann aber auch sein, dass der Schenker nur einen bestimmten Bruttobetrag hergeben will bzw. kann. Dennoch lohnt es sich, die Schenkungsteuer zu übernehmen.

BEISPIEL: B möchte seiner Haushälterin zum 30-jährigen Jubiläum 50.000 € schenken, nicht mehr. Würde B der Haushälterin die 50.000 € geben und würde diese das Geschenk auch versteuern (eine Erwerbsanzeige vorausgesetzt), würde sie nach Abzug des Freibetrags von 20.000 € 30.000 € als steuerpflichtigen Erwerb zu versteuern haben, wobei ihr nach Abzug der Steuer (30 % von 30.000 € = 9.000 €) noch 41.000 € verbleiben.

Würde die Haushälterin dem B vorschlagen, ihr anstatt 50.000 € nur 41.000 € zu schenken, dafür aber die Schenkungsteuer zu übernehmen, würde die Rechnung so aussehen:

Zuwendung des B	41.000 €
·/. Freibetrag	·/. 20.000 €
Zwischensumme	21.000 €
+ Schenkungsteuer darauf (30 %, Klasse III)	6.300 €
Steuerpflichtiger Erwerb (gerundet)	27.300 €
hierauf von B zu zahlende Schenkungsteuer (30 %, Klasse III)	8.190 €
+ Zahlung an die Haushälterin	41.000 €
Gesamtaufwendungen des B	49.190 €

B spart sich per Saldo 810 €.

15.2 Vermächtnis mit Steuerübernahmeklausel

BEISPIEL: Erblasser E hinterlässt seinem Kind und seiner nichtehelichen Partnerin einen Nachlass im Steuerwert von 5 Mio. €. Alleinerbe soll seine Tochter werden. Dem nichtehelichen Partner soll ein Vermächtnis von rund 1,5 Mio. € nach Steuern (also netto) zukommen. 880

Erblasser E könnte wie folgt verfahren:

Alternative 1: E setzt seiner Partnerin ein Vermächtnis i. H. von 2.250.000 € aus. Nach Abzug des Freibetrags von 20.000 € (Steuerklasse III) verbleibt ein steuerpflichtiger Erwerb von 2.230.000 €. Daraus sind bei einem Steuersatz von 30 % 669.000 € an Erbschaftsteuer zu entrichten. Netto verbleibt der Partnerin somit 1.581.000 €.

Die Steuerlast der Tochter beträgt bei Alternative 1

Bereicherung (5 Mio. ·/. 2,25 Mio.)	2.750.000 €	
·/. Freibetrag (Klasse I)	·/. 400.000 €	
steuerpflichtiger Erwerb	2.350.000 €	
Steuerbetrag bei Steuerklasse/Steuersatz (I/19 %)		446.500 €
Steuerbelastung Partnerin		669.000 €
Steuerbelastung gesamt		1.115.500 €

Alternative 2: E setzt seiner Partnerin ein Vermächtnis von 1.581.000 € aus und verpflichtet seine Tochter, die Erbschaftsteuer zu tragen. Die Steuerlast der Partnerin beträgt somit 0 €. Die Steuerlast der Tochter errechnet sich wie folgt:

1. Schritt: Berechnung der Steuerschuld der Partnerin auf das Vermächtnis		
Bereicherung	1.581.000 €	
·/. Freibetrag (Klasse III)	·/. 20.000 €	
steuerpflichtiger Erwerb (gerundet)	1.561.000 €	
Steuerbetrag bei Steuerklasse/Steuersatz (III/30 %)		468.300 €
2. Schritt: Berechnung der Steuerschuld für den um den Steuerbetrag erhöhten Vermächtniserwerb		
Vermächtnis netto	1.581.000 €	
+ übernommene Erbschaftsteuer	+ 468.300 €	
Bereicherung	2.049.300 €	
·/. Freibetrag (Klasse III)	·/. 20.000 €	
steuerpflichtiger Erwerb (gerundet)	2.029.300 €	
Steuerbetrag bei Steuerklasse/Steuersatz (III/30 %)		608.790 €
3. Schritt: Berechnung der Steuerlast des Kindes nach Abzug des Vermächtnisses und der übernommenen Schenkungsteuer		
Erwerb brutto	5.000.000 €	
·/. Nettovermächtnis	·/. 1.581.000 €	
·/. übernommene Erbschaftsteuer	·/. 608.790 €	
Bereicherung	2.810.210 €	
·/. Freibetrag (Klasse I)	·/. 400.000 €	
steuerpfl. Erwerb (gerundet)	2.410.200 €	
Steuerbetrag bei Steuerklasse/Steuersatz (I/19 %)		457.938 €
Gesamtbelastung	(608 790 + 457 938)	1.066.728 €

Das von E ausgesprochene Vermächtnis mit Steuerübernahmeklausel führt nicht nur dazu, dass der Tochter 2,81 Mio. € anstatt 2,75 Mio. € zufallen. Tochter und Partner sparen obendrein noch (1.115.500 ·/. 1.066.728) = 48.772 € an Erbschaftsteuern.

16 Der steueroptimale Schenkungsvertrag: Auflagen, Schulden und Lasten im Zusammenhang mit ganz oder teilweise steuerbefreitem Vermögen

881 Wie bereits oben Teil III Rz. 456 dargestellt, ordnet die Finanzverwaltung bei gemischten Schenkungen die vom Beschenkten übernommenen Gegenleistungen, Schulden, Leistungsauflagen oder die dem Beschenkten auferlegten Nutzungs- und Duldungsauflagen den Schenkerleistungen wie folgt zu:

- Gegenleistungen des Beschenkten werden den Vermögensgegenständen zugewiesen, für die sie der Schenker erbringt.
- Leistungsauflagen werden allen Vermögensgegenständen zugeordnet.
- Nutzungs- und Duldungsauflagen werden denjenigen Vermögensgegenständen zugeordnet, auf die sich die Duldungspflichten beziehen.

Wie bereits oben unter Rz. 552 erläutert, sind Schulden und Lasten, die mit teilweise befreiten Vermögensgegenständen in wirtschaftlichem Zusammenhang stehen, nur mit dem Betrag abzugsfähig, der dem steuerpflichtigen Teil entspricht (§ 10 Abs. 6 Sätze 1 bis 3 ErbStG). Steht danach eine Gegenleistung, eine Schuld oder eine Nutzungs- und Duldungsauflage im Zusammenhang mit einem zu 85 % oder bei entsprechender Optierung zu 100 % befreitem Betriebsvermögen oder in Zusammenhang mit einem zu 10 % befreitem Mietwohngrundstück oder mit anderen steuerfreien Gegenständen[1] (Kunstsammlungen etc.), bietet es sich an, statt einer Gegenleistung oder einer Nutzungs- oder Duldungsauflage, welche sich auf einen ganz oder teilweise steuerbefreiten Vermögensgegenstand bezieht, im Schenkungsvertrag eine entsprechende Zahlung (Leistungsauflage) zu vereinbaren, die sich dann auf alle Vermögensgegenstände bezieht. 882

BEISPIEL: A überträgt an B gegen Übernahme eines Darlehens von 500.000 €, das sich auf den übertragenen Betrieb bezieht, sowie gegen Übernahme eines Hypothekendarlehens von 300.000 € für ein Mietwohngrundstück folgende Vermögensgegenstände:

Vermögensgegenstand	**Steuerwert**	**Gegenleistung (Darlehensvaluta)**	**Gesamterwerb Anteil**	**Steuerbefreiung**	**Steuerpflichtig (Steuerwert)**	**Gegenleistung ist abzugsfähig zu ... %/Betrag**
Betrieb	4.000.000 €	500.000 €	4/7	85 %	600.000 €	15 %/75.000 €
Mietwohngrundstück	1.000.000 €	300.000 €	1/7	10 %	900.000 €	90 %/270.000 €
Wertpapiere Barvermögen	2.000.000 €	–	2/7	-,-	2.000.000 €	Kein Abzug
Gesamt	7.000.000 €	800.000 €			3.500.000 €	345.000 €

Werden die Gegenleistungen den Vermögensgegenständen direkt zugeordnet, sind von den übernommenen 800.000 € an Gegenleistung 345.000 € steuerlich abzugsfähig.

1 Zu den sachlichen Steuerbefreiungen vgl. Teil III Rz. 559 ff.

Alternative:

Anstatt der Übernahme der einzelnen Schulden vereinbaren Schenker und Beschenkter in dem Schenkungsvertrag eine Leistungsauflage im Kapitalwert von 800.000 €, auszahlbar in Form einer Renten-/Ratenzahlung, die den Zins-/Tilgungsraten für beide Hypothekendarlehen in etwa entspricht.

	Vermögensgegenstand	**Zuordnung der Leistungsauflage nach Anteilen**	**Anteilige Leistungsauflage nach Beträgen**	**Leistungsauflage ist abzugsfähig zu %/Betrag**
Leistungsauflage/ Rentenzahlung 800.000 €	Betrieb	4/7	457.142 €	15 %/68.571 €
	Mietwohngrundstück	1/7	114.285 €	90 %/102.857 €
	Wertpapiere	2/7	228.571 €	100 %/228.571 €
			800.000 €	400.000 €

Ergebnis: Während bei Übernahme der einzelnen Hypothekenschulden diese nur zu 345.000 € übernommen werden können, kann im Fall der Vereinbarung einer Leistungsauflage in gleicher Höhe diese zur Hälfte (400.000 €) von der steuerpflichtigen Bereicherung zum Abzug gebracht werden. Der Beschenkte versteuert entsprechend 55.000 € weniger.

HINWEIS:

Hinsichtlich der wirtschaftlichen Zuordnung von Gegenleistungen ist zu beachten, dass nach der BFH-Rechtsprechung[1] die Übertragung von Gesellschaftsanteilen gegen Einräumung eines obligatorischen Nutzungsrechts (Gewinnbezugsrechts) zu Gunsten eines vom Schenker bestimmten Dritten eine Schenkung unter Leistungsauflage darstellt, welche sich gem. der Zuordnungsnormen der Finanzverwaltung auf alle zugewendeten Vermögensgegenstände bezieht und nicht etwa eine Nutzungs- oder Duldungsauflage, wenn der Bedachte verpflichtet ist, die ihm aufgrund der Beteiligung zustehenden Gewinne an den Dritten auszukehren.

883–900 *(Einstweilen frei)*

1 BFH, Urteil v. 13.4.2011 - II R 27/09, BStBl 2011 II S. 730.

Teil VI: Gesamtsteueroptimale Vermögensübertragung

1 Mit der Gesamtsteuerplanung auf der Suche nach dem Steueroptimum

Im vorangegangenen Teil V wurden Gestaltungshinweise zur Steueroptimie- 901
rung im Bereich Erbschaft- und Schenkungsteuern aufgezeigt. Nicht in jedem Fall sinnvoll sind beispielsweise Schenkungen jeweils nur in Höhe der persönlichen Freibeträge in zehnjährigen Abständen. Wer so rechnet, verschenkt die in den unteren Steuerklassen geltenden niedrigen Progressionssätze. Außerdem gilt: Wer jedes Jahr schenkt, verschenkt jedes Jahr die Inflation. Denn die Erbschaftsteuer berücksichtigt die fortschreitende Entwertung des Vermögens nicht.

Das Steueroptimum erschöpft sich somit nicht in einer alleinigen Schenkungsteuerfreiheit. Ertragsteuerlich lohnt es sich beispielsweise nicht, Vermögen zu Lebzeiten auf den Ehegatten zu übertragen, mit dem die Zusammenveranlagung gewählt wurde. Eine sich u.U. ergebende Schenkungsteuerersparnis - wenn etwa der Ehegattenfreibetrag nach zehn Jahren erneut in Anspruch genommen werden kann - wäre hier bereits das Steueroptimum.

Dagegen mag eine Vermögensverlagerung im Rahmen der Freibeträge auf 902
Kinder, die keine oder nur geringe eigene Einkünfte haben, sowohl bezüglich der jetzigen Schenkungsteuer als auch der später sowieso fällig werdenden Erbschaftsteuer und auch bezüglich der gegenwärtigen Einkommensteuer auf Kapitalerträge ein Steueroptimum darstellen. Voraussetzung ist hier allerdings, dass die Einkünfte den Kindern tatsächlich zufließen. Soll nach einer Schenkung von GmbH-Geschäftsanteilen die Zurechnung von Dividenden an die Kinder erfolgen, dürfen die Gewinnausschüttungen nicht weiterhin auf ein Konto des Vaters überwiesen werden und dort verbleiben, ohne dass die konkrete Verwendung der Mittel für die Kinder nachgewiesen wird. Sonst sind die Gewinnausschüttungen der GmbH steuerlich weiterhin dem Vater und nicht den Kindern zuzurechnen.

Wird ein Immobilienobjekt mit einem nahe am Freibetrag liegenden Steuerwert an Kinder übertragen, die künftig die Mieteinkünfte vereinnahmen und versteuern, ist es offensichtlich, dass es beim Familieneinkommen zu einer Steuerersparnis kommt, und zwar sowohl auf der Schenkungsteuer- als auch auf der Ertragsteuerseite. Zu einem Steuerfiasko kann eine solche Konstruktion aber werden, wenn das Objekt zunächst aus dem Betriebsvermögen des

Vaters zu entnehmen ist und es auf der Ertragsteuerseite gilt, stille Reserven aufzudecken und zu versteuern; dies obwohl sich an den Steuerwerten und den Schenkungsteuerfreibeträgen nichts geändert hat.

903 Das Steueroptimum kristallisiert sich im Regelfall erst im Rahmen einer Gesamtsteuerbetrachtung heraus. Es ist deshalb notwendig, eine Gesamtsteuerplanung durchzuführen, bei der es gilt, den optimalen Zuwendungsbetrag zu ermitteln, bei dem die Differenz aus einer dann erwachsenden Schenkungsteuerschuld, mit ihr aber einhergehenden höheren Ertragsteuerersparnis ihr Maximum erreicht. Hierzu wäre die Aufstellung einer Funktion notwendig, die die Differenz zwischen der Schenkungsteuerschuld und der auf den Schenkungszeitpunkt abgezinsten Ertragsteuerersparnis für jeden Zuwendungsbetrag bestimmt, der zwischen den persönlichen Schenkungsteuerfreibeträgen und dem Betrag liegt, bei dem die Ertragsteuerersparnis maximal ist. Hierzu bedarf es neben der Ermittlung der Schenkungsteuerschuld, welche sich noch relativ leicht vollziehen lässt, auch der Ermittlung der jeweiligen Ertragsteuerersparnis. Die Ertragsteuerersparnis hängt von vielen Faktoren ab: von der Höhe der Einkünfte des Schenkers vor der Vermögensübertragung, von der Einkunftsart, vom Alter, Familienstand und der Höhe des bereits vor der Schenkung zu versteuernden Einkommens des Beschenkten. Zur Bestimmung des Abzinsungsfaktors bedarf es schließlich der Ermittlung des voraussichtlichen Zeitraumes, über den sich eine Ertragsteuerersparnis höchstwahrscheinlich erstreckt.

HINWEIS:

Zur Steueroptimierung des Familieneinkommens sollte stets geprüft werden, ob alle der Familie für Einkünfte aus Kapitalvermögen zur Verfügung stehenden Sparerfreibeträge sowie der Grundfreibetrag (das sogenannte Existenzminimum) bei allen Familienmitgliedern voll ausgenutzt werden und welche Entlastungen sich für die Familienkasse durch Übertragung von Vermögen auf Familienmitglieder ergeben würden, welche noch steuerlich Freibeträge nutzen können.

2 Übertragung von Riester geförderten selbst genutzten Immobilien

904 Mit dem sogenannten Eigenheimrentengesetz wurde eine besondere Eigenheimförderung in die Riester-Förderung implementiert. Die nachgelagerte Besteuerung, welche Bestandteil des Riester-Fördersystems ist, erfolgt im Rahmen der Eigenheimförderung auf „fiktive Einnahmen", was im Allgemeinen zu großem Unverständnis führt.

Nachteilig wirkt sich die neue Eigenheimförderung regelmäßig dann aus, wenn es zu einer Strafbesteuerung kommt, etwa weil der Förderberechtigte das Wohnheim nicht mehr bis zum Ende des fiktiven Auszahlungszeitraums (bis zum 85. Lebensjahr) selbst nutzen kann, etwa weil er vorher verstorben ist. Schlimmstenfalls können die Erben gezwungen sein, die übertragene Wohnung veräußern zu müssen. 905

Liegt eine Fehlverwendung infolge der Aufgabe der Selbstnutzung durch Tod innerhalb der ersten zehn Jahre nach Beginn der Auszahlungsphase vor, kommt es zu einer Sofortversteuerung des aktuellen Wohnförderkonto-Saldos bzw. bei Option für die Sofortauflösung und Sofortversteuerung wäre nachzuversteuern das Eineinhalbfache (45%) des verbliebenen Wohnförderkontobetrages. Wenn die Fehlverwendung zwischen dem zehnten und dem 20. Jahr nach Beginn der Auszahlungsphase eintritt, wäre nachzuversteuern das Einfache des verbliebenen Wohnförderkontobetrages.

Ist der Förderberechtigte verstorben und verheiratet gewesen, kann die Fehlverwendung mit der Konsequenz einer Strafbesteuerung dadurch vermieden werden, dass das Förderobjekt (die Wohnung/das Eigenheim) auf den überlebenden Ehegatten übergeht. Dabei ist zu fordern, dass der Ehegatte Alleineigentümer der Wohnung wird. Erbt der überlebende Ehegatte aber zusammen mit den gemeinsamen Kindern das Vermögen des verstorbenen Ehegatten (zu dessen Vermögen auch die nach dem Eigenheimgesetz geförderte Wohnung zählt), sollte im Rahmen eines familieninternen Erbausgleichs innerhalb eines Jahres dafür gesorgt werden, dass die geförderte Wohnung dem überlebenden Ehegatten zum Alleineigentum übergehen kann. Andernfalls würden auf die Erben erhebliche Steuernachzahlungen zukommen. 906

HINWEIS:

Gehören „riestergeförderte" Wohnimmobilien zum Nachlass, lohnt eine „steueroptimale Testamentsgestaltung" in jedem Fall.

3 Einkommensteuerliche Behandlung der Vermögensübertragung gegen Versorgungsleistungen

3.1 Allgemeines

Ein wesentlicher Aspekt im Rahmen der ganzheitlichen steuerlichen Betrachtung eines Vermögensübertragungskonzeptes, welches die Zahlung von Versorgungsleistungen beinhaltet, ist die Möglichkeit des Übernehmers und Zah- 907 lungsverpflichteten, die Versorgungsleistungen an den Schenker bei der Einkommensteuer als Sonderausgabe abziehen zu können. Korrespondierend dazu ist zwar der Übergeber als Zahlungsempfänger verpflichtet, die Zuwendungen als sonstige Einkünfte i. S. von § 22 EStG zu versteuern. Der Sonderausgabenabzug rechnet sich im Ergebnis dennoch, wenn beim Übergeber und Zahlungsempfänger im Regelfall ein niedrigerer persönlicher Einkommensteuersatz zur Anwendung kommt als beim Zahlungsverpflichteten. Der Sonderausgabenabzug von Versorgungsleistungen ist auf die Übertragung folgender Vermögensarten beschränkt (§ 10 Abs. 1a Nr. 2 EStG):

- Mitunternehmeranteile an einer Personengesellschaft, die eine Tätigkeit i. S. der §§ 13, 15 Abs. 1 Satz 1 Nr. 1 oder des § 18 Abs. 1 EStG ausübt,
- Betriebe oder Teilbetriebe aller Art, auch landwirtschaftliche Betriebe, wobei hier auch der Wohnteil eines Betriebs der Land- und Forstwirtschaft hinzuzählt,
- Anteile an einer Gesellschaft mit beschränkter Haftung von mindestens 50%, wenn der Übergebende als Geschäftsführer tätig war und der Übernehmer diese Tätigkeit nach der Übertragung übernimmt.

Werden laufende Zahlungen im Zusammenhang mit der Übertragung anderer Vermögenswerte geleistet, müssen die Versorgungsleistungen in einen Kapital- und einen Zinsanteil aufgeteilt werden. Der Zinsanteil ist vom Zahlungsempfänger der Einkommensteuer zu unterwerfen.[1]

HINWEIS:

Einzelheiten hierzu sind im BMF-Schreiben vom 11.3.2010, bezeichnet als sogenannter 4. Rentenerlass, näher geregelt.[2] Die wesentlichen Grundsätze werden nachfolgend erläutert.

3.2 Die Vermögensübergabe gegen Versorgungsleistungen nach dem vierten Rentenerlass

3.2.1 Begriff der Vermögensübertragung

908 Das Rechtsinstitut der Vermögensübergabe gegen Versorgungsleistungen zeichnet sich dadurch aus, dass die Vermögensübertragung innerhalb des sogenannten Generationennachfolge-Verbundes erfolgt und die Vorwegnahme der künftigen Erbregelung und die wirtschaftliche Sicherung der alternden Eltern bezweckt. Außerdem wird die Rente nicht nach dem Wert der Gegenleis-

1 Näheres vgl. unten Rz. 919.

2 BMF, Schreiben v. 11.3.2010 - IV C 3 - S 2221/09/10004, BStBl 2010 I S. 227.

tung bemessen, sondern nach dem Versorgungsbedürfnis des Berechtigten und nach der wirtschaftlichen Leistungsfähigkeit des Verpflichteten. Schließlich lassen sich die Beteiligten von dem Gedanken leiten, das übertragene Wirtschaftsgut in der Familie zu erhalten.

Die Übertragung muss „kraft einzelvertraglicher Regelung unter Lebenden" erfolgen, jeweils mit Rücksicht auf die künftige Erbfolge. Das BMF sieht eine begünstigte Vermögensübertragung auch in Fällen einer Verfügung von Todes wegen. Dies ist dann der Fall, „wenn sie im Wege der vorweggenommenen Erbfolge zu Lebzeiten des Erblassers ebenfalls begünstigt wäre".[1] 909

Eine begünstigte Vermögensübertragung ist nach dem vierten Rentenerlass nicht ausschließlich unter Angehörigen, sondern grds. auch unter Fremden möglich.[2] Familienfremde Dritte können ausnahmsweise Empfänger des Vermögens sein, wenn diese als Übernehmer ein persönliches Interesse an der lebenslangen angemessenen Versorgung des Übergebers haben oder wenn die Vertragsbedingungen allein nach dem Versorgungsbedürfnis des Übergebenden und der Leistungsfähigkeit des Übernehmers vereinbart worden sind. Neben fremden Dritten kommen auch nahe stehende Dritte (z. B. Schwiegerkinder, Neffen, Nichten) in Betracht. 910

3.2.2 Gegenstand der Vermögensübergabe

3.2.2.1 Allgemeines

Der Sonderausgabenabzug ist ausschließlich auf die Übertragung von Vermögen i. S. des § 10 Abs. 1a Nr. 2 EStG beschränkt.[3] Hierzu zählt das BMF auch Anteile an einer gewerblich infizierten Personengesellschaft (§ 15 Abs. 3 Nr. 1 1. Alt. EStG), nicht jedoch Anteile an einer gewerblich geprägten Personengesellschaft. Zur Missbrauchsvermeidung wird ein Sonderausgabenabzug solcher Betriebsvermögen, welche im Allgemeinen durch die Rechtskonstruktion der GmbH & Co. KG erreicht werden, untersagt. Das BMF nennt auch explizit sogenannte Familienpools in der Rechtsform einer GmbH & Co. KG.[4] Begünstigt sein kann aber ein Anteil an einer Gesellschaft bürgerlichen Rechts, wenn diese originär gewerblich tätig ist, weil sie beispielsweise einen gewerblichen Grundstückshandel betreibt. 911

1 BMF, Schreiben v. 11.3.2010 - IV C 3 - S 2221/09/10004, BStBl 2010 I S. 227, Rz. 2.

2 BMF, Schreiben v. 11.3.2010 - IV C 3 - S 2221/09/10004, BStBl 2010 I S. 227, Rz. 4.

3 Vgl. Rz. 907.

4 BMF, Schreiben v. 11.3.2010 - IV C 3 - S 2221/09/10004, BStBl 2010 I S. 227, Rz. 10.

912 Die Begünstigung kann in Anspruch genommen werden bei der Übertragung des gesamten Mitunternehmeranteils (einschließlich Sonderbetriebsvermögen) oder aber auch bei der Übertragung eines Teils eines Mitunternehmeranteils, sofern die wesentlichen Betriebsgrundlagen des Sonderbetriebsvermögens quotal mit übertragen werden. Dies ist konsequent, da ein GmbH-Anteilseigner nur mindestens 50% seines Anteils an der GmbH übertragen muss, damit die Vermögensübertragung begünstigt ist. Gleiches muss auch für den Mitunternehmer gelten. Begünstigt ist ebenfalls die unentgeltliche Aufnahme des Übernehmers in ein bestehendes Einzelunternehmen.[1]

913 Als begünstigten Teilbetrieb versteht das BMF einen „mit einer gewissen Selbständigkeit" ausgestatteten, organisch geschlossenen Teil eines Gesamtbetriebs. Er muss für sich betrachtet alle Merkmale eines Betriebs i. S. des EStG aufweisen und er muss für sich lebensfähig sein.[2] Nicht erforderlich ist eine völlig selbständige Organisation mit eigener Buchführung. Der Teilbetrieb muss jedoch bereits vor der Vermögensübertragung als solcher existiert haben.

914 Begünstigt ist auch die Übertragung von Anteilen an einer Gesellschaft mit beschränkter Haftung , jedoch nur die Übertragung eines mindestens 50%igen Anteils an der GmbH. Weitere Voraussetzungen sind, dass der Übergebende als Geschäftsführer tätig war und der Übernehmer die Geschäftsführertätigkeit nach der Übertragung übernimmt.[3] Nicht erforderlich ist die Übertragung des gesamten Anteils an der GmbH. Erforderlich ist nur, dass der übertragene Anteil mindestens 50% am gesamten Stammkapital der GmbH beträgt. Eine Zusammenrechnung von Teilübertragungen ist nicht möglich. Vielmehr sind Teilübertragungen jeweils isoliert zu betrachten.[4]

3.2.2.2 Betriebsverpachtung

915 Als begünstigt gilt auch die Übergabe von Anteilen an einer verpachteten Personengesellschaft, sofern der Betrieb mangels Betriebsaufgabeerklärung als fortgeführt gilt.[5] Dies ist konsequent, da die Betriebsverpachtung im Ganzen an sich eine aktive betriebliche Tätigkeit darstellt. Eine Besonderheit bei der Betriebsverpachtung ist, dass die Beweiserleichterungen dafür, dass ausrei-

1 BMF, Schreiben v. 11.3.2010 - IV C 3 - S 2221/09/10004, BStBl 2010 I S. 227, Rz. 8.
2 BMF, Schreiben v. 11.3.2010 - IV C 3 - S 2221/09/10004, BStBl 2010 I S. 227, Rz. 13.
3 BMF, Schreiben v. 11.3.2010 - IV C 3 - S 2221/09/10004, BStBl 2010 I S. 227, Rz. 15.
4 BMF, Schreiben v. 11.3.2010 - IV C 3 - S 2221/09/10004, BStBl 2010 I S. 227, Rz. 16.
5 BMF, Schreiben v. 11.3.2010 - IV C 3 - S 2221/09/10004, BStBl 2010 I S. 227, Rz. 11.

chend Ertrag bringendes Vermögen übertragen wird, bei der Betriebsverpachtung keine Anwendung finden.

3.2.2.3 Ausländisches Betriebsvermögen

Das BMF äußert sich in dem Schreiben allerdings nicht zur steuerlichen Behandlung einer Übertragung von ausländischem Betriebsvermögen i. S. von § 10 Abs. 1a Nr. 2 EStG. Zum Sonderausgabenabzug berechtigen müssen auch Versorgungsleistungen im Zusammenhang mit ausländischen Mitunternehmerschaften. Voraussetzung ist allerdings, dass der Übernehmer die mit dem Mitunternehmeranteil erwirtschafteten Erträge der deutschen Besteuerung unterwerfen muss und auch die Besteuerung der Versorgungsleistung beim Empfänger sichergestellt ist. Insoweit dürften jeweils maßgebliche vereinbarte Besteuerungsrechte in den Doppelbesteuerungsabkommen (Methodenartikel) in die Gesamtbetrachtung einzubeziehen sein. 916

3.2.2.4 Unentgeltlichkeit

Eine steuerprivilegierte Vermögensübertragung setzt Unentgeltlichkeit voraus. Das BMF unterstellt, dass der Übernehmer nach dem Willen der Beteiligten – wenigstens teilweise – eine unentgeltliche Zuwendung erhalten soll.[1] In den Fällen der Vermögensübertragung auf Angehörige wird Unentgeltlichkeit von den Finanzbehörden unterstellt. Es spricht eine widerlegbare Vermutung dafür, dass die wiederkehrenden Leistungen unabhängig vom Wert des übertragenen Vermögens nach dem Versorgungsbedürfnis des Berechtigten und nach der wirtschaftlichen Leistungsfähigkeit des Verpflichteten bemessen worden sind. 917

Wiegen die Beteiligten hingegen Leistung und Gegenleistung nach kaufmännischen Gesichtspunkten gegeneinander ab, liegt Entgeltlichkeit vor. Es gelten die Grundsätze über die einkommensteuerrechtliche Behandlung wiederkehrender Leistungen im Austausch mit einer Gegenleistung. 918

Wiederkehrende Leistungen im Zusammenhang mit der Übertragung anderer Vermögenswerte, enthalten bei Entgeltlichkeit einen Tilgungsanteil (Barwert) und einen Zinsanteil.[2] Ist der Barwert (Tilgungsanteil) der wiederkehrenden Leistungen höher als der Wert des übertragenen Vermögens, ist Entgeltlichkeit i. H. des angemessenen Kaufpreises anzunehmen.[3] Die Gegenleistung ist in ei- 919

1 BMF, Schreiben v. 11.3.2010 - IV C 3 - S 2221/09/10004, BStBl 2010 I S. 227, Rz. 5.
2 BMF, Schreiben v. 11.3.2010 - IV C 3 - S 2221/09/10004, BStBl 2010 I S. 227, Rz. 65.
3 BMF, Schreiben v. 11.3.2010 - IV C 3 - S 2221/09/10004, BStBl 2010 I S. 227, Rz. 66.

nen Zins- und einen Tilgungsanteil aufzuteilen. Der Vermögensübergeber erzielt i. H. des Barwertes der Tilgungsleistungen einen Veräußerungserlös, der bei Übertragung von Privatvermögen u. U. steuerpflichtig ist (vgl. §§ 17, 23 EStG). Der Zinsanteil ist bei Vorliegen einer Leibrente nach § 22 EStG zu versteuern. Korrespondierend entstehen dem Zahlungsverpflichteten i. H. des Barwertes der wiederkehrenden Leistungen Anschaffungskosten, welche ggf. – sofern das Wirtschaftsgut zur Erzielung von Einnahmen genutzt wird, z. B. eine vermietete Wohnung – über Abschreibungen einkommensmindernd geltend gemacht werden können. Der Zinsanteil der Versorgungsleistungen wäre in diesem Fall als Werbungskosten abziehbar.

Wiederkehrende Leistungen werden teilentgeltlich erbracht, wenn der Wert des übertragenen Vermögens höher ist als der Barwert der wiederkehrenden Leistungen. Beträgt der Barwert der wiederkehrenden Leistungen aber mehr als das Doppelte des Werts des übertragenen Vermögens, behandelt die Finanzverwaltung die Zuwendung als freiwillige Zuwendung i. S. des § 12 Nr. 2 EstG.[1]

3.2.3 Kriterien für eine sonderausgabenabzugsfähige Versorgungsleistung

920 Als sonderausgabenabzugsfähige Versorgungsleistungen gelten nur wiederkehrende Leistungen, die lebenslang – auf die Lebenszeit des Übergebers – gezahlt werden. Wiederkehrende Leistungen auf die Lebenszeit des Empfängers der Versorgungsleistungen, die für eine Mindestlaufzeit zu erbringen sind (sogenannte Mindestzeitrenten oder verlängerte Leibrenten oder dauernde Lasten) oder auf eine bestimmte Zeit beschränkt sind (sogenannte abgekürzte Leibrenten oder dauernde Lasten) sind keine begünstigten Versorgungsleistungen. Diese stellen wiederkehrende Leistungen im Austausch mit einer Gegenleistung dar.[2]

3.2.4 Missbrauchsklausel

921 Rz. 23 des BMF-Schreibens v. 11.3.2010 enthält eine Missbrauchsregelung, welche verhindern soll, dass die Steuerprivilegien dadurch erschlichen werden, dass Anteile an einer Körperschaft binnen eines Jahres vor der Vermögensübertragung in den Betrieb, Teilbetrieb oder die Mitunternehmerschaft eingelegt wurden und dort nicht zum notwendigen Betriebsvermögen gehören. In solchen Fällen finden die Begünstigungsregelungen keine Anwendung. Glei-

1 BMF, Schreiben v. 11.3.2010 - IV C 3 - S 2221/09/10004, BStBl 2010 I S. 227, Rz. 66.
2 BMF, Schreiben v. 11.3.2010 - IV C 3 - S 2221/09/10004, BStBl 2010 I S. 227, Rz. 56.

ches gilt wenn der Betrieb, Teilbetrieb oder die Mitunternehmerschaft binnen eines Jahres vor der Vermögensübertragung durch Umwandlung einer Körperschaft entstanden ist. In solchen Fällen sind bestimmte Regelungen des Umwandlungssteuergesetzes nicht anzuwenden.

3.2.5 Übertragung unter Nießbrauchsvorbehalt

Behält sich der Übergeber einen Nießbrauch vor, liegt grds. keine begünstigte Vermögensübertragung vor.[1] Eine Ausnahme gilt allerdings im Fall der sogenannten zeitlich gestreckten „gleitenden" Vermögensübertragung. Eine solche von der BFH-Rechtsprechung geprägte Vermögensübertragung liegt vor, wenn im Vermögensübergabevertrag zunächst ein befristeter Vorbehaltsnießbrauch und zeitlich hieran anschließend eine Versorgungsrente vereinbart werden.[2] Das BMF lässt in solchen Fällen einen Sonderausgabenabzug zu.[3] Für die Anerkennung der Versorgungsleistungen ist es für die Finanzverwaltung dabei unerheblich, ob die wiederkehrenden Leistungen bereits im Übertragungsvertrag selbst vereinbart wurden oder erst im Zusammenhang mit der Ablösung des Nießbrauchs vereinbart werden. 922

Dient die Ablösung des Nießbrauchs jedoch der lastenfreien Veräußerung des Vermögens, liegt keine steuerbegünstigte zeitlich gestreckte „gleitende" Vermögensübertragung vor.[4] Damit will die Finanzverwaltung sicherstellen, dass der übertragene Betrieb vom Übernehmer auch fortgeführt wird und die Nießbrauchsablösung nicht dazu dient, das lastenfreie Vermögen zu veräußern.

3.2.6 Ausreichend Ertrag bringendes Vermögen

3.2.6.1 Allgemeines

Weitere Voraussetzung für den Sonderausgabenabzug von Versorgungsleistungen anlässlich einer Vermögensübertragung ist, dass die Versorgungsleistungen aus den erzielbaren Nettoerträgen des übergebenen Vermögens erbracht werden können. Von „ausreichend Ertrag bringendem Vermögen" geht das BMF unter der Voraussetzung aus, dass nach überschlägiger Berechnung die wiederkehrenden Leistungen nicht höher sind als der langfristig erzielbare Ertrag des übergebenen Vermögens, Nach der Rechtsprechung des großen Se- 923

1 BMF, Schreiben v. 11.3.2010 - IV C 3 - S 2221/09/10004, BStBl 2010 I S. 227, Rz. 21.

2 Vgl. BFH, Urteil v. 3.6.1992 - X R 14/89, BStBl 1993 II S. 23.

3 BMF, Schreiben v. 11.3.2010 - IV C 3 - S 2221/09/10004, BStBl 2010 I S. 227, Rz. 25.

4 BMF, Schreiben v. 11.3.2010 - IV C 3 - S 2221/09/10004, BStBl 2010 I S. 227, Rz. 25.

nats des BFH[1] sind wiederkehrende Leistungen (Versorgungsleistungen) dann nicht als dauernde Last bei den Sonderausgaben abziehbar, wenn sie nicht aus den erzielbaren Nettoerträgen des übernommenen Vermögens gezahlt werden können. Auf diese Weise nicht finanzierbare Versorgungsleistungen stellen vielmehr Entgelt für das übernommene Vermögen dar.[2]

Bei Übertragung eines Betriebs oder Teilbetriebs oder eines Mitunternehmeranteils (bzw. eines Teils eines Mitunternehmeranteils) oder bei Übertragung von einem mindestens 50%igen Anteil an einer GmbH unterstellt die Finanzverwaltung, „dass die Erträge ausreichen, um die wiederkehrenden Leistungen in der vereinbarten Höhe zu erbringen", wenn die übertragene Wirtschaftseinheit tatsächlich fortgeführt wird. Etwas anderes gilt bei mehrjährigen Verlusten oder wenn das Unternehmen im Verhältnis zu den Versorgungsleistungen entsprechend geringe Gewinne erwirtschaftet.

HINWEIS:

Zusammenfassend kann festgehalten werden, dass für eine begünstigte unentgeltliche Vermögensübertragung im Zusammenhang mit Versorgungsleistungen drei Voraussetzungen vorliegen müssen:

1. Es muss ein in § 10 Abs. 1a Satz 2 EStG katalogmäßig aufgeführtes Vermögen[3] übertragen werden,
2. die Versorgungsleistung muss eine wiederkehrende Leistung und auf die Lebenszeit des Berechtigten ausgerichtet sein,
3. die aus dem übertragenen begünstigten Vermögen erwirtschafteten Erträge müssen ausreichen, um die wiederkehrenden Leistungen zu tragen.

3.2.6.2 Ertragsprognose

924 Kommt die Beweiserleichterung nicht zur Anwendung, müssen die für die Versorgungsleistung ausreichenden Erträge mittels einer Ertragsprognose ermittelt werden.[4] Der maßgebliche Ertrag ist zu ermitteln auf der Grundlage der steuerlichen Einkünfte. Diesen sind in einem zweiten Schritt Abschreibungen, erhöhte Absetzungen, Sonderabschreibungen oder außerordentliche Aufwendungen (größere Erhaltungsaufwendungen) und ggf. Schuldzinsen hinzuzurechnen.[5] Wurden mit dem übertragenen Wirtschaftsgut in der Vergangenheit keine oder zu geringe Erträge erzielt und ist die Gewinnprognose ne-

1 GrS 1/00, DStR 2003 S. 1696.
2 BMF, Schreiben v. 11.3.2010 - IV C 3 - S 2221/09/10004, BStBl 2010 I S. 227, Rz. 26 ff.
3 Vgl. Rz. 907, 911 ff.
4 BMF, Schreiben v. 11.3.2010 - IV C 3 - S 2221/09/10004, BStBl 2010 I S. 227, Rz. 32.
5 BMF, Schreiben v. 11.3.2010 - IV C 3 - S 2221/09/10004, BStBl 2010 I S. 227, Rz. 32.

gativ ausgefallen, muss nicht notwendigerweise von einer negativen Ertragsprognose ausgegangen werden. Vielmehr kann der Vermögensübernehmer und Zahlungsverpflichtete nachweisen, dass er (etwa durch Investitionen) innerhalb des künftigen Drei-Jahres-Prognosezeitraumes ausreichend hohe Nettoerträge erwirtschaften wird. Die Finanzverwaltung erkennt solche Nachweise regelmäßig an, wenn die durchschnittlichen Erträge des Jahres der Vermögensübergabe und der beiden folgenden Jahre ausreichen, um die wiederkehrenden Leistungen zu erbringen.[1]

HINWEIS:

Ein Unternehmerlohn kommt bei Ermittlung der Ertragsprognose nicht zum Ansatz. Dies ist im Fall einer Personengesellschaft selbstverständlich, da der Unternehmerlohn den Gewinn nicht mindert, sondern vielmehr als Entnahme dem zu versteuernden Gewinn wieder hinzugerechnet wird.

Gleiches gilt auch bei Übertragung von Anteilen an einer GmbH. Die Finanzverwaltung bestimmt hierzu, dass bei der Übertragung eines Anteils an einer GmbH das Gesellschafter-Geschäftsführergehalt des Vermögensübergebers bzw. dasjenige des Vermögensübernehmers die auf der Grundlage des steuerlichen Gewinns ermittelten Erträge bei der GmbH nicht mindert. Außerdem geht die Finanzverwaltung bei der Ermittlung der Erträge aus den GmbH-Anteilen ausschließlich vom „ausschüttungsfähigen Gewinn" aus.[2] Die Finanzverwaltung bringt damit zum Ausdruck, das ausschüttbare Volumen um das Gehalt des Geschäftsführers zu erhöhen, sofern es sich dabei um das Gehalt des Überträgers bzw. des Übernehmers handelt.

3.2.7 Anforderungen an den Übertragungsvertrag

Die steuerrechtliche Anerkennung einer Vermögensübertragung gegen Versor- 925
gungsleistung setzt in erster Linie einen steuerkonformen Übertragungsvertrag voraus. Hier gilt – wie in allen Verträgen – dass die gegenseitigen Rechte und Pflichten klar und eindeutig sowie rechtswirksam vereinbart und ernsthaft gewollt sind. Die Leistungen müssen wie vereinbart tatsächlich erbracht werden, also auf dem Girokonto des Übergebers auch gutgeschrieben werden. Das übertragene Vermögen selbst sowie die Höhe der Versorgungsleistungen und die Art und Weise der Zahlung müssen eindeutig vereinbart sein.[3] Die Vereinbarungen müssen zu Beginn des durch den Übertragungsvertrag begründeten Rechtsverhältnisses oder bei Änderung dieses Verhältnisses für die Zukunft getroffen werden.

1 BMF, Schreiben v. 11.3.2010 - IV C 3 - S 2221/09/10004, BStBl 2010 I S. 227, Rz. 35.
2 BMF, Schreiben v. 11.3.2010 - IV C 3 - S 2221/09/10004, BStBl 2010 I S. 227, Rz. 32.
3 BMF, Schreiben v. 11.3.2010 - IV C 3 - S 2221/09/10004, BStBl 2010 I S. 227, Rz. 59.

3.2.8 Nachträgliche Änderungen – neues Versorgungskonzept

926 Änderungen der Versorgungsleistungen werden von der Finanzverwaltung nur anerkannt, wenn sie durch ein i. d. R. langfristig verändertes Versorgungsbedürfnis des Berechtigten und/oder die veränderte wirtschaftliche Leistungsfähigkeit des Verpflichteten veranlasst sind. Die Finanzverwaltung erkennt rückwirkende Vereinbarungen steuerrechtlich nicht an, es sei denn, die Rückbeziehung ist nur von kurzer Zeit und hat lediglich technische Bedeutung.

Einigen sich Übergeber und Übernehmer auf ein in Anbetracht eines gestiegenen Versorgungsbedürfnisses – z. B. wegen des Umzugs des Versorgungsberechtigten in ein Pflegeheim – neues Versorgungskonzept, sind Zahlungen, die ab diesem Zeitpunkt nicht mehr aus dem Ertrag des übergebenen Vermögens erbracht werden können, freiwillige Leistungen, welche steuerrechtlich unbeachtlich sind. Um freiwillige Leistungen i. S. des § 12 Nr. 2 EStG handelt es sich auch, soweit die Zahlungen zwar aus dem Ertrag des übergebenen Vermögens erbracht werden können, aber die Anpassung der wiederkehrenden Leistungen zwecks Übernahme eines Pflegerisikos im ursprünglichen Übertragungsvertrag ausdrücklich ausgeschlossen war.

HINWEISE:

- Werden die Versorgungsleistungen im Fall einer erheblichen Ertragsminderung infolge einer Betriebsverpachtung nicht angepasst, obwohl die Abänderbarkeit aufgrund wesentlich veränderter Bedingungen vertraglich nicht ausgeschlossen war, können die die dauerhaften Erträge übersteigenden Zahlungen steuerlich nicht als Sonderausgabe geltend gemacht werden.
- Erbringt der Verpflichtete die geschuldeten Versorgungsleistungen ohne Änderung der Verhältnisse, also willkürlich nicht mehr, fällt der Sonderausgabenabzug weg, auch wenn die vereinbarten Zahlungen später wieder aufgenommen werden.
- Enthält der Übertragungsvertrag eine Wertsicherungsklausel und machen Übergeber und Übernehmer davon keinen Gebrauch, führt dies allein noch nicht zum Verlust des Sonderausgabenabzugs. Die Abweichung vom Vereinbarten kann aber im Rahmen der gebotenen Gesamtwürdigung von Bedeutung sein.

3.2.9 Vermögensumschichtungen

927 Vermögensumschichtungen, etwa in der Form, dass nicht unter die Sonderausgabenabzugsregelung fallendes Vermögen unter der Auflage übertragen wird, dieses in Vermögen i. S. des § 10 Abs. 1a Nr. 2 EStG umzuwandeln, erkennt die Finanzverwaltung nicht als steuerbegünstigte Vermögensübertragung an. Verpflichtet sich der Übernehmer im Übertragungsvertrag zur Umschichtung des übertragenen Vermögens in begünstigtes Vermögen, liegt also keine begünstigte Vermögensübertragung im Zusammenhang mit Versor-

gungsleistungen vor.[1] Veräußert oder überträgt der Übernehmer ein durch Vermögensübergabevertrag erworbenes Vermögen an einen Dritten, endet für den Übernehmer grds. die Möglichkeit des Abzugs der Versorgungsleistungen als Sonderausgaben. Insoweit endet der sachliche Zusammenhang der wiederkehrenden Leistungen mit der Vermögensübergabe und die Zahlungen wandeln sich ab der Veräußerung bzw. Weitergabe in Unterhaltsleistungen um.[2] Dies gilt jedoch nicht in folgenden Fällen:

- Der Übernehmer überträgt das übernommene Vermögen im Wege der vorweggenommenen Erbfolge weiter.[3] Hierbei gehen die Versorgungsleistungsverpflichtungen im Regelfall mit über. Ist dies nicht der Fall, kann der Übergeber in der zweiten Generation die Versorgungsleistungen an den Übergeber der ersten Generation weiterhin als Sonderausgabe behandeln, wenn er seinerseits mindestens gleich hohe Versorgungsleistungen erhält oder sich durch Nießbrauchsvorbehalt hinreichend hohe Erträge aus diesem der dritten Generation weiter gegebenen Vermögen gesichert hat.
- Das übernommene Vermögen wird nur teilweise an Dritte veräußert (Teilumschichtung) und der nicht übertragene Teil des übernommenen Vermögens wirft noch ausreichende Erträge ab.[4]

Der Sonderausgabenabzug für die Versorgungsleistungen entfällt nicht, wenn 928
innerhalb der begünstigten Vermögenseinheiten nachträglich umgeschichtet wird, der Vermögensübernehmer also die Mitunternehmeranteile an einen Dritten veräußert und mit dem Erlös zeitnah anderes Katalogvermögen i. S. von Rz. 907 erwirbt. Dies gilt auch,

- „wenn nicht der gesamte Erlös aus der Veräußerung zur Anschaffung verwendet wird, die wiederkehrenden Leistungen aber durch die Erträge aus dem neu angeschafften Vermögen abgedeckt werden oder
- der gesamte Erlös aus der Veräußerung zur Anschaffung dieses Vermögens nicht ausreicht, der Übernehmer bei der Umschichtung zusätzlich eigene Mittel zur Anschaffung aufwendet und der auf den reinvestierten Veräußerungserlös entfallende Anteil an den Erträgen ausreicht, um die vereinbarten wiederkehrenden Leistungen zu erbringen“.[5]

1 BMF, Schreiben v. 11.3.2010 - IV C 3 - S 2221/09/10004, BStBl 2010 I S. 227, Rz. 36.
2 BMF, Schreiben v. 11.3.2010 - IV C 3 - S 2221/09/10004, BStBl 2010 I S. 227, Rz. 37.
3 BMF, Schreiben v. 11.3.2010 - IV C 3 - S 2221/09/10004, BStBl 2010 I S. 227, Rz. 38.
4 BMF, Schreiben v. 11.3.2010 - IV C 3 - S 2221/09/10004, BStBl 2010 I S. 227, Rz. 40.
5 BMF, Schreiben v. 11.3.2010 - IV C 3 - S 2221/09/10004, BStBl 2010 I S. 227, Rz. 41.

Maßgebend für die Beurteilung sind die Erträge ab dem Zeitpunkt der Anschaffung dieses Vermögens. Ausnahmeregelungen gelten außerdem in Fällen der Realteilung.[1]

3.3 Korrespondenzprinzip

929 Das BMF hält am Korrespondenzprinzip fest.[2] Das heißt, liegen die Voraussetzungen für den Sonderausgabenabzug der Versorgungsleistungen beim Verpflichteten vor; müssen die Zuwendungen – korrespondierend – vom Berechtigten als sonstige Einkünfte versteuert werden (§ 22 Nr. 1b EStG). Darüber hinaus muss der Empfänger der Versorgungsleistungen unbeschränkt einkommensteuerpflichtig sein. Alternativ kann er auch seinen Wohnsitz oder gewöhnlichen Aufenthalt im Hoheitsgebiet eines anderen Mitgliedstaates der Europäischen Union oder eines Staates haben, auf den das Abkommen über den Europäischen Wirtschaftsraum (EWR) Anwendung findet. In diesem Fall muss die Besteuerung der Versorgungsleistungen beim Empfänger durch eine Bescheinigung der zuständigen ausländischen Steuerbehörde nachgewiesen werden.[3] .

4 Immobilienübertragungen im Rahmen des „Stuttgarter Modells"

930 In der Vermögensnachfolge kommen nicht selten ältere, gebrauchte oder renovierungsbedürftige Immobilienobjekte zur Übertragung, welche von der Seniorgeneration selbst bewohnt worden sind bzw. auch nach der Vermögensübertragung noch selbst ganz oder teilweise bewohnt werden. Hinzu kommt, dass die Seniorgeneration sich nicht mehr um die Instandhaltung des Hauses kümmern will oder kann.

931 Der klassische Fall von Vermögensübertragungen solcher Art ist, dass Eltern dem Sohn das Objekt übertragen und sich ein im Grundbuch einzutragendes Wohnrecht an der vom Elternteil genutzten Wohnung vorbehalten. Übergabeverträge solcher Art enthalten daher vielfach entsprechende den Übernehmer belastende Instandhaltungsverpflichtungen. Sohn oder Tochter werden sich aber nur dann zur Renovierung und Instandhaltung der übertragenen Immobilie verpflichten wollen, wenn sie die damit verbundenen Aufwendungen – ggf. auch einschließlich der Finanzierungskosten – ertragsteuerlich geltend machen können.

1 BMF, Schreiben v. 11.3.2010 - IV C 3 - S 2221/09/10004, BStBl 2010 I S. 227, Rz. 43.

2 BMF, Schreiben v. 11.3.2010 - IV C 3 - S 2221/09/10004, BStBl 2010 I S. 227, Rz. 1.

3 BMF, Schreiben v. 11.3.2010 - IV C 3 - S 2221/09/10004, BStBl 2010 I S. 227, Rz. 53.

Dient das Übertragungsobjekt bzw. die von der Seniorgeneration übertragene Wohnimmobilie nicht der Erzielung von Einkünften (Einkünften aus Vermietung und Verpachtung), können Instandhaltungs- und Renovierungskosten aber gerade nicht ertragsteuerlich geltend gemacht werden. Letzteres wäre nur dann möglich, wenn die von der Seniorgeneration genutzten Räume vermietet werden. Es stellt sich hier also die Frage, ob das von der Seniorgeneration übertragene selbst genutzte Immobilienobjekt nicht an diese – nach erfolgter Übertragung – vermietet werden könnte. Letzteres dürfte aber schon daran scheitern, dass die Seniorgeneration finanziell nicht in der Lage ist, Miete für die übertragene und nach der Übertragung eigengenutzte Wohnung zu zahlen. Auch psychologische Gesichtspunkte stecken dahinter: Schließlich wollen die Eltern nicht für aus ihrer Sicht „eigene“ Wohnung bzw. Haus Miete bezahlen. 932

Für solche Fälle wurde das sogenannte „Stuttgarter Modell“ entwickelt, welches von der höchstrichterlichen Rechtsprechung inzwischen einstimmig nicht als steuerschädlicher Gestaltungsmissbrauch angesehen wird. Das Stuttgarter Modell funktioniert im Wesentlichen so: 933

BEISPIEL 1:[1] Vater V übertrug auf seinen Sohn ein mit einem Zweifamilienhaus bebautes Grundstück. Nach dem Übertragungsvertrag gewährte der Sohn seinen Eltern als Gesamtberechtigten an sämtlichen Räumen des Obergeschosses des Hauses ein unbeschränktes ausschließliches Wohnungsrecht; über die Nutzung der Räume war der Abschluss eines Mietvertrages vorgesehen. Der Übernehmer war verpflichtet, die Wohnung auf seine Kosten innen und außen instand und bewohnbar zu halten. Der Sohn verpflichtete sich ferner, an seine Eltern als Gesamtgläubiger einen monatlichen Unterhaltsbetrag i. H. von 400 DM (= 204,50 €) zu zahlen und bei Bedarf Pflegeleistungen zu erbringen. Die Eltern zahlten dem Sohn aus dem abgeschlossenen – formularmäßigen – Mietvertrag monatlich 500 DM (= 255,65 €) an Miete. Das Wohnungsrecht wurde als beschränkt persönliche Dienstbarkeit zu Gunsten der Eltern in das Grundbuch entsprechend eingetragen. Sohn S führte kurz nach dem Übertragungsvorgang umfangreiche Renovierungen durch und erklärte daraus negative Einkünfte aus Vermietung und Verpachtung. Außerdem machte er die Zahlungen an seine Eltern i. H. von insgesamt 2.800 DM (= 1.431,62 €) als dauernde Last geltend.

Entgegen der Auffassung des Finanzamtes, welches dagegen argumentierte, es fehle die Kausalität zwischen der Gebrauchsüberlassung der Obergeschosswohnung und der Mietzahlung durch die Eltern des Klägers, weil den Eltern das Nutzungsrecht an der Wohnung bereits aufgrund des im Übergabevertrag vereinbarten Wohnungsrechts zugestanden habe und des Weiteren würde der Mietvertrag einem Fremdvergleich nicht standhalten, gab der BFH dieser Steu- 934

1 Fallgestaltung in Anlehnung an BFH, Urteil v. 10.12.2003 - IX R 12/01, BStBl 2004 II S. 643.

ersparkonstruktion grünes Licht. Die obersten Finanzrichter vertraten die Auffassung, es liege kein Missbrauch von Gestaltungsmöglichkeiten vor, wenn das Objekt vom späteren Mieter zuvor an den Vermieter übertragen worden ist und die Versorgungsleistungen in etwa mit der vereinbarten Miete übereinstimmen. Danach sieht der BFH die Übertragung eines Grundstücks gegen gleichzeitige Vereinbarung eines Mietvertrages mit dem ehemaligen Eigentümer nicht als unangemessen; ein Nebeneinander von Mietvertrag und Wohnungsrecht stünde der steuerrechtlichen Berücksichtigung des – formularmäßigen – Mietvertrages nicht entgegen. Denn schließlich handele es sich um zwei voneinander unabhängige schuldrechtliche Verträge. Selbst wenn diese in rechtlichem Zusammenhang stünden, sei jede Vereinbarung für sich allein wirtschaftlich sinnvoll, denn der Übergeber hat schließlich Mittel für den Lebensunterhalt erhalten, der Erwerber eine Immobilie. Dass Miete und Versorgungsleistungen verrechnet werden und ob außersteuerliche Gründe diese Gestaltung rechtfertigen, ist unerheblich.

935 Des Weiteren stellt es keinen Gestaltungsmissbrauch dar, wenn auf die Ausübung eines im Zusammenhang mit einer Grundstücksübertragung eingeräumten unentgeltlichen Wohnungsrechts verzichtet und stattdessen zwischen dem Übertragenden und dem neuen Eigentümer des Grundstücks ein Mietvertrag geschlossen wird. Die Finanzbehörden mussten also auch diese nachfolgende Steuersparkonstruktion anerkennen:

BEISPIEL 2:[1] Die Eltern E übertrugen an ihr Kind K ein mit einem Zweifamilienhaus bebautes Grundstück als Miteigentum zu je $^1/_2$ auf das Kind und seine Ehefrau (Schwiegertochter). Die Vertragsparteien vereinbarten u. a. ein lebenslängliches unentgeltliches Wohnungsrecht sowie eine Pflegeverpflichtung. Das Wohnungsrecht wurde als beschränkt persönliche Dienstbarkeit, das Betreuungs- und Pflegerecht als Reallast vereinbart, beides zusammengefasst als Altenteilsrecht im Grundbuch eingetragen. Einige Zeit später verzichteten die Eltern wegen erheblicher anstehender Sanierungs- und Modernisierungsarbeiten auf das unentgeltliche Wohnungsrecht und erklärten, es in ein unbefristetes Mietverhältnis umzuwandeln. Sogleich schlossen sie mit dem Kind und seiner Ehefrau einen Mietvertrag über die von ihnen genutzte Wohnung für einen in bar gegen Quittung zu zahlenden Mietzins.

936 Das Finanzamt ließ den vom Kind K und seiner Ehefrau in der Einkommensteuererklärung erklärten Werbungskostenüberschuss bei den Einkünften aus Vermietung und Verpachtung unberücksichtigt, da das Mietverhältnis wegen des noch bestehenden dinglichen Nutzungsrechts nicht anzuerkennen sei. Der Annahme eines Gestaltungsmissbrauchs durch Verzicht auf das Wohnungsrecht oder – wie im Streitfall – auf dessen Unentgeltlichkeit steht jedoch nach Auf-

1 Fallgestaltung in Anlehnung an BFH, Urteil v. 17.12.2003 - IX R 60/98, BStBl 2004 II S. 646.

fassung des Gerichts regelmäßig entgegen, dass selbst eine umfassendere, vorbehaltlose Schenkung eines Grundstücks mit anschließender (Rück-)Anmietung durch den Schenker nach der ständigen BFH-Rechtsprechung nicht als unübliche Gestaltung anzusehen ist. Denn die Vertragsparteien stellen hier insoweit eine materiell-rechtliche Lage her, die sie bereits bei Eigentumsübergang rechtskonform hätten herstellen können und deren Herstellung zu einem späteren Zeitpunkt als dem des Übergangs keiner anderen rechtlichen Würdigung unterworfen sein kann.

Zu beachten ist, dass die Vertragspartner im obigen Beispiel 2 eine bisher gewährte unentgeltliche Nutzungsüberlassung durch eine entgeltliche ersetzt haben, ohne dass für diese Ersetzung eine Gegenleistung erbracht worden ist. Der Steuervorteil beim Übernehmer durch den Werbungskostenabzug geht hier allerdings wirtschaftlich zu Lasten des Nutzungsberechtigten. Denn dieser wohnte vorher unentgeltlich und zahlt jetzt Miete. In vielen Fällen wird dieser zwar bereit sein, dem Übernehmer bei dem Bemühen, Steuern zu sparen, zu helfen. Doch ist es hier stets geboten, die wirtschaftlichen Verschlechterungen beim Übergeber mit den steuerlichen Verbesserungen des Übernehmers genau abzuwägen. 937

Als rechtsmissbräuchliche Gestaltung hat der BFH hingegen den Austausch eines Wohnrechts gegen Zahlung einer dauernden Last mit Begründung eines Mietverhältnisses gesehen, wie Beispiel 3 zeigt. 938

BEISPIEL 3: (Negativbeispiel)[1]

Der Sohn hat von seiner Mutter durch Schenkung ein bebautes Grundstück erhalten, an dem zugleich zu Gunsten der Mutter ein Wohnungsrecht eingetragen wurde. Später verzichtete die Mutter rückwirkend auf das Wohnungsrecht; der Sohn verpflichtete sich, der Mutter an Stelle des Wohnungsrechts ab diesem Zeitpunkt monatlich einen Betrag von damalig 400 DM (= 204,52 €) zu zahlen. Gleichzeitig schlossen Sohn und Mutter einen Mietvertrag, der eine monatliche Kaltmiete von damalig 400 DM (= 204,52 €) sowie den Verzicht des Sohnes auf eine ordentliche Kündigung sowie auf eine Mieterhöhung zu Lebzeiten der Mutter vorsah. Anschließend machte der Sohn für das teils an die Mutter, teils an Fremde vermietete Haus Werbungskostenüberschüsse aus Vermietung und Verpachtung sowie bei den Sonderausgaben den an die Mutter des Klägers gezahlten Betrag von 4.800 DM (= 2.454,20 €) als dauernde Last geltend. Das Finanzamt erkannte die dauernde Last nicht an.

Diese Gestaltung hat der BFH im Unterschied zum Sachverhalt aus Beispiel 2 als rechtsmissbräuchlich angesehen. Argumentationskette des BFH: Zwar ist der Verzicht auf das Wohnungsrecht mit gleichzeitiger Rückanmietung nicht 939

1 Fallgestaltung in Anlehnung an BFH, Urteil v. 17.12.2003 - IX R 56/03, BStBl 2004 II S. 648.

rechtsmissbräuchlich. Ändert sich aber – und hier liegt der Unterschied zum obigen Beispiel 2 – die einmal begründete Rechtsposition des unentgeltlich Nutzenden (der Mutter) durch gegenläufige, sich neutralisierende Vereinbarungen (Mietzins und Versorgungsleistung), liege eine angemessene Gestaltung nicht mehr vor.

Gegenläufige, sich neutralisierende Vereinbarungen führen regelmäßig zur Annahme eines Gestaltungsmissbrauchs und sind stets gegeben, wenn sich die Rechtsgeschäfte die Rechtspositionen der Parteien nicht verändern. Im Beispiel 3 erhielt die Mutter 400 DM und zahlte 400 DM. Damit war ein Ausgleich der Zahlungspflichten erreicht mit der Folge, dass solche Vereinbarungen keine eigenständige wirtschaftliche Bedeutung erlangen können, sondern lediglich steuerlichen Zwecken (wie hier der Abziehbarkeit von Werbungskosten durch den nachfolgenden Grundstückseigentümer) dienen.

940 Fraglich ist, ob die BFH-Richter analog entschieden hätten, wenn die Miete von der dauernden Last grundlegend abgewichen wäre, diese beispielsweise das Doppelte betragen hätte wie die Versorgungsleistung. Dann hätte sich nämlich die Rechtsposition des zunächst unentgeltlichen Nutzenden verschlechtert. Einen solchen Fall entschied jedoch das FG Hamburg und kam zu demselben Ergebnis wie der BFH: Gestaltungsmissbrauch!

BEISPIEL 4: (Negativbeispiel)[1]

Ein Steuerpflichtiger und sein Bruder, die zusammen mit ihrer Mutter den Vater beerbt hatten, schlossen mit ihrer Mutter einen notariellen Erbauseinandersetzungs- und Überlassungsvertrag, aufgrund dessen der Steuerpflichtige alleiniger Eigentümer des zunächst den Eltern gehörenden Wohnungseigentums geworden ist. Neben der Zahlung einer Abfindung an den Bruder räumte der Steuerpflichtige der Mutter ein lebenslanges unentgeltliches Wohnungsrecht an allen Räumen des Hauses ein. Die Mutter gab später ihr Wohnungsrecht gegen Zahlung einer wertgesicherten monatlichen Rente von damalig 300 DM (= 153,38 €) auf, die der Steuerpflichtige als Reallast eintragen ließ. Auf Grundlage eines Formulars „Hamburger Mietvertrag für Wohnraum" schlossen Mutter und Sohn daraufhin einen Mietvertrag, in dem sich die Mutter zur Zahlung einer Nettokaltmiete von damalig 390 DM (= 199,40 €) monatlich sowie einer Betriebs- und Heizkostenvorauszahlung verpflichtete. Der Steuerpflichtige und seine Ehefrau machten in ihrer Einkommensteuererklärung für das betreffende Jahr einen größeren Verlust aus Vermietung und Verpachtung geltend.

941 Das FG Hamburg erkannte diese Verluste nicht an und verwarf das Vertragsgeflecht als rechtsmissbräuchlich i. S. von § 42 AO. Die Richter sahen keinen Grund dafür, weshalb die Mutter ihr unentgeltliches lastenfreies Wohnen aufgrund des Wohnrechts aufgeben und sodann Miete für das gleiche Grund-

1 Fallgestaltung in Anlehnung an FG Hamburg, Urteil v. 23.3.2004 - VII 296/01, QAAAB-24232.

stück bezahlen solle. Dieses Modell war umso unverständlicher, als die Mutter infolge der Aufgabe einen die im Gegenzug vereinbarte Rente übersteigenden Mietzins monatlich zu zahlen hatte, zuzüglich des Teils der in den Mietvertrag aufgenommenen Nebenkosten. Damit habe es für die Mutter keinen vernünftigen wirtschaftlichen Grund gegeben, auf ihr Wohnrecht zu verzichten.

Das Stuttgarter Modell ist also in solchen Vertragskonstruktionen steuerrechtlich anzuerkennen, in denen ein „formularmäßiger" Mietvertrag vorliegt und die dauernde Last aus den Mieterträgen erwirtschaftet werden kann. Legt der Übergeber auf eine weitergehende Absicherung hinsichtlich der Nutzungsmöglichkeit Wert, stößt das Modell an seine Grenzen. Wird ein lebenslängliches Wohnrecht durch einen Mietvertrag überlagert, nicht verdrängt, ist das Modell steuerrechtlich anzuerkennen, so lange der Mietvertrag besteht. Erst wenn das Wohnungsrecht durch Beendigung des Mietvertrages durch diesen nicht mehr verdrängt wird, stellt sich erneut die Frage des Gestaltungsmissbrauches.

HINWEISE:

Immobilien-Vermögensübertragungen mit Werbungskosten und/oder Sonderausgabenabzug im Rahmen des Stuttgarter Modells sind steuerrechtlich dann anzuerkennen, wenn:

- der zwischen den Vertragsparteien geschlossene Mietvertrag zum einen bürgerlichrechtlich wirksam geschlossen ist und darüber hinaus sowohl die Gestaltung als auch die Durchführung des Vereinbarten dem zwischen Fremden Üblichen entspricht;
- ohne Gegenleistung vom unentgeltlichen Nutzungsrecht in ein entgeltliches Mietverhältnis übergewechselt wird;
- der auf sein Wohnungsrecht Verzichtende durch Abschluss des Mietvertrages und der entgeltlichen Aufgabe des unentgeltlichen Wohnungsrechts im Ergebnis nicht so gestellt wird wie er stünde, wenn die vertraglichen Vereinbarungen auf der Nutzungsebene nicht abgeschlossen worden wären und der Verzichtende unverändert sein unentgeltliches Nutzungsrecht ausüben würde (Höhe der Mietzahlung ist identisch mit Versorgungsleistung);
- der auf sein Nutzungsrecht Verzichtende wirtschaftlich nicht schlechter gestellt ist, so dass für die gewählte Gestaltung ausschließlich steuerliche Gründe sprechen.

5 Steueroptimale Übertragung von Kunst- und Sammlerobjekten

Mit Kunstgegenständen lassen sich Sonderausgaben in Form von Spenden da- 942
durch kreieren, dass Kunst- oder Sammlerobjekte in eine unselbständige gemeinnützige Stiftung eingebracht werden. Nicht erforderlich ist es hierzu,

dass die Gegenstände außer Haus gegeben werden. Die Kunstwerke müssen der Stiftung lediglich übereignet werden. Die Übereignung kann auch in Form eines Besitzkonstituts gestaltet sein, etwa durch Abschluss von Verwahrungsverträgen oder Leihverträgen, falls diese kurzfristig kündbar sind, die Museen das Objekt jederzeit zu Ausstellungszwecken einfordern können und eine konservatorische Betreuung sichergestellt ist.

HINWEIS:

Näheres über unselbständige gemeinnützige Stiftungsmodelle in Teil X Rz. 1195.

6 Ertragsteuerliche Aspekte bei der Nießbrauchsbestellung unter Ehegatten

943 Vielfach wird in der Praxis der Nießbrauch beispielsweise an einem fremdgenutzten vermieteten Mehrfamilienhaus zunächst nur zu Gunsten jenes Ehegatten bestellt, der das Objekt übertragen hat. Nach dem Tod des Schenkers soll der Nießbrauch anschließend an den anderen Ehegatten übergehen, falls dieser der längerlebende Ehegatte ist, andernfalls soll der Nießbrauch erlöschen.

944 Solche Klauseln finden sich in zahlreichen Übergabeverträgen. Sie sind aus zivilrechtlicher Sicht sinnvoll, da der überlebende Ehegatte in diesem Fall den vollen Nießbrauch an dem Gegenstand übertragen erhält.[1] Auch hinsichtlich der Erbschaft- und Schenkungsteuer ist die Nießbrauchslösung ein gangbarer Weg.

Doch im Rahmen der Gesamtsteuerbetrachtung müssen folgende Aspekte berücksichtigt werden:

945 Wird dem anderen Ehegatten der Nießbrauch an einem ertragbringenden Gegenstand erst nach dem Tod des alleinig nießbrauchsberechtigten Ehegatten eingeräumt, entsteht der Nießbrauch für den anderen Ehegatten erst mit dem Tod des nießbrauchsberechtigten Ehegatten. Da sich der überlebende Ehegatte in diesem Fall keine Nutzung an dem übertragenen Objekt vorbehalten hat, diesen vielmehr von Seiten des anderen Ehegatten eingeräumt erhält, handelt es sich um einen Zuwendungsnießbrauch, der abweichenden steuerlichen Zuordnungen unterliegt.

1 Wird der Nießbrauch hingegen von Anfang an beiden Ehegatten eingeräumt, steht dieser beiden zur Hälfte zu. Infolgedessen kann der überlebende Ehegatte zukünftig auch nur seinen hälftigen Nießbrauchsanspruch weiterführen.

Rechtlich besteht hier kein Zusammenhang mit dem durch den Tod des nießbrauchsberechtigten Ehegatten erloschenen Nießbrauch und dem dem überlebenden anderen Ehegatten neu zugewendeten Nießbrauch. Ertragsteuerlich hat dies folgende (negative) Auswirkungen: 946

- Dem überlebenden Ehegatten stehen die Abschreibungen des erstnießbrauchsberechtigten Ehegatten nicht zu; dem Eigentümer (Nießbrauchsbelasteten) ebenfalls nicht, da dieser keine Einnahmen erzielt. Abschreibungen auf ein ertragbringendes Gebäude durch den überlebenden Ehegatten als Zuwendungsnießbraucher lässt die Finanzverwaltung nicht zu. Ein Nießbraucher darf eine Abschreibung auf das Gebäude generell nicht abziehen.[1] Eventuell noch bestehendes Abschreibungsvolumen geht damit verloren. Nur von den Herstellungskosten für in Ausübung des Nießbrauchs eingebaute Anlagen und Einrichtungen kann der überlebende Ehegatte Abschreibungen vornehmen.
- Hat der verstorbene Ehegatte als Erstnießbrauchsberechtigter größere Erhaltungsaufwendungen aus Renovierungen auf mehrere Jahre verteilt, was nach § 82b EStDV möglich ist, und ist der Ehegatte vor Ende des Verteilungszeitraumes verstorben, kann der überlebende Ehegatte den nicht berücksichtigten Teil nur noch im Jahr der Beendigung des Nießbrauchs abziehen. Der Rest wird vernichtet!
- Werbungskosten kann der überlebende Ehegatte nur in eingeschränktem Umfang abziehen (nur soweit diese im Rahmen der Nießbrauchsbestellung vertraglich übernommen wurden und tatsächlich getragen werden).

Es entsteht in dieser Konstellation nur ein Nettonießbrauch. Eventuelle Tilgungsleistungen muss in dem Fall der Eigentümer und Nießbrauchsbelastete tragen, obwohl er keine Einkünfte erzielt.

(Einstweilen frei) 947–950

1 Vgl. Nießbrauch-Erlass v. 30.9.2013, BStBl 2013 I S. 1184, Rz. 19. „AfA auf das Gebäude darf der Nießbraucher nicht abziehen".

Teil VII: Grundzüge der steueroptimalen Unternehmensnachfolgeplanung

1 Das Unternehmertestament

1.1 Allgemeines

951 Überlegungen zur steuereffizienten Unternehmensnachfolgeplanung treffen Senior und Junior im Regelfall schon vor dem Erbfall, d. h. außerhalb des Testaments. Hierbei geht es aber meist nur um die Einarbeitung des Juniors, um den schrittweisen Rückzug des Seniors, um die Klärung von Anpassungsfragen bezüglich der Kapitalbasis und der Unternehmensstruktur usw.

952 Solche und ähnliche unternehmensbezogene Entscheidungen zwischen Junior und Senior müssen aber noch durch Anordnungen für die Vermögensnachfolge und -verteilung ergänzt werden. Denn nach dem Tod des Firmenoberhauptes wird jeder von seinen gesetzlichen Erben – und das sollte stets ernsthaft beherzigt werden – Teilhaber am Unternehmen mit der entsprechenden Erbquote. Hier Klarheit zu schaffen, ist Aufgabe des Unternehmertestaments.

953 Ein sachgerecht verfasstes Unternehmertestament muss folgende vier Gesichtspunkte berücksichtigen:

- Sicherung der Unternehmenskontinuität, indem das Unternehmen streit- und konfliktfrei sowie liquiditätsschonend in die nächste Generation überführt werden kann (zwingendes Gebot, auch unter dem Aspekt der Erbschaftsteuerbelastung);
- finanzielle Absicherung des überlebenden Ehegatten;
- Fürsorge für hilfsbedürftige Familienangehörige;
- fairer Ausgleich der Erbmasse unter allen Hinterbliebenen (hier insbesondere bedarfsgerechte Teilungsanordnungen und Verhinderung der Geltendmachung von Pflichtteils- und Pflichtteilsergänzungsansprüchen).

954 Zwar sind die Gefahren, die von Pflichtteilsansprüchen ausgehen, insbesondere der Pflichtteilsergänzungsansprüche durch das am 1.1.2010 in Kraft getretene Gesetz zur Änderung des Erb- und Verjährungsrechts, etwas entschärft worden. Unverändert werden jedoch Schenkungen an Dritte – ausgenommen der Ehepartner (Lebenspartner)[1] – die vom Erblasser innerhalb der letzten

---

1 Gilt für vor dem 1.10.2017 begründete Lebenspartnerschaften. Seit dem 30.9.2017 können Lebenspartnerschaften zwischen zwei Personen gleichen Geschlechts nicht mehr begründet werden (§ 1 LPartG i. d. F. des Gesetzes zur Einführung des Rechts auf Eheschließung für Personen gleichen Geschlechts).

zehn Jahre vor seinem Tod durchgeführt worden sind, für die Bemessung des Pflichtteilsergänzungsanspruches herangezogen. Schenkungen werden immer weniger berücksichtigt, je länger sie zurückliegen. Schenkungen im ersten Jahr vor dem Erbfall werden in voller Höhe berücksichtigt. Schenkungen, die zwei Jahre vor dem Erbfall erfolgten, werden nur noch zu 9/10 berücksichtigt. Schenkungen, die schon drei Jahre vor dem Erbfall durchgeführt worden sind, fließen nur noch zu 80% in die Bemessungsgrundlage ein.

Soll beispielsweise nur ein bestimmtes Kind oder bestimmte Kinder Unterneh- 955
menserbe(n) werden, muss der Senior in seinem Testament durch Teilungsanordnung sicherstellen, dass die übrigen Nicht-Unternehmenserben mindestens so viel aus dem übrigen Privatvermögen erhalten, dass ihre Pflichtteilsansprüche abgegolten sind. Ist dies nicht der Fall und machen die außenstehenden Kinder gegen den oder die Unternehmenserben Pflichtteilsansprüche geltend, drohen dem Betrieb erhebliche Liquiditätsschwierigkeiten. Für die Berechnung von Pflichtteilsansprüchen sonstiger Erben gegen den Unternehmenserben kommt es auf den Unternehmenswert nicht an, den der Erblasser vorgegeben hat (§ 2311 Abs. 2 BGB).

Kommt als Unternehmensnachfolger ausschließlich der überlebende Ehegatte 956
in Betracht, weil die Kinder entweder nicht geeignet sind oder kein Interesse an einer Fortführung bekunden, kann – aber nur in solchen Fällen – ein Berliner Testament trotz aller steuerlicher Nachteile vorteilhaft sein. Wird hierbei die Vorerben-Alternative (Trennungsprinzip) gewählt, ist der Ehegatte handelsrechtlich unbeschränkt.

Der überlebende Ehegatte kann als Vorerbe an Änderungen des Gesellschaftsvertrages mitwirken, ohne den Nacherben vorher fragen zu müssen. Der Vorerbe kann die Beteiligung auch unvererblich stellen, dass also bei seinem Ableben (des Vorerben) eine Nachfolge nicht mehr stattfindet. Geschieht dies, ist dem Nacherben der Eintritt in die Gesellschaft verwehrt.[1]

HINWEIS:

Veraltete und unpassende Testamente können auch bei der Einkommensteuer zu teuren Problemen führen. Wird beispielsweise ein Betriebsgrundstück an jemanden vererbt, der (zwischenzeitlich) nicht mehr Gesellschafter ist, so wird das Betriebsgrundstück dem Betrieb entnommen. Es droht hier die Versteuerung der für dieses Betriebsgrundstück angesammelten stillen Reserven bei der Einkommen- und der Gewerbesteuer. Setzen sich die Eheleute beiderseits zu Alleinerben ein (sogenanntes Berliner Testament), kann beispielsweise das Grundstück des überlebenden Ehegatten, das zu

1 BGHZ 69 S. 47; BGHZ 78 S. 177; vgl. Reimann, Gesellschaftsvertragliche Abfindung und erbrechtlicher Ausgleich, ZEV 1994 S. 7.

Lebzeiten dem verstorbenen Unternehmerehegatten zur betrieblichen Nutzung überlassen wurde, plötzlich zum Betriebsvermögen werden. Dieser Fall würde eintreten, wenn der überlebende Ehegatte den Betrieb des verstorbenen Unternehmerehegatten erbt. Betrieb und Grundstück fließen so in einer Hand zusammen. Ist der Erbfall bereits so eingetreten, bleibt dem Erben meist nur noch das Instrument der Ausschlagung. Schlägt der überlebende Ehegatte das Unternehmenserbe aus, und kann es somit auf die Kinder übergehen, wäre die steuerschädliche Personenidentität zwischen Unternehmer und Grundstückseigentümer einmal abgewendet.

1.2 Unternehmertestament und Gesellschaftsvertrag

957 Gesellschafter einer Personengesellschaft oder einer sogenannten Freiberufler-Gesellschaft müssen die Rechtsnachfolge nicht nur durch ein Testament, sondern auch im Gesellschaftsvertrag genau regeln. Denkt beispielsweise der OHG-Gesellschafter an eine bestimmte Person, die den Betrieb übernehmen soll, muss er:

- mittels Testaments dafür sorgen, dass die betreffende Person Erbe wird (denn die Gesellschaftsbeteiligung kann im Erbfall nur an Personen übergehen, die zum Kreis der Erben gehören), und
- im Gesellschaftsvertrag Regelungen treffen, damit die Beteiligung wirklich nur an diesen einen Erben übergeht und sich die Nachfolge nicht auf dem erbrechtlichen Wege vollzieht.

Sofern der Gesellschaftsvertrag nichts anderes vorsieht, wird die Gesellschaft beim Tod des OHG-Gesellschafters oder des Komplementärs einer KG aufgelöst. Testament und OHG/KG-Vertrag müssen dabei absolut identisch sein und dürfen keine gegensätzlichen Regelungen enthalten.

HINWEIS:

Testament und Gesellschaftsvertrag sollten bei jeder Änderung auf absolute Identität überprüft werden. Testament und Gesellschaftsvertrag müssen immer wie Zahnräder ineinandergreifen.

2 Finanzbedarfsplanung für die Unternehmensnachfolge

958 Zur Finanzierung der Unternehmensnachfolge müssen Barmittel einkalkuliert werden für:

- Steuern, und zwar außer der Erbschaft- oder Schenkungsteuer auch für Einkommen-, Umsatz- und Gewerbesteuer,

- Pflichtteils- bzw. Abfindungsansprüche an den Ehegatten und an solche Kinder, die nicht in das Unternehmen eingegliedert werden, sowie
- Zugewinnausgleichsansprüche der Ehefrau.

Mit Ausnahme der Abfindungsansprüche handelt es sich bei allen Lasten um zwingende Ausgaben, für die der Finanzbedarf genau ermittelt werden muss, wenn das Unternehmen nicht in Liquiditätsschwierigkeiten geraten soll. Abfindungen müssen nicht, sollten aber zur Vermeidung der Geltendmachung von Pflichtteilsansprüchen angeboten und einkalkuliert werden. Im Gegensatz zu Pflichtteilsansprüchen, bei denen es sich um eine „starre" Summe handelt, besteht nämlich bei Abfindungszahlungen ein Verhandlungsspielraum, der – wie nachfolgendes Beispiel zeigt – genutzt werden sollte: Unternehmer A verfügt in einer Teilungsanordnung, dass der Sohn das Unternehmen im Wert von 2 Mio. € und die Tochter das Mietwohnhaus bekommen soll, welches aber nur einen Verkehrswert von 1,2 Mio. € hat. Die Tochter muss mit dem Mietwohnhaus nicht schlechter gestellt sein als ihr Bruder. 959

Diverse von der Tochter geltend gemachte Ausgleichszahlungsansprüche können mit folgender Argumentation zurückgewiesen oder zumindest abgemildert werden:

Möchte der Sohn Teile des Betriebs, beispielsweise – um bei Grundstücken zu bleiben – ein Betriebsgrundstück verkaufen, muss er Einkommensteuer (voller Steuersatz) und Gewerbesteuer zahlen. Möchte der Sohn den ganzen Betrieb verkaufen, fällt Einkommensteuer an. Die Tochter kann dagegen das Mietwohnhaus ohne jede Steuerbelastung liquidieren. Denn der Übergang des Hauses an die Tochter löst keine erneute Spekulationsfrist aus.

Möchte der Sohn den Betrieb liquidieren, muss er u. U. Sozialpläne einhalten und den entlassenen Mitarbeitern gegenüber hohe Abfindungszahlungen leisten. Die Tochter dagegen braucht den Mietern nur zu kündigen, sonst nichts.

Werden Erbausgleichsforderungen gegen den Unternehmenserben gestellt, sollte aus den genannten Gründen ein Abschlag auf den zu Verkehrswerten bewerteten Erbteil ausgehandelt werden. Der Abschlag muss je nach der zur Verteilung kommenden Masse individuell bestimmt werden. 960

HINWEIS:

Von den genannten Lasten des Unternehmenserben dürften Pflichtteilsansprüche seitens benachteiligter Miterben die gefährlichste Liquiditätsfalle darstellen. Pflichtteilsansprüche können nämlich sofort verlangt werden.

3 Der Gesellschaftsanteil als Gegenstand einer Schenkung

3.1 Allgemeines

961 Anteile an Personen- oder Kapitalgesellschaften können unmittelbar oder mittelbar auf andere Personen übergehen. Unternehmensanteile gehen unmittelbar über, wenn sie der Erwerber durch Abtretung seitens des bisherigen Besitzers erhält. Solche Anteile sind dann unmittelbar und derivativ erworben. Scheidet eine unmittelbare Anteilszuwendung aus, weil dies der Gesellschaftsvertrag nicht vorsieht oder weil der Senior ein Einzelunternehmer ist und demzufolge keine Anteile abgetreten werden können oder will der Senior seine Anteile vorerst nicht (ganz) aufgeben, erfolgt die Anteilsübertragung mittelbar. Eine mittelbare Anteilsübertragung ist gegeben, wenn der Senior dem Junior eigene Mittel zur Verfügung stellt, die dem Junior einen Anteilserwerb durch „Einkauf" in das Unternehmen gestatten. Der Junior erwirbt dann originär.

962 Der Junior erwirbt auch dann originär, wenn er sich (mit geschenktem Geld des Seniors) an der Gründung einer Trägergesellschaft beteiligt. Eine Trägergesellschaft ist bei Einzelunternehmen notwendig, wenn eine partielle Betriebsbeteiligung des Juniors erreicht werden soll. Bei Einzelunternehmen gibt es keinen Anteil, der dem Junior übertragen werden könnte. Ein sogenannter gleitender Übergang ist daher nur möglich, wenn eine Gesellschaft gegründet wird, in der das bisherige Einzelunternehmen eingebracht wird. Gibt nun nach Vollzug der Unternehmenseingliederung der Senior dem Junior Geld, damit sich dieser einen Anteil an der neu gegründeten Gesellschaft kaufen kann, liegt ein offener mittelbarer und zugleich originärer Anteilserwerb vor.

963 Zwischen Personen- und Kapitalgesellschaften bestehen Unterschiede in der Gesellschafternachfolge dahin gehend, dass nur bei Personengesellschaften – nicht aber bei Kapitalgesellschaften – der Anteil eines ausscheidenden Gesellschafters am Gesellschaftsvermögen den übrigen Gesellschaftern zuwächst (§ 738 BGB). Scheidet ein Personengesellschafter aus, wächst sein Vermögen den anderen automatisch zu. Bei Kapitalgesellschaften wird der ausscheidende Gesellschafter seinen Anteil entweder verkaufen oder schenkweise weitergeben oder die Kapitalgesellschaft zieht den Anteil ein mit der Folge, dass dieser untergeht. Freilich kann die Kapitalgesellschaft nur so verfahren, wenn dem ausscheidenden Gesellschafter oder seinen Erben eine Abfindung angeboten wird. Auch die übrig gebliebenen Gesellschafter einer Personengesellschaft müssen der scheidenden Partei eine Abfindung zahlen, der Anteil wächst ihnen also nicht umsonst zu!. Die Gesellschaftsverträge enthalten

meist Abfindungsklauseln, die die Bemessungsgrundlage für die Abfindung und die Zahlungsmodalitäten regeln.

HINWEIS:

Überträgt der Gesellschafter einer Personengesellschaft einen Teil seines Gesellschaftsanteils unentgeltlich, liegt auch dann keine gemischte Schenkung vor, wenn zum Zeitpunkt der Übertragung Gesellschaftsschulden bestanden haben![1]

3.2 Wenn der Gesellschaftsvertrag eine Buchwertklausel vorsieht

Scheidet der Gesellschafter einer Personengesellschaft freiwillig oder durch Tod aus der Gesellschaft aus, wächst sein Anteil den noch verbliebenen Gesellschaftern mit der Verpflichtung zu, entsprechende Abfindungszahlungen zu leisten. Um die Gesellschaft vor liquiditätsgefährdenden Kapitalabflüssen zu bewahren, sehen Gesellschafterverträge in aller Regel nur eine dem Buchwert entsprechende Mindestabfindung vor (sogenannte Buchwertklausel). Buchwertklauseln sind rechtlich zulässig, solange sie nicht gegen Treu und Glauben verstoßen und an geänderte Verhältnisse angepasst werden, welche sich zwangsläufig im Laufe eines Gesellschafterlebens ergeben können. 964

Ist Gegenstand der Schenkung eine Beteiligung an einer Personengesellschaft, in deren Gesellschaftsvertrag bestimmt ist, dass der neue Gesellschafter (meist sind es die Kinder) bei Auflösung der Gesellschaft oder im Fall eines vorherigen Ausscheidens nur den Buchwert seines Kapitalanteils erhält, so werden diese Bestimmungen bei der Feststellung der Bereicherung nicht berücksichtigt (§ 7 Abs. 5 Satz 1 ErbStG). Die Vorschrift fingiert in Wirklichkeit eine Vermögensübertragung ohne Einschränkungen, also mit allen stillen Reserven. 965

Sinn und Zweck des § 7 Abs. 5 Satz 1 ErbStG ist, die Fälle zu erfassen, in denen die Kinder als neue Gesellschafter voll am Gewinn beteiligt sind, also auch solche Gewinne vereinnahmen können, die aus offenen oder stillen Reserven erwirtschaftet werden. Die Vorschrift stellt daher alles andere als eine Regelung zur steuerschonenden Vermögensübertragung dar. Vielmehr müssen künftige Generationen schon im Zeitpunkt der Schenkung Schenkungsteuer für etwas entrichten, was sie allenfalls über spätere Gewinne oder bei Weiterveräußerung des Anteils erhalten können. 966

1 BFH, Urteil v. 17.2.1999 - II R 65/97, BStBl 1999 II S. 476.

967 Soweit die Bereicherung den Buchwert des Kapitalanteils übersteigt, gilt sie als auflösend bedingt erworben (§ 7 Abs. 5 Satz 2 ErbStG).[1] Die zunächst übermäßige Steuer wird also dadurch korrigiert, dass ein Teil der gezahlten Schenkungsteuer auf Antrag wieder rückerstattet wird, wenn eine bestimmte Bedingung eintritt.

Fragt man sich jetzt, welches ungewisse Ereignis eine Steuerrückerstattung auslösen soll, so wird man im Gesetz keine Antwort darauf finden. Führt man sich aber den vorhergehenden Satz 1 des § 7 Abs. 5 ErbStG vor Augen, so kann es sich bei dem ungewissen Ereignis nur um ein solches handeln, das zur Realisierung jener Wertminderung führt, die Satz 1 bei der schenkungsteuerlichen Wertermittlung ignoriert hat. § 7 Abs. 5 Satz 1 ErbStG ging ja davon aus, dass eine Buchwertklausel den wirklichen Wert als auch den Steuerwert eines Gesellschaftsanteils mindert. Ob dies in Wirklichkeit so ist, sei dahingestellt.

968 Eine diese Wertminderung realisierende Maßnahme kann in einer Anteilsveräußerung, einer Anteilsübertragung oder in der Liquidation der Gesellschaft gesehen werden. Angenommen, ein solches Ereignis tritt zehn Jahre nach der ursprünglichen Anteilsübertragung ein, so kann sich die nunmehr zu berücksichtigende Wertminderung nur auf den Minderwert beziehen, den der Anteil damals bei Anteilsübertragung – also vor zehn Jahren – hatte. Dieser damalige Minderwert, der wegen des § 7 Abs. 5 Satz 1 ErbStG erst jetzt zu berücksichtigen ist, kann bei Eintritt des Ereignisses, von dem Satz 2 ausgeht, nur dann als Rechengröße herangezogen werden, wenn die stillen Reserven, die dem Erwerber damals zugeflossen sind, auch im Zeitpunkt des Eintritts des Ereignisses noch im Betrieb gebunden sind.

969 Genau das aber wird in der Praxis nur selten der Fall sein. Denn für gewöhnlich werden stille Reserven nicht für ewig im Betrieb gehalten. Im laufenden Geschäftsverkehr wollen die Gesellschafter auch einmal realisieren und die Reserven über die Gewinnbeteiligung ins Privatvermögen überführen. Bis es also zum Ausscheiden des Neugesellschafters kommt, um nur ein Ereignis zu nennen, das nach Satz 2 zu einer Steuerrückerstattung führen kann, können die stillen Reserven längst im laufenden Geschäftsverkehr aufgelöst worden sein. Eine Berichtigung soll aber nur dann infrage kommen, wenn dieser Fall eben nicht eingetreten ist, d. h. wenn der neue Gesellschafter ausscheidet oder die Gesellschaft aufgelöst wird, bevor die im Zeitpunkt der Schenkung vorhandenen stillen Reserven aufgelöst und vereinnahmt werden konnten. Denn nur wenn dies auch der Fall ist, konnte der Erwerber nicht in den Genuss von Ver-

1 Zum auflösend bedingten Erwerb vgl. Rz. 84.

mögen (den stillen Reserven) gelangen, für das er sehr wohl bereits beim Erwerb Schenkungsteuer zahlen musste.

Die Finanzverwaltung stellt sich diesem Problem gar nicht erst. Für sie tritt die 970
auflösende Bedingung, von der Satz 2 spricht, bereits dann ein, wenn der Steuerwert für den Gesellschaftsanteil im Zeitpunkt des Ausscheidens des Gesellschafters oder im Zeitpunkt der Auflösung der Gesellschaft höher ist als die Abfindung, die nach dem Buchkapital bemessen wird. Die Steuererstattung richtet sich dabei nach der Differenz zwischen dem Steuerwert und dem Buchwert des Anteils im Zeitpunkt der Schenkung, begrenzt sich aber höchstens auf den Unterschiedsbetrag zwischen der Abfindung und einem evtl. höheren Steuerwert im Zeitpunkt des Eintritts des Ereignisses (also im Zeitpunkt des Ausscheidens usw.). Liegt also der Steuerwert des Anteils im Zeitpunkt der Schenkung um 100.000 € höher als der Buchwert, liegt dieser aber im Zeitpunkt des Ausscheidens nur um 20.000 € niedriger als der Steuerwert, kann auch nur die Schenkungsteuer für 20.000 € rückerstattet werden.

► **Fazit:**

Diese Regelung kann also nicht zufrieden stellen; die Vorschrift ist weitgehend 971
missglückt. Von Vorteil ist, dass § 7 Abs. 5 ErbStG seit der Maßgeblichkeit der Steuerbilanzwerte für die Vermögensaufstellung erheblich an Bedeutung eingebüßt hat, weil es praktisch nur noch dann Wertunterschiede zwischen Buchwerten und Steuerwerten geben kann, wenn das Unternehmen einen hohen Anteil an Betriebsgrundstücken hält, die abweichend von den Steuerbilanzwerten zu bewerten sind und sich dadurch ein höherer Betriebsvermögenswert ergibt, als wenn er sich aus der Summe aller Kapitalanteile der Gesellschafter (= Buchkapital) errechnen würde.

3.3 Schenkung durch Ausscheiden eines Gesellschafters und Übernahme des Geschäftsanteils durch die übrigen Gesellschafter (fiktiver Anteilserwerb)

Bei Personengesellschaften verteilt sich das Gesellschaftsvermögen, das ein 972
ausscheidender Gesellschafter hinterlässt, zu gleichen Teilen auf die verbleibenden Gesellschafter. Wird nun ein Gesellschafter mit dem Buchwert abgefunden, weil er freiwillig ausscheidet oder weil er von der Gesellschaft ausgeschlossen wird, kann sich dieser Vorgang für die verbleibenden Gesellschafter durchaus als lukrativ erweisen, weil ihnen praktisch die gesamten stillen Reserven des ausgeschiedenen Gesellschafters gratis zufließen. Dementspre-

chend sieht der Gesetzgeber im Ausscheiden eines Gesellschafters zum Buchwert eine Schenkung an die verbleibenden Gesellschafter.

Solchen Überlegungen kann ein gewichtiges Argument entgegengehalten werden: das Argument der Unternehmerwagnis. Denn schließlich könnte jeder Gesellschafter einmal in die Situation geraten, aus der Gesellschaft ausscheiden zu müssen. Und dann hätte auch er seinen Anteil an den stillen Reserven verloren. Abfindungsbeschränkungen gelten schließlich für alle Gesellschafter gleich, d. h. der Chance, von einem anderen Partner etwas von dessen Anteil an den stillen Reserven zu erhalten, steht das Risiko gegenüber, selbst einmal eigene stille Reserven einbüßen zu müssen. Das Argument der Unternehmerwagnis mag zwar einleuchten. Das Finanzamt braucht sich aber mit dieser Problematik gar nicht erst auseinanderzusetzen. Die Finanzbeamten helfen sich stattdessen mit einer Fiktion. Nach § 7 Abs. 7 ErbStG gilt als Schenkung der auf dem Ausscheiden eines Gesellschafters beruhende Übergang des Anteils oder des Teils eines Anteils eines Gesellschafters einer Personengesellschaft oder Kapitalgesellschaft auf die verbleibenden Gesellschafter, soweit der Wert, der sich für seinen Anteil zurzeit seines Ausscheidens nach bewertungsrechtlichen Vorschriften ergibt, den Abfindungsanspruch übersteigt.

973 Auf das an sich für die Besteuerung maßgebliche subjektive Kriterium des Bewusstseins der Unentgeltlichkeit (dass sich also Schenker und Beschenkte über die Unentgeltlichkeit einig sind) kommt es hier nicht an. Es wird, wie es der BFH[1] ausdrückt, „für die Zwecke der Besteuerung der unter den gesetzlichen Tatbestand des § 7 Abs. 7 ErbStG zu subsumierende Sachverhalt der Erfüllung eines davon abweichenden Sachverhalts, nämlich der Schenkung, gleichgesetzt".

974 Ausgangswert für die Berechnung der Schenkungsteuer bildet die Differenz zwischen dem Abfindungsanspruch und dem Anteilsteuerwert. Was die verbleibenden Gesellschafter zu versteuern haben, ist letztlich der Differenzbetrag zwischen dem Steuerwert ihrer Beteiligung vor und dem Steuerwert ihrer Beteiligung nach dem Ausscheiden eines Gesellschafters. Auf die Absicht des ausscheidenden Gesellschafters, die verbleibenden Gesellschafter oder die Gesellschaft zu bereichern (Bereicherungswille), kommt es nicht an[2]. Die Vergünstigungen für Betriebsvermögen[3] sind anzuwenden. Dies gilt nach Auffas-

1 BFH, Urteil v. 1.7.1992 - II R 12/90, BStBl 1992 II S. 925.

2 R E 10.13 Abs. 3 Satz 2 ErbStR 2019.

3 §§ 13a, 19a ErbStG, vgl. Rz. 581, 677.

sung der Finanzverwaltung aber nicht, wenn der Geschäftsanteil eines Gesellschafters einer GmbH eingezogen wird, weil die verbleibenden Gesellschafter selbst keine Anteile erwerben[1].

Korrespondierend zu dieser fiktiven Besteuerung wird der Erbe des von Todes 975
wegen ausgeschiedenen Gesellschafters per Gesetz davor geschützt, dass er den gemeinen Wert des – ihm zunächst erblich zufließenden – Gesellschaftsanteils versteuern muss, obwohl er wirtschaftlich nur die (Buchwert-)Abfindung erhält. Hierzu bestimmt § 10 Abs. 10 ErbStG, dass bei einem Erben, der seine Gesellschaftsanteile aufgrund gesellschaftsvertraglicher Regelungen auf Mitgesellschafter überträgt, nur der Abfindungsanspruch als steuerpflichtiger Erwerb gilt, wenn dieser niedriger ist als der gemeine Wert der Anteile.[2]

Unter den Steuertatbestand des § 7 Abs. 7 ErbStG fallen auch Geschäftsüber- 976
nahmen, die dadurch entstehen, dass nach Ausscheiden eines oder mehrerer Gesellschafter nur noch einer übrig bleibt, in dessen Alleineigentum das Gesamthandsvermögen schließlich übergeht. Nicht unter die Fiktion des § 7 Abs. 7 ErbStG fallen indessen betriebsinterne Änderungen der Beteiligungsverhältnisse. Räumt der Senior dem Junior durch Abtretung ein höheres Beteiligungspotenzial ein, so ist darin eine freigebige Zuwendung seitens des Seniors an den Junior zu sehen; ein Steuerfall, der unter § 7 Abs. 1 Nr. 1 ErbStG fällt.

HINWEISE:

- Der Besteuerungstatbestand des § 7 Abs. 7 ErbStG kann dadurch vermieden werden, dass der ausscheidende Gesellschafter seine Anteile an die Gesellschaft zu einem zu niedrigen Preis veräußert. In diesem Fall liegt keine freigebige Zuwendung nach § 7 Abs. 1 Nr. 1 ErbStG oder § 7 Abs. 7 Satz 1 ErbStG vor, weder an die Gesellschafter noch an die Gesellschaft.[3]
- Der Steuertatbestand des § 7 Abs. 7 ErbStG kommt bei Kapitalgesellschaften (z. B. einer GmbH) auch dann zur Anwendung, wenn der Geschäftsanteil eingezogen wird und untergeht. Es kann dann zwar kein Anteil auf die Gesellschaft noch auf die übrigen Gesellschafter übergehen, wohl aber gilt hier wieder die Fiktion des § 7 Abs. 7 Satz 2 ErbStG.
- Bei Einziehung der GmbH-Anteile handelt es sich um keinen steuerbegünstigten Erwerb von Kapitalgesellschaftsanteilen, da diese untergehen. Es gilt Steuerklasse III.
- Bestehende Abfindungsklauseln in der Gesellschaftssatzung sind zu prüfen, ggf. ist eine Anhebung des Abfindungsniveaus empfehlenswert.

1 R E 10.13 Abs. 3 Satz 4 ErbStR 2019.

2 Vgl. R E 10.13 Abs. 1 Satz 4 ErbStR 2019.

3 BFH, Urteil v. 20.1.2016 - II R 40/14, BStBl 2018 II S. 284.

- Weitere Prüfpunkte:
  - Kann für den Erwerb der Mitgesellschafter ein Verschonungsabschlag in Anspruch genommen werden?
  - Besteht seitens des Gesellschaftsvertrages eine Entnahmemöglichkeit/Ausschüttung für entstehende Schenkungsteuer?
  - Wer trägt im Besteuerungsfall die Schenkungsteuer (gesellschaftsvertragliche Regelungen prüfen)?

3.4 Die Gewinnübermaßschenkung

977 **3.4.1 Allgemeines**

Gewinnbeteiligungen entscheiden bei Personengesellschaften nicht nur über die Anteilshöhe am laufenden Gewinn, sondern auch über die Beteiligung eines Gesellschafters an den stillen Reserven und damit auch über die Höhe des tatsächlichen Anteilswertes an der Gesellschaft. Dadurch kann sich eine beim Anteilserwerb zugesprochene Gewinnbeteiligung als mittelbare (Teil-)Anteilszuwendung erweisen. Gegenstand einer solchen Anteilszuwendung kann nun entweder ein bereits mit einer überhöhten Gewinnbeteiligung ausgestatteter Anteil an der Gesellschaft sein oder aber der Anteil wird erst im Zuge der Schenkung mit einer überhöhten Gewinnbeteiligung ausgestattet.

3.4.2 Nachträgliche Gewährung oder Erhöhung einer überhöhten Gewinnbeteiligung

978 Wird eine bereits bestehende Beteiligung an einer Personengesellschaft nachträglich mit einer überhöhten Gewinnbeteiligung ausgestattet oder wird eine solche erhöht, entsteht nach § 7 Abs. 6 ErbStG ein als selbständige Schenkung geltendes Gewinnübermaß, welches als getrennt zu ermittelnder Zuwendungsgegenstand der Schenkungsteuer zu unterwerfen ist. Der steuerpflichtige Erwerb der selbständigen Gewinnübermaßzuwendung ist aus der Differenz zwischen dem angemessenen Jahresertrag und der tatsächlichen Zuwendung (Gewinnübermaß) zu errechnen und gem. der voraussichtlichen Zuwendungszeit (Laufzeit) zu kapitalisieren. Als Gewinnkalkulationsgrundlage ist der durchschnittliche Jahresertrag der letzten drei Jahre vor der Schenkung zugrunde zu legen, soweit bei der Familiengesellschaft eine Änderung der Ertragsaussichten nicht zu erwarten ist. Stehen keine konkreten Anhaltspunkte für die Laufzeit zur Verfügung, ist davon auszugehen, dass der überhöhte Gewinnanteil auf unbestimmte Zeit in gleichbleibender Höhe zufließt. Der Kapitalwert errechnet sich hier aus dem 9,3fachen Jahreswert.

BEISPIEL: A räumt B eine Gewinnbeteiligung von 35% ein. Angemessen wären 15%. Der Durchschnittsgewinn der letzten drei Jahre beträgt 200.000 €.

Übermaß Gewinnbeteiligung =		
Angemessen: 15 % aus 200.000 €	30.000 €	
Tatsächlich zugewendet = 35% aus 200.000 €	70.000 €	
Unangemessen sind:	40.000 €	
Übermaß/Jahresertrag multipliziert mit Faktor 9,3 ergibt einen steuerpflichtigen Kapitalwert von:		372.000 €
Die schenkungsteuerpflichtige Bereicherung aus der überhöhten Gewinnbeteiligung beträgt		372.000 €

HINWEIS:

Durch die Einräumung einer überhöhten Gewinnbeteiligung fließt dem begünstigten Gesellschafter kein (erneutes) Betriebsvermögen zu, so dass die Steuerbefreiungen für Betriebsvermögen[1] hier keine Anwendung finden.

3.4.2 Zuwendung einer bereits mit Gewinnübermaß ausgestatteten Beteiligung

Wird hingegen ein bereits mit einer überhöhten Gewinnbeteiligung ausgestatteter Personengesellschaftsanteil übertragen, findet die Regelung zur Gewinnübermaßbesteuerung nach § 7 Abs. 6 ErbStG keine Anwendung. Denn in diesem Fall wird das Gewinnübermaß bereits bei der Bewertung des Gesellschaftsanteils nach Maßgabe des § 97 Abs. 1a Nr. 1 Buchst. b BewG berücksichtigt.[2] 979

3.5 Vermeidung eines Paketzuschlages bei Gesellschaftsanteilen

Die Problematik des Paketzuschlages, welcher im Allgemeinen bis zu 25% betragen kann (die Finanzverwaltung kann in Einzelfällen auch höhere Zuschläge festsetzen[3],), wurde bereits in Rz. 147 erläutert. Dort wurde auch dargelegt, dass die Finanzverwaltung bei der Bewertung übertragener nicht börsennotierter Anteile an Kapitalgesellschaften bei Anwendung des vereinfachten Er- 980

1 Rz. 581 ff.

2 R E 7.9 Abs. 2 Satz 2 ErbStR 2019, zur Bewertungsvorschrift § 97 Abs. 1a Nr. 1 Buchst. b BewG vgl. Rz. 200.

3 R B 11.8 Abs. 9 ErbStR 2019.

tragswertverfahrens auf einen Paketzuschlag verzichtet.[1] Daher wäre im Einzelfall zu prüfen, ob die Anwendung dieses Verfahrens zur Bewertung der Anteile dem Erwerber ggf. Steuervorteile verschafft.

HINWEIS:

Das vereinfachte Ertragswertverfahren kann allerdings nur dann zur Anwendung kommen – und nur insoweit besteht für den Erwerber ein Wahlrecht – als:

- kein Börsenkurs festgesetzt wird,
- kein Kaufpreis unter fremden Dritten herangezogen werden kann,
- kein höherer Liquidationswert festzusetzen ist (weil das Unternehmen liquidiert werden soll),
- kein höher Substanzwert festgestellt worden ist (unabhängig von Verkaufs- oder Liquidationsabsichten, wobei es in diesem Fall nach R B 11.8 Abs. 2 Satz 5 ErbStR 2019 nicht zur Festsetzung eines Paketzuschlages kommt),
- keine anderen anerkannten und marktüblichen Methoden vorzuziehen sind.

4 Steuerbegünstigung für Anteile an Kapitalgesellschaften mittels Poolvereinbarung (Poolvertrag)

4.1 Allgemeines

981 § 13b Abs. 1 Nr. 3 ErbStG verlangt für die Inanspruchnahme der für Betriebsvermögen geltenden Steuerbefreiungen[2] für Anteile an Kapitalgesellschaften eine Mindestbeteiligung des Rechtsvorgängers von mehr als 25% an der Kapitalgesellschaft. Die Gesetzesregelung soll eine (förderungswürdige) unternehmerische Beteiligung des Anteilseigners sicherstellen und darüber hinaus gewährleisten, dass der Rechtsvorgänger nicht nur als Kapitalanleger aufgetreten ist (und somit die Steuerbegünstigung gar nicht verdienen würde). Ob der Rechtsvorgänger die Mindestbeteiligungsgrenze erfüllt, ist in erster Linie nach der Summe der dem Erblasser oder Schenker unmittelbar zuzurechnenden Anteile zu bestimmen. Unterbeteiligungen oder mittelbare Beteiligungen werden nicht berücksichtigt.

HINWEIS:

Bei Gesellschaften, die in einem Konzern unter einheitlicher Leitung stehen, hält die Finanzverwaltung eine gesonderte Poolvereinbarung i. S. von § 13b Abs. 4 Satz 2 Nr. 2 ErbStG grds. nicht für erforderlich.[3]

1 R B 11.8 Abs. 2 Satz 3 ErbStR 2019.

2 Vgl. im Einzelnen Rz. 581 ff.

3 R E 13b.20 Abs. 2 ErbStR 2019.

4.2 Abschluss einer Poolvereinbarung (Poolvertrag) – speziell für Familienunternehmer

Gesetz und Finanzverwaltung räumen in Fällen, in denen die unmittelbare Mindestbeteiligung von 25% nicht überschritten wird, den Gesellschaftern die Möglichkeit ein, mittels einer Poolvereinbarung die Mindestbeteiligungsquote zu erreichen.[1] Ein weiterer Vorteil der Poolvereinbarung – oftmals auch als „Schutzgemeinschaftsvertrag" bezeichnet – ist, dass dadurch steuerschädliches Verwaltungsvermögen vermieden werden kann. Denn zum Verwaltungsvermögen zählen Anteile an Kapitalgesellschaften nur dann, wenn die Mindestbeteiligungsquote von 25% nicht überschritten wird. Besonders Gesellschafter einer Familienkapitalgesellschaft können davon profitieren. Denn hier sind die einzelnen Familienmitglieder häufig mit 25% oder weniger beteiligt. 982

Eine Poolvereinbarung erfordert, dass sich der Erblasser oder der Schenker zusammen mit weiteren Gesellschaftern untereinander verpflichtet, 983

- über die Anteile nur einheitlich zu verfügen oder sie ausschließlich auf andere derselben Verpflichtung unterliegende Anteilseigner zu übertragen und
- das Stimmrecht gegenüber nicht gebundenen Gesellschaftern einheitlich auszuüben (sogenannte Poolklausel). Nicht ausreichend für eine wirksame Poolvereinbarung ist eine einheitliche Stimmrechtsausübung aufgrund eines faktischen Zwangs, einer moralischen Verpflichtung oder einer langjährigen tatsächlichen Handhabung.[2]
- Stimmrechtslose Anteile sind von einer Poolbildung ausgeschlossen[3]. Diese Regelung der Finanzverwaltung ist allerdings willkürlich, weil von Gesetzes wegen Beteiligungen von über 25% ungeachtet eines Stimmrechts in den Genuss der Begünstigung kommen.

Verpflichtet die Gesellschaft alle oder einen Teil der Gesellschafter zur Poolbildung i. S. des § 13b Abs. 1 Nr. 3 ErbStG, erfüllt auch diese Verpflichtung die Voraussetzung für die Qualifizierung der Anteile als steuerbegünstigtes Betriebsvermögen. Mit der Poolklausel will der Gesetzgeber dem Umstand Rechnung tragen, dass in sogenannten Familien-Kapitalgesellschaften, deren Anteile über mehrere Generationen hinweg weitergegeben wurden und die Anteile der einzelnen Familiengesellschafter häufig nicht mehr die Mindestbeteiligungsquote erreichen, die Unternehmensgründer oder die Nachfolger aber 984

1 § 13b Abs. 1 Nr. 3 Satz 2 ErbStG; R E 13b.6 Abs. 3 Satz 1 ErbStR 2019.

2 BFH, Urteil v. 20.2.2019 - II R 25/16, BStBl 2019 II S. 779.

3 R E 13b.6 Abs. 5 ErbStR 2019.

häufig dafür gesorgt haben, dass die Anteile nicht beliebig veräußert werden können und der bestimmende Einfluss der Familie erhalten bleibt.

985 Eine einheitliche Stimmrechtsausübung bedeutet nach Auffassung der Finanzverwaltung, dass die Einflussnahme einzelner Anteilseigner zum Zwecke einer einheitlichen Willensbildung zurücktreten muss. Dafür gibt es verschiedene Möglichkeiten. Die Finanzverwaltung nennt beispielhaft die Möglichkeit zur gemeinsamen Bestimmung eines Sprechers oder eines Aufsichts- oder Leitungsgremiums. Eine einheitliche Stimmrechtsausübung kann auch dadurch erreicht werden, dass einzelne Anteilseigner auf ihr Stimmrecht zu Gunsten der Poolgemeinschaft verzichten. Treffen alle Gesellschafter eine Poolvereinbarung, erhalten alle Gesellschafter die Begünstigung.

BEISPIEL: Vier Familienmitglieder und der Geschäftsführer G sind mit je 20% an der Familien-GmbH beteiligt. Das Unternehmen hat einen gemeinen Wert von 20 Mio. €. G verstirbt und wird von seinem Bruder allein beerbt. Es besteht zwischen allen Gesellschaftern ein Poolvertrag; der Anteil des Verwaltungsvermögens soll weniger als 10% betragen und damit außer Acht bleiben (Anwendung des Verwaltungsvermögen-Freibetrags).

	Mit Poolvereinbarung (Beträge in €)	Ohne Poolvereinbarung (Beträge in €)
Wert des Anteils (20% aus 20 Mio. €)	4.000.000	4.000.000
·/. Verschonungsabschlag 85%	3.400.000	
Nicht begünstigtes Vermögen	600.000	4.000.000
·/. Freibetrag Klasse II	20.000	20.000
Steuerpflichtiger Erwerb	580.000	3.980.000
Erbschaftsteuer (Kl: II, Steuersatz 25, 30%)	145.000	1.194.000
·/. Entlastungsbetrag, § 19a ErbStG (Differenz zu 15% Steuerklasse I, 87.000)	58.000	
Erbschaftsteuer nach Entlastungsbetrag	87.000	
Steuervorteil der Poolvereinbarung	+ 1.107.000	

Zu beachten ist, dass die Steuerbegünstigungen für das Betriebsvermögen wegfallen, wenn innerhalb der Behaltensfrist:[1]

1 R E 13a.17 Abs. 2 ErbStR 2019.

1. ein Poolgesellschafter seine Anteile an andere Poolgesellschafter oder dem Poolvertrag entsprechend an Dritte entgeltlich überträgt (§ 13a Abs. 6 Satz 1 Nr. 4 ErbStG). Die Übertragung eines Anteils durch einen Poolgesellschafter führt nur bei diesem zum Verlust der Begünstigung, solange die verbleibenden Poolmitglieder über mehr als 25% der Anteile verfügen;
2. die Poolvereinbarung nach dem Besteuerungszeitpunkt aufgehoben wird;
3. die Beteiligung der Poolgesellschafter auf 25% oder weniger sinkt, z. B. weil ein oder mehrere Poolgesellschafter ausscheiden oder infolge einer Kapitalerhöhung.

Besonders der letzte Punkt – Absinken der Beteiligungsquote auf 25% oder weniger – ist umstritten. Denn die Gesellschafter geben hier die Poolbildung nicht auf. Gleichwohl kann es infolge von Kapitalerhöhungen in der Praxis ganz unverhofft zu einem Absinken der Beteiligungsquote kommen!

HINWEISE:

- Voraussetzung für die Einbeziehung der Anteile in die Entlastung ist nicht die tatsächliche Stimmrechtsausübung. Ferner ist nicht erforderlich, dass die Einflussnahme auf die Geschicke der Gesellschaft ausschließlich durch Anteilseigner (z. B. Familienmitglieder) erfolgt.
- Vor der Übertragung von Kapitalgesellschaftsanteilen sollten daher die Gesellschaftsverträge mit den übrigen Gesellschaftern entsprechend abgeändert werden. Eine entsprechende schriftliche Vereinbarung muss zum Besteuerungszeitpunkt vorliegen.[1]
- Zu beachten ist, dass der übertragende Gesellschafter die Begünstigungen auch dann verliert, wenn er seine Anteile an andere Poolmitglieder überträgt.[2]

4.3 Alternativen zur Poolvereinbarung (Poolvertrag)

Sollte kein Poolvertrag unter den Familienmitgliedern zu Stande kommen, bieten sich folgende Alternativen an: 986

- Umwandlung (Formwechsel) des Unternehmens in eine Personengesellschaft. Unter dieser Rechtsform stellt sich die Frage nach einer 25%igen Mindestbeteiligung nicht.
- Zukauf von Anteilen durch den Gesellschafter, der übertragen möchte, damit 25% überschritten werden können.
- Umwandlung von Gesellschafterdarlehen in eine Beteiligung. Dadurch wird eine Erhöhung der Beteiligungsquote erreicht.

1 R E 13b.6 Abs. 6 ErbStR 2019.
2 R E 13a.17 Abs. 2 Nr. 1 ErbStR 2019.

HINWEIS:

Eine Poolvereinbarung bedarf nach der Rechtsprechung keiner Schriftform (FG Hessen, Beschluss v. 28.2.2014 - 1 V 210/14). Die FG-Rechtsprechung widerspricht damit der Auffassung der Finanzverwaltung in R E 13b.6 Abs. 6 ErbStR 2019, wonach sich eine Poolvereinbarung aus dem Gesellschaftsvertrag oder aus anderen schriftlichen Vereinbarungen ergeben soll und im Besteuerungszeitpunkt vorliegen muss. Eine Schriftform wird aber dennoch empfohlen, da sich mündliche Abreden im Einzelfall nur bedingt nachweisen lassen.

5 Getrennte Übertragung von steuerbegünstigtem Betriebsvermögen

987 Werden mehrere wirtschaftliche Einheiten des steuerbegünstigten Betriebsvermögens übertragen, also insbesondere Anteile an Kapitalgesellschaften (Anteil über 25%), mehrere Betriebe, Teilbetriebe, teilweise gewerbliche, teilweise freiberufliche Betriebe, land- und forstwirtschaftliche Betriebe oder Mitunternehmeranteile an einer Personengesellschaft in einem Schenkungsvorgang oder in einem Erbgang übertragen, gilt,

- dass das Vermögen aller Einheiten zusammenzurechnen ist, bevor die Steuervergünstigungen (Verschonungsabschlag und Abzugsbetrag) abgezogen werden,
- dass der Umfang steuerschädlichen Verwaltungsvermögens für jede wirtschaftliche Einheit getrennt zu ermitteln ist,
- dass die Prüfung der Anzahl der Beschäftigten für jeden Betrieb gesondert durchzuführen ist,
- dass die Ausgangslohnsumme für jede wirtschaftliche Einheit gesondert festzustellen ist und anschließend zu addieren ist,
- dass für jede wirtschaftliche Einheit gesondert festzustellen ist, ob gegen die Behaltensregelungen verstoßen wurde,
- dass die Einhaltung der Mindestlohnsumme auf Grund der Summe der – betriebsbezogen zu ermittelnden – Einzellohnsummen aus allen übertragenen Einheiten (Betriebe mit jeweils mehr als fünf Arbeitnehmer) zu beurteilen ist und Unterschreitungen in einem übertragenen Betrieb mit Überschreitungen in einem anderen Betrieb ausgeglichen werden können.

988 Werden mehrere wirtschaftliche Einheiten übertragen, kann sich besonders die Addition aller Werte vor Anwendung des Verschonungsabschlags und des Abzugsbetrages für den Übernehmer steuerschädlich auswirken, als bei Einzelübertragung der Abzugsbetrag zu gewähren wäre, bei der Paketübertragung aber bereits abgeschmolzen ist. Sofern sich der Übertragungsvorgang gestal-

ten lässt (bei Schenkungen), empfiehlt sich daher unter Umständen eine getrennte Übertragung der einzelnen Vermögenswerte. Die Finanzverwaltung akzeptiert getrennte Übertragungen allerdings nur, wenn sie auf einem jeweils neuen selbständigen Schenkungswillen (einheitlicher Schenkungswille) basieren.

BEISPIEL:[1] Zur Übertragung gelangt:

- eine GmbH-Beteiligung (über 25%), Ertragswert 5 Mio. €.
- Anteil an einer Mitunternehmerschaft, Gesamtwert 1 Mio. €.
- ein gewerbliches Einzelunternehmen, Ertragswert = begünstigtes Betriebsvermögen 1 Mio. €.

Werden alle drei Einheiten gleichzeitig übertragen, kann der Abschmelzungsbetrag durch die Addierung aller Werte nicht mehr gewährt werden. Daher sollte zunächst das Einzelunternehmen übertragen werden; dies kann steuerfrei erfolgen, da 85% = 850.000 € Verschonungsabschlag gewährt werden und die weiteren 150.000 € durch den Abzugsbetrag steuerfrei gestellt werden. Dieser wäre dann verbraucht. Anschließend können die GmbH-Anteile verschenkt werden und hierbei für die Optionsverschonung optiert werden. Das ist möglich, weil das Verwaltungsvermögen der GmbH nicht mehr als 10% beträgt. Die Übertragung ist steuerfrei. Zuletzt sollte an die Übertragung des Mitunternehmeranteils gedacht werden. 989

HINWEIS:

Würde mit der Übertragung des Mitunternehmeranteils zehn Jahre gewartet, kann der Abzugsbetrag erneut in Anspruch genommen werden (§ 13a Abs. 2 Satz 3 ErbStG).

6 Unternehmensnachfolgeplanung mit typisch/atypisch stillen Beteiligungen

Die Einräumung einer typisch oder atypisch stillen Beteiligung für eigene Kinder stellt eine effiziente Möglichkeit dar, die Nachfolgegeneration bereits zu Lebzeiten am Unternehmen zu beteiligen.[2] Die mit den Kindern gebildete stille Gesellschaft bildet kein Gesamthandsvermögen. Die Einlagen, die den Kindern zugeführt werden, „verbleiben" vielmehr beim Geschäftsinhaber (§ 230 HGB). 990

Die Gründung einer typisch/atypisch stillen Beteiligung erfolgt schnell und einfach; entweder durch Übertragung eines Teils vom Kapitalkonto oder durch 991

1 Aus Vereinfachungsgründen soll bei den angegebenen Ertragswerten ein Verwaltungsvermögensanteil von nicht mehr als 10% des begünstigungsfähigen Betriebsvermögens angenommen werden (Verwaltungsvermögen-Freibetrag).

2 Wegen der Unterscheidung zwischen typisch und atypisch stiller Beteiligung vgl. Rz. 112.

Schenkung eines entsprechenden Geldbetrages (wobei beide Vorgänge zu ihrer Wirksamkeit der notariellen Beurkundung bedürfen). Zuwendungsgegenstand ist in beiden Fällen nicht der Geldbetrag, sondern die Einlage (bewertet zum Nennwert). Werden die Kinder frühzeitig beteiligt (also in Schul- und Ausbildungszeiten), können bei entsprechender Gestaltung die einkommensteuerlichen Grundfreibeträge während der Beteiligungszeit voll ausgeschöpft werden.

992 Sind die als stille Teilhaber vorgesehenen Kinder noch nicht volljährig, bedarf es für die Gründung der stillen Gesellschaft eines Ergänzungspflegers. Der Vater kann insoweit seine Kinder nicht gesetzlich vertreten. Die vormundschaftliche Genehmigung könnte zwar dadurch umgangen werden, dass die Kinder nicht an den Verlusten der Gesellschaft beteiligt werden. Die Aufnahme minderjähriger Kinder dürfte aber später durch das Minderjährigenhaftungsbeschränkungsgesetz (§ 723 Abs. 1 Satz 2 BGB) Probleme bereiten. Dies aus einfachem Grund: Werden die minderjährigen Gesellschafter volljährig, können sie kündigen. Gegen dieses Kündigungsrecht helfen nur vertraglich vereinbarte Widerrufsklauseln, wonach die Eltern die Schenkung widerrufen können, wenn das volljährig gewordene Kind kündigt.

993 Typisch stille Beteiligungen eröffnen die Möglichkeit, Kinder als Unternehmensnachfolger ausreichend zu testen, und zwar ohne Risiko. Denn die geplante Unternehmensnachfolge durch stille Beteiligung kann sehr schnell und problemlos wieder zurückgenommen werden. Der Vorteil der typisch/atypisch stillen Beteiligung gegenüber einer Kommanditbeteiligung liegt gerade darin, ungeeignete stille Teilhaber mühelos kündigen zu können. Die Kündigung führt bei der stillen Beteiligung zur Auszahlung des Buchwerts (§ 235 Abs. 1 HGB). Bei der KG lässt sich das Gesellschaftsverhältnis dagegen nicht so leicht kündigen. Es ist hier lediglich eine Vertragsabsprache in der Form anerkannt, wonach ein Gesellschafter kündigen darf, dieser dann zum Buchwert abgefunden wird, während die übrigen Gesellschafter die Gesellschaft allein fortsetzen.

994 Sollen die Nachfolger nicht sofort volle Gesellschafterstellung erhalten, bietet sich auch die Einräumung einer typisch/atypisch stillen Unterbeteiligung an. Bei der Unterbeteiligung handelt es sich um eine Innengesellschaft bürgerlichen Rechts ohne Gesamthandsvermögen. Es gelten die Bestimmungen der §§ 705 ff. BGB sowie die für stille Gesellschaften maßgeblichen §§ 230 bis 237 HGB. Der Unterbeteiligte steht nur in Rechtsbeziehung zum Hauptbeteiligten, nicht zur Gesellschaft. Die Gesellschafterrechte verbleiben allein beim Haupt-

beteiligten. Unterbeteiligungen erlangen erst Rechtswirksamkeit mit der notariellen Beurkundung.

HINWEIS:

Bei Verträgen mit Familienangehörigen gelten Vereinbarungen über stille Beteiligungen nur dann als durchgeführt und werden steuerlich anerkannt, wenn die Vereinbarungen ernsthaft gewollt sind und alle Beteiligten streng daran festhalten. Gegen eine tatsächliche Durchführung spricht beispielsweise, wenn gar keine buchhalterischen Voraussetzungen geschaffen und den Kindern weder Kapital- noch Privatkonten eingeräumt werden. Des Weiteren müssen die Bedingungen, unter denen die Verträge geschlossen werden, dem sogenannten „Fremdvergleich" standhalten, d. h., sie müssen so abgeschlossen werden, wie sie auch unter fremden Dritten abgeschlossen würden. In diesem Zusammenhang ist besonders darauf zu achten, dass die Gewinnanteile entweder ausbezahlt werden oder im Falle einer Gutschrift eindeutig bis zur Auszahlung jederzeit abrufbar gutgeschrieben bleiben.

(Einstweilen frei) 995–1050

Teil VIII: Schenkungsteuerliche Konsequenzen in Verbindung mit der Auflösung eines Vermögenstrusts

1 Vorbemerkung

1051 Vermögenstrusts galten einst als begehrtes Erbschaftsteuersparmodell. Vermögensübertragungen auf solche Trusts waren bis März 1999 schenkungsteuerfrei. Als Begünstigte an dem Vermögen konnte die künftige Wunschgeneration eingesetzt werden. Verstarb der Trustgründer (Settlor), löste dies das Trustvermögen betreffend keinerlei erbschaftsteuerliche Konsequenzen aus. Die mit Trusts im Regelfall verfolgte Intention einer diskreten Vermögensanlage und -verwaltung stand seit jeher einer zielgerichteten Bekämpfung von Geldwäsche und Steuerhinterziehung entgegen. Neue Geldwäschegesetze und Sorgfaltspflichten für die Kreditwirtschaft haben die einst diskreten Vermögenstrusts transparent gemacht. Dies mag einer der Gründe sein, weshalb sich die heranwachsende Erbengeneration in der Rolle der Begünstigten solcher Trusts mehr und mehr entschließt, diese Vermögensmassen aufzulösen. Vielfach nicht bewusst sind sich die Beteiligten aber über die schenkungsteuerlichen Konsequenzen einer solche Auflösung. Auch auf die einkommensteuerliche Problematik der Zurechnungs- und Durchgriffsbesteuerung des § 15 AStG muss geachtet werden.

2 Trusterrichtung: Rechtslage vor dem 4.3.1999

1052 Trustgründungen und Vermögensübertragungen auf einen angelsächsischen Vermögenstrust vor dem 4.3.1999 (vor Inkrafttreten des Steuerentlastungsgesetzes 1999/2000/2002) waren schenkungsteuerfrei, wenn es sich dabei um einen unwiderruflichen Ermessenstrust („Irrevocable Discretionary Trust“) handelte – was den Standard darstellte und auch heute noch darstellt. Bei einem solchen Trust konnten und können die Begünstigten nicht namentlich bestimmt werden. Analog war und ist bei unwiderruflichen Ermessenstrusts auch keine Festlegung von verbindlichen (garantierten) Ausschüttungsquoten möglich, so dass in der Vergangenheit Vermögensübertragungen auf unwiderrufliche Ermessenstrusts mangels bereichertem Zuwendungsempfänger keine Schenkungsteuer auslösten. Die Übertragung des Trustvermögens auf den Trustee stellte keine Schenkung dar, weil der Trustee das Vermögen zu Gunsten der Begünstigten (unter Berücksichtigung der Wünsche des Settlors) nur verwaltet. Die Trustbegünstigten erwarben das Trustvermögen stattdessen aufschiebend bedingt, daher konnte hinsichtlich des aufschiebend bedingten Erwerbs auch keine Kapitalisierung vorgenommen werden. Aufschiebend bedingt erworbene Wirtschaftsgüter waren bewertungs- und steuerrechtlich erst dann zu berücksichtigen, wenn die Bedingung eingetreten ist. So entstand in der Vergangenheit Erbschaftsteuer erst bei Auflösung des Trusts (§ 4 BewG). Trusts wurden im Regelfall auf 100 Jahre errichtet. Der Auflösungszeitpunkt konnte individuell bestimmt werden, damit auch der maßgebliche Steuertermin der persönlichen Steuerpflicht des/der Begünstigten entsprechend angepasst werden konnte.

3 Trusterrichtung: Rechtslage nach dem 4.3.1999

Mit dem Steuerentlastungsgesetz 1999/2000/2002[1] stellte der Gesetzgeber 1053
die Gründung und Ausstattung angelsächsischer Vermögenstrusts dem steuerpflichtigen Übergang von Vermögen auf eine vom Erblasser angeordnete Stiftung gleich (§ 3 Abs. 2 Nr. 1 Satz 2 ErbStG). Derselben Fiktion bedient sich der Fiskus bei Errichtung eines Trusts zu Lebzeiten (Intervivos Trust). § 7 Abs. 1 Nr. 8 ErbStG, der den Übergang von Vermögen auf Grund eines Stiftungsgeschäfts unter Lebenden der Steuerpflicht unterstellt, ist auf den Intervivos Trust dahin gehend anwendbar, dass als ein solches Stiftungserrichtungsgeschäft auch die Bildung oder Ausstattung einer Vermögensmasse ausländischen Rechts anzusehen ist. Die Gleichsetzung bezieht sich dabei rein auf den Vorgang, der der Trustgründung zugrunde liegt („die Bildung oder Ausstattung"). Die Fiktion ist anwendbar für alle Trust-Neugründungen nach dem 4.3.1999.

4 Auflösung von Vermögenstrusts – die häufigsten Beweggründe

Die Praxis zeigt eine stetig steigende Tendenz zur Auflösung von Vermögen- 1054
strusts durch die heranwachsende Erbengeneration, welche sich meist in der Begünstigtenstellung eines solchen Vermögenskonstrukts befindet bzw. in die Fußstapfen eines alleinig begünstigten Trustgründers (Settlors) treten. Dass Begünstigte eines Trusts diesen auflösen können, sofern sie sich einig, voll geschäftsfähig und „absolutely entitled" sind, gilt im Regelfall für jeden angel-

1 § 37 Abs. 1 ErbStG i. d. F. des SteuerentlG 1999, BStBl 1999 I S. 394.

sächsischen Trust (vgl. Rechtsprechung „Saunders v. Vautier“[1]). Die „Equity“, also die Billigkeitsrechtsprechung, sieht im Trustee in erster Linie einen neutralen Verwalter, der die Interessen der Begünstigten zu berücksichtigen hat. Und sofern sich alle Begünstigten einig sind, verliert der Trust seine Daseinsberechtigung. Die meisten nationalen Trustgesetze sehen so die Auflösung selbst von dem Grunde nach unwiderruflichen Trusts nach dem Versterben bzw. Ausscheiden des Trustgründers bei einstimmigem Beschluss aller Begünstigten vor.

1055 Trusts waren vor allem wegen der im Außenverhältnis gegebenen Anonymität interessant. Der Trust erlaubte es, Vermögenswerte zu nutzen und Früchte aus ihnen zu ziehen, ohne selbst rechtlicher Eigentümer zu sein. Der Anleger verfügt als Trustbegünstigter mit dem sogenannten „equitable title“ über ein auf Billigkeitsrecht gestütztes wirtschaftlich-materielles Eigentumsrecht. Dem Trustee steht hingegen der Besitz, die Verwaltung und die Entscheidung über die Verwendung des Trustvermögens nach formellem Recht zu. Des Weiteren musste ein Trust weder öffentlich registriert sein, noch bestand die Notwendigkeit zur Vorlage der Gründungsurkunde (den „Trust-Deed“) gegenüber Dritten oder Behörden (Steuerbehörden).

1056 Trusts haben aber in letzter Zeit ihren Reiz an Diskretion erheblich eingebüßt; ja, sie sind transparent geworden. Die Möglichkeiten, Trusts als Vermögensverschleierungsinstrument zu verwenden, haben erheblich abgenommen. Geldwäschegesetze verpflichteten Banken dazu, den Trustgründer (Settlor) als den wirtschaftlich Berechtigten über das Trustvermögen namentlich festzustellen und in der Akte des Trustkontos zu führen. Die neuen Informationsaustausch- und Steuerabkommen machen die Aufdeckung von Trustvermögen immer wahrscheinlicher. So gelten Trusts nach dem sich in der Ratifizierungsphase befindlichen Entwurf eines Steuerabkommens mit der Schweiz als transparente Sitzgesellschaft. Im Fall der Umsetzung wird der Errichter eines Trusts mit einer Kontoverbindung in der Schweiz vom Abkommen erfasst, das Trustvermögen sowie die Erträge daraus sind nach Maßgabe des Steuerabkommens mit einer Einmalabgabe nachzuversteuern. Die Einmalabgabe nach dem Steuerabkommen dürfte im Regelfall erheblich teurer werden als die Steuernachzahlungen im Rahmen einer Selbstanzeige.

---

1 Saunders v. Vautier steht als Begriff für einen spektakulären Fall aus dem Jahre 1841, den Englands Crown Court zu entscheiden hatte. In dem Fall setzten die Begünstigten eines Trusts in Einigkeit die Auflösung des Trusts und die Auskehrung des Trustvermögens gegen den Willen des Settlors durch.

HINWEIS:

Sowohl die ursprüngliche Schenkungsteuerfreistellung als auch die für Vermögensübertragungen nach dem 4.3.1999 geltende Schenkungsteuerpflicht(-fiktion) stellt sich zum heutigen Zeitpunkt für den Trusterrichter und für alle Begünstigten an dem Trustvermögen als Bumerang heraus. Denn ohne Zweifel wird bei Auflösung solcher Trusts und Auskehrung des Vermögens Schenkungsteuer fällig.

5 Schenkungsteuerpflicht der ursprünglichen Vermögensübertragung auf einen Trust

5.1 Irrevocable Discretionary Trusts (unwiderruflicher Ermessenstrust)

Hinsichtlich einer Schenkungsteuerpflicht der ursprünglichen Vermögensübertragung kommt es auf den Stichtag der Trusterrichtung 4.3.1999 an, wie bereits oben in der Einführung aufgeführt. Während für Altfälle vor dem 4.3.1999 mangels Schenkungsteuerpflicht keine Schenkungsteuer hinterzogen werden konnte, sind Gründungen nach dem 4.3.1999 wegen der für die Schenkungsteuer geltenden langen Anlaufhemmung möglicherweise noch nicht verjährt. Denn in vielen Fällen lebt der Trusterrichter noch und die Finanzbehörden haben im Regelfall keinerlei Kenntnis über die Trusterrichtung und Vermögensübertragung erlangt (zur Anlaufhemmung vgl. § 170 Abs. 5 Nr. 2 AO). 1057

HINWEIS:

Daher ist im Zuge der Auflösung ggf. Schenkungsteuer im Rahmen einer Nachversteuerung (Selbstanzeige) nachzuerklären. Darüber hinaus sind alle Vermögensübertragungen auf einen vor dem 4.3.1999 errichteten Trust, die nach diesem Stichtag erfolgt sind, hinsichtlich einer ggf. hinterzogenen Schenkungsteuer zu prüfen.

5.2 Revocable Trust (widerruflicher Trust)

Hat der Trusterrichter einen Revocable Trust errichtet und sich den jederzeitigen Widerruf vorbehalten, ist hinsichtlich einer Schenkungsteuerpflicht der erstmaligen Vermögensübertragung auf den Trust zu unterscheiden: 1058

- Hatte der Trusterrichter während des Bestehens des Trust keine Einflussmöglichkeit auf die Vermögensverwaltungs- und Ausschüttungspolitik des Trustee (discretion!), bildete sich eine Vermögensmasse i. S. des § 7 Abs. 1 Nr. 8 Satz 2 ErbStG, so dass der Vermögensübergang auch hier der Schenkungsteuerpflicht unterlegen hat, falls die Errichtung nach dem 4.3.1999 erfolgt ist. Dies wird u. a. dadurch begründet, dass auch Schenkungen unter freiem Widerrufsvorbehalt als nach dem ErbStG vollzogen gelten, unabhängig vom Übergang des wirtschaftlichen Eigentums.[1]

Die Tatsache, dass der Trusterrichter (Settlor) bei einem widerruflichen Trust das Trustvermögen jederzeit wieder an sich ziehen kann, stellt eine Besteuerung nach § 7 Abs. 1 Nr. 8 Satz 2 ErbStG wieder infrage. Ein Praxisproblem liegt naturgemäß darin, dass die tatsächliche Durchführung des Trusts vom Wortlaut in der Errichtungsurkunde nicht selten abweicht. Der Grundsatz der Einheitlichkeit der Rechtsordnung verlangt die Übertragung ertragsteuerlicher Wertungen auf das ErbStG. Daraus folgt, dass ertragsteuerlich eine rein faktische Betrachtungsweise zugrunde zu legen ist, d. h., als bezugsberechtigt angesehen wird im Ertragsteuerrecht derjenige, der einen Rechtsanspruch oder wenigstens eine gesicherte Rechtsposition hat, oder derjenige, der Zuwendungen tatsächlich erhalten hat. Sofern der Trusterrichter tatsächlich Einfluss auf die Vermögensverwaltungs- und Ausschüttungspolitik des Trustee nimmt oder genommen hat und darüber hinaus auch ein Widerrufsrecht vorbehalten hat, ist auf einen vereinbarten Fixed Interest Revocable Trust zu schließen. Das heißt: Bei Errichtung eines Fixed Interest Revocable Trust fällt mangels „echtem" Vermögensübergang keine Schenkungsteuer an. Das Trustvermögen verbleibt beim Trusterrichter als Treugeber.

HINWEIS:

Eine Vermögensübertragung auf einen widerruflichen Trust unterliegt keiner Besteuerung nach § 7 Abs. 1 Nr. 8 Satz 2 ErbStG, wenn folgende Voraussetzungen kumulativ gegeben sind:

1. Der Trust ist jederzeit widerruflich,
2. der Trustee unterliegt den Weisungen des Trusterrichters,
3. der Trustee kann jederzeit und ohne Bedingung entlassen bzw. abgelöst werden,
4. der Trusterrichter nimmt wesentlichen Einfluss in die Anlage- und Vermögensentscheidung des Trustee.

1 Jülicher, In der Trust-Falle, IStR 1999 S. 106 ff.: „Auch der BFH hat im Urteil v. 13.9.1989 - II R 67/86, BStBl 1989 II S. 1034 bei Schenkung unter freiem Widerruf einen steuerpflichtigen Vermögensübergang bejaht"; Habammer, DStR 2002 S. 425: „Vermögensumschichtung gegeben! Reine Widerrufsmöglichkeit reicht nicht aus".

6 Besteuerung zwischenzeitlicher Ausschüttungen und Vermögensauskehrungen während des Bestehens eines Trusts

Als schenkungsteuerpflichtige freigebige Zuwendungen gelten auch Auskehrungen von Vermögensteilen aus dem Trust während des Bestehens der Vermögensmasse (des Trusts). Das Gesetz (§ 7 Abs. 1 Nr. 9 Satz 2 ErbStG) spricht hier von „Zwischenberechtigten". Zwar definiert das Gesetz nicht, welcher Personenkreis unter die Zwischenberechtigten fällt. Bei sachgerechter Auslegung ergibt sich jedoch, dass zum Personenkreis der Zwischenberechtigten die Anfalls- und auch Bezugsberechtigten eines Trusts gehören. Der Besteuerung unterworfen wird dabei „alles", was aus dem Trust herauskommt, seien es nun Teile des Vermögens oder seien es erwirtschaftete Erträge. Unbeachtlich ist auch, ob ein Rechtsanspruch (beim Fixed Trust) besteht oder nicht. 1059

Unterschiedliche Meinungen bestehen hinsichtlich der Tatsache, ob die laufenden Ausschüttungen aus den erwirtschafteten Erträgen des Trusts oder nur Auskehrungen aus der Vermögensmasse von der Schenkungsteuerpflicht erfasst sind. Legt man eine enge Auslegung des Gesetzeswortlauts zu Grunde (das Gesetz spricht von „Erwerb", das ist jede Form der Bereicherung), folgt daraus, dass sowohl Auskehrungen von Teilen des Vermögens als auch der erwirtschafteten Erträge unter § 7 Abs. 1 Nr. 9 Satz 2 ErbStG zu subsumieren ist. Die Belegung von Ausschüttungen an Zwischenberechtigte mit Schenkungsteuer ist danach – jedenfalls soweit es sich um satzungsgemäß an sie auszuschüttende Erträge handelt (ist beim Fixed Interest Strict Trust der Fall) – systemwidrig. 1060

Die Schenkungsteuer auf zwischenzeitliche Ausschüttungen und Vermögensauskehrungen während des Bestehens eines Trusts führt in vielen Fällen zu einer Doppel- oder Dreifachbesteuerung, nämlich mit deutscher Einkommensteuer nach § 22 EStG, deutscher Schenkungsteuer und ggf. mit ausländischen Einkommen- oder Quellensteuern, die dem Trust verrechnet werden. Diverse Anrechenbarkeiten zur Milderung der Mehrfachbesteuerung sind nicht gegeben. Ausländische Steuern sind im Regelfall wegen der Entsprechensklausel nach § 21 ErbStG nur in engen Grenzen anrechenbar. 1061

In diesem Zusammenhang kann es nur ein schwacher Trost sein, dass die deutsche Finanzverwaltung für die Besteuerung zwischenzeitlicher Vermögensauskehrung das Steuerklassenprivileg für Stiftungen (§ 15 Abs. 2 Satz 2 ErbStG) für anwendbar hält. Letzteres ändert auch nichts daran, dass Begünstigte eines Fixed Interest Strict Trusts gegenüber Begünstigten von Auslandsstiftungen benachteiligt sind, als Letztere satzungsmäßige Ausschüttungen (weil keine freigebige Zuwendung) schenkungsteuerfrei vereinnahmen können. Die Belegung zwischenzeitlicher Ausschüttungen und Vermögensauskehrungen mit Schenkungsteuer ist auch wegen der oben dargestellten Fiktion systemwidrig, weil diese Trusts für Zwecke der Besteuerung von Vermögensübertragungen gerade den Auslandsstiftungen gleichstehen sollen. Es wäre daher konsequent, für von der Trustsatzung gedeckte Zuwendungen, auf die ein Rechtsanspruch besteht, welcher die Qualifikation der Zuwendung als freigebige Zuwendung ausschließt, keine Schenkungsteuerpflicht zu begründen. Nichtsdestotrotz müssen sich die Begünstigten eines Trusts vor deren Auflösung fragen, ob ihnen während des Bestehens Zuwendungen zugeflossen sind, welche dann ggf. im Zuge der Auflösung nachversteuert werden müssen.

7 Auflösung des Trusts und Auskehrung des Trustvermögens

7.1 Irrevocable Trust

1062 Wird ein unwiderruflicher (irrevocable) Trust aufgelöst, unterliegt der Schenkungsteuer analog der Ausführungen zum Revocable Trust dasjenige, was bei Auflösung eines Trusts an die Begünstigten ausgekehrt wird (§ 7 Abs. 1 Nr. 9 ErbStG). Für die Besteuerung der Vermögensauskehrung gilt das Steuerklassenprivileg des § 15 Abs. 2 Satz 2 ErbStG. Die Begünstigten werden hinsichtlich Verwandtschaftsgrad und des anwendbaren Freibetrags dabei wiederum so gestellt, als hätten sie die Zuwendungen vom Trusterrichter (Settlor) direkt erhalten.

Für die Bestimmung des Zeitpunktes der Entstehung der Schenkungsteuer ist auf den bürgerlich-rechtlichen Vollzug der Schenkung abzustellen. Die Schenkungsteuer entsteht daher nicht bereits mit der Beschlussfassung des Trustverwalters über die Auflösung eines Trusts, sondern erst im Zeitpunkt der tatsächlichen Übertragung des auf den Begünstigten entfallenden Anteils am Trustvermögen.[1]

Ein unwiderruflicher (irrevocable) Trust wird ohne vorbehaltene Rückforderungsrechte errichtet. Hier ist es bislang höchstrichterlich nicht geklärt, ob Vermögensauskehrungen aus dem Trust an den Trusterrichter der Schenkungsteuer als steuerpflichtige Rückschenkung unterliegen.

1 Hessisches FG, Urteil v. 19.9.2018 - 1 K 1905/15 NWB QAAAH-01080.

7.2 Revocable Trust

Wird ein widerruflicher (revocable) Trust aufgelöst, unterliegt der Schenkungsteuer dasjenige, was bei Auflösung eines Trusts an die Begünstigten ausgekehrt wird (§ 7 Abs. 1 Nr. 9 ErbStG). Für die Besteuerung der Vermögensauskehrung gilt das Steuerklassenprivileg des § 15 Abs. 2 Satz 2 ErbStG. Die Begünstigten werden hinsichtlich Verwandtschaftsgrad und des anwendbaren Freibetrags so gestellt, als hätten sie die Zuwendungen vom Trusterrichter (Settlor) direkt erhalten. 1063

HINWEISE:

- Die Schenkungsteuer entsteht bei Auflösung eines Trusts nicht schon im Zeitpunkt der Beschlussfassung des Trustee über die Auflösung, sondern erst im Zeitpunkt der tatsächlichen Übertragung des auf den/die Begünstigten entfallenden Anteils am Trustvermögen.[1]
- Eine bei Errichtung des widerruflichen Trusts gezahlte Schenkungsteuer ist nach § 29 Abs. 1 Nr. 1 ErbStG rückforderbar. Voraussetzung ist, dass das Rückforderungsrecht bereits bei der Trusterrichtung festgelegt worden ist. Bei späterer Vereinbarung würde in der Auflösung des Trusts und Auskehrung des Trustvermögens eine selbständige Rückschenkung vorliegen, aufschiebend bedingt auf den Zeitpunkt der Ausübung des Widerrufs.
- Der Vermögensrückfall an den Trustgründer stellt, sofern diese auf Grundlage eines von vornherein in der Satzung vereinbarten Rückfallrechts geschieht, keine freigebige Zuwendung des Trusts an den Trustgründer dar (gilt für den Revocable Trust). Denn der Trustee gibt hier nicht freiwillig Vermögen heraus, sondern der Trustgründer erhält das Vermögen auf Grund seines Rückforderungsrechts zurück, das er sich vorbehalten hatte. Damit kann keine steuerpflichtige freigebige Zuwendung i. S. von § 7 Abs. 1 ErbStG begründet werden. Dasselbe gilt, wenn Vermögen dem Trustgründer als Bezugsberechtigten herauszugeben ist, nach den eigenen Vorgaben des Trusterrichters.

ZUSAMMENFASSENDE HINWEISE: 1064

Soll ein Vermögenstrust aufgelöst werden, stellen sich für die Begünstigten regelmäßig folgende Fragen:

- War die anlässlich der Trusterrichtung erfolgte Vermögensübertragung auf den Trust schenkungsteuerpflichtig? Hierzu ist das Datum der Trusterrichtung und der Vermögensübertragung hinsichtlich einer möglichen hinterzogenen Schenkungsteuer zu prüfen! Wird bei Auflösung des Trusts und Auskehrung des Trustvermögens Schenkungsteuer fällig?
- Was ist, wenn während des Bestehens des Trusts Zuwendungen an die Begünstigten erfolgten? Hier wäre ggf. eine Schenkungsteuerpflicht zu prüfen, wenn es sich um einen „Discretionary" Trust handelte, weil die Begünstigten dann ohne Rechtsanspruch eine Vermögenszuwendung (Bereicherung) erfahren haben.

1 Hessisches FG, Urteil v. 19.9.2018 - 1 K 1905/15, QAAAH-01080.

- Unter dem Gesichtspunkt der reinen Erbfolgeplanung kann ein Vermögenstrust allerdings durchaus weiterhin Sinn machen – so etwa als Testamentsvollstreckungsvehikel – vorausgesetzt die Erträge werden nach Maßgabe des § 15 AStG regelmäßig vom Trusterrichter oder den Begünstigten versteuert.[1]
- Ein steuerkonformer Vermögenstrust ermöglicht es,
  - mehr als nur eine Generation an einem bestimmten Vermögen zu beteiligen (sogenannte Interest-In-Possession-Trusts).
  - Ein Trust schützt Familienvermögen vor verschwenderischen Familienangehörigen, weil er ihnen die Verfügungsgewalt über das Vermögen entzieht.
  - Ein Trust kann zur finanziellen Absicherung behinderter Personen errichtet sein, eine Auflösung dürfte dann schwierig und auch nicht zweckmäßig sein.
  - Ein Trust kann auch zur Umgehung von Pflichtteilsrechten lästiger Erben gegründet worden sein oder eben nur,
  - um weltweit gestreutes Vermögen an einem Punkt zu koordinieren und zusammenzufassen.

8 Exkurs: Behandlung von Vermögenstrusts im deutschen Ertragsteuerrecht

8.1 Allgemeines

1065 Kommt es zur Auflösung eines Trusts, ist zwingend auch die ertragsteuerliche Ebene zu durchleuchten, um etwaig begangene Steuerhinterziehungen des Trusterrichters und/oder der Trustbegünstigten zu erkennen und ggf. Selbstanzeige zu erstatten.

Eine Ertragsteuerpflicht der Trustbeteiligten für die im Namen und für Rechnung des Trusts vereinnahmten Kapitaleinkünfte ergibt sich aus den Regelungen sowohl des § 15 AStG als auch aus der Vorschrift des § 39 AO. Diese werden nachfolgend näher erläutert.

8.2 Zurechnungs-(Durchgriffs-)Besteuerung bei Trusts

8.2.1 Zurechnung von Trustvermögen/Einkommen auf den Trusterrichter nach § 39 AO

1066 Nach § 39 Abs. 2 Nr. 1 Satz 2 AO ist, sofern ein „anderer als der Eigentümer die tatsächliche Herrschaft über ein Wirtschaftsgut in der Weise“ ausübt, „dass er den Eigentümer im Regelfall für die gewöhnliche Nutzungsdauer von der Einwirkung auf das Wirtschaftsgut wirtschaftlich ausschließen kann“, das Wirt-

1 Vgl. hierzu anschließend Rz. 1065.

schaftsgut diesem zuzurechnen. Auf den Trust übertragen hieße das, dass das Trustvermögen nicht dem Trustee, sondern dem Trusterrichter oder den Begünstigten zuzurechnen wäre, sofern der Trustee diesen Trustbeteiligten gegenüber weisungsgebunden wäre und die Trustkonstruktion einem Treuhandverhältnis gleicht. Der BFH[1] hat in diesem Zusammenhang über Treuhandverhältnisse bei einem Immobilienfonds entschieden, dass die Zurechnung der Einkünfte beim Treugeber voraussetzt, dass der Treuhänder ausschließlich auf Rechnung und Gefahr des Treugebers handelt und dieser nach der Ausgestaltung des Treuhandverhältnisses und nach den sonstigen Umständen gegenüber dem Treuhänder eine derart beherrschende Stellung einnimmt, dass er wirtschaftlich die Rechte und Pflichten aus dem Mietverhältnis trägt.

Übertragen auf den Trust würde dies wiederum bedeuten, dass es zu einer Zurechnung i. S. des § 39 Abs. 2 Nr. 1 Satz 2 AO nur dann kommen kann, wenn der Trusterrichter bzw. Begünstigte über den unmittelbar handelnden Trustee das Marktgeschehen beherrscht. Nach Auffassung des BFH wäre das nur dann der Fall, wenn der Treugeber wesentlichen Einfluss auf die vertragliche Ausgestaltung des Treuhandverhältnisses hat, dem Treuhänder Weisungen für die Begründung und Ausgestaltung des Mietverhältnisses geben kann und tatsächlich gibt, und wenn er das Treugut (Trustvermögen) jederzeit – ohne wesentliche wirtschaftliche Einbußen – herausverlangen kann. Nicht ausreichend für die Zurechnung der Einkünfte beim Trusterrichter ist danach, dass ihm das wirtschaftliche Ergebnis zugutekommt. Eine bloße Begünstigtenstellung allein reicht also nicht aus.

Übertragen auf den Trust bedeutet dies, dass § 39 Abs. 2 Nr. 1 Satz 2 AO ausschließlich beim Revocable Trust Anwendung finden kann. Ein Revocable Trust ist wie oben gesehen keine selbständige Vermögensmasse i. S. von §§ 1 ff. KStG mit der Konsequenz einer vollen steuerlichen Zuordnung von Vermögen und Ertrag auf den Settlor (Treugeber), wenn:

- Erträge vorbehalten wurden,
- Vermögen am Ende der Laufzeit ausschließlich an den Settlor zurückfließt,
- der Settlor jederzeit die Möglichkeit hat, Trustgüter zu verwerten, und dem Trustee hinsichtlich der Vermögensanlagen Weisungen erteilt, die dieser befolgen muss (Vorsicht Mandatsvertrag!)
- der Settlor den Trustee jederzeit abberufen kann,
- Widerruflichkeit des Trusts besteht,

1 BFH, Urteil v. 27.1.1993 - IX R 269/87, BStBl 1994 II S. 615.

- der Trustee ausschließlich auf Rechnung und Gefahr des Settlors handelt,
- beherrschende Stellung des Settlors besteht (Tragung von Rechten und Pflichten aus dem Verhältnis Treuhänder – Dritte),
- Verwertung der Wirtschaftsgüter und Nutzungsmöglichkeiten durch den Settlor oder auf deren Weisung erfolgt,
- eine allgemeine Weisungsbefugnis zwischen Treugeber – Treuhänder besteht.

Eine Zurechnung von Trustvermögen/Einkommen auf den Treugeber nach § 39 Abs. 2 Nr. 1 Satz 2 AO kann hingegen bei einem Irrevocable Discretionary Trust nicht greifen bzw. ist durch eine solche Konstruktion abwendbar! Bei einem Irrevocable Discretionary Trust ist weder eine rechtliche noch eine tatsächliche Einflussnahme auf den Trustee gegeben (der Settlor beherrscht das Trustverhältnis nicht) und außerdem fehlt es wie gesehen an einem Widerrufsrecht.

8.2.2 Zurechnung von Trustvermögen/Einkommen auf Trustbeteiligte nach AStG

1067 Ausländische Trusts werden gem. § 15 Abs. 4 AStG als Vermögensmasse (Zweckvermögen) unter bestimmten Voraussetzungen Familienstiftungen gleichgestellt. Diese Umdeutung ist möglich, weil § 15 AStG nicht auf den Begriff „Stiftung" als solchen abzielt, sondern ausschließlich auf die Funktion. Besteht die Funktion eines Trusts darin, den Settlor, seine Angehörigen und/oder deren Abkömmlinge zu mehr als der Hälfte zu begünstigen, sind die Voraussetzungen des § 15 AStG gegeben. Es genügt dabei, wenn ein oder mehrere Abkömmlinge allein oder zusammen zu mehr als der Hälfte bezugs- oder anfallsberechtigt sind. Sofern ein Bezugs- oder Anfallsberechtigter Angehöriger i. S. des § 15 AStG ist, ist der Trust ein Familientrust, so dass auch Nichtangehörigen als Begünstigte die Bezüge aus dem Trust zugerechnet werden können. Ein Angehöriger unter den Bezugsberechtigten, die die Voraussetzungen des § 15 AStG erfüllen, löst bei allen anderen die Zurechnungsbesteuerung aus!

1068 Laut Habammer[1] setzt die Zurechnungsbesteuerung voraus, dass nach den Umständen, insbesondere nach der Trust-Vereinbarung (Trust Deed) zu erwarten ist, dass der Begünstigte die vom Trust erwirtschafteten Erträge zukünftig erhalten wird. Hierzu ist eine Prognoseentscheidung zu treffen, wobei der mutmaßliche Geschehensablauf im Hinblick auf die Zuwendungen vorhergesehen werden muss. Die Berechtigung muss somit bestimmbar und damit

1 Der ausländische Trust im deutschen Ertrag- und Erbschaft- und Schenkungsteuerrecht, DStR 2002 S. 425.

auch prognostizierbar sein. Zuwendungen an Begünstigte nur für bestimmte Notfälle oder bei Bedürftigkeit lassen keine Prognostizierbarkeit zu und schließen damit eine Berechtigung aus.[1]

Bei der Zurechnung von Einkommen und Vermögen nach § 15 AStG rangiert der Trusterrichter – wie der Stifter – an erster Stelle. Voraussetzung ist, dass er seinen Wohnsitz oder gewöhnlichen Aufenthalt in Deutschland hat. An zweiter Stelle rücken die Bezugs- oder Anfallsberechtigten nach, wobei hier den Bezugsberechtigten Vorrangstellung zukommt. Ist Bezugsberechtigter beispielsweise der Sohn des Settlors und Anfallsberechtigter das Enkelkind, unterliegt nur der Sohn der Steuerpflicht. Das Enkelkind folgt an dritter Stelle. 1069

8.3 Die steuerliche Schlüsselrolle des Letter of Wishes bei deutschen Trusterrichtern

Der sogenannte Letter of Wishes (vielfach auch als „Memorandum of Wishes" bezeichnet) verkörpert ein Dokument mit indirekten faktischen Weisungsrechten, in dem der Errichter eines unwiderruflichen Discretionary Trusts gegenüber den Trustees Wünsche bezüglich der Verwaltung des Trustvermögens, der Zuwendungen an bestimmte Begünstigte usw. schriftlich fixiert. Zwar entfaltet der Letter of Wishes nach angelsächsischem Trustrecht keine Verbindlichkeit gegenüber den Trustees. Der Letter of Wishes lässt im Regelfall auch kein nießbrauchsähnliches Nutzungsrecht entstehen, denn die Begünstigten am Trust können über das Trustvermögen erst nach Auflösung des Trusts und Auskehrung des Trustvermögens frei verfügen. 1070

Die deutsche Finanzverwaltung neigt indessen dazu, über die Regelungen im Erlass zum AStG[2] hinaus den Letter of Wishes wegen seiner faktischen Bindungswirkung mit Satzungen von Familienstiftungen gleichzustellen. Tatsächlich lassen sich aus einem solchen Letter of Wishes oder einem entsprechenden Memorandum indirekt Weisungsrechte des Settlors gegenüber den Trustees herleiten, da der Settlor gegenüber den Trustees einen Anspruch auf fehlerfreie Ausübung des Trustermessens beim discretionary Trust hat. Die Trustees halten sich somit in Erfüllung eines fehlerfreien Ermessens an die Wünsche des Trusterrichters im Letter of Wishes. Dadurch können sich aus der Existenz eines solchen Dokumentes diverse Bezugs- und/oder Anwartschaftsrechte für die Trustbegünstigten herleiten lassen, welche sich wegen der bei den 1071

1 Habammer, a. a. O., Tz. 4.3.2: „Der Begünstigte ist dann ein nicht berechtigter Zufallsdestinatär, bei dem eine Zurechnung nach § 15 AStG ausgeschlossen ist."

2 Anwendungserlass v. 14.5.2004, BStBl I Sondernr. 1/2004 S. 3, Tz. 15.2.1.

Bezugsberechtigten greifenden Zurechnungs-/Durchgriffsbesteuerung nach § 15 AStG steuerschädlich auswirken können. Letztere können somit ihren Status als Zufallsdestinatäre gefährdet sehen, wenn ein Letter of Wishes bzw. ein solches Memorandum vom Trusterrichter erstellt worden ist.

Zur Vermeidung diesbezüglicher steuerlicher Risiken sollte ein Letter of Wishes – sofern der Trustsettlor einen solchen überhaupt verfassen möchte – erst nach dem Tode des Trusterrichters den Trustees vorgelegt werden, so dass zu Lebzeiten des Trusterrichters eines Discretionary Trusts jegliche Zurechnungsbesteuerung ausgeschlossen werden kann.

Alternativ zum Letter of Wishes kann der Trusterrichter einen Protektor bestimmen, welcher die Interessen und Wünsche des Trusterrichters gegenüber den Trustees vertritt. Mündliche Abreden zwischen dem Protektor und dem Trusterrichter können keine eine Zurechnungs-/Durchgriffsbesteuerung auslösende gesicherte Rechtsposition der Trustbeteiligten begründen.

HINWEIS:

Das Schleswig-Holsteinische Finanzgericht[1] hat entschieden, dass Vermögen nicht auf einen Trust übergeht, wenn sich die Vermögenseinbringende (Erblasserin) über das eingebrachte Vermögen eine umfassende Vermögensverfügungsbefugnis vorbehält. Dies hat zur Folge, dass das Trustvermögen als von der Trusterrichterin erworben, der Erbschaftsteuer zu unterwerfen ist. Im Streitfall beinhaltete der Letter of Wishes eines Trusts folgenden Hinweis: „Während der Lebensdauer unserer Mutter, Frau M, erwarten wir, dass der Trustmanager unsere Mutter als die einzige Begünstigte (Beneficiary) betrachtet und auf ihren Wunsch Kapital oder Einkünfte an sie auszahlt." Außerdem war Folgendes vermerkt: „Hinsichtlich der Investmenttätigkeit des Trustfonds soll der Trustmanager während unserer Lebenszeit unsere Empfehlungen annehmen. Wir behalten uns vor, diese Niederschrift jederzeit zu widerrufen und sie durch eine andere zu ersetzen. Während der Lebenszeit unserer Mutter ist für einen solchen Austausch jedoch ihr Einverständnis erforderlich."

Nach Ansicht des FG lag keine verselbständigte Vermögensmasse vor, deren Zweck auf die Bindung von Vermögen gerichtet ist. Auch eine lebzeitige Schenkung der Erblasserin an ihre beiden Söhne als Trustgründer sah das Gericht nicht als gegeben. Das Trustvermögen wurde als sonstige Forderung der Erblasserin ihrem Nachlass hinzugerechnet; sonstige Forderung deshalb, weil die Erblasserin einen zivilrechtlichen Anspruch auf Auszahlung des Trustvermögens hatte. Damit unterlag das Trustvermögen im Todesfall der M der Besteuerung nach § 3 Abs. 1 Nr. 1 ErbStG.

1 Schleswig-Holsteinisches FG, Urteil v. 23.1.2019 - 3 K 41/17, KAAAH-14159, Rev. BFH II R 13/19.

8.4 Trustausschüttungen als steuerpflichtige wiederkehrende Bezüge i. S. des § 22 Nr. 1 EStG

Erhalten Zufallsdestinatäre, also jene Begünstigte, die nach § 15 AStG nicht als 1072
Bezugs- oder Anfallsberechtigte gelten, in regelmäßigen Abständen tatsächliche Bezüge aus dem Trust, kann diesen die Steuerpflicht auch zum Zeitpunkt des tatsächlichen Zuflusses treffen. Die Anwendung des § 22 Nr. 1 EStG (Qualifizierung der Trustausschüttungen als wiederkehrende Bezüge) wird durch § 15 Abs. 1 und 4 AStG zwar verdrängt. Die Zurechnung gem. § 15 Abs. 1 AStG ist wegen des lex-specialis-Charakters der Vorschrift vorrangig, weil sie das gesamte Einkommen der ausländischen Familienstiftung (Zweckvermögen) unabhängig von deren Auskehrungen umfasst. Wenn § 15 AStG jedoch nicht greifen kann, kann § 22 Nr. 1 EStG bei jenen „Zufallsdestinatären" greifen, die „freiwillige Ausschüttungen" des Trustee in einer gewissen Regelmäßigkeit erhalten.

Die Annahme wiederkehrender Bezüge i. S. des § 22 Nr. 1 EStG setzt allerdings voraus, dass sich diese aufgrund eines von vornherein gefassten einheitlichen Entschlusses oder eines einheitlichen Rechtsgrundes mit einer gewissen Regelmäßigkeit, wenn auch nicht immer in gleicher Höhe, wiederholen.[1] Soweit Auszahlungen durch immer wieder neue unabhängige Entschlüsse der Trustees erfolgen, ist die Anwendung des § 22 EStG zweifelhaft.

(Einstweilen frei) 1073–1100

1 BFH, Urteil v. 20.7.1971 - VIII 24/65, BStBl 1972 II S. 170 und v. 19.10.1978 - VIII R 9/77, BStBl 1979 II S. 133.

Teil IX: Grenzüberschreitende Vermögensübertragung

1 Doppelbesteuerung

1101 Grenzüberschreitende Vermögensübertragungen haben in letzter Zeit im Zuge der internationalen Ausrichtung und Globalisierung an Bedeutung gewonnen. Sowohl Erlasser/Schenker als auch der/die Erwerber haben vielfach ihre(n) Wohnsitz(e) ins Ausland verlegt. Dadurch kann es nicht selten zu einer doppelten Besteuerung mit Erbschaft- und Schenkungsteuer im Wohnsitzstaat des Erblassers/Schenkers und im Wohnsitzstaat des Erwerbers kommen. Deutschland hat nur mit sechs Staaten Doppelbesteuerungsabkommen auf dem Gebiet der Erbschaftsteuern abgeschlossen.

Eine doppelte Besteuerung kommt u. a. dadurch zustande, dass das deutsche Erbschaftsteuerrecht die unbeschränkte Erbschaftsteuerpflicht wie oben in Teil III (Rz. 333) bereits erläutert, an den Wohnsitz der/des Erblasser/s und an jenen des/der Erwerber knüpft. Danach ist Steuerpflicht gegeben, wenn entweder der Erblasser mit letztem Wohnsitz in Deutschland verstorben ist oder der Erbe im Zeitpunkt der Entstehung der Steuerschuld ein Inländer ist. Unbeschränkte Schenkungsteuerpflicht ist gegeben, wenn der Schenker im Zeitpunkt der Schenkung oder der Beschenkte im Zeitpunkt der Entstehung der Steuerschuld Inländer ist. Damit reicht es für die Steuerpflicht, wenn einer der an einer grenzüberschreitenden Vermögensübertragung Beteiligten in Deutschland seinen Wohnsitz hat.

Aktuell sind folgende Doppelbesteuerungsabkommen auf dem Gebiet der Erbschaft- und Schenkungsteuern in Kraft: 1102

TAB. 32:	Überblick aktuelle ErbSt-DBA[1]	
Land	DBA	Datum/Fundstelle
Dänemark	Abkommen zwischen der Bundesrepublik Deutschland und dem Königreich Dänemark zur Vermeidung der Doppelbesteuerung bei den Steuern vom Einkommen und vom Vermögen sowie bei den Nachlass-, Erbschaft- und Schenkungssteuern und zur Beistandsleistung in Steuersachen (Deutsch-dänisches Steuerabkommen)	22.11.1995, BStBl 1996 I S. 1219
Frankreich	Abkommen zwischen der Bundesrepublik Deutschland un der Französischen Republik zur Vermeidung der Doppelbesteuerung der Nachlässe, Erbschaften und Schenkungen	12.10.2006, BStBl 2009 I S. 1258
Griechenland	Abkommen zwischen Deutschland und Griechenland über die Besteuerung des beweglichen Nachlassvermögens	18.11./1.12.1910, RGBl 1912 S. 173 ff.
Schweden	Abkommen zwischen der Bundesrepublik Deutschland und dem Königreich Schweden zur Vermeidung der Doppelbesteuerung bei den Steuern vom Einkommen und vom Vermögen sowie bei den Erbschafts- und Schenkungssteuern und zur Leistung gegenseitigen Beistands bei den Steuern (Deutsch-schwedisches Steuerabkommen)	14.7.1992, BStBl 1994 I S. 422, BGBl 1994 II S. 686
Schweiz	Abkommen zwischen der Bundesrepublik Deutschland und der Schweizerischen Eidgenossenschaft zur Vermeidung der Doppelbesteuerung auf dem Gebiet der Nachlaß- und Erbschaftsteuern	30.11.1978, BStBl 1980 I S. 243
Vereinigte Staaten	Abkommen zwischen der Bundesrepublik Deutschland und den Vereinigten Staaten von Amerika zur Vermeidung der Doppelbesteuerung auf dem Gebiet der Nachlass-, Erbschaft- und Schenkungsteuern	21.12.2000, BGBl 2001 II S. 65 bzw. BStBl 2001 I S. 114

1 BMF, Schreiben v. 17.1.2019 - IV B 2 - S 1301/07/10017-10, BStBl 2019 I S. 31.

Bei bestehendem Doppelbesteuerungsabkommen auf dem Gebiet der Erbschaft- und Schenkungsteuern steht das Besteuerungsrecht im Regelfall jenem Vertragsstaat zu, in dem der Erblasser/Schenker die engeren persönlichen oder wirtschaftlichen Beziehungen hat (Mittelpunkt der Lebensinteressen). Dies gilt unabhängig von einer bestehenden Erbschaft- und Schenkungsteuer im anderen Vertragsstaat. Hat wie im Beispiel Schweden der eine Vertragsstaat im Zeitpunkt des Erwerbs die Schenkungsteuer abgeschafft, steht Deutschland dennoch kein Besteuerungsrecht zu, wenn der Mittelpunkt der Lebensinteressen des Schenkers und der Beschenkten in Schweden liegt. Dies gilt auch dann, wenn der Schenker einen Zweitwohnsitz in Deutschland innehatte.

Es kommt insoweit nicht darauf an, ob der andere Vertragsstaat Schenkungsteuer festsetzt und ob die Schenkung letztlich unversteuert bleibt. Jedem Vertragsstaat steht es frei, ob und wie er von seinem Besteuerungsrecht Gebrauch macht. Fehlt es an einer sogenannten Rückfallklausel (Subject to tax Klausel), ist es unerheblich, wenn die Vermögensübertragung unversteuert bleibt.[1]

1103 **HINWEIS:**

Steuerfreie Vermögensübergänge innerhalb der grenzüberschreitenden Vermögensübertragung verlangen primär die Negierung der unbeschränkten Erbschaftsteuerpflicht auch auf Ebene der Erben-(Empfänger-)Generation.

2 Erwerb von Inlandsvermögen durch Erwerber mit ausländischem Wohnsitz

2.1 Allgemeines

1104 Die Erbschaft- und Schenkungsteuerpficht ist wie in Rz. 333 bereits erörtert, an die Inländereigenschaft des Erblassers/Schenkers oder des Erben/Erwerbers gebunden. Besteht im Besteuerungszeitpunkt[2] weder auf Seiten des Erblassers/Schenkers noch auf Seiten des Erben/Erwerbers eine Inländereigenschaft (unbeschränkte Steuerpflicht), unterliegen Schenkungen und Erwerbe von Todes wegen nur dann der (beschränkten) Erbschaft- oder Schenkungsteuerpflicht, wenn Inlandsvermögen Gegenstand der Übertragung ist (§ 2 Abs. 1 Nr. 3 ErbStG). Einziger Anknüpfungspunkt für die Besteuerung nach § 2 Abs. 1 Nr. 3 ErbStG ist demzufolge das in § 121 BewG beschriebene Inlandsvermögen.

1 FG Baden-Württemberg, Urteile v. 5.8.2020 - 7 K 2777/18, 7 K 2778/18 und 7 K 2779/18; Revisionen anhängig, BFH, Az. II R 28/20, II R 29/20 und II R 27/20.

2 Zum Besteuerungs-/Bewertungszeitpunkt vgl. Rz. 80.

2.2 Rechtsgrundlage

Zum Inlandsvermögen zählen gem. § 121 BewG folgende Wirtschaftsgüter und Vermögenswerte: 1105

1. das inländische land- und forstwirtschaftliche Vermögen;
2. das inländische Grundvermögen;
3. das inländische Betriebsvermögen. Als solches gilt das Vermögen, das einem im Inland betriebenen Gewerbe dient, wenn hierfür im Inland eine Betriebsstätte unterhalten wird oder ein ständiger Vertreter bestellt ist;
4. Anteile an einer Kapitalgesellschaft, wenn die Gesellschaft Sitz oder Geschäftsleitung im Inland hat und der Gesellschafter entweder allein oder zusammen mit anderen ihm nahe stehenden Personen i. S. des § 1 Abs. 2 AStG in der jeweils geltenden Fassung am Grund- oder Stammkapital der Gesellschaft mindestens zu einem Zehntel unmittelbar oder mittelbar beteiligt ist;
5. nicht unter Nummer 3 fallende Erfindungen, Gebrauchsmuster und Topographien, die in ein inländisches Buch oder Register eingetragen sind;
6. Wirtschaftsgüter, die nicht unter die Nummern 1, 2 und 5 fallen und einem inländischen Gewerbebetrieb überlassen, insbesondere an diesen vermietet oder verpachtet sind;
7. Hypotheken, Grundschulden, Rentenschulden und andere Forderungen oder Rechte, wenn sie durch inländischen Grundbesitz, durch inländische grundstücksgleiche Rechte oder durch Schiffe, die in ein inländisches Schiffsregister eingetragen sind, unmittelbar oder mittelbar gesichert sind. Ausgenommen sind Anleihen und Forderungen, über die Teilschuldverschreibungen ausgegeben sind;
8. Forderungen aus der Beteiligung an einem Handelsgewerbe als stiller Gesellschafter und aus partiarischen Darlehen, wenn der Schuldner Wohnsitz oder gewöhnlichen Aufenthalt, Sitz oder Geschäftsleitung im Inland hat;
9. Nutzungsrechte an einem der in den Nummern 1 bis 8 genannten Vermögensgegenstände.

HINWEIS:

Die obige Aufzählung nach § 121 BewG ist abschließend. Das heißt, alle Vermögensgegenstände, die in den Ziffern 1 bis 9 nicht aufgezählt sind, zählen nicht zum Inlandsvermögen (Enumerationsprinzip). So bleiben z. B. inländische Wertpapierkonten, Schmuck oder nicht durch Grundbesitz gesicherte sonstige Forderungen, z. B. aus privaten Darlehen usw. bei Erwerb von und durch Personen mit Wohnsitz oder gewöhnlichen Aufenthalt außerhalb Deutschlands von der Besteuerung ausgenommen, sofern nicht die erweiterte beschränkte Steuerpflicht nach dem Außensteuergesetz greift.[1]

2.2 Inlandsvermögen, Erläuterungen

1106 Zum inländischen Grundvermögen zählen alle im Inland belegenen Grundstücke. Das FG München[2] hat in einem Vermächtnis auf einen Miteigentumsanteil an einem inländischen Grundstück eine beschränkte Erbschaftsteuerpflicht nach § 2 Abs. 1 Nr. 3 ErbStG bejaht. Nach Ansicht des FG kann es nicht Sinn und Zweck der Regelungen für die beschränkte Steuerpflicht (§ 2 Abs. 1 Nr. 3 ErbStG) sein, dass inländisches Grundvermögen der beschränkten Steuerpflicht entzogen werden, indem diese Erwerbe zum Gegenstand einer Vermächtnisanordnung erklärt werden. Da von der unbeschränkten Steuerpflicht alle Erwerbstatbestände und damit auch der Erwerb durch Vermächtnis erfasst werde, könne nach Ansicht des FG im Rahmen der beschränkten Steuerpflicht für den Begriff des Vermögensanfalls in § 2 Abs. 1 Nr. 3 ErbStG nichts anderes gelten.

Inländisches Betriebsvermögen ist das Vermögen, das einem im Inland betriebenen Gewerbe dient. Kennzeichnend hierfür ist nicht etwa eine im Inland unterhaltene Betriebsstätte. Für die beschränkte Steuerpflicht genügt bereits, wenn ein ständiger Vertreter für den Gewerbebetrieb bestellt ist. Auch Beteiligungen eines Ausländers an einer inländischen Personengesellschaft gehören dazu. Zum inländischen sonstigen Vermögen gehören insbesondere Beteiligungen beschränkt Steuerpflichtiger an einer inländischen Kapitalgesellschaft, die mindestens 10% betragen. Unerheblich ist, ob die 10%-Quote durch unmittelbare oder durch mittelbare Beteiligung über Treuhänder oder nahe stehende Personen i. S. des § 1 Abs. 2 AStG erreicht wird. Wird zunächst nur ein Teil aus der 10 %-Beteiligung übertragen, der Rest innerhalb der nächsten zehn Jahre, so sind auch diese Beteiligungen als Inlandsvermögen zu behandeln, auch wenn im Zeitpunkt der zweiten Schenkung auf Seiten des Erblassers/ Schenkers infolge der Vorschenkung gar keine 10%-Beteiligung mehr gegeben war.

1107 Anteile an einer inländischen Gesellschaft, die mittelbar über eine ausländische Gesellschaft gehalten werden, zählen nicht zum Inlandsvermögen, werden aber bei der Berechnung der Mindestbeteiligung berücksichtigt. Zum be-

1 Siehe hierzu Rz. 1108 ff.

2 FG München, Urteil v. 10.7.2019 - 4 K 174/16, VAAAH-29879, Rev BFH-Az. II R 37/19.

steuerten Inlandsvermögen kann das Finanzamt solche mittelbaren Beteiligungen nur rechnen, wenn es ein verdecktes Treuhandverhältnis oder einen Gestaltungsmissbrauch i. S. von § 42 AO begründen kann.

Die Generalklausel des § 121 Abs. 2 Nr. 6 BewG erfasst schließlich alle Wirtschaftsgüter, die einem inländischen Gewerbebetrieb überlassen sind. Hierunter fallen auch immaterielle Wirtschaftsgüter wie Lizenzen oder Urheberrechte. Um die Lückenlosigkeit des § 121 Abs. 2 perfekt zu machen, erfasst Nr. 9 alle Nutzungsrechte an solchen Wirtschaftsgütern, die Inlandsvermögen darstellen, z. B. den Nießbrauch.

Mittelbar über eine ausländische Gesellschaft gehaltene Anteile an einer inländischen Kapitalgesellschaft führen nicht zu einer beschränkten Erbschaftsteuerpflicht. Dies gilt, soweit ein Missbrauch von Gestaltungsmöglichkeiten nicht anzunehmen ist). Ein Missbrauch von Gestaltungsmöglichkeiten kommt in Betracht, wenn für die Einschaltung der ausländischen Gesellschaft wirtschaftliche oder sonstige beachtliche Gründe fehlen und die ausländische Gesellschaft als reine Briefkastengesellschaft keine eigene Wirtschaftstätigkeit entfaltet.[1]

Wertpapiere, Sparbücher oder Edelmetalle gehören nicht zum steuerpflichtigen Inlandsvermögen, und zwar auch dann nicht, wenn sie im Inland aufbewahrt sind. Nachfolgend wird allerdings noch festzustellen sein, dass sich der Begriff „Inlandsvermögen" erheblich erweitert, wenn es zur erweiterten beschränkten Steuerpflicht nach dem Außensteuergesetz kommt.

HINWEISE:

- Mit gezielten Vermögensumstrukturierungen von Inlandsvermögen, etwa durch Einbringung in eine aktive ausländische Kapitalgesellschaft (z. B Malta Private Company Limited by Shares Ltd.) lassen sich z. B. auch inländische Grundstücke an Steuerausländer steuerfrei übertragen, da Anteile an ausländischen Kapitalgesellschaften als Surrogat für das eingebrachte Gesellschaftsvermögen kein Inlandsvermögen darstellen. Damit scheidet ein erbschaftsteuerpflichtiger Vorgang aus.[2]
- Inlandsvermögen lässt sich auch dadurch steuerfrei übertragen, dass der Erblasser das Vermögen nicht als Vermächtnis auf den potenziellen Erwerber überträgt, sondern dieses an den designierten Rechtsnachfolger veräußert. Erwirbt der Rechtsnachfolger anschließend den an den Erblasser gezahlten Kaufpreis von Todes wegen, stellt die Geldsumme kein Inlandsvermögen dar.

1 R E 2.2 Abs. 3 Satz 6, 7 ErbStR 2019.

2 Vgl. Hübner/Götzenberger, IWB 15/2020 S 636 ff.

2.3 Erweitertes Inlandsvermögen bei erweitert beschränkter Steuerpflicht

1108 Die erweiterte beschränkte Steuerpflicht tritt immer dann ein, wenn infolge eines Wohnsitzwechsels in niedrigbesteuerte Gebiete das Außensteuergesetz (§ 4 AStG) zur Anwendung kommt. Des Weiteren wird bei der erweiterten beschränkten Steuerpflicht unterstellt, dass die Voraussetzungen der vorstehend besprochenen beschränkten Steuerpflicht (aus Inlandsvermögen) gegeben sind. Eine erweiterte beschränkte Steuerpflicht kann auch nur dann eintreten, wenn keine unbeschränkte und erweitert unbeschränkte Steuerpflicht – also die Wegzugsteuer – bei Geber und Erwerber besteht.

1109 Die erweitert beschränkte Erbschaftsteuerpflicht nach § 4 AStG tritt also nur dann ein, wenn weder der Erblasser (Schenker) noch der Erwerber Inländer sind, der Erblasser (Schenker) aber früher Inländer war, im Zeitpunkt der Besteuerung noch wirtschaftliche Interessen in Deutschland hat, seinen Wohnsitz oder gewöhnlichen Aufenthalt mindestens vor fünf Jahren, aber noch nicht länger als zehn Jahren in ein Niedrigsteuerland verlegt hat, das keine Erbschaftsteuern kennt oder weniger als 30% der deutschen Erbschaftsteuer erhebt. Ein Niedrigsteuerland (bzw. eine Niedrigbesteuerung) liegt vor, wenn die in dem ausländischen Gebiet erhobene Einkommensteuer bei einem Einkommen von 77.000 € einer unverheirateten natürlichen Person um mehr als ein Drittel niedriger als die entsprechende deutsche Einkommensteuer ist (1. Alternative). Zum anderen ist eine Niedrigbesteuerung gegeben (§ 2 Abs. 2 Nr. 2 AStG), wenn die betroffene natürliche Person in dem ausländischen Gebiet eine Vorzugsbesteuerung in Anspruch nehmen kann (2. Alternative).

1110 Des Weiteren muss der Erblasser oder Schenker in den letzten zehn Jahren vor seiner Auswanderung Deutscher und insgesamt mindestens fünf Jahre unbeschränkt einkommensteuerpflichtig gewesen sein. Und schließlich darf die Besteuerung nicht aufgrund eines DBA ausgeschlossen sein. Mit „echten" Niedrigsteuerländern bestehen auf dem Gebiet der Erbschaftsteuern abgesehen von der Schweiz[1] keine DBA. Bezüglich der Schweiz ist es so, dass sich trotz der Fünfjahresfrist des Art. 4 Abs. 4 DBA-Schweiz für bestimmte Einkünfte nach Ablauf der Frist ein Besteuerungsrecht für Deutschland ergibt (z. B. Art. 8 DBA-Schweiz).

Kommt es zu einer erweiterten beschränkten Steuerpflicht, bezieht sich diese auf das erweiterte Inlandsvermögen. Das erweiterte Inlandsvermögen er-

1 Abkommen v. 30.11.1978, BStBl 1980 I S. 243.

streckt sich über das oben dargestellte Inlandsvermögen i. S. des § 121 BewG hinaus. Ergänzend kommen dazu:

- Kapitalforderungen gegen inländische Schuldner,
- Spar- und Bankguthaben,
- Aktien und sonstige Anteile an inländischen Kapitalgesellschaften,
- Rentenansprüche und Ansprüche auf wiederkehrende Leistungen,[1]
- Versicherungsansprüche aller Art,
- Edelmetalle, Edelsteine, Münzen sowie
- Anteile an einer zwischengeschalteten ausländischen Gesellschaft i. S. von § 5 AStG.[2]

HINWEIS:

Inlandsvermögen und erweitertes Inlandsvermögen kann durch Testament steuerfrei gestellt werden, indem man es einer Vertrauensperson mit der Verpflichtung zuwendet, das Inlandsvermögen in Geldvermögen umzuwandeln und das Bargeld (es stellt erweitertes Inlandsvermögen dar) anschließend den schon mehr als fünf Jahre im Ausland oder mehr als zehn Jahre in einem Niedrigsteuerland wohnhaften Erben zukommen zu lassen. Der Vertrauensperson selbst entstehen keine Steuern. Denn ein Vermächtnis auf Übertragung eines (erweiterten) Inlandsvermögens stellt kein solches dar.

2.4 Besondere Regelung der persönlichen Freibeträge bei beschränkter Steuerpflicht

Erwerbern mit Wohnsitz innerhalb der Europäischen Union (EU-Bezug) oder 1111
des Europäischen Wirtschaftsraums (EWR) haben bei beschränkter Erbschaft- und Schenkungsteuerpflicht (Erwerb von Inlandsvermögen durch Erwerber mit Wohnsitz in EU oder EWR von einem Erblasser/Schenker mit Wohnsitz in EU oder EWR) grundsätzlich Anspruch auf dieselben Freibeträge wie Erwerber mit Sitz im Inland (Deutschland). Dies hat der Europäische Gerichtshof mit Urteil vom 8.6.2016[3] entschieden.

Die besondere Freibetragsregelung in Fällen der beschränkten Steuerpflicht 1112
unterscheidet sich von der allgemeinen Regelung für unbeschränkt Steuer-

1 Zusätzlich zu Nießbrauchs- und Nutzungsrechten an Inlandsvermögen, die bereits in § 2 Abs. 1 Nr. 3 ErbStG und in § 121 Abs. 2 Nr. 9 BewG erfasst sind.

2 Es müssen hierfür folgende Voraussetzungen gegeben sein: Der Erblasser (Schenker) unterliegt der erweiterten beschränkten Steuerpflicht, er ist an einer ausländischen Zwischengesellschaft beteiligt, er hinterlässt bzw. schenkt Anteile daraus und zum Vermögen der Zwischengesellschaft gehört Inlandsvermögen bzw. erweitertes Inlandsvermögen. Bei Anteilen an Zwischengesellschaften ist somit nicht der gesamte Anteil steuerpflichtig, sondern nur jener in diesem Anteil enthaltene Teil, der Inlandsvermögen bzw. erweitertes Inlandsvermögen darstellt.

3 EuGH, Urteil v. 8.6.2016 – Rs. C-479/14 „Hünnebeck“, SAAAF-75424.

pflichtige dadurch, dass der jeweilige persönliche Freibetrag um einen Teilbetrag gemindert wird. Der Teilbetrag entspricht dem Verhältnis der Summe der Werte des in demselben Zeitpunkt erworbenen, nicht der beschränkten Steuerpflicht unterliegenden Vermögens und derjenigen, nicht der beschränkten Steuerpflicht unterliegenden Vermögensvorteile, die innerhalb von zehn Jahren von derselben Person angefallen sind, zum Wert des Vermögens, das insgesamt innerhalb von zehn Jahren von derselben Person angefallenen ist. Bei der Berechnung des anteiligen Freibetrags sind die früheren Erwerbe von derselben Person, die innerhalb von zehn Jahren angefallen sind, mit ihrem früheren Wert zu berücksichtigen.

BEISPIEL: Das in Deutschland beschränkt steuerpflichtige Kind K mit Wohnsitz in Belgien erhält von seinem mit letztem Wohnsitz in Frankreich verstorbenen Vater inländisches Grundvermögen im Steuerwert von 400.000 €. Außerdem hat der Erblasser sonstige nicht zum Inlandsvermögen nach § 121 BewG zählende Vermögenswerte[1] im Wert von 600.000 € hinterlassen. Der persönliche Freibetrag des K i. H. von 400.000 € wird anteilig auf 160.000 € gemindert (Verhältnis 400.000/1.000.000 = 0,4; 400.000 x 0,4 = 160.000).

1113 Hintergrund dieser Kürzungsregelung ist der, dass in Fällen der beschränkten Steuerpflicht nicht der gesamte Vermögensanfall (wie bei unbeschränkter Steuerpflicht), sondern nur zum Inlandsvermögen gehörende Vermögenswerte des Erblassers/Schenkers besteuert werden können. Dementsprechend ist es konsequent, beschränkt Steuerpflichtigen nur einen auf das Inlandsvermögen entfallenden anteiligen persönlichen Freibetrag zu gewähren.

HINWEIS:

Der BFH hat mit Urteil vom 10.5.2017 (II R 53/14) entschieden, dass beschränkt Steuerpflichtigen für den Erwerb beim Tod des Ehegatten der Freibetrag nach § 16 Abs. 1 Nr. 1 ErbStG i. H. von 500.000 € unabhängig vom Anteil des inländischen Vermögens am Gesamterwerb in voller Höhe zusteht. Das Urteil erging allerdings zu § 16 Abs. 2 EStG a. F. ErbStG (Freibetrag 2.000 €) sollte aber dennoch auch in aktuellen Sachverhalten berücksichtigt werden. Denn die Finanzverwaltung gewährte einen höheren Freibetrag, der nach aktuellem Recht nach dem Wertverhältnis der in Deutschland vererbten Grundstücke zum gesamten angefallenen Erbe errechnet wurde. Der BFH erkannte aber auch diese sogenannte "fractional residence taxation" nicht an und sprach den Beteiligten nicht nur den verhältnismäßigen Freibetrag von 27.811 € zu, sondern den vollen Freibetrag.

1 Vgl. Rz. 1103 ff.

3 Grenzüberschreitende Vermögensübertragungen Deutschland – Österreich

3.1 Steuerpflicht haftet auch dem Vermögensempfänger an

Steuerfreie Vermögensübergänge innerhalb einer grenzüberschreitenden Vermögensübertragung verlangen die Negierung der unbeschränkten Erbschaftsteuerpflicht auch auf Ebene der Erben bzw. der Vermögensempfänger-Generation.[1] Die Aufgabe des deutschen Wohnsitzes allein durch den Erblasser/Schenker (befreit den Vermögensübertragungsvorgang des Wahlösterreichers nicht von der deutschen Erbschaftsteuer, sofern der/die Erwerber im Zeitpunkt der Vermögensübertragung in Deutschland ansässig sind. Denn wie oben bereits erläutert, lässt es das Erbschaftsteuerrecht für den Eintritt der Steuerpflicht genügen, wenn entweder der Erblasser mit letztem Wohnsitz in Deutschland verstorben ist oder der Erbe im Zeitpunkt der Entstehung der Steuerschuld ein Inländer ist.[2] 1114

3.2 Steuerfalle: Ferienwohnung eines Österreichers in Deutschland

Eine Nebenwohnung in Deutschland begründet beim Erblasser bereits eine unbeschränkte Erbschaftsteuerpflicht nach § 2 Abs. 1 Nr. 1 ErbStG. Denn die Zweitwohnung in Deutschland stellt einen Wohnsitz i. S. von § 8 AO dar. Zur Begründung einer Steuerpflicht reicht es danach, dass eine Wohnung vorhanden ist und Umstände vorliegen, die darauf schließen lassen, dass diese Wohnung durch den Inhaber beibehalten und als solche auch genutzt wird. Ein Wohnsitz i. S. des § 8 AO setzt nicht voraus, dass der Steuerpflichtige von dort aus seiner täglichen Arbeit nachgeht. Ebenso wenig ist es erforderlich, dass der Steuerpflichtige sich während einer Mindestzahl von Tagen oder Wochen im Jahr in der Wohnung aufhält. 1115

HINWEIS:

Die Zweitwohnung eines Österreichers in Deutschland begründet also schon dann eine unbeschränkte Erbschaftsteuerpflicht, wenn sie nur vorgehalten, aber nicht genutzt wird. Gestaltungsempfehlungen im Hinblick auf die Nutzung der österreichischen „Steuerfreiheit" beim Erben und Vererben müssen die Verlagerung des Wohnsitzes beider Parteien – der Erblasser/Schenker als auch der Erben/Erwerber – mit einbeziehen.[3]

1 Zur persönlichen Steuerpflicht von Erblasser/Schenker und Erwerber vgl. Teil III Abschnitt 1.2 Unbeschränkte Steuerpflicht natürlicher und juristischer Personen Rz. 333.

2 § 2 Abs. 1 Nr. 1 Buchst. a ErbStG.

3 Jülicher in Troll/Gebel/Jülicher/Gottschalk, ErbStG, § 2 Rz. 72.

3.3 Steuerpflicht österreichischer Erwerber für deutsches Inlandsvermögen

1116 Steuerfreies Schenken oder Vererben unter Innehabung eines Wohnsitzes in Österreich sowohl auf Seiten des Schenkers/Erblassers als auch des/der Erwerber setzt – sozusagen als dritter Aspekt – voraus, dass kein Inlandsvermögen i.S des § 121 BewG übertragen wird. Kommt Inlandsvermögen zur Übertragung, unterliegt der Erwerb der Erbschaft- bzw. Schenkungsteuerpflicht nach § 2 Abs. 1 Nr. 3 ErbStG.

4. Wenn die Rechtsnachfolge erst durch Annahmeerklärung eintritt

1117 In einigen ausländischen Rechtskreisen setzt eine Erbschaft eine wirksame Annahmeerklärung voraus, wie beispielsweise nach italienischem Erbrecht. Im Regelfall liegt zwischen dem Todestag und der Abgabe der Annahmeerklärung ein bestimmter Zeitraum. Das Erfordernis der Abgabe einer Annahmeerklärung und der Zeitpunkt der Abgabe hat jedoch nach einem Urteil des hessischen Finanzgerichts[1] keinen Einfluss auf den Erwerbs-/Steuerentstehungszeitpunkt nach deutschem Erbschaftsteuerrecht. Im Streitfall hatte die Erbin zum Zeitpunkt des Erbfalls ihren Wohnsitz in Deutschland, im Zeitpunkt der Annahmeerklärung aber nicht mehr. Nach Auffassung des FG bleibt es auch in ausländischen Erbfällen dabei, dass mit dem Zeitpunkt des Todes des Erblassers die Steuer entsteht (§ 9 Abs. 1 Nr. 1 ErbStG). In dem Erfordernis einer Annahmeerklärung sei keine aufschiebend bedingter Erwerb zu sehen. Das FG begründete diese Ansicht mit Verweis auf die BFH-Rechtsprechung zu betagten Erwerben.

HINWEIS:

Gegen dieses Urteil ist ein Revisionsverfahren vor dem BFH anhängig (Az. II R 39/19). Steuerpflichtige können sich in ähnlich gelagerten Rechtsfällen durch Rechtsmittel (Einspruch) auf dieses Verfahren berufen.

5. Wahlrecht des Nacherben in internationalen Erbfällen gezielt einsetzen

1118 Das Wahlrecht des Nacherben für eine Besteuerung nach dem Verwandtschaftsverhältnis zum Erblasser[2], bietet besonders bei internationalen Steuer-

1 Hessisches FG, Urteil v. 22.8.2019 - 10 K 1539/17, SAAAH-35141.

2 Vgl. Rz. 469.

sachverhalten Gestaltungsspielräume. So hat die Ausübung des Wahlrechts nicht nur Auswirkungen auf die Steuerklasse und die persönlichen Freibeträge, sondern entscheidet im Einzelfall auch über die unbeschränkte oder beschränkte Steuerpflicht. Denn dieses Wahlrecht wirkt auch gegenüber anderen Besteuerungsmerkmalen wie z. B. der unbeschränkten bzw. beschränkten Steuerpflicht.

BEISPIEL 1: Der in Südtirol wohnhafte Erblasser E ordnet Vor- und Nacherbschaft an. Vorerbe ist Inländer, der Nacherbe wohnt ebenfalls schon länger als fünf Jahre im Ausland.

Stellt der Nacherbe keinen Antrag auf eine Versteuerung im Verhältnis zum Erblasser, wird er so gestellt, als hätte er vom Vorerben geerbt. Da dieser Inländer ist, unterliegt der Erwerb der unbeschränkten Erbschaftsteuerpflicht. Denn die Steuerpflicht leitet sich aus der Inländereigenschaft des Vorerben ab. Stellt der Nacherbe einen Antrag nach § 6 Abs. 2 Satz 2 ErbStG, erbt er steuerfrei, sofern im Nachlass kein beschränkt steuerpflichtiges Inlandsvermögen enthalten ist.[1]

Andererseits – sofern der Nachlass des Erblassers ausschließlich aus Inlands- 1119
vermögen besteht – kann es für den ausländischen Nacherben auch sinnvoll sein, eine unbeschränkte Steuerpflicht herbeizuführen, um in den Genuss eines höheren persönlichen Freibetrages zu kommen.

BEISPIEL 2: Wie Beispiel 1, nur dass der Nachlass des Erblassers ausschließlich aus inländischen Beteiligungen und Immobilien besteht. Für das Verwandtschaftsverhältnis Vorerbe/Nacherbe gilt Steuerklasse I.

Stellt der Nacherbe keinen Antrag auf eine Versteuerung im Verhältnis zum Erblasser, kann er den nach dem Verwandtschaftsverhältnis zum Vorerben geltenden persönlichen Freibetrag nutzen. Um diesen Betrag mindert sich der aus Inlandsvermögen bestehende steuerpflichtige Erwerb entsprechend.

HINWEIS:

In Fällen der beschränkten Steuerpflicht mindert sich der Freibetrag um den Teilbetrag, der dem Verhältnis der Summe der Werte des in demselben Zeitpunkt erworbenen, nicht der beschränkten Steuerpflicht unterliegenden Vermögens und derjenigen, nicht der beschränkten Steuerpflicht unterliegenden Vermögensvorteile, die innerhalb von zehn Jahren von derselben Person angefallen sind, zum Wert des Vermögens, das insgesamt innerhalb von zehn Jahren von derselben Person angefallenen ist (§ 16 Abs. 2 ErbStG), entspricht.

(Einstweilen frei) 1120–1150

1 Zum steuerpflichtigen Inlandsvermögen vgl. Rz. 1105.

Teil X: Kann aus steuerlicher Sicht mit einer Stiftung der Erhalt von Vermögen über Generationen hinaus verwirklicht werden?

Vorbemerkung

1151 Eine Stiftung stellt ein rechtlich verselbstständigtes Sondervermögen dar, das einem bestimmten Zweck dient und vom Stifter zu diesem Zweck gewidmet ist. Stiftungen galten schon im Mittelalter als bewährte Handhabe, um Vermögen zusammenzuhalten und bestimmte Personenkreise zu begünstigen. Die Rechtsform der Stiftung eröffnet dem Stifter in der Tat attraktive Gestaltungsmöglichkeiten: Er kann seinen Stifterwillen perpetuieren, sich also sozusagen einen „Wunscherben" schaffen, der in seinem Sinne das der Stiftung übereignete Erbgut verwaltet und fortführt. Zudem bringt die Vermögensübertragung regelmäßig eine Verringerung der steuerlichen Lasten des Stifters mit sich, was sich aber bei näherer Betrachtung nur in einer Verlagerung der Steuerlast vom Stifter auf die Stiftung auswirkt.

1152 Nennenswerte Steuervorteile – und das sei vorweg betont – lassen sich allerdings nur erreichen, wenn eine gemeinnützige Stiftung errichtet wird. Gemeinnützige Stiftungen, bevorzugte Alternative nicht nur von Unternehmern, sondern auch von verwitweten Personen oder kinderlosen Ehepaaren als Alternative zur Zwangszuwendung an den Staat oder in Abwendung einer Zuwendung an weit entfernt verwandte Erben, haben aber den Nachteil, dass dem Stifter sowie seiner Familie nur höchstens ein Drittel des Überschusses der Einnahmen über die Kosten aus Vermögensverwaltung[1] für eigene Zwecke zufließen darf. Selbst ein Sitz im Stiftungsrat hilft nicht weiter. Eine gemeinnützige Stiftung würde gegen die Selbstlosigkeit verstoßen und alle steuerlichen Vorteile verlieren, würde sie dem Stifter unverhältnismäßig hohe Vergütungen zusprechen.

1153 Unternehmer entscheiden sich bereits zu Lebzeiten für gemeinnützige Stiftungen, nicht nur um die steuerfreie Übertragung des Betriebes im Fall des Falles vorprogrammieren zu können, sondern auch um Sympathiewerbung zu betreiben. Das Zurverfügungstellen von Geldmitteln für das Gemeinwohl bringt nicht nur Steuervorteile, sondern auch ein publikumswirksames Image, das mit teuren Werbemaßnahmen meist nicht erreicht werden kann.

---

1 § 58 Nr. 6 Buchst. a AO.

► **Fazit:**

Ein Stifter sollte eine Stiftung nicht dazu gründen, um Vermögen am Finanzamt vorbeijonglieren zu können, sondern aus dem festen Willen heraus, seine zu Lebzeiten geprägte Vorstellung über die Anlage und Verwaltung seines Vermögens über seinen Tod hinaus weiterleben zu lassen.

1 Die Stiftung als maßgeschneiderte Wunscherbin

1.1 Rechtscharakter der Stiftung und Stiftungserrichtung

1.1.1 Allgemeines

Die Stiftung stellt eine eigenständige juristische Person des bürgerlichen 1154
Rechts dar (§§ 80 ff. BGB). Rechtsfähige Stiftungen können Empfänger von Zuwendungen von Todes wegen oder Empfänger von Schenkungen sein, als Erbe, Miterbe, Vor- und Nacherbe fungieren. Das der Stiftung übertragene Vermögen scheidet aus dem Vermögen des Stifters aus und ist – sowohl zivil- als auch steuerrechtlich – der Stiftung zuzurechnen.

Entscheidendes Organ einer Stiftung ist der Stiftungsvorstand. Er ist oberste Entscheidungsinstanz und handelt nach den Vorgaben von Stiftungszweck und Satzung in eigener Verantwortung. Andere Bezeichnungen für den Stiftungsvorstand sind: Direktorium, Kuratorium oder Verwaltungsrat. Die Berufung der Organmitglieder bzw. ihre erste Bestellung nimmt in aller Regel der Stifter vor. Es steht ihm frei, sich selbst (auch allein) als Vorstand einzusetzen.

1.1.2 Stiftungsarten

1.1.2.1 Die Familienstiftung

Das Erbschaft- oder Schenkungsteuerrecht bezeichnet eine Stiftung als Famili- 1155
enstiftung, sofern sie wesentlich im Interesse einer Familie oder bestimmter Familien errichtet ist (§ 1 Abs. 1 Nr. 4 ErbStG).[1] Bei der Familienstiftung handelt es sich um keine eigene Rechtsform; sie ist eine vom Stiftungszweck geprägte Anwendungsform des Rechtsinstituts Stiftung. Der Charakter einer Familienstiftung wird insbesondere durch ihre eingeschränkte Selbständigkeit gestaltet, bedingt durch Versorgungsverpflichtungen gegenüber dem Stifter und seiner Familie.

1 Der Begriff „Familie“ ist weder im bürgerlichen Recht noch im Steuerrecht eindeutig definiert. Die zutreffendste Definition kann aus § 15 AStG abgeleitet werden.

Eine Familienstiftung ist nach Ansicht der Finanzverwaltung stets gegeben, wenn nach ihrer Satzung der Stifter, seine Angehörigen und deren Abkömmlinge zu mehr als der Hälfte bezugs- oder anfallsberechtigt sind. Für die Qualifizierung einer Stiftung als Familienstiftung ist es unerheblich, ob die Bezugsberechtigten tatsächlich Leistungen erhalten oder ob die Stiftung die Erträge ganz oder teilweise thesauriert.[1]

Belegen zusätzliche Merkmale ein wesentliches Familieninteresse, liegt eine Familienstiftung auch bereits dann vor, wenn die Angehörigen zu mehr als einem Viertel bezugs- oder anfallsberechtigt sind. Ein solches wesentliches Familieninteresse ist insbesondere dann gegeben, wenn die Familie wesentlichen Einfluss auf die Geschäftsführung der Stiftung hat. Zu den wesentlichen Familieninteressen zählen aber auch alle Vermögensvorteile, die die begünstigten Familien und ihre Mitglieder aus dem Stiftungsvermögen ziehen.

1156 Die Familienstiftung dient den Vermögensinteressen der Stifterfamilie dann wesentlich, wenn nach der Satzung oder dem Stiftungsgeschäft deren Wesen darin besteht, es den Familien zu ermöglichen, das Stiftungsvermögen, soweit es einer Nutzung zu privaten Zwecken zugänglich ist, zu nutzen oder die Stiftungserträge an sich zu ziehen. Darunter fallen insbesondere auch die unentgeltliche oder verbilligte Nutzung des Stiftungsvermögens, wie die Nutzung der stiftungseigenen Immobilien zu Wohnzwecken, der Einsatz des Personals der Stiftung für Arbeiten im Rahmen des eigenen Hausstandes oder bei einer Stiftung mit Kunstbesitz der Vorteil, von diesem Kunstbesitz umgeben zu sein. Inwieweit davon Gebrauch gemacht wird, ist unerheblich.[2]

HINWEIS:

Die Motive für die Errichtung einer Familienstiftung sind vielfältig: An erster Stelle mag die Erhaltung des Familienvermögens und der Schutz vor seiner Zersplitterung stehen. Aber auch zur Vermögensverwaltung und Vermögensmehrung eignet sich die Familienstiftung. In manchen Familienkreisen mag der Erhalt und die Vermehrung des Familienvermögens nur dadurch gelingen, dass das Vermögen den Familienmitgliedern entzogen und zu ihren Gunsten verwaltet wird.

1.1.2.2 Die Unternehmensstiftung

1157 Wie bei der Familienstiftung handelt es sich bei der Unternehmensstiftung um eine weitere Sonderform der Rechtsform „Stiftung". Der Zweck der Unternehmensstiftung ist unternehmerisch geprägt; sie betreibt entweder selbst ei-

1 R E 1.2 Abs. 2 Satz 5 ErbStR 2019.

2 BFH, Urteil v. 10.12.1997 - II R 25/94, BStBl 1998 II S. 114, CAAAA-96079.

nen Betrieb oder ist als Gesellschafter an einer Betriebsgesellschaft beteiligt. Gegenüber der Familienstiftung hat die Unternehmensstiftung einen entscheidenden steuerlichen Nachteil: sie kommt nicht in den Genuss des Steuerklassenprivilegs, das bei Familienstiftungen für die Errichtung bzw. Auflösung gilt (§ 15 Abs. 2 Sätze 1 und 2 ErbStG). Diesem Nachteil steht allerdings der Vorteil gegenüber, dass die Unternehmensstiftung nicht der Ersatzerbschaftsteuer[1] unterliegt.

Im Bereich von Unternehmensstiftungen hat sich die Beteiligungsträgerstiftung als Familienstiftung durchgesetzt. Die Beteiligungsträgerstiftung darf als Familientreuhänderin bezeichnet werden, die eine Unternehmensfortführung nach Vorgabe des Stifters und im Interesse seiner Familienangehörigen gewährleisten soll. Die Einbindung der Stiftung in ein Unternehmen sollte sich schon aus Gründen einer – wohl unvermeidbaren und gleichzeitig gewollten – Starrheit, hervorgerufen durch die Bindung der Stiftung an den Stifterwillen auf die Beteiligung als (Mehrheits-)Gesellschafterin beschränken.

Soll die Stiftung in erster Linie das Wohlergehen jetziger und künftiger Generationen im Auge behalten, wäre es beispielsweise falsch, der Stiftung andere Geldanlagemöglichkeiten zu verbauen, indem man ihr statutarisch verbietet, sich von einem (zwischenzeitlich maroden) Unternehmen zu trennen. Die Möglichkeit, sich von einem Unternehmen bzw. einer unternehmerischen Beteiligung zu trennen, verschafft der Stiftung auch eine gehobenere wirtschaftliche Machtstellung gegenüber der Geschäftsleitung, würde sich diese doch andernfalls verselbständigen können, weil sie die Stiftung ausweglos an sich gebunden weiß.

Unternehmensführung und Stiftungsvorstandstätigkeit sollte bei der Unternehmensstiftung nicht von derselben Person ausgeübt werden. Denn einerseits wird sich nur selten das „Allroundtalent“ finden lassen, das Qualitäten als Stiftungsvorstand mit denen eines Unternehmensstrategen vereinen kann. Andererseits würde eine sehr enge Verflechtung der Stiftung mit dem Unternehmen, was zweifellos der Fall wäre, wenn der Stiftungsvorstand gleichzeitig die Unternehmensleitung innehat, das Unternehmen auch der Stiftungsaufsicht mittelbar unterstellen. Wird dagegen die Stiftung getrennt vom Unternehmen geführt, ist dieses jeglicher Aufsicht entzogen. Betreibt die Unternehmensstiftung das Unternehmen selbst, sind Rechtsbeziehungen zwischen dem Betriebs- und Privatvermögen wie Miet- oder Darlehensverhältnisse nicht mit steuerlicher Wirkung möglich, so dass aufgedeckte stille Reserven bei Auf-

1 Vgl. Rz. 1173.

lösung und Verkauf von Betriebsgrundstücken und dergleichen der Steuer unterliegen. Dasselbe gilt im Fall der Mitunternehmerschaft der Stiftung bei einer Personengesellschaft. Auch hier werden Rechtsbeziehungen zwischen anderen Mitunternehmern und der Stiftung steuerlich nicht anerkannt. Nur i.V. mit einer Kapitalgesellschaft ist eine Trennung zwischen der Stiftung als Gesellschafter und dem Unternehmen selbst steuerlich durchführbar. Mieteinkünfte, die die Stiftung durch Vermietung von Büroräumen an die Kapitalgesellschaft vereinnahmt, sind bei der Gesellschaft als Betriebsausgabe abzugsfähig; ein späterer Gewinn aus der Veräußerung der Immobilie auf Stiftungsebene ist steuerfrei.

HINWEIS:

In allen Fällen empfiehlt es sich, eine Unternehmensstiftung schon zu Lebzeiten zu gründen und das Zusammenwirken der Stiftung über mehrere Jahre zu erproben.

1.1.2.3 Die Doppelstiftung

1158 Die Doppelstiftung stellt eine Kombination von Familien- und gemeinnütziger Stiftung dar. Es werden in Wirklichkeit zwei Stiftungen angelegt, wobei die gemeinnützige einen Großteil des Kapitals und der Erträge erbschaft- oder schenkungsteuerfrei übernimmt, die Stimmrechte aber der Familienstiftung überträgt, so dass die Stifterfamilie die Kontrolle über das Unternehmen behält. Die Familienstiftung – sie stellt die notwendigen Mittel zur Unterhaltung der Familie zur Verfügung – ist gegenüber der gemeinnützigen Stiftung „geringfügiger" und stellt die auf Gemeinnützigkeit basierenden Steuervorteile nicht infrage, was Unternehmen und Kapitalstruktur schont.

HINWEIS:

Das Modell der Doppelstiftung mag auch unter dem Gesichtspunkt attraktiv sein, dass die gemeinnützige Stiftung bis zu einem Drittel der Erträge an Familienangehörige ausschütten darf, ohne den Status der Gemeinnützigkeit zu verlieren.

1.1.2.4 Gemeinnützige Stiftungen

1159 Von einer gemeinnützigen Stiftung spricht man, wenn die Tätigkeit der Stiftung darauf gerichtet ist, die Allgemeinheit auf materiellem, geistigem oder sittlichem Gebiet selbstlos zu fördern. Gemeinnützige Stiftungen sind der Steuervorteile wegen sehr attraktiv.[1]

1 Vgl. Rz. 1190.

1.2 Stiftungserrichtung

Erster Schritt im Stiftungsgründungsprozess ist die Erstellung einer Stiftungssatzung. Dem Stiftungsgründungsprozess geht das Stiftungsgeschäft voraus. Das Stiftungsgeschäft ist eine einseitige nicht empfangsbedürftige Willenserklärung des Stifters, eine Stiftung zu errichten. Die Stiftungssatzung umfasst sämtliche vom Stifter im Hinblick auf die künftige Stiftung relevanten Bestimmungen. Inhalt des Stiftungsgeschäfts ist die Erklärung des Stifters, Vermögen auf Dauer für einen bestimmten Zweck zur Verfügung zu stellen. 1160

Eine Stiftungssatzung regelt u. a.:

- Konkretisierung der Stiftungszwecke
- Rechtsstellung der Begünstigten
- Bestimmungen zur Verwaltung des Stiftungsvermögens (Vermögensumschichtungen)
- Empfang von allgemeinen Spenden und Spenden zum Vermögensstock (Zustiftungen)
- Bestimmung zur Bildung von Rücklagen
- Verwendung von Stiftungsmitteln zur Versorgung des Stifters und naher Angehöriger
- Entgeltregelungen für Stiftungsorgane
- Regelungen zur Geschäftsführung und Vertretungsberechtigung beim Stiftungsvorstand
- Bildung weiterer Stiftungsorgane
- Bestimmung von Aufgaben und Zuständigkeiten bei mehreren Stiftungsorganen
- Regelungen zur Herbeiführung von Organbeschlüssen
- Regelungen zur Änderung der Stiftungssatzung (auch hinsichtlich des Stiftungszweckes) und Auflösung der Stiftung

Der Erstellung der Stiftungssatzung folgt – abhängig vom zu errichtenden Stiftungstyp – eine Vorprüfung durch die jeweils zuständige Stiftungsanerkennungsbehörde und Finanzbehörde. Im sich anschließenden Anerkennungsverfahren ist die Stiftung anzuerkennen, wenn sie gemeinwohlkonform ist und eine entsprechende Satzung mit bestimmten inhaltlichen Mindestanforderungen vorgelegt wird. 1161

Die Stiftungserrichtung unter Lebenden bedarf der Schriftform. Eine notarielle Beurkundung ist grds. nur dann erforderlich, wenn Grundvermögen der Stiftung übertragen werden soll. Zur Stiftungserrichtung von Todes wegen bedarf es einer letztwilligen Verfügung, in der die Stiftungserrichtung durch Erbeinsetzung, Vermächtnis oder Auflage dokumentiert ist. Ein solches Testament sollte grds. notariell beurkundet werden bzw. nicht ohne Rechtsberatung errichtet werden. Dabei empfiehlt sich ein Testamentsvollstrecker zur Durchführung der Stiftungserrichtung sowie als Gewährsperson dafür, dass der Stifterwille auch tatsächlich in der Stiftungssatzung Einklang findet. Ist bei einem Stiftungsgeschäft von Todes wegen kein Testamentsvollstrecker benannt und beantragen die Erben die Stiftungserrichtung nicht, leitet das Nachlassgericht die letztwillige Verfügung kraft Gesetzes an die zuständigen Behörden weiter.

HINWEIS:

Für kleinere Vermögen bietet sich die Gründung einer unselbständigen Stiftung an, dessen Stiftungsträgerin eine juristische Person ist. Diese Form der Stiftung – auch Treuhandstiftung – genannt, bietet die gleichen gestalterischen und steuerlichen Möglichkeiten wie eine selbständige Stiftung privaten Rechts, ist aber in Gründung und Verwaltung mit deutlich weniger Aufwand behaftet. Bei Gründung einer unselbständigen Stiftung entfällt für den Stifter das umfassende Vorprüfungs- und Anerkennungsverfahren durch die staatliche Stiftungsaufsicht. Die Vorprüfung der Finanzbehörden wegen späterer Steuervergünstigungen ist jedoch auch für Treuhandstiftungen erforderlich. Der Stifter muss sich ferner nicht um die stiftungskonforme Anlage des Vermögens kümmern. Er hat keine Arbeit mit der Buchhaltung, der Erstellung von Jahresberichten, der Steuererklärung oder mit Überweisungsaufträgen und dem Ausstellen von Zuwendungsbestätigungen.

1.3 Wer benötigt eine Stiftung als Wunscherbin?

1162 Mit der Möglichkeit, eine Stiftung als Universalerbin einzusetzen, sollte sich insbesondere derjenige auseinandersetzen, der die Wahrung seines selbst erarbeiteten oder seinerseits ererbten Vermögens über das eigene Leben hinaus nicht gesichert sieht. Das Stiftervermögen, das andernfalls vielleicht dem Staat als Generalerbe in die Hände fällt, scheidet vollständig aus der Erbmasse des Stifters aus. Es gehört der Stiftung; sie hat es nach dem Willen des Stifters zu verwalten.[1]

Mit einer Familienstiftung eröffnen sich außerdem steuerlukrative Perspektiven rund um die Übertragung von Unternehmensvermögen. Neben der Möglichkeit, eine Familienstiftung zur Nutzung des Erlassmodells zu verwenden,[2] kann eine Stiftung auch als Erwerbsvehikel zur Aufteilung von begünstigungs-

1 Es ist auch dem Zugriff der Familienangehörigen des Stifters entzogen. Sofern diesen nicht unmittelbare Unterstützung durch die Stiftung zukommt, sollte vor Errichtung entsprechend Vorsorge getroffen werden.

2 Vgl. unten Rz. 1178.

fähigem Betriebsvermögen genutzt werden, so dass die Prüfschwelle von 26 Mio. € für jeden Vermögensteil nicht überschritten wird. Es kann dann unter diesen Voraussetzungen die Regelverschonung/Optionsverschonung für das Betriebsvermögen in Anspruch genommen werden.[1] Stifungen eignen sich auch, um die Verfügungsbeschränkung i. S. des § 13a Abs. 9 ErbStG[2] zu umgehen. Wird Betriebsvermögen innerhalb der 22-jährigen Behaltensfrist auf eine Stiftung übertragen, fällt der Verschonungsabschlag nicht rückwirkend weg. Die Familienstiftung lässt sich auch in Verbindung mit dem Abschmelzmodell[3] nutzen, indem die Familienstiftung als weiterer Erwerber die Abschmelzung entsprechend mindert.[4]

HINWEIS:

In der Tat stellt die Stiftung die einzige Rechtsform dar, hinter der sich keine Gesellschafter, Geldgeber oder sonstige Beteiligte verbergen. Die Gründung einer Stiftung kann auch dann geboten sein, wenn sich kein geeigneter Unternehmensnachfolger im engeren Familienkreis finden lässt.

2 Die Besteuerung von Familien- und Unternehmensstiftungen

2.1 Allgemeines

Streng genommen stellt eine Stiftung nichts anderes dar als eine gewöhnliche 1163
Kapitalgesellschaft, also ein in sich abgeschlossenes selbständiges Steuersubjekt i. S. des Körperschaftsteuergesetzes. Für die Besteuerung der Familien- und Unternehmensstiftung ist maßgeblich, inwieweit der Gesetzgeber diese Institutionen als verselbständigt ansieht oder – wie bei der Auslands-Familienstiftung – den Durchgriff auf die dahinterstehenden natürlichen Personen vollzieht. Bei der inländischen Familienstiftung wird einerseits der Durchgriff zum Vorteil aller Beteiligten modifiziert, so beispielsweise bei Errichtung und Auflösung,[5] andererseits aber auch zu deren Nachteil (bei der Ersatzerbschaftsteuer).

Dennoch dürfen Stiftungen nicht mit Kapitalgesellschaften schlechthin gleichgestellt werden. Ein entscheidender Vorteil der Stiftung gegenüber einer Kapi-

1 Vgl. Rz. 581.

2 Vgl. Rz. 844.

3 Rz. 657.

4 Vgl. ausführlich Lothmann/Lothmann, NWB-EV 9/2019 S. 307, BAAAH-28840.

5 Es wird nach dem Verwandtschaftsverhältnis zum Stifter besteuert, obwohl Steuerklasse III gelten müsste, würde man den Aspekt des selbstständigen Steuersubjekts strikt durchziehen.

talgesellschaft ist, dass Stiftungen Privatvermögen haben dürfen und somit Veräußerungsgewinne außerhalb der Spekulationsfristen steuerfrei realisieren können. Jede Stiftung, deren Zweck die private Vermögensverwaltung ist, ist im Allgemeinen gewerbesteuerfrei und bei den Veräußerungsgewinnen nicht körperschaftsteuerpflichtig.[1]

1164 Die Übertragung von Privatvermögen auf eine Familienstiftung löst beim Stifter grds. keine Einkommensteuerpflicht aus. Insoweit gilt § 11d Abs. 1 EStDV. Dies gilt auch bei Übertragung einer wesentlichen Beteiligung an einer Kapitalgesellschaft (§ 17 EStG). Auch die ein- bzw. zehnjährige Spekulationsfrist (§ 23 EStG) ist unbeachtlich, da es insoweit an der Entgeltlichkeit fehlt.

Soll ein ganzer Betrieb, Teilbetrieb oder ein Mitunternehmeranteil (einschließlich des Sonderbetriebsvermögens) in eine Familienstiftung eingebracht werden, können die Buchwerte fortgeführt werden (§ 6 Abs. 3 EStG). Die Zuwendung einzelner Wirtschaftsgüter aus einem Betriebsvermögen führt dagegen zu einem steuerpflichtigen Entnahmegewinn (§ 6 Abs. 1 Nr. 4 EStG). Dies gilt auch dann, wenn die Wirtschaftsgüter bei der Familienstiftung in ein Betriebsvermögen eingebracht werden. Ebenso kommt es bei der Übertragung einer Beteiligung an einer Kapitalgesellschaft zur Aufdeckung stiller Reserven.

HINWEIS:

Zur Vermeidung einer Gewinnrealisierung kann im Einzelfall die Übertragung auf eine gemeinnützige Stiftung in Betracht kommen.

2.2 Besteuerung der Stiftungserrichtung

1165 Der Übergang von Vermögen auf eine vom Erblasser angeordnete Stiftung unterliegt als „Erwerb von Todes wegen" der Erbschaftsteuer nach § 3 Abs. 2 Nr. 1 ErbStG. Die Vorschrift erfasst „uneingeschränkt alle Fälle des Vermögensübergangs"; neben solchen, in denen die Stiftung kraft eines Testaments errichtet und vom Erblasser als (Allein-)Erbin bestimmt wurde auch solche, in denen der Erblasser einen Erben verpflichtet hat, seinerseits durch Rechtsgeschäft unter Lebenden eine Stiftung zu errichten.[2]

Eine mit § 3 Abs. 2 Nr. 1 ErbStG korrespondierende Steuerpflicht enthält § 7 Abs. 1 Nr. 8 ErbStG. Danach ist steuerpflichtig – hier schenkungsteuerpflichtig – jede Errichtung einer Stiftung im Rahmen eines Rechtsgeschäfts unter Lebenden. Besteuert wird also sowohl das Vermögen, das der Stifter zu Lebzeiten

1 Es sei denn, die Stiftung hält die Grenze zum Gewerbebetrieb nicht ein, vgl. § 15 Abs. 2 EStG.

2 BFH, Urteil v. 25.10.1995 - II R 20/92, BStBl 1996 II S. 99.

in die Stiftung einbringt (als Schenkung), als auch das Vermögen, das der Stifter seiner Stiftung als Nachlass hinterlässt (als Erbschaft).

Die Steuer entsteht bei Errichtung einer Stiftung von Todes wegen mit dem 1166
Zeitpunkt der Anerkennung der Stiftung als rechtsfähig (§ 9 Abs. 1 Nr. 1 Buchst. c ErbStG). Wird die Anerkennung erst nach dem Tod des Stifters erteilt, gilt die Stiftung als bereits vor dem Tod des Erblassers entstanden („Rückwirkungsfiktion" des § 84 BGB). Durch die Rückwirkungsfiktion wird es einem Erblasser erst ermöglicht, eine Stiftung, welche im Zeitpunkt seines Todes noch nicht existiert, als (Allein-)Erbin einzusetzen. Durch die Rückwirkungsfiktion vollzieht sich der Vermögensanfall i. S. des § 1922 Abs. 1 BGB rückwirkend auf den Zeitpunkt des Erbfalls. Bei Errichtung einer Stiftung zu Lebzeiten werden Schenkungsteuern mit Ausführung der Zuwendung fällig (§ 9 Abs. 1 Nr. 2 ErbStG).

Der Steuerwert des der Stiftung übertragenen Vermögens ist auf diese beiden 1167
Stichtage zu ermitteln; also entweder auf den Zeitpunkt der Anerkennung oder auf den Zeitpunkt der Ausführung der Zuwendung. Aus der Tatsache, dass die Erbschaftsteuer bei einer testamentarisch zu errichtenden Stiftung mit der Anerkennung der Stiftung entsteht und das zu übertragende Vermögen auf diesen Stichtag zu bewerten ist, ergibt sich zwangsläufig, dass zwischen dem Erbfall und der Anerkennung eingetretene Veränderungen im Bestand und Wert des Nachlasses, gleichviel ob diese Veränderung zu einer Verminderung oder zu einer Erhöhung der Bemessungsgrundlage geführt haben, berücksichtigt werden müssen.[1] Setzt also ein Erblasser seine Stiftung als Mit- oder Alleinerbin ein, unterliegt auch der Vermögenszuwachs der Erbschaftsteuer, der sich zwischen dem Tag des Todes des Erblassers und dem Anerkennungsverfahren der Stiftung vollzogen hat.[2]

Die Steuer bemisst sich gem. § 10 ErbStG nach der Bereicherung der Stiftung. 1168
Das ist der Nettowert, der sich aus den nach bewertungsrechtlichen Grundsätzen ermittelten Aktiv- und Passivposten abzüglich der Nachlassverbindlichkeiten ergibt. Der Übertrag des Vermögens ist grds. nach Steuerklasse III mit einer Spitzenbelastung bis zu 50% zu besteuern. Die inländische Familienstiftung profitiert hier von der Steuerklassen-Sonderregelung des § 15 Abs. 2 ErbStG. Der Vermögensübertrag wird hier nach der Steuerklasse besteuert, die gelten würde, wenn der Stifter sein Vermögen nicht in die Stiftung einbringen würde, sondern dieses direkt dem mit ihm entferntest Verwandten unter den

1 Ebendort.
2 Ebendort.

Bezugsberechtigten zuwenden würde. Sieht die Satzung einer Stiftung beispielsweise vor, dass neben den Kindern auch der geschiedene Ehegatte Zuwendungen erhalten soll, gilt Steuerklasse II.

1169 Der gezielten Formulierung einer Stiftungssatzung zur Gewinnverteilung muss daher größtmögliche Sorgfalt zukommen. Denn die Finanzverwaltung stellt auch dann auf die nach der Satzung möglichen entferntest Berechtigten ab, wenn diese im Zeitpunkt der Errichtung der Familienstiftung noch nicht unmittelbar bezugsberechtigt sind, sondern es erst in der Generationenfolge werden. Bei der Errichtung einer Familienstiftung sind deshalb als „entferntest Berechtigte" diejenigen anzusehen, die – ohne einen klagbaren Anspruch haben zu müssen – nach der Satzung Vermögensvorteile aus der Stiftung erlangen können. Aus der Formulierung „erlangen können" ist ersichtlich, dass vage Formulierungen einen Rückfall in Steuerklasse III hervorrufen können. Aus schenkungsteuerlichen Gründen sollten Stifter so nur Kinder und Enkelkinder als Begünstigte bestimmen. Der Vermögensübertrag wäre dann nur mit Steuerklasse I zu besteuern.

Steuerschädlich wäre aber eine in der Satzung enthaltene Berechtigung des Stiftungsrats, den Kreis der Begünstigten zu erweitern, kommt es für die Bestimmung der Steuerklasse doch allein darauf an, wer im steuerlich ungünstigsten Fall nach der Stiftungsurkunde Vermögensvorteile von der Stiftung erlangen kann.[1]

HINWEISE:

- Die Errichtung ausländischer rechtsfähiger Privatstiftungen im Rahmen eines Rechtsgeschäfts unter Lebenden unterliegt als freigebige Zuwendung ebenfalls nach § 7 Abs. 1 Nr. 8 ErbStG der Schenkungsteuer.
- Maßgeblich für die Entstehung eines steuerpflichtigen Stiftungserrichtungsgeschäftes ist, dass die ausländische Stiftung, welche nach den im Gründungsland entsprechenden Stiftungsgesetzen als rechtsfähige juristische Person anzusehen ist, durch die Gründung und Übertragung von Vermögen bereichert wird. Dies ist schon dann der Fall, wenn der Stifter seinen Stiftungsgründungsvertrag erfüllt und im Rahmen dessen Wertpapierdepots, Bargelder usw. ohne jegliche Gegenleistung überträgt. Das Vermögen der Stiftung erhöht sich dadurch unweigerlich; die Stiftung gilt als bereichert.
- Für die Begründung einer Bereicherung kommt es ausschließlich auf die Zivilrechtslage und nicht darauf an, wem das Stiftungsvermögen nach wirtschaftlicher Betrachtungsweise zuzurechnen ist. Hierzu genügt es, wenn Vermögen mit Vollzug des Gründungsauftrages vom Stifter hingegeben und in das Vermögen der Stiftung übergegangen ist.

1 Binz/Sorg, Aktuelle Erbschaftsteuerprobleme der Familienstiftung, DStR 1994 S. 229.

2.3 Besteuerung der Stiftungsauflösung

Die Aufhebung einer Stiftung in vollem Umfang gilt als steuerpflichtige Schenkung unter Lebenden (§ 7 Abs. 1 Nr. 9 ErbStG). Bereichert und steuerpflichtig sind die Anfallsberechtigten, also die Begünstigten der Stiftung. Als Schenker gilt hierbei die Stiftung. Bei der inländischen Familienstiftung erfolgt analog der Errichtung auch der Rückübertrag des Stiftungsvermögens nach der für das Verwandtschaftsverhältnis zwischen Stifter und Erwerber (und nicht zwischen Stiftung und Erwerber) maßgeblichen Steuerklasse (§ 15 Abs. 2 Satz 2 ErbStG). 1170

Wie schon § 15 Abs. 2 Satz 1 ErbStG bei der Errichtung, durchbricht § 15 Abs. 2 Satz 2 ErbStG bei der Auflösung einer inländischen Familienstiftung die allgemein geltende Grundregel der Erbschaftsbesteuerung, dass für die Bestimmung der Steuerklasse und damit für die Berechnung der Steuer stets das Verhältnis des Erwerbers zum Schenker gilt. Denn würde es die Vorschrift nicht geben, wäre stets Steuerklasse III maßgeblich, weil Schenker i. S. des § 2 Abs. 1 Nr. 1 Satz 1 ErbStG die Stiftung ist. Denn das an die Anfallsberechtigten rückübertragene Vermögen ist das Vermögen der Stiftung, nicht das des Stifters. Steuerklasse III kommt aber dann zur Anwendung, wenn eine weiterbestehende Stiftung Vermögensteile auskehrt. Hier liegt keine Aufhebung oder Teilaufhebung vor. 1171

Fällt das Stiftungsgut an den Stifter selbst zurück, wäre vorrangig zu prüfen, ob ein steuerpflichtiger Erwerb i. S. § 7 Abs. 1 Nr. 9 Satz 1 ErbStG, also eine Schenkung, überhaupt vorliegt.[1] Fällt an den Stifter eigenes Vermögen kraft eines Herausgabeanspruchs zurück, liegt schon wegen der anzuwendenden Regeln der Herausgabe keine Bereicherung und keine steuerpflichtige Schenkung vor. Die Besteuerung der Rückübertragung des Stiftungsvermögens an den Stifter kann aber in jedem Fall dadurch verhindert werden, dass sich der Stifter bei Errichtung ein Widerrufsrecht vorbehält.[2] Macht der Stifter von seinem Widerrufsrecht Gebrauch, tritt eine sogenannte auflösende Bedingung ein (§ 5 Abs. 2 BewG), welche bewirkt, dass die Schenkungsteuer für die Vergangenheit erlischt. Die Geltendmachung eines Widerrufsvorbehalts bewirkt also, dass die bei Stiftungserrichtung gezahlte Schenkungsteuer vom Finanzamt wieder zurückgefordert werden kann, und zwar nach Maßgabe des § 29 Abs. 1 Nr. 1 ErbStG. In Deutschland scheitert aber ein Widerrufsvorbehalt meist an der Genehmigung durch die Stiftungsbehörde.

---

1 Jülicher in Troll/Gebel/Jülicher/Gottschalk, ErbStG, § 15 Rz. 122.

2 Oder auch bei Eintritt einer auflösenden Bedingung, Pöllath in Seifart, a. a. O., § 42 Rz. 9.

HINWEISE:

Die Änderung des Stiftungscharakters einer Familienstiftung durch Satzungsänderung, gleichgültig, ob sie zu Lebzeiten oder erst nach dem Tode des Stifters erfolgt, gilt erbschaftsteuerrechtlich als Errichtung einer neuen Familienstiftung[1]. Die unmittelbaren Steuerfolgen sind:

Die neue Stiftung gilt als Erwerber des Vermögens der „bisherigen" Stiftung.

Sie ist nach dem Verwandtschaftsverhältnis des nach der Stiftungsurkunde entferntest Berechtigten zu dem ursprünglichen Stifter (Erblasser oder Schenker) zu besteuern.[2] Die Steuerfolgen treten auch schon dann ein, wenn durch die Satzungsänderung lediglich bisher nicht bezugs- oder anfallsberechtigte Familienmitglieder oder Dritte in den Kreis der Destinatäre aufgenommen werden und die Errichtung der Stiftung bei bereits damaliger Zugehörigkeit der neu aufgenommenen Destinatäre seinerzeit nach einer ungünstigeren Steuerklasse zu besteuern gewesen wäre.

Liegt der Zeitpunkt der letzten Zahlung von Ersatzerbschaftsteuer nicht mehr als zwei Jahre zurück, wird diese Steuer auf die bei der Aufhebung entstehende Steuer um 50%, und wenn die Stiftungserrichtung zwar mehr als zwei, aber nicht mehr als vier Jahre zurückliegt, mit 25% angerechnet (§ 26 ErbStG).

2.4 Zustiftungen

1172 Vermögenshingaben, die der Stifter nach Errichtung der Stiftung noch tätigt, werden als Zustiftungen bezeichnet. Zustiftungen gelten steuerlich als freigebige Zuwendungen unter Lebenden, was bedeutet, dass der Verwandtschaftsgrad zwischen Schenker und Beschenkten auch hier greift. Nachdem aber der Stifter mit seiner Stiftung nicht verwandt sein kann, gilt für die Besteuerung aller Zustiftungen die Steuerklasse III. Des Weiteren ist bei Zustiftungen generell die Zusammenrechnungsvorschrift des § 14 ErbStG zu beachten.

Nach der Klasse III ist auch im umgekehrten Fall zu besteuern, wenn die Stiftung Vermögensteile an Bezugsberechtigte oder Anfallsberechtigte ohne satzungsmäßige Verpflichtung frei überträgt. Freiwillige Zuwendungen der Stiftung an andere sind also schenkungsteuerpflichtig, satzungsmäßige Zuwendungen dagegen schenkungsteuerfrei.

HINWEIS:

Sieht der Stifter schon im Stiftungsgeschäft verbindlich vor, dass nach der Errichtung bestimmte Vermögenswerte in die Stiftung einzubringen sind, kann er dieses Vermögen einer Besteuerung nach der Steuerklasse III entziehen. Ist ein solcher Vorbehalt

1 R E 1.2 Abs. 4 ErbStR 2019; § 7 Abs. 1 Nr. 8 ErbStG.

2 § 15 Abs. 2 Satz 1 ErbStG; R E 1.2 Abs. 4 Satz 4 ErbStR 2019.

bei der Errichtung versäumt worden, sollte der Stifter an die Errichtung einer neuen Stiftung denken, für die das Steuerklassenprivileg für das Zuwendungsvermögen genutzt werden kann. Nachher können beide Stiftungen verschmolzen werden.

2.5 Laufende Ersatzerbschaftsbesteuerung der Familienstiftung während des Bestehens

Weil eine Familienstiftung nicht „stirbt“, können Vermögenswerte – solange sie Stiftungsgut darstellen – über Generationen hinweg steuerfrei weitervererbt werden. Ohne die Zwischenschaltung einer Stiftung würde ein Vermögensübergang vom Großvater auf die Enkelkinder im Normalfall zwei Besteuerungstatbestände bedingen: 1173

- den Übergang vom Vater auf den Sohn
- und anschließend vom Sohn auf seine Kinder.

Bei Zwischenschaltung einer Familienstiftung hingegen bleibt der Übergang von Eigentumsrechten von einem Berechtigten an den anderen steuerrechtlich unberücksichtigt. Stirbt beispielsweise der Sohn, geht bei einer zwischengeschalteten Familienstiftung das Recht auf satzungsmäßige Leistungen der Stiftung auf seine Kinder steuerfrei über. Dieses Privileg stand Stiftern allerdings nur bis zur Einführung der Ersatzerbschaftsteuer zu. Mit ihrer Einführung (als weiteren Besteuerungstatbestand in § 1 Abs. 1 Nr. 4 ErbStG) galt die Familienstiftung steuerlich als nicht mehr attraktiv. Doch wenn die Familienstiftung über einen langen Zeitraum bestehen soll, kann sie trotz der Ersatzerbschaftsteuer gegenüber mehreren Direktübertragungen die günstigere Alternative sein, denn: 1174

Die Ersatzerbschaftsteuer wird nur alle 30 Jahre erhoben, während sich die natürliche Generationenfolge durchaus in kürzeren Zeiträumen vollziehen kann und zudem nicht voraussehbar ist (was auch ein Problem der Finanzplanung darstellt).

Des Weiteren schlägt die Ersatzerbschaftsteuer gemildert zu Buche, weil im Ergebnis zwei Erben unterstellt werden, die nicht in jeder Familie vorhanden sein dürften. 1175

Verschonungsabschlag und Abzugsbetrag für das Betriebsvermögen gelten auch für die Ersatzerbschaftsteuer. Stiftungen kommen allerdings nicht in den Genuss der Tarifbegrenzung nach § 19a ErbStG, weil diese nur für natürliche Personen gilt.

1176 Außerdem kann die Ersatzerbschaftsteuer in 30 Jahresraten bezahlt (verrentet) werden (§ 24 ErbStG). Hierbei wird ein in der freien Wirtschaft für Kredite wohl kaum erzielbarer Zinssatz von 5,5% zugrunde gelegt.

Die Ersatzerbschaftsteuer kann schließlich durch Errichtung mehrerer Stiftungen gemildert werden (Kappung hoher Progressionsstufen und Vervielfachung der Freibeträge).

1177 Für die Berechnung der Ersatzerbschaftsteuer ist der Steuerwert des Stiftungsvermögens maßgebend. Er errechnet sich nach den in Teil II dargestellten Regeln des Bewertungsrechts (§ 12 ErbStG). Erfasst wird dabei das gesamte zum Stichtag vorhandene Vermögen der Familienstiftung, ausländische und nicht familienbezogene Vermögensteile inbegriffen (§ 10 Abs. 1 Satz 5 ErbStG). Von dem nach bewertungsrechtlichen Vorschriften ermittelten Stiftungsvermögen kommt der Verschonungsabschlag sowie ggf. der Abzugsbetrag zum Abzug. Vom „Rest“ darf der doppelte Freibetrag der Steuerklasse I (das sind immerhin 800.000 €) nach § 16 Abs. 1 Nr. 2 ErbStG abgezogen werden. Auf das somit verbleibende Stiftungsvermögen ist schließlich derjenige Steuersatz der Steuerklasse I anzuwenden, der sich für die Hälfte des Vermögens ergeben würde.

HINWEIS:

Die Vergünstigungen für Betriebsvermögen durch Verschonungsabschlag, Abzugsbetrag und Vorwegabschlag sowie die Regelung für den Verschonungsabschlag bei Großerwerben von begünstigtem Betriebsvermögen (§ 13c ErbStG)[1] gelten auch für die Ersatzerbschaftsteuer bei Stiftungen (§ 13c Abs. 3 ErbStG). Daher ist auf Antrag der Stiftung der Verschonungsabschlag auch bei der Ersatzerbschaftsteuer zu gewähren. Eine Zusammenrechnung mehrerer Erwerbe innerhalb von 10 Jahren scheidet im Zusammenhang mit Stiftungen allerdings aus, weil die Ersatzerbschaftsteuer nur alle 30 Jahre erhoben wird.

2.6 Übertragung von begünstigtem Betriebsvermögen auf eine Familienstiftung unter Nutzung des Erlassmodells

1178 In Teil III Rz. 659 ff. wurden die Möglichkeiten der Verschonungsbedarfsprüfung für Unternehmensvermögen über der Prüfschwelle von 26 Mio. € erläutert. Zur Wiederholung: Grundvoraussetzung für einen Voll- oder Teilerlass der Erbschaft- bzw. Schenkungsteuern ist u. a., dass der Erwerber nachweist, „dass er persönlich nicht in der Lage ist, die Steuer aus seinem verfügbaren Vermögen“ zu begleichen (§ 28a Abs. 1 Satz 1 ErbStG). Im Zusammenhang mit ei-

1 Vgl. oben Rz. 584, 588, 657 ff., 843 ff.

ner inländischen nicht gemeinnützigen Familienstiftung ergibt sich in diesem Zusammenhang folgende Gestaltungsmöglichkeit:

1. Der Unternehmensnachfolger errichtet eine nicht gemeinnützige Familienstiftung. Zweck der Stiftung ist, den Unternehmensnachfolger und seine Angehörigen zu unterstützen und zu versorgen. 1179
2. Der Unternehmensnachfolger stattet die Stiftung mit dem gesetzlichen Mindestkapital von 50.000 € aus.
3. Anschließend überträgt der Seniorunternehmer sein Unternehmen bzw. das begünstigte Betriebsvermögen unter Aussonderung des Verwaltungsvermögens in diese Stiftung. Nicht begünstigtes Verwaltungsvermögen sollte nach Möglichkeit vor der Einbringung in die Stiftung in begünstigtes Vermögen umgewandelt werden (z. B. Verwendung von jungem Verwaltungsvermögen für Investitionen in „gutes" Betriebsvermögen oder ggf. Liquidierung eines Wertpapierdepots). Die Übertragung erfolgt dabei ausdrücklich nicht an den Stifter, sondern in die Stiftung.
4. Die Stiftung stellt einen Steuererlassantrag nach Maßgabe des § 28a ErbStG.

Da eine Familienstiftung nur mit einem gesetzlichen Mindestkapital von 50.000 € ausgestattet werden muss, dürfte die Stiftung regelmäßig nicht in der Lage sein, die auf die Übertragung des Unternehmensvermögens anfallende Erbschaft- bzw. Schenkungsteuer zu entrichten. Es wäre lediglich die Hälfte des verfügbaren Vermögens der Stiftung zur Zahlung der Erbschaft-/Schenkungsteuer aufzuwenden.[1] Die tatsächliche Steuerbelastung lässt sich damit auf 25.000 € reduzieren. Für die übrige Steuerschuld ist der Stiftung bei Vorliegen der übrigen Voraussetzungen ein Steuererlass zu gewähren. Das Privatvermögen des Stifters oder der sonstigen Familienangehörigen als Begünstigte kann der Stiftung nicht zugerechnet werden. Eine Zurechnung scheidet schon deshalb aus, weil eine Stiftung keine Mitglieder (wie ein Verein) oder Gesellschafter hat. Ein Durchgriff auf die dahinterstehenden Personen dürfte daher ausscheiden. 1180

Bei einer Stiftung stellt sich auch nicht das Problem der fiktiven Besteuerung nach § 7 Abs. 8 ErbStG.[2] Es kommt durch die Zuwendung von Betriebsvermögen in die Familienstiftung nicht zu einer Erhöhung des Verkehrswertes ei- 1181

1 Analog der Regelung, dass die Hälfte des dem Erwerber im Zeitpunkt der Entstehung der Steuer gehörenden Vermögens, welches nicht zum begünstigten Betriebsvermögen gehören würde, für die Steuerzahlung verwendet werden müssen, vgl. im Einzelnen Rz. 660.

2 Vgl. hierzu Rz. 513 ff.

nes Gesellschaftsanteils bei einem Mitgesellschafter. Außerdem gilt die Vorschrift nur für Kapitalgesellschaften und Genossenschaften, nicht aber für Stiftungen. Stiftungen sind nicht mit Kapitalgesellschaften vergleichbar, werden unterschiedlich geregelt und können somit nicht auf eine Ebene gestellt werden.

HINWEIS:

Für Betriebsvermögen in einer Familienstiftung gelten alle die für Betriebsvermögen vorgesehenen Begünstigungsregelungen[1] in vollem Umfang.[2]

3 Gemeinnützige Stiftungen

3.1 Die Gemeinnützigkeit

1182 Gemeinnützigkeit ist gegeben, wenn die Tätigkeit der Stiftung darauf gerichtet ist, die Allgemeinheit auf materiellem, geistigem oder sittlichem Gebiet selbstlos zu fördern (§ 52 AO). Eine solche Förderung der Allgemeinheit liegt nur dann vor, wenn der Kreis der Begünstigten nicht fest abgeschlossen ist, sich etwa nicht ausschließlich auf eine Familie oder die Belegschaft eines Unternehmens erstreckt oder sich der Destinatärkreis nicht nach räumlichen oder beruflichen Merkmalen dauernd im kleinen Kreis abgrenzt.

Erblasser oder Schenker müssen die Verwendung der Stiftungsmittel zu diesem die Allgemeinheit begünstigten Zweck verfügt haben. Ausreichend ist bereits die Förderung auf einem Gebiet. Unter Allgemeinheit ist nicht die ganze Allgemeinheit zu verstehen, sondern auch jeder „nicht abgeschlossene" Ausschnitt aus ihr.[3] Die Förderung der Allgemeinheit setzt ein aktives Tun der Stiftung voraus, und zwar ihrer Zweckverfolgung entsprechend. Mildtätigkeit ist die Unterstützung von Personen, die infolge ihres Gesundheitszustandes „auf die Hilfe anderer angewiesen" sind (§ 53 AO). Kirchliche Zwecke werden durch selbstlose Förderung einer Religionsgemeinschaft verfolgt (§ 54 AO).

1183 Um zu verhindern, dass unter dem Deckmantel der Gemeinnützigkeit in Wirklichkeit nicht auch Eigeninteressen vertreten werden, verlangt die Finanzverwaltung weitere drei Voraussetzungen: die Selbstlosigkeit (§ 55 AO), die Ausschließlichkeit (§ 56 AO) sowie die Unmittelbarkeit (§ 57 AO). Die gemeinnützige Stiftung ist außerdem eingeschränkt in der Einkommensverwendung und in der Einkommenserzielung, d. h., die Steuerbegünstigung setzt die zeitnahe

1 Vgl. Rz. 581 ff.

2 R E 13a22 ErbStR 2019.

3 Pöllath in Seifart, Handbuch StiftungsR, § 43 Rz. 17.

Mittelverwendung im Geschäftsjahr des Zuflusses sowie eine dauernde Bindung für gemeinnützige Zwecke voraus und „andere Personen" dürfen nicht begünstigt werden. Die gemeinnützige Stiftung darf sich nicht gewerblich betätigen.[1]

Die gemeinnützige Stiftung verfolgt ihre Zwecke selbstlos, wenn sie nicht ei- 1184
genwirtschaftlichen, gewerblichen oder sonstigen Erwerbszwecken nachgeht (§ 55 Abs. 1 AO) und ausschließlich, wenn sie nur ihre steuerbegünstigten satzungsmäßigen Zwecke verfolgt.[2] Dass die Stiftung ausschließlich und unmittelbar satzungsmäßige Zwecke verfolgt, muss sich aus der Satzung, dem Stiftungsgeschäft oder der sonstigen Verfassung ergeben. Auch die tatsächliche Geschäftsführung muss diesen Satzungsbestimmungen entsprechen (§ 59 AO).

Sämtliche Mittel der gemeinnützigen Stiftung müssen dem satzungsmäßigen 1185
Zweck dienen (§ 55 Abs. 1 Nr. 1 Satz 1 AO). Unter den Begriff „Mittel" fällt alles, was der Stiftung zukommt, also Geldeinnahmen, Bankguthaben, Wertpapiergewinne, Gewinne aus wirtschaftlichen Geschäftsbetrieben, Spenden oder Überschüsse aus Zweckbetrieben usw. ungeachtet ihrer Herkunft (also beispielsweise finanziert aus Spenden oder Beiträgen), jedoch nicht das Grundstockvermögen und die Einlagen des Stifters.[3] Die Stiftung muss ihre Mittel grds. zeitnah für ihre steuerbegünstigten satzungsmäßigen Zwecke verwenden (Grundsatz der zeitnahen Mittelverwendung).[4] Nicht vereinbar mit dem Grundsatz der zeitnahen Mittelverwendung wäre es, zufließende Mittel zur Vermögensmehrung zu nutzen.

Vorgeschrieben ist hier indes nur die ausschließliche Einkommensverwendung für steuerbegünstigte Zwecke. So kann eine gemeinnützige Stiftung z. B. die Erhaltung eines Unternehmens zum Zweck haben; solange keine Einkommen der Stiftung für das Unternehmen verwendet werden, besteht kein Konflikt mit dem Gebot der Ausschließlichkeit.

---

1 Allerdings greift die Befreiung von der Erbschaft- und Schenkungsteuer auch unabhängig davon, ob die Stiftung einen wirtschaftlichen Geschäftsbetrieb betreibt; im Allgemeinen ist auf die Wettbewerbsneutralität abzustellen.

2 Hierdurch wird das bezüglich der Einkommensverwendung geltende Aufteilungsverbot zum Ausdruck gebracht, wonach die Steuervergünstigungen der Stiftung ganz oder gar nicht gewährt werden, nicht aber nur teilweise.

3 Vgl. Gersch in Klein, AO, § 55 Rz. 4; Seifart/von Campenhausen, Handbuch des Stiftungsrechts, § 37 AO Rz. 226.

4 § 55 Abs. 1 Nr. 5 AO, eingefügt das Gesetz zur weiteren steuerlichen Förderung von Stiftungen v. 14.7.2000, BStBl 2000 I S. 1192.

1186 Das Gebot der Vermögensbindung (Verwendung für steuerbegünstigte satzungsmäßige Zwecke) gilt auch hinsichtlich der eingezahlten Kapitalanteile der Mitglieder und den gemeinen Wert der von den Mitgliedern geleisteten Sacheinlagen bei Auflösung der Stiftung oder bei Wegfall ihres Zwecks).[1]

Nicht in erster Linie ist die Stiftung selbstlos tätig, wenn eigenwirtschaftliche Interessen als gleichrangiges oder sogar überwiegendes Ziel neben den steuerbegünstigten Zweck treten. An Selbstlosigkeit würde es einer gemeinnützigen Stiftung fehlen, wenn sie ihre Mittel ausschließlich ihrem „wirtschaftlichen Geschäftsbetrieb" zur Verfügung stellen würde und die Tätigkeit darauf gerichtet ist, das Stiftungsvermögen und die Einkünfte zu vermehren. Gegen eine Selbstlosigkeit spricht auch, wenn sich der Stifter – im Stiftungsrat sitzend – selbst und seinen nahen Angehörigen unangemessen hohe Vergütungen zukommen lässt (§ 55 Abs. 1 Nr. 3 AO).

Allerdings ist nicht jede auf Verbesserung der Einkünfte oder des Vermögens gerichtete Tätigkeit als Verstoß gegen das Gebot der Selbstlosigkeit anzusehen. Die Stiftung kann einen auf Gewinnerzielung gerichteten wirtschaftlichen Geschäftsbetrieb unterhalten, ohne dadurch das Gebot der Selbstlosigkeit zu verletzen (§ 64 AO). Ein wirtschaftlicher Geschäftsbetrieb ist eine selbständige nachhaltige Tätigkeit, durch die Einnahmen oder andere wirtschaftliche Vorteile erzielt werden und der über den Rahmen der Vermögensverwaltung hinausgeht (§ 14 Satz 1 AO). Die Absicht, Gewinn zu erzielen, ist dabei nicht erforderlich. Vielfach dürfte es sogar so sein, dass gerade die Gewinne des wirtschaftlichen Geschäftsbetriebes es der Stiftung ermöglichen, ihren gemeinnützigen Zwecken nachzukommen. Der von der Stiftung geführte Betrieb wird so zum Zweckbetrieb (§ 65 AO). Voraussetzung für einen Zweckbetrieb ist, dass dieser tatsächlich und unmittelbar die satzungsmäßigen Zwecke der Stiftung, die ihn betreibt, verwirklicht. Ein Zweckbetrieb liegt nicht vor, wenn der Stiftungszweck allein aus den Erträgen des Betriebes erfüllt wird. Ist dies der Fall, handelt es sich um einen wirtschaftlichen Geschäftsbetrieb. Während also die Stiftung einen Zweckbetrieb unmittelbar und unbedingt zur Verwirklichung des Stiftungszwecks benötigen muss und der Wettbewerb zu nicht begünstigten Betrieben derselben oder ähnlicher Art auf das Unvermeidbare begrenzt sein muss, tritt der wirtschaftliche Geschäftsbetrieb voll in den Wettbewerb mit ähnlichen Unternehmen und wird von der Stiftung zur Erfüllung des Stiftungszwecks nicht unmittelbar benötigt.

1 § 55 Abs. 1 Nr. 4 AO.

Der Hauptunterschied zwischen Zweckbetrieb und wirtschaftlichem Geschäftsbetrieb liegt aber vielmehr darin, dass die Stiftung die Steuerbefreiung für Zweckbetriebe nicht verliert, für einen wirtschaftlichen Geschäftsbetrieb dagegen schon (aber nur für diesen!). Allein das Unterhalten eines wirtschaftlichen Geschäftsbetriebes – gleich welcher Größe – macht aus der gemeinnützigen Stiftung noch kein steuerschädliches Gewerbe. Die Stiftung darf die im Rahmen eines wirtschaftlichen Geschäftsbetriebs verfolgten eigenwirtschaftlichen Zwecke nur nicht „in erster Linie" verfolgen. Selbstloses Handeln ist nur zu verneinen, wenn die eigene Opferwilligkeit zu Gunsten anderer wegfällt oder in den Hintergrund gedrängt wird und an deren Stelle in erster Linie der Eigennutz tritt. Unterhält eine Stiftung einen wirtschaftlichen Geschäftsbetrieb, so ist sie auch nicht allein deswegen „eigennützig" tätig, weil sie zur Sicherung ihres wirtschaftlichen Geschäftsbetriebs – und damit zur langfristigen Erfüllung der von ihr nach der Satzung oder dem Stiftungsgeschäft auferlegten steuerbegünstigten Zwecke – ein erhebliches und mit dem Geschäftsumfang wachsendes Eigenkapital benötigt und das betriebswirtschaftlich notwendige Eigenkapital für den Betrieb nur durch eine Thesaurierung der Gewinne aufbringen kann. Eine – vorübergehende – notwendige Gewinnthesaurierung zu Gunsten des wirtschaftlichen Geschäftsbetriebs schließt nicht aus, dass die Tätigkeit der Körperschaft darauf gerichtet ist, die Allgemeinheit selbstlos zu fördern. Etwas anderes gilt nur, wenn offensichtlich erkennbar ist, dass der wirtschaftliche Geschäftsbetrieb seine Überschüsse nicht an den ideellen Bereich abgibt bzw. diese Verpflichtung tatsächlich nicht erfüllt. 1187

Schließlich muss die Stiftung, um dem dritten Erfordernis der Unmittelbarkeit gerecht werden zu können, den steuerbegünstigten satzungsmäßigen Zweck selbst verwirklichen (§ 57 Abs. 1 Satz 1 AO). Zum Hauptzweck einer gemeinnützigen Stiftung darf auch nicht gehören, die Einnahmen für sich zur Mehrung ihres Vermögens zu behalten. Die satzungsmäßigen Mittel sind den steuerbegünstigten Zwecken vielmehr zeitnah zuzuführen – im Übrigen eine weitere Voraussetzung für Selbstlosigkeit. Das Gebot der zeitnahen gemeinnützigen Mittelverwendung (§ 58 Nr. 6 AO) schränkt allerdings eine betriebswirtschaftlich gebotene Gewinnthesaurierung auf Ebene des wirtschaftlichen Geschäftsbetriebes nicht ein. Ein Verstoß gegen die zeitnahe Mittelverwendung stellt aber nicht gleich die Gemeinnützigkeit infrage. Es ist der Stiftung vorbehalten, den Verstoß zu heilen, indem sie binnen einer vom Finanzamt gesetzten Frist unzulässig angesammelte Rücklagen für satzungsgemäße steuerbegünstigte Zwecke verwendet. 1188

1189 Vielfach leben gemeinnützige Stiftungen von Kapitaleinkünften wie von Erträgen aus privater Vermögensverwaltung oder der Vermietung von Immobilien. Einkünfte aus passiver Vermögensverwaltung, welche keinen wirtschaftlichen Geschäftsbetrieb darstellt, bleiben bei steuerbegünstigten Stiftungen immer steuerfrei. Solange sich die Stiftung selbst nicht unternehmerisch betätigt, ist das Halten von Unternehmensbeteiligungen und die bloße Ausübung von Gesellschafterrechten auch nicht steuerschädlich. In den überwiegenden Fällen aber wird sich die Stiftung als Hauptaktionärin bzw. als Mehrheitsgesellschafterin nicht nur auf eine (passive) Stimmrechtsausübung in der Gesellschafterversammlung beschränken wollen, sondern Einfluss auf die Geschäftsführung nehmen. Die Gewinnanteile oder Dividenden wären dann steuerpflichtig.

Die Tätigkeit einer Vermögensverwaltung kann jedoch gegen das Gebot der „Ausschließlichkeit" verstoßen und letztlich doch steuerschädlich sein, wenn nur Teile des Ertrags für steuerbegünstigte Zwecke verwendet werden. Denn die nicht begünstigte Vermögensanlage steht dann so im Vordergrund, dass sie einen eigenen Zweck der Körperschaft bildet.

HINWEIS:

Um dem Gebot der satzungsmäßigen Vermögensbindung zu genügen, empfiehlt es sich, den Zweck, für den das Vermögen bei Auflösung der gemeinnützigen Stiftung oder im Fall eines Wegfalls des ursprünglichen Zwecks zu verwenden ist, in der Satzung so genau zu bestimmen, dass gewährleistet ist, dass dieser ebenfalls begünstigt ist (§ 61 Abs. 1 AO). Soweit der künftige Verwendungszweck des Vermögens bei der Aufstellung der Satzung noch nicht genau angegeben werden kann, genügt es, wenn in der Satzung bestimmt wird, dass das Vermögen bei Auflösung oder Aufhebung der Stiftung oder Wegfall des Stiftungszwecks zu steuerbegünstigten Zwecken zu verwenden ist. Beschlüsse des Stiftungsrates über die Vermögensverwendung sind insoweit mit dem Finanzamt abzustimmen (§ 61 Abs. 2 Satz 1 AO).

3.2 Die Steuervorteile im Überblick

1190 Gemeinnützige, mildtätige oder kirchliche Stiftungen:

- Sind von der Körperschaft- und Gewerbesteuer befreit;
- können sich eine einbehaltene Kapitalertragsteuer rückerstatten lassen;
- zahlen keine Grundsteuern;
- zahlen keine Ersatzerbschaftsteuern;
- werden – sofern nicht gänzlich steuerfrei – nur mit dem ermäßigten Steuersatz nach § 12 UStG besteuert.

Des Weiteren sind Erstzuwendungen und Zustiftungen an gemeinnützige Stiftungen von der Erbschaft- oder Schenkungsteuer befreit. Ferner können Zuwendungen an gemeinnützige Stiftungen als Spende (Sonderausgabe) steuermindernd geltend gemacht werden. Die Steuervergünstigungen für gemeinnützige Stiftungen bei der Körperschaft- und Gewerbesteuer gelten auch für die Vermögensverwaltung.

HINWEIS:

Die Vermögensverwaltung gehört weder zu den satzungsmäßigen Zwecken noch ist sie Teil eines wirtschaftlichen Geschäftsbetriebs.

3.3 Die Steuervorteile im Einzelnen

3.3.1 Erbschaft- und schenkungsteuerfreie Vermögensübertragung

Vermögensübertragungen auf gemeinnützige Stiftungen erfüllen zwar die Vo- 1191
raussetzungen für einen erbschaft- bzw. schenkungsteuerpflichtigen Vorgang, sind jedoch kraft Gesetzes erbschaft- und schenkungsteuerfrei (§ 13 Abs. 1 Nr. 16b ErbStG). Dies gilt auch für spätere Zustiftungen, die bei Familienstiftungen sogar mit Steuerklasse III besteuert werden. Die Voraussetzungen der Gemeinnützigkeit müssen erst im Zeitpunkt der Entstehung der Steuer (= Zeitpunkt des Erwerbs von Todes wegen bzw. Zeitpunkt der Ausführung der Schenkung) vorliegen. Wird ein im Wege einer Schenkung oder der Rechtsnachfolge erworbenes Vermögen binnen 24 Monaten in eine gemeinnützige Stiftung eingebracht, erlischt auch eine bereits gezahlte Erbschaft- oder Schenkungsteuer rückwirkend (§ 29 Abs. 1 Nr. 4 ErbStG).

HINWEISE:

- Die Steuerbefreiung gilt auch für gemeinnützige Stiftungen, die einen wirtschaftlichen Geschäftsbetrieb unterhalten, wenn die Stiftung dadurch nicht den Gemeinnützigkeitsstatus verliert. Die Finanzverwaltung lehnt eine Steuerbefreiung allerdings dann ab, wenn die Zuwendungen an den wirtschaftlichen Geschäftsbetrieb der gemeinnützigen Stiftung geleistet werden.
- Zu beachten ist ebenfalls, dass die Steuerbefreiung nach § 13 Abs. 1 Nr. 16b ErbStG rückwirkend erlischt, wenn die Stiftung innerhalb von zehn Jahren aufgelöst wird und das Stiftungsvermögen nicht begünstigten Zwecken zugeführt wird. Entsprechende Erbschaft-/Schenkungsteuerbescheide können aufgehoben oder geändert werden.

3.3.2 Bei Übertragung von Betriebsvermögen können stille Reserven unversteuert in die Stiftung überführt werden

Bei Übertragung von Betriebsvermögen in eine Familienstiftung ergeben sich 1192
dieselben ertragsteuerlichen Konsequenzen wie bei einer Veräußerung: Stille Reserven müssen aufgedeckt und versteuert werden. Gemeinnützigen Stiftun-

gen gewährt der Gesetzgeber hingegen das sog. Buchwertprivileg. Danach dürfen Wirtschaftsgüter aus dem Betriebsvermögen zum Buchwert entnommen und in das Vermögen der steuerbegünstigten Stiftung überführt werden (§ 6 Abs. 1 Nr. 4 Sätze 4 und 5 EStG).

HINWEIS:

Die gemeinnützige Stiftung eröffnet dem Stifter noch einen weiteren interessanten Aspekt: Ist es aus bestimmten Gründen notwendig, Betriebsvermögen vor der Übertragung auf die Stiftung zu veräußern, und sind hierbei stille Reserven zu realisieren, kann die Steuerbelastung in Form eines Sonderausgabenabzugs (als Spende im Rahmen der Höchstgrenzen) nahezu neutralisiert werden.

3.3.3 Absetzbarkeit der Zuwendungen als Spende

1193 Der Stifter kann Zuwendungen an gemeinnützige Stiftungen als Sonderausgabe (Spende) über die geltenden Regelungen für den Steuerabzug für Spenden hinaus bis zu 20% des Gesamtbetrages seiner Einkünfte oder – für Unternehmer relevant – 4‰ der Summe der gesamten Umsätze und der im Kalenderjahr aufgewendeten Löhne und Gehälter von der Einkommensteuer abziehen (§ 10b Abs. 1 EStG).

Zusätzlich können Spenden in den Vermögensstock einer gemeinnützigen Stiftung im Steuerjahr (Veranlagungszeitraum) der Zuwendung und in den folgenden neun Jahren bis zu einem Betrag von 1.000.000 € neben den als sonderausgabenabzugsfähige Spenden zu berücksichtigenden Zuwendungen und über den für Spenden geltenden Einschränkungen hinaus steuermindernd abgezogen werden. Die Vermögensstockspende kann auf Antrag des Steuerpflichtigen innerhalb eines Zeitraumes von zehn Jahren beliebig auf die einzelnen Jahre verteilt werden.

Die Regelungen über die Vermögensstockspende gelten nicht nur für Zuwendungen im Gründungsjahr, sondern auch für spätere Zustiftungen. Vermögensstockspenden, die nicht innerhalb des Zehnjahreszeitraums verbraucht wurden, gehen in den allgemeinen unbefristeten Spendenvortrag nach § 10b Abs. 1 EStG über; sie gehen also nicht verloren.[1]

HINWEIS:

Ein Beispielfall zur Absetzbarkeit von Zuwendungen an gemeinnützige Stiftungen als Spende findet sich in Rz. 1201.

1 OFD Koblenz, Vfg. v. 16.2.2009 - S 2223/S 2751/G 1425 A - St 33 1.

3.3.4 Nachversteuerung bei Auflösung, Satzungsänderungen und rückwirkender Aberkennung der Gemeinnützigkeit

Die Steuerfreiheit von gemeinnützigen Stiftungen entfällt rückwirkend, wenn die Gemeinnützigkeit innerhalb eines Zeitraumes von zehn Jahren wegfällt und das Vermögen nicht steuerbegünstigten (gemeinnützigen) Zwecken zugeführt wird (§ 13 Abs. 1 Nr. 16b Satz 2 ErbStG). Dasselbe gilt, wenn es innerhalb dieses Zeitraumes zur Auflösung der Stiftung kommt oder zu Änderungen in den Satzungsbestimmungen über die Vermögensbindung und diese Änderungen den Anforderungen der Selbstlosigkeit (Grundsatz der Vermögensbindung, § 55 Abs. 1 Nr. 4 AO) nicht mehr entsprechen. Die Bestimmung gilt dann „ex tunc" als steuerlich unzureichend mit der Folge, dass die Voraussetzungen für eine Steuervergünstigung rückwirkend nicht mehr vorliegen und erlassene Steuerbescheide der letzten zehn Jahre vor der Änderung der Bestimmung über die Vermögensbindung aufgehoben oder geändert werden können (§ 61 Abs. 3 AO). Eine Nachversteuerung droht auch, wenn einer anfänglich gemeinnützigen Stiftung die Gemeinnützigkeit innerhalb dieses Zehnjahreszeitraumes entzogen wird. 1194

HINWEIS:

Wird eine gemeinnützige Stiftung errichtet und hat der Stifter auf die Geschäftsführung dieser Körperschaft keinen Einfluss, sollte der Vermögensübertrag nur unter dem Vorbehalt des Widerrufs für solche Fälle erfolgen, in denen es innerhalb der Zehnjahresfrist zur Aberkennung der Gemeinnützigkeit kommt. Dann kann der Stifter nachträglich nicht mehr in die Pflicht genommen werden. Vielmehr erlischt die Steuer mit Wirkung für die Vergangenheit nach § 29 ErbStG.

4 Gemeinnützige nichtrechtsfähige Stiftungen (Treuhandstiftungen) – Gestaltungstipps zur optimalen Vermögensübertragung

4.1 Allgemeines

Nichtrechtsfähige gemeinnützige Stiftungen – auch bezeichnet als unselbständige, fiduziarische oder treuhänderische Stiftung – oder Unterstiftungen unterscheiden sich von gewöhnlichen gemeinnützigen Stiftungen nur dadurch, dass die nichtrechtsfähigen gemeinnützigen Unterstiftungen keine eigene Rechtspersönlichkeit entfalten und daher zwingend einen Stiftungsträger benötigen. Der Stiftungsträger muss eine – unsterbliche – juristische Person sein, im Regelfall ist der Stiftungsträger selbst eine gemeinnützige Stiftung. 1195

Die Unterstiftung ist nicht Gegenstand der einschlägigen stiftungsrechtlichen Bestimmungen im BGB (§§ 82 ff.). Auch die Stiftungsgesetze der Länder mit den darin verankerten stiftungsaufsichtsrechtlichen Regelungen kommen für Unterstiftungen nicht zur Anwendung. Unselbständige Stiftungen können ohne große Formalität und ohne Barkapital errichtet werden. Es bedarf weder einer behördlichen Genehmigung, einer staatlichen Aufsicht oder eines Mindeststiftungsvermögens. Auch Zweckänderungen oder zeitliche Befristungen sind leichter möglich! Unterstiftungen sind deshalb die klassische Form für kleinere Stiftungsvermögen.

Die Gründung einer Unterstiftung vollzieht sich im Prinzip so wie die Errichtung einer Privatstiftung nur mit dem Unterschied, dass die nichtrechtsfähige Stiftung erst mit Annahme durch den Stiftungsträger, also im Regelfall einer übergeordneten rechtsfähigen gemeinnützigen Stiftung, als errichtet gilt. Die Zuwendung des Vermögens kann entweder in Form eines Treuhandvertrages (als Auftrag oder Geschäftsbesorgungsvertrag) oder aber als Schenkung oder Vermächtnis unter Auflage der Errichtung einer unselbständigen Stiftung erfolgen.

1196 Empfänger des Vermögens ist regelmäßig der Stiftungsträger. Unselbständige Stiftungen lauten auf eigenen Namen und eine eigene Satzung ist selbstverständlich auch inbegriffen. Stiftungen dieser Art stellen dabei nicht nur ein Steuersparinstrument dar, sondern erlauben es dem Stifter auch, sich und seinen Namen im Zusammenhang mit seinem Stiftungsvermögen zu verewigen.

Unselbständige Stiftungen werden bei Einhaltung der gesetzlichen Vorgaben steuerrechtlich genauso behandelt wie „echte" – rechtlich selbständige – Stiftungen, da auch nichtrechtsfähige Stiftungen zu den unbeschränkt steuerpflichtigen Körperschaften i. S. des Körperschaftsteuergesetzes zählen. Die unselbständige Stiftung wird für Ertragsteuerzwecke als selbständiges Steuersubjekt behandelt (§ 1 Abs. 1 Nr. 5 KStG) und kann dieselben gemeinnützigkeitsspezifischen Vergünstigungen wie rechtsfähige gemeinnützige Stiftungen nutzen

HINWEIS:

Soll Erbvermögen nur zeitlich begrenzt in eine Unterstiftung eingebracht werden, weil beispielsweise das Enkelkind verspricht, das Stiftungsvermögen „in Ehren" zu halten, dieses aber erst in einigen Jahren Volljährigkeit erlangt, bietet sich die Einsetzung des Stiftungsträgers als Vorerbe an.

4.2 Besonderheiten bei der Erbschaft- und Schenkungsteuer

Wie bereits erörtert, wird Eigentümer eines zur Errichtung einer nichtrechtsfähigen Stiftung übertragenen Vermögens nicht die nichtrechtsfähige Unterstiftung, sondern der Stiftungsträger. Nur dieser wird rechtlicher Eigentümer des Vermögens und gilt als Erwerber i. S. des Erbschaft-/Schenkungsteuerrechts. 1197

Der Stiftungsträger erhält dieses Vermögen regelmäßig aber nur unter der entsprechenden Auflagenverpflichtung, die Vermögensgegenstände im öffentlichen Interesse usw. zu nutzen, was Voraussetzung für die Gemeinnützigkeit und Steuerfreiheit ist.

Diese Zweckauflage seitens des Gründers der Unterstiftung (und Einbringers der Vermögensgegenstände) stimmt im Regelfall mit der Zwecksetzung des Stiftungsträgers überein (Zweckidentität). Erfüllt der Stiftungsträger darüber hinaus selbst die notwendigen Gemeinnützigkeitsvoraussetzungen – und darauf sollte der Stifter stets achten –, begründet sich die Erbschaft-/Schenkungsteuerfreiheit nach der für gemeinnützige Stiftungen geltenden Befreiungsvorschrift nach § 13 Abs. 1 Nr. 16b ErbStG. Erfüllt der Stiftungsträger nicht die Voraussetzung für die Gemeinnützigkeit, würde es sich bei den hingegebenen Vermögensgegenständen um eine zweckgerichtete ausschließlich gemeinnützigen, mildtätigen oder kirchlichen Zwecken dienende Zuwendung handeln, die nach § 13 Abs. 1 Nr. 17 von der Erbschaft-/Schenkungsteuer befreit wäre. Die Befreiungsvorschrift des § 13 Abs. 1 Nr. 17 ErbStG ergänzt Nr. 16 Buchst. b und unterscheidet sich nur dadurch, dass im Fall der Nr. 17 der Verwendungszweck vom Vermögenswidmer festgelegt werden muss, während bei Nr. 16 Buchst. b die gemeinnützige Körperschaft (in diesem Fall der Stiftungsträger) die Vermögensgegenstände im Rahmen ihrer zulässigen Tätigkeit frei verwenden kann.[1] 1198

HINWEIS:

Auf eine Zweckidentität zwischen dem Stiftungsträger und der nicht rechtsfähigen Unterstiftung sollte stets geachtet werden. Liegt keine Zweckidentität vor, erfüllt die Übertragung der Vermögensgegenstände in die nichtrechtsfähige Unterstiftung den steuerpflichtigen Tatbestand der Zweckzuwendung (§ 8 ErbStG). Zweckzuwendungen sind Zuwendungen, die ebenfalls von Todes wegen oder unter Lebenden erfolgen, jedoch nicht an eine bestimmte Person oder an einen bestimmten Personenkreis fallen, sondern einem bestimmten Zweck dienen oder unbestimmte Personenkreise begünstigen sollen, welche sich nicht namentlich erfassen lassen. Eine Steuerbefreiung hängt in diesem Fall davon ab, ob die nicht rechtsfähige Unterstiftung selbst alle Gemeinnüt-

1 Jülicher in Troll/Gebel/Jülicher/Gottschalk, § 13 Rz. 222.

zigkeitsvoraussetzungen erfüllt, worauf im Einzelnen zu achten ist.[1] Professionell ausgearbeitete Konzepte institutioneller Anbieter sehen zwischen Unterstiftung und dem Stiftungsträger stets eine entsprechende Zweckidentität vor, so dass die vollständige Erbschaft-/Schenkungsteuerfreiheit von Vermögensübertragungen auf gemeinnützige Unterstiftungen gewährleistet ist.

4.3 Einbringung eigener Vermögensgegenstände als sonderausgabenabzugfähige Spende

1199 Wer das Wort Spende hört, verbindet dieses im Regelfall mit der Hingabe von Geldzuwendungen. Steuerrechtler verstehen unter Spende alle Arten von „Ausgaben zur Förderung mildtätiger, kirchlicher, religiöser, wissenschaftlicher und der als besonders förderungswürdig anerkannten gemeinnützigen Zwecke". Unter bestimmten Voraussetzungen erkennt der Fiskus auch Vermögensgegenstände als von der Steuer absetzbare Spende an.

Clevere Vermögensüberträger nutzen folgendes Steuermodell: Die Einbringung von Vermögensgegenständen in ihre eigene steuerbegünstigte gemeinnützige nichtrechtsfähige Unterstiftung. Die Zuwendung von Vermögensgegenständen in eine gemeinnützige nichtrechtfähige Stiftung bringt dem Stifter folgende Steuervorteile:

- Der Stifter kann vom „gemeinen Wert" (Verkehrswert/Schätzwert) der eingebrachten Vermögensgegenstände bis zu 20% vom Gesamtbetrag seiner Einkünfte im Zuwendungsjahr als Spende steuerlich geltend machen (alternativ 4‰ der Summe der gesamten Umsätze und der im Kalenderjahr aufgewendeten Löhne und Gehälter, vgl. § 10b Abs. 1 Nr. 1 und 2 EStG). Der Spendenabzug für Zuwendungen an gemeinnützige Stiftungen wurde durch das Gesetz zur weiteren Stärkung des bürgerschaftlichen Engagements[2] erheblich erweitert.

BEISPIEL: Bei einem Kunstgemälde im Schätzwert vom 400.000 € kann ein privater Sammler, dessen Gesamtbetrag der Einkünfte 200.000 € betragen soll, 40.000 € (= 20% vom Gesamtbetrag der Einkünfte) als Spende bei Gründung einer unselbständigen Kunststiftung und Widmung des Kunstgemäldes steuermindernd geltend machen.

- Über den allgemeinen Spendenabzug hinaus kann der Stifter auf Antrag in den Vermögensstock einer gemeinnützigen Unterstiftung gewährte Zu-

1 Wären die Gemeinnützigkeitsvoraussetzungen nicht gegeben, würde wiederum der Auffangtatbestand des § 13 Abs. 1 Nr. 17 ErbStG Anwendung finden.

2 Gesetz zur weiteren Stärkung des bürgerschaftlichen Engagements v. 10.10.2007, BGBl 2007 I S. 2332, BStBl 2007 I S. 815.

wendungen bis zu 1.000.000 € als Spende, ggf. verteilt auf insgesamt zehn Jahre als besonderer Abzugsbetrag steuerlich geltend machen (Vermögensstockspenden, § 10b Abs. 1a EStG). Im Antragsfall kann die Spende innerhalb des Zehn-Jahres-Zeitraumes vom Spender beliebig auf die einzelnen Jahre verteilt werden.

Unter diesen Gesichtspunkten kann es allemal günstiger sein, unter Ausschöp- 1200
fung sämtlicher Einkommensteuervorteile Vermögensgegenstände zu Lebzeiten schenkungsteuerfrei in eine eigene Stiftung einzubringen, anstatt Vermögensgegenstände steuerpflichtig den Erben zuzuwenden, die als Folge die Erbschaftsteuerschulden durch Hingabe einzelner oder mehrerer Sammlerstücke aus dem Vermögensnachlass mit den Gegenständen begleichen (müssen).

HINWEISE:

- Mit dem Gesetz zur weiteren Stärkung des bürgerschaftlichen Engagements ist auch die Voraussetzung, dass die Spende anlässlich der Neugründung der Stiftung geleistet werden muss, entfallen, so dass auch Spenden in den Vermögensstock bereits bestehender gemeinnütziger Stiftungen bis zu 1.000.000 € als Sonderausgaben abzugsfähig sind.
- In dem Antrag auf Inanspruchnahme des besonderen Abzugsbetrags ist festzulegen:
  - In welcher Höhe die Zuwendung als Vermögensstockspende behandelt werden soll. Eine entsprechende Aufteilung empfiehlt sich für Zuwendungen über die Höhe von über 20% des Gesamtbetrages der Einkünfte bzw. 4‰ der Summe der gesamten Umsätze und der im Kalenderjahr aufgewendeten Löhne und Gehälter hinaus. Leistet ein Spender z. B. eine Gesamtzuwendung von z. B. 100.000 € und beträgt sein Gesamtbetrag der Einkünfte im Zuwendungsjahr 200 000 €, empfiehlt sich eine Aufteilung von 80.000 € als Vermögensstockspende (ggf. verteilt auf zehn Jahre) und 20.000 € als sonstiger Spendenabzugsbetrag.
  - In welcher Höhe der Spendenbetrag in dem entsprechenden Zeitraum berücksichtigt werden soll.
  - Vermögensstockspenden, die nicht innerhalb des zehnjährigen Abzugszeitraumes verbraucht werden, gehen in den allgemeinen unbefristeten Spendenvortrag über (§ 10b Abs. 1 EStG).
  - Ehepaare, die ihre gemeinsam gesammelten Vermögensgegenstände in eine Stiftung einbringen, bekommen bei Zusammenveranlagung den doppelten Höchstbetrag für die Vermögensstockspende.

4.4 Ein Beispielfall

Erblasser Max K. kaufte in den letzten 30 Jahren für insgesamt 100.000 € Ge- 1201
mälde und Skulpturen, welche inzwischen einen Marktwert von 500.000 € erreicht haben. Der Wertzuwachs realisierte sich in der Privatsphäre steuerfrei. K möchte seine Kunstschätze nicht seinen Neffen vererben, welche wegen der

begrenzten Veräußerbarkeit und den doch beachtlichen Erbschaftsteuern sowieso keinen Wert darauf legen. Anfang 2020 bringt K die Sammlerstücke stattdessen nach § 13 Abs. 1 Nr. 16b ErbStG schenkungsteuerfrei in die unselbständige Max K. Stiftung ein. K erzielt pro Jahr 100.000 € an Gesamteinkünften und versteuert davon 90.000 € in 2020. K würde nach der Grundtabelle eine Einkommensteuer von 28.841 € sowie einen Solidaritätszuschlag von rund 1.586 € zahlen müssen. Dank „Steuersparmodell Treuhandstiftung“ reduziert sich seine Einkommensteuer ab 2020 bis einschließlich 2029 um über 200.000 €, wie folgende Rechnung zeigt.

Steuerjahr			
2020	zu versteuerndes Einkommen	90.000 €	
	Als Sonderausgabe einmalig abziehbarer Spendenbetrag, § 10 Abs. 1 Nr. 1 EStG (20% aus Gesamtbetrag der Einkünfte = 20.000 €)	·/. 20.000 €	
	Besonderer Abzugsbetrag: als Spende in den Vermögensstock der gemeinnützigen unselbstständigen Max K Kunststiftung auf Antrag abziehbar im VAZ der Zuwendung (1/10 von 480.000 (500.000 – 20.000, verbleiben 480.000) = 48.000 €	·/. 48.000 €	
	zu versteuerndes Einkommen 2020	22.000 €	
	Einkommensteuer 2020 (inkl. Solizuschlag €)	3.041 €	
	Steuerersparnis 2020 (30.427 – 3.041)		27.386 €
2021–2029	zu versteuerndes Einkommen	90.000 €	
	Besonderer Abzugsbetrag (verteilt auf Antrag auf bis zu zehn Jahre)	– 48.000 €	
	zu versteuerndes Einkommen (statt 90.000)	42.000 €	
	Einkommensteuer 2021–2029 (inkl. Solizuschlag aus 42.000 €)	9.165 €	
	Steuerersparnis 2021–2029 (30.427 – 9.165) × 9		191.358 €
	Steuerersparnis gesamt		218.744 €

4.5 Einbringung bereits geerbter und versteuerter Vermögensgegenstände in eine nicht rechtsfähige gemeinnützige (Unter-)Stiftung durch die Erben

1202 Die Errichtung einer nicht rechtsfähigen unselbständigen Stiftung macht selbst dann (noch) Sinn, wenn Vermögensgegenstände bereits vererbt wurden und der Erbe die Zuwendung bereits versteuert hat. Bringt der Erbe das Vermögen nämlich innerhalb von 24 Monaten nach dem Erwerb in eine hierfür errichtete gemeinnützige Unterstiftung ein, erlischt die bereits gezahlte Erbschaftsteuer mit Wirkung für die Vergangenheit und der Erbe erhält bereits gezahlte Erbschaftsteuern wieder zurück. Maßgebliche Rechtsgrundlage ist § 29 Abs. 1 Nr. 4 ErbStG. Nach dieser Vorschrift erlischt die Erbschaft-(Schenkung-)steuer für die Vergangenheit, soweit Vermögensgegenstände, die von Todes wegen oder durch Schenkung unter Lebenden erworben wurden, innerhalb von 24 Monaten nach dem Zeitpunkt der Entstehung der Steuer – das ist bei Erwerben von Todes wegen der Erbfall und bei Schenkungen der Zeitpunkt der Ausführung der Zuwendung – dem Bund, einem Land, einer inländischen Gemeinde oder eben auch einer inländischen Stiftung zugewendet werden. Voraussetzung ist, dass die Stiftung ausschließlich und unmittelbar als gemeinnützig anzuerkennenden steuerbegünstigten Zwecken dient.

HINWEIS:

Das bayerische Landesamt für Steuern (BayLfSt) hat in einem Erlass aus dem Jahre 2004 klargestellt, dass die Vorschrift des § 29 Abs. 1 Nr. 4 ErbStG auch auf unselbständige Stiftungen anzuwenden ist.[1] Somit können Erben von Kunstgegenständen sowie anderen Wirtschaftsgütern bereits gezahlte Erbschaftsteuern vom Fiskus unter den gegebenen Voraussetzungen wieder zurückholen.

5 Zusammenfassende Übersicht

TAB. 33: Gemeinnützige Stiftung im Vergleich zur Familienstiftung 1203

	Gemeinnützige Stiftung	Familienstiftung
Stiftungserrichtung	Steuerfrei nach § 13 Abs. 1 Nr. 16b ErbStG; rückwirkendes Erlöschen der Erbschaft- und Schenkungsteuer bei Weitergabe von Vermögensgegenständen binnen zwei Jahren an eine gemeinnützige Stiftung nach § 29 Abs. 1 Nr. 4 ErbStG	Grundsätzlich steuerpflichtig als Erwerb von Todes wegen (§ 3 Abs. 2 Nr. 1 ErbStG) bzw. als Schenkung unter Lebenden (§ 7 Abs. 1 Nr. 8 ErbStG)
Zustiftungen	Steuerfrei nach § 13 Abs. 1 Nr. 16b ErbStG	steuerpflichtig nach Steuerklasse III (§§ 3 Abs. 2 Nr. 1, 7 Abs. 1 Nr. 8 ErbStG; § 15 Abs. 2 Satz 1 ErbStG gilt nicht für Zustiftungen)

1 BayLfSt, Erlass v. 7.1.2004 - S 3840 5 St 353.

Spendenabzug	Spendenabzug allgemein plus besonderer Abzugsbetrag für Vermögensstockspenden (§ 10b Abs. 1, 1a EStG)	Kein Spendenabzug (§ 12 Nr. 2 EStG)
Laufende Besteuerung (Körperschaftsteuer auf Ebene der Stiftung)	► Körperschaftsteuer steuerfrei (§ 5 Abs. 1 Nr. 9 KStG) ► Ausnahme: wirtschaftlicher Geschäftsbetrieb (§ 5 Abs. 1 Nr. 9 Satz 2 KStG)	► körperschaftsteuerpflichtig (§ 1 Abs. 1 Nr. 5), Steuersatz 15% (§ 23 Abs. 1 KStG) ► Schenkungsteuer: satzungsmäßige Zuwendungen sind nicht abzugsfähig (§ 10 Abs. 7 ErbStG)
Laufende Besteuerung (Einkommensteuer auf Ebene der Destinatäre)	► Zuwendungen einkommensteuerpflichtig (§ 22 Nr. 1 Satz 2 Halbsatz 2 EStG)	► Zuwendungen einkommensteuerpflichtig, Abgeltungsteuersatz § 20 Abs. 1 Nr. 9 EStG Schenkungsteuer: satzungsgemäße Zuwendungen sind steuerfrei
Satzungsmäßige Zuwendungen (Schenkungsteuer)	Keine Schenkungsteuer	Keine Schenkungsteuer
Erbschaftsteuer (Erbersatzsteuer)	–	alle 30 Jahre (§ 1 Abs. 1 Nr. 4 ErbStG)
Beteiligung an Kapitalgesellschaft	Ausschüttung steuerfrei	Ausschüttung steuerfrei
Auflösung der Stiftung	► soweit das Stiftungsvermögen während des Bestehens der Stiftung gebildet worden ist, bleibt es für gemeinnützige Zwecke gebunden ► steuerfreie Rückübertragung des vom Stifter eingebrachten Vermögens, steuerpflichtige Rückübertragung an Angehörige wie bei Familienstiftung	schenkungsteuerpflichtig (§ 7 Abs. 1 Nr. 9 ErbStG) ► soweit Rückübertragung des Vermögens an den Stifter steuerfrei ► soweit Rückübertragung an andere Personen, Besteuerung nach der Steuerklasse, die sich nach dem Verwandtschaftsverhältnis zwischen dem Stifter und dem unmittelbaren Erwerber ergäbe (§ 15 Abs. 2 Satz 2 ErbStG)

Anhang

1. Punktesystem für die Berechnung fiktiver Baujahre bei umfassender Modernisierung (R B 190.7 ErbStR 2019)

TAB. 1: Modernisierungselemente	
Modernisierungselemente	**Punkte**
Dacherneuerung inkl. Verbesserung der Wärmedämmung	4
Modernisierung der Fenster und Außentüren	2
Modernisierung der Leitungssysteme (Strom, Gas, Wasser, Abwasser)	2
Modernisierung der Heizungsanlage	2
Wärmedämmung der Außenwände	4
Modernisierung von Bädern	2
Modernisierung des Innenausbaus, z. B. Decken, Fußböden, Treppen	2
Wesentliche Verbesserung der Grundrissgestaltung	2

14 bis 16 Punkte: überwiegend modernisiert

≥ 18 Punkte: umfassend modernisiert

TAB. 2: Übliche Gesamtnutzungsdauer von 70 Jahren		
	Modernisierungsgrad	
	14 bis 16 Punkte	≥ 18 Punkte
Gebäudealter (Jahre)	Verschiebung Baujahr (Jahre)	
≥ 10	0	2
≥ 15	2	5
≥ 20	4	8
≥ 25	6	12
≥ 30	9	15
≥ 35	12	19
≥ 40	15	23
≥ 45	18	27
≥ 50	22	31
≥ 55	26	35
≥ 60	30	40
≥ 65	34	44
= 70	38	49
> 70	38 (> Satz 5; Jahr des Bewertungsstichtags + 38 ./. 70)	49 (> Satz 5; Jahr des Bewertungsstichtags + 49 ./. 70)

TAB. 3:	Übliche Gesamtnutzungsdauer von 60 Jahren	
	Modernisierungsgrad	
	14 bis 16 Punkte	≥ 18 Punkte
Gebäudealter (Jahre)	Verschiebung Baujahr (Jahre)	
≥ 10	0	2
≥ 15	2	6
≥ 20	5	9
≥ 25	7	13
≥ 30	10	16
≥ 35	13	20
≥ 40	17	24
≥ 45	20	28
≥ 50	24	33
≥ 55	28	37
= 60	33	42
> 60	33 (> Satz 5; Jahr des Bewertungsstichtags + 33 ./. 60)	42 (> Satz 5; Jahr des Bewertungsstichtags + 42 ./. 60)

TAB. 4:	Übliche Gesamtnutzungsdauer von 50 Jahren	
	Modernisierungsgrad	
	14 bis 16 Punkte	≥ 18 Punkte
Gebäudealter (Jahre)	Verschiebung Baujahr (Jahre)	
≥ 10	1	3
≥ 15	3	6
≥ 20	6	10
≥ 25	8	14
≥ 30	12	18
≥ 35	15	22
≥ 40	19	26
≥ 45	23	30
= 50	27	35
> 50	27 (> Satz 5; Jahr des Bewertungsstichtags + 27 ./. 50)	35 (> Satz 5; Jahr des Bewertungsstichtags + 35 ./. 50)

TAB. 5:	Übliche Gesamtnutzungsdauer von 40 Jahren	
	Modernisierungsgrad	
	14 bis 16 Punkte	≥ 18 Punkte
Gebäudealter (Jahre)	Verschiebung Baujahr (Jahre)	
≥ 5	0	1
≥ 10	2	4
≥ 15	4	7
≥ 20	7	11
≥ 25	10	15
≥ 30	13	19
≥ 35	17	23
= 40	22	28
> 40	22 (> Satz 5; Jahr des Bewertungsstichtags + 22 ./. 40)	28 (> Satz 5; Jahr des Bewertungsstichtags + 28 ./. 40)

TAB. 6:	Übliche Gesamtnutzungsdauer von 30 Jahren	
	Modernisierungsgrad	
	14 bis 16 Punkte	≥ 18 Punkte
Gebäudealter (Jahre)	Verschiebung Baujahr (Jahre)	
≥ 5	0	1
≥ 10	2	5
≥ 15	5	8
≥ 20	8	12
≥ 25	12	16
= 30	16	21
> 30	16 (> Satz 5; Jahr des Bewertungsstichtags + 16 ./. 30)	21 (> Satz 5; Jahr des Bewertungsstichtags + 21 ./. 30)

2. Vervielfältiger für die Abzinsung einer unverzinslichen Forderung oder Schuld, die nach bestimmter Zeit in einem Betrag fällig ist, im Nennwert von 1 €

Anzahl der Jahre	Vervielfältiger	Anzahl der Jahre	Vervielfältiger	Anzahl der Jahre	Vervielfältiger
1	0,948	36	0,146	71	0,022
2	0,898	37	0,138	72	0,021
3	0,852	38	0,131	73	0,020
4	0,807	39	0,124	74	0,019
5	0,765	40	0,117	75	0,018
6	0,725	41	0,111	76	0,017
7	0,687	42	0,106	77	0,016
8	0,652	43	0,100	78	0,015
9	0,618	44	0,095	79	0,015
10	0,585	45	0,090	80	0,014
11	0,555	46	0,085	81	0,013
12	0,526	47	0,081	82	0,012
13	0,499	48	0,077	83	0,012
14	0,473	49	0,073	84	0,011
15	0,448	50	0,069	85	0,011
16	0,425	51	0,065	86	0,010
17	0,402	52	0,062	87	0,009
18	0,381	53	0,059	88	0,009
19	0,362	54	0,056	89	0,009
20	0,343	55	0,053	90	0,008
21	0,325	56	0,050	91	0,008
22	0,308	57	0,047	92	0,007
23	0,292	58	0,045	93	0,007
24	0,277	59	0,042	94	0,007
25	0,262	60	0,040	95	0,006
26	0,249	61	0,038	96	0,006
27	0,236	62	0,036	97	0,006
28	0,223	63	0,034	98	0,005
29	0,212	64	0,032	99	0,005
30	0,201	65	0,031	100	0,005
31	0,190	66	0,029		
32	0,180	67	0,028		
33	0,171	68	0,026		
34	0,162	69	0,025		
35	0,154	70	0,024		

3. Kapitalwert einer wiederkehrenden, zeitlich beschränkten Nutzung oder Leistung im Jahresbetrag von 1 € (entspricht Anlage 9a zum BewG)

Der Kapitalwert ist unter Berücksichtigung von Zwischenzinsen und Zinseszinsen mit 5,5 vom Hundert errechnet worden. Er ist der Mittelwert zwischen dem Kapitalwert für jährlich vorschüssige und jährlich nachschüssige Zahlungsweise.

Laufzeit in Jahren	Kapitalwert	Laufzeit in Jahren	Kapitalwert	Laufzeit in Jahren	Kapitalwert
1	0,974	31	15,129	61	17,969
2	1,897	32	15,314	62	18,006
3	2,772	33	15,490	63	18,041
4	3,602	34	15,656	64	18,075
5	4,388	35	15,814	65	18,106
6	5,133	36	15,963	66	18,136
7	5,839	37	16,105	67	18,165
8	6,509	38	16,239	68	18,192
9	7,143	39	16,367	69	18,217
10	7,745	40	16,487	70	18,242
11	8,315	41	16,602	71	18,264
12	8,856	42	16,710	72	18,286
13	9,368	43	16,813	73	18,307
14	9,853	44	16,910	74	18,326
15	10,314	45	17,003	75	18,345
16	10,750	46	17,090	76	18,362
17	11,163	47	17,173	77	18,379
18	11,555	48	17,252	78	18,395
19	11,927	49	17,326	79	18,410
20	12,279	50	17,397	80	18,424
21	12,613	51	17,464	81	18,437
22	12,929	52	17,528	82	18,450
23	13,229	53	17,588	83	18,462
24	13,513	54	17,645	84	18,474
25	13,783	55	17,699	85	18,485
26	14,038	56	17,750	86	18,495
27	14,280	57	17,799	87	18,505
28	14,510	58	17,845	88	18,514
29	14,727	59	17,888	89	18,523
30	14,933	60	17,930	90	18,531

Laufzeit in Jahren	Kapitalwert	Laufzeit in Jahren	Kapitalwert	Laufzeit in Jahren	Kapitalwert
91	18,539	96	18,572	101	18,598
92	18,546	97	18,578	mehr als 101	18,600
93	18,553	98	18,583		
94	18,560	99	18,589		
95	18,566	100	18,593		

4. Tabelle zur Berechnung der Barwerte der Zinsdifferenzen für hoch- und niedrigverzinsliche Kapitalforderungen und Schulden mit Ratentilgung

Anzahl der Jahre	Barwert	Anzahl der Jahre	Barwert
1	0,487	26	8,378
2	0,949	27	8,578
3	1,394	28	8,773
4	1,824	29	8,961
5	2,240	30	9,144
6	2,641	31	9,322
7	3,028	32	9,494
8	3,402	33	9,661
9	3,764	34	9,823
10	4,113	35	9,980
11	4,451	36	10,133
12	4,777	37	10,281
13	5,093	38	10,425
14	5,398	39	10,565
15	5,694	40	10,701
16	5,979	41	10,833
17	6,255	42	10,961
18	6,523	43	11,086
19	6,782	44	11,207
20	7,032	45	11,325
21	7,275	46	11,440
22	7,510	47	11,551
23	7,737	48	11,660
24	7,957	49	11,766
25	8,171	50	11,869

Anzahl der Jahre	Barwert	Anzahl der Jahre	Barwert
51	11,969	76	13,802
52	12,066	77	13,855
53	12,161	78	13,907
54	12,254	79	13,958
55	12,344	80	14,008
56	12,432	81	14,056
57	12,517	82	14,104
58	12,601	83	14,151
59	12,682	84	14,196
60	12,762	85	14,241
61	12,839	86	14,285
62	12,914	87	14,328
63	12,988	88	14,370
64	13,060	89	14,411
65	13,130	90	14,451
66	13,199	91	14,491
67	13,265	92	14,530
68	13,331	93	14,568
69	13,395	94	14,605
70	13,457	95	14,641
71	13,518	96	14,677
72	13,577	97	14,713
73	13,635	98	14,747
74	13,692	99	14,781
75	13,748	100	14,814

5. Berechnung einer lebenslänglichen Nutzung oder Leistung; Vervielfältiger für Bewertungsstichtage ab 1. Januar 2021 (BMF, Schreiben v. 28.10.2020 - IV C 7 - S-3104 / 19 / 10001 :005 BStBl 2020 I S. 1048)

Der Kapitalwert ist nach der am 29. September 2020 veröffentlichten Allgemeinen Sterbetafel 2017/2019 des Statistischen Bundesamtes unter Berücksichtigung von Zwischenzinsen und Zinseszinsen mit 5,5 Prozent errechnet worden. Der Kapitalwert der Tabelle ist der Mittelwert zwischen dem Kapitalwert für jährlich vorschüssige und jährlich nachschüssige Zahlungsweise.

Vollendetes Lebensalter	Männer		Frauen	
	Durchschnittliche Lebenserwartung	Kapitalwert	Durchschnittliche Lebenserwartung	Kapitalwert
0	78,63	18,404	83,36	18,466
1	77,90	18,393	82,60	18,458
2	76,92	18,378	81,62	18,445
3	75,93	18,361	80,63	18,433
4	74,94	18,344	79,64	18,419
5	73,95	18,325	78,65	18,405
6	72,96	18,306	77,65	18,389
7	71,96	18,285	76,66	18,374
8	70,97	18,264	75,67	18,357
9	69,97	18,241	74,67	18,339
10	68,98	18,217	73,67	18,320
11	67,99	18,191	72,68	18,300
12	66,99	18,165	71,68	18,279
13	66,00	18,136	70,69	18,257
14	65,00	18,106	69,70	18,234
15	64,01	18,075	68,70	18,210
16	63,02	18,042	67,71	18,184
17	62,03	18,007	66,72	18,157
18	61,05	17,971	65,73	18,128
19	60,07	17,933	64,74	18,098
20	59,10	17,893	63,75	18,067
21	58,12	17,850	62,76	18,033
22	57,15	17,806	61,77	17,998
23	56,17	17,759	60,78	17,960
24	55,19	17,709	59,79	17,921
25	54,22	17,657	58,80	17,880
26	53,24	17,602	57,82	17,837
27	52,26	17,544	56,83	17,791
28	51,29	17,483	55,84	17,742
29	50,31	17,418	54,85	17,691
30	49,34	17,351	53,86	17,637
31	48,36	17,279	52,82	17,581
32	47,39	17,204	51,90	17,521
33	46,42	17,126	50,91	17,458
34	45,46	17,044	49,93	17,392
35	44,49	16,956	48,95	17,323
36	43,52	16,864	47,97	17,250
37	42,56	16,768	47,00	17,173
38	41,60	16,668	46,02	17,092

39	40,64	16,561	45,05	17,007
40	39,69	16,451	44,07	16,917
41	38,73	16,333	43,10	16,823
42	37,79	16,212	42,13	16,724
43	36,84	16,083	41,16	16,620
44	35,90	15,949	40,20	16,511
45	34,96	15,808	39,24	16,396
46	34,02	15,659	38,28	16,276
47	33,09	15,505	37,33	16,150
48	32,17	15,345	36,38	16,018
49	31,25	15,176	35,43	15,879
50	30,34	15,001	34,49	15,734
51	29,44	14,819	33,55	15,582
52	28,54	14,629	32,62	15,424
53	27,66	14,433	31,70	15,260
54	26,78	14,228	30,78	15,087
55	25,92	14,018	29,86	14,905
56	24,06	13,799	28,95	14,717
57	24,22	13,574	28,05	14,521
58	23,39	13,342	27,16	14,318
59	22,57	13,102	26,27	14,105
60	21,77	12,858	25,39	13,884
61	20,98	12,606	24,52	13,655
62	20,20	12,347	23,66	13,418
63	19,43	12,081	22,80	13,170
64	18,68	11,810	21,95	12,914
65	17,94	11,532	21,11	12,648
66	17,21	11,247	20,28	12,374
67	16,49	10,955	19,45	12,088
68	15,78	10,656	18,63	11,792
69	15,09	10,354	17,82	11,486
70	14,40	10,040	17,02	11,171
71	13,72	9,720	16,24	10,851
72	13,05	9,393	15,45	10,513
73	12,39	9,059	14,68	10,169
74	11,73	8,712	13,92	9,815
75	11,10	8,370	13,17	9,452
76	10,47	8,017	12,42	9,074
77	9,85	7,657	11,69	8,691
78	9,24	7,291	10,96	8,293
79	8,65	6,925	10,25	7,890
80	8,08	6,561	9,56	7,484

81	7,52	6,192	8,89	7,075
82	6,99	5,832	8,26	6,677
83	6,49	5,484	7,65	6,279
84	6,00	5,133	7,07	5,887
85	5,55	4,803	6,52	5,505
86	5,13	4,487	6,01	5,140
87	4,73	4,180	5,53	4,788
88	4,36	3,889	5,08	4,449
89	4,03	3,626	4,67	4,133
90	3,72	3,374	4,28	3,826
91	3,44	3,143	3,93	3,545
92	3,17	2,916	3,62	3,292
93	2,93	2,712	3,34	3,059
94	2,72	2,532	3,09	2,849
95	2,52	2,358	2,86	2,652
96	2,34	2,200	2,66	2,480
97	2,19	2,067	2,49	2,332
98	2,07	1,960	2,33	2,191
99	1,94	1,843	2,18	2,058
100 und darüber	1,83	1,744	2,04	1,933

6. Anlage 23 zu § 187 Abs. 2 Satz 2 BewG

TAB. 7: Pauschalierte Bewirtschaftungskosten für Verwaltung, Instandhaltung und Mietausfallwagnis in Prozent der Jahresmiete oder üblichen Miete (ohne Betriebskosten)

Restnutzungsdauer	Grundstücksart			
	1	2	3	4
	Mietwohngrundstück	gemischt genutztes Grundstück mit einem gewerblichen Anteil von bis zu 50 % (berechnet nach der Wohn- bzw. Nutzfläche)	gemischt genutztes Grundstück mit einem gewerblichen Anteil von mehr als 50 % (berechnet nach der Wohn- bzw. Nutzfläche)	Geschäftsgrundstück
≥ 60 Jahre	21	21		18
40 bis 59 Jahre	23	22		20
20 bis 39 Jahre	27	24		22
< 20 Jahre	29	26		23

7. Anlage 21 zu § 185 Abs. 3 Satz 1, § 193 Abs. 3 Satz 2, § 194 Abs. 3 Satz 3 und § 195 Abs. 2 Satz 2 und Abs. 3 Satz 3 BewG

TAB. 8: Vervielfältiger

Restnutzungsdauer; Restlaufzeit des Erbbaurechts bzw. des Nutzungsrechts (in Jahren)	Zinssatz										
	3 %	3,5 %	4 %	4,5 %	5 %	5,5 %	6 %	6,5 %	7 %	7,5 %	8 %
1	0,97	0,97	0,96	0,96	0,95	0,95	0,94	0,94	0,93	0,93	0,93
2	1,91	1,90	1,89	1,87	1,86	1,85	1,83	1,82	1,81	1,80	1,78
3	2,83	2,80	2,78	2,75	2,72	2,70	2,67	2,65	2,62	2,60	2,58
4	3,72	3,67	3,63	3,59	3,55	3,51	3,47	3,43	3,39	3,35	3,31
5	4,58	4,52	4,45	4,39	4,33	4,27	4,21	4,16	4,10	4,05	3,99
6	5,42	5,33	5,24	5,16	5,08	5,00	4,92	4,84	4,77	4,69	4,62
7	6,23	6,11	6,00	5,89	5,79	5,68	5,58	5,48	5,39	5,30	5,21
8	7,02	6,87	6,73	6,60	6,46	6,33	6,21	6,09	5,97	5,86	5,75
9	7,79	7,61	7,44	7,27	7,11	6,95	6,80	6,66	6,52	6,38	6,25
10	8,53	8,32	8,11	7,91	7,72	7,54	7,36	7,19	7,02	6,86	6,71
11	9,25	9,00	8,76	8,53	8,31	8,09	7,89	7,69	7,50	7,32	7,14
12	9,95	9,66	9,39	9,12	8,86	8,62	8,38	8,16	7,94	7,74	7,54
13	10,63	10,30	9,99	9,68	9,39	9,12	8,85	8,60	8,36	8,13	7,90
14	11,30	10,92	10,56	10,22	9,90	9,59	9,29	9,01	8,75	8,49	8,24
15	11,94	11,52	11,12	10,74	10,38	10,04	9,71	9,40	9,11	8,83	8,56
16	12,56	12,09	11,65	11,23	10,84	10,46	10,11	9,77	9,45	9,14	8,85
17	13,17	12,65	12,17	11,71	11,27	10,86	10,48	10,11	9,76	9,43	9,12
18	13,75	13,19	12,66	12,16	11,69	11,25	10,83	10,43	10,06	9,71	9,37
19	14,32	13,71	13,13	12,59	12,09	11,61	11,16	10,73	10,34	9,96	9,60
20	14,88	14,21	13,59	13,01	12,46	11,95	11,47	11,02	10,59	10,19	9,82
21	15,42	14,70	14,03	13,40	12,82	12,28	11,76	11,28	10,84	10,41	10,02
22	15,94	15,17	14,45	13,78	13,16	12,58	12,04	11,54	11,06	10,62	10,20
23	16,44	15,62	14,86	14,15	13,49	12,88	12,30	11,77	11,27	10,81	10,37
24	16,94	16,06	15,25	14,50	13,80	13,15	12,55	11,99	11,47	10,98	10,53
25	17,41	16,48	15,62	14,83	14,09	13,41	12,78	12,20	11,65	11,15	10,67

26	17,88	16,89	15,98	15,15	14,38	13,66	13,00	12,39	11,83	11,30	10,81
27	18,33	17,29	16,33	15,45	14,64	13,90	13,21	12,57	11,99	11,44	10,94
28	18,76	17,67	16,66	15,74	14,90	14,12	13,41	12,75	12,14	11,57	11,05
29	19,19	18,04	16,98	16,02	15,14	14,33	13,59	12,91	12,28	11,70	11,16
30	19,60	18,39	17,29	16,29	15,37	14,53	13,76	13,06	12,41	11,81	11,26
31	20,00	18,74	17,59	16,54	15,59	14,72	13,93	13,20	12,53	11,92	11,35
32	20,39	19,07	17,87	16,79	15,80	14,90	14,08	13,33	12,65	12,02	11,43
33	20,77	19,39	18,15	17,02	16,00	15,08	14,23	13,46	12,75	12,11	11,51
34	21,13	19,70	18,41	17,25	16,19	15,24	14,37	13,58	12,85	12,19	11,59
35	21,49	20,00	18,66	17,46	16,37	15,39	14,50	13,69	12,95	12,27	11,65
36	21,83	20,29	18,91	17,67	16,55	15,54	14,62	13,79	13,04	12,35	11,72
37	22,17	20,57	19,14	17,86	16,71	15,67	14,74	13,89	13,12	12,42	11,78
38	22,49	20,84	19,37	18,05	16,87	15,80	14,85	13,98	13,19	12,48	11,83
39	22,81	21,10	19,58	18,23	17,02	15,93	14,95	14,06	13,26	12,54	11,88
40	23,11	21,36	19,79	18,40	17,16	16,05	15,05	14,15	13,33	12,59	11,92
41	23,41	21,60	19,99	18,57	17,29	16,16	15,14	14,22	13,39	12,65	11,97
42	23,70	21,83	20,19	18,72	17,42	16,26	15,22	14,29	13,45	12,69	12,01
43	23,98	22,06	20,37	18,87	17,55	16,36	15,31	14,36	13,51	12,74	12,04
44	24,25	22,28	20,55	19,02	17,66	16,46	15,38	14,42	13,56	12,78	12,08
45	24,52	22,50	20,72	19,16	17,77	16,55	15,46	14,48	13,61	12,82	12,11
46	24,78	22,70	20,88	19,29	17,88	16,63	15,52	14,54	13,65	12,85	12,14
47	25,02	22,90	21,04	19,41	17,98	16,71	15,59	14,59	13,69	12,89	12,16
48	25,27	23,09	21,20	19,54	18,08	16,79	15,65	14,64	13,73	12,92	12,19
49	25,50	23,28	21,34	19,65	18,17	16,86	15,71	14,68	13,77	12,95	12,21
50	25,73	23,46	21,48	19,76	18,26	16,93	15,76	14,72	13,80	12,97	12,23
51	25,95	23,63	21,62	19,87	18,34	17,00	15,81	14,76	13,83	13,00	12,25
52	26,17	23,80	21,75	19,97	18,42	17,06	15,86	14,80	13,86	13,02	12,27
53	26,37	23,96	21,87	20,07	18,49	17,12	15,91	14,84	13,89	13,04	12,29
54	26,58	24,11	21,99	20,16	18,57	17,17	15,95	14,87	13,92	13,06	12,30
55	26,77	24,26	22,11	20,25	18,63	17,23	15,99	14,90	13,94	13,08	12,32
56	26,97	24,41	22,22	20,33	18,70	17,28	16,03	14,93	13,96	13,10	12,33
57	27,15	24,55	22,33	20,41	18,76	17,32	16,06	14,96	13,98	13,12	12,34
58	27,33	24,69	22,43	20,49	18,82	17,37	16,10	14,99	14,00	13,13	12,36
59	27,51	24,82	22,53	20,57	18,88	17,41	16,13	15,01	14,02	13,15	12,37
60	27,68	24,94	22,62	20,64	18,93	17,45	16,16	15,03	14,04	13,16	12,38

61	27,84	25,07	22,71	20,71	18,98	17,49	16,19	15,05	14,06	13,17	12,39
62	28,00	25,19	22,80	20,77	19,03	17,52	16,22	15,07	14,07	13,18	12,39
63	28,16	25,30	22,89	20,83	19,08	17,56	16,24	15,09	14,08	13,19	12,40
64	28,31	25,41	22,97	20,89	19,12	17,59	16,27	15,11	14,10	13,20	12,41
65	28,45	25,52	23,05	20,95	19,16	17,62	16,29	15,13	14,11	13,21	12,42
66	28,60	25,62	23,12	21,01	19,20	17,65	16,31	15,14	14,12	13,22	12,42
67	28,73	25,72	23,19	21,06	19,24	17,68	16,33	15,16	14,13	13,23	12,43
68	28,87	25,82	23,26	21,11	19,28	17,70	16,35	15,17	14,14	13,24	12,43
69	29,00	25,91	23,33	21,16	19,31	17,73	16,37	15,19	14,15	13,24	12,44
70	29,12	26,00	23,39	21,20	19,34	17,75	16,38	15,20	14,16	13,25	12,44
71	29,25	26,09	23,46	21,25	19,37	17,78	16,40	15,21	14,17	13,25	12,45
72	29,37	26,17	23,52	21,29	19,40	17,80	16,42	15,22	14,18	13,26	12,45
73	29,48	26,25	23,57	21,33	19,43	17,82	16,43	15,23	14,18	13,27	12,45
74	29,59	26,33	23,63	21,37	19,46	17,84	16,44	15,24	14,19	13,27	12,46
75	29,70	26,41	23,68	21,40	19,48	17,85	16,46	15,25	14,20	13,27	12,46
76	29,81	26,48	23,73	21,44	19,51	17,87	16,47	15,26	14,20	13,28	12,46
77	29,91	26,55	23,78	21,47	19,53	17,89	16,48	15,26	14,21	13,28	12,47
78	30,01	26,62	23,83	21,50	19,56	17,90	16,49	15,27	14,21	13,29	12,47
79	30,11	26,68	23,87	21,54	19,58	17,92	16,50	15,28	14,22	13,29	12,47
80	30,20	26,75	23,92	21,57	19,60	17,93	16,51	15,28	14,22	13,29	12,47
81	30,29	26,81	23,96	21,59	19,62	17,94	16,52	15,29	14,23	13,30	12,48
82	30,38	26,87	24,00	21,62	19,63	17,96	16,53	15,30	14,23	13,30	12,48
83	30,47	26,93	24,04	21,65	19,65	17,97	16,53	15,30	14,23	13,30	12,48
84	30,55	26,98	24,07	21,67	19,67	17,98	16,54	15,31	14,24	13,30	12,48
85	30,63	27,04	24,11	21,70	19,68	17,99	16,55	15,31	14,24	13,30	12,48
86	30,71	27,09	24,14	21,72	19,70	18,00	16,56	15,32	14,24	13,31	12,48
87	30,79	27,14	24,18	21,74	19,71	18,01	16,56	15,32	14,25	13,31	12,48
88	30,86	27,19	24,21	21,76	19,73	18,02	16,57	15,32	14,25	13,31	12,49
89	30,93	27,23	24,24	21,78	19,74	18,03	16,57	15,33	14,25	13,31	12,49
90	31,00	27,28	24,27	21,80	19,75	18,03	16,58	15,33	14,25	13,31	12,49
91	31,07	27,32	24,30	21,82	19,76	18,04	16,58	15,33	14,26	13,31	12,49
92	31,14	27,37	24,32	21,83	19,78	18,05	16,59	15,34	14,26	13,32	12,49
93	31,20	27,41	24,35	21,85	19,79	18,06	16,59	15,34	14,26	13,32	12,49
94	31,26	27,45	24,37	21,87	19,80	18,06	16,60	15,34	14,26	13,32	12,49
95	31,32	27,48	24,40	21,88	19,81	18,07	16,60	15,35	14,26	13,32	12,49

96	31,38	27,52	24,42	21,90	19,82	18,08	16,60	15,35	14,26	13,32	12,49
97	31,44	27,56	24,44	21,91	19,82	18,08	16,61	15,35	14,27	13,32	12,49
98	31,49	27,59	24,46	21,92	19,83	18,09	16,61	15,35	14,27	13,32	12,49
99	31,55	27,62	24,49	21,94	19,84	18,09	16,61	15,35	14,27	13,32	12,49
100	31,60	27,66	24,50	21,95	19,85	18,10	16,62	15,36	14,27	13,32	12,49

In den Fällen anderer Zinssätze der Gutachterausschüsse ist der Vervielfältiger nach folgender Formel zu bilden:

$$V \text{ (Vervielfältiger)} = \frac{1}{q^n} \times \frac{q^n - 1}{q - 1}$$

q = Zinsfaktor = 1 + p : 100

p = Zinssatz

n = Restnutzungsdauer/Restlaufzeit

8. Anlage 24 (zu § 190 Absatz 1 Satz 4 und Absatz 3)[1,2]

Ermittlung des Gebäuderegelherstellungswerts

I. Begriff der Brutto-Grundfläche (BGF)

1. Die BGF ist die Summe der bezogen auf die jeweilige Gebäudeart marktüblich nutzbaren Grundflächen aller Grundrissebenen eines Bauwerks. In Anlehnung an die DIN 277-1:2005-02 sind bei den Grundflächen folgende Bereiche zu unterscheiden:

   Bereich a: überdeckt und allseitig in voller Höhe umschlossen,

   Bereich b: überdeckt, jedoch nicht allseitig in voller Höhe umschlossen,

   Bereich c: nicht überdeckt.

   Für die Anwendung der Regelherstellungskosten (RHK) sind im Rahmen der Ermittlung der BGF nur die Grundflächen der Bereiche a und b zugrunde zu legen. Balkone, auch wenn sie überdeckt sind, sind dem Bereich c zuzuordnen.

   Für die Ermittlung der BGF sind die äußeren Maße der Bauteile einschließlich Bekleidung, z. B. Putz und Außenschalen mehrschaliger Wandkonstruktionen, in Höhe der Bodenbelagsoberkanten anzusetzen.

2. Nicht zur BGF gehören z. B. Flächen von Spitzböden und Kriechkellern, Flächen, die ausschließlich der Wartung, Inspektion und Instandsetzung von

1 **Anm. d. Red.:** Anlage 24 i. d. F. des Gesetzes v. 2. 11. 2015 (BGBl I S. 1834) mit Wirkung v. 6. 11. 2015.

2 **Anm. d. Red.:** Zur Anwendung der Anlage 24 siehe § 205 Abs. 4 und 10.

Baukonstruktionen und technischen Anlagen dienen sowie Flächen unter konstruktiven Hohlräumen, z. B. über abgehängten Decken.

II. Regelherstellungskosten (RHK)

Regelherstellungskosten

auf Grundlage der Normalherstellungskosten 2010 (NHK 2010) in Euro/m² BGF einschließlich Baunebenkosten und Umsatzsteuer für die jeweilige Gebäudeart (Kostenstand 2010)

1-3	Ein- und Zweifamilienhäuser

			Standardstufe				
Keller- und Erdgeschoss			1	2	3	4	5
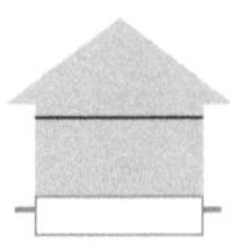	Dachgeschoss ausgebaut						
	1.01	freistehende Einfamilienhäuser	655	725	835	1 005	1 260
	1.011	freistehende Zweifamilienhäuser[1]	688	761	877	1 055	1 323
	2.01	Doppel- und Reihenendhäuser	615	685	785	945	1 180
	3.01	Reihenmittelhäuser	575	640	735	885	1 105
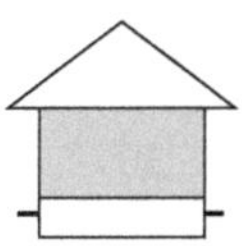	Dachgeschoss nicht ausgebaut						
	1.02	freistehende Einfamilienhäuser	545	605	695	840	1 050
	1.021	freistehende Zweifamilienhäuser[2]	572	635	730	882	1 103
	2.02	Doppel- und Reihenendhäuser	515	570	655	790	985
	3.02	Reihenmittelhäuser	480	535	615	740	925
	Flachdach oder flach geneigtes Dach						
	1.03	freistehende Einfamilienhäuser	705	785	900	1 085	1 360
	1.031	freistehende Zweifamilienhäuser[3]	740	824	945	1 139	1 428
	2.03	Doppel- und Reihenendhäuser	665	735	845	1 020	1 275
	3.03	Reihenmittelhäuser	620	690	795	955	1 195

1 **Amtl. Anm.:** ermittelt mit Korrekturfaktor 1,05 bezogen auf die Regelherstellungskosten für freistehende Einfamilienhäuser.

2 **Amtl. Anm.:** ermittelt mit Korrekturfaktor 1,05 bezogen auf die Regelherstellungskosten für freistehende Einfamilienhäuser.

3 **Amtl. Anm.:** ermittelt mit Korrekturfaktor 1,05 bezogen auf die Regelherstellungskosten für freistehende Einfamilienhäuser.

Keller-, Erd- und Obergeschoss			Standardstufe 1	2	3	4	5
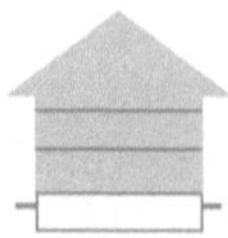	Dachgeschoss ausgebaut						
	1.11	freistehende Einfamilienhäuser	655	725	835	1 005	1 260
	1.111	freistehende Zweifamilienhäuser[1]	688	761	877	1 055	1 323
	2.11	Doppel- und Reihenendhäuser	615	685	785	945	1 180
	3.11	Reihenmittelhäuser	575	640	735	885	1 105
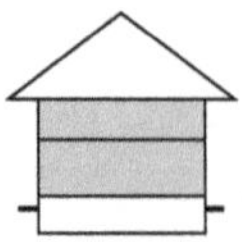	Dachgeschoss nicht ausgebaut						
	1.12	freistehende Einfamilienhäuser	570	635	730	880	1 100
	1.121	freistehende Zweifamilienhäuser[2]	599	667	767	924	1 155
	2.12	Doppel- und Reihenendhäuser	535	595	685	825	1 035
	3.12	Reihenmittelhäuser	505	560	640	775	965
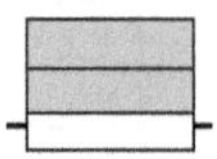	Flachdach oder flach geneigtes Dach						
	1.13	freistehende Einfamilienhäuser	665	740	850	1 025	1 285
	1.131	freistehende Zweifamilienhäuser[3]	698	777	893	1 076	1 349
	2.13	Doppel- und Reihenendhäuser	625	695	800	965	1 205
	3.13	Reihenmittelhäuser	585	650	750	905	1 130

Erdgeschoss, nicht unterkellert			Standardstufe 1	2	3	4	5
	Dachgeschoss ausgebaut						
	1.21	freistehende Einfamilienhäuser	790	875	1 005	1 215	1 515
	1.211	freistehende Zweifamilienhäuser[4]	830	919	1 055	1 276	1 591
	2.21	Doppel- und Reihenendhäuser	740	825	945	1 140	1 425
	3.21	Reihenmittelhäuser	695	770	885	1 065	1 335
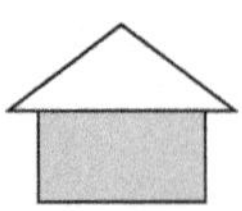	Dachgeschoss nicht ausgebaut						
	1.22	freistehende Einfamilienhäuser	585	650	745	900	1 125
	1.221	freistehende Zweifamilienhäuser[5]	614	683	782	945	1 181
	2.22	Doppel- und Reihenendhäuser	550	610	700	845	1 055
	3.22	Reihenmittelhäuser	515	570	655	790	990

1 **Amtl. Anm.:** ermittelt mit Korrekturfaktor 1,05 bezogen auf die Regelherstellungskosten für freistehende Einfamilienhäuser.

2 **Amtl. Anm.:** ermittelt mit Korrekturfaktor 1,05 bezogen auf die Regelherstellungskosten für freistehende Einfamilienhäuser.

3 **Amtl. Anm.:** ermittelt mit Korrekturfaktor 1,05 bezogen auf die Regelherstellungskosten für freistehende Einfamilienhäuser.

4 **Amtl. Anm.:** ermittelt mit Korrekturfaktor 1,05 bezogen auf die Regelherstellungskosten für freistehende Einfamilienhäuser.

5 **Amtl. Anm.:** ermittelt mit Korrekturfaktor 1,05 bezogen auf die Regelherstellungskosten für freistehende Einfamilienhäuser.

	Flachdach oder flach geneigtes Dach						
	1.23	freistehende Einfamilienhäuser	920	1 025	1 180	1 420	1 775
	1.231	freistehende Zweifamilienhäuser[1]	966	1 076	1 239	1 491	1 864
	2.23	Doppel- und Reihenendhäuser	865	965	1 105	1 335	1 670
	3.23	Reihenmittelhäuser	810	900	1 035	1 250	1 560

			Standardstufe				
Erd- und Obergeschoss, nicht unterkellert			1	2	3	4	5
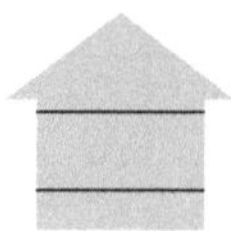	Dachgeschoss ausgebaut						
	1.31	freistehende Einfamilienhäuser	720	800	920	1 105	1 385
	1.311	freistehende Zweifamilienhäuser[2]	756	840	966	1 160	1 454
	2.31	Doppel- und Reihenendhäuser	675	750	865	1 040	1 300
	3.31	Reihenmittelhäuser	635	705	810	975	1 215
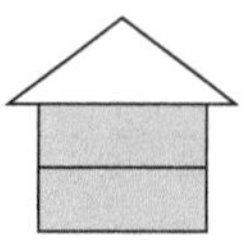	Dachgeschoss nicht ausgebaut						
	1.32	freistehende Einfamilienhäuser	620	690	790	955	1 190
	1.321	freistehende Zweifamilienhäuser[3]	651	725	830	1 003	1 250
	2.32	Doppel- und Reihenendhäuser	580	645	745	895	1 120
	3.32	Reihenmittelhäuser	545	605	695	840	1 050
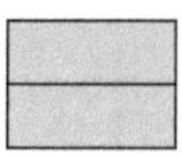	Flachdach oder flach geneigtes Dach						
	1.33	freistehende Einfamilienhäuser	785	870	1 000	1 205	1 510
	1.331	freistehende Zweifamilienhäuser[4]	824	914	1 050	1 265	1 586
	2.33	Doppel- und Reihenendhäuser	735	820	940	1 135	1 415
	3.33	Reihenmittelhäuser	690	765	880	1 060	1 325

1 **Amtl. Anm.:** ermittelt mit Korrekturfaktor 1,05 bezogen auf die Regelherstellungskosten für freistehende Einfamilienhäuser.

2 **Amtl. Anm.:** ermittelt mit Korrekturfaktor 1,05 bezogen auf die Regelherstellungskosten für freistehende Einfamilienhäuser.

3 **Amtl. Anm.:** ermittelt mit Korrekturfaktor 1,05 bezogen auf die Regelherstellungskosten für freistehende Einfamilienhäuser.

4 **Amtl. Anm.:** ermittelt mit Korrekturfaktor 1,05 bezogen auf die Regelherstellungskosten für freistehende Einfamilienhäuser.

4	**Wohnungseigentum und vergleichbares Teileigentum in Mehrfamilienhäusern (ohne Tiefgaragenplatz)/Mehrfamilienhäuser** Für Wohnungseigentum in Gebäuden, die wie Ein- und Zweifamilienhäuser im Sinne des § 181 Absatz 2 des Bewertungsgesetzes gestaltet sind, werden die Regelherstellungskosten der Ein- und Zweifamilienhäuser zugrunde gelegt. Umrechnungsfaktor hinsichtlich der Brutto-Grundfläche (BGF) für Wohnungseigentum in Mehrfamilienhäusern: BGF = 1,55 x Wohnfläche

		Standardstufe				
		1	2	3	4	5
4.1	Mehrfamilienhäuser mit bis zu 6 WE	650	720	825	985	1 190
4.2	Mehrfamilienhäuser mit 7 bis 20 WE	600	665	765	915	1 105
4.3	Mehrfamilienhäuser mit mehr als 20 WE	590	655	755	900	1 090

5-18	**Gemischt genutzte Grundstücke, Geschäftsgrundstücke und sonstige bebaute Grundstücke**

		Standardstufe				
		1	2	3	4	5
5.1	Gemischt genutzte Grundstücke (Wohnhäuser mit Mischnutzung)	605	675	860	1 085	1 375
5.2	Banken und ähnliche Geschäftshäuser mit Wohnanteil[1]	625	695	890	1 375	1 720
5.3	Banken und ähnliche Geschäftshäuser ohne Wohnanteil	655	730	930	1 520	1 900

		Standardstufe				
		1	2	3	4	5
6.1	Bürogebäude/Verwaltungsgebäude	735	815	1 040	1 685	1 900

		Standardstufe				
		1	2	3	4	5
7.1	Gemeindezentren/Vereinsheime	795	885	1 130	1 425	1 905
7.2	Saalbauten/Veranstaltungsgebäude	955	1 060	1 355	1 595	2 085

1 **Amtl. Anm.:** Anteil der Wohnfläche bis 20 Prozent.

		Standardstufe				
		1	2	3	4	5
8.1	Kindergärten	915	1 020	1 300	1 495	1 900
8.2	Allgemeinbildende Schulen, Berufsbildende Schulen, Hochschulen	1 020	1 135	1 450	1 670	2 120
8.3	Sonderschulen	1 115	1 240	1 585	1 820	2 315

		Standardstufe				
		1	2	3	4	5
9.1	Wohnheime/Internate	705	785	1 000	1 225	1 425
9.2	Alten-/Pflegeheime	825	915	1 170	1 435	1 665

		Standardstufe				
		1	2	3	4	5
10.1	Krankenhäuser/Kliniken	1 210	1 345	1 720	2 080	2 765
10.2	Tageskliniken/Ärztehäuser	1 115	1 240	1 585	1 945	2 255

		Standardstufe				
		1	2	3	4	5
11.1	Beherbergungsstätten/Hotels/ Verpflegungseinrichtungen	975	1 085	1 385	1 805	2 595

		Standardstufe				
		1	2	3	4	5
12.1	Sporthallen (Einfeldhallen)	930	1 035	1 320	1 670	1 955
12.2	Sporthallen (Dreifeldhallen/Mehrzweckhallen)	1 050	1 165	1 490	1 775	2 070
12.3	Tennishallen	710	790	1 010	1 190	1 555
12.4	Freizeitbäder/Kur- und Heilbäder	1 725	1 920	2 450	2 985	3 840

		Standardstufe				
		1	2	3	4	5
13.1	Verbrauchermärkte	510	565	720	870	1 020
13.2	Kauf-/Warenhäuser	930	1 035	1 320	1 585	1 850
13.3	Autohäuser ohne Werkstatt	665	735	940	1 240	1 480

		Standardstufe				
		1	2	3	4	5
14.1	Einzelgaragen/Mehrfachgaragen[1]	245			485	780
14.2	Hochgaragen[2]	480			655	780
14.3	Tiefgaragen[3]	560			715	850
14.4	Nutzfahrzeuggaragen	530			680	810
14.5	Carports	190				

		Standardstufe				
		1	2	3	4	5
15.1	Betriebs-/Werkstätten, eingeschossig	685	760	970	1 165	1 430
15.2	Betriebs-/Werkstätten, mehrgeschossig ohne Hallenanteil	640	715	910	1 090	1 340
15.3	Betriebs-/Werkstätten, mehrgeschossig, hoher Hallenanteil	435	485	620	860	1 070
15.4	Industrielle Produktionsgebäude, Massivbauweise	670	745	950	1 155	1 440
15.5	Industrielle Produktionsgebäude, überwiegend Skelettbauweise	495	550	700	965	1 260

		Standardstufe				
		1	2	3	4	5
16.1	Lagergebäude ohne Mischnutzung, Kaltlager	245	275	350	490	640
16.2	Lagergebäude mit bis zu 25 % Mischnutzung[4]	390	430	550	690	880
16.3	Lagergebäude mit mehr als 25 % Mischnutzung[5]	625	695	890	1 095	1 340

1 **Amtl. Anm.:** Standardstufe 1-3: Fertiggaragen; Standardstufe 4: Garagen in Massivbauweise; Standardstufe 5: individuelle Garagen in Massivbauweise mit besonderen Ausführungen wie Ziegeldach, Gründach, Bodenbeläge, Fliesen o. ä., Wasser, Abwasser und Heizung.

2 **Amtl. Anm.:** Umrechnungsfaktor hinsichtlich der Brutto-Grundfläche (BGF) für Tief- und Hochgaragen: BGF = tatsächliche Stellplatzfläche (Länge x Breite) x 1,55.

3 **Amtl. Anm.:** Umrechnungsfaktor hinsichtlich der Brutto-Grundfläche (BGF) für Tief- und Hochgaragen: BGF = tatsächliche Stellplatzfläche (Länge x Breite) x 1,55.

4 **Amtl. Anm.:** Lagergebäude mit Mischnutzung sind Gebäude mit einem überwiegenden Anteil an Lagernutzung und einem geringeren Anteil an anderen Nutzungen wie Büro, Sozialräume, Ausstellungs- oder Verkaufsflächen etc.

5 **Amtl. Anm.:** Lagergebäude mit Mischnutzung sind Gebäude mit einem überwiegenden Anteil an Lagernutzung und einem geringeren Anteil an anderen Nutzungen wie Büro, Sozialräume, Ausstellungs- oder Verkaufsflächen etc.

		Standardstufe				
		1	2	3	4	5
17.1	Museen	1 325	1 475	1 880	2 295	2 670
17.2	Theater	1 460	1 620	2 070	2 625	3 680
17.3	Sakralbauten	1 185	1 315	1 510	2 060	2 335
17.4	Friedhofsgebäude	1 035	1 150	1 320	1 490	1 720

		Standardstufe				
		1	2	3	4	5
18.1	Reithallen		235		260	310
18.2	ehemalige landwirtschaftliche Mehrzweckhallen, Scheunen, u. Ä.		245		270	350

19	**Teileigentum** Teileigentum ist in Abhängigkeit von der baulichen Gestaltung den vorstehenden Gebäudearten zuzuordnen.

20	**Auffangklausel** Regelherstellungskosten für nicht aufgeführte Gebäudearten sind aus den Regelherstellungskosten vergleichbarer Gebäudearten abzuleiten.

III. Beschreibung der Gebäudestandards

Die Beschreibung der Gebäudestandards ist beispielhaft und dient der Orientierung. Sie kann nicht alle in der Praxis auftretenden Standardmerkmale aufführen. Es müssen nicht alle aufgeführten Merkmale zutreffen. Die in der Tabelle angegebenen Jahreszahlen beziehen sich auf die im jeweiligen Zeitraum gültigen Wärmeschutzanforderungen; in Bezug auf das konkrete Bewertungsobjekt ist zu prüfen, ob von diesen Wärmeschutzanforderungen abgewichen wird. Die Beschreibung der Gebäudestandards basiert auf dem Bezugsjahr der Normalherstellungskosten (2010).

1-5.1	① **1.01-3.33**	**Ein- und Zweifamilienhäuser**
	② **4.1-5.1**	**Wohnungseigentum und vergleichbares Teileigentum in Mehrfamilienhäusern (ohne Tiefgaragenplatz)/Mehrfamilienhäuser sowie gemischt genutzte Grundstücke (Wohnhäuser mit Mischnutzung)**

	Standardstufe					Wägungsanteil
	1	2	3	4	5	
	nicht zeitgemäß		zeitgemäß			
	einfachst	einfach	Basis	gehoben	aufwendig	
Außenwände	Holzfachwerk, Ziegelmauerwerk; Fugenglattstrich, Putz, Verkleidung mit Faserzementplatten, Bitumenschindeln oder einfachen Kunststoffplatten; kein oder deutlich nicht zeitgemäßer Wärmeschutz (vor ca. 1980)	ein-/zweischaliges Mauerwerk, z. B. Gitterziegel oder Hohlblocksteine; verputzt und gestrichen oder Holzverkleidung; nicht zeitgemäßer Wärmeschutz (vor ca. 1995)	ein-/zweischaliges Mauerwerk, z. B. aus Leichtziegeln, Kalksandsteinen, Gasbetonsteinen; Edelputz; Wärmedämmverbundsystem oder Wärmedämmputz (nach ca. 1995)	Verblendmauerwerk, zweischalig, hinterlüftet, Vorhangfassade (z. B. Naturschiefer); Wärmedämmung (nach ca. 2005)	aufwendig gestaltete Fassaden mit konstruktiver Gliederung (Säulenstellungen, Erker etc.), Sichtbeton-Fertigteile, Natursteinfassade, Elemente aus Kupfer-/Eloxalblech, mehrgeschossige Glasfassaden; hochwertigste Dämmung (z. B. Passivhausstandard)	23
Dach	Dachpappe, Faserzementplatten/Wellplatten; keine bis geringe Dachdämmung	einfache Betondachsteine oder Tondachziegel, Bitumenschindeln; nicht zeitgemäße Dachdämmung (vor ca. 1995)	Faserzement-Schindeln, beschichtete Betondachsteine und Tondachziegel, Folienabdichtung; Dachdämmung (nach ca. 1995); Rinnen und Fallrohre aus Zinkblech	glasierte Tondachziegel, Flachdachausbildung tlw. als Dachterrassen; Konstruktion in Brettschichtholz, schweres Massivflachdach; besondere Dachformen, z. B. Mansarden-, Walmdach; Aufsparrendämmung, überdurchschnittliche Dämmung (nach ca. 2005)	hochwertige Eindeckung, z. B. aus Schiefer oder Kupfer, Dachbegrünung, befahrbares Flachdach; hochwertigste Dämmung (z. B. Passivhausstandard); Rinnen und Fallrohre aus Kupfer ① aufwendig gegliederte Dachlandschaft, sichtbare Bogendachkonstruktionen	15

	Standardstufe					Wägungsanteil
	1	2	3	4	5	
	nicht zeitgemäß		zeitgemäß			
	einfachst	einfach	Basis	gehoben	aufwendig	
Fenster und Außentüren	Einfachverglasung; einfache Holztüren	Zweifachverglasung (vor ca. 1995); Haustür mit nicht zeitgemäßem Wärmeschutz (vor ca. 1995)	Zweifachverglasung (nach ca. 1995), Rollläden (manuell); Haustür mit zeitgemäßem Wärmeschutz (nach ca. 1995)	Dreifachverglasung, Sonnenschutzglas, aufwendigere Rahmen, Rollläden (elektr.); höherwertige Türanlage z. B. mit Seitenteil, besonderer Einbruchschutz	große, feststehende Fensterflächen, Spezialverglasung (Schall- und Sonnenschutz); Außentüren in hochwertigen Materialien	11
Innenwände und -türen	Fachwerkwände, einfache Putze/Lehmputze, einfache Kalkanstriche; Füllungstüren, gestrichen, mit einfachen Beschlägen ohne Dichtungen	massive tragende Innenwände, nicht tragende Wände in Leichtbauweise (z. B. Holzständerwände mit Gipskarton), Gipsdielen; leichte Türen, Stahlzargen	nicht tragende Innenwände in massiver Ausführung bzw. mit Dämmmaterial gefüllte Ständerkonstruktionen; schwere Türen ① Holzzargen	Sichtmauerwerk; Massivholztüren, Schiebetürelemente, Glastüren, strukturierte Türblätter ① Wandvertäfelungen (Holzpaneele)	gestaltete Wandabläufe (z. B. Pfeilervorlagen, abgesetzte oder geschwungene Wandpartien); Brandschutzverkleidung; raumhohe aufwendige Türelemente ① Vertäfelungen (Edelholz, Metall), Akustikputz	11

	Standardstufe					Wägungsanteil
	1	2	3	4	5	
	nicht zeitgemäß		zeitgemäß			
	einfachst	einfach	Basis	gehoben	aufwendig	
Deckenkonstruktion und Treppen	Holzbalkendecken ohne Füllung, Spalierputz; Weichholztreppen in einfacher Art und Ausführung; kein Trittschallschutz ① Weichholztreppen in einfacher Art und Ausführung; kein Trittschallschutz	Holzbalkendecken mit Füllung, Kappendecken; Stahl- oder Hartholztreppen in einfacher Art und Ausführung ① Stahl- oder Hartholztreppen in einfacher Art und Ausführung	① Beton- und Holzbalkendecken mit Tritt- und Luftschallschutz (z. B. schwimmender Estrich); geradläufige Treppen aus Stahlbeton oder Stahl, Harfentreppe, Trittschallschutz ② Betondecken mit Tritt- und Luftschallschutz (z. B. schwimmender Estrich); einfacher Putz	① Decken mit größerer Spannweite, Deckenverkleidung (Holzpaneele/Kassetten); gewendelte Treppen aus Stahlbeton oder Stahl, Hartholztreppenanlage in besserer Art und Ausführung ② zusätzlich Deckenverkleidung	Deckenvertäfelungen (Edelholz, Metall) ① Decken mit großen Spannweiten, gegliedert; breite Stahlbeton-, Metall- oder Hartholztreppenanlage mit hochwertigem Geländer	11
Fußböden	ohne Belag	Linoleum-, Teppich-, Laminat- und PVC-Böden einfacher Art und Ausführung	Linoleum-, Teppich-, Laminat- und PVC-Böden besserer Art und Ausführung, Fliesen, Kunststeinplatten	Natursteinplatten, Fertigparkett, hochwertige Fliesen, Terrazzobelag, hochwertige Massivholzböden auf gedämmter Unterkonstruktion	hochwertiges Parkett, hochwertige Natursteinplatten, hochwertige Edelholzböden auf gedämmter Unterkonstruktion	5

	Standardstufe					Wägungsanteil
	1	2	3	4	5	
	nicht zeitgemäß		zeitgemäß			
	einfachst	einfach	Basis	gehoben	aufwendig	
Sanitäreinrichtungen	einfaches Bad mit Stand-WC; Installation auf Putz; Ölfarbenanstrich, einfache PVC-Bodenbeläge	1 Bad mit WC, Dusche oder Badewanne; einfache Wand- und Bodenfliesen, teilweise gefliest	Wand- und Bodenfliesen, raumhoch gefliest; Dusche und Badewanne ① 1 Bad mit WC, Gäste-WC ② 1 Bad mit WC je Wohneinheit	1-2 Bäder (② je Wohneinheit) mit tlw. zwei Waschbecken, tlw. Bidet/Urinal, Gäste-WC, bodengleiche Dusche; Wand- und Bodenfliesen; jeweils in gehobener Qualität	hochwertige Wand- und Bodenplatten (oberflächenstrukturiert, Einzel- und Flächendekors) ① mehrere großzügige, hochwertige Bäder, Gäste-WC; ② 2 und mehr Bäder je Wohneinheit	9
Heizung	Einzelöfen, Schwerkraftheizung	Fern- oder Zentralheizung, einfache Warmluftheizung, einzelne Gasaußenwandthermen, Nachtstromspeicher-, Fußbodenheizung (vor ca. 1995)	elektronisch gesteuerte Fern- oder Zentralheizung, Niedertemperatur- oder Brennwertkessel	Fußbodenheizung, Solarkollektoren für Warmwassererzeugung ① zusätzlicher Kaminanschluss	Solarkollektoren für Warmwassererzeugung und Heizung, Blockheizkraftwerk, Wärmepumpe, Hybrid-Systeme ① aufwendige zusätzliche Kaminanlage	9

	Standardstufe					Wägungsanteil
	1	2	3	4	5	
	nicht zeitgemäß		zeitgemäß			
	einfachst	einfach	Basis	gehoben	aufwendig	
Sonstige technische Ausstattung	sehr wenige Steckdosen, Schalter und Sicherungen, kein Fehlerstromschutzschalter (FI-Schalter), Leitungen teilweise auf Putz	wenige Steckdosen, Schalter und Sicherungen	zeitgemäße Anzahl an Steckdosen und Lichtauslässen, Zählerschrank (ab ca. 1985) mit Unterverteilung und Kippsicherungen	zahlreiche Steckdosen und Lichtauslässe, hochwertige Abdeckungen, dezentrale Lüftung mit Wärmetauscher, mehrere LAN- und Fernsehanschlüsse ② Personenaufzugsanlagen	Video- und zentrale Alarmanlage, zentrale Lüftung mit Wärmetauscher, Klimaanlage, Bussystem ② aufwendige Personenaufzugsanlagen	6

5.2-17.4	**③ 5.2-6.1**	**Banken und ähnliche Geschäftshäuser, Bürogebäude/Verwaltungsgebäude**
	④ 7.1-8.3	**Gemeindezentren/Vereinsheime, Saalbauten/Veranstaltungsgebäude, Kindergärten, Schulen**
	⑤ 9.1-11.1	**Wohnheime, Alten-/Pflegeheime, Krankenhäuser, Tageskliniken, Beherbergungsstätten, Hotels, Verpflegungseinrichtungen**
	⑥ 12.1-12.4	**Sporthallen, Tennishallen, Freizeitbäder/Kur- und Heilbäder**
	⑦ 13.1-13.3	**Verbrauchermärkte, Kauf-/Warenhäuser, Autohäuser**
	⑧ 15.1-16.3	**Betriebs-/Werkstätten, Produktionsgebäude, Lagergebäude**
	⑨ 17.1-17.4	**Museen, Theater, Sakralbauten, Friedhofsgebäude**

	Standardstufe				
	1	2	3	4	5
	nicht zeitgemäß		zeitgemäß		
	einfachst	einfach	Basis	gehoben	aufwendig
Außenwände	Mauerwerk mit Putz oder mit Fugenglattstrich und Anstrich; einfache Wände, Holz-, Blech-, Faserzementbekleidung,	ein-/zweischaliges Mauerwerk, z. B. Gitterziegel oder Hohlblocksteine; verputzt und gestrichen oder Holzverkleidung; ein-	Wärmedämmverbundsystem oder Wärmedämmputz (nach ca. 1995); ein-/zweischalige Konstrukti-	Verblendmauerwerk, zweischalig, hinterlüftet, Vorhangfassade (z. B. Naturschiefer); Wärmedäm-	Sichtbeton-Fertigteile, Natursteinfassade, Elemente aus Kupfer-/Eloxalblech, mehrgeschossige Glasfassaden; stark über-

	Standardstufe				
	1	**2**	**3**	**4**	**5**
	nicht zeitgemäß		**zeitgemäß**		
	einfachst	**einfach**	**Basis**	**gehoben**	**aufwendig**
	Bitumenschindeln oder einfache Kunststoffplatten; kein oder deutlich nicht zeitgemäßer Wärmeschutz (vor ca. 1980)	fache Metall-Sandwichelemente; nicht zeitgemäßer Wärmeschutz (vor ca. 1995)	on, z. B. Mauerwerk aus Leichtziegeln, Kalksandsteinen, Gasbetonsteinen; Edelputz; gedämmte Metall-Sandwichelemente	mung (nach ca. 2005)	durchschnittliche Dämmung ③④⑤⑥⑦ aufwendig gestaltete Fassaden mit konstruktiver Gliederung (Säulenstellungen, Erker etc.) ③ Vorhangfassade aus Glas
Konstruktion⑧	Holzkonstruktion in nicht zeitgemäßer statischer Ausführung	Mauerwerk, Stahl- oder Stahlbetonkonstruktion in nicht zeitgemäßer statischer Ausführung	Stahl- und Betonfertigteile	überwiegend Betonfertigteile; große stützenfreie Spannweiten; hohe Deckenhöhen; hohe Belastbarkeit der Decken und Böden	größere stützenfreie Spannweiten; hohe Deckenhöhen; höhere Belastbarkeit der Decken und Böden
Dach	Dachpappe, Faserzementplatten/Wellplatten, Blecheindeckung; kein Unterdach; keine bis geringe Dachdämmung	einfache Betondachsteine oder Tondachziegel, Bitumenschindeln; nicht zeitgemäße Dachdämmung (vor ca. 1995)	Faserzement-Schindeln, beschichtete Betondachsteine und Tondachziegel, Folienabdichtung; Dachdämmung (nach ca. 1995); Rinnen und Fallrohre aus Zinkblech	besondere Dachformen; überdurchschnittliche Dämmung (nach ca. 2005) ③④⑤⑥⑦ glasierte Tondachziegel ③⑧ schweres Massivflachdach ⑨ Biberschwänze	hochwertige Eindeckung z. B. aus Schiefer oder Kupfer; Dachbegrünung; aufwendig gegliederte Dachlandschaft ③④⑤ befahrbares Flachdach ③④ stark überdurchschnittliche Dämmung ⑤⑥⑦⑧ hochwertigste Dämmung

	Standardstufe				
	1	2	3	4	5
	nicht zeitgemäß		zeitgemäß		
	einfachst	einfach	Basis	gehoben	aufwendig
Fenster und Außentüren	Einfachverglasung; einfache Holztüren	Isolierverglasung, Zweifachverglasung (vor ca. 1995); Eingangstüren mit nicht zeitgemäßem Wärmeschutz (vor ca. 1995)	Zweifachverglasung (nach ca. 1995) ⑤ nur Wohnheime, Altenheime, Pflegeheime, Krankenhäuser und Tageskliniken: Automatik-Eingangstüren ⑨ kunstvoll gestaltete farbiges Fensterglas, Ornamentglas	Dreifachverglasung, Sonnenschutzglas, aufwendigere Rahmen ③④⑥⑦⑧ höherwertige Türanlagen ⑤ nur Beherbergungsstätten und Verpflegungseinrichtungen: Automatik-Eingangstüren ⑨ besonders große kunstvoll gestaltete farbige Fensterflächen	große, feststehende Fensterflächen, Spezialverglasung (Schall- und Sonnenschutz) ③④⑦⑧ Außentüren in hochwertigen Materialien ③ Automatiktüren ⑥ Automatik-Eingangstüren ⑨ Bleiverglasung mit Schutzglas, farbige Maßfenster
Innenwände und -türen	Fachwerkwände, einfache Putze/Lehmputze, einfache Kalkanstriche; Füllungstüren, gestrichen, mit einfachen Beschlägen ohne Dichtungen	massive tragende Innenwände, nicht tragende Wände in Leichtbauweise (z. B. Holzständerwände mit Gipskarton), Gipsdielen; leichte Türen, Kunststoff-/Holztürblätter, Stahlzargen	④⑤⑥⑦ nicht tragende Innenwände in massiver Ausführung bzw. mit Dämmmaterial gefüllte Ständerkonstruktionen ⑤⑥⑦ schwere Türen ③ nicht tragende Innenwände in massiver Ausführung; schwere Türen ④ schwere und große Türen ⑤ nur Wohnheime, Altenheime, Pfle-	③④⑤⑥⑦ Sichtmauerwerk ③④ Massivholztüren, Schiebetürelemente, Glastüren ③ Innenwände für flexible Raumkonzepte (größere statische Spannweiten der Decken) ⑤ nur Beherbergungsstätten und Verpflegungseinrichtungen: Automatik-Flurzwischentüren; rollstuhlge-	③④⑤⑥⑦ gestaltete Wandabläufe (z. B. Pfeilervorlagen, abgesetzte oder geschwungene Wandpartien) ④ Vertäfelungen (Edelholz, Metall), Akustikputz ③ Wände aus großformatigen Glaselementen, Akustikputz, tlw. Automatiktüren, rollstuhlgerechte Bedienung ④ raumhohe aufwendige

	Standardstufe				
	1	2	3	4	5
	nicht zeitgemäß		zeitgemäß		
	einfachst	**einfach**	**Basis**	**gehoben**	**aufwendig**
			geheime, Krankenhäuser und Tageskliniken: Automatik-Flurzwischentüren; rollstuhlgerechte Bedienung ⑧ Anstrich	rechte Bedienung ⑥ rollstuhlgerechte Bedienung ⑧ tlw. gefliest, Sichtmauerwerk; Schiebetürelemente, Glastüren ⑨ schmiedeeiserne Türen	Türelemente; tlw. Automatiktüren, rollstuhlgerechte Bedienung ⑤⑥⑦ Akustikputz, raumhohe aufwendige Türelemente ⑦ rollstuhlgerechte Bedienung, Automatiktüren ⑧ überwiegend gefliest; Sichtmauerwerk; gestaltete Wandabläufe
Deckenkonstruktion und Treppen	Weichholztreppen in einfacher Art und Ausführung; kein Trittschallschutz ③④⑤ Holzbalkendecken ohne Füllung, Spalierputz	Stahl- oder Hartholztreppen in einfacher Art und Ausführung ③④⑤⑦⑧⑨ Holzbalkendecken mit Füllung, Kappendecken	③④⑤⑦ Betondecken mit Tritt- und Luftschallschutz; einfacher Putz ③④ abgehängte Decken ⑤⑦ Deckenverkleidung ⑥ Betondecke	③ höherwertige abgehängte Decken ④⑤⑥⑦ Decken mit großen Spannweiten ④ Deckenverkleidung	hochwertige breite Stahlbeton-/Metalltreppenanlage mit hochwertigem Geländer ③⑦ Deckenvertäfelungen (Edelholz, Metall) ④⑤⑥⑦ Decken mit größeren Spannweiten
Fußböden	ohne Belag	Linoleum-, Teppich-, Laminat- und PVC-Böden einfacher Art und Ausführung ⑨ Holzdielen	③④⑤⑦ Fliesen, Kunststeinplatten ③④ Linoleum- oder Teppich-Böden besserer Art und Ausführung	③⑤⑦ Natursteinplatten, hochwertige Fliesen, Terrazzobelag, hochwertige Massivholzböden auf gedämmter Unterkonstruktion	③④⑤⑦ hochwertiges Parkett, hochwertige Natursteinplatten, hochwertige Edelholzböden auf gedämmter Unterkonstruktion

	Standardstufe				
	1	2	3	4	5
	nicht zeitgemäß		zeitgemäß		
	einfachst	**einfach**	**Basis**	**gehoben**	**aufwendig**
			⑤⑦ Linoleum- oder PVC-Böden besserer Art und Ausführung ⑥ nur Sporthallen: Beton, Asphaltbeton, Estrich oder Gussasphalt auf Beton; Teppichbelag, PVC; nur Freizeitbäder/Heilbäder: Fliesenbelag ⑧ Beton ⑨ Betonwerkstein, Sandstein	③⑦ Fertigparkett ⑥ nur Sporthallen: hochwertigere flächenstatische Fußbodenkonstruktion, Spezialteppich mit Gummigranulatauflage; hochwertigerer Schwingboden ⑧ Estrich, Gussasphalt	⑥ nur Sporthallen: hochwertigste flächenstatische Fußbodenkonstruktion, Spezialteppich mit Gummigranulatauflage; hochwertigster Schwingboden; nur Freizeitbäder/Heilbäder: hochwertiger Fliesenbelag und Natursteinboden ⑧ beschichteter Beton oder Estrichboden; Betonwerkstein, Verbundpflaster ⑨ Marmor, Granit
Sanitäreinrichtungen	einfache Toilettenanlagen (Stand-WC); Installation auf Putz; Ölfarbenanstrich, einfache PVC-Bodenbeläge, WC und Bäderanlage geschossweise	Toilettenanlagen in einfacher Qualität; Installation unter Putz; WCs und Duschräume je Geschoss; einfache Wand- und Bodenfliesen, tlw. gefliest	Sanitäreinrichtung in Standard-Ausführung ③④ ausreichende Anzahl von Toilettenräumen ⑤ mehrere WCs und Duschbäder je Geschoss; Waschbecken im Raum ⑥ wenige Toilettenräume und Duschräume bzw. Waschräume	Sanitäreinrichtung in besserer Qualität ③④ höhere Anzahl Toilettenräume ⑤ je Raum ein Duschbad mit WC; nur Wohnheime, Altenheime, Pflegeheime, Krankenhäuser und Tageskliniken: behindertengerecht ⑥ ausreichende Anzahl von	Sanitäreinrichtung in gehobener Qualität ③④ großzügige Toilettenanlagen jeweils mit Sanitäreinrichtung in gehobener Qualität ⑤ je Raum ein Duschbad mit WC in guter Ausstattung; nur Wohnheime, Altenheime, Pflegeheime, Krankenhäuser und Tageskliniken: be-

	Standardstufe				
	1	2	3	4	5
	nicht zeitgemäß		zeitgemäß		
	einfachst	einfach	Basis	gehoben	aufwendig
			⑦⑧ wenige Toilettenräume	Toilettenräumen und Duschräumen ⑦⑧ ausreichende Anzahl von Toilettenräumen	hindertengerecht ⑥ großzügige Toilettenanlagen und Duschräume mit Sanitäreinrichtung in gehobener Qualität ⑦ großzügige Toilettenanlagen mit Sanitäreinrichtung in gehobener Qualität ⑧ großzügige Toilettenanlagen
Heizung	Einzelöfen, Schwerkraftheizung, dezentrale Warmwasserversorgung ⑨ Elektroheizung im Gestühl	Zentralheizung mit Radiatoren (Schwerkraftheizung); einfache Warmluftheizung, mehrere Ausblasöffnungen; Lufterhitzer mit Wärmetauscher mit zentraler Kesselanlage, Fußbodenheizung (vor ca. 1995) ⑨ einfache Warmluftheizung, eine Ausblasöffnung	elektronisch gesteuerte Fern- oder Zentralheizung, Niedertemperatur- oder Brennwertkessel	Solarkollektoren für Warmwassererzeugung ③④⑥⑦⑧ Fußbodenheizung ⑧ zusätzlicher Kaminanschluss	Solarkollektoren für Warmwassererzeugung und Heizung, Blockheizkraftwerk, Wärmepumpe, Hybrid-Systeme ③④⑤⑦ Klimaanlage ⑧ Kaminanlage
Sonstige technische Ausstattung	sehr wenige Steckdosen, Schalter und Sicherungen, kein Fehlerstromschutzschalter (FI-	wenige Steckdosen, Schalter und Sicherungen, Installation unter Putz	③④⑦ zeitgemäße Anzahl an Steckdosen und Lichtauslässen, Zählerschrank (ab ca. 1985) mit Un-	zahlreiche Steckdosen und Lichtauslässe, hochwertige Abdeckungen,	Video- und zentrale Alarmanlage, Klimaanlage, Bussystem

	Standardstufe				
	1	2	3	4	5
	nicht zeitgemäß		zeitgemäß		
	einfachst	einfach	Basis	gehoben	aufwendig
	Schalter), Leitungen auf Putz, einfache Leuchten		terverteilung und Kippsicherungen; Kabelkanäle; Blitzschutz ⑤⑥⑧ zeitgemäße Anzahl an Steckdosen und Lichtauslässen; Blitzschutz ⑤⑦ Personenaufzugsanlagen ⑧ Teeküchen	③④⑤⑦⑧ dezentrale Lüftung mit Wärmetauscher ⑥ Lüftung mit Wärmetauscher ③⑤ mehrere LAN- und Fernsehanschlüsse ③④⑦ hochwertige Beleuchtung; Doppelboden mit Bodentanks zur Verkabelung; ausreichende Anzahl von LAN-Anschlüssen ③ Messverfahren von Verbrauch, Regelung von Raumtemperatur und Raumfeuchte ③④⑦ Sonnenschutzsteuerung ③④ elektronische Zugangskontrolle; Personenaufzugsanlagen ④⑦ Messverfahren von Raumtemperatur, Raumfeuchte, Verbrauch, Einzelraumregelung	③④⑤⑦⑧ zentrale Lüftung mit Wärmetauscher ⑦ Doppelboden mit Bodentanks zur Verkabelung ③ aufwendige Personenaufzugsanlagen ⑤⑦⑧ aufwendige Aufzugsanlagen ⑧ Küchen, Kantinen

	Standardstufe				
	1	2	3	4	5
	nicht zeitgemäß		zeitgemäß		
	einfachst	einfach	Basis	gehoben	aufwendig
				⑧ Kabelkanäle; kleinere Einbauküchen mit Kochgelegenheit, Aufenthaltsräume; Aufzugsanlagen	

14.2-14.4	14.2-14.4	Hoch-, Tief- und Nutzfahrzeuggaragen

	Standardstufe		
	1-3	4	5
	Basis	gehoben	aufwendig
Außenwände	offene Konstruktion	Einschalige Konstruktion	aufwendig gestaltete Fassaden mit konstruktiver Gliederung (Säulenstellungen, Erker etc.)
Konstruktion	Stahl- und Betonfertigteile	überwiegend Betonfertigteile; große stützenfreie Spannweiten	größere stützenfreie Spannweiten
Dach	Flachdach, Folienabdichtung	Flachdachausbildung; Wärmedämmung	befahrbares Flachdach (Parkdeck)
Fenster und Außentüren	einfache Metallgitter	begrünte Metallgitter, Glasbausteine	Außentüren in hochwertigen Materialien
Fußböden	Beton	Estrich, Gussasphalt	beschichteter Beton oder Estrichboden
Sonstige technische Ausstattung	Strom- und Wasseranschluss; Löschwasseranlage; Treppenhaus; Brandmelder	Sprinkleranlage; Rufanlagen; Rauch- und Wärmeabzugsanlagen; mechanische Be- und Entlüftungsanlagen; Parksysteme für zwei PKWs übereinander; Personenaufzugsanlagen	Video- und zentrale Alarmanlage; Beschallung; Parksysteme für drei oder mehr PKWs übereinander; aufwendigere Aufzugsanlagen

18.1-18.2	⑩ 18.1	Reithallen
	①① 18.2	Ehemalige landwirtschaftliche Mehrzweckhallen, Scheunen u. Ä.

	Standardstufe		
	1-3	4	5
	Basis	gehoben	aufwendig
Außenwände	Holzfachwerkwand; Holzstützen, Vollholz; Brettschalung oder Profilblech auf Holz-Unterkonstruktion	Kalksandstein- oder Ziegel-Mauerwerk; Metallstützen, Profil; Holz-Blockbohlen zwischen Stützen, Wärmedämmverbundsystem, Putz	Betonwand, Fertigteile, mehrschichtig; Stahlbetonstützen, Fertigteil; Kalksandstein-Vormauerung oder Klinkerverblendung mit Dämmung
Dach	Holzkonstruktionen, Nagelbrettbinder; Bitumenwellplatten, Profilblech	Stahlrahmen mit Holzpfetten; Faserzementwellplatten; Hartschaumplatten	Brettschichtholzbinder; Betondachsteine oder Dachziegel; Dämmung mit Profilholz oder Paneelen
Fenster und Außentüren bzw. -tore	Lichtplatten aus Kunststoff ⑩ Holz-Brettertüren ①① Holztore	Kunststofffenster ⑩ Windnetze aus Kunststoff, Jalousien mit Motorantrieb ①① Metall-Sektionaltore	Türen und Tore mehrschichtig mit Wärmedämmung, Holzfenster, hoher Fensteranteil
Innenwände	keine	tragende bzw. nicht tragende Innenwände aus Holz; Anstrich	tragende bzw. nicht tragende Innenwände als Mauerwerk; Sperrholz, Gipskarton, Fliesen
Deckenkonstruktionen	keine	Holzkonstruktionen über Nebenräumen; Hartschaumplatten	Stahlbetonplatte über Nebenräumen; Dämmung mit Profilholz oder Paneelen
Fußböden	⑩ Tragschicht: Schotter, Trennschicht: Vlies, Tretschicht: Sand ①① Beton-Verbundsteinpflaster	⑩ zusätzlich/alternativ: Tragschicht: Schotter, Trennschicht: Kunststoffgewebe, Tretschicht: Sand und Holzspäne ①① zusätzlich/alternativ: Stahlbetonplatte	Estrich auf Dämmung, Fliesen oder Linoleum in Nebenräumen; zusätzlich/alternativ: Tragschicht: Schotter, Trennschicht: Kunststoffplatten, Tretschicht: Sand und Textilflocken, Betonplatte im Bereich der Nebenräume ①① zusätzlich/alternativ: Oberfläche maschinell geglättet, Anstrich

	Standardstufe		
	1-3	4	5
	Basis	**gehoben**	**aufwendig**
baukonstruktive Einbauten⑩	⑩ Reithallenbande aus Nadelholz zur Abgrenzung der Reitfläche	⑩ zusätzlich/alternativ: Vollholztafeln fest eingebaut	⑩ zusätzlich/alternativ: Vollholztafeln, Fertigteile zum Versetzen
Abwasser-, Wasser-, Gasanlagen	Regenwasserableitung	zusätzlich/alternativ: Abwasserleitungen, Sanitärobjekte (einfache Qualität)	zusätzlich/alternativ: Sanitärobjekte (gehobene Qualität), Gasanschluss
Wärmeversorgungsanlagen	keine	Raumheizflächen in Nebenräumen, Anschluss an Heizsystem	zusätzlich/alternativ: Heizkessel
lufttechnische Anlagen	keine	Firstentlüftung	Be- und Entlüftungsanlage
Starkstrom-Anlage	Leitungen, Schalter, Dosen, Langfeldleuchten	zusätzlich/alternativ: Sicherungen und Verteilerschrank	zusätzlich/alternativ: Metall-Dampfleuchten
nutzungsspezifische Anlagen	keine	⑩ Reitbodenbewässerung (einfache Ausführung) ①① Schüttwände aus Holz zwischen Stahlstützen, Trocknungsanlage für Getreide	⑩ Reitbodenbewässerung (komfortable Ausführung) ①① Schüttwände aus Beton-Fertigteilen

9. Anlage 25 zu § 191 Abs. 2 BewG[1, 2]

Wertzahlen für Ein- und Zweifamilienhäuser nach § 181 Absatz 1 Nummer 1 BewG und Wohnungseigentum nach § 181 Absatz 1 Nummer 3 BewG

Vorläufiger Sachwert § 189 Absatz 3		Bodenrichtwert									
		bis									über
		15 EUR/m²	30 EUR/m²	50 EUR/m²	100 EUR/m²	150 EUR/m²	200 EUR/m²	300 EUR/m²	400 EUR/m²	500 EUR/m²	500 EUR/m²
bis	50 000 EUR	1,0	1,1	1,2	1,2	1,2	1,3	1,3	1,4	1,4	1,5
	100 000 EUR	0,8	0,9	1,0	1,1	1,1	1,1	1,2	1,2	1,3	1,3
	150 000 EUR	0,8	0,9	0,9	1,0	1,0	1,0	1,1	1,1	1,2	1,2
	200 000 EUR	0,7	0,8	0,8	0,9	0,9	1,0	1,1	1,1	1,2	1,2
	300 000 EUR	0,6	0,7	0,7	0,8	0,8	0,9	1,0	1,0	1,1	1,2
	400 000 EUR	0,5	0,6	0,7	0,7	0,8	0,8	0,9	1,0	1,0	1,1
	500 000 EUR	0,5	0,6	0,6	0,7	0,8	0,8	0,9	1,0	1,0	1,1
über	500 000 EUR	0,5	0,5	0,5	0,6	0,7	0,7	0,8	0,9	0,9	1,0

Wertzahlen für Teileigentum, Geschäftsgrundstücke, gemischt genutzte Grundstücke und sonstige bebaute Grundstücke nach § 181 Absatz 1 Nummer 3 bis 6 BewG

Vorläufiger Sachwert § 189 Absatz 3		
bis	500 000 EUR	0,90
	750 000 EUR	0,85
	1 000 000 EUR	0,80
	1 500 000 EUR	0,75
	2 000 000 EUR	0,70
	3 000 000 EUR	0,65
über	3 000 000 EUR	0,60

1 **Anm. d. Red.:** Anlage 25 i. d. F. des Gesetzes v. 2. 11. 2015 (BGBl I S. 1834) mit Wirkung v. 6. 11. 2015.

2 **Anm. d. Red.:** Zur Anwendung der Anlage 25 siehe § 205 Abs. 10.

10. Anlage 22 zu § 185 Abs. 3 Satz 3, § 190 Abs. 4 Satz 2 BewG

TAB. 9:	Wirtschaftliche Gesamtnutzungsdauer
Ein- und Zweifamilienhäuser	70 Jahre
Mietwohngrundstücke, Mehrfamilienhäuser	70 Jahre
Wohnungseigentum	70 Jahre
Geschäftsgrundstücke, gemischt genutzte Grundstücke und sonstige bebaute Grundstücke:	
Gemischt genutzte Grundstücke (Wohnhäuser mit Mischnutzung)	70 Jahre
Museen, Theater, Sakralbauten, Friedhofsgebäude	70 Jahre
Bürogebäude/Verwaltungsgebäude	60 Jahre
Banken und ähnliche Geschäftshäuser	60 Jahre
Einzelgaragen/Mehrfachgaragen	60 Jahre
Kindergärten (Kindertagesstätten), Allgemeinbildende und Berufsbildende Schulen, Hochschulen, Sonderschulen	50 Jahre
Wohnheime/Internate, Alten-/Pflegeheime	50 Jahre
Kauf-/Warenhäuser	50 Jahre
Krankenhäuser, Tageskliniken, Ärztehäuser	40 Jahre
Gemeindezentren, Saalbauten/Veranstaltungsgebäude, Vereinsheime	40 Jahre
Beherbergungsstätten, Hotels, Verpflegungseinrichtungen	40 Jahre
Sport-/Tennishallen, Freizeitbäder/Kur- und Heilbäder	40 Jahre
Tief-, Hoch- und Nutzfahrzeuggaragen als Einzelbauwerke, Carports	40 Jahre
Betriebs-/Werkstätten, Industrie-/Produktionsgebäude	40 Jahre
Lager-/Versandgebäude	40 Jahre
Verbrauchermärkte, Autohäuser	30 Jahre
Reithallen, ehemalige landwirtschaftliche Mehrzweckhallen, u. Ä.	30 Jahre

Teileigentum ist in Abhängigkeit von der baulichen Gestaltung den vorstehenden Gebäudearten zuzuordnen.

11. Anlage 26 zu § 194 Abs. 3 Satz 2 und Abs. 4 sowie § 195 Abs. 3 Satz 2 BewG

TAB. 10:	Abzinsungsfaktoren										
Restlaufzeit des Erbbaurechts bzw. des Nutzungsrechts (in Jahren)	Zinssatz										
	3 %	3,5 %	4 %	4,5 %	5 %	5,5 %	6 %	6,5 %	7 %	7,5 %	8 %
1	0,9709	0,9662	0,9615	0,9569	0,9524	0,9479	0,9434	0,9390	0,9346	0,9302	0,9259
2	0,9426	0,9335	0,9246	0,9157	0,9070	0,8985	0,8900	0,8817	0,8734	0,8653	0,8573
3	0,9151	0,9019	0,8890	0,8763	0,8638	0,8516	0,8396	0,8278	0,8163	0,8050	0,7938
4	0,8885	0,8714	0,8548	0,8386	0,8227	0,8072	0,7921	0,7773	0,7629	0,7488	0,7350
5	0,8626	0,8420	0,8219	0,8025	0,7835	0,7651	0,7473	0,7299	0,7130	0,6966	0,6806
6	0,8375	0,8135	0,7903	0,7679	0,7462	0,7252	0,7050	0,6853	0,6663	0,6480	0,6302
7	0,8131	0,7860	0,7599	0,7348	0,7107	0,6874	0,6651	0,6435	0,6227	0,6028	0,5835
8	0,7894	0,7594	0,7307	0,7032	0,6768	0,6516	0,6274	0,6042	0,5820	0,5607	0,5403
9	0,7664	0,7337	0,7026	0,6729	0,6446	0,6176	0,5919	0,5674	0,5439	0,5216	0,5002
10	0,7441	0,7089	0,6756	0,6439	0,6139	0,5854	0,5584	0,5327	0,5083	0,4852	0,4632
11	0,7224	0,6849	0,6496	0,6162	0,5847	0,5549	0,5268	0,5002	0,4751	0,4513	0,4289
12	0,7014	0,6618	0,6246	0,5897	0,5568	0,5260	0,4970	0,4697	0,4440	0,4199	0,3971
13	0,6810	0,6394	0,6006	0,5643	0,5303	0,4986	0,4688	0,4410	0,4150	0,3906	0,3677
14	0,6611	0,6178	0,5775	0,5400	0,5051	0,4726	0,4423	0,4141	0,3878	0,3633	0,3405
15	0,6419	0,5969	0,5553	0,5167	0,4810	0,4479	0,4173	0,3888	0,3624	0,3380	0,3152
16	0,6232	0,5767	0,5339	0,4945	0,4581	0,4246	0,3936	0,3651	0,3387	0,3144	0,2919
17	0,6050	0,5572	0,5134	0,4732	0,4363	0,4024	0,3714	0,3428	0,3166	0,2925	0,2703
18	0,5874	0,5384	0,4936	0,4528	0,4155	0,3815	0,3503	0,3219	0,2959	0,2720	0,2502
19	0,5703	0,5202	0,4746	0,4333	0,3957	0,3616	0,3305	0,3022	0,2765	0,2531	0,2317
20	0,5537	0,5026	0,4564	0,4146	0,3769	0,3427	0,3118	0,2838	0,2584	0,2354	0,2145
21	0,5375	0,4856	0,4388	0,3968	0,3589	0,3249	0,2942	0,2665	0,2415	0,2190	0,1987
22	0,5219	0,4692	0,4220	0,3797	0,3418	0,3079	0,2775	0,2502	0,2257	0,2037	0,1839
23	0,5067	0,4533	0,4057	0,3634	0,3256	0,2919	0,2618	0,2349	0,2109	0,1895	0,1703
24	0,4919	0,4380	0,3901	0,3477	0,3101	0,2767	0,2470	0,2206	0,1971	0,1763	0,1577
25	0,4776	0,4231	0,3751	0,3327	0,2953	0,2622	0,2330	0,2071	0,1842	0,1640	0,1460
26	0,4637	0,4088	0,3607	0,3184	0,2812	0,2486	0,2198	0,1945	0,1722	0,1525	0,1352
27	0,4502	0,3950	0,3468	0,3047	0,2678	0,2356	0,2074	0,1826	0,1609	0,1419	0,1252
28	0,4371	0,3817	0,3335	0,2916	0,2551	0,2233	0,1956	0,1715	0,1504	0,1320	0,1159
29	0,4243	0,3687	0,3207	0,2790	0,2429	0,2117	0,1846	0,1610	0,1406	0,1228	0,1073
30	0,4120	0,3563	0,3083	0,2670	0,2314	0,2006	0,1741	0,1512	0,1314	0,1142	0,0994
31	0,4000	0,3442	0,2965	0,2555	0,2204	0,1902	0,1643	0,1420	0,1228	0,1063	0,0920
32	0,3883	0,3326	0,2851	0,2445	0,2099	0,1803	0,1550	0,1333	0,1147	0,0988	0,0852
33	0,3770	0,3213	0,2741	0,2340	0,1999	0,1709	0,1462	0,1252	0,1072	0,0919	0,0789
34	0,3660	0,3105	0,2636	0,2239	0,1904	0,1620	0,1379	0,1175	0,1002	0,0855	0,0730

Restlaufzeit des Erbbaurechts bzw. des Nutzungsrechts (in Jahren)	Zinssatz										
	3 %	3,5 %	4 %	4,5 %	5 %	5,5 %	6 %	6,5 %	7 %	7,5 %	8 %
35	0,3554	0,3000	0,2534	0,2143	0,1813	0,1535	0,1301	0,1103	0,0937	0,0796	0,0676
36	0,3450	0,2898	0,2437	0,2050	0,1727	0,1455	0,1227	0,1036	0,0875	0,0740	0,0626
37	0,3350	0,2800	0,2343	0,1962	0,1644	0,1379	0,1158	0,0973	0,0818	0,0688	0,0580
38	0,3252	0,2706	0,2253	0,1878	0,1566	0,1307	0,1092	0,0914	0,0765	0,0640	0,0537
39	0,3158	0,2614	0,2166	0,1797	0,1491	0,1239	0,1031	0,0858	0,0715	0,0596	0,0497
40	0,3066	0,2526	0,2083	0,1719	0,1420	0,1175	0,0972	0,0805	0,0668	0,0554	0,0460
41	0,2976	0,2440	0,2003	0,1645	0,1353	0,1113	0,0917	0,0756	0,0624	0,0516	0,0426
42	0,2890	0,2358	0,1926	0,1574	0,1288	0,1055	0,0865	0,0710	0,0583	0,0480	0,0395
43	0,2805	0,2278	0,1852	0,1507	0,1227	0,1000	0,0816	0,0667	0,0545	0,0446	0,0365
44	0,2724	0,2201	0,1780	0,1442	0,1169	0,0948	0,0770	0,0626	0,0509	0,0415	0,0338
45	0,2644	0,2127	0,1712	0,1380	0,1113	0,0899	0,0727	0,0588	0,0476	0,0386	0,0313
46	0,2567	0,2055	0,1646	0,1320	0,1060	0,0852	0,0685	0,0552	0,0445	0,0359	0,0290
47	0,2493	0,1985	0,1583	0,1263	0,1009	0,0807	0,0647	0,0518	0,0416	0,0334	0,0269
48	0,2420	0,1918	0,1522	0,1209	0,0961	0,0765	0,0610	0,0487	0,0389	0,0311	0,0249
49	0,2350	0,1853	0,1463	0,1157	0,0916	0,0725	0,0575	0,0457	0,0363	0,0289	0,0230
50	0,2281	0,1791	0,1407	0,1107	0,0872	0,0688	0,0543	0,0429	0,0339	0,0269	0,0213
51	0,2215	0,1730	0,1353	0,1059	0,0831	0,0652	0,0512	0,0403	0,0317	0,0250	0,0197
52	0,2150	0,1671	0,1301	0,1014	0,0791	0,0618	0,0483	0,0378	0,0297	0,0233	0,0183
53	0,2088	0,1615	0,1251	0,0970	0,0753	0,0586	0,0456	0,0355	0,0277	0,0216	0,0169
54	0,2027	0,1560	0,1203	0,0928	0,0717	0,0555	0,0430	0,0334	0,0259	0,0201	0,0157
55	0,1968	0,1508	0,1157	0,0888	0,0683	0,0526	0,0406	0,0313	0,0242	0,0187	0,0145
56	0,1910	0,1457	0,1112	0,0850	0,0651	0,0499	0,0383	0,0294	0,0226	0,0174	0,0134
57	0,1855	0,1407	0,1069	0,0814	0,0620	0,0473	0,0361	0,0276	0,0211	0,0162	0,0124
58	0,1801	0,1360	0,1028	0,0778	0,0590	0,0448	0,0341	0,0259	0,0198	0,0151	0,0115
59	0,1748	0,1314	0,0989	0,0745	0,0562	0,0425	0,0321	0,0243	0,0185	0,0140	0,0107
60	0,1697	0,1269	0,0951	0,0713	0,0535	0,0403	0,0303	0,0229	0,0173	0,0130	0,0099
61	0,1648	0,1226	0,0914	0,0682	0,0510	0,0382	0,0286	0,0215	0,0161	0,0121	0,0091
62	0,1600	0,1185	0,0879	0,0653	0,0486	0,0362	0,0270	0,0202	0,0151	0,0113	0,0085
63	0,1553	0,1145	0,0845	0,0625	0,0462	0,0343	0,0255	0,0189	0,0141	0,0105	0,0078
64	0,1508	0,1106	0,0813	0,0598	0,0440	0,0325	0,0240	0,0178	0,0132	0,0098	0,0073
65	0,1464	0,1069	0,0781	0,0572	0,0419	0,0308	0,0227	0,0167	0,0123	0,0091	0,0067
66	0,1421	0,1033	0,0751	0,0547	0,0399	0,0292	0,0214	0,0157	0,0115	0,0085	0,0062
67	0,1380	0,0998	0,0722	0,0524	0,0380	0,0277	0,0202	0,0147	0,0107	0,0079	0,0058
68	0,1340	0,0964	0,0695	0,0501	0,0362	0,0262	0,0190	0,0138	0,0100	0,0073	0,0053
69	0,1301	0,0931	0,0668	0,0480	0,0345	0,0249	0,0179	0,0130	0,0094	0,0068	0,0049
70	0,1263	0,0900	0,0642	0,0459	0,0329	0,0236	0,0169	0,0122	0,0088	0,0063	0,0046
71	0,1226	0,0869	0,0617	0,0439	0,0313	0,0223	0,0160	0,0114	0,0082	0,0059	0,0042

Restlaufzeit des Erbbaurechts bzw. des Nutzungsrechts (in Jahren)	Zinssatz										
	3 %	3,5 %	4 %	4,5 %	5 %	5,5 %	6 %	6,5 %	7 %	7,5 %	8 %
72	0,1190	0,0840	0,0594	0,0420	0,0298	0,0212	0,0151	0,0107	0,0077	0,0055	0,0039
73	0,1156	0,0812	0,0571	0,0402	0,0284	0,0201	0,0142	0,0101	0,0072	0,0051	0,0036
74	0,1122	0,0784	0,0549	0,0385	0,0270	0,0190	0,0134	0,0095	0,0067	0,0047	0,0034
75	0,1089	0,0758	0,0528	0,0368	0,0258	0,0180	0,0126	0,0089	0,0063	0,0044	0,0031
76	0,1058	0,0732	0,0508	0,0353	0,0245	0,0171	0,0119	0,0083	0,0058	0,0041	0,0029
77	0,1027	0,0707	0,0488	0,0337	0,0234	0,0162	0,0113	0,0078	0,0055	0,0038	0,0027
78	0,0997	0,0683	0,0469	0,0323	0,0222	0,0154	0,0106	0,0074	0,0051	0,0035	0,0025
79	0,0968	0,0660	0,0451	0,0309	0,0212	0,0146	0,0100	0,0069	0,0048	0,0033	0,0023
80	0,0940	0,0638	0,0434	0,0296	0,0202	0,0138	0,0095	0,0065	0,0045	0,0031	0,0021
81	0,0912	0,0616	0,0417	0,0283	0,0192	0,0131	0,0089	0,0061	0,0042	0,0029	0,0020
82	0,0886	0,0596	0,0401	0,0271	0,0183	0,0124	0,0084	0,0057	0,0039	0,0027	0,0018
83	0,0860	0,0575	0,0386	0,0259	0,0174	0,0118	0,0079	0,0054	0,0036	0,0025	0,0017
84	0,0835	0,0556	0,0371	0,0248	0,0166	0,0111	0,0075	0,0050	0,0034	0,0023	0,0016
85	0,0811	0,0537	0,0357	0,0237	0,0158	0,0106	0,0071	0,0047	0,0032	0,0021	0,0014
86	0,0787	0,0519	0,0343	0,0227	0,0151	0,0100	0,0067	0,0044	0,0030	0,0020	0,0013
87	0,0764	0,0501	0,0330	0,0217	0,0143	0,0095	0,0063	0,0042	0,0028	0,0019	0,0012
88	0,0742	0,0484	0,0317	0,0208	0,0137	0,0090	0,0059	0,0039	0,0026	0,0017	0,0011
89	0,0720	0,0468	0,0305	0,0199	0,0130	0,0085	0,0056	0,0037	0,0024	0,0016	0,0011
90	0,0699	0,0452	0,0293	0,0190	0,0124	0,0081	0,0053	0,0035	0,0023	0,0015	0,0010
91	0,0679	0,0437	0,0282	0,0182	0,0118	0,0077	0,0050	0,0032	0,0021	0,0014	0,0009
92	0,0659	0,0422	0,0271	0,0174	0,0112	0,0073	0,0047	0,0030	0,0020	0,0013	0,0008
93	0,0640	0,0408	0,0261	0,0167	0,0107	0,0069	0,0044	0,0029	0,0019	0,0012	0,0008
94	0,0621	0,0394	0,0251	0,0160	0,0102	0,0065	0,0042	0,0027	0,0017	0,0011	0,0007
95	0,0603	0,0381	0,0241	0,0153	0,0097	0,0062	0,0039	0,0025	0,0016	0,0010	0,0007
96	0,0586	0,0368	0,0232	0,0146	0,0092	0,0059	0,0037	0,0024	0,0015	0,0010	0,0006
97	0,0569	0,0355	0,0223	0,0140	0,0088	0,0056	0,0035	0,0022	0,0014	0,0009	0,0006
98	0,0552	0,0343	0,0214	0,0134	0,0084	0,0053	0,0033	0,0021	0,0013	0,0008	0,0005
99	0,0536	0,0332	0,0206	0,0128	0,0080	0,0050	0,0031	0,0020	0,0012	0,0008	0,0005
100	0,0520	0,0321	0,0198	0,0123	0,0076	0,0047	0,0029	0,0018	0,0012	0,0007	0,0005

In den Fällen anderer Zinssätze der Gutachterausschüsse ist der Abzinsungsfaktor nach folgender Formel zu bilden:

$$\text{Abzinsungsfaktor} = \frac{1}{q^n}$$

q = Zinsfaktor = 1 + p : 100

p = Zinssatz

n = Restlaufzeit

STICHWORTVERZEICHNIS

Die Zahlen verweisen auf die Randnummern.

A

B

D

E

F

G

P

R

S

W

Z